“罗锅”学士

刘墉

于东来◎著

上册

中国铁道出版社有限公司
CHINA RAILWAY PUBLISHING HOUSE CO., LTD.

图书在版编目（CIP）数据

“罗锅”学士：刘墉：全二册 / 于东来著. — 北京：中国铁道出版社，2017.3（2021.9重印）
（中国历代风云人物）
ISBN 978-7-113-22655-8

Ⅰ.①罗… Ⅱ.①于… Ⅲ.①刘墉（1719－1804）－传记 Ⅳ.①K827=49

中国版本图书馆CIP数据核字（2016）第321214号

书　　名：“罗锅”学士：刘墉
作　　者：于东来

责任编辑：田　军　　　　**电　　话：**（010）51873012
编辑助理：奚　源　　　　**电子邮箱：**tiedaolt@163.com
封面设计：MXK DESIGN STUDIO
责任印制：赵星辰

出版发行：中国铁道出版社有限公司（北京市西城区右安门西街8号，100054）
印　　刷：三河市燕春印务有限公司
版　　次：2017年3月第1版　2021年9月第2次印刷
开　　本：787mm×1092mm　1/16　印张：33　字数：629千字
书　　号：ISBN 978-7-113-22655-8
定　　价：83.00元（全二册）

目录

【第一回】

街中看榜逞机智，殿前试才露锋芒

今年的春天似乎比往年来得早，也许是要为这大比之年增添几分亮丽的风采。

刚入三月，整个京城就呈现出一派闹人春意。桃红柳绿，杏儿吐艳，桑儿吐翠。爱漂亮的大姑娘小媳妇们早早地脱去棉衣换上时兴的春装。

今天是三年一度的进士考试发榜的日子。

刘墉起了个大早，他想到长安门前凑凑热闹，瞧瞧自己的运气。有心偷着溜出府门却怕被父亲知道后又要挨批；请示父亲，却又担心他不让自己出府。

刘墉在书房门前迟疑了片刻还是硬着头皮到正堂拜见父亲。他边走边想，今日不同往常，父亲应该宽容一次吧。

刘墉向父亲请安并说明来意。刘统勋放下手中的书，打量一下儿子，不冷不热地说："今天虽然是发榜之日，可对你来说也没有多大意义，你还是安心待在家中攻读，准备下一科吧。"

刘墉想辩驳几句，他知道父亲的脾气，张了张嘴还是忍住了，把目光投向站在旁边的母亲。

严氏明白儿子的意思，转向丈夫恳求说："老爷，让仨儿去吧，就是榜上无名，看一看也无妨。谁能保准去看皇榜的都是榜上有名的举子？"

"那就让刘安去长安门前瞅一眼吧，不然他也不会安心在家读书的。"

严氏对丈夫的回答很不满意，却又不敢辩驳，想了想便委婉地说道："老爷整日把仨儿关在府中，除了读书还是读书，我担心把他憋出病来，难得今天这个日子，就让他……"

不等严氏说下去，刘统勋就打断夫人的话："你儿子是什么德行你难道不知？我丢的脸还不够吗？他再出去惹事我这老脸还往哪里搁？"

严氏眼含泪水地争辩道："那时仨儿不是小嘛，何况那事也不都是仨儿的错。"

刘统勋霍地站了起来："小，小，还要多大？人家甘罗十三岁拜相，孔融四

岁让梨，周瑜十八岁就当上东吴大都督，他今年都快二十啦！常言说，一年不成驴，到老都是驴驹子。从小看到老，想不到我刘氏家族到我这辈竟然……”

刘统勋没有说下去，他颓然跌坐在椅子上。

刘墉满腹委屈地回到书房，手捧书本，一个字也不往眼里跳。他灵机一动便有了主意。他找来棍棒和自己平日里穿的衣服，在桌前支起一个正在埋头读书的人形，从屋里反锁上门后从窗户翻了出来，一个人悄悄地从后门溜了出去。

好久没有走出府户，今日独自来到街上，看什么都觉得新鲜，一时间眼睛都不够用。街两边卖什么的都有，熙熙攘攘的人群中夹杂着高一声低一声的叫卖声：“大饼，大饼，百年老店潘记大饼，康熙老佛爷当年御封的京城第一家大饼！”

“怪味豆，怪味豆，不尝不知道，一尝吓一跳；来京不吃刘大麻子的怪味豆，算你白来京城一趟。”

“罗盘，罗盘，沈瞎子老字号罗盘，京城一绝！”

尽管刘墉对什么都感兴趣，但他也不敢多留步，急匆匆穿过得胜楼、月明阁、仙人桥，抄小路来到长安门前。这时，皇榜已经贴出，长安门前人流如潮，推拥不动。刘墉费了好大工夫才挤到皇榜前面，但因为个头矮小仍然看不到榜上的名字。他只好轻轻拍拍站在自己前面的一个大个子：“喂，我瞧你已经站在这里好半天了，榜上的名字你应该背熟了吧？如果你背熟了还琢磨不透就回家再琢磨，这样也好让我等看一看，这皇榜又不是为你一人张贴的。”

大个子一听刘墉话中带刺，忙转过身来，一看说话人是个身材矮小的还有些驼背的罗锅，撇撇嘴，讥讽道：“哦，我当是什么大人物呢，原来是位奇才。瞧你心急火燎的样子，莫非这皇榜上也有你的大名？”

大个子故意把“奇才”二字说得重一些，周围的人当然听出这话中之话的含义，都不禁哈哈大笑起来。

刘墉就在大个子转身的瞬间向皇榜上扫了一眼，一下就瞧见自己的大名竟位居一甲头名。他内心一喜，但笑意只像春风掠过水面般一闪而过。刘墉平日里在府上除了惧怕父亲，其他没人敢拿话压他，何况他足智多谋，一般人也甭想占他的便宜，他不给你难堪就算罢了。常言说：人生得意事，金榜题名时。想不到今天在自己的大喜之日竟然有人当众羞辱自己，令自己难堪，顿时气不打一处来。他睨视一眼大个子，不紧不慢地回敬道：“榜上若有自己的大名，随便扫一眼就看个一清二楚；如果瞅了半天也找不到自己的小名，只怕名落孙山呀！”

刘墉话音未落，大个子就哈哈大笑几声，说道：“我于易简位列一甲第七名，不知你这罗锅高中第几呀？”

刘墉故意气他：“今科廷试之时偶感小疾，没有发挥好，才考个一甲第一。”

于易简一愣，不相信地问：“你、你就是今科状元刘墉？”

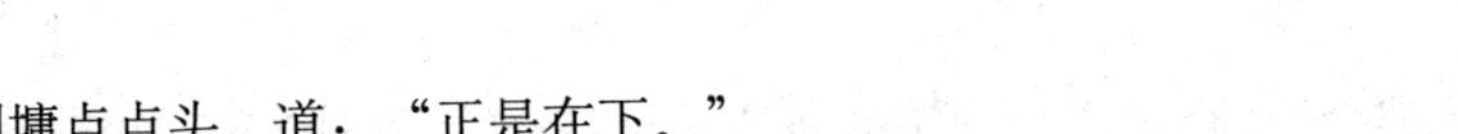

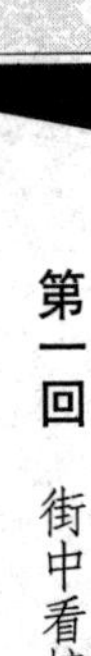

刘墉点点头，道：“正是在下。”

不待刘墉说下去，于易简嘲笑道：“你这块料也配考状元？只怕大清国没有人才了。”说完，哈哈狂笑起来。周围的人也跟着大笑、起哄。

刘墉毫不理会，嘿嘿冷笑两声，道：“当今万岁爷圣明，以才取士又不是选秀女以貌取人，不要小瞧我这罗锅，里面藏的都是治国安邦大计。也不要笑我个子小，常言说，‘秤砣虽小压千斤，竹竿虽高节节空。’老百姓不也有句俗语：‘包子大是韭菜。’某些人不正是个大草包驴？长得尽管高大，肚子里装的却是青苔屎。”

于易简一听刘墉骂他是大草包驴，气得脸色铁青，刚要反唇相讥，听到旁边有人议论：“这今科头名刘墉是刘大人的公子。”

“哪个刘大人？”

“还能有几个刘大人，当然是三朝元老、东阁大学士刘统勋刘大人。听说他的这位公子自小聪颖过人，今年还不满二十岁，顺天府会试时就名列贡生第三，如今廷试又独占鳌头。真是将门出虎子，名门生俊才！”

“听说刘大人的前两个儿子都早已死了，这第三个儿子又有些身体缺陷，如何还能考中状元？”

“身体有何缺陷？这我倒没听说。”

另一人搭话道：“刘大人官居相位，位极人臣，有他从中通融，就是儿子有什么缺陷也无人敢说，考取状元也在情理之中。你没听说有一年一个瘸子还中了武状元吗？这里面不知有什么见不得人的交易！唉，如今的官场……”

“刘大人可不是那样的人！”

于易简不再听旁边的议论，他打量一下刘墉，心中一动，正要向刘墉说话，却见一人上前轻轻拉刘墉一下，小声说道：“崇如（刘墉字崇如）兄，你还在同这些下三烂怄什么气，还不快回府等候报喜的公差？”

刘墉转身一看，是廷试时结识的学兄曹雪芹，便随他走出人群。

于易简见刘墉被人拉走，他看看二人的背影，忽然想起了什么，也急匆匆挤出人群。

刘墉随曹雪芹来到僻静处，才拱手说道：“刚才只顾得和那姓于的斗嘴，也没有细看皇榜，不知雪芹兄是否入闱？”

曹雪芹忙还礼道：“崇如兄蟾宫折桂，不才只能步你后尘了，侥幸中了个二甲第三名。”

“同喜，同喜！”刘墉忽然又想起一件事，问道，“你现在还和那位风尘女子一同居住吗？”

“怎么？你也有世俗的偏见？”

“雪芹兄误会我的意思了，我是说如果你生活拮据我可以接济你一下。你独自来京，所带盘缠本来就不多，如今又两人开销，我怕你这新科进士上街头卖文卖字，于咱读书人脸面无光呀。”

刘墉莞尔一笑。曹雪芹也笑道：“现在还不至于此，也许将来有那么一天。若真到了那个份上，我一定会找你的。”

“雪芹兄现在不会，将来就更不可能了。朝廷龙恩下来，你留任京城至少可入翰林，放外任起码也是个知县、同知县或考官什么的。我辈都不是心贪之徒，但所领朝廷俸禄养家糊口还是足够的，怎会再到街头卖文为生呢？”

曹雪芹连连摇头道：“伴君如伴虎，官场如战场，浮沉如雨打萍，朝不保夕，四时命运皆有不同，谁知道这官能做到几时呢？”

刘墉笑道：“雪芹兄怎么还没入仕就如此悲观呢？悲天悯人之心固然可敬，但我辈读书人读得圣贤书，售于帝王家，经世致用，安邦定国，荣宗耀祖，扬名千古，永垂汗青，这正是你我的追求。你我又恰逢这太平盛世，当今皇上圣明宽厚仁爱，我辈正是大展宏图之际，怎么净说些泄气话呢？”

“崇如兄，我无法与你相比啊。曹家的辉煌早已过去，如今连个能支撑门面的人都没有，金陵城内人人得而欺之。常言说：‘朝中有人好做官，没有后台别做官。’我这样的人即使做个芝麻官也只能受人掣肘，不能实现平生抱负，做官等于受罪呀。”

刘墉点点头：“你的意思我明白，如今的官场确实黑暗，但也要看开一点，相信皇上是圣明的，大多数官员是廉洁的。反过来，你也要这样想，正是因为官场黑暗，贪污腐败的官员多，所以我等更要积极入仕为官，多一个好官不就少一个坏官吗？别耷拉脑袋，我知道你心绪不佳是因为廷试失利。就凭雪芹兄的才华，小弟不敢说一定夺得头名，位列三元是绝对没有问题的，都是你那位红颜知己迷惑了你的心性，才使得雪芹兄考场上没有发挥好，这叫情场得意考场失意。”

曹雪芹苦笑一下，道：“你这是奉承我呢，还是讽刺我？”

“既不奉承也不讽刺，是让你振作起来准备接受皇上龙恩，然后轰轰烈烈大干一场，博得皇上赏识，赢得百姓信任。”

曹雪芹点点头，道：“那好吧，三日后恩荣宴相见。”

二人拱手道别。

刘墉回到府中，报喜的差役早已等候多时，前来贺喜的人进进出出、络绎不绝，刘府较往常显得更加热闹。

刘统勋已经派出三拨人寻找儿子，如今见刘墉平安回来，一反往常冰冷的面孔，更没有追究他私自外出的过错，只淡淡说了句：“一个人外出也要打声招呼，至少带上两个随从。”

刘墉心说我已经向你请示了，可你没有同意。这话哪敢说出口，父亲没有训斥自己算看在自己给他老人家露脸的分上原谅自己了。

刘墉急忙随父亲到客厅招呼客人，又赢得一片喝彩之声，众人称赞刘墉时更忘不了恭维这位权倾朝野的东阁大学士教子有方。

刘统勋一听众人称他教子有方，老脸上不免笼上一层寒霜，心中也一阵绞痛，刚才的喜色顿时减去了一半。有人知道刚才的话触及刘统勋的痛处，急忙转换话题谈一些刘统勋高兴的事，可刘统勋再也提不起精神。识相的人主动提出告辞，刘统勋也不强留。待众人退后，刘统勋看一眼儿子，板起面孔说道："我本来只想让你今科见见场子，没指望你榜上有名，想不到你比爹爹预想要好，竟然一举夺魁给爹露了脸，也为刘氏满门争了光，没有辜负爹的一片良苦用心。"

刘统勋说到这里，又微微叹口气："这头名状元对咱刘家是好事，也是坏事。"

刘墉不解地望着父亲。过了好久，刘统勋才又接着说道："你小小年纪不懂官场险恶，这头名状元声名如此显赫，不落他人之家偏偏落在我刘家，本来没有任何的掺假和私情，别人也会怀疑我从中做了手脚。爹爹为官清正廉洁，也因此得罪了不少人，倘若有人暗中一撺掇，难免皇上不起疑心。你要小心应付三日后的恩荣宴，以防皇上突然发难，给你个措手不及。一旦你对答不上来，爹爹无私也有私了。"

"爹爹不是时常讲当今皇上圣明吗？"

"再圣明也有不明的时候，三人成虎的道理你应该明白吧？做官不同于考试，考试还存在侥幸，可是做官就全靠实实在在的东西了，靠山只是其中之一，善于揣摩人心才是主要的，既要讨得上司的欢心，也要取得属下和百姓的信任。做官难，做清官更难，常言道：'当官不为民做主，不如回家卖红薯。'为了能给百姓多做点实事，也要学会善于保护自己。倘若你凭意气用事，一意孤行，必然出力不讨好，结果得罪太多的人，以致自己也丢了官。官都没有了还谈什么给老百姓办事呢？爹爹为官几十年，总结出一句话就是要学会保护自己。"

刘统勋稍稍停顿一下，又略显忧虑地说："以前正因为你年幼，爹爹从来不跟你谈论官场的事，可是现在不得不提前跟你谈谈，你喝死牛血的脾气真让我担心哪！还有就是为官一定要站得直行得正，万万不可'贪'字当头，像你的两个哥哥。如果我一旦发现你有什么劣迹，我也会像对你哥哥一样。"

刘统勋脸色铁青。

刘墉扑通一声跪在地上道："请爹爹一百个放心，孩儿不敢！"

"哼！谅你也不敢。"

刘统勋独自走出客厅，身后，刘墉依然恭敬地跪着。

于易简从长安门皇榜前挤出人群后直奔内务府大臣和珅家中。和珅见于易简

到来，嘿嘿一笑，说道："第七名吧？"

于易简一愣："和大人已经知道了？"

"哈哈，早在三天前我就知道啦。要不是我，别说一甲第七名，只怕第三甲也没有你的份哟。"

于易简急忙打躬说："多谢和大人提携，于某终生不忘和大人的大恩大德。"

和珅满意地看着于易简向自己点头哈腰，心中有一种说不出口的满足感，忽然又轻捋胡须问道："你今日来此是专程向我报喜的？"

于易简忙躬身答道："这是其一。我还有重要的事向和大人汇报呢。"

"哦，什么事？快说！"

"大人可知今科头名状元是谁？"

"这个头名状元……"

清朝的科举考试分为童试、乡试、会试和殿试四级，殿试又叫廷试，是最高级考试，由皇帝亲自主持。殿试在保和殿举行，由礼部负责，通常是礼部尚书、礼部侍郎和左都御史、左都副御史、内阁学士阅卷，最后由皇帝钦定前十名。倘若皇帝繁忙，就委托礼部审定后分出等级，呈报皇上御览。皇上御览常常是个走过场，真正阅读试卷的皇上并不多，一般情况下礼部定过名次，皇上象征性地钤盖玉玺就算皇上阅卷了。

和珅虽是满洲正红旗人，但他出身卑微，起初不过是宫中打灯的，后来当上了銮仪卫校尉，因仪表俊雅，人又机灵善辩，会察言观色，投其所好，便深得乾隆皇帝信任，很快升任内务府大臣。内务府大臣是掌管后宫吃穿用度的，多由皇上亲信之人充任，虽是肥缺，但并不负责殿试考试，对于排定金榜前十名当然没有资格参与。和珅能让于易简位列第七着实费了一番心思，主要因为于易简舍得花钱。

皇榜没有公布前和珅就从宫内得到于易简排在第七位的消息，至于其他人谁考中他就一无所知了。和珅为了在于易简面前表现自己的无所不能、无所不知，于是改口说道："皇上阅卷时本来我也在旁边伺候，恰好宫中有件事急着办理，皇上一时抽不开身就让我去了，后来头名状元定给了谁我就没有过问。"和珅以为于易简是责怪自己没有给他弄个头名，颇为不悦地说，"凭你的卷子，三甲都进不去，我给你弄个第七实在是满面子，你还不知足想做状元？万一皇上真的读了你的卷，岂不要出大事？"

于易简一听和珅误会了自己，慌忙解释说："大人误会我的意思了，我能有今天，对和大人已经感激涕零，终生不忘，怎么还会不识时务呢？我专程来见大人就是报告这今科状元之事的，据我所知，今科头名刘墉是东阁大学士刘统勋的儿子，不知大人是否知道？"

和珅吃了一惊："什么？刘统勋的儿子中了头名？你是说他那个前鸡胸后罗锅的怪物儿子当上了状元？这不可能！他今年才二十岁，瞧他的长相和那个德行，给状元垫桌子还差不多。"

"大人，我刚才从长安门前过来时在皇榜前见过刘墉，今科状元正是他。"于易简见和珅不说话，又进一步说道，"大人能为我通融一下，从不入闱弄个第七，凭刘统勋的位置，给他儿子弄个头名应该不成问题吧！"

和珅深思好久，忽然嘿嘿一笑："好你个刘统勋，当年之仇我终于有机会报了，真是苍天有眼，功夫不负有心人。你一定在府中乐呢，我就让你好好乐吧！"和珅脸色一变，露出几分凶相，道，"你今天乐，明天我让你哭！"

于易简从和珅的表情变化中读出些许兴奋。

"凭皇上对大人的信任，只要大人到皇上面前放出个口风，保证让刘墉父子折腾掉一层皮，最终查出刘统勋徇私舞弊，大人就立下大功一件。如若查不出什么，对大人来说也毫无损伤，皇上也不会怪罪的，可刘墉父子就名誉扫地了。"

和珅又露出几分为难情绪，叹口气说："难哪！抛开刘统勋是三朝元老、东阁大学士不算，刘墉是皇太后的干儿子，也许这头名状元就是皇上故意让给他的呢。"

于易简似乎着急了，怂恿说："大人的仇就不报啦？这刘墉一旦为今科状元，将来一定被委以重任，大人在朝中又多一个对手。一个刘统勋大人都奈何不了他，又多一个刘墉，大人只好受一辈子气了。"

和珅低头不语。于易简又说道："世上无难事，只怕有心人。大人不试一试怎知道一定会失败呢？大人可以先见见皇上，装作无意地放出口风看看皇上的反应再作打算也行！"

和珅站了起来："我试一试吧。"

和珅来到宫中。乾隆正对着一摞折子发脾气，见和珅走来，把折子推到和珅面前说："曹家太不像话了，一次两次仍不引以为戒，如今又闹出这样的事端来。朕一向宽厚仁慈，但这一次决不饶恕，不让曹家抄第三次家，他们是不会经心的！"

和珅凑过来漫不经心地翻看着折子，说："主子，是不是金陵曹家？"

"不是他还能是谁？"乾隆仍余怒未消，"胆大妄为到连朕选的秀女都敢占为己有，还有什么事不敢做！皇考在位时就曾说过曹家不可用。那次抄家本来是准备绝了曹家的世袭国公之职，但先皇考虑到曹氏先祖有恩于皇室才宽宏大量，仅抄了曹家，没有剥夺曹家的爵位，现在看来真是心慈手软了。"

和珅急忙附和道："主子向来仁爱，但这一次可不能心慈手软了，再心慈就姑息养奸了。他们这些世家子弟本身并无多大才华，全仗着祖上的功绩招摇过

市，不思为国家出力，却像个蛀虫一般四处打洞，企图掏空国家，不严加惩处不足以平民愤，也不足以显示皇家威严。”

乾隆点点头：“说得有理！”

和珅忽然灵机一动，又说道：“不仅曹家如此，就是这京师之内也有几个显赫的家族瞒着皇上做出一些令人痛心的事呀，是该好好惩治一下，杀一儆百呀！”

乾隆一听和珅话中有话，看看他，问道：“和珅哪，你一向在朕面前都是心直口快，有一说一，有二说二，怎么今天吞吞吐吐的？有什么话尽管说来！谁敢蒙蔽朕？快说出来让朕听听！”

和珅连忙摇摇头，装出一副可怜巴巴的样子：“皇上就饶了奴才吧，奴才还是不说的好，说了也白搭，皇上是不会相信奴才的片面之词的。”

“和珅，朕一向视你为心腹之臣，怎么今天也跟朕玩起花样来了？朕曾说过：知无不言，言无不尽；言者无罪，闻者足戒。快说吧，朕赦你无罪！”

和珅这才把事先准备好的话端了出来：“皇上一定知道今科状元是谁吧？”

和珅这一问，乾隆还真有几分尴尬。按大清体制，殿试前十名试卷要进呈皇上钦定名次，尽管有时流于形式，倘若皇上连今科状元也不知道，足以说明皇上疏于朝政。

和珅一见乾隆答不上来，马上打圆场说：“主子一定忙于其他军国大事，还没来得及研读试卷吧？奴才奏知主子，今科状元是东阁大学士刘统勋之子刘墉，主子一定感到意外吧？”

“刘墉？”乾隆确实感到意外，“不过，听太后说刘墉颇有才华。他之所以讨太后欢心，就是因为他能言善辩，通古博今，又写得一手飘逸潇洒的好字。”

和珅一听皇上称赞刘墉，心中十分着急，忙不失时机地插话说：“主子明鉴，刘墉纵然有才，但他今年尚不满二十岁，就是从孩童之时开始读书，比起那些皓首穷经的士人也是小巫见大巫，何况刘墉身有残疾，也不在取士之列。主子细想，让一个前鸡胸后罗锅的人站在朝堂之上，给外夷使者看见了岂不笑我大清国没有了人才，连罗锅都位居朝列？”

“可是大清律例也没有明文禁止罗锅之人不能为官呀！”

和珅又说道：“主子细想，取士当然是选优，也如宫中选秀女，理当选那些才貌双全的。礼部官员自然明白这个道理，可他们仍然拟定刘墉为头名状元，这里面就大有问题了。”

和珅故意不说下去。乾隆若有所悟，仍然问道：“有什么问题？你知道些什么尽管直说吧。”

“谢主子恩典！奴才听说刘墉能在今科独占鳌头，除了众考官迫于东阁大学士刘统勋的压力，也由于刘统勋花了不少银两贿赂考官，他是软硬兼施才为儿子

争得状元之名，否则，刘墉再有才也只能在一甲之外。”

和珅说着，又偷偷瞟一眼皇上，怯怯地说道：“当然，也不乏有人看在太后的情面上，但主要因为刘统勋的银子起了作用。”

乾隆面带愠色，沉思许久，突然问道：“和珅，你有证据吗？”

和珅一听乾隆声音中带气，吓了一跳，忙答道：“皇上，刘统勋是何等人，在朝中为官多年，官场的什么规矩他不懂，做那种事怎会轻易留下把柄？不过，要想人不知，除非己莫为。刘统勋既然做了那事就多少会有人知道的，只要主子派人去查，一定能够查个水落石出。”

乾隆迟疑一下，终于咬牙说道：“好吧，朕就派你亲自负责查处这事！”

和珅一愣，稍稍不安地说：“主子，让奴才去查，可奴才是内务府大臣，还要负责给主子选秀女的事，刘统勋行贿一事应交刑部去查才对呀。”

“不，朕就让你去查。朕让你查你大胆地去查就是，天大的事有朕给你扛着。下去吧。”

和珅道一声谢急忙退出殿外，出门后转身狡黠一笑快步走出宫去。

太和殿张灯结彩，钟鼓齐鸣，演奏着皇宫大内独有的中和韶乐和丹陛大乐。殿内整整摆了一百零五张桌子。宝座前的那张桌子用黄缎子铺底，显然是皇帝的御宴桌；其余各桌都是红缎子铺底，桌桌上面都是金银器皿，盛满了山珍海味。乾隆皇帝今天在这里设恩荣宴款待新科进士。

吉时一到，在礼部大臣的陪同下，新科进士按秩序走进殿内，并按指定的位子坐好。当然是一甲前十名坐在中间正前方，二甲坐在稍后，三甲坐在两边与最后边。除了新科进士之外，还有陪宴的亲王、贝勒以及三殿三阁六部九卿的文武大臣。

随着执事太监的一声高喊，乾隆帝身着礼服走进殿内。众人齐刷刷跪倒，山呼万岁万万岁。乾隆平视一下新科进士，点点头，道一声免礼。众人又高呼一声“谢主隆恩”，这才起来坐下。

待众人坐定后，乾隆象征性地举起御杯，算是与士同饮。新科进士饮酒前仍要再一次谢恩，然后才能共进酒宴。接下来就是亲王、礼部尚书等一品大员劝酒。这样的宴席总是形式多内容少，一场酒宴耗去的时间不少，但真正吃的机会却很少，名义上进御宴，实际上都是空腹而归。

刘墉自从来到殿外就在人群中寻找曹雪芹，进入殿内后因为要应付各种烦琐的礼节，刘墉没有机会寻找曹雪芹。现在终于可以自由地走动一下了，刘墉四下里看看，仍然没有曹雪芹的影子，十分奇怪。作为新科进士，这等大礼怎么会忘记了？何况那天在长安门前约好的今日在恩荣宴上相见。

刘墉想找一个熟人询问一下，他走动了几桌却一个也不认识。忽见高鹗在旁边一张桌子上坐着，这也是在顺天府会试时结识的学友，忙走上前拉出高鹗悄悄问道："雪芹兄来了没有？我怎么一直没有瞧见他？莫非与那位红颜知己贪床睡过了头？"

高鹗急忙止住刘墉："崇如兄，你还再开这种玩笑，你是真不知道还是假不知道？雪芹出事了。"

刘墉大吃一惊："出了什么事？三天前我还与他在长安门前相叙呢。"

"这事本来与雪芹无关，是曹家出了事累及雪芹身上。皇上一怒之下抄了曹家，并下令革了曹家的世袭爵位，曹家所有为官的人，不论官职大小一概免职。就这样，雪芹的新科进士也给除名了。"

"这、这样做太不近情理吧！"刘墉气不过，大声嚷道，"到底出了什么事能给这么重的惩罚？这不等同于连坐吗？"

刘墉这么一嚷，近处的人都向他投来异样的目光。高鹗急忙示意他小声点。

这时，恩荣宴已接近尾声，就听执事太监高声喊道："请新科状元刘墉到养心殿见驾！"

刘墉一怔，皇上为什么要召见自己？正不知如何是好，高鹗笑道："刘兄，皇上今日单独召见，皇恩浩荡，你要飞黄腾达了，还不快去。"

刘墉匆忙来到养心殿，乾隆正与文武大臣商讨军国大事。刘墉紧走几步来到丹墀前扑通跪倒，朗声说道："新科状元刘墉叩见万岁，万万岁！"

自从刘墉走进殿内，文武大臣就愣住了。众人都以为刘墉一定是位英俊潇洒的青年，哪想到他不仅身材矮小，相貌丑陋，而且还是前鸡胸后罗锅，实在大煞风景。

众人都窃窃私语，甚至有人偷偷掩口嘲笑。

乾隆还是多年前见过刘墉一面，那时刘墉还是个少年。今日在朝堂居高临下一看，乾隆也觉得刘墉的身材相貌与这威武的朝堂实在不相匹配，于是皱了皱眉说道："刘爱卿平身。"

刘墉道一声谢，站了起来。

和珅急忙向乾隆使个眼色。乾隆会意，问道："刘墉，你在今科殿试一举夺魁，朕本当为你祝贺，但有人密告你贿赂考官，营私舞弊，这个第一名是花钱买来的，不知你作何解释？"

刘墉似乎早有所料，淡淡地反问道："皇上以为呢？"

乾隆没想到刘墉会这样反问他，被刘墉问得十分尴尬，颇为不悦地说："状元是经过层层科考，从数以万计的读书人中选拔出来的，当然有真才实学。可是，如果是通过投门子走关系贿赂所得，那就难讲了。"

刘墉见皇上气呼呼地说出这番咄咄逼人的话，把鸡胸挺得老高，不卑不亢地说："皇上既然信不过我，也可以重新命题科考一遍，我不敢妄称仍然能得第一，但真才实学还是有的。"

"那好吧，朕现在就当着文武大臣的面来考考你。谁来出题？"

乾隆话音一落，和珅就急忙提议说："皇上，何不以刘墉为题让他作诗一首呢？"

众人都知道这是和珅有意戏弄刘墉。乾隆却装作不知，微微点头说道："刘墉，曹植七步成诗，朕命你以自身为题在此八步成诗一首，你能做到吗？"

刘墉扫视一眼和珅，见他身着宝蓝色缎子朝服，腰束玄色缎带，胸前绣着孔雀补服，头戴官帽，蓝宝石顶子，上插一支花翎。再看他的容貌：人长得十分标致，虽然三十开外，但看上去也只像二十出头，只是这副脸让人生厌，地地道道一副奴颜婢膝相。

刘墉才迈出四步，就脱口而出，吟诵道：

背驼负乾坤，胸高满经纶。
一眼辨忠奸，单腿跳龙门。
丹红扶社稷，涂脑谢皇恩。
以貌取才者，岂是贤德人？

整个朝堂鸦雀无声，文武百官的讥笑声也顿时哑然。刘统勋刚才还为儿子捏了一把汗，现在内心不禁一阵欣喜：儿子没有给他丢脸。

乾隆帝也暗暗佩服刘墉才思敏捷，抬头看刘统勋面露得意之色，颇不服气地说："朕有一联，请新科状元答对！上联：老为官，少为官，老少皆为官，为官不长。"

刘墉一听皇上意在借答对嘲弄他们父子，眉头一皱，答道："父进士，子进士，父子同进士，进士永传。"

乾隆又出上对："老进士，少进士，老少都进士，进士进进士。"

刘统勋身为三朝元老，如今已经年近七十，现在只有刘墉一个儿子。他一听皇上如此作践他们父子，气得脸色铁青，刚要站出来为儿子说句公道话，只听刘墉又朗声答道："父长寿，子长寿，父子同长寿，长寿长长寿。"

刘统勋铁青的脸色稍稍放松一些。乾隆却十分恼火，他不相信难不倒刘墉，又搜肠刮肚出了一对："科场舞弊，皆有常刑，告小人毋撄法网。"

刘墉明知乾隆是在警告自己科举考试舞弊要受到惩罚，但他心里无私，坦然地应答道："心地无私，不愧圣贤，望皇上勿听浮言。"

乾隆一听刘墉指责他妄听他人滥言，心中负气，又灵机一动，说出一对："铁面无私，凡涉科场舞弊，皇亲国戚达官显贵须谅君。"

刘墉明白乾隆的心意，毫不在意，略一思忖，有了下对："心地纯正，但凭才学应考，五经四书古史今事全知晓。"

乾隆见自己难不倒刘墉，于是向两边的朝臣说道："众位爱卿平日里都喜爱舞文弄墨、填词作赋，今日闲着无事何不与新科状元比试比试？抑或哪位爱卿想印证一下刘墉的真才实学，也可出上一题。"

众大臣当然明白乾隆的心思，暗自盘算着只要能难倒刘墉，必定讨得皇上欢心。因此，人人抓耳挠腮搜肠刮肚想难题。还是礼部侍郎周永年才思敏捷，率先想出一题，急忙出班说道："如今正值明媚的春月，就请新科状元以'春'和'月'二字各说出七句诗，必须让这两个字分别从头到尾依次错落排开。"

周永年唯恐刘墉听不明白，从太监手中接过纸笔，随手写出式样让刘墉填写：

春□□□□□□
□春□□□□□
□□春□□□□
□□□春□□□
□□□□春□□
□□□□□春□
□□□□□□春
月□□□□□□
□月□□□□□
□□月□□□□
□□□月□□□
□□□□月□□
□□□□□月□
□□□□□□月

周永年说出题目后，扬扬得意地看着刘墉，认为自己这个题目出得妙。其他大臣也都交头接耳，称赞周永年不愧为老翰林出身，有学问。此题若慢慢想来并不太难，但让刘墉在这殿内立即答出，确实够困难的。

刘墉只是轻轻瞟一眼题目，索性故意摆出狂放的姿态说："我以为什么惊世骇俗的题目呢，原来是这等俗之又俗的题目。可惜我的书童张成不在，他如果在此也能答应出题。唉，只好我自己来答了。我不仅能依次说出古人的诗句，还能

同时报出该句的出处与作者。”

周永年又羞又恼，他估计刘墉是故意这样说以拖延思考的时间，催刘墉赶快说出答案。刘墉淡淡一笑，随口报出答案：

春宵一刻值千金（苏轼《春宵》）
阳春一曲和皆难（岑参《和贾至舍人早朝大明宫之作》）
却疑春色在邻家（王驾《春晴》）
草木知春不久归（韩愈《晚春》）
最是一年春好处（韩愈《初春小雨》）
妆楼翠幌教春住（沈佺期《使婴》）
万紫千红总是春（朱熹《春日》）

月落乌啼霜满天（张继《枫桥夜泊》）
二月黄鹂飞上林（钱起《赠阙下裴舍人》）
更深月色半人家（刘万平《月夜》）
秦时明月汉时关（王昌龄《出塞》）
环珮空归月夜魂（杜甫《咏怀古迹》）
万里归心对月明（卢纶《晚吹鄂州》）
云边雁断胡天月（温庭筠《苏武庙》）

刘墉给出答案后向乾隆很随意地说道：“皇上，像这样类似的诗句实在举不胜举，如果皇上及周大人有兴趣，不才可以说上三天三夜。”

乾隆又气又恼，说道：“好啦，好啦，这一题算你答对了。其他爱卿有没有更好更难更妙的题目？快快说出来！”

乾隆左右看看。两边的大臣都低下头不敢和皇上对视。众人见皇上与周永年及和珅三人都难不倒刘墉，不仅没有羞辱到这新科状元，反而被刘墉羞辱一顿，都知道这刘罗锅才智过人，自知不是他的对手。也有一些大臣知道刘墉是刘统勋之子，又见刘统勋一声不响地站在旁边，谁也不愿为了讨好皇上而得罪这位一身正气、铁面无私的三朝元老。

乾隆见大臣们都低着头，又连问三遍仍没有人出题，恼火地斥道：“呸，都是一群废物！平日里互相吹捧博学多才，真正让你们显示才华却又都变成了哑巴。尔等回家之后都把唐宋诗词、千家诗全部读一遍！”

乾隆训斥完众大臣，又转向刘墉说道：“你尽管对上几副对子，说出几首诗句，这些都是附庸风雅之人所为，并不能代表你有真才实学，也不能说明你在科场上没有拉关系走门子。朕仍然要派人查处这事，一旦发现你有舞弊现象，不仅除去你的今科状元之名，而且将你与你的父亲打入刑部大牢治罪！”

乾隆不等刘墉出言解释，便宣布散朝率先走出养心殿。

北京西郊西山脚下一处简陋但很雅致的农家小院里，曹雪芹正埋头奋笔疾书，忽然听到几声笃笃的叩门声。不待曹雪芹起身，香云就站起身：“让我去吧！”曹雪芹点点头。香云出来打开门见有两个陌生人站在门口，正不知如何是好，曹雪芹已走了出来，欣喜地上前开玩笑说：“啊呀，原来是两位大人光临寒舍，有失远迎，快快请进！”

高鹗轻轻拉一下刘墉的衣襟也俏皮地说道：“雪芹兄，想必这位就是名满金陵的才女嫂夫人香云姑娘了。”

刘墉扑哧一笑：“还姑娘哩，早就是小媳妇了。人们不是常说：‘腊月初八日子好，许多姑娘变大嫂。’今天都已经是端阳节了，只怕又一位小才子都已经发芽啦。”

“好你个刘墉，如今都已经做到翰林院编修了还这样没有正经。如果哪一天惹恼了万岁爷，你这背上的罗锅也会被皇上拍直的。”曹雪芹边说边举起拳头在刘墉背上轻轻捶了一下。

香云被刘墉说得满脸绯红，深施一揖说道：“室外天热，两位大人也走了这么远的路，一定劳累了，快进屋内歇息吧！”

四人来到室内，香云忙着侍候茶水。曹雪芹郑重地向香云介绍了刘墉与高鹗。香云一边致谢一边说：“时常听雪芹提及两位，你二人的大名可谓如惊雷贯耳，似皓月当空。今日二位光临使寒舍蓬荜增辉，我为雪芹有这样的朋友感到荣幸。”

“嫂子谬奖了，应该说我二人有雪芹这样的高雅之士做朋友是在下三生有幸，也为雪芹有你这样的才女做贤内助感到高兴。”

刘墉向高鹗挥挥衣袖：“别摆龙门阵了，快谈点正事吧。雪芹，你曹家到底出了何事，为何把你的功名也给丢了？”

曹雪芹淡然一笑：“我曹霑视功名如粪土，看情义重如山。有香云伴我，有你两位友人，终生无憾矣！至于我曹家发生的那些事就甭提了，欲加之罪，何患无辞？从雍正爷在位至现在，对我曹家不断地抄、抄，一而再、再而三！祖上的一时失误累及子孙多代遭困。除去功名也好，我是无官一身轻。自幼我就看够了官场黑暗，曹氏满门如今都被贬为庶民，从此再也不会为官府所累了。”

刘墉指指高鹗，又指指自己：“按雪芹兄所说，我二人一定要为官所累了？”

“这话我可能说早了，总有一天你二人会为官场所累而主动提出辞请的。

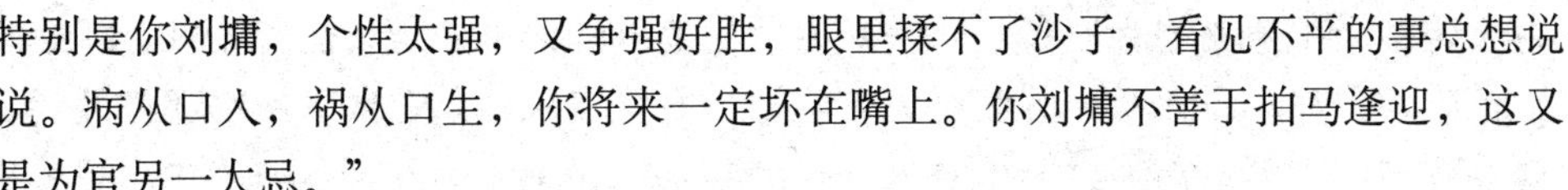

特别是你刘墉，个性太强，又争强好胜，眼里揉不了沙子，看见不平的事总想说说。病从口入，祸从口生，你将来一定坏在嘴上。你刘墉不善于拍马逢迎，这又是为官另一大忌。”

曹雪芹稍停片刻又凄然说道：“圣祖康熙有二十多个皇子，有资格竞争太子的不下十人。当时我先祖曹寅偏向于八皇子胤祀，对后来的雍正爷四皇子颇有微词，才招致雍正爷刚一承袭王位就对我曹家抄家。”

“外界都传言先皇查抄曹家是寻找圣祖皇上留下的一份圣旨。据说那是份传位给十四皇子允禵的圣旨，曾被隆科多私藏以此要挟先皇，隆科多被杀后又转到你的先祖曹寅府中。”

高鹗说到这里，才插话问道：“雪芹，你是否听到你父亲谈及有关那份圣祖留下的遗诏的事？”

曹雪芹摇摇头：“我也曾听叔父说查抄曹家的根本原因是为了寻找圣祖遗诏，可我们曹家从来都没有人见到那份遗诏，也没听说被查找出来，也许是以讹传讹。”

“这次查抄曹家是为了什么？该不会为了那份莫须有的遗诏吧？”刘墉插话问道。

曹雪芹叹息一声：“这是我曹家咎由自取。古人云：‘君子之泽五世而斩。’此话一点不假，曹家已经破败到这种地步，仍然有一些不肖子孙自以为是，仗势欺人，惹出了人命案，给曹家带来了这次废爵抄家之灾。”

常言说，家丑不外扬。刘墉见曹雪芹不主动说出自家出事的具体原因，也不便再问，便说道：“我二人到此一是见见嫂夫人，二是询问一下雪芹兄今后有什么打算。倘若需要我二人帮忙尽管开口。”

曹雪芹把香云拉到身边，开玩笑地做了一个亲昵动作：“这就是今后的打算，效仿七仙女和董永，我担水来她浇园，我种田来她纺棉，男耕女织同劳动，夫妻恩爱赛神仙。”

高鹗说道：“曹兄是在说笑吧？曹兄曾有鸿鹄之志，立志做一治理天下的股肱之臣，怎么经此遭遇就心灰意冷了？这不像你的性格与为人哪。”

刘墉也劝慰说：“读得圣贤书，售于帝王家，这是古今读书人的一贯追求。雪芹兄虽然遭累失去了功名，但你的才气与实力仍在，等上几年，皇上大赦，你又可以获得重上科场的机会。那时再奋力一搏，决不会在一甲之外，你我三人又可同朝共事，实现平生所愿，安邦定国，青史留名，荣宗耀祖，泽被后人。”

曹雪芹并不为之所动，淡然说道：“此一时，彼一时。人的认识是与自己的经历一致的，你们二人虽然也都是出身于钟鸣鼎食之家，但没有经历过从富贵走向贫穷这样一个巨大落差，是体验不到我心中的痛苦的。不过，我现在看淡了。

古人曾把人生道路划为三条：一是众人争相追寻的读书做官，流芳百世，就是现世也因地位显赫、权重一方而受人青睐。二是像陶朱公范蠡或吕不韦那样经商，做一富甲天下的大商人，终生有享不尽的荣华、受不完的富贵。但这二人骨子里也不是地地道道的商人，范蠡先做官，功成名就后携西施避世而走上经商之路。吕不韦是先经商暴富起来才动了为官之想，散尽千金妄想赢得一个国家，结果是赔尽财产丢了性命。第三条道路的选择就更苦了，归隐著书立说，像春秋战国诸子以及陶潜、王维、黄山谷等人。任何一个人选择这第三条道路都不是心甘情愿的，往往是迫于外界不得已而走此路，通过归隐，标榜自己不同流合污的人格，或通过著书立说把自己的人生追求寄托于历史，让个人的价值在未来的岁月中得到实现。”

不等曹雪芹讲下去，刘墉就问道：“不知曹兄选择哪条道路？”

“到了这种地步，我还能选择什么道路？除了像陶渊明那样‘晨兴理荒秽，带月荷锄归’，此外别无选择。闲暇之际躲在居室写点文章，此外再无所求。”

“唔，不知曹兄想写点什么，是针砭时弊还是刺讽世相？这你更要注意点，多少文人墨客因为文字下狱，有的甚至满门抄斩，流放偏远之地。”

“高鹗，雪芹的胆子本来就小，你就不要再吓唬他了。”刘墉说道。

高鹗急忙争辩说：“不是我吓唬他，事实不就是如此吗？吕留良因文字狱满门抄斩，死后还落得个破棺戮尸，其他如戴名世等就更不用说了。”

曹雪芹哈哈一笑：“我既不讽刺朝政也不针砭时弊，我只写风花雪月。”

高鹗一听，急忙接道：“雪芹兄准备写一些风花雪月的故事，必是写你和香云嫂之间的恩爱情缘。到时我一定认真拜读，了解一下曹兄的风流韵事，再加以评点。”

不等高鹗说下去，刘墉就嚷道：“高鹗，你也太阴损了吧，看人家的风流韵事还要评点。你高鹗是京城有名的大手笔，经你一评点，本来就够风流倜傥的曹雪芹就将成为司马相如第二，香云就是卓文君了。”

这时，香云恰好走过来，一听刘墉把她比作卓文君，略带羞赧地回敬道：“我和雪芹若是司马相如和卓文君，那刘大人就是东方朔。据史书记载，东方朔也和刘大人一样，背上都长着一个智囊。你们二人不但相貌酷似，连才学也极为相似，喜怒笑谈都是诗，举手投足皆有智，也许刘大人正是东方朔转世呢。”

曹雪芹一听香云拿刘墉的驼背开玩笑，唯恐刘墉生气，忙打圆场说：“香云这一提醒，我还真打算把咱们这几人都写进我的《石头记》呢。”

刘墉嘟哝道：“你要认为我这罗锅有戏，尽管添油加醋地去写，干吗要把我写进《石头记》呢？我背上的那玩意全是瘦肉，里面包的都是学问，怎么变成了石头蛋子呢？我这里面若都是石头蛋子，我早就被压垮了，怎么再挺直腰板做人？”

曹雪芹明知刘墉在开玩笑，仍认真地说：“刘兄误会了，你是大智大勇之人，论才，孔明、周瑜不能出其右；论智，晏婴、蔺相如不能胜于君；论嘴，苏秦、张仪不能辩过你，我曹霑怎敢把刘兄比作顽石？”

高鹗插话问道：“那曹兄的《石头记》是何内容？”

“不瞒两位兄弟，我正在写的《石头记》，说的是女娲炼石补天剩下的一块顽石，因经历万年风雨，承受日月精华，得道成仙来到人世间，经历了人间的坎坷辛酸后又回到仙界这么一个过程，因此叫《石头记》。”

曹雪芹话未说完，刘墉就嚷道：“你既然是写一块无才补天的废弃顽石，何必又把我这罗锅扯进去呢？莫非你要写我这罗锅是无才煮饭的破锅不成？”

刘墉这话惹得几人哈哈大笑。这时，香云走上前微笑着说道：“你的锅不是破锅，是正宗京城王铁匠的八张锅，不然酒菜不会这么快就烧好的。快入席吧，尝尝刘大人的锅煮的菜香不香。”

曹雪芹见饭菜果真已准备好，便招呼刘墉、高鹗就座。三人边谈边饮，谈到当前所做的事时，刘墉感叹道：“当官做一闲职好像聋子的耳朵——只是个摆设，无怪乎陶渊明弃官不做安守田园，还说自己‘误入尘网中，一去三十年’，只怕我将来也会步陶渊明的后尘。雪芹兄虽为布衣之士，却可以著书立说，我这翰林院编修却无书可著，无史可编，地地道道一个聋子耳朵。”

高鹗放下手中的杯子说：“许多人做官都图个清闲无事平安，不求有功但求无过，你却想做事，真是个怪脾气。”

曹雪芹想了想说：“刘兄身为翰林院编修，若不想清闲，可以主动向皇上请求点事做。明永乐年间编修的古典总集《永乐大典》历经明末战火早已残缺不全，刘兄何不向皇上提请重新修订一下《永乐大典》呢？”

曹雪芹这一提示，刘墉也想起那日查阅《永乐大典》发现残缺不全的事，当时只感到遗憾却没有想到修订。

刘墉觉得曹雪芹的建议可行，便决定上书请求修订《永乐大典》。

常言说，太平盛世好做官。做事不做事无所谓，只要能哄得皇上高兴就行了。乾隆皇帝虽然是年轻有为的君主，却好大喜功，喜欢听好话，尤其乐意听臣子奏报天降祥瑞的话。

这天早朝，乾隆刚一上朝，就有人奏报天降祥瑞的事，一个说山西发现麒麟现身，一个报湖南有一片稻田地里的稻穗全部是一株两穗。乾隆一听，面带喜色，频频点头。这时，和珅见机奏道：“皇上，天降祥瑞是我大清盛世到来的预兆。据史书记载，汉武帝时天降祥瑞，武帝泰山封禅以应天德。汉光武帝中兴之时，全国各地也不时有祥瑞出现，刘秀也到泰山封禅以此来感谢天帝。此后，每

当天降祥瑞，君王或泰山封禅，或祭天告地以应天地之灵。自李唐王朝以来，封禅之君寥寥无几，不是因为他们不想封禅泰山，而是他们的才德不足以感天动地，让上天出现祥瑞。自皇上登基以来，祥瑞频频出现，说明皇上的德才可与秦皇汉武唐宗宋祖媲美，已经惊动上天，这才有祥瑞的降临，从而昭示圣上封禅泰山。奴才期望皇上早降圣旨，筹办封禅事宜！”

乾隆心花怒放，但又不便立即答应和珅的请求。自己有多少才德乾隆自己是有自知之明的，他想等再有几位大臣一齐下跪奏请就可顺水推舟让和珅准备封禅之事了。谁知众朝臣都装作不知，故意低头不语，乾隆有些尴尬。这时，刘墉出班奏道：“启奏万岁，臣刘墉也有一事相奏。”

乾隆正在尴尬中，见刘墉奏事仿佛是给自己解围，急忙问道：“刘爱卿何事相奏？快快讲来。”

“臣身为翰林院编修，所奏之事当然是分内之事。臣在查阅古代典籍时发现翰林院所藏《永乐大典》已有缺失。正如和大人所说，我朝正处盛朝，既无内患，又无外忧，风调雨顺，百姓富足，正是修史撰书的好时机。我朝有能力也有必要重修《永乐大典》，这是造福子孙后代名垂千古的好事，望皇上准奏！”

乾隆一听刘墉讲得有道理，又联想到圣祖康熙爷时命人编纂《古今图书集成》一事，点头说道：“刘爱卿言之有理，朕准奏。但修订《永乐大典》非一人之力，也不是一朝一夕就能完成的，参与修订的人必须书法与文采兼备，不知何人能担当此大任？”

“臣早有考虑。除了臣刘墉之外，臣向皇上举荐纪晓岚、高鹗、朱筠，这三人都是博学多才之人，能够担当大任。”

乾隆对刘墉的才学是领教过的，对于纪晓岚与高鹗也略有所知，正要点头应允，忽然想起刘墉刚才称赞和珅所说的盛朝之事，估计刘墉也一定赞成和珅提出的封禅一事，便问道：“刘爱卿，依你之见，和珅倡导的封禅之事如何？”

“臣以为万万不可。”

刘墉这话一出等于给乾隆迎头浇一盆冷水。乾隆碍着众人的面不便发火，仍沉下脸来问道：“刘墉，你把缘由说说，为什么万万不可？”

刘墉当然听出皇上语气中带着指责，毫无顾忌地说：“泰山为五岳之尊，最毗近天宫，上天神灵借泰山而察考天下。自古敢到泰山封禅的人不是开国明主就是有道之君，其功德业绩无愧于天帝人神。正如和大人所说，自李唐以来，到泰山封禅之君寥寥无几，这是为什么？自古至今，哪有帝王不想到泰山封禅告天的？但众人都有自知之明，唯恐自己的功绩不足以封禅，给后世人留下笑柄。皇上既不是开国之君，也不是拓疆之主，只不过是一守成之君，承袭父祖基业而暂时保得天下太平就不思进取，略有功业就沾沾自喜，受小人撺掇萌生封禅之想，一旦传之天下必

然遭到天下人讥笑，留给史家的也只能是一则笑话，望皇上打消封禅泰山的念头。劳民伤财不说，也并不能显示皇上的功绩。只要皇上勤政爱民，把江山社稷治理得井然有序，百姓安居乐业，国富民强，边疆巩固，就是皇上不去泰山封禅，皇上之伟业也一定流芳千古，永远为后人敬仰，望皇上三思。”

不等刘墉话音落地，乾隆就暴喝一声：“这些大道理朕都懂，现在还不需要一个小小的翰林院编修来教训朕！”

乾隆把一摞折子往御案上一摔，起身走了。刘墉还没弄清是怎么回事，就听执事太监高声唱道：“退朝！”

众人走后，空荡荡的大厅里只剩下和珅与刘墉二人，刘墉看看和珅，正欲说什么，和珅不等刘墉说出口，就呸了一声，猛一跺脚，向乾隆退去的方向追去。刘墉看着和珅肥胖的身体像个球一样滚了出去，无可奈何地笑笑，摇摇头走了出去。

乾隆前脚来到养心殿，和珅后脚就赶到了。他见乾隆一脸余怒未消的样子，满脸堆笑地凑上前说道：“皇上，刘墉这人不识抬举，他的建议都是无稽之谈，什么重修《永乐大典》，整理那些破玩意儿有屁用，我以为……”

“你以为什么？”乾隆回头瞪了和珅一眼，“你是不学无术之人，怎么知道文化对于治国安邦、钳制百姓思想的重要？你知道秦始皇为什么要焚书坑儒，我朝几位开国皇帝为什么要制造文字狱？”

“奴才愚钝，请皇上明示，小的洗耳恭听。”

乾隆摇摇头：“这其中的奥妙跟你说了也等于对牛弹琴。尽管刘墉阻挠朕去泰山封禅，但他提出重修《永乐大典》一事却很合朕意。”

和珅很失望，略一思忖，又说道：“皇上，奴才还是觉得重修《永乐大典》不妥。”

乾隆有些恼了：“和珅，你到底想干什么，怎么处处与朕作对？你说为什么不妥？不说出个子丑寅卯来，朕决不饶恕！”

和珅小心翼翼地说道：“《永乐大典》是前明成祖朱棣永乐年间由解缙等人组织编撰的，是前明最值得骄傲之物，也是汉人引以为荣之物。皇上若是重新修订《永乐大典》，这不正迎合汉人之意，助长汉人的威风吗？不合祖制呀！”

乾隆点点头：“依你之见，应该如何处理这事呢？”

和珅心花怒放道：“奴才以为应该放弃对《永乐大典》的修订，另起炉灶，编一部我朝自己的文献典籍，规模比《永乐大典》大，内容比《永乐大典》丰富，思想更切合我朝实际，这样才能显示出我大清盛朝的气派，更有效地为我朝服务。不知皇上以为如何？”

乾隆眉开眼笑，拍着和珅的肩膀说道：“和珅，你书读得不多，脑瓜挺灵活的。这个主意出得好，朕赏你黄马褂一件。”

和珅一听乾隆有赏，急忙跪下叩头："奴才谢过皇上，皇上万岁万万岁！"

"和珅哪，如果刘墉能像你这样朕就高兴了；你如果能像刘墉那样读那么多书，有他那么多才气朕就无可挑剔了。只可惜你二人不能合二为一，遗憾呀！"

"皇上不必遗憾，综合考虑，刘墉与奴才相比只是比奴才多读了几本破烂书，会写几篇臭文章，他不如奴才会体贴皇上，处处为皇上着想。奴才以为读书人有这么三种：第一种人是一生读了许多书，满腹经纶，但却不知道如何运用，只是个行走的书橱罢了。第二种人也是满腹经纶，但不像第一种人那样读死书死读书，他能把所读内容部分地用于为人处世之中，但由于是从书本中得来的，所以为人呆板，处事愚讷，不懂嬗变，好钻牛角尖，认准一个理便不回头，八匹马也拉不回来，按照老百姓的一句话是喝死牛血长大的，刘墉正是这样的人。第三种人是读书不多，但能活学活用，并且以一当十，以不变应万变，把芝麻那么大的一点学问用得像西瓜一样大，奴才正是这第三种人。"

乾隆听后哈哈大笑："说得好，说得好。和珅，你能把芝麻大的学问用得像西瓜一样，那朕问你一件事，看你能不能答上来。"

"皇上请问。"和珅忐忑不安地说。

"朕问你天下什么东西最肥，什么东西最瘦；什么东西最贵，什么东西最贱；什么东西最大，什么东西最小？"

和珅听后心里稍稍平静一些，问题并不难回答。他捋一捋山羊胡子，苦苦想了一会儿还没想出好的答案。乾隆见和珅眉毛拧成一把，笑着问道："和珅，你回答不上来吧，回去后好好想想再来回答朕。"

和珅刚才已经自吹自己能把芝麻大的学问用得像西瓜一样，现在又回答不上来皇上的问话，多没面子。人们常说急中生智，和珅一着急，果然想出了答案，急忙说道："皇上，奴才略一思忖便有了答案，这么简单的问题怎能难倒奴才？羊尾巴最肥，羊霜霜最瘦。"

乾隆扑哧一笑，刚喝到嘴里的一口茶全喷在和珅脸上。和珅抹一把脸，仍然满脸堆笑地问："皇上，难道奴才回答得不对？"

"你且说说为什么羊尾巴最肥，羊霜霜最瘦？"

"皇上最喜欢吃涮羊肉，奴才每次陪皇上吃涮羊肉，见皇上总是要羊尾巴部位的。因此，奴才想羊尾巴一定最肥，不然皇上不会吃羊尾巴。奴才也曾问过牧羊人，说每到深秋，羊吃野草长得肥，尾巴油最多，没有一点瘦肉，岂不是最肥？"

"那么羊霜霜最瘦又作何解释呢？"

"羊霜霜全是羊血灌的，里面没有一丁点儿肉，当然最瘦了。"

乾隆哭笑不得："那么另外两个答案呢？"

"油最贵，水最贱；西瓜最大，芝麻最小。"

“快说说你的理由吧，让朕开开心。”

和珅得意了，眉飞色舞地说：“有句谚语叫‘春雨贵如油’，油自然最贵了；而水到处都有，随处可见，人人尽取尽用，也就最不值钱了。还有，通常形容谁吃了大亏都说‘捡了芝麻，丢了西瓜’，可见西瓜最大，而芝麻最小。”

“和珅，你确实把芝麻大的学问用得像西瓜一样，但你的这些答案不是最佳答案。回府后好好思索一下，朕改日让刘墉答给你听。”

中秋节到了。

乾隆在宫中举行中秋宴会大宴群臣，赏菊题诗猜谜行酒令。整个宴会气氛热烈，喜乐融融，直到掌灯时分众人才陆续散去。乾隆似乎酒意未尽，又单独留下和珅、刘墉等人侍宴陪饮。众人见刘墉一个小小翰林院编修被皇上点名留下陪饮，无不嫉妒，连和珅也颇感惊异。但和珅是乾隆的宠臣，知道乾隆多才多艺，自视诗文书法绝妙，对朝中懂得诗文书艺的大臣格外垂青，而刘墉虽然为官不久，但诗文书法却受到朝中大臣一致推崇，再加上他是上科头名状元，因此在朝臣中被公推为第一才子。特别是那次恩荣宴乾隆亲率众大臣当面出题竟无一人将他问倒，从此刘墉大名远播近扬。后来又有几次诗会，刘墉都以诗文与书法高人一筹而技压群芳。

不知为何，从和珅听到“刘墉”这一名字开始，就对刘墉有一种敌对之意。和珅总觉得自己前世就与刘墉有仇，因此总想把刘墉赶出朝外。他曾密告刘墉的头名状元是行贿所得，乾隆也一度信以为真，密令和珅暗中察访。和珅明察暗访多方取证，查了半年有余也没有查出一点头绪来。经过几次实际答对和处理问题的考验，乾隆发现刘墉确实才艺过人，有真才实学，对他由怀疑转为信任，授予其翰林院编修。和珅见找不出刘墉的把柄，也只好不了了之，但对刘墉更加敌视，仿佛刘墉会和他争宠似的，不时在朝臣中诋毁刘墉，也常在乾隆面前贬低刘墉，削减乾隆对刘墉的信任。

和珅见乾隆留下的几位大臣中间唯有刘墉官位最低，但从乾隆这一举动，和珅看出刘墉很快就会得到重用，不久的将来一定与自己平起平坐。常言说未雨绸缪，防患于未然，和珅决定见机削弱皇上对刘墉的信赖。

几人随乾隆来到养心殿又重新摆上筵席，众人都知乾隆之意已不在酒，而在玩乐。才饮上几杯，乾隆就放下酒杯对和珅说：“和珅，朕那日问你的几个问题思考得怎么样了？如果实在想不出更好的答案，何不请教刘墉？”

和珅会意，急忙说道：“刘墉，皇上让我请教你几个问题呢。”

刘墉一本正经地说：“请教谈不上，有什么问题你尽管问，下官知无不言，言无不尽。”

和珅嘻嘻一笑："那我就不客气了。刘墉，你说说什么东西最肥，什么东西最瘦；什么东西最贵，什么东西最贱；什么最大，什么最小？"

刘墉估计这是乾隆与和珅商量好考一考自己的，略加思索便答道："秋天最肥，严冬最瘦；情义最贵，贪心最贱；皇上最大，和珅最小。"

刘墉刚一说完众人捧腹大笑，连乾隆也笑得前仰后合。和珅气得满脸通红，指着刘墉喝问道："天下黎民百姓之多，数不胜数，你刘墉怎么说我最小呢？"

乾隆也让刘墉把答案解释一下。刘墉说："秋天是收获的季节，春华秋实，秋天的粮仓堆满了粮食，怎能不肥呢？而到了严冬，万物萧条，连草也埋在地下，当然就最瘦了。自古至今都是黄金有价情义无价，情义不是金钱所能买到的，也不是权位所能换取的，自然为世上无价之物，也就最贵了。人们常说贪心不足蛇吞象，贪心是一切罪恶的根源，人人痛恨贪心，当然贪心为世上最卑贱之物了。"

刘墉讲到这里，看和珅仍然一脸盛怒的样子，毫无顾忌地解释说："皇上是圣明的君主，代天行命，一国之尊，自然最大。至于和珅和大人嘛，人们背地里都说你是吹牛拍马溜须的小人，可不就小了呀！"

和珅气得脖子都红了，本想发作，一看乾隆却高兴得哈哈大笑，怕自己的发作扫了皇上的兴，只好强咽两口唾沫，暗暗发誓，君子报仇十年不晚，今天先放过刘墉，改日再同刘墉一决雌雄。

乾隆对和珅的反应并没有太在意，他只是为了寻开心，于是又问道："刘墉，朕还有几个问题，你能回答上来吗？"

"皇上尽管问，臣一定竭尽所能答复皇上的垂问，答不上来只能说明臣才疏智浅，有负圣上厚爱。"

"好，朕先问你，每天进出北京城门的有多少人？"

乾隆说完，又看看和珅 ："你若知道答案也可以回答。"

乾隆示意和珅，刘墉答不上来你若能答上来不就扳回面子了吗？同时，你也可以借答题羞辱刘墉。谁知和珅不领乾隆的情，沮丧着脸说："每天进出城门的人数以万计，如何能知道个确数？奴才明日找到九门提督，派人统计一下，然后再来回答皇上……"

和珅话未说完，刘墉就说道："启禀皇上，愚臣知道。"

乾隆一愣："那你答来！"

"出城有两人，进城也有两人，合在一起还是两人。"

乾隆恼了，一拍桌子："好个刘罗锅，你敢戏弄朕！"

和珅也随声附和道："大胆刘墉，你一派胡言，戏弄皇上！每天进出城门之人不下万人，怎么说只有两人呢？老实交代，你居心何在？"

刘墉不慌不忙地站起来解释说："尽管出入城的人都很多，但出去的只有男人和女人两种人，进城的也只有男人和女人两种人，这不就是两人嘛。"

乾隆皱眉寻思片刻，刘墉的回答虽然狡猾些，但答得很巧妙，不能说错。可乾隆对刘墉的回答颇不服气，又问道："刘墉，朕再问你，每天出入午门的人究竟有多少？这你应该有个确切的回答吧。"

刘墉依然拱手说道："依然是二人，不过是名、利二人罢了。"

"何以见得？"乾隆问道。

"圣上请想，凡是出入午门之人都是想当官的；凡是想当官的和已经当了官的，不是为了名，就是为了利，不正是名、利二人嘛。"

乾隆见难不倒刘墉，抬头看看天，月亮已经从东方升起。乾隆让众人随他去御花园赏月，众人谁敢说半个"不"字，何况这是皇上的恩宠，是引以为荣的事。

乾隆带着和珅、刘墉等人向御花园走去，他们边走边聊，谈论诗词歌赋、琴棋书画，天南海北，信马由缰。路过牡丹园时，乾隆问身边的几位大臣："谁能以牡丹为题出副对子？"

刘墉开口说道："国色天香花中王，江山一统万代兴旺。"

乾隆面带喜色说："这对子出得好，谁能再对个下联？"

其余几人互相看了看，抓耳挠腮，谁也对不出下联。

很快来到一座楼前，此楼名为"观月楼"，专门为中秋、元宵赏月而建造的。乾隆刚踏上楼梯，又转身说道："你们谁能准确评价一下我大清从太祖高皇帝到太宗文皇帝、世祖章皇帝、圣祖仁皇帝以及世宗宪皇帝，直到朕这一百多年的发展历程，把大清引向何处？"

众人一时摸不清皇上的意图，谁也不敢妄加评论。刘墉一看乾隆脚踏楼梯，心中明白几分，说道："大清朝一代盛世，兴旺发达，江山繁花似锦，前程无限，好比这一级一级向上的楼梯，一步更比一步高。"

乾隆很舒服，他盼的就是自己这一朝要比先祖的业绩有所进步，至少要与圣祖康熙爷媲美，这才叫"百尺竿头，更进一步"，否则，有人会讽刺他爱新觉罗氏是黄鼠狼生老鼠，一代不如一代。刘墉的话正中乾隆心怀。乾隆心里美滋滋的，但他又对刘墉生有几分嫉妒：刘墉的脑瓜太聪明了。记得小时候刘墉随父亲刘统勋进宫拜见母后，母后出谜让他和刘墉猜，结果总是刘墉先猜中谜底。母后便夸赞刘墉聪明。他为此还气哭了，暗中叫小太监不允许刘墉再到宫中来，母后知道了又狠狠地把他训斥一顿。

乾隆心想：你刘墉是从我站在楼梯上不动猜中我的心思，借上楼打比方讨好我，等到我到楼上来个向下走，看你如何回话。

乾隆来到楼上，便掉转身做出一个下楼的姿势，对刘墉说："现在你再回答

一遍朕刚才的问话。”

刘墉明白乾隆是在为难他，如果自己说“走的是下坡路”，必然会被皇上治罪。于是他哈哈一笑，用诙谐的语气说：“皇上，这叫后背（辈）倒比前背（辈）高，一步更比一步强。”

乾隆不得不佩服刘墉的才思敏捷，跷起大拇指说：“高！就冲你这句话，朕今天也要痛痛快快乐一乐。”

观月楼上，乾隆君臣几人边饮酒边赏月。酒今天已经饮得够多了，大家都只是做做样子，主要陪乾隆说说话，开开心。不知谁提到了下棋，乾隆立即来了精神。

“刘墉，朕很早就听说你下得一手好棋，可朕从来也没有和你对弈过，今日陪朕对弈一局如何？”

“恭敬不如从命，愚臣只能陪皇上逗乐，只怕不能让皇上尽兴。”

“无妨，无妨，今天只是博得一笑，又不是拼个胜负高低，何必如此自谦呢？”

乾隆确实没有和刘墉下过棋，但他听说过刘墉棋艺高超，估计自己未必是刘墉的对手才故意说得轻松，为自己留个台阶。

乾隆持黑，刘墉持白，按照围棋规则，黑先白后。二人你来我往下了足有一个时辰仍不分先后。下棋往往是当局者迷，旁观者清，几个站在旁边看棋的都看出乾隆已呈现出败象，频频向刘墉使眼色。可刘墉的心思全在棋上，对他人的暗示根本没有在意。乾隆也似乎看出自己的棋在走下坡路，心也浮躁起来，一口接一口地喝茶。和珅看在眼里，急在心里，他不时跑到皇上后面向刘墉使使眼色，又不时跑到刘墉背后扯扯他的衣襟，可刘墉都装作不知道。

眼看皇上就要败在刘墉手里，和珅忽然有了一个主意，急忙端了一杯茶过来，双手递给乾隆。就在递茶的时候，和珅假装一不小心脚下一滑，整个身子倒在棋盘上，把棋盘打翻在地，棋子也滚了满地。和珅急忙从地上爬起来，他一边拾棋子一边向皇上谢罪。乾隆明白和珅的心意，心里感激和珅，嘴上还斥道：“朕和刘爱卿正下到兴头上，却让你给搅了，真扫兴。今后做事也稳重一些，别毛手毛脚像个三岁孩子！”

刘墉知道乾隆说这些话是为了装点门面，也不点破，也附和着皇上说：“就是嘛，皇上这就要赢我了，却让你给搅和了，皇上不想和也得和。我可要感激和大人了，改日一定请和大人到府上吃顿饭，不过就怕皇上又要骂你‘一年不成驴，到老都是个驴驹子’喽！”

和珅被刘墉骂了一通也只能哑巴吃黄连苦处往心里流，但依然满脸堆笑地说：“下棋只能两人取乐，还是欣赏书法吧。听说皇上近日书艺又大有长进，还写了几幅蝇头小楷。皇上，何不着人拿出来让臣等饱饱眼福？”

和珅如此年轻就当上内务府总管大臣一职，确实与他有着高人一等的拍马溜

须水平分不开。乾隆喜欢舞文弄墨，自认为书法在当世堪称一绝，再加上文武大臣都摸清了乾隆的这份心思，为了讨好皇上谁不顺竿子爬？一致盛赞乾隆的书法可以同颜柳欧褚等人相媲美，论功底与苏黄米蔡不相上下。众人的一致吹捧更把乾隆吹得晕头转向，不知天高地厚，他也真的认为自己的书法为当世一流。

乾隆也知道刘墉的书法很有名气，但他认为刘墉的书法与自己的相比一定是小巫见大巫，心道：今天下棋没有占你的上风，比书法可要让你刘墉难看。

这时，两名太监早把乾隆书写的蝇头小楷捧上来。乾隆先是自我陶醉一番然后才递给刘墉等人，自鸣得意地说："尔等评一评，朕的这两幅小楷如何呀？"

乾隆话音未落，和珅就抢着答道："举世一流，当世无双！"

其他几人也都附和着称赞，唯独刘墉只是观看而没有一句评价的话。他觉得乾隆的这两幅小楷写得十分工整，但太过矫揉造作，又有浓厚的柔靡之风，与自己的书法相比，实在不能同日而语。但刘墉决不能说乾隆的这两幅字一塌糊涂，他也不想人云亦云说假话，只好假装欣赏，沉默不语。

乾隆一见刘墉没有称赞自己的书法，心中老大不快，语中含气地说："刘墉，朕问你，要是写小字的话，你的字能写多小啊？"

刘墉想打击一下皇上，便答道："臣的字也不能写多小，只能在蚊子翅膀上写首诗罢了。"

和珅挨刘墉骂后一直都在留意刘墉的每一句话，希望能找出刘墉话中的破绽然后加以攻击，不想真的被和珅抓到了把柄。乾隆还没有开口，和珅就抢先嚷嚷道："大胆刘墉，你竟敢不切实际，口出狂言，戏弄皇上，说什么能在蚊子的翅膀上写首诗，纯粹一派胡言，不把皇上放在眼里！"和珅说着，又转向乾隆，"皇上，刘墉这是欺君之罪呀！"

经和珅这一挑拨，乾隆怒火中烧，立即变了脸色，喝问道："刘墉，如果你不是口出狂言，马上在蚊子翅膀上写首诗让朕看一看！"

刘墉并不惊慌，慢条斯理地说："请皇上抓一只蚊子来，臣立即就写。"

这是在皇宫大内，又是深秋，一时上哪里抓一只蚊子？乾隆在气头上，也不愿退让，又问道："刘墉，这小字就不写了，那么大字你能写多大？"

刘墉可能是要故意气一气皇上，随口答道："臣也写不了太大，像京城那么大的字臣凑合着能写几个。"

乾隆气得胡子翘得老高，说道："好个刘罗锅，你也太会吹牛了，今天非让你的牛皮吹炸不可。来人，笔墨侍候，朕瞧瞧罗锅写出北京城那么大的字。哼，写不出来朕要治你个欺君之罪！"

两名太监各递上纸和笔，刘墉拿起笔看了看又放下了，笑着对乾隆说："皇上，写京城那么大的字至少需要紫禁城那么大的笔才行呀。"

“好一个刘罗锅子，你果真在戏耍朕，把这么多人都给耍弄了，罚酒十杯！”乾隆无可奈何也只好当做一场玩笑。

乾隆本想捉弄一下刘墉，不想竟被刘墉捉弄了，表面上仍是一脸笑容，心中却老大不快。他一边命太监磨墨，一边挥笔写字，忽然有了一个主意，对刘墉说：“刘爱卿，朕酷爱书法，虽然文房四宝俱全，但没有一块称心如意的砚台。听说你的老家山东诸城出好砚，能否辛苦一趟给朕买一块？”

“为皇上效命是臣的分内事，怎敢说‘辛苦’二字，不知皇上喜欢什么砚？”

乾隆点点头：“一般的砚台皇宫里都有，朕当然要一块与众不同的。”

“怎么个与众不同？请皇上明示，臣一定竭尽所能为皇上寻求。”

乾隆故意迟疑片刻，说：“朕要的砚台嘛，不是玉的，不是石头的；不是金的，不是银的；不是方的，也不是圆的；不是大的，也不是小的；不是厚的，也不是薄的；不是有槽的，也不是平面的；不是无色的，也不是有色的。你何时回山东给朕买砚呀？”

刘墉一听，明白了，自己刚才戏耍了皇上，皇上现在又反过来戏耍他，以报刚才被戏弄之仇。皇上不是真的让他回山东老家买砚，而是故意刁难他。

刘墉也装作毫不知情，不慌不忙地应道：“皇上所要的砚台嘛，在我们老家山东诸城随处都可以买到。至于何时去山东，不是今年，也不是明年；不是这月，也不是那月；不是今日，也不是明日；不是此时，也不是彼时；不是这一刻，也不是那一刻。到该去的时候，我一定去山东为皇上买砚，皇上耐心等待吧。”

刘墉话音未落，和珅大声说道：“刘墉，你这是什么话，皇上让你买个砚台你就推三阻四，这也不能去那也不能去。究竟何时能去？你快给皇上一个明确的答复，不然，就是欺君之罪满门抄斩。”

刘墉忙转向和珅 ：“和大人，你是内务府总管，皇上缺砚的事理应由你负责。你先派人把皇上所要的砚画成图，标明尺寸，我立即回山东诸城，按图给皇上买砚。”

“这……”

和珅一挠头，刘墉又催促说：“和大人请吧，皇上怪罪下来你我都吃罪不起呀。”

乾隆本想将刘墉的军，一看刘墉转而将了和珅的军，忙出面解围说：“今天是花好月圆之夜，快喝酒赏月，买砚之事改日再议，不能为了一个小小的砚台扫了众人的兴。来，喝酒！”乾隆带头举起了杯。

“臣遵旨！”刘墉一边举杯一边说道。

西华门内的武英殿一改往日的宁静，热闹起来，这里是编撰《四库全书》之

处。自康熙朝时设武英殿造办处，在此编撰《佩文韵府》，从此，武英殿便成为修书的专用地。雍正朝时改造办处为修书处，编订《古今图书集成》，如今又在此编纂《四库全书》。

《四库全书》由刘墉提议编撰，也由刘墉负责，外加纪晓岚、高鹗等十几人协助编辑整理历朝、历代各类图书，然后加以选择、修订。所搜集的图书主要以《永乐大典》为基础。刘墉本来提议重新修订《永乐大典》，因为乾隆与和珅对前明的这部类书存有忌讳，这才下令刘墉另起炉灶，修订一部前无古人后无来者的古今图书总类。由于所选图书多是来自《永乐大典》，刘墉便奏请皇上恩准把宫中所藏的全套《永乐大典》搬到武英殿存放，以便随时查阅。

《四库全书》的编纂工作轰轰烈烈地开始了，刘墉除了请来纪晓岚、高鹗、陆费墀、朱筠等人外，还把当朝的大儒戴震及周永年、王念孙、伍大椿、金简等极负盛名之人都请来作指导。一时之间，整个京城无人不知刘墉、纪晓岚编书的事，连乾隆皇帝也不时抽空亲自到武英殿视察督导，赏赐美酒佳肴。

和珅一看刘墉做官不久就如此红火，又受到皇上这样重用，十分恼火，后悔鼓动皇上重新编纂图书的事，对刘墉自然也是又恨又恼，伺机寻求报复。

这天，和珅随乾隆来武英殿巡视，他看见殿内摆满了《永乐大典》，忽然灵机一动，有了一个歪主意。和珅回府后，立即叫来管家和富："和富，自从你来我府，我待你如何？"

和富不知和珅想干什么，急忙躬身答道："大人待小的恩重如山，如再生父母，小的就是变牛变马来世仍愿意服侍大人。"

和珅点点头："我这里有件事要你去做，当然，也不是要求你亲自去做，而是让你另外雇人去做，你答应吗？"

"什么事？大人尽管吩咐，小的万死不辞。只要大人说一声，小的刀山敢上，火海敢闯，就是杀人越货，小的也决不皱一下眉头！"

"好，我要的就是你这句话，我既不让你杀人，也不让你放火，而是让你……"

和珅四下看看屏退其他人，这才说道："和富，你过来。"

和富走上前，和珅耳语几句。和富听后一拍胸脯说道："原来是这等小事，大人不足虑，不出三天我就找人给大人摆平这事。"

和富临走前和珅又叮嘱道："一定不要暴露身份，所找之人要做事干净利索，不留痕迹！"

"是，奴才遵命！"

这天，刘墉正在府中服侍父亲吃药，因为父亲病重，刘墉告假在家，已经多日没有去武英殿了。恰在这时，翰林院来人找刘墉说出了大事，存放在武英殿

内的宫藏《永乐大典》一夜之间丢失八卷。刘墉一听，心急如焚，匆忙叫来家人叮嘱几句，便直奔武英殿修书处。刘墉赶到时，纪晓岚、高鹗等人已经守候在门外。刘墉简单了解一下情况，一边命人报官，一边入宫奏报皇上。

乾隆正在养心殿内与和珅下棋，听说放在武英殿内的《永乐大典》丢失了八卷，啪地把棋子往桌上一摔，吼道："岂有此理，竟然有人胆敢闯进武英殿偷东西，传扬出去岂不令天下人笑话！来人，把领班侍卫大臣傅恒叫来，问他昨天晚上是何人领班，宫中失窃怎么也不知道，这样下去只怕有刺客闯入大内也来去自如！"

和珅见皇上没有责怪刘墉反而斥责守卫宫城的大内侍卫，略有失望，但他什么也没有说，待乾隆怒气稍稍平定后，说道："皇上，依愚臣之见，《永乐大典》被盗也未必能说明宫中防范不严。皇上请想，若是一般的窃贼入宫行窃，宫中的珍宝不计其数，为何专偷几卷破书呢？这里面就大有文章。"

和珅故意欲言又止。乾隆点点头，若有所悟地问："和珅，你以为呢？"

"依愚臣之见，窃《永乐大典》之人一定是嗜书如命的读书人，武英殿把守一向严密，外贼如何入内？何况《永乐大典》根本不是藏在武英殿内，只是最近因为编纂《四库全书》之用才移至武英殿备用，不用说一般百姓，就是朝中官员也极少有人知道《永乐大典》在武英殿。因此，奴才认为偷《永乐大典》之人一定是《四库全书》编写组内部成员。"

和珅说着瞟了一眼刘墉，心中嘿嘿一笑，又不动声色地说："皇上，要侦破此案并不难，只要把所有编写组成员全部抓起来严刑拷打，然后再搜抄他们的家就可以了。"

"唔，和珅，这么说你有把握破此案了，那好，朕就把此案……"

"皇上明鉴，这种办法万万使不得！"刘墉不等乾隆把话说完就跪地恳求道。

"怎么使不得？"

"万岁爷一向英明，也珍爱读书之人。《四库全书》编写组成员多是我朝大儒，有些人是三朝元老，德高望重，博学多才，这些人年迈体衰，怎能再经得起大刑呢？只怕未用刑人就死了。何况窃贼未必是这些编写组成员，这只是和大人的推测，万一不是，不但众多官员受累，更要紧的是影响皇上的恩威，请皇上三思。"

乾隆细细一想也有道理，办案不能没有根据就妄加怀疑，恣肆刑讯逼供，万一有人受不住毒打被屈打成招，岂不是冤枉一个好人而放过一个坏蛋？乾隆问和珅道："和珅，你有没有更好的办法了？倘若把此案交给你，你能限期破案吗？"

和珅急忙下跪说道："皇上明鉴，奴才是负责内务府的，对破案并不在行。刚才只是奴才的一个小小建议，何况皇太后六十大寿快要到了，奴才还要为太后寿辰操劳呢，怎能再有心思去破案？奴才以为《四库全书》编撰一事是由刘墉领

头负责的，这追查失窃的《永乐大典》一事也理应由刘墉配合顺天府尹进行，令他们二人限期破案。我想凭刘墉的聪明才智，又有顺天府衙门帮忙，此案可在十天内完成，皇上尽管把此案交给刘墉就是。”

和珅当然不想插手此案，他明白这群读书人都不是好惹的，何况编写组成员中有几位德高望重的三朝元老，稍稍不慎，得罪了这些人也够和珅好看的，和珅可不愿做这样得罪人又讨不到什么便宜的事。

乾隆一听和珅分析得在理，不容刘墉分辩，就说道：“刘墉，《永乐大典》是由你负责保管在武英殿内，如今失窃理应由你负责，因为你父病重在身朕就不治罪你了，但侦破一事不得有半点马虎。朕给你二十天的时间，望你侦破此案，否则，朕将拿你治罪！”

刘墉接案后立即找到纪晓岚、高鹗、朱筠等人了解《永乐大典》丢失前后的情况，寻找可疑之人。起初刘墉也怀疑偷盗人是编写组内部的知情者，经过多方面的了解取证后，编写组成员被一一排除在外。

时间一晃过了十天，案情却毫无进展，刘墉十分着急，他决定扩大调查的范围。刘墉暗想：若是一般江洋大盗入宫行窃，决不会偷几卷书的，尽管这部《永乐大典》价值连城，但在常人眼里却如同废纸一般。若是读书识货之人入宫行窃或派人入宫行窃，为何只偷走了八卷呢？应该全部偷走才有用处。若是惊慌之间没有来得及全部带走，可询问了当时负责守卫宫廷的大内侍卫，当天夜里也没有发现任何异常情况。综合考虑，刘墉觉得这八卷《永乐大典》丢失得十分蹊跷，更令刘墉不可思议的是，这八卷《永乐大典》不是依次有序地连在一起，而是杂乱无章的，好像被人随意抽去一样，各卷之间并无联系。

刘统勋虽然卧床不起，但他见儿子近日神色异常便询问原因。刘墉本不想让这事打扰父亲，增加父亲心理负担，影响身体康复，在父亲再三催问下他才讲出事情缘由。刘统勋听后，提醒说：“墉儿，咱刘家世代为官，难免有得罪人的地方，也许是仇家派人入宫行窃嫁祸于你，阻止你编撰《四库全书》。人心难测，世事难料，处处多想一些。为官难，做一名好官就更难了。包公清正廉洁、刚正不阿，他赢得一世英名背后付出多大的代价！为父我终生以包拯为榜样，处处向他看齐，可如今回想起来仍觉得汗颜。论官位，父亲做到了东阁大学士，与包公的龙图阁大学士相比也不相上下；若论清正廉洁，我也基本做到了，但在刚直不阿上为父自愧弗如。望我儿能以父亲为戒，以包拯为鉴，做一名上对得起君下对得起民的好官。”

刘墉连连点头称是。父亲的话提醒了刘墉，莫非是仇家在陷害自己，阻挠自己做事，以此不让自己在仕途上有所进步？如果真是祖父、父亲结下的仇隙，仇家能够来去自如地出入宫禁，就会到府中寻仇，何必间接偷东西而嫁祸给自己

呢？也许这怨隙是自己结下的。刘墉把为官以来所接触的人仔细排了一遍，除了在言谈举止上得罪过和珅，跟其他人都相处得十分友好。

刘墉把和珅那日在皇上面前的表现仔细想一想更觉得可疑。和珅身为内务府大臣，对宫中情况熟悉，与守卫皇宫的大内侍卫也较熟，倘若和珅想栽赃自己较容易，他可以亲自引开守卫武英殿的大内侍卫，再派人去偷《永乐大典》便很容易得手。这样，和珅既可以报几次受辱之仇，又可以阻挠《四库全书》的编纂工作，从而离散皇上对刘墉的赏识与信赖。

刘墉越想越觉得和珅可疑，但和珅是内务府大臣，是皇上面前的宠臣，如今又被皇上委以重任，总管太后六十寿辰庆典，在没有确凿证据的情况下直接审讯和珅，皇上是万万不会答应的。如何才能找到证据呢？刘墉决定亲自到和珅府中刺探一下虚实。

刘墉把张成、刘安叫来，告诉他们说："刘安，你明日到翰林院给我请个假，就说我病得很厉害，暂时不能工作，等病体稍稍恢复后立即前往。"

刘安打量一下刘墉："老爷，我看你不像有病，干吗请病假呢？如果有什么事让我二人替老爷去办就是！"

刘墉点点头又摇摇头："我没病不假，但我确实有一件要紧的事要去做，这件事不是其他人能代替的，必须我亲自去办。"

张成挠一下头，问道："爷，一定是与丢失《永乐大典》一案有关吧？"

刘墉想了想，说："正是此事，所以要你二人给我保密。我是不得已才撒谎的，还要连累你二人说谎。"

"老爷，到底啥事？你也给小的透露一点，万一有个风吹草动，我和张成也好去接应你呀。"

刘墉迟疑片刻，说道："我想到和珅府上一趟，打探一下这次丢失《永乐大典》一案是否与和珅有关。"

张成和刘安都吓了一跳。刘安急忙劝阻说："老爷，万万使不得，和珅是什么样的人，整个京城谁人不知？他一向心狠手辣，诡计多端，杀人不眨眼，吃活人不吐骨头，老爷到他府中去这不是自投罗网吗？"

张成也嚷嚷道："老爷绝对不能去，也许和珅早就布下天罗地网专等老爷去钻呢，这叫肉包子打狗——有去无回。"

刘墉被这俩人说得哭笑不得，连忙摆手止住二人说："在我看来和珅还不像你二人说的那么坏，倘若像你们说的那样，万岁爷怎么会如此信任他呢？"

"和珅是笑面虎，不，那叫什么来着？对，笑里藏剑！"

"张成，那叫笑里藏刀，和珅长了一副女人的媚骨，万岁爷是被他迷住了。"

"好啦，好啦，我真后悔跟你二人说了，唠里唠叨的。我只是怀疑和珅，

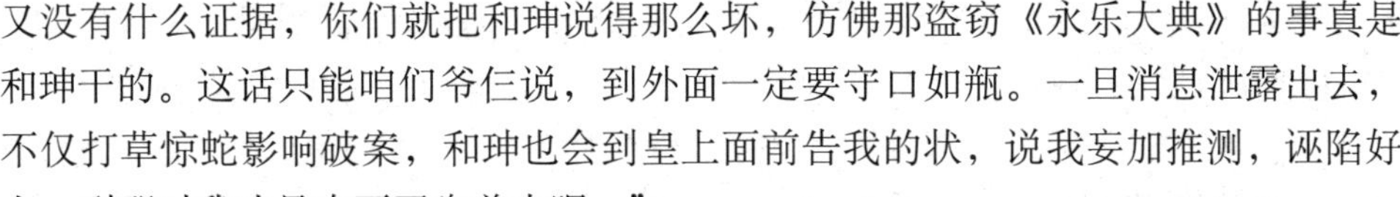

又没有什么证据，你们就把和珅说得那么坏，仿佛那盗窃《永乐大典》的事真是和珅干的。这话只能咱们爷仨说，到外面一定要守口如瓶。一旦消息泄露出去，不仅打草惊蛇影响破案，和珅也会到皇上面前告我的状，说我妄加推测，诬陷好人，到那时我才是吃不了兜着走呢。”

刘墉说到这里拍拍二人的肩膀，再三叮嘱说：“你二人明日按我说的去做就行了，其余一概不要多说。我是乔装入和珅府，不会出现什么大问题的；即使认出了我，我是奉皇上之命办案，谅他也奈何不了我！”

张成、刘安见刘墉走远，二人嘀咕几句，然后击掌而别。

晚上，刘墉正为明日打探和珅府做准备，张成与刘安来了，他二人要请刘墉喝酒。刘墉笑了：“就你们俩那几个小钱还请我喝酒？算了吧，还是省下来给老婆孩子添件衣服吧！要是你二人真的酒瘾来了，改日我请你二人到京城有名的海仙楼撮一顿，酒菜随你二人点，想吃啥要啥，想喝什么酒要什么酒。”

刘安答道：“这酒宴等老爷破了案抓住歹徒后作庆功宴再喝，今日是我和张成二人为老爷明日私访顺利摆的饯行宴，老爷一定要去。”

张成也附和道：“老爷你就去吧，这是我们俩的情谊，也没有什么菜，就一盘花生米、一盘咸鸭蛋、一盘臭豆腐外加一碟咸酱豆，就在咱府上，喝白干二锅头。如果老爷觉得菜少酒孬就算了，老爷不去也罢了，我二人的心意到了就行。”

刘安向张成递个眼色，又说道：“老爷是相门之家，如今又当上大官，吃尽山珍海味，怎会再吃咱老百姓的那种拉嗓子的饭呢？张成，咱们走吧，老爷决不会去的。”

刘安这一说反话，刘墉笑道：“我偏要去，看看你二人葫芦里卖的什么药，仿佛我刘墉明日这一去真的是有去无回似的。”

刘墉随张成、刘安来到刘安住处，果然像二人说的那样，都是家常便饭，旁边放了一瓶二锅头。刘墉也不客气，坐下就吃，三人边吃边聊，张成、刘安你一杯我一杯频频向刘墉敬酒。刘墉酒量本来就不行，现在早已醉烂如泥。

张成、刘安见刘墉完全醉倒，二人又嘀咕几声，把刘墉反锁在屋内睡觉，这才匆匆穿上夜行服溜出府去。

张成、刘安乘夜色潜入和珅府中。二人从未到过和珅府中，不知和珅住在什么地方，胡乱摸索了一阵仍一无所获。二人怕在府中耽搁太久被和珅家丁发现会给刘墉招惹更大的麻烦，正决定回去时，刘安发现不远处一间房内正亮着灯。刘安轻轻拉一下张成，向亮灯的地方指了指，暗示张成一起过去。张成会意，随刘安来到亮灯的地方，侧耳细听，屋内似乎有人讲话。刘安湿一湿手指戳破窗纸向里一看，和珅正向一人训话。由于距离较远，只能看见和珅的嘴一动一动的，却

听不见和珅说的什么。刘安十分着急，他见和珅坐的位置靠近后窗，灵机一动，拉着张成悄悄来到后窗下。二人俯下身把耳朵贴在墙上，室内的谈话听得一清二楚，只听和珅气呼呼地说道："成事不足败事有余，我一而再，再而三地告诫你，做事要干净利索，你就是把我的话当耳旁风。这次你若给我惹出纰漏来，小心我剥了你的皮！"

"大人，我也没想到他会把它卖给六王爷府。"

"哼，一定是我给你的银子被你半路吞掉了，给他的钱太少，否则，他有天大的胆子也不敢现在就拿出去卖掉！"

"老爷冤枉我了，我没少给他好处，只是那贱东西太贪心了。老爷，都是小人办事不利索，快想想补救的办法吧。"

和珅一阵冷笑："补救？说得轻巧。怎样补救？弄不好会欲盖弥彰。"

"老爷，那、那就这样了……"

"不行！"

室内一阵沉默，好久才听和珅说道："和富，你过来。"

刘安听到和富走近和珅的声音，只听和珅压低声音说道：

"你明日找到那人，告诉他……"

声音越来越低，最后，刘安什么也没听见。

许久，才听到和富谄媚的声音："老爷果然高，此计叫什么来着，一箭双雕？"

"不，应该叫一石三鸟。"和珅拍拍和富的肩膀，"你回去吧，就按照我说的做，不能再出任何差错，否则……"和珅没有说下去。

刘安听到和富离去的声音，他知道再待下去也探听不到什么，便和张成一起悄悄离开和珅府邸。

刘墉一觉醒来天已微明，他想起自己要做的事，急忙起身离去，发现门被反锁着，知道是张成、刘安干的，便拍打着门喊道："开门，开门，张成、刘安你们两个死东西滚哪里挺尸去了？"

恰在这时张成、刘安打探回来，刘墉一看两人的装束全明白了。刘安知道老爷已经看出他二人的行踪，也不隐瞒，把入和珅府打探的经过细细说了一遍。刘墉听后，沉思片刻，喃喃自语道："六王爷，除了庄亲王允禄别的没听说何人被称为六王爷，卖到六王爷府上的东西是不是被盗的《永乐大典》，待我一探虚实。"

刘安一听，傻了："老爷，你不探和珅府又要打探六王爷府？六王爷身为亲王，府邸守卫更加森严……"

不等刘安说下去，刘墉拍拍他的肩膀："好啦，你二人的心意我领了，去六王府打探的事必须我亲自去，你二人就不必再去蹚水了，打草惊蛇只会坏了我的大事，耽搁破案。"

【第二回】

扮瞽目巧查疑案，饮醇酒妙访书生

刘墉装扮成一个跑江湖的算卦先生，手持招牌来到六王爷府门前，边摇铃铛边扯着嗓门喊道："看相、测字、打卦，不准不要钱。上算天上风雨云，下算地上山河神，中算世间福祸生死荣辱人。算卦啦！逢凶化吉，消灾免害，无所不灵！"

刘墉接连呼喊几遍也没有人回应，他望着紧闭的大门一筹莫展。刘墉耐心等待一会儿正准备离去，朱红大门忽然开了一个小缝，挤出一个人，上下打量一下刘墉，问道："你会合生辰八字，看男女婚嫁吗？"

刘墉一看有人搭腔，立即来了精神，高声唱道："不仅能合生辰看八字测婚嫁，还能看风水观造屋找墓穴，为丧葬之家测吉日。"

不等刘墉说下去，那人不耐烦地吼道："少废话，谁让你说这么多了！"

"不说了，不说了，大爷，你到底为谁合生辰看婚姻？请报上生辰八字吧！"

"你随我来。"

那人推开门，把刘墉领进院内，走过前院来到后院，七拐八拐把刘墉搞得晕头转向，最后来到一个高大的房舍面前。那人叫刘墉在外稍等，他进去通报一声。那人走后，刘墉便东瞅瞅西看看，辨认一下方向和这间房舍的外观造型，猜度一下是不是六王爷的住处。恰在这时那人走了出来向刘墉呵斥道："让你老老实实待在这里，贼头贼脑偷看什么，是不是来踩点夜晚好行窃？告诉你，这是王爷府，乱棍将你打死也没人给你申冤！"

刘墉立即装出一副惊慌害怕的样子，赔笑道："小的是草民一个，从来没有见过这么高大气派的房子，心生好奇，想多看几眼，小的别无他意。"

"哼，少见多怪，我家王爷的住处比这还气派呢。快随我来，我家奶奶让你进去。"

刘墉心一凉，原来不是六王爷的住处。二人进入天井院后，一个侍女装束的

人迎了上来，说道：“五宝，刚才奶奶吩咐话来，你就不要进去了，守在门外就行了，我带这位先生进去。”

刘墉向五宝挤挤眼，随那侍女走了进去。

大堂上，一位雍容华贵的夫人正襟危坐，刘墉上前施礼参拜。老夫人上下打量一下刘墉，问道：“你是走江湖测字算卦的？”

“回夫人，小的还能合婚姻看风水。”

老夫人点点头：“嗯，我这里有一个人的生辰八字，你给看看宜配一位属什么的人，何时定亲最佳？”

“不知夫人所看婚配之人是男是女？小的只有知道对方性别后才好测定。”

老夫人屏退两旁站立的八名侍女，只留下刚才领刘墉进来的那名侍女，这才说道：“实不相瞒，让你合婚姻之人不是别人，正是小女。她如今遇到一件麻烦事，有人向我家小女逼婚，小女宁死不从，可我家又得罪不起对方，想给她物色一个合适的人家嫁出去，让对方从此死了那份心。”

老夫人说着叹息一声，轻轻擦一下眼角的泪水。

刘墉心里纳闷，像六王爷这样的亲王世家皇亲国胄，不用说一般官员惧怕几分，就是三殿、三阁的大学士也处处让着点。他们多是爱新觉罗氏的黄带子或红带子子孙，许多王位都是铁帽子王，世袭罔替。就拿这位六王爷来说，他是圣祖康熙爷的第六皇子允禄，雍正继位后晋升为庄亲王，论辈分是乾隆的皇叔。如此亲近的皇室亲王何人敢来逼婚？真是吃了熊心豹子胆！

刘墉忽然心中一亮，咯噔打了个冷战，想到了来王府逼婚的人莫非是当今圣上？他到六王府逼婚，这是堂兄妹之间婚配。嘿，这不是乱伦嘛。刘墉转念一想，“普天之下莫非王土，率土之滨莫非王臣”，皇上想要谁就是谁。

刘墉还未来得及想下去，就听老夫人讲道：“小女属兔的，农历五月初八丑时生，今年刚好十九，想给她寻找一位知书达理的人家，当然，最好是考取了功名的，至于门当户对，可以稍稍放宽一些，但品行一定要端正。这位先生能否给小女算一算婚配男方的属相所在及缘分当在何年何月！”

刘墉一听，脑筋一转，突发奇想。嘿，怎么没提相貌丑俊？若按老夫人的这些条件，我刘墉再合适不过，我不妨把我的生辰八字和属相全报给她，先唬一唬这位夫人，然后借机查寻一下《永乐大典》的蛛丝马迹，这才是我到此的真正用意。

刘墉装出一副认真测算的样子，稍过片刻，说道：“回夫人，在下不仅算出小姐所配之人的属相，连男方的姓氏、住所都给推算出来了。”

老夫人一怔，不相信地问：“真的？快说给老妇听一听。”

刘墉不慌不忙地答道：“按小姐的生辰八字推算，小姐是百里挑一的好

命，不仅出生在富贵王侯之家，人也长得貌若天仙，知书懂礼，琴棋书画歌舞弹唱样样精通。我算了这么多年的命，看了这么多年的相，像小姐这样的好命还是头一次。就命相而论，小姐本来可以贵为后妃，但由于小姐为木命，与真龙天子的金命相克，注定小姐将来只能为一品诰命夫人而无缘入主后宫之位。倘若硬是把小姐送入宫中，将有悖于天德地德和人伦，其余的话在下实在不宜说出口。”

老夫人正听到关键之处，急着要听下去，刘墉故意不说，吊她胃口。老夫人当然着急，忙说道：“这里也无外人，但说无妨。”

刘墉做出一副十分为难的样子：“夫人，我再说就等于泄露天机，但看在夫人为小姐一片挚诚之心的分上，我宁可遭到雷击也遂了夫人的心愿。”

老夫人感激地点点头：“我不会亏待你的，等会儿让五宝多给你些银两就是。”

刘墉这才说道：“若把小姐送入宫中，金木相克，不出三年，不但小姐命归黄泉，也会连累到娘家满门受累，有牢狱血光之兆，请夫人铭记。”

老夫人吓了一跳，不相信地问：“真有这么厉害吗？”

“恐怕比这还厉害呢。我说出这番话全是为了夫人身家老小性命着想，不敢有半句诳语，更不是为了夫人赏赐的几个小钱。”

“那你说说小姐宜配之人的情况。”

刘墉来了劲：“不瞒夫人，小姐这个月已经交了桃花运，只是夫人、小姐尚不知道罢了。小姐真正的大运到来将在下个月，这对小姐是十年不遇的一次好运，望夫人千万不要错过，机不可失，时不再来。小姐最宜与属牛的男子结为婚姻之好，那样才能夫妻美满，家庭和睦，多子多孙，长命百岁。”

刘墉瞅瞅六王爷福晋的表情变化，又不动声色地说：“我刚才也顺便测定一下男方的住所、姓氏及相关情况。将来小姐下嫁夫家姓刘，府邸应在城东四牌楼一带。夫家也为正直官宦世家，男方更是百里难找的才俊青年，不仅功名在身，而且文才过人，和小姐相配正是郎才女貌，天生的一对，地配的一双。”

老夫人琢磨一下刘墉的话，想多问几句似乎觉得不方便，欲言又止，便对身边的侍女说：“雁儿，让五宝多给这位先生一百两银子，让他下去吧。”

刘墉随雁儿退了出来。

刘墉从五宝手中接过银子，他边走边想，不能就这样毫无收获地离开了六王府。他忽然灵机一动，装着极认真地端详一下五宝的五官，欲言又止。五宝马上警觉地问道：“你，不，先生从我的五官上看出了什么？”

“还是不说为罢，说了你未必相信。”

五宝更着急了，拉着刘墉不让他走。刘墉这才说：“你是这府上的总管吧？”

五宝点点头："你怎么知道的？"

"这你不必多问，我发现你印堂发暗，近日可能要倒大霉，轻则受牢狱之灾，重则杀头，还要累及妻儿老小。"

五宝吓得脸色都变了，结结巴巴地说："不、不可能，我又没干什么违法乱纪的事，怎会有牢狱之灾？你、你不要吓唬人！"

"怎么样，我刚才说了告诉你也不相信。你我萍水相逢，一无怨二无仇，我吓唬你干什么？何况，我这职业就是与人为善。"

刘墉说着又拍拍手中的银子："我应该感激你才对呢，没有你把我领进这府中，我怎么会得到这么多银子？我就是看出你也是位好心肠的人才告诉你有灾的，若是其他人，我看出来也不会说的，用我们的行话说这叫泄露天机。"

五宝疑信参半地问："先生能看出我有什么灾祸吗？"

刘墉说："你找个僻静的地方让我仔细给你看看，然后再想办法给你破一破。"

刘墉唯恐五宝以为自己想骗他的钱，又说道：

"你放心好了，一回生二回熟，权当交个朋友。我免费给你看相，也免费给你破灾。"

五宝打消了顾虑，把刘墉带到一间偏房里。

"这里没人，先生不妨直说，我看先生也是一个重情讲义的人，先生不收分文钱，但我仍然会感激你的。"

刘墉又仔细地端详一下五宝的五官，然后说道："你的灾祸是飞来横祸，是你的朋友坑害你，对你栽赃陷害。你仔细想想最近一段时间，可有人找你干什么事或出售给你什么东西？"

五宝仔细想了想，喃喃自语道："难道是仇八这小子害我？"

"仇八是何人，他怎么会害你？"

五宝欲言又止，他迟疑片刻说道："仇八这小子前不久不知从何处搞到几样破玩意儿，说是好东西，让我帮他保存，等找到买主，好处平均分。"

刘墉心中一喜，仍不动声色地说："嗯，就是这东西害了你，准是那仇八偷来的不义之物，他怕放在自己家中出事才托你保管，一旦被官府发现他就溜之大吉，把罪责全推在你身上。倘若过了一段时间官府追查松了，他再讨回去出售。"

刘墉边说边闭目沉思，不停地掐动指头，口中念念有词。过了一会儿，刘墉睁开眼说道："如果我没有算错，仇八托你保管的东西一定是纸做成的，不是书就是古画，数量应该是八件。"

五宝眼睁得大大的盯着刘墉，不住地点头说道："先生真是神人，懂得神

机妙算，就是八卷发黄的破书。当时我不同意帮他保管的，我说几本破书值什么钱？我家王爷府中到处都是。仇八却说我不懂，说这些书可值钱了。我问他值多少，他说至少也值一万两银子。我当时不信，现在看来真是值钱之物，依先生之见我应该怎么办？是立即退回给仇八，还是销毁了事？”

刘墉暗暗松了口气，真是踏破铁鞋无觅处，得来全不费工夫，不枉此行啊。他一听五宝要把八卷《永乐大典》销毁，忙说道：“既不要退回，也不要销毁。退回，你这么拿来拿去万一被官府的人看见岂不是自投罗网？如果你销毁了，等到时过境迁官府不追查了，仇八再向你索取你怎么办？没有了书，他向你要一万两银子你拿得出来吗？”

“依先生之见，应该怎么办？”

“我刚才已经说了，我帮你破这场灾。这种事对你可能十分棘手，对于我们这号人却是小事一桩。你拿纸来，我给你画一个符咒贴在书上，就能保你万事大吉，既不要毁书，也不会被官府查出来。”

五宝将信将疑，递给刘墉一张纸和一支笔。刘墉把纸裁成书本般大小，然后提笔画了一些谁也看不懂的符号，交给五宝说：“这是你那八卷书的护身符，于今夜子时贴上去，包你逢凶化吉，一切平安。”

五宝见刘墉说得十分认真，便信以为真，小心地把它折叠好，放在衣袖里。

刘墉见目的达到，唯恐耽搁太久被人认出来便告辞了。

世人皆醉唯我独醒，世人皆浊唯我独清。六王爷允禄唯一的嗜好就是饮酒，他把酒看得比妻儿子女还重要，声称尝遍天下美酒是他终生的追求。

六王爷之所以这么做，是他在早年的宫廷生活中看透了权力的争斗和人与人之间的尔虞我诈。特别是康熙朝末年，众兄弟为了争夺皇位而引发的钩心斗角、手足相残更让他心寒。不用说，他是皇权斗争中的失败者，但他又是人生的胜利者。他因为自以为没有资格参与皇权争夺而早早地败退下来，但也因此保全了自己，不像其他几个兄弟那样自命不凡，结果一个个不是惨死就是被软禁，只有他以酒为伴活得有滋有味。

六王爷喝酒有个特点，就是不醉不罢休，京城人都在背后称他为“醉翁”。六王爷喝酒还有一个特别之处，就是若喝哪种酒，这一段时间便只喝这种酒，直到喝厌喝烦，永不再喝这种酒，然后另换一种。

这不，六王爷最近喝上了安徽亳州产的古井贡酒，每天是三瓶、四瓶，直到酒瓶翻倒在地，人歪倒桌旁才罢休。

今天，六王爷刚喝到了七八成醉，夫人就闯了进来，刚一进门就嚷道：“老头子，你怎么又醉了？我还有正经事同你商量呢。”

“我、我没醉，坐着就没醉，躺倒在地，那才叫醉呢。几十年的老规矩你怎

么还记不住？什、什么事，你、你尽管说。”

“皇上一而再，再而三地派人来府上催逼，让我们把夏儿送进宫。”

“哦，原、原来是这事，我、我不是告诉你了，有人来催问就说我喝醉了，等我醒酒后再说。”

“你总是有醒酒的时候吧，这样搪塞一次两次还行，终究不是长远之计，必须想个妥善的办法才行，皇命难违呀！”

“你、你放心，皇上不敢到我府中怎么样。他若来硬的，我到宫中找太后理论去。”

“找太后有什么用？皇上是太后的亲骨肉，她当然要偏向皇上。”

“那——那你说怎么办？”

“今天府上来一位测字算卦的，我请他给咱夏儿合一合生辰八字，他说夏儿宜配一位属牛的。我又让他算一算夏儿将来嫁到何方，他算咱夏儿将嫁给一位姓刘的官宦人家子弟。据那人推测，这刘姓后生已经功名在身，就居住在城东四牌楼一带。”

夫人刚说到这里，六王爷扑哧笑了，一口酒喷在夫人脸上。

夫人恼得满脸绯红，气呼呼地说道：“我给你说正经事呢，你笑什么，有什么值得高兴的？女儿马上就被人逼迫进宫了，你还高兴？哼！”

六王爷止住了笑也一本正经地说：“我笑你愚！”

“我怎么愚了？”夫人不服气地反问道。

“还不愚？京城四牌楼一带姓刘的官宦人家子弟，除了东阁大学士刘统勋的儿子之外别无他人。刘统勋就住在城东四牌楼礼士胡同西口儿，我估计是刘家子弟听说咱夏儿才貌俱佳，故意让人来府中假托算卦的变相提亲。不然，跑江湖算卦的给人合婚哪有合出男方姓什么、住在哪里的？”

六王爷福晋矢口否认：“世上的奇事可多啦，只能说明你孤陋寡闻，少见多怪。”

六王爷一仰脖子又是一大杯：“好好好，我孤陋寡闻，那你快托人到刘府去提亲吧。”

“哼，咱就这么一个宝贝女儿，长得漂亮不说，又贤惠有才，就是在京城人阜世华之地也是打着灯笼难找的好媳妇。他刘家若是对咱夏儿有意，就应该派人到咱府上提亲，我才没那么贱，主动找上门把女儿送给人家呢！”

六王爷把一个空酒瓶推倒一边，眯缝着一双醉眼说：“不过，话又说回来，咱夏儿能嫁到刘家也还不错。刘家世代为官不说，且代代为忠良贤臣。刘统勋为官清正廉洁、刚直不阿，受百官称颂，更受老百姓爱戴。他当年为了一句闲言碎语竟杀死两个亲生儿子，若不是太后及时救护，第三子也命归黄泉，真是眼中揉

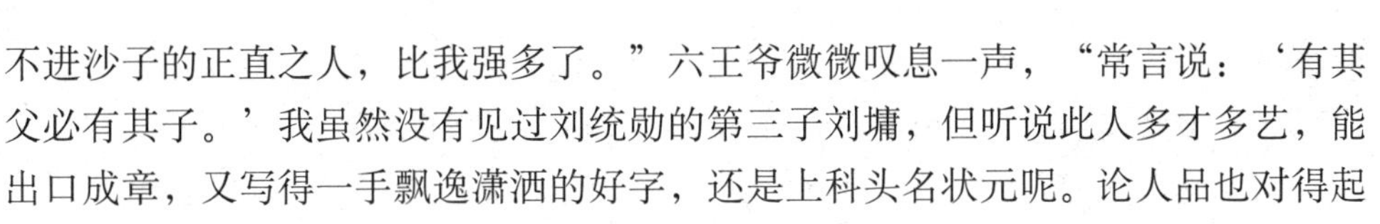

不进沙子的正直之人，比我强多了。”六王爷微微叹息一声，“常言说：‘有其父必有其子。’我虽然没有见过刘统勋的第三子刘墉，但听说此人多才多艺，能出口成章，又写得一手飘逸潇洒的好字，还是上科头名状元呢。论人品也对得起咱夏儿啦。”

六王爷福晋痴痴地望着六王爷：“你、你今天没有醉？”

六王爷哈哈一笑，从座位上站了起来：“我喝了一辈子酒，从来没有真正醉过。我清醒得很，别人能被酒灌醉，而我是越喝越清醒。”六王爷拉住夫人的手，轻轻捏了捏，“夫人放心，皇上夺不走咱们的女儿。至于你说的刘家之事我会认真考虑的，但也不能忙，我要考一考那刘墉是否传言过其实，别把咱女儿的大好青春给耽搁了。”

刘墉回到府中，张成、刘安早已眼巴眼望地等候在府门外，他们一见刘墉回来，就围上去询问情况。刘墉喜滋滋地说：“大有收获，不仅找到了破案线索，还与庄亲王府的千金小姐搭上线了，只要再努把力，老婆就有着落啦。”

张成高兴得一蹦老高：“老爷要娶媳妇啦，老爷要娶媳妇啦！”

刘安也高兴得嘴咧多大：“老爷真是好福气，从此以后老爷就不自由啦。”

“嘿，按你这么说不自由就是好福气，我宁可不要这福气也要个自由之身。”

回到书房，张成、刘安一边帮刘墉换下衣裳，一边问这问那。刘墉把到六王府的经过说了一遍，二人笑得几乎直不起腰。最后，刘安提议，先到庄亲王府提亲，然后再破案，这样才有可能一举两得。不然，若先抓五宝，追回丢失的八卷《永乐大典》，六王爷一恼火，婚事就可能泡汤。刘墉也认为刘安的提议是对的。谈到提亲一事，刘墉决定亲自带人到六王府提亲。张成、刘安一致赞成，都央求刘墉带他们去庄亲王府。刘墉拗不过二人，终于答应了。

刘墉知道乾隆皇上正向庄亲王府索要夏儿，事不宜迟，为了赶在皇上之前到庄亲王府提亲，刘墉说干就干，立即吩咐家人准备提亲所需之物。一切准备齐全，刘墉却有些畏惧了。

刘安见刘墉一开始情绪激昂，现在却磨磨蹭蹭，打不起精神，对提亲一事只字不提，便催促说：“老爷，你再不去王府提亲我都快急出病了。提过亲成与不成咱就把案子结了，眼看皇上的期限就到了，老爷，不能坐等皇上将老爷治罪吧，和珅巴不得老爷破不了案呢。”

刘墉苦笑一下，自嘲道：“真是皇上不急太监急，你哪里知道我的苦处，我是担心……唉！不说啦。”

张成不知从哪里走了过来，嘿嘿笑道：“我知道老爷担心什么，一定是担心背上的罗锅被人看不中是吧？”

刘安上前朝张成的屁股就是一脚，骂道：“臭小子，老爷的缺陷也是你说

得的吗？”

张成被刘安踢了一个趔趄，挠挠头说：“我、我讲的是实话。”

“实话也不能说！”

刘墉急忙为张成打圆场说：“罗锅就长在背上，藏也藏不住，去也去不掉，不说还是长在那里，说了仍是长在那里，责备张成有什么用？明天咱就去相亲，万一六王爷瞧不起我背上的罗锅，咱就抬脚走人。”

刘安也早就看出了刘墉的这份心思，只是心里着急不说出来罢了。如今张成点破了，刘安只好说道：“老爷是上科的头名状元，皇上御点的翰林院编修，如今又受皇上重托，总管《四库全书》的编纂工作，满朝文武无人不知。老爷虽然身上有一点点小小缺憾，但瑕不掩瑜，常言说‘金无足赤，人无完人’，老爷的这点生理缺陷与老爷的人品与才华相比实在是微不足道。老爷的文才可以说举世无双，老爷的书法在当今世上也无人能比，这一切都是老爷应该引以为豪的东西，也是对女人最有吸引力的。凭老爷的家庭地位和人品才华，一般官宦之家的千金小姐还配不上老爷呢！就是被皇上招为驸马也是在情理之中。”

刘墉哈哈大笑：“看不出刘安何时竟练就一张铜牙铁嘴，今后对你要刮目相看了，再过上两年我也要拜你为师了。”

“老爷，这叫强将手下无弱兵。我跟着老爷这么多年，耳濡目染，鹦鹉学舌，现在也应该能说上几句了，否则到外面不丢老爷的脸面吗？当然，小的这点伎俩与老爷比起来实在是井水遇到河水。”

张成刚才被刘安踢了一脚，憋了半天没讲话，现在瓮声瓮气地说：“我嘴笨，说话不会拐弯抹角，向来是巷口扛竹竿——直来直往。刚才说错了话惹老爷生气，不过，我现在还想说，话在心里憋不住。”

刘墉拍拍张成的肩膀：“我就喜欢你这种傻气与憨劲，我根本没有生气，有什么话你就直说吧。”

“相亲时第一印象最重要，尽管老爷多才多艺，人品也好，但这是内在的东西，别人一眼看不见，而身材、相貌是睁眼就能看见的。万一庄亲王府上的人嫌弃老爷背上的罗锅，咱多日的忙活不就白费了，传扬出去对老爷的名声也不好，毕竟是人家看不上咱家老爷，不是老爷看不上人家。”

刘安也觉得张成的顾虑有理：“依你之见应该咋办？”

“自从老爷提出要到六王爷府上相亲，我就一直琢磨这事，吃不下饭也睡不好觉。今天早晨起来上街买菜时受一位戴斗笠的老农启发，想出一个办法，也许能帮老爷骗过六王爷府上的人，但不知是否可行？”

刘安急了：“唉呀呀，我说张成，你怎么这么啰唆？行不行先说出来让大家听听。”

“老爷相亲时不穿官服，一身平常人装束，然后在背上背着一只斗笠，用斗笠盖在驼背的位置上，不知道的人从外表是看不出来的。”

不等张成说下去，刘安一拍大腿叫道：“好主意！张成，真难为你替老爷想得如此周到，我错怪你了，改日请你喝酒，向你赔罪。”

刘墉哭笑不得：“难为你二人这么孝敬我，处处为我着想，可我是不会这样做的。男子汉大丈夫做事要光明磊落，怎能遮遮掩掩，掩饰自己的不足欺骗王爷呢？皇上若知道也会怪罪的，做不好会弄巧成拙。”

刘安不以为然：“老爷，平时什么事都是我俩听你的，相亲一事你就听我二人的吧，惹出天大的事我和张成为你担着，绝不连累老爷。”

张成点点头：“老爷，主意是我出的，六王爷若是怪罪，要杀要剐让我张成去。杀头不过碗口大的疤，二十年后又是一条好汉，怕什么！”

刘安拽拽张成：“张哥你放心，没有那么严重，大清律上也没说相亲不允许戴斗笠，这不能叫欺骗，只能称为策略。我记得小时候听我娘讲过一个走马观花的故事：古时候，一个瘸子和一个豁子去相面，各人为了掩饰自己的缺陷都挖空了心思。男方是瘸子，他骑马去的；女方的嘴豁，便手持一束花放在嘴边。见面时双方的印象都很好，很快便结了婚，洞房之夜彼此才发现对方的缺点，但生米做成熟饭后悔也来不及了。”

刘安讲到这里转向刘墉说：“我建议老爷效法走马观花的故事，给六王爷来个瞒天过海。等六王爷知道老爷是罗锅时，两家早已定亲，像六王府这样的家庭，一旦定了亲是不会反悔的，何况皇上正逼他把女儿送进宫呢。”

刘墉连连摆手：“不行，绝对不行。京城才多大？六王爷稍一打听，谁不知道我刘墉是个驼背？那样做适得其反，常言说纸里包不住火，瞒过初一瞒不过十五，终究要露馅的。”

“老爷，咱就让它瞒过初一就行了，只要明日相亲时六王爷府的人不打听，当时订下婚，哪怕咱前脚离开王府，他们随后就知道也不怕他们反悔。六王爷是最讲脸面的人，他不会因为女儿的婚事让人背后戳他脊梁骨。”

张成也说道：“我听说六王爷嗜酒如命，而且一喝就醉，当他醉眼迷蒙时保证想不到老爷是个罗锅子。”

刘墉想了想说：“好，就听你二人一次，事成之后有赏，不成赏你二人俩耳光。”

张成、刘安一听老爷同意了他们的要求，相视一笑。

六王爷像往常一样又坐进小酒馆，刚端起酒杯就接到家人报告说刘府来人求见。六王爷猜中了七八分，恋恋不舍地放下酒杯，命人把客人带到客厅等候。

六王爷重新整理装束来到客厅。他愣住了，刘府就来仨人，刘墉带着张成、刘安，三人全部是便装打扮。更令六王爷感到不解的是，三人背后各背着一个斗笠。尽管现在是暮春天气，阳光较强，从城东到此，坐轿也走不多远，并不算太热，何必戴着斗笠呢？好别扭。一询问，三人既没骑马也没坐轿，步行而来。六王爷跷起大拇指，真是人不同凡响，做事便处处不同凡响。若是一般官宦人家子弟去相亲，一定尽量讲排场，或是高头大马，或是八抬大轿，侍从人员也是尽量多，前呼后拥，招摇过市，唯恐他人不知。而你瞧人家刘府子弟修养多高，不露不显，一身布衣打扮更能表明身价。

六王爷吩咐家人上茶，先把张成、刘安请到厢房用茶，单独留下刘墉在客厅叙话。常言说："酒逢知己千杯少，话不投机半句多。"六王爷和刘墉一见如故，从三皇五帝谈到秦皇汉武，从唐宗宋祖又谈到当今圣上。先谈国事，后谈文化，从《诗经》、诸子百家、汉赋，谈到唐诗宋词元戏明曲以及当朝文坛三友。谈过文学论艺术，琴棋书画无所不谈。从甲骨文、大小篆、汉隶，到王羲之的《兰亭序》，从智永到褚遂良，从颜柳二人谈到苏黄米蔡，后来又论及江南四才子和扬州八怪。二人越谈越投机，不知不觉天已过午。刘墉提请告辞，六王爷哪里同意，坚持要刘墉陪他痛饮几杯，刘墉只好说恭敬不如从命。

酒宴上，二人又借酒发挥，谈到了中国的酒文化，从杜康酿酒谈到"李白斗酒诗百篇"，由曹操、刘备煮酒论英雄谈到竹林七贤，从陶渊明的《饮酒》又谈到苏东坡"把酒问青天"。谈完了酒又论茶，从茶圣陆羽的《茶经》论及卢仝的《七碗茶歌》，半醉半酣之中，六王爷高兴得手持筷子敲着桌上的盆碟，悠悠地唱起来：

一碗喉吻润，
二碗破孤闷，
三碗搜枯肠，
唯有文字五千卷。
四碗发轻汗，
平生不平事，
尽向毛孔散。
五碗肌骨轻，
六碗通仙灵，
七碗吃不得也，
唯觉两腋习习清风生。

刘墉几次提及求婚之事，六王爷总是把手一挥，说不忙不忙，小事一桩。现

在，刘墉见六王爷高兴，再次起身施礼说道："王爷，晚生此来……"

六王爷不等刘墉说下去，便举起杯子打断他的话："好说，好说，来，喝酒，这才是人生大事。"

刘墉满腹心事欲言又止。六王爷看出刘墉的心思，把酒杯放在桌上轻轻抹一把嘴边的酒滴，哈哈一阵大笑，笑得刘墉不知所措。六王爷眯缝着小眼，狡黠地望着刘墉说道："刘墉，这么热的天还背着斗笠干什么？何不解下来陪我饮个痛快？"

刘墉估计六王爷已看出自己的罗锅，十分尴尬，正不知说什么好，六王爷又嘿嘿笑道："刘墉，老夫对你还算满意。你也不必遮掩，金无足赤，人无完人，一点小小生理缺陷算得了什么？我看重的是人品才华。倘若老夫不满意早把你轰出去了，怎么还会留你在府中用餐呢？"

刘墉急忙离席，一揖到地："多谢王爷垂青，我、我……"

刘墉说着伸手去解背上的斗笠。六王爷摆摆手："不必啦，我这一关你算通过了，不过，小女那一关全靠你自己了，她要亲自考考你的真才实学。"

六王爷提高了嗓门："来人，把刘公子带往西花厅棋房，小姐要和刘公子对弈一局，看看刘公子的棋艺。"

刘墉起身告辞，临行前指指背后的斗笠："王爷，这个要不要解下？"

六王爷又是嘿嘿一笑："你还是背着吧，我暂时不告诉夏儿，帮你作弊一次，看看你的运气。小子，我要告诉你，事成之后可要买两大坛上等好酒来孝敬我。"

"好嘞！"

刘墉内心一喜，匆匆走了出去。

西花厅棋房，夏儿已经等候多时。

刘墉走进棋房，抬眼一看，顿时两眼放光。棋案前端坐着一位貌若天仙的青春少女，乌黑发亮的秀发结着一个八宝攒珠髻，一支五凤朝阳挂珠钗横挑其中，给人一种活泼大方之感。项上带着赤金盘凤璎珞圈，胸前缀着一只祖母绿的玉如意。上身穿着金缕百蝶穿花大红洋缎夹袄，外罩五彩刻丝石青银鼠褂；下身是一件翡翠撒花洋绉裙，裙边系着一只豆绿宫绦小荷包。左手一副亮闪闪的银镯子，右手持着一把缀满细珠的檀香扇。

刘墉不敢正视，仅向夏儿脸上一瞟就怦然心动：一双丹凤眼，两弯柳叶眉，丹唇皓齿，粉面含春。刘墉心中赞叹道，无怪乎皇上催逼要夏儿进宫，这副容貌的确能让"六宫粉黛无颜色"。刹那间，刘墉顿生一股无名的自卑感。他看着自己的这副容貌、打扮，自惭形秽，一时间手足无措，平素伶牙俐齿的刘墉现在却

不知说什么好。

夏儿见状，抿嘴偷偷一笑，主动站起来大方地向对面一指：“这位是刘公子吧，请！”

刘墉这才乖乖地坐了下来。稍稍平静一下心情便恢复了常态，心里道：金銮殿上我都敢智斗皇上，舌战群臣，她一个弱不禁风的姑娘家我胆怯什么？长得再漂亮也是女人，既然老王爷相中了我，她一个小女子我还应付不了？想到这里，刘墉潇洒地挥一挥衣袖，说道：“夏儿小姐，咱们是先对弈一局还是谈论一些棋艺，或做些什么？”

夏儿应道：“咱们边下棋边谈天说地。”

刘墉见夏儿持白让自己持黑，按照围棋规则，黑先白后，显然夏儿自恃棋艺高超，让他一着。刘墉心里道：我还是执白，让你先走，否则，赢了你也不服气。

夏儿见刘墉愣神，催他走棋。刘墉忙说道：“夏儿小姐，还是我执白你执黑，由你先走吧，我是男子汉大丈夫，理应让你先走。”

“那好吧。”

夏儿也不客气，便与刘墉交换位置对下起来。起初二人走棋很快，只顾下棋很少说话，渐渐慢了下来，这才一答一问地聊起家常。

夏儿从刘墉刚走进西花厅棋房，就对刘墉的这身装束感到好笑。堂堂东阁大学士之子，翰林院编修，朝廷五品命官，御点的状元，来亲王府相亲不穿官服也应该穿着入时，打扮得仪表堂堂。再看这刘墉，穿着朴素不说，还有些土气，特别是背上那顶斗笠，让他乍看上去简直就是一介平民百姓。也许看惯了穿绫罗绸缎的公子哥，夏儿对刘墉这身装束既感到好笑，又觉得可亲可爱，几次想出言询问为何这般打扮却都忍住了。

一局结束，刘墉以四分之一子小胜夏儿。夏儿放下手中的子儿说道：“刘公子棋艺果然高妙，小女认输了。”

刘墉忙还礼道：“夏儿小姐看在我是客人的分上让我罢了。”

夏儿见刘墉背个斗笠讲话，下棋终究不便，终于忍俊不禁，说道：“刘公子，这么热的天你背个斗笠多不方便。”

刘墉一惊，以为夏儿看出了破绽，忙嘻嘻一笑掩饰道：“小姐有所不知，斗笠下边有玄机，我之所以能小胜姑娘一局，全靠这斗笠下的玄机相助。”

夏儿心里道：这位刘公子不仅多才多艺，人也挺幽默。夏儿虽然输了一盘，但她并不服输。哼，你不是靠斗笠下的玄机赢了一局吗，我倒看看你这玄机有多厉害，我不信本姑娘赢不了你！

夏儿与刘墉又摆开第二局，仍然刘墉执白让夏儿先走。二人下得正酣，一名

侍女匆匆跑来说道："小姐，大事不妙，皇上来啦。"

夏儿花容顿失，举棋的手都有些颤抖，她不安地望着刘墉说道："刘公子，你我暂时躲避一会儿吧。皇上虽然贵为天子，但却与街头无赖一般，每次到此总是纠缠不休，我只好一走了之，推说不在，让他无聊，知趣而回。"

刘墉一边走棋，一边说："继续走棋，躲有何益！躲过初一，躲不过十五，早晚总是要同皇上会面的。我每天都与皇上相见，皇上有什么可怕的，一头七个窟窿，每天吃喝拉撒，和一般人并无特别之处，只不过地位摆在那里罢了。哼，我倒要瞧瞧皇上是怎么个无赖！"

刘墉话音未落，乾隆就在和珅的陪同下走进西花厅棋房。乾隆尚未开口，和珅就上前嚷嚷道："刘墉，你刚才骂何人无赖？我怎么听着好像在骂……"

"哎哟，和大人，好像在骂什么呀？"刘墉故意拖长音问道。

和珅当着乾隆的面当然不敢说"好像在骂皇上"，但他并不罢休，紧走几步来到刘墉身旁，对刘墉耳语道："刘墉，你刚才敢骂皇上是无赖，该当何罪？"

待乾隆走近，刘墉才不慌不忙地放下棋子，跪下说道："臣刘墉不知皇上驾到，有失远迎，请皇上恕罪！"

夏儿也跟着刘墉下拜施礼。

乾隆看看刘墉又看看夏儿，心中明白几分，装作不知情地说："朕从来没听说你刘家与庄亲王府有何亲戚关系，你怎么和夏儿小姐如此熟悉？"

"回皇上，我刘家以前与庄亲王府确实没有任何亲戚关系，但从今天开始有啦。"

"刘墉，这话从何说起？"

"愚臣与夏儿小姐今日定亲，从此以后我刘家和庄亲王不就是儿女姻亲了吗？"

"你、你，大胆！"乾隆霍地从座椅上站了起来，怒气冲冲地质问道，"你知不知道朕早已看上夏儿，并决定纳她为妃！"

和珅也在旁边火上浇油地吼道："大胆刘墉，你敢和皇上争女人，该当何罪！"

刘墉瞟一眼乾隆，不卑不亢地说："臣只知奉六王爷之命来王府定亲，其余一概不知。如果真像皇上所说，皇上要纳夏儿小姐为妃，六王爷怎会让愚臣来定亲呢？"

乾隆气得嘴唇发抖，把手中的折扇往桌上一拍，骂道："这个老不死的混账东西就会装醉愚弄朕，该杀！"

乾隆又向和珅喝道："你去把允禄这个老东西叫来，朕要当面教训教训他。"

和珅转身就要走，乾隆又喊住了他："不必了，你一去那个老东西又醉倒

了，一问摇头三不知，跟死猪一样，问了也白问。还是朕当面询问夏儿姑娘吧，只要夏儿同意，那老不死的不同意也不行！”

乾隆稍稍平定一下心情，平声问道：“夏儿，你是答应嫁给朕还是嫁给刘墉？”

夏儿嗫嚅地偷看乾隆一眼，咬紧嘴唇，一声不响。

乾隆又催逼说：“你不必害怕，大胆地讲，朕给你做主。”

乾隆以为自己身为一国之君，人又长得风流倜傥，相比之下，刘墉不过一五品小官，人又长得貌不出众，夏儿一定会选择他而不会选择刘墉。

夏儿看看桌上刚才没来得及下完的棋，灵机一动。她曾和乾隆对弈过几局，论棋艺乾隆还不如她，而她又比刘墉差上一筹。她估计乾隆一定赢不了刘墉，便说道：“你二人对弈三局，谁胜我就嫁给谁，这叫公平竞争，不偏不向。”

乾隆虽然恼火却又不便发作。他知道自己棋艺不如刘墉，真的较量起来，刘墉决不会手下留情，自己败定了。但乾隆不服输，更不愿把夏儿拱手让给刘墉。他看着桌上的残局，黑棋明显占据优势，而刘墉所执的白棋已经呈现败象，便往夏儿刚才坐的位置上一坐，说道：“何须三局定输赢，朕就用这局残棋和刘墉一决雌雄。刘墉，你仍执白棋，夏儿的黑棋由朕代她下。”

乾隆说着率先走出一子。

乾隆哪里知道刚才的对弈中，这第二局是刘墉为了给夏儿面子故意让她的。

刘墉当然知道乾隆的心思，他见皇上率先走出一子，也不再客气，紧跟着逼上一子。君臣二人你来我往，不出半个时辰，刘墉的白棋已经走出劣势并且占据了优势，而乾隆所执的黑棋却由盛而衰已呈现败局。乾隆额头上沁出点点汗滴，和珅啪哧啪哧地给他扇，乾隆仍不住地擦汗，还不停地埋怨室内太热。刘墉镇定自若，不慌不忙地一棋紧逼一棋。和珅看着皇上心急火燎的样子，比乾隆还着急，不停地向夏儿使眼色。夏儿见乾隆败局已定，心花怒放，比吃了凉西瓜还舒服。

忽然，刘墉紧逼一子，然后双手一摊，说道：“皇上，我已经赢了。皇上金口玉言，一诺千金，请履行诺言成全我和夏儿姑娘吧。”

乾隆还没开口，和珅就冲着刘墉叫道：“刘墉，你好大的胆子，竟敢赢皇上，真是不知天高地厚，难道不怕杀头吗？得啦，刚才我和皇上来的时候你说什么来着，说皇上是无赖是不是？说，你说！”

乾隆恼羞成怒，啪的一声把桌上的棋子全部打落到地上，吼道：“朕就是输了一百盘，也要把夏儿接进宫中。刘罗锅子，你胆敢碰夏儿一个指头，朕抄你全家！”

乾隆说完头也不回地走了。和珅猛跺一脚，冲着刘墉呸一声匆匆忙忙地去

追赶皇上。

刘墉轻轻擦一擦和珅吐在自己脸上的唾液，鄙夷地说道："狐假虎威，卑鄙小人！"

夏儿看看刘墉，忽然想起乾隆骂刘墉的话"刘罗锅子"，她忽然意识到什么，指着刘墉背后的斗笠："你、你那下面……你原来是个罗锅子！"

刘墉一时十分尴尬，微红着脸解释说："我不是有意欺骗你，是六王爷让我这样做的。"

刘墉话音刚落，六王爷和夫人就急匆匆地赶来了。六王爷一看西花厅内就刘墉和夏儿两人，忙问道："皇上哪儿去了？"

刘墉忙施礼说道："皇上回宫去了。"

"皇上怎么这么快就走了？来此说了些什么？"

刘墉还没来得及回答，六王爷福晋就吃惊地指着刘墉说："你不是那天来府上测字算命的先生吗？"

刘墉知道不能再隐瞒了，急忙跪下，一揖到地，恳求说："请王爷和夫人恕罪！"

六王爷上前拉起刘墉："老夫这里一切都好说，只怕皇上不会恕你的罪。快说说你刚才是如何将皇上气走的，让老夫帮你想想办法渡过这场劫难。"

刘墉这才把乔装成算卦先生来王府的原因告诉六王爷。夏儿简单讲一下皇上的无赖行为，最后娇嗔地瞪一下刘墉，向父亲撒娇道："走了一个无赖皇上，这里还有一位骗子大臣，朝廷上下都是一丘之貉。哼，包括阿玛也不是位好阿玛，竟吃里扒外，帮助他人欺骗女儿。"

六王爷福晋也半真半假地帮助女儿说道："你以为你阿玛是什么好人，告诉你，他坏得很，当年就是用欺骗的手段才把我骗进这府中。"

六王爷嘿嘿一笑，冲着福晋与女儿说："只要是真心喜欢，就是欺骗也是美丽的。"

六王爷看出女儿对刘墉的相貌虽然不甚满意，但对刘墉还是十分欣赏的，也有以身相许之心，于是对女儿说道："夏儿，刘公子钟情于你，敢于不畏皇权，勇斗皇上，这份智谋胆略足以令人敬佩。你平日里不是时常向阿玛提起，要嫁给一位智勇双全、人品俱佳的郎君吗？阿玛如今给你找到了，该知足了，看人不能以貌取人。晏婴虽矮却名震列国，孙膑虽然腿残却能兵败魏国，韩非虽然口吃却……"

"阿玛，你今天怎么没醉？"

夏儿不等父亲说下去就羞得满脸绯红，掩面而退。

乾隆回到宫中，先是把身边的太监痛斥一顿，接下来便是摔瓶砸罐，大骂

刘墉不止。

和珅看在眼里，心生一计，上前说道："皇上要想惩治刘墉重新夺回夏儿格格也不难，奴才有个办法，只要略施小计就可除去刘罗锅子。"

"不用卖关子，有话就说，有屁就放！"乾隆不耐烦地说道。

和珅一鞠躬，然后赔着笑脸说道："皇上不是下令让刘墉追查失窃的《永乐大典》吗？如今期限快要到了，刘墉却一无所获。皇上可以以刘墉只顾个人寻欢作乐，不为朝廷卖命，治他个办案不力的罪。"

"对呀！"乾隆一拍大腿，转回头又对和珅斥道，"你就会马后放炮，早干什么来？刚才在六王府为何不提醒朕！"

和珅挠一下头，怯怯地答道："奴才也是刚刚才想起来。"

"这事就交给你办了，你立即把刘墉叫来，朕要当面责问他，治他罪，还要让他口服心服，不认为朕是为报私仇有意找他的不是。"

和珅小眼珠一转，又有了一个坏主意，便怂恿说："皇上如果觉得臣刚才那计不能将刘墉置于死地，奴才还有更妙的办法。"

"唔，什么办法？只要能治死刘墉夺回夏儿，什么办法都行。"

和珅嘿嘿一笑，说道："陷害刘墉，让他满身是口却无法说出口。"

"如何陷害？"

和珅诡秘一笑："只要皇上信得过奴才，这事尽管让奴才去做好了。"

刘墉刚回到府中，传事太监就来传唤刘墉。刘墉早已估计乾隆不会善罢甘休，但没想到会这么快。刘墉简单交代一下张成、刘安好好照料老太爷，自己便随太监入宫。

刘墉刚走进养心殿，乾隆就迫不及待地喝问道："刘墉，你可知罪？"

刘墉跪在地上："臣不知罪。愚臣敢问圣上，愚臣身犯何律何条？请皇上明示！"

乾隆冷笑道："朕让你负责追查丢失的《永乐大典》一案，眼看期限已到，你追查得怎样？凶犯何人？赃物何在？"

刘墉不慌不忙地答道："回皇上，臣正在紧张的搜捕之中，眼下已有眉目，只要将罪犯捉来审问一下便可知晓。据臣的内线透露，因为货物珍贵，罪犯在短时间内尚不敢明目张胆地出售，因此，那八卷《永乐大典》仍在罪犯手中。"

乾隆一拍御案："刘墉，你既然知道罪犯并未逃脱，何不早早人赃俱获报与刑部大堂审理？"

刘墉瞥一眼幸灾乐祸地站在一旁的和珅，镇定地说："愚臣想放长线钓大鱼，挖出几个小毛贼背后的大人物，因此，迟迟没有动手捉人。"

和珅内心咯噔一下：莫非罗锅子知道是我指使干的，他在伺机整治我？和

珅这么一想额上沁出汗来：不行，我必须先下手为强，来个恶人先告状，倒打一耙，置刘墉于死地。

“皇上，刘墉是在胡说八道，他满口胡言乱语，欺上瞒下，推脱罪责。皇上请想，刘墉若真的知道何人所偷，为何至今还没动手抓人？除非他和窃贼串通一气。假如皇上追逼得紧，刘墉就随便抓一个替死鬼搪塞责任。假如皇上追逼不紧，他借口无处可查，一了百了。《永乐大典》存放于宫中禁地，又有重兵把守，能够到武英殿行窃之人一定熟悉武英殿内的摆设布局和防守情况。否则，若真有窃贼入宫，为何未被大内侍卫发现呢？刘墉嗜书如命，负责保管《永乐大典》，最有作案的动机和条件，奴才以为刘墉是监守自盗，这才是迟迟没有破案的根本原因。皇上，奴才以为应将刘墉押进刑部大牢严刑拷打。”

乾隆一拍御案，冷笑道：“刘墉，朕早就怀疑这《永乐大典》失窃案与你有关，还不从实招来，难道真要让朕把你送往刑部大堂吗？”

刘墉知道乾隆是在故意找借口治自己的罪，高呼：“皇上明鉴，臣冤枉。臣对皇上忠心一片，不敢有半点私心杂念，怎么会监守自盗呢？《永乐大典》失盗之日，臣正在府中服侍父亲治病。”

乾隆不容刘墉辩解：“这更说明你做贼心虚，你是借着父亲有病制造一个不在现场的假象，以此转移侦破视线，这种做法更加卑鄙！”

和珅也添油加醋地说道：“刘罗锅子，事到如今，你还敢抵赖？别自作聪明。想凭三寸不烂之舌混淆是非，狡辩抵赖，开脱罪责？做梦！”

“来人！”乾隆向殿外喝道，“把刘墉押进刑部大牢严加审讯，不准有一丝一毫马虎，待人赃俱获，押菜市口问斩。”

刘墉知道喊冤也没有用，欲加之罪，何患无辞？岳飞当年都能以“莫须有”的罪名被杀害，何况自己当众给皇上难看，又不识趣地与皇上争女人。

刘墉脖子一挺，似乎比往常走出养心殿时把背挺得更直。

刘墉被押走后，和珅与乾隆嘀咕几句，立即从皇上那里讨来一封诏书，带着一队人马直扑庄亲王府。

六王爷正与福晋和女儿商讨如何搪塞皇上硬来府中要人的事。忽然听家人来报说和珅领兵把府上给围住了，全家人都大吃一惊，以为皇上硬来府上抢人。

六王爷装着醉醺醺的样子赶到府门口，一看和珅趾高气扬的样子，就气不打一处来，心里骂道：龟孙王八羔子，一肚子坏水，就会为皇上出些馊主意。

和珅一见六王爷出来，上前拱拱手，假惺惺地说道：“六王爷，多有得罪，下官也不愿这样做，但皇命难违啊，我只是奉命行事。”

和珅说着，立即露出一副狰狞面孔：“来人，给我搜！”

一队大内侍卫正要闯进府内，庄亲王大喝一声：“慢！”

庄亲王一改往日的醉容，指着府门楼上“敕造庄亲王府”几个字说：“这可是圣祖皇帝御笔，没有圣旨就是私闯王府，要满门抄斩！”

和珅也不示弱，从怀中掏出圣旨往六王爷面前一抖，奸笑道：“我早就料到你会有这一招的，我是有备而来，六王爷，请吧！”

六王爷并不示弱，朗声说道：“就是皇上亲自到此，本王也要知道兵围我府邸的原因。”

和珅知道庄亲王虽然整日醉醺醺的，外表嘻嘻哈哈，但心里明白得很，在众亲王中是骨子最硬的，也是最难伺候的。尽管自己是奉皇命，但他毕竟是皇上的亲叔，皇上都拿他没办法，这样的人也不能轻易得罪，万一哪天落到他手中，准没有自己的好日子过，官场上的事难以预料。

和珅退一步说道：“皇上已经查明，《永乐大典》失窃案为刘墉个人监守自盗，他勾结外人到宫中行窃，赃物就藏在王府之中。”

六王爷知道这是皇上找借口治刘墉的罪，更是和珅倒打一耙为自己开脱责任。六王爷想起刘墉说起入府私访的事，只可惜当时忘了询问刘墉是否知道《永乐大典》为谁所盗。莫非这被盗的《永乐大典》真的藏在我府？我怎么丝毫都不知晓呢？

不容六王爷细想，和珅已经带兵冲进府中。和珅根据和富的描述，直扑六王府管家五宝住处。五宝还没弄清是怎么一回事就人赃俱获，一起被押赴刑部大堂。

刑部尚书于文伦与和珅本来就是一丘之貉，和珅打着皇上的名义稍加贿赂，于文伦审也没审就把刘墉定为死罪打进刑部死牢，然后上奏皇上。乾隆知道刘墉一死夏儿就会乖乖地同意入宫，便在于文伦的折子上批道：“人赃俱在，从速处死。”

六王爷得知刘墉被判了死刑，即日问斩，心急如焚，急匆匆来到东四牌楼礼士胡同西口儿刘墉家中。整个刘府哭号一片，刘统勋还躺在病床上，刘夫人严氏哭哭啼啼地陪坐一旁。

六王爷见严氏哭得伤心，也很难过，安慰说：“嫂夫人，事到如今哭已经没有用了，必须想尽一切办法搭救墉儿。”

严氏哭得更伤心了：“仨儿是妾身心头掉下的一块肉，我能不想救他吗？可这是皇上要杀他，如今老爷又卧病在床不能行走，我一个女人家又能做什么？”

严氏说着，扑通跪在六王爷面前：“王爷，求你救救仨儿吧，你的大恩大德我今世还不了，来世做牛做马也会偿还的。”

六王爷拉起严氏：“嫂夫人见外了，一家人不说两家话，如果老夫不想救墉儿就不会到此了。”

"那王爷就快想想办法吧。"

六王爷为难地说："如今皇上已经批下诏书，要想让皇上收回成命十分困难，只有一人出面也许还有希望。"

"谁？"严氏在绝望中仿佛看到一线希望。

这时，一直沉默不语的刘统勋睁开凹陷的双眼："太后！"

六王爷点点头："我听说墉儿是太后的干儿子，何不把皇上要斩墉儿的事奏报太后，求太后向皇上求情？"

严氏看看病入膏肓的丈夫，难过地说："老爷无法起床，何人能替老爷入宫求见太后？"

"那就让老夫入宫试试看吧。"六王爷说道。

严氏一听六王爷主动要求进宫，感激不尽，再次跪下了。张成、刘安听说六王爷要进宫救刘墉，也一起赶来下跪拜谢。

救人如救火，六王爷安慰刘统勋和严氏几句，直奔皇宫大内。

慈宁宫。

太后正由一群宫女、后妃陪着试穿新衣，听说庄亲王来了，忙放下新衣召庄亲王进来。礼毕，庄亲王笑道："太后六十大寿庆典就要到了，老臣在府中苦想多日也不知置办些什么寿礼才能讨得太后的欢心。请太后明示，老臣好吩咐府上的人操办。"

太后哈哈笑道："六王太客气了，本宫不想要什么寿礼，你到时带着福晋和夏儿来参加庆典就行了。"

太后忽然又想到什么，忙说道："夏儿这孩子真是越长越好看，十八的姑娘一朵花，人见人夸哟。六王，夏儿今年是十八还是十七？"

"回太后，今年已经十九了。"

"这么快哟，都十九了，该嫁人啦，不知六王可有什么合适的人选？不然，本宫遇到才貌俱佳的男儿给咱夏儿物色一个。"

此话正中六王爷下怀，他立即显出满脸忧虑的样子，微微叹息说："女孩儿家长得出众一些，是福也是祸，眼下就遇到一件十分麻烦的事，全家寝食不宁。夏儿几次寻死觅活，幸亏老夫多个心眼，多派几人日夜守着，才没有能够寻短见。"六王说着，立即眼泪啪嗒的，装出极为伤心的样子。

太后十分吃惊地看着六王爷，关心地问道："竟有这档子事？什么人这么大胆，敢扰得亲王府邸寝食不宁？是否奏知皇上？皇上若也过问不了，本宫为你做主。快把事情原委讲给本宫听听。"

六王爷急忙下跪："请太后恕罪，愚臣来此的真正目的就是恳请太后给夏儿

做主，拯救东阁大学士刘统勋之子刘墉，成就一对男女之好。”

太后命人搀扶起六王爷，她现在也明白是何人为难六王爷和夏儿了。太后沉下脸来：“六王，从实告诉本宫，弘历这个昏君是如何欺负夏儿的？如有过分之处，本宫决不轻饶他，本宫用大清律伺候！”

六王爷把乾隆威逼夏儿进宫和即将问斩刘墉的事简单说一遍。太后越听越气，霍地站了起来：“走，随本宫去找那个昏君去！即使没有夏儿的事牵连着，我也会过问的。刘墉是本宫的干儿子，这孩子聪明好学，人品又好，是我看着长大的。他和夏儿真是郎才女貌，天生的一对，地配的一双。本宫为他们做主，看那个昏君还敢从中阻挠不成！”

太后听说刘统勋身染重病卧床不起，刘墉如今又被打入死牢行将斩首，心中很不是滋味。当年先皇雍正爷在世时，太后仅是皇妃，正因为生下四皇子弘历而受到雍正爷宠爱，也因此遭到皇后的嫉妒。在皇位竞争中，三皇子弘时为了能够承袭大统，重金收买刺客对弘历图谋不轨，结果被领侍卫内大臣刘统勋及时发觉，弘时的阴谋才没有能够得逞。从此，弘时对刘统勋怀恨在心伺机报复。弘时虽然内心对刘统勋恨之入骨，表面上却对刘统勋毕恭毕敬，与刘统勋的两个儿子相处友好。一天，弘时把刘统勋的两个儿子骗到宫中禁地玩耍。待二人走后弘时从宫中禁地偷出几样宫藏珍宝偷偷放到刘统勋府中。

宫中失盗，稀世珍品不翼而飞，一时间朝野哗然。雍正皇帝大怒之下立即派人侦破，结果发现珍宝为刘统勋的两个儿子所盗。雍正大怒之下，不问青红皂白把刘统勋大骂一顿，以教子不严之罪贬官三级并且赶出宫廷。刘统勋一向正直，哪里容得下别人在背后指指点点说三道四，盛怒之下把两个儿子活活打死。时隔不久，弘时又因谋害弘历的行为被发现，弘时的阴谋败露，供出陷害刘统勋两个儿子的经过。雍正皇帝后悔自己做事太武断，但为时已晚。虽然将刘统勋官复原职，但刘统勋却失去了两个儿子。那时，刘墉刚满十一岁，雍正为了弥补过失，把刘墉接入宫中由弘历之母抚养。太后见刘墉聪明过人，反应灵敏，十分讨人喜爱便认做干儿子。

太后在六王爷的陪同下来到养心殿。乾隆正与和珅一起饮酒，见母后突然到来，急忙起身相迎。太后正在气头上，也不顾皇上的恩威，上前就是一巴掌，打得乾隆两眼冒火。太后骂道：“昏君，夏儿是你堂妹，你竟敢违背人伦强逼她进宫，这是何道理？”

乾隆急忙申辩道：“听说先祖还有纳……”

“住嘴！”太后不容乾隆说下去，立即呵斥道，“本宫不管先祖皇上是如何做的，决不允许你冒犯人伦，胡作非为！何况夏儿格格已经同刘墉订下婚约，你怎能无端拆毁他人美满婚姻？”

乾隆环视一下侍立在旁边的六王爷，不服气地说：“刘墉犯下死罪，行将问斩，订下的婚约也是有其名无其实。”

太后刚坐下，一听乾隆这话又气得站了起来，指着乾隆说道：“你这个逆子，真想把额娘活活气死不成！你口口声声是额娘至诚至孝的儿子，还说什么要把额娘的六十大寿庆典办得隆重一些。刘墉是额娘的干儿子你不会不知道，却在额娘寿辰即将到来之时斩杀我的干儿子来给额娘庆寿，真是古今少有的孝顺儿子啊！”太后说着，两行热泪潸潸而下。

乾隆看看和珅：“请母后息怒，儿臣立即下令等到母后寿辰之后再将刘墉处死。”

“什么，你还要处死额娘的干儿子？”

乾隆急忙解释说：“请母后明鉴，儿臣并不想处死刘墉，只是他身为朝廷命官，监守自盗，法律不容。”

太后不容乾隆说下去，便手指着乾隆与和珅骂道：“昏君、佞臣，我与六王已经查明，《永乐大典》被盗根本与刘墉无关，是有人故意栽赃陷害刘墉。”

“请问母后，是何人栽赃陷害刘墉？”

太后一指和珅：“就是他和他的管家和富勾结他人入宫行窃，然后栽赃陷害刘墉。”

和珅吓得面色发白，急忙跪在地上申辩道：“请皇上明鉴，奴才冤枉，奴才对皇上一片忠心，怎会做出这种大逆不道的事？一定是刘墉对奴才怀恨在心，倒打一耙，临死也要找个垫背的。”

六王爷冷笑道：“和珅，你冤枉不冤枉，将你的管家和富抓来审问一下不就清楚了，何必在此叫冤呢？”

乾隆当然也知道刘墉决不会偷盗几卷《永乐大典》，他不过是想借故除去这个情敌罢了。

如今太后出面作梗，乾隆只好说道：“既然事出有因，暂时免刘墉一死，押入监牢，待查明事实真相再作处理。”

太后紧逼一句：“不行，现在必须把刘墉放了，我要在六十庆典前把墉儿和夏儿的婚事办了才过寿，不然，额娘的六十大寿庆典就取消吧。”

乾隆一向孝诚，对母后百依百顺，在母后六十大寿之际怎敢再惹母后生气。只好忍痛割爱，恭敬地说道：“儿臣遵命，一切听母后安排。”

刘墉被从死牢里放出后，太后估计皇上对夏儿仍不会死心，唯恐夜长梦多，太后同六王爷商量尽快择定吉日为夏儿和刘墉完婚。六王爷自然同意，刘墉更是求之不得。

因为刘统勋病情加重，由太后主婚，刘墉和夏儿举办了一个简朴的婚礼，

结为百年之好。

万里长江浩浩荡荡，向东一泄而下，流经安徽，在安徽境内就弯弯曲曲地绕了好几个小弯弯儿。其中有一个小弯儿里面弯着一个小城，这座小城叫做安庆。这安庆城就在长江边上，山清水秀，水陆交通，四通八达，却也是一个好去处。这安庆，在清朝就是安徽首府所在地。

安庆城中心大街上，有一个高墙大院。殿堂高大雄伟，两边房舍齐整，院内树木茂盛，花草鲜艳，古朴高雅，古色古香，别有一番韵味，这就是安徽的最高学府——贡院。学官吴仁魏此时正在忙碌着。

“把贡院门口再打扫干净！”

“大殿之内再整治一番！”

“贡院其他人都到门口聚齐，不得缺席！”

这学官吴仁魏在忙乎个什么呢？原来是新任学政刘墉刘大人就要来此上任，这所作所为都是在为欢迎刘大人所做的准备。

只见一顶官轿从远处而来，不一时，官轿来到贡院门口停下。

“下官吴仁魏叩见学政大人！”

“免礼！”

“谢大人！”

“学政大人，请！”

“请！”

张成、刘安把刘墉扶下轿子来，刘墉便由吴仁魏陪同之下进了贡院。来到贡院正厅，分宾主坐定，刘墉对吴仁魏笑了笑：“本官因路途所误，来到时考务已罢，实在是有劳吴大人了！”

“大人言重了，安排考务，本官理当尽责！”

“考务一切都顺利否？”

“回大人，均为顺利。只是有一个叫吴敬梓的童生在考卷中一段言语关碍朝廷，下官已将其收留，正等大人来裁决！”

“那吴敬梓的考卷中有何关碍言语？”

“他在时文中答道：‘今天下之事，有清有浊，浊清交互，有志者，当使天下清浊分明也！’该生讥当今清浊不分，实有诽谤朝廷之意，请大人详察之！”

“此言果有获罪之实，可将其戴枷收监，待奏明皇上，由皇上圣裁！”

“如此，谨遵大人之命！”

那吴敬梓无端被关在班房之内心中甚为恼怒。这时，吴仁魏带人来到门外。

“为何无端将我关押？”

“为何无端将你关押？你诽谤朝廷，不砍你的人头，就是高待了！”

“学生冤枉！”

“你冤枉？‘今天下之事，有清有浊，浊清交互，有志者，当使天下清浊分明也！’这白纸黑字，有意诽谤朝廷！你还有何冤枉？”

“学生冤枉！学生文中并无那等言语！”

“你是否是吴敬梓？”

“学生是吴敬梓！”

“你只要是吴敬梓就不会冤枉你！现奉学政刘大人之命将你戴枷入监！你就在大牢里给我老老实实地待着吧！”

吴敬梓被投入大牢不觉又是数日。吴敬梓在牢中暗想，人都说刘墉是清官，为何他刚来到就把我投入大牢？看来刘大人还是未知事情真相！

“吴敬梓，有人探监！”

听到牢卒的呼叫，吴敬梓一看，原来是自己的大哥！

“大哥！小弟是冤枉的！”

“那如何是好？”

“大哥，听说刘大人刘墉是一个清官！你就到他那里去告状，你就说那诽谤朝廷的话不是我写的！我是冤枉的！”

“好，那哥就去找刘墉喊冤！”

“大哥，千万要小心，不是刘墉本人不要告！”

“时候到了！快走吧！”

“走走，现在就走了，多谢牢头大哥关照！”

这一日，刘墉的大轿正在街上行走，忽听有人拦轿喊冤。张成、刘安连忙禀报：“禀报老爷！有人拦轿喊冤！”

“落轿！”

“冤枉！小民冤枉！”

“下跪何人？”

“小民吴忠！”

“哪里人氏？”

“全椒人氏！”

“为何拦轿喊冤？”

“小民之弟吴敬梓来省城考试，无端被关押在大牢里！求老爷做主！”

“吴敬梓？此事老爷知道！你弟在试卷上写了关碍朝廷言语，当有杀头之罪！”

“我弟说大人是青天大老爷，特再三嘱咐一定要找到老爷你才喊冤告状！我

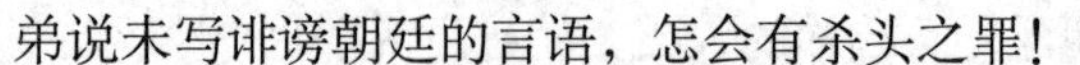

弟说未写诽谤朝廷的言语，怎会有杀头之罪！”

“如此说来，难道是老爷冤枉你了不成？”

“请问老爷，你说我弟写有关碍言语，老爷可曾亲见我弟文中的关碍言语？”

“这个……本官倒是一时疏忽，并未亲阅试卷！”

“老爷既未亲闻，如何知我弟写了关碍言语？”

“本官只是听下属禀报！”

“老爷，我弟着实冤枉，求老爷明察！”

“你先请回！待老爷查明，一定给你一个清白！”

“谢过大老爷！”

刘墉回到贡院便让张成去找吴仁魏来问话。不一时，吴仁魏来到。

“见过大人，不知唤下官有何见教？”

“本官今日在大街之上，有人拦轿喊冤，说吴敬梓有冤。不知吴大人有何高见？”

“那吴敬梓白纸写黑字，铁案如山，哪里会有什么冤枉！大人不必多虑！”

“你把那吴敬梓的卷子调来，我要亲看！张成，你现在就与吴大人一并取来！”

“刘安！”

“小人在！”

“你去牢中将吴敬梓带来！”

不一时，张成将所有试卷取了来。张成把吴敬梓的卷子寻出交与刘墉。刘墉一看卷子，上面果然有“今天下之事，有清有浊，浊清交互，有志者，当使天下清浊分明也”之语。

此时刘安将吴敬梓带到。

“见过刘大人，学生给大人请安！”

“吴敬梓，你让你哥拦轿告状，你有何冤枉？”

“回大人，学生来省城考试无端被关押，大人来时又将学生投入大牢，学生冤枉！”

“吴敬梓，你这卷子上白纸黑字：‘今天下之事，有清有浊，浊清交互，有志者，当使天下清浊分明也！’分明是诽谤朝廷，你还有何话讲？”

“大人！学生并未写上述言语！”

“你没写？难道是老爷给你写的不成？难道这卷子还能有假？”

“大人，你那卷子可否让学生看看？”

“本官就让你心服口服！你拿去看吧！”

吴敬梓将卷子看了一眼，说：“大人，这卷子不是我的！”

“什么？不是你的？这名字也不是你的？”

“是我的名字，可这卷子不是我的！”

“有何凭证？”

“大人，这文章不是我的，字也不是我的！”

“你给我写几个字，让本官看看！”

吴敬梓拿过纸笔，随手写了“是非终当分明，吴敬梓”七个字。刘墉接过来一看，大吃一惊，吴敬梓所言不假，卷子有诈。

“吴敬梓，你说那卷子不是你的，你看这卷子中哪张是你的！”

吴敬梓不多时便找了出来，说：“这一张是我的！”刘墉一看，那名字是“吴警梓”，正是今年的贡院案首，当今的吴警梓秀才！

“你说这是你的，有何为证？”

“这字是我的！名字的字除了那个‘言’字外都是我的，文章是我的，现在我背给大人听：‘论治国之道，孟子曰，得道多助，失道寡助。多者多也，寡者少也，多少也者，仁道为其实也……’”

“你不必背了，也不必回大牢了，且在贡院住着吧！”

“学生遵命！”

“张成！”

“小人在！”

“让吴敬梓在贡院客房中安歇，带他去吧！”

张成与吴敬梓走后，刘墉心想吴敬梓还是一个考场冤案！冤情已明，但那吴警梓又是何人？又是谁在作弊？看来，此事还要弄个水落石出才行！不然自己对皇上也不好交差。刘墉想了一想，在心里打了一个谱儿，往床上一倒，翻了一个身，又打了两个喷嚏，便进入了梦乡。

安庆城外十五里，有一个山寨叫吴家寨，就坐落武马山山脚下。一条小河从山寨边绕过，背依高山门傍绿水，正可谓山清水秀，人杰地灵。人们之所以都这么说，就是因为山寨之中出的名人多，有画画儿的，有舞刀枪弄棍棒的，当然最多的还是文化人，状元举人有的是，秀才更是家常小事。这不，贡院案首又是吴家寨的。读书人考了秀才，在这里虽说不惊人，大家还是要庆贺一番的。说起来也很简单，大家或多或少拿一点贺礼，家主们杀他个两口猪一只羊，打他个两缸白烧酒，再请一个戏班子，唱上两出戏，吹吹打打。大家慢慢儿坐吃坐喝，热闹热闹一番，也就差不多了。

张成和刘安拿着刘墉写的请帖抬上一乘轿子，天还不到中午便来到了吴家寨。一进寨，见寨中正如办喜事一样，热闹着呢！众人见是公差来了，自然异常客气。张成、刘安见了吴秀才，便将请帖一递。吴警梓将请帖一看，见是学政大

人相请，自然不敢怠慢。

“既是学政大人相邀，学生自当遵命。不过，眼下天已近午，酒宴已齐备。两位上差也不必客气，咱们与乡邻同饮几杯酒，而后我们就上路，意下如何？”

“有劳秀才老爷款待，我俩登门相扰，甚不过意！”

“两位上差不必过谦，快请吧！”

“如此，我俩就从命了！”

酒过三巡，菜过五味，吴警梓又对着乡邻好友说了几句感激的话，而后又与大家同吃了几杯酒便先行告辞。出得门来，便钻进轿内与张成、刘安一道急忙向安庆城赶来。

到了贡院门口，刘墉早在门口等候。吴警梓下了轿见刘墉已在门前等候，急忙过来行礼。

“拜见学政大人，学生给刘大人问安！”

“免礼！”

“谢大人！不知大人唤学生来有何见教？”

“吴秀才，室内说话，请！”

“刘大人，请！”

进了贡院客厅，各自坐下，刘墉一招手，自有人将筵席摆好，便各自入席。

“承蒙学政大人错爱，今又盛情设宴，学生三生荣幸，感激不尽！”

“吴秀才不必过谦，此是私交，不必拘礼，慢慢地用！来，端杯！”

“学生就恭敬不如从命了！”

酒过三巡，菜过五味，三盅白酒已下肚，各自话也就多了起来。

“本官请吴秀才来，一是为吴秀才进学，表示庆贺；二是有几个小事将有求于吴秀才！”

“大人有何吩咐尽管讲，学生一定照办！”

“本官到安庆来做官，能与吴秀才交往也算是三生有缘！”

“有缘！有缘！大人说得对，是三生有缘！”

“本官常想，出外做官不容易，全靠着当地父老相助，所以日后还要请吴秀才相助呀！”

“大人说哪里话，日后学生还要求大人多多赐教，岂敢谈对大人相助！日后有什么事，大人只要说一声，学生一定尽心尽力！”

“如此甚好，我来安庆任地方官，就要靠安庆的人事，你说是不是？”

“大人，说别的事学生不好说，说到人事，学生可就真好说了！”

“如此说来，吴秀才在这安庆也是一个风云人物了？”

“风云人物学生不敢说，但学生可以这样说，学生是要风得风，要雨得雨，

从下到上，左右逢源。这学官吴仁魏与学生是一家，一笔不能写两个‘吴’字来；家父与北京的和珅和大人是结义弟兄，这也可以说是上可入天，下可通地呀！大人在安庆就安心地干吧，没有谁敢动大人一根汗毛。”

“怪不得吴秀才考场如此顺利，原来是有贵人相助啊！”

“有钱有人就得！你没听人们说嘛，有钱能使鬼推磨，钱能通神，那可是一点不假！就如这考秀才吧，也就是万把两银子的事！”

“以吴秀才之才，就是考，也是十拿九稳，又何必破费银两？”

“大人哪，那卷上的字是我的，文章可是那学官吴仁魏的。人都说他是‘无人味’，其实他是很有人味的，那不就是五千两银子嘛！”

“噢，原来如此！吴秀才，咱不说这个了，早听说吴秀才字儿写得好，求吴秀才写几个字如何？”

“只要大人吩咐，学生从命就是！”

那吴警梓乘着酒性醉意，写了“天高云淡万里清，吴警梓”十个字！刘墉接过来一看，连连说道：“吴秀才自成一家，别有神韵！”

“大人过奖！大人过奖！”

“来，今日系个人私交，我与吴秀才再痛饮几盅！”

“好！刘大人请！”

不一时，吴警梓便进入了醉梦之乡。

“来呀！把他安置睡下，好好看守，不得有误！”

“小的遵命！”

刘墉又道：“张成、刘安，都出来吧！”

张成、刘安从屏风后出来。

“都记上了吗？”

“回大人，一字不漏！”

“好！赏你们二位两坛酒，饭菜尽管吃！”

“大人，我俩要是喝这两坛呀，最少也要睡上仨月！”

“破了这一案，我让你们睡四个月！”

吴仁魏与张成一起把卷子交给了刘墉，回到家中老是觉得不大对劲儿，他觉得刘墉似乎已经知道了一点什么。如果刘墉查出了吴敬梓的冤情，那必然要涉及吴警梓；如果吴警梓的把戏露了馅儿，那势必要把自己牵涉进去。想到这里，吴仁魏心中不觉害怕起来。不一时，他又听下人说刘墉把吴敬梓从大牢中提了出来，问话后并没有把吴敬梓送回大牢，而是把他留在了贡院之中。大事不好！吴仁魏想到这里，不禁汗如泉涌，于是急忙派人去找吴警梓。一直到天黑时分派去

的人才回来。吴仁魏问道："你们找到吴秀才没有？"

"回大人，小的们到吴秀才家，吴秀才已被学政大人请去赴宴去了。小的们等到太阳落山之时仍未见吴秀才回家，因此才急忙返回！"

"好，你们有劳了！每人赏一两银子！"

"多谢大人！"

下人得银走后，吴仁魏便取来文房四宝，急忙给和珅写了一封信。

和大人台鉴：

大人派和喜来与下官谈及令世侄吴警梓考童生试一事。大人所嘱，小人安敢不尽力焉？下官此事已办好，令世侄已考中秀才，一切完毕。不料有百姓告状，惊动了刘墉刘大人，刘大人重阅了考卷。看迹象，此案刘大人若是查个水落石出势必牵涉下官。牵涉下官事小，连累大人事大，故务请和大人关注此事，来个釜底抽薪，中止刘大人复查此案。否则后果难料。另相告，考卷上有人诽谤朝廷，其言曰："今天下之事，有清有浊，浊清交互，有志者当使天下清浊分明也！"写此文者余已将其入监，而刘墉却将其私放，乃舞弊之行也！大人可以以此为据而参之。只有将刘大人调走，此事方能平息。大人切切勿误！

吴仁魏敬呈

×月×日

吴仁魏将书信写好，选一个心腹小厮持信连夜出城直奔北京而去。

吴警梓在贡院睡了一夜，醒来一看天已大明，房门紧锁，到了早饭时分也无人开门。吴警梓心中纳闷，自言道："昨日刘大人也一定喝醉了，一定是还未醒酒，不然怎么到现在也不派人来照料我呢？"正在怀疑间，门打开了，张成、刘安走了进来。

"吴秀才昨晚睡得可好？"

"好，好，多谢刘大人盛情！"

"我家老爷请吴秀才客厅说话！"

"好！好！学生这就去！"

"吴秀才请吧！"

"二位请！"

吴警梓与张成、刘安一起进了客厅。刘墉坐在正堂，吴警梓进了客厅便给刘墉请安。

"拜见刘大人，学生给刘大人请安！"

"不必多礼！吴秀才昨晚睡得可好？"

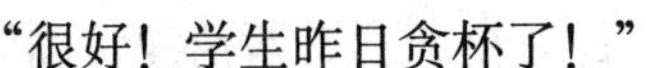

“很好！学生昨日贪杯了！”

“你昨日所说的言语你可记得了？”

“学生记得！”

“记得就好！记得就好！本官昨日接到一个案子，有人举报说你这中秀才是假的，是冒名顶替的。本官虽不信，但也还要让你吴秀才来亲自验看方才实在！”

“笑话！我大清国的堂堂秀才，冒名顶替，难道说我不是吴警梓吗！”

“你是吴警梓不假，这里也有你的卷子！你写的文章还能记得吗？”

“学生当然记得，我背几句大人听听：‘论治国之有道，国也者，天下之总也，天下有道，治国也亦有道，有道国则兴，无道国则亡，天下之至理也……’”

“不要背了，不要背了，你背错了！”

“没错！”

“那好，你看，这是你吴警梓的卷子，你能找到你背的文句吗？”

吴警梓把吴敬梓的卷子一看也傻了眼，卷子上虽是自己的名字，可文章不是自己的，又哪能找到刚才所背的文句呢？

“这个……这个……”

“这是为何呀？”

“大人，这不是学生的卷子！”

“你的卷子在这里哪！你看，‘国也者，天下之总也，天下有道，治国也亦有道，有道国则兴，无道国则亡，天下之至理也……”张成说，“吴秀才，你看这张卷！”

“这张卷子是我的！”

“那又为何变成了吴敬梓的？”

“这个……大人，学生也不知道！”

“考场作弊，欺君罔上，该当何罪！”

“大人，小人只是托个人情，花了一些银两……”

紧接着，吴警梓说出他的过去来。

原来，这吴警梓也是出身于官宦之家，只是到了他父亲这一辈儿，家道不如从前，虽说是良田千顷，骡马成群，金银压折了楼板，却再没有人当官为宦，权势不大。到了吴警梓这一辈，这小子仗着家中有钱，整日里东游西逛，游手好闲，虽说不欺行霸市抢男霸女，倒也是名声不佳。

有一日，吴警梓在大街上见一位小娘子从身前经过，只见那女子生得天仙似的。吴警梓顿生爱慕之心，一打听原来是一家小官宦的女儿。吴警梓就缠着他父亲托媒婆去说。他父亲说道：“咱与人家门不当户不对，老早死了这个心吧！”

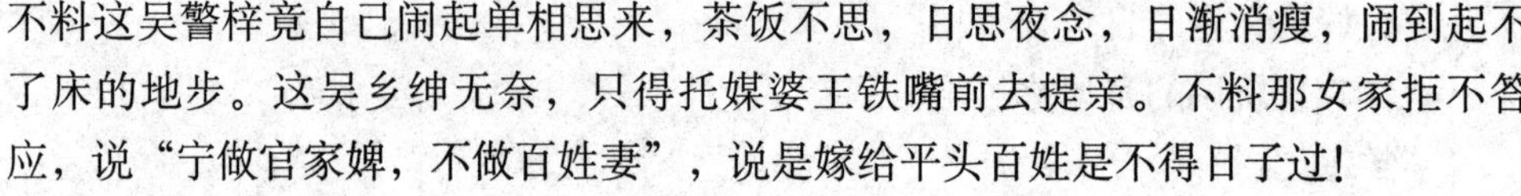

不料这吴警梓竟自己闹起单相思来，茶饭不思，日思夜念，日渐消瘦，闹到起不了床的地步。这吴乡绅无奈，只得托媒婆王铁嘴前去提亲。不料那女家拒不答应，说“宁做官家婢，不做百姓妻”，说是嫁给平头百姓是不得日子过!

那吴警梓听罢媒婆之言便闹着也要去考举人中状元，弄他个一官半职。吴乡绅听罢便嘲笑道：“你目不识丁竟要去考举人、中状元，天大笑话！”谁知这吴警梓也是一个喝死牛血，不撞到南墙上不回头的主儿，闹着非要去不可。吴乡绅被缠得无计可施，只得说：“我北京有个朋友在京里做大官，日后找着他给你捐个官算啦！”其实，也只是吴乡绅的父亲与和珅的父亲是结拜过的，因此吴乡绅与和珅也就自然称兄道弟，彼此也曾见过一面，所以那吴警梓也就自然称和珅为仁叔了。其实，这也是说者无心听者有意，那吴警梓倒真的带上一万两银票去北京找到了和珅。一来有这一层关系，二来又有五千两银子开路，和珅还真给他办了，和珅就是写个纸条儿，吴仁魏哪敢不给他办？更何况还是派和喜亲自来的呢。没想到吴警梓五千两银子还真通到了天上。

“如此说来，那文章也不是你自己写的了？”

“学生是照着吴仁魏给的稿子抄的！”

“那你就先画押吧！”

“学生遵命！”

吴警梓画押之后，刘墉即让吴警梓暂时回避，又让张成去唤吴仁魏。

不一时，吴仁魏与张成来到客厅。

“大人唤下官来，不知有何见教？”

“吴大人，此次贡院考试出了一桩怪事，不知吴大人可曾耳闻？”

“有何怪事？下官未曾耳闻！”

“吴大人既未曾耳闻，本官就说与你听。此次考试中有一个童生没写一篇文章，竟能高中！”

“噢，自己不写文章，还能高中，哪有这等事？”

“有，我曾见过这位童生，他自己就说那卷上的文章不是他自己的，而是抄了别人的稿子！”

“有这等事吗？这可是犯了王法的事呀！”

“是呀，我也说这是违犯王法的事，可有的人还仍要去干！”

“犯了王法了，为什么还要干哪？”

“还不是为了银子！五千两银子！”

“五千两银子？”

“五千两银子！”

吴仁魏有点惊讶，半晌没有做声，在他的脑子里过去的一幕又出现在他的眼前。

那是一个半月之前的事。

吴仁魏在自家客厅内闲坐，忽然有一仆人来报："老爷，有一个从京城里来的人要拜见老爷！"

"那就让他进来吧！"

吴仁魏整了整穿戴便要出门迎接，还未及出门，那人已随仆人进了客厅，见了吴仁魏便拜。

"小人拜见吴大人，小的给吴大人请安！"

"你叫什么名字？"

"小的名叫和喜，在中堂和大人手下当差，现受和大人差遣拜见吴大人！现有和大人书信在此，请吴大人过目！"

"好！赐座！"

"谢大人！"

吴仁魏接过书信，展开一看，只见上面写道：

吴大人台鉴：

大人无恙，今去书无别，只因本官世侄将要参加贵处童试，还请吴大人到时多加关照，事成之后，定当重谢。

切切！

和珅
×月×日

吴仁魏把信看完说："和大人还有何吩咐？"

"和大人说还有一样东西让我交给你，说是吴大人一定要笑纳！"

"什么东西！"

"大人一看便知！"

"五千两银票？"

"五千两银票！"

"这个使不得！使不得！"

"吴大人，和大人说吴大人一定要笑纳，不然，小的回去后也不好向和大人交差！"

"如此，下官就从命了。多谢和大人，多谢和大人！"

刘墉见吴仁魏半晌不语，便又问道："吴大人，你说为了这五千两银子罢官丢职，值得吗？"

"值得……不！不值得！不值得！"

"吴大人，你知道这不写文章反倒得中的是谁吗？"

"下官不知！"

"他就是贡院案首吴警梓吴秀才！"

"怎么？此人就是吴秀才？"

"此人正是吴秀才！"

"不是！不是！不会是吴秀才！"

"吴大人，你怎么知道此人不是吴秀才？"

"这个……我是说吴秀才是我亲手选点，若是假的，我们对皇上可不好交代呀！"

"早知今日，又何必当初！"

"刘大人这话是……"

"我是说这吴秀才还与吴大人有牵扯呢。"

"这吴秀才与下官有何牵扯？真是荒唐！"

"吴大人认为此事荒唐吗？"

"此事荒唐！"

"我现在不说此事。吴大人，我来问你，现有三种人，一是睡着了的，一是未睡着的，一是未睡着装作睡着了的。我要去将这人喊醒，你说哪一种人最难喊呀？"

"是未睡着而装睡着的人最难喊！"

"那又是为何呀？"

"那未睡着的，本身就是醒的，因此一喊就醒；那睡着了的，也能把他喊醒；那未睡着而装睡着，是因为他有意不理，所以最难喊。"

"如此说来，吴大人就是有意不理的了？"

"大人此话是何意？"

"吴大人，难道还一定要本官逼你说出来吗？"

"刘大人要下官说出什么？"

"考、场、舞、弊！"

"什么？考场舞弊？你说我考场舞弊，有何证据？"

"好哇，本官良药苦口地劝你，你倒装聋作哑，拒不认罪！吴仁魏，你身为朝廷命官，上负皇恩，下违民意，竟然执法犯法，考场舞弊，你该当何罪！"

"下官无罪！好你个刘墉，无凭无据诬陷本官，我要到皇上那里去告你！"

"吴仁魏，我刘墉若无凭据也不来审你。把吴敬梓和吴警梓二人带上来！"

张成、刘安带着吴敬梓和吴警梓二人进了客厅。二人下跪给刘墉请安。

刘墉将两个人的卷子拿了出来，说道：“你二人各自认出自己的卷子，实事求是，不得虚假！”

“学生遵命！”

吴敬梓、吴警梓各自认出自己的卷子。

吴敬梓说：“刘大人，我这卷子上的姓名不是我的！”

吴警梓也说：“刘大人，我这卷子上的姓名也不是我的！”

“我来问你二人，你们在考场上可是如此写的？”

“不是！我名字中的‘敬’字下被加了一个‘言’字！”吴敬梓说。

“大人，我名字中的‘警’字下的‘言’字被人用黑墨水给涂盖上了！”

刘墉转过来对吴仁魏说道：“吴大人，你说这是谁干的？”

“下官有罪！”

“吴大人，你为了五千两银子真是费尽了心思呀！一个吴敬梓，一个吴警梓，一个小小的‘言’字竟如此神通广大！”

“下官死罪！下官死罪！下官愿招！”

那是在和喜走了之后，吴仁魏在客厅中暗想怎样才能把事办好，不负和大人的厚望？

正在这时，仆从来报：“大人，外面有童生吴警梓求见！”吴仁魏听说是吴警梓求见，忙说：“请！”

“学生吴警梓拜见吴大人，给吴大人请安！”

“吴警梓，想不到你这人竟能通天呀！有和大人的书信在此，下官岂敢不尽力啊！”

“一切全仰仗吴大人了！”

“你进了考场，写上一篇文章，到时点你为秀才便是了！”

“大人，我那文章哪行？我写不出呀！”

“你写不出，抄你可会抄？只要你会抄也行！”

“怎么抄？”

“到时我把文章给你写好，你抄上一遍该行了吧？”

“大人，这样行！”

“但是有一条，你必须会念会背，决不可把纸拿出来抄！”

“学生遵命！”

吴仁魏从袖子中拿出几张写满了字的纸。

十多天后的一个晚上，在昏暗的灯光下吴仁魏正在看卷子，吴夫人在一边说：“我说老爷呀，你只知点那吴警梓为秀才，他抄你的那文章以后能不能经得起新来学政大人的审查呀？如经不起，那岂不画虎不成反类犬了！”

“夫人说得对！听说新来的学政大人可不是一个凡人，年纪不大，不少的官吏都跌到了他的手里，我怕的也就是这一条！”

吴仁魏边说边看卷子，忽然高兴得笑了起来。

“吴敬梓！吴敬梓！哈哈哈哈……真是天助我也，天助我也！”

“什么事让老爷这样高兴？”

“夫人你看，这篇文章多好！‘论治国之道，孟子曰：得道多助，失道寡助。多者多也，寡者少也，多少也者，仁道为其实也……’若按文章而言，此人当点为秀才，可这秀才只能点给和大人的世侄了，可惜了这个吴敬梓！”

“他吴敬梓的文章再好你又怎么办？”

“夫人你看，我说是天助我就是天助我，他叫吴警梓，他叫吴敬梓，仅是一字之差，多亏他吴敬梓来帮忙！”

只见吴仁魏拿起笔来，在“吴敬梓”的“敬”字之下加了一个小“言”字，“吴敬梓”就变成了“吴警梓”；他又在“吴警梓”的“警”字下滴下一点墨水将那个“言”字盖住，“吴警梓”就变成了“吴敬梓”。

“怎么样？夫人，可是天衣无缝吧！谁要是能查出来，我就头朝下走路给你看！”

“那个吴敬梓能愿意吗？”

“他不愿意能怎么着？添几句话，‘今天下之事，有清有浊，浊清交互，有志者，当使天下清浊分明也’，我就说他诽谤朝廷，把他投到大牢之中去！”

“还是老爷鬼点子多，可就是没有点人味了！”

“我吴仁魏本来就是无人味嘛！”

刘墉听了吴仁魏的供述，说道：“画押！”

吴仁魏画了押。刘墉说道：“吴大人，你考场舞弊，害人害己，其罪不小！待本官奏明皇上，均由皇上圣裁吧！”

“还求刘大人在皇上面前法外开恩！”

“大人放心，本官是会秉公办理的！”

刘墉将此事处置完毕，便连夜向乾隆皇帝写表奏明。表曰：

臣蒙皇恩，官任安徽学政。臣走马上任，即查安徽学官在今年童生试中徇私舞弊。童生吴警梓利用关系买通吴仁魏。童生吴警梓乃提笼架鸟好闲游荡之徒，吴仁魏竟置王法于不顾，泄露机密，亲为吴警梓作文让其抄袭。吴仁魏又怕经不起本官查检，又将本该点为秀才的童生吴敬梓的答卷拿来改换人名，偷梁换柱，将不学无术之吴警梓点为秀才，对吴敬梓则以诽谤朝廷为由将其收押入监，造成考场冤案。上述事实吴仁魏与吴警梓供认不讳，铁证如山。

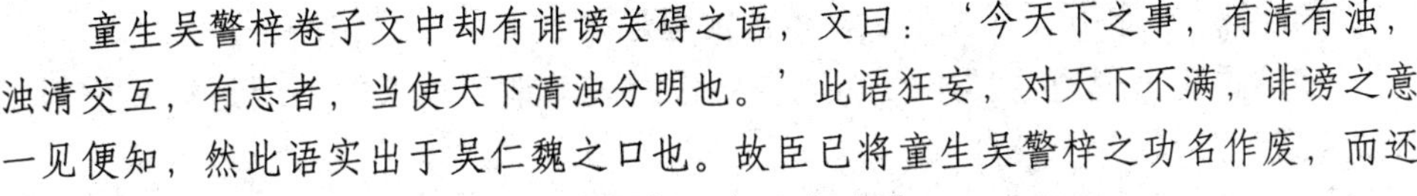

童生吴警梓卷子文中却有诽谤关碍之语，文曰：‘今天下之事，有清有浊，浊清交互，有志者，当使天下清浊分明也。’此语狂妄，对天下不满，诽谤之意一见便知，然此语实出于吴仁魏之口也。故臣已将童生吴警梓之功名作废，而还童生吴敬梓以清白也，吴仁魏解职候审，由圣上天裁。

此考场舞弊案中，和珅与吴仁魏收受白银一万两，各受贿五千两。

臣上任之初轻信吴仁魏之言，将吴敬梓投入大牢，后审其兄之状词，始知其中有诈。后虽经查实为其昭雪，然臣亦有失察之罪，还请皇上治臣不察之罪！

臣刘墉顿首

刘墉将表写好时鸡已报晓，即派专人火速送往京城。那人领命便即刻登程直奔北京而去。

刘墉刚处置完考场舞弊案圣旨就到了，刘墉便急忙接旨。

胡太监高喊：“刘墉接旨！”

“臣刘墉接旨！”

“奉天承运，皇帝诏曰：查刘墉任安徽学政，有负朕意，为官不正，私放案犯，责令停职返京，待朕查罪！钦此！”

“吾皇万岁，万岁，万万岁！”

“胡公公，客厅内喝茶安息！”

“刘大人，皇命在身，不便久留，先告辞。刘大人还要即刻回京，不可太迟！”

“多谢胡公公教诲！这安徽学案是一场冤案，下官已经查明，且有表章呈与皇上，还请胡公公在圣上面前美言一二！”

“刘大人放心，这个自然办到！”

胡太监走后，刘墉即打点行装带着张成、刘安直奔京城。

话说当初和珅见和喜回来，问明情况，得知吴仁魏愿办此事，说道：“他吴仁魏把这事办好了本官自然不会亏待他。”

不几日，和珅正与夫人闲话，和龙来报：“老爷，有一个从安徽来的人要见老爷！”

“快请！”

和龙将来人引至客厅。那人下跪请安：“小的拜见和大人，小的给大人请安！”

“你求见本官有何事？”

“小的受吴大人差遣，现有吴大人书信在此，请和大人过目！”

和珅将书信展开，只见信上写得清清楚楚。

和珅看完信说道："本官知道了！你回去就请吴大人放心便是！赏你银子十两！"

"多谢和大人！"

第二日早朝，乾隆端坐在宝座之上，群臣叩拜。

"叩见吾皇万岁，万岁，万万岁！"

"平身！"

"谢皇上！"

和珅首先出班奏本："启奏万岁，奴才有本奏！"

"所奏何事？"

"万岁，奴才参刘墉！"

"爱卿参刘墉何事？"

"万岁，那刘墉任安徽学政，即辜负皇恩，有违圣命。他处事不公，对著文诽谤朝廷的案犯徇私舞弊，私自将人犯放走，此乃欺君罔上之行为，必当治罪！"

"刘墉果真如此？"

"千真万确！"

"传旨，让刘墉停职返京，朕要亲自查问！"

刘墉带着张成、刘安日夜赶路。

刘墉边走边想，越想越纳闷，但也渐渐理出头绪：皇上这道圣旨下得内中定有文章，此桩学案虽说有些与和珅牵连，可这理案之事皇上为何能知？看来此次进京必然要有一番风波。

他们正行之间，就听见前面有喧哗之声。

刘墉抬头一看原是一个小集镇，正赶上逢集，所以虽说不是人山人海，却也推拥不动。

"我的银子！我的银子！快抓强盗！"

"抓住他！抓住他！别让他跑了！"

刘墉抬头一看，只见一个四十岁左右，手拎一个小包的人正急急地跑过来。

"张成、刘安！"

"小人在！"

"速将向这边跑的那个人捉住，不得有误！"

那人只顾夺路逃跑，刚巧与张成、刘安擦肩而过。

张成冷不防将腿一伸，把那人绊了个狗吃屎，还未容他爬起来，张成、刘安便将那人拿住，押到刘墉面前。刘墉一声断喝："大胆毛贼！光天化日之下为何

抢人东西？从实招来！”

“求大老爷饶恕，小人并不是要抢东西！只是小人饿得实在无法才抢了那大嫂的银子，我已查清了她家住处，这银子我一定会归还于她！”

“一派胡言，哪有抢了银子还去归还的道理！”

“大人，小的是上北京替学官大人送信的，回来过河时因渡船翻了，小的银两全落入河中，所以……”

“你向京城送信，送给谁？”

“送给和珅和大人！”

“你叫什么？”

“小的叫吴忠！”

“快把银子还给人家，老爷与你一道回去！”

吴忠将银子交给那妇女，说道：“大嫂，太对不起了！”

那妇女接过银子，对刘墉说声“多谢大人”，便急忙离去了。

“张成、刘安，现在就返回省城安庆！”

“返回省城安庆？”

“正是！”

“那是为何？”

“不必多问，到时你们自然明白！”

刘墉与张成、刘安从徐州又返回到了安庆，并不怠慢，雇了两辆马车，将吴仁魏、吴忠、吴敬梓、吴警梓及一应考卷、问讯口供全都带齐，又日夜兼程向京城进发。

刘墉一行人马进了北京城，这一日正是三六九朝见之日，于是便直奔金殿而来。

刘墉来到朝房将所有人等稍作安置，便让传事官通报乾隆皇帝。

乾隆端坐在宝座之上，太监朗声宣告：“有事出班早奏，无本退朝！”

“奴才有本奏！”

“和爱卿，又有何奏？”

“那刘墉在安徽处事不公，私放人犯，本当治罪。万岁降旨让刘墉返京，刘墉却违抗圣旨拒不返京，主子当治他个抗旨不遵之罪！”

“和爱卿，刘墉处事有何不公，朕须等他返京后再作论处！”

这时，传事官来报：“启奏皇上，刘墉在殿外候旨！”

“宣他进殿！”

刘墉进得殿来，口称：“叩见吾皇万岁，万岁，万万岁！”

“刘墉！朕来问你，有人参你在安徽处事不公，私放人犯，这是为何？”

“皇上，臣已有表章奏皇上，不知皇上亲过龙目否？”

“朕看是看过，还有些不明白！”

“皇上不明白，那就让臣细细说来。那安徽学官吴仁魏收受了童生吴警梓五千两银子，泄露机密，亲将文章写好，让吴警梓在考场上抄写；后又怕为臣查检坏事，便将第一名者吴敬梓的卷子改名为‘吴警梓’，又将吴警梓的卷子改名为‘吴敬梓’，偷梁换柱！”

“他是如何改的？”

“皇上！那两个童生名字只有一字之差，‘敬’字下加‘言’字即是‘警’，‘警’字下去掉‘言’字即是‘敬’字！”

“可笑！当真如此吗？”

“皇上不信，他们两人带着试卷都在殿外候旨，皇上可以亲自审问！”

“好，带他们上殿！”

吴敬梓、吴警梓及吴仁魏、吴忠及口供、试卷等被一同带上殿。

“叩见吾皇万岁，万岁，万万岁！”

“免礼！”

“谢万岁！”

乾隆皇帝把两张试卷看了又看。

“刘墉！”

“臣在！”

“你看这名字是怎么回事？”

“皇上你请过龙目，这‘吴警梓’中的‘警’字的那个‘言’字是另笔加上的！这‘吴敬梓’中的‘敬’字下被用墨水给盖上了一个‘言’字！”

“果真是这样的吗？”

“皇上若不信可问吴仁魏！”

吴仁魏早已战战兢兢。

“吴仁魏！”

“犯官在！”

“朕来问你，这名字是那样改的吗？”

“是这样，就如刘大人所说。犯官有罪！”

“哪一个是吴敬梓？”

“小民吴敬梓叩见皇上！”

“哪一个是吴警梓？”

“小民吴警梓叩见皇上！”

“朕来问尔等，你二人哪一个该是秀才？”

吴警梓先答道："吴敬梓应该是秀才，小民吴警梓那文章是吴大人替写的。小民有罪！"

乾隆见他们都已招认，和刘墉先前所奏一致。

"刘爱卿，你说秀才该是谁？"

"回皇上，秀才该是吴敬梓！"

乾隆又转向吴仁魏。

"吴仁魏！"

"犯官在！"

"你说秀才该是谁？"

吴仁魏早已吓坏，哪里还敢狡辩："回皇上，秀才该是吴敬梓，犯官考场舞弊有罪！"

"如此看来，刘爱卿处事不是不公，而且又还了吴秀才一个清白！那私放罪犯又是为何？"

吴仁魏道："回皇上，那是犯官文中一段狂语，为了不让吴敬梓扰乱我点吴警梓为秀才，而以诽谤朝廷罪将其拘押。刘大人为吴敬梓昭雪，故说刘大人私放罪犯，此亦犯官之罪也！"

至此，案件已查清楚，刘墉非但无过反而有功。

"和珅，此事依你看刘墉还有罪可治吗？"

和珅慌忙道："这个……奴才失察。"

刘墉自然不会让和珅狡辩脱身，此时挺身而出，朗声说道："万岁，臣有本奏！"

"刘爱卿还有何本奏？"

"在此考场舞弊案中，和大人收受白银五千两并亲派仆从和喜到安徽指令吴仁魏徇私舞弊，还请皇上圣裁！"

参刘墉的正是和珅，乾隆也已料到此事与和珅有关。

"和珅，有无此事？"

和珅叩首道："万岁，奴才有罪！"

既都已查清，乾隆决断此案。

"吴警梓！"

"小民在！"

"学子追求功名，本无可非议，若用歪门邪道求取功名，实实不该。你贿赂官长，冒名顶替，伤天害理，本当治罪。朕念你正当发奋之时，不忍毁你前程，就不再治罪，但你要闭门思过发奋攻读，凭真本领来博取功名！"

"谢皇上不罪之恩！"

乾隆又道："吴敬梓！"

"小民在！"

"刘大人已为你平反昭雪，朕今日还你一个秀才功名，日后还要锐意进取，连登三甲。"

吴敬梓叩首："谢主隆恩，吾皇万岁，万岁，万万岁！"

乾隆厉声道："吴仁魏！"

"犯官在！"

"你身为朝廷命官，却执法犯法，徇私舞弊，又设计坑害贤良，罪不容赦。朕念你尚能认罪，便不再杀你，就回原籍当一个安分守己的百姓吧！"

吴仁魏感激涕零，连连叩首，口中大呼道："谢皇上不杀之恩，吾皇万岁，万岁，万万岁！"

乾隆又叫道："和珅！"

"奴才在！"

"为官不当贪财，若为财当官，其官终究必为贪财所毁，念你能认罪，朕罚你官降一品！"

"奴才谢主隆恩！"和珅连忙高声大呼，这点惩罚对他来说根本无关痛痒，只要改天乾隆高兴，他很快就能官复原职。

乾隆最后对刘墉说："刘爱卿！"

"臣在！"

"你查破这考场舞弊案有功，理当嘉奖！你一身正气，刚正不阿！朕就让你升任江宁知府，准备到江宁上任去吧！"

"谢主隆恩！吾皇万岁，万岁，万万岁！"

【第三回】

无头尸入清风店，有心人访白玉莲

春宵一刻值千金，孙朴方跟新娶的第四房姨太太折腾了一宿，鸡啼时才酣然入梦，正睡得香甜，忽然门口传来急骤的敲门声。

"老爷，老爷！"

孙朴方被惊醒，听出是贴身小厮的声音，气得大骂道："大清早的嚎什么丧，有事儿明天再说！"

小厮却没走开，小心翼翼地答道："老爷，巡抚衙门来人哩，说是高大人要老爷去一趟，有要紧的公事。"

"高大人？"孙朴方不吱声了，推开四姨太，慌忙坐起身来穿衣服。四姨太也被惊醒了，光着身子爬起来，抱住男人的腰，嗲声嗲气地叫道："再睡一会儿嘛……"

"姑奶奶，不行。高大人大清早派人来，一定有要紧的事儿。"孙朴方赔着笑脸，没停止穿衣。四姨太粉脸羞恼，叱骂道："高名楼是你爹？你连我也不要了吗？"

孙朴方不恼不怒，反而嬉笑道："你说得不错，高大人比我爹还亲呢，没有他，我能混到江苏刑道的位子上吗？宝贝，别生气，回头我一定喂饱你。"说着在她的粉脸上亲了一口匆忙下床而去。

江苏巡抚衙门的官邸里，庭院深深，假山岩石峻立，清泉叮咚，高大的门墙影壁后面曲径通幽。浓荫如盖的翠竹旁边，亭台楼阁，抱厦回廊。江苏巡抚高名楼没有像往日那样聚精会神地打太极拳，而是面带愁容地在廊前踱来踱去。书办陈力惶恐不安地站在旁边。

往日的清晨，这里的空气最清新。此时却是那么沉闷，令人透不过气来。

忽然，挂在廊上的一只红嘴鹦鹉呼叫道："有客来！有客来！"

江苏刑道孙朴方穿戴整齐，疾步走近高名楼，恭恭敬敬地施礼道："卑职给

大人请安，不知抚台大人急唤卑职有何吩咐？”

高抚台手捻胡须依然是一语不发。孙朴方吃了一惊，抚台大人既没有让他免礼起身，更没有像往日那样温颜嘉语地赐座。莫非出了什么大事情？他憋得一身汗，又不敢再问，只好用袖子不住地擦拭额上的汗珠。

高抚台沉吟半晌，终于吁了一口气，开言道：“这几年我忙于朝贡，疏于治理，使得本省不甚安定。我固然难辞其咎，可是，根本的原因还是吏治。省里这些府县官员简直昏庸得一塌糊涂！”

孙刑道一听更加惊奇。抚台忽出此言究竟是何意？不过，看来事情与自己没有多大的关系，他舒缓一下紧张的神经，试探着赔笑说：“大人不必自责，也不宜求之过急，管之过严。有些府县政绩还不错，有的还卓有政声！”

抚台冷笑道：“那些政绩、政声还不是他们自己吹出来的，这种雕虫小技还能骗得过本抚台？我不指望他们能做出什么政绩来，只要他们能遮住大面，别捅出什么漏子，本抚台就念阿弥陀佛了。本来此事该由藩台具体来管，可是本抚台乃一省之长，难辞其咎啊！你瞧，跟前的上元县就给我捅了娄子。清风店血案闹得满城风雨，妇孺皆知，这个草包县令能断什么案，此事传扬开来岂不影响一省的政声？”

孙刑道听到这里，似乎明白了一半，媚笑问道：“抚台大人之意是……”

高抚台说道：“万岁这次御笔钦点，把‘铁脖子’刘墉从安徽学政提升到江宁知府任上，而且特别恩准他可以越过本省各宪及朝中六部直接奏事当今圣上。这样的主儿，就是本抚台也要让他三分。新官上任三把火，他若过问了清风店血案，等于把一个现成的把柄抓在手里，由此打开豁口，把咱们一省的葫芦、茄子摸个清楚。此时正是皇上整饬吏治的风口，他若奏本上去，咱们一省的官员正撞上刀口，后果可想而知。”

孙刑道一阵战栗，惶恐不安地说：“大人，这如何是好？”

高抚台沉着地说：“我召你来，就是要你赶在刘墉到任之前接手清风店血案，迅速破案，法办真凶，平息沸沸扬扬的舆论，不让初到江宁的刘墉嗅到什么。此外，我会命各县迅速清理积案，该遮掩的遮掩，该处理的处理，并令他们要检点行为，别让人家抓住把柄，这件事就交给陈书办去办。”

陈书办认真聆听，连连躬身点头道：“大人放心，小人一定晓谕各县遵命而行。”

高名楼还是不放心，特别交代说：“你还要告诫我那个世侄徐五，让他以后不要再胡作非为。他要是不听，惹出麻烦来，老夫也救不了他。”

“是，大人。”

孙朴方正要告退，忽然又想起一事，问道：“不知新任江宁知府何日到任，

大人是否安排迎接事宜？”

高名楼冷笑道：“按行程刘墉该到江宁了。不过，本抚毕竟是一省之长，刘墉不过是一任知府，水再大也漫不过桥去。本抚及省上的官员断不可迎接他。要迎接就让知府的属吏去接官亭等候吧。眼下关键是遮盖咱们省里的问题，不是巴结他的时候。”

孙朴方附和着说：“是啊，也不能让刘罗锅把咱们江苏小瞧了去。”

“刘墉是皇上的红人，在江宁任上待不长，江苏还是本抚台的天下。”高名楼自信地笑了。

阳春三月，金陵城外繁花似锦，春光明媚。离城三里地的官道旁耸立着一座八角凉亭，红柱绿瓦，雕梁画栋，正面匾额上写着“接官亭”三个大字。亭下十多名身穿官服的人一个个引颈遥望前方，议论纷纷。

“这位刘大人真是少见！邸报下来半个多月了怎么还不到任！”

“是啊，从安徽省府到此不过几天的路程，何以半月未到呢？”

“咱们江宁知府可是肥缺，若是别人早该飞过来了。”

凉亭里的官员们着急，亭外的差役们更是着急。江宁府捕快赵武、朱文等一班人不但天天在此等候，还要每天带着茶水、果品侍候那些当官的，早已不耐烦了。此时，他们一个个伸长脖子向官道上张望着。

官道上倒是行人不断，只是没有刘大人仪仗的踪影。

太阳快落山了，众人知道今天没指望了，便准备起身回城，明天再来。

这时，官道上缓缓走来两头毛驴，驴后还跟着一个人。众人正收拾东西，谁也没在意。那两头驴竟下了官道，向接官亭走来。捕快朱文一见，提着水火棍怒喝道：“呸，骑驴的眼瞎了？这是接官亭！再往前走，小心把驴腿打折了。”

不料，前面的骑驴人哈哈一笑，说道：“我就是奔接官亭而来的！”

朱文一怔，仔细打量来人：前边这位，四五十岁模样，身材瘦削，虽然穿着长衫，却是一身的寒酸相，至多是个小行商。后边的那位，倒是年轻，却是一身仆从打扮，低眉顺眼，一看就知道是做奴才的。最后那个步行者显然是个赶脚的，脸上布满灰尘，被汗水一冲，横一道，竖一道，像个唱花脸的。朱文大怒：“大胆刁民，竟敢来接官亭胡闹，不怕吃板子吗！”

他话音未落，后面骑驴的年轻人赶到前面问道：“你们在此接迎的是哪位官人？”

“是从安徽调来的新任江宁知府刘大人。”

“你们看，这位就是刘大人。”

“胡说！”朱文举起水火棍要打人，骂道，“刘大人乃是朝廷命官，一定是

八面威风，哪有骑驴上任的？你们敢冒充朝廷官员，不是找打吗？”

这时，赵武等人也围了上来。毕竟是捕头，赵武比朱文稳重一点儿，听对方出语不凡，便仔仔细细地围着两人看了一遍，见那位四十多岁的主子后背隆起，正是罗锅。赵武顿时吓了一跳，慌忙拦住朱文，上前赔罪说：“得罪了，请问尊驾果真是刘大人？”

“那还有假？张成，取皇上圣旨来。”

刘墉微微一笑。张成从驴背上的行囊里取出乾隆帝钦点刘墉为江宁知府的谕旨，当众展示。

“大人恕罪，小人有眼不识泰山。”

赵武、朱文等差役一见当今皇上的圣旨，吓得跪倒一片，忙磕头谢罪。

有人向凉亭里大喊：“诸位大人，真的是刘大人来了，快过来接迎吧！”

众官员早已注意到来人，闻听之后，呼啦啦全都迎上前去，跪在道旁：“不知大人驾到，卑职迎接来迟，望大人恕罪。”

刘墉翻身下驴，连声说：“不必多礼，列位请起。”

一名官员大声喊道：“请知府大人上轿！”

一顶四人抬的绿呢子大轿停在刘墉面前。刘墉上了轿，轿夫们刚要起身，新任知府却挑开轿帘说：“张成，别忘了给赶脚的驴钱。”

张成早已下驴，正被众差役恭维着，听见老爷的话，慌忙答应着：“放心吧，老爷。咱少不了他的钱。”

可是等他回头一瞧，哪儿还有赶脚人的影子？原来，那赶脚的一听说客人是新任的知府大人，只好自认倒霉，哪还敢要驴钱，趁他们说话的工夫牵着两头驴走了。

张成可着急了：“我还没给人家钱呢。”往官道上一看，赶脚人没走多远，他抬腿要追，朱文劝阻说：“上差何苦呢，您就是追上他，他也不敢要您的驴钱。”

“不行，不行，老爷要是知道了，饶不了我。”张成连连摇头，一口气追了过去。

朱文咧嘴笑道：“今儿个这位老爷邪了，骑驴上任不说，连赶驴的钱也不少人家。真正的青天大老爷啊！”

赵武不屑地笑道：“你懂个屁，人家这叫会做官，背后指不定怎么捞银子呢。”

新知府乘坐绿呢大轿打着满堂执事被众官员、差役前呼后拥着进了金陵城。此时，天色已晚，城内已是灯火通明。如流的行人一见到知府的执事，慌忙闪在两旁驻足观看，议论纷纷。

刘墉第一次来到这座金粉古都，坐在轿内挑开帘子观看街景。正看得高兴，

大轿忽然停下了。

“怎么，到府衙了？”

轿旁的府丞忙回答说：“回大人，还没到府衙，到怡香楼了。”

刘墉不明白。

“怡香楼是干什么的？”

“怡香楼是金陵城最豪华的酒楼。大人初到江宁，卑职等略备薄酒为大人洗尘，请大人下轿吧！”

“噢，”刘墉明白了，轻轻摇头，“这不好吧，本府初来乍到便在此吃喝，百姓会有议论。”

府丞赔笑说：“大人多虑了。这不过卑职略尽地主之谊，人之常情嘛，有何不妥！”

刘墉道：“这么说，是列位宴请本府的私宴了？”

“啊，这个……对对对，是私宴。”

府丞想说是公宴，又怕知府大人不愿赴宴，只得顺着刘墉说是“私宴”。

刘墉还是不放心，向拥在轿旁的江宁府众官员大声说道：“列位都愿意宴请本府是吗？”

众人几乎是异口同声。

“卑职愿意！”

“既如此，本府就是盛情难却了。”

刘墉这才下轿，在众官员的簇拥下登上怡香楼。酒店老板早已在门旁跪接。二楼大厅一字排列八桌丰盛的酒席，玉盘珍馐，生猛海鲜，美味佳肴，自不必说。

众人落座。按照惯例，府丞先致词，无非是“恭迎新知府，以后要在府台大人的手下忠心效力”之类的话，最后一句是“请府台大人训谕”。

刘墉礼节性地向两旁点点头，含笑说：“本府不想多说，刘某若不在江宁干得像样儿，真是上对不起圣上，下对不住百姓，当中还对不住列位的这桌美味佳肴。不过，本府生下来就是穷命，面对美食只能馋涎欲滴，却无福消受。”

众官员一齐盯住刘墉，不解其意。府丞试探着问道：“请问大人，到底是为什么？”

刘墉说：“本府的胃不好，吃不得油腻辛辣。”

府丞：“大人能吃什么？让厨子去做。”

“本府要吃的东西，你们南方的厨子弄不来，就是我们山东的黍面煎饼卷臭豆腐。”

府丞一听，还真是，在这金陵城哪儿去弄这两样东西？众官员也蔫了脑袋，都在心里骂刘罗锅子，放着山珍海味不吃，偏吃煎饼卷臭豆腐，这不是为难人

嘛。大家早就盯着满桌的美味，准备美美地吃上一顿，尽管多数人家里也不缺美食，可这是白吃白喝，白吃白喝当然不怕喝坏了肠子撑破了胃。府台大人不吃，其他人也没法吃，所以刘墉招人恨。

刘墉深知众意，轻松地一笑，说："列位放心，贱内深知本府的肠胃，早就准备着呢。张成，把咱们的干粮拿来。"

张成就在外厅与众差役一席，还没开吃呢，闻听老爷喊他，赶紧出去把行囊里的干粮全拿过来，往刘墉跟前一放，说："老爷，给您搁在这儿呢！"

刘墉说："张成，你也喜欢吃咱们山东的煎饼卷臭豆腐，去，叫伙计上两碗热粥，咱爷儿俩陪诸位大人开宴。"

张成一听，老爷这琢磨什么，放着山珍海味不吃，偏要吃这土得掉渣的煎饼卷臭豆腐，这不馋人吗？可是他不能不听命，转身又出去了。

不多会儿，店伙计送上两碗热粥。刘墉向众人抱歉地一笑，说："列位别在意，你们该吃就吃，该喝就喝，本府作陪，也算是赴宴，对不起，对不起啊……"

众官员放下心来。反正有知府大人在席上，怕什么，吃吧，喝吧。

酒宴开始，气氛热烈而融洽。刘墉吃着煎饼卷臭豆腐，喝着热粥，满面是笑，还不时地劝众人喝酒。众官员吃得痛快，喝得开心，原先在新府台跟前的拘束不见了，有人举杯豪饮，有人放声欢笑，有人甚至去抢刘墉的煎饼卷臭豆腐尝尝新鲜。刘墉毫不吝惜，把所有的干粮都取出来分给大伙儿。

酒至半酣，府丞向侍候在门旁的酒店老板吩咐道："李二，把你们酒店最好的姑娘叫上来为府台大人歌舞助兴。"

李二慌忙上前面带愁容赔笑道："对不住诸位大人了，本店的姑娘都走光了。"

府丞面色愠怒。

"大胆，你店内明明有那么多姑娘陪酒，府台大人不知，我们可是清清楚楚。你欺蒙官爷，该当何罪！"

李二吓得变了脸色，跪地乞求说："回大人，小店赊欠的账讨不回来，已经无法经营，连姑娘们的月钱都发不出了，姑娘们只好走了。请大人恕罪。"

府丞不信，还要大发雷霆。这时，刘墉劝说道："算了，算了。本府想早点回衙歇息，姑娘就不要了。列位大人吃饱喝足，咱们就回府吧。店家请起，门旁侍候。"

府丞见知府大人发话，只得依言坐回原处。李二感激不尽，忙给刘墉磕头谢恩退到门外。

众官员见没有歌舞，再也无心喝酒，胡乱吃了几口菜，便放下筷子，抹抹油

光光的嘴巴，意思是酒足饭饱，该回家睡觉了。有人起身，向府台大人告别。

刘墉一摆手，脸上似笑非笑，说道："列位大人且慢！"

"府台大人有何吩咐？"

"列位已经酒足饭饱，咱们应该结了账再走。"

"结什么账？"众官员面面相觑，莫名其妙。

刘墉也不解释，向门外一招手喊道："店家过来！"

李二慌忙上前，垂手而立。

"大人有何吩咐？"

刘墉说："天色已晚，列位大人要歇息了。请店家算算账，本府要回衙了。"

"算账？"李二不知是真是假，结结巴巴地说，"小人不敢。"

"吃饭给饭钱，住店给店钱，这是天经地义之事，有何不敢？先从本府算起，本府与张成各吃热粥一碗，煎饼、臭豆腐自带，该多少钱？"刘墉一本正经地说。

李二一听，真给钱哪，心中高兴，立即唱着喏，喊道："热粥两碗，两个小钱！"

刘墉向张成一努嘴。张成忙从衣内取出两个小钱放在李二手上，大声说："这是我们爷儿俩的饭钱，店家拿好了。"

刘墉又说道："店家请算一算这些酒菜多少钱？"

李二忙说："大人且慢，小人要仔细算算才好回禀大人。"说着，从旁边取过算盘，噼噼啪啪算起账来。

众官员不知道府台要干什么，但见刘墉脸上没有一丝儿笑容，预感到不妙。府丞试探着说道："这等琐碎小事，何必大人亲自过问，明日卑职派人前来结账就是。"

刘墉冷笑道："本府身为地方父母官，怎能因为这是琐碎小事而不问？列位大人既然说今天的宴会是私宴，断不会用府库的银子结账吧！"

众官员一听，暗暗叫苦，这才明白刘罗锅吃煎饼卷臭豆腐的原因。看来他是早有打算，要让大伙儿出血。刘罗锅子果然名不虚传。但是，恨归恨，刘墉占着理儿，众人只好听命。

"大人言之有理！"

"卑职愿去府上取银两结账。"

工夫不大，李二把账算清了，对刘墉说："今天的酒菜是一百零八两银子。还有欠账六百五十七两，一共七百六十五两纹银。"

府丞听完，眼睛一瞪："李二，以往的账怎么可以加在今天一起算！"

刘墉一听，忙问李二："店家，这六百五十七两银子的欠账是怎么回事？"

李二已经看出新任知府大人是位清官，所以胆子也大了，不顾府丞瞪眼睛，

说道：“回府台大人，这些欠账都是在座的诸位大人在本店吃喝欠下的。”

“噢。”刘墉点点头，目光威严地扫视众官员，问道，“请问诸位，这些欠账是私宴欠下的，还是公宴欠下的？”

众官员情知不妙，哪敢说是公宴欠下的，乱纷纷地回答说：“当然是私宴欠下的。”

“好，既然是私宴欠下的，就没有吃喝公款之嫌，本府也就放心了。为官者当爱民如子，岂能压榨百姓？所欠店家的七百六十五两纹银就请列位大人平摊偿还。不还清者不得离开。”

众官员顿时傻眼了，你看看我，我看看你，谁也不敢说什么。新官上任的第一把火就把他们烧蒙了。这些人都是白吃白喝惯了的主儿，今天要自掏腰包，简直比剜了他们的心头肉还心疼。有的人根本就没带银两。但是府台大人发话，谁敢不从？有人赶紧往外掏银子如数交给李二；没带银两的，慌忙打发人回家去取。不过半个多时辰，七百六十五两纹银一文不少地交到店家手中。

李二又惊又喜，忙又给刘墉磕头：“多谢府台大人！”

刘墉笑道：“不要谢本府，要谢诸位大人。明日你要传扬诸位大人之德，让江宁的百姓都知道本府的属官个个清廉，非鱼肉百姓之辈。”

李二说：“何用小人饶舌，今日之事不到天亮就可传遍全城，金陵百姓人人皆知诸位大人之德。”

刘墉哈哈一笑，向呆若木鸡的众官员说：“请府丞大人带本府去衙署，其余诸位大人可以回府了。”

众官员早就想离开此地，闻言纷纷向刘墉告辞。府丞一肚子的气，还要强装笑脸，恭恭敬敬地说：“府台大人，请！”

刘墉出了酒楼上了绿呢大轿。府丞的蓝顶小轿在前面开路，没多久便到府衙。府丞把刘墉迎入，简单地安排了住处便告辞而去。

府丞前脚刚走，张成就说：“老爷，您今儿个这一招可太损，得罪的人太多了，您没瞧见府丞大人的脸拉得多长。老爷，您初来乍到，人地两生。俗话说：‘强龙不压地头蛇’。您这知府以后还怎么当！”

刘墉不在乎地说：“老爷我不过稍示薄惩，也没把他们怎么的，只是想让他们知道老爷我的为官之道，以后共事检点些。”

张成点头：“也是，老爷您当官就是跟人家不一样，每到一处总得让人家晓得您的不同之处。”

刘墉说：“天太晚了，别说话了。早点歇着吧，老爷我的骨头都快散了。”

次日，刘墉上任理事，先调出本府案卷细细阅读。整个案卷读完，刘墉不由得自言自语：“前任知府政绩不错嘛，偌大个江宁府竟无一件积案，所结的案件一个个也合情合法。怪哉，怪哉！”

张成在旁倒水，闻听笑道：“老爷，江宁府治理得这么好，您不就省心了，有啥奇怪的？”

刘墉摇摇头：“不对，我们在路上就听说江宁很不太平，百姓对官府也颇有怨言，怎么可能一件积案也没有呢？老爷我要弄个明白。来呀，传书办来见！”

差役传下话来。江宁府书办慌忙进来，给府台大人磕头。

“卑职叩见大人，不知大人有何吩咐？”

刘墉放下案卷，温和地说：“起来说话。本府问你，这案卷上为何一件积案也没有？江宁府真被治理得路不拾遗，夜不闭户？”

书吏赔笑道：“回大人，江宁府还没治理到路不拾遗，夜不闭户的地步。不过，江宁乃本省首府，抚台大人坐镇金陵，治理有方，所以没有积案。”

刘墉似笑非笑。

“可是，前任知府王大人却被参奏治理无方，地方不宁，而被免职，这是为何？”

“这个卑职不知。”

“本府再问你，最近可曾听说地方上发生什么事？”

“没……没有。”书办头上冷汗直冒，“大人请想，地方上若发生案件，地保必然报官，所以卑职以为应该平安无事。”

刘墉嗯了一声：“那就好，本府问完了，你退下吧！”

书吏悬着的心终于放下了，慌忙告退。

张成见老爷还在凝眉深思，笑道：“老爷，您甭多心了，人家都说江宁太平无事，那还会有假？”

刘墉翻翻眼皮，摇摇头。

“不对，这里面有鬼。老爷我觉得表面的太平恐怕掩盖着黑幕。是不是官府太黑，百姓有冤不敢告官？”

张成一听，也觉得有理，偌大的江宁府连一件积案也没有，太平得太让人生疑，于是问：“老爷打算怎么办？”

刘墉叹息一声说：“真让你说中了，老爷我初来乍到，人地两生，如今又得罪了那么多人，连书吏、差役都不同心，你说我能怎么办？”

张成一听也跟着犯愁了。愁眉苦脸老半天，突然他舒展愁眉说：“老爷，小人有一表兄在金陵，叫何英，是个举人，曾在扬州府做过书办，熟悉官场内幕。因为人太耿直，被扬州府开缺。他是金陵人，熟悉地方，或许大人用得着。”

刘墉非常高兴，说：“此人对老爷我太有用了。若得此人，老爷我要好好

谢谢你。”

张成双手乱摆，说：“小人岂敢担待！老爷安心等候，小人去请何英来见。”

天近午时，张成领一中年男子来到衙署。刘墉细细打量，见来人中等身材，相貌忠厚，身穿蓝绸衣袍，足蹬千层底布鞋，一身清贫，便知是何英无疑。

张成给何英引荐：“表哥，这位就是我家老爷刘大人。”

何英弯身便拜：“门生何英拜见府台大人！”

刘墉欠身离座，双手相扶，说：“你有举人功名，何必行此大礼！”

何英脸上充满崇敬之情，说：“门生不拜刘大人这样的清官，难道要拜那些贪赃枉法、欺压百姓的赃官、昏官？”

刘墉闻言动容。

张成解释说：“老爷有所不知，我表哥赋闲家中，省、府、县有人多次请他去当幕宾，他都不肯。他是钦佩老爷的官声，再加上小人的劝说才肯来见老爷的。”

刘墉感叹道：“何先生的人品，本府佩服。请坐下叙话。张成，给何先生上茶。”

何英：“门生告罪了。”斜欠着身子坐下，说，“张成说大人初来乍到，不熟悉民情，门生一定知无不言，言无不尽。”

刘墉点头道：“何先生果然直爽。本府就不客气了。本府查阅案卷，发现前任竟没留下一件积案，难道江宁府真的那么平静？”

“平静？”何英冷笑道，“江宁府十个知县有八个是花钱捐来的官儿。如此酒囊饭袋之徒只顾捞钱，不顾民生艰难，百姓颇有怨言。地方疏于治理，奸邪丛生，案件不断。可是，百姓告状，不管是输是赢都要花钱，有钱人家尚且难以承受，寻常百姓更不能轻易打官司。如此一来，官府案卷上的积案反而极少，江宁府被省上称为‘治理有方’的楷模。”

刘墉说：“果然不出本府所料。何先生，最近江宁可有案件发生？本府要找个缺口把江宁府的葫芦茄子摸清楚。”

“最近上元县发生的清风店血案已闹得沸沸扬扬，满城议论，妇孺皆知，只有大人您初来乍到不曾听闻。”

刘墉一怔：“到底是怎么回事？请先生细细道来。”

何英说：“门生曾在官府做过事，对此类案件非常关注，所以知之甚详。说起此案，已是半个月以前的事了。”

五更鸡啼，一弯晓月西沉，惨淡的月光笼罩着上元县北关路东的一家小店。一盏纸糊的灯笼挂在店门口，在夜风中孤零无依地飘动着，昏黄的灯光照着大门

横匾上“清风店”三个字。门框两边贴着一副对联：“金陵城北一座店，神州千里客来投。”

一阵轻轻的脚步声响起，店主李有义手提风灯起来了。因为昨晚一个住店的山西布商曾经嘱托，一定要在鸡叫时刻把他喊醒以便及早赶路。

李有义来到布商的房门口轻轻敲门。布商醒来向李有义道谢，然后收拾行装，准备赶路。李有义走到大门口，拉开门闩，启开两扇大门，回头招手说：“客官，请上路吧！”

两辆装满布匹等物的大车缓缓地从院里赶出来。山西布商出了大门，回头向店主致谢：“老哥，多多打扰了，真不好意思。”

李有义笑道：“客官说哪里去了，出门在外，赶早不赶晚嘛！”

布商与随行的人赶着大车，吱呀呀地向远处走去，渐渐消失在黎明前的夜色中。李有义等他们走远把门两旁的杂物收拾收拾，伸手把大门关上。

天色将明，远处传来几声犬吠。李有义正在打扫院子，忽然大门外又传来山西布商的声音：“老哥，请开门！”

李有义忙丢下扫帚，打开店门，见布商满头大汗，便问：“客官，怎么又回来了？”

布商喘着气说：“临行匆忙，把一个口袋忘在客房里了。”

老实忠厚的李有义一听着急了，忙取过风灯说：“我领你回房去找。”

布商住的是上等房，在后院二层楼。两人匆忙上楼。布商推开自己原住的房间，店家用风灯为他照亮。找了半天，布商才在床底下找到那只口袋，用手一摸，硬硬的银子还在，这才放心。

李有义也放心了，两人出了房门往外走。当走到隔壁一间店房前时，发现房门大开着。李有义知道这间房里住着一对夫妻，怎么不关房门呢？他随手将风灯往里一照，顿时吓得哎呀一声倒在地上。

跟在他身后的布商还不知道怎么回事，忙拉起他问：“老哥，你怎么了？”

说话的工夫，他借着灯光往里一看，顿时也惊叫一声。

只见房内满地是血，那血显然是从床上流下来的。

两人壮着胆子，提着风灯走近一看，只见一具男尸倒在床上。

店主李有义吓得说不出话来：“这、这……”

布商毕竟走南闯北，胆子大一些，说：“怎么会出这等事？我住在他的隔壁，怎么夜里一点儿动静也没有听见？”

李有义哆哆嗦嗦地说：“这可怎么办？这可怎么办？”

布商安慰道：“事情已发生，怕也没用。快找地保来，天明去县里报案。”

天刚放亮，李有义和两名地保就来到上元县衙大堂的堂鼓前。五十多岁的李

有义还是第一次来县衙，不知如何是好。地保催促说："拿起鼓槌敲吧！"

李有义胆怯地拿起鼓槌，比划两下，就是不敢敲。

另一地保不耐烦地说："你倒是敲呀。"

李有义终于敲响了堂鼓，浑厚的鼓声响彻县衙。

刚刚花钱捐了个上元县正堂的知县胡栾听到鼓声心中大喜，暗说捞钱的机会又来了，立即吩咐升堂。

衙门大开，李有义跟着地保战战兢兢地走到堂上。两排衙役喊着堂威，李有义更加胆怯，扑通一声跪在堂下。

知县胡栾端坐大堂，大声问道："何人击鼓？"

李有义头也不敢抬，哆哆嗦嗦地说："小民李有义，前来向老爷报……报案！"

"报什么案？"

"小民店里昨夜发生一起凶杀人命案，没有被告，也没有原告。因是在小民店里发生的，所以，小民请地保一同前来县衙报案。"

胡知县一听泄了劲，没有原告，也没有被告，我找谁捞钱去？便有气无力地问地保："果真如此吗？"

两名地保齐声说："回老爷，的确如此。"

胡知县又向李有义问："被杀者何人？凶手是谁？"

李有义："小民不知。昨天傍晚，小店来了一男一女投宿，自称是夫妻，要一上等房间，小人把他们安排到后院二楼之上。五更天时，住在他们隔壁的布商要起早赶路，后来因为落下东西回来寻找，结果发现隔壁房门大开，用灯笼一照，见一具男尸卧在床上……"

胡知县也听得入了迷，问："那个女人呢？"

"已经不见踪影！"

"这就奇怪了，一个女人能跑到哪里去？你没有在店里寻找？"

李有义说："小人遍寻不见，有地保作证。"

地保忙说："店内外都找遍了，活不见人，死不见尸！"

胡知县闻听，眼珠子转了几转，问道："李有义，本县问你，你可认识这一男一女？"

"小人不认识。"

"你何以知道他们是夫妻？"

"是那男的说的，小人不便细问。"

"这个女人长得怎样？"

李有义答道："小人只记得是中等个儿，白嫩脸庞，二十多岁，生得端庄清秀。"

胡知县一阵冷笑："这就对头了！"

李有义不解其意："大人什么意思？"

胡知县哼了一声，说："意思明摆着是你贪图美色，居心不良，夜里要行不轨，被她男人撞见，你就下手将她男人杀死了。"

李有义一听如五雷轰顶，一时忘记了害怕，辩解说："大老爷，我一把年纪的人，可有缚鸡之力？还会有贪色之心吗？"

胡知县大怒："大胆刁民，还敢狡辩，小心老爷的大刑。"

地保也没想会是这样的结果，忙为李有义辩解："知县大人，李有义开店几十年，从无不轨之处，确实是老实本分的良民，更不要说杀人了。"

胡知县把眼睛一瞪："你们懂得什么！那是他没有遇见绝色之美，这次让他撞见了，他就一改常规，顿生邪念。这样的事情，老爷见得多了。来人呀，把李有义押入大牢。"

李有义大呼"冤枉"。胡知县不理。两旁的差役不由分说，如狼似虎地冲上前来给他戴上枷锁推入大牢。

当天夜里，胡知县遣一心腹差役来到李有义的家里，向李妻索要五百两银子，答应只要交钱就放人。

老实巴交的李有义家里只有老妻和一个傻儿子，仅靠祖上留下的房子开店赚几个小钱度日，家里哪有这么多银子？就这样，李家拿不出钱，胡知县便不放人。

刘墉没等何英讲完，啪地一拍桌案，愤怒地说："好一个狗官，竟如此滥施淫威，草菅人命。为民父母者，不但不怜恤子民，扶正诛邪，反而为了一己贪欲，把人命当儿戏。江宁有这样的贪官，百姓谁敢告状、报案？"

何英说："就是因为这位胡知县胡乱断案，清风店血案已惹得金陵满城议论，连抚台大人都被惊动了。"

刘墉点点头说："不错，江宁乃是江苏首府，上元县又是江宁的首郡，都是城圈子里的事，民声一起，抚台大人焉能不知？只可惜，本府初来乍到，双眼一抹黑，竟不知此事，若不是何先生相告，那班书吏、差役不知隐瞒本府多久。本府有意留先生在身边，不知尊意如何？"

何英欣然同意，高兴地说："门生钦佩的就是大人这样的清官，能为大人效命乃我平生夙愿。"

刘墉见他答应得爽快，兴奋不已，对张成说："快去弄几个小菜和一坛烧酒，老爷要陪何先生痛饮几杯。"

张成笑道："老爷总算开荤了，还是我表兄有面子。"说着赶紧下去。不多时将几样小菜和一坛烧酒端上来。刘墉说："张成，你也一起坐吧！"

张成也不客气。三人围坐在一起边吃边说。刘墉又问了一些金陵地方的风土人情。何英说："大人初来乍到，人地两生，连书吏、差役都敢欺瞒大人。门生斗胆向大人推荐一人可为大人所用。"

"谁？"刘墉停筷问道。

"此人姓陈，名大勇，金陵人，曾做漕运千总。因一次漕粮丢失受牵连丢官。陈大勇乃武举出身，有一身的好武功，若为大人所用，必是得力臂膀。"

刘墉高兴万分，连声说："有此忠勇之士，何先生快快引来相见。文有何先生，武有陈义士，本府在江宁何愁干不出一番事业来！"

何英见大人求贤若渴，不待喝完酒，便告辞而去。不过一个时辰，便引领一名好汉来到府衙。刘墉见此人大约三十五六岁，生得五大三粗，相貌魁伟。简短询问数语，便知这陈大勇生性耿直，心中已是十分喜爱。

新知府得了左膀右臂，心中有底，便决定给江宁府的那班书吏、差役一个下马威，以树立自己的威严。第二天一大早，刘墉升堂，三班衙役排列在大堂两旁。新知府端坐在"爱民如子"的横匾下，威严地叫道："传书吏来见！"

差役传下话去。江宁府书吏上堂，给知府大人施礼。

刘墉一拍惊堂木，怒斥道："大胆书吏，你可知罪？"

书吏不知何故，惶然问道："卑职何罪之有？"

"前日本府问你本地可有案件发生，你说没有。可是，清风店血案已扰得金陵沸沸扬扬，人尽皆知。"

书吏慌忙辩解说："回大人，清风店一案已由省刑道孙大人主管，何劳大人操心？所以，卑职没有禀明大人。"

刘墉大怒："呸！大胆奴才，分明是你故意欺瞒本府，还敢巧言狡辩。来呀，给我重打二十大板，然后轰出府衙，永不录用！"

书吏大惊，连连磕头求饶说："求大人饶恕，卑职再也不敢了！"

刘墉不理，大声命令说："给我打！"

两旁差役都知道书吏是刑道孙朴方的远房亲戚，平时大伙都不敢得罪他。这会儿见新府台动真格的了，不由分说，上前将他摁倒在地，打板子的举起板子噼噼啪啪就是二十大板。打完之后把他推出府衙大门。

刘墉惩治了书吏，目光扫视两旁说："本府乃是当今皇上钦点的知府，承圣恩，吃俸禄，自然要为国为民办事以报效君恩。以后如有敢阳奉阴违，欺瞒本府，抗命不遵者，本府决不轻饶。本府今日任命何英为书办，陈大勇为捕快。诸位要与他们一起合作，协助本府管理地方。"

何英、陈大勇就站在大堂下首，两人上前与众人一一见礼。

引见已毕，刘墉说："本府今天就过问清风店血案。朱文、赵武！"

朱文、赵武上前齐声应命："在！"

"本府命你们速将上元县知县和清风店店主李有义带上堂来。"

朱文、赵武不敢怠慢，口中称"是"，立即赶赴上元县衙把知县胡栾与店主李有义带上江宁府大堂。

胡知县给府台大人行礼："卑职上元县知县参见府台大人，不知大人传下官有何指教？"

刘墉说："你不必着急，先在一边坐下。"

李有义一进大堂，匍匐在地，泣不成声："青天大老爷，小民冤枉啊！"

刘墉面色平静，说："李有义，你是否冤枉，本府自有公断。我来问你，那夜你店里发生凶杀人命案可是有的？"

李有义忙说："有，有！是小民亲自到县衙报的案，可是……"

"被杀之人是谁？因何被杀？凶手是谁？你要从实说来，不得欺骗本府！"

"是，是，大人容禀。那天夜晚，小店来了一男一女投宿，说是一对夫妻，要一间上等客房。小民把他们安排到后院二楼上。隔壁房间里住的是山西布商，他睡前曾向小民言明，明日要急着赶路，贩运布匹返回山西，鸡鸣时刻便要登程，让小民到时为他打开店门。第二天五更梆子刚响，小民便叫醒布商，看他们套好车马离店而去。小民把店门关闭，收拾一会儿家什，正要返身回房，又听见布商在外叩门。小民开门，问他因何返回，他说忘记一个口袋在房里。小民便领他回店房寻找。找到口袋后正要下楼，小民无意中发现隔壁房门打开了，布商用风灯往里一照，发现一具男尸倒在血泊之中。"

刘墉问："当时房中只有一具男尸吗？"

李有义答："只有一具男尸，别无所见。"

"与那男子一起的女子呢？"

"回大人，那女人踪影皆无。"

"那布商后来如何？"

"布商的两辆大车在路上等候，他要小民找地保一同报官，自己就匆忙赶路去了。"

"你是如何到县衙报案的？"

"小民心慌害怕，天刚放亮就与地保去县衙报案。谁知知县大人不由分说就判小民贪图美色而杀人，把小人打入大牢。小民蒙受奇冤，求大人为小民做主啊！"

刘墉转向胡知县，问道："胡知县，你是如何审理此案的？"

胡知县慌忙站起，说："卑职以为，人死在李有义店中，必是店家见色动心，对女客无礼，被男客撞见便恼羞成怒而动杀机。"

刘墉面色凝重，说："胡知县，依你之见，李有义是为贪图美色而动杀机，却为何又放那女子逃走？"

胡知县辩解说："一定是那女子趁他们厮杀之际逃脱而去。"

刘墉冷哼一声："店门紧锁，一个弱女人如何逃脱？"

"这……也许……"

"本府问你，李有义杀了人为何不掩藏尸体，却要故意敞开店门让人一眼望见尸首？天底下有这样愚蠢的凶手吗？"

胡知县头上冷汗直冒："大人，他这是贼喊捉贼。"

刘墉面现怒容，说："本府再问你，死者姓甚名谁，何方人氏？李有义杀人凶器何在？那逃走的女子为何不为其夫告状鸣冤？"

"这……这，卑职未曾细想。"

"胡知县，这么多问题没弄清，你无凭无据便一口断定李有义是杀人凶手，到底为哪般？"

胡知县面色灰白，无言以对。

这时，李有义说道："府台大人，小民还有下情回禀。"

刘墉说："讲！"

"小民被关入大牢的当晚，有一名姓张的公差来到监狱向小民说，只要拿出五百两纹银，便可判小民无罪。"

刘墉一听，怒视胡栾："胡知县，可有此事？"

胡知县矢口否认道："回大人，绝无此事。李有义这是含血喷人。"

刘墉转向李有义："李有义，你还认识这位姓张的公差吗？"

李有义异常肯定地说："小民当然认得。"

刘墉叫道："赵武、朱文！"

"小人在！"

"你们速去上元县衙，把凡是姓张的公差都带上堂来。"

"是！"

赵武、朱文遵命，很快带一名差役到堂，复命说："禀大人，上元县姓张的公差只此一位。"

上元县差役慌忙给刘墉磕头："小人张贱叩见抚台大人！"

刘墉向李有义问道："李有义，你可认得此人？"

李有义忙说："回大人，他就是向小民索要五百两银子的公差。"

刘墉闻听，啪地一拍惊堂木，怒喝道："大胆张贱，你为何向李有义索要钱财？若不从实招来，休怪本府不客气。"

张贱目光扫视着胡知县，不知所措。

刘墉冷笑说："张贱，你可要想清楚了，是说实话免受皮肉之苦，还是欺蒙本府，尝尝本府的板子？"

张贱犹豫再三，终于向胡知县告罪道："胡大人，小的背不起这个黑锅，只好对不住您了。回禀大人，小人是受胡大人之命向李有义索要银钱的。"

刘墉冷眼看着胡栾："胡知县，可有此事？"

胡知县连声否认说："绝无此事，都是张贱对卑职心怀不满故意诬陷。"

刘墉怒喝道："休要狡辩，若不是受你指使，张贱敢收了银子放人吗？本府暂不追究你的责任，待本府将此案查个水落石出，再一一禀明抚台大人，另行处置。退堂！"

回到后衙，刘墉与书办何英商议案情。刘墉说："不知道省刑道孙大人为何越过本府直接过问此案？"

何英笑道："这都是官场内部的事儿了。刑道乃是省里的衙门，越过知府直接过问此案，一定与巡抚大人有关，高巡抚也许有自己的想法。"

刘墉说："本府不管他们怎么想，此案一定要查个水落石出，让真凶伏法，使良民免遭冤屈。但不知孙刑道如何审理此案？"

"孙朴方也是花钱捐来的官，靠着高巡抚做后台才爬到刑道的位置。这样的官儿，如何断案？"

"他是如何审理此案的？"

何英说："大人容禀。"

孙刑道遵照高抚台之命，迅速接手清风店血案。他调来案卷细细阅读，猛然一拍书案说："胡知县糊涂，店家冤枉，真凶乃是布商！"

当即传命，速拿山西布商到堂。

苍山落日，古道荒凉。山西布商一行赶着两辆大车，缓缓前行。正行之间，忽然身后传来急骤的马蹄声，四五匹快马如旋风般赶到大车前面。身穿官服的差役跳下马来，不由分说提起镣铐就把布商锁了。布商大惊，分辩说："公差大哥，我是一个规规矩矩的生意人，一向守法，何以锁拿我？"

公差："你可是前天夜里住过清风店的山西布商？"

布商想起清风店客房里的那具男尸，方知自己受了牵连，慌忙辩解："小人虽然住过清风店，可与凶杀案无关，求差爷放小人赶路。"

公差不由他辩解："少说废话。见到我们刑道大人再辩解吧！"

省城刑道大堂，三班衙役一声吆喝，公堂大门启开，差役们手持水火棍站立两旁。江苏刑道孙朴方端坐公堂，命道："来呀，带人犯！"

两名差役押解布商上堂。布商跪倒在地连呼冤枉："青天大老爷在上，小人

实在冤枉，小人是个买卖人，没做过犯法之事。大人把小人从半路拘来，真是天大的冤枉！”

孙刑道不为所动，说：“你先不要喊冤。本官问你，你姓甚名谁，何方人氏，做何营生？”

布商忙答道：“回大人，小人于连贵，山西太原府人氏，做布匹买卖，此次是专门从江南贩运布匹回山西。”

孙刑道点着头：“本官再问你，你可曾在清风店住宿过？”

“三天前，小人在那店里歇过一晚，天没亮就动身赶路了。”

“既在清风店住过，你可知清风店发生了凶杀案？”

“小人当然知道。那被杀的男子还是小人和店家先发现的。”

孙朴方面露满意之色：“你是如何发现的？仔细讲来。”

于连贵便把自己去而复返寻找钱袋，意外发现男尸的经过详细说了一遍。

孙朴方冷笑一声，突然一拍惊堂木，喝道：“大胆刁民，我问你，你去而复返，难道只为那只口袋吗？”

于连贵吃惊地答道：“那口袋里装的是小人买布剩下的散碎银两，小人才返回店里寻找。”

“既然发现男尸，为何又匆匆离去？”

“因小人急着赶路，两辆大车还在路上等着呢。所以，小人建议店家找地保来，一同去县上报案，自己就匆忙离去了。”

孙刑道怒道：“全是一派胡言！被害人住在你隔壁，那边杀了人，你会一点儿动静都听不到？分明是你见财起意，半夜杀人，怕天明被人发觉，所以趁天黑逃走！”

于连贵大惊：“真是天大的冤枉，若是小人杀人逃走，还返回干什么？”

孙刑道冷笑道：“你这种雕虫小技还想瞒过本官？你明知杀人难逃，故意把店主早早唤起，又早早领他到杀人房间去，让他脱不了干系。一箭双雕，嫁祸于人，何其毒也！”

于连贵浑身是口也说不清楚，急得连声呼叫“冤枉”。

孙刑道恨恨说：“你还冤枉？你设下的圈套已经把店主李有义套进去了。他去上元县报案已经被胡知县拘起来，险些屈打成招，问成死罪！”

“什么，李店主被拘？他可是个好人，真是天大的冤枉！”于连贵更加吃惊。

“你也知道他冤枉。就因为他的这场冤枉，金陵城里民声鼎沸。若不是本官细心，险些让你这个真正的凶手逃脱。于连贵，你速速从实招来，免受皮肉之苦。”

“隔壁杀人，小人实在是一无所知，何以招供？”

孙刑道：“你还嘴硬，可知人心是铁，官法是炉。今天本官非把你这块铁给熔化不可。来呀，给我重打四十大板！”

两旁的差役如狼似虎地把于连贵拖下堂去。只听见一阵噼噼啪啪的打板子声和一声连一声的惨叫声。不多时，于连贵被拖回来，已是皮开肉绽，惨不忍睹。

孙朴方再问：“说，你是如何杀人的？”

于连贵忍着皮肉之痛，喘着气说：“大人，人命关天，非同小可，小人没有杀人，如何胡乱招供！”

孙朴方面露惊愕之色，冷笑说：“刁民是不见棺材不掉泪，来呀，给我上夹棍！”

于连贵闻听，大惊失色。他见多识广，早就听说夹棍的厉害，受刑之人，十有八九命丧黄泉。

差役取过刑具，把夹棍套在于连贵的手指上。孙朴方高叫：“行刑！”夹棍拉紧，十指连心，于连贵连声惨叫，痛得满头大汗。孙刑道得意地说：“你是招还是不招？”

于连贵害怕命丧刑具下，只得道：“大人饶命，小人愿招。”

孙朴方命人松开刑具，喝道：“快说！”

于连贵只得胡乱招供。

刘墉听完何英的述说，气愤地说：“孙刑道无凭无据，严刑逼供。如此草菅人命，践踏王法，百姓岂不遭受冤屈？何书办，你去办个文书，将布商于连贵押解过来，由我江宁府大堂重新审理。”

何英摇头说：“大人如此做恐有不妥之处。刑道是省上的衙门，既然已将此案提去审理，在大人上任后又不主动交接，咱们不便到上面去讨啊！”

刘墉不满地说：“刑道既然是省里的衙门，何以直接插手本府地方的案子？他这是迈过锅台上炕，于理不合呀。”

何英说：“刑道那里自然好说，此事恐怕牵扯到抚台大人。孙刑道是受抚台大人之命接手此案的。”

刘墉愤愤地站起身在屋里来回踱步，说：“你说的话也有道理。本府在没查明真凶之前，无凭无据，也不便开罪上司。当今之计只有尽快擒拿住杀人凶手，才能使含冤者洗雪冤屈，让奸邪之徒伏法受刑。”

何英皱眉说：“此事既无原告，又无被告，好似大海捞针，一时恐难真正破案。”

刘墉停住脚步，说：“查明此案说难也难，说不难就不难。”

何英不解：“小人愚钝，请大人明示。”

“说它难，如胡知县、孙刑道那样高高在上，不深入现场，不走访百姓，要拿真凶，势必比登天还难；说它不难，是因为被杀者是本地人，且此案早已传得沸沸扬扬，市井之中必有议论，只要用心查访，不难发现线索。”

何英闻听，钦佩不已，问道：“下一步，大人打算怎么办？”

刘墉狡黠地一笑，说：“本府要脱去官服，微服私访，不查出真凶，誓不罢休。张成，把老爷的那一套道人家什拿来！”

张成答应一声，慌忙去里面取个包裹出来，打开之后取出道袍、道冠、丝绦、水袜、云鞋、两片毛竹板，还有一本《百中经》，用蓝皮包着。

刘墉怎么会有这一套东西呢？其实一点也不奇怪，他在北京的时候就喜欢微服私访，体察民情。在他看来，只有微服，贴近百姓，才能真正了解社情民意。当官的坐着大轿，摆着仪仗，威风十足，老百姓谁敢跟你说实话？所以，刘墉来江宁上任还带着这套行头。

刘墉脱去官服换上道士装束，往铜镜里一看，还真有点儿仙风道骨的味道。张成忍不住扑哧一笑。何英却说：“大人，你一人出去不安全，是否让陈大勇跟随，暗中保护？”

刘墉摇头说：“本府初到江宁，没有几个人认识，便于查访，不会有什么危险。大勇是本地人，熟人多，他跟着反而坏事。”说着，又向张成吩咐说，“老爷我出去之后，若有人来访，就说老爷病了，概不会客，衙门里事找何书办。”

何英、张成齐声说：“大人放心，小的知道怎么做！”

刘墉交代完毕，来到衙署后门命张成打开门，悄悄出了府衙。

金陵不愧为六朝古都，街头店铺鳞次栉比，车辆行人穿梭不绝，摊点上小贩的叫卖声此起彼伏，热闹非凡。刘墉敲着竹板，走在街上，嘴里念念有词地唱着：“算卦喽，算卦咻！男算求财问福，女算月令高低。要知日后吉凶祸福，一问山人便知。山人通晓天地人三界，勘破阴阳五行，能除妖魔邪祟，保君流年大吉。山人刘三生，吉凶祸福尽在我手掐口念之中。算卦喽，算卦咻！”

刘墉不止一次扮过道士私访，这套词早已烂熟于心。他博闻强识，有学问。知天文地理，通古今典籍，对《易经》八卦亦有研究。一般的算卦先生还不如他算卦算得准。

吆喝了没多会儿，还真招来几桩生意。刘墉一边一本正经地给人家算卦，一边探问查访，倾听路人议论，转了半天没有任何线索。他也不急不躁，信步向北关走去。清风店就在金陵北关，兴许会有收获。

一座临街而开的茶馆出现在眼前，门前挂着牌匾，上写“君来游”三字。店铺里分三排摆列着几十张桌子。座上人满为患，生意兴隆。浓浓的茶香充溢在店内。茶博士手提大茶壶来回奔忙为客人沏茶添水。

刘墉想，茶馆酒楼都是人们吃饱了扯闲篇的地方，说不准能发现点线索，便大步进店。

店小二一看来了位道人，慌忙上前招呼："师傅，我们这儿是几十年的老茶馆，您请里面坐。"

刘墉收起竹板走到里面找了个闲座坐下，把包裹往桌上一放，一招手说："小二，给贫道来一壶西湖龙井。"

茶博士答应着，给刘墉送过茶来。刘墉双眼半睁半闭，似乎在品着茶，两只耳朵却支棱着留神四座客人的议论。

忽然，一个人的说话声引起了知府的注意。说话的是东面靠墙的一排茶座上，一个精瘦的中年人。那人啜了一口茶说："瞧咱们金陵城这阵子的骚乱。清风店里那件案子，县里头、省里头都出动了。不过一具没主儿的男尸，倒抓住两名杀人的凶手，也弄不清哪个是真，哪个是假！"

瘦子话音未落，旁边一个胖子接茬了，说："听我说，于老七，一个也不是真的！"

于老七与众茶座好奇地看着胖子，齐声问："你怎么知是没有一个是真的？"

胖子颇为得意，说："你们想哪，那李有义开店几十年，就住在北关，在座的就算不认识他，也该听说过吧！这人，一辈子的大老实人，连树叶掉在头上都怕被砸着。如今都五十多岁的人了，怎么可能突然老来少心，见色动心，竟在自家屋里强奸人家，还把那男的杀死？"

不少人闻听点头："言之有理。李有义不是那种人。"

又有人说："那李老汉我认识，最是厚诚，怎么会干出那种事！"

胖子接下去说："咱再说那个布商，大老远的从山西来到咱们这丝绸之地，已经贩卖整整两车布匹，正急着赶回山西销货，怎么会为着几百两银子杀人呢？"

众人面面相觑，不置可否。胖子自觉理由还不充分，进一步补充说："你们想，若是他杀了，跑还来不及呢，怎么会傻乎乎地再返回找那只口袋，还挑明说那里有一个尸首，叫店家去报案？"

众人心悦诚服，纷纷说："有道理，看来这两人都不是真正的凶手！"

胖子却有惊人之语："虽说他们都不是真正的凶手，可官府恐怕要把他们当做凶手办罪。"

众人又是一惊。于老七抢先问道："那是为啥？"

"这还不是明摆着？官府里的事儿，从来都是只有错抓的，没有错放的。何况，一个小小的人命案，对官府来说算什么，又无原告追盯，怎么会从县里一直惊动到省里，县、省两级齐抓凶手？莫非他是钦犯不成？"

众人听得直了眼，齐声说："是啊，到底为什么？"

胖子摇头叹息说："你们问我，我也是草民一个，哪里知道官场里的事，反正是官衙里在钩心斗角呗！"

这边于老七接过话茬儿说："如今咱们江宁又来了位刘知府，听说还是个罗锅，不知他插在县、省之间如何办理此案。"

西墙根下一个络腮胡子的茶客不屑一顾地说："这位刘知府恐怕也是草包一个，上任都三天了，连死人的身份都没查明。"

胖子摇头晃脑地又发言了："可不是嘛，张审李审，县判省判，闹腾半天，被害人的身份还没弄明白，就把无辜百姓判定了两个。如今的世道，民命如草啊！"

于老七站起来跟胖子对上了劲："我说胖大哥，这杀人偿命，欠债还钱，自古之理，难道人家两口子没留下姓名，就该白白被杀？"

胖子轻蔑地说："你小子就爱钻牛角尖，懂个屁！"

于老七涨红了脸，走过去要与胖子理论。这时络腮胡子开口了，说："什么两口子，那小子没娶过亲，哪来的老婆！"

众人一怔，于老七和胖子也齐转过来问他道："怎么，你认识那男的？"

络腮胡子小心地打量着周围，好一会儿方压低声音说："实不相瞒，验尸时我去看过，那男的是我的邻居伊小六。这小子从小不学好，吃喝嫖赌无所不为，把他殷实的家业折腾得精光，他爹妈两人被活活气死，所以这伊小六三十多岁了连个媳妇也没混上。"

于老七摇头说："不对吧！验尸时我也去看了，看他穿着不错，不似你说的那么穷困潦倒的样子。"

络腮胡子说："我正要说这个话呢。这小子如今不那么穷困潦倒了，敢情让他撞着财神爷了。原来，这小子在京城里有个亲娘舅叫季三，现今在内务府大臣和珅府上做奴才。季三仗着和珅的势力，聚敛无数钱财，在京城金鱼池大街开了个大字号的买卖，去年就把他外甥伊小六招去让伊小六帮他料理买卖。大伙儿想，这种官商还有不发财的吗！"

胖子点头表示赞同，说："那是，咱们金陵城的官商不也是那样，恶虎村的徐五爷不就是仗着与抚台大人的关系发了财吗？如今，金陵城里半拉子的生意都是他徐家的。"

于老七说："那还用说，狼走遍天下吃肉，狗走遍天下吃屎。有权有势再经商，那还不是跟死人赌钱——你的也是我的，我的还是我的。"

有人不耐烦地说："别打岔，听这位大哥说下去。"

络腮胡子见众人感兴趣，更加得意，忘记了害怕，声音提高了八度，说："就这样，不过一年光景，伊小六就鲤鱼跳龙门，从一个穷光蛋变成了富商，风风光光地回到金陵，又买房子又置地。如今柴火市那条街，从土地庙往东，有一半人家都成为他家的佃户了。”

胖子打断他，问道：“伊小六既无妻室，那与他一起住店的女子是什么人？”

络腮胡子思谋半天方说：“我也纳闷儿，这小子在金陵无亲无故，从北京回来也没带什么人，哪里来的女人跟他到客店投宿？”

于老七笑道：“这有啥不明白的？有银子嘛，找那种烟花女还不容易！”

胖子不以为然，说：“你晓得个屁，那种烟花妓女值得拐到客店去吗？在哪儿不能解决问题！”

于老七挠挠头：“那不怪事，不是他老婆，又不是妓女，莫非是哪个贪财的女人甘愿冒充他的老婆去跟他到客店奸宿？”

胖子这回赞同于老七的观点：“这话差不多。如今的世道，谁不喜欢钱？良家妇女见到白花花的银子，就不‘良’喽！”

半天没吱声的络腮胡子突然说道：“我到清风店问过几个店伙计，听他们说那女子长的模样，突然想起一个人来。”

大伙又是一惊奇，很多人离座凑上前，追问道：“是谁？”

“好像是我们柴火市的……”他突然发现这么多张面孔围着自己，心里一阵害怕，慌忙改口说，“这事儿牵连大了，难说，难说。”话没说完，丢下一个铜子的茶钱，径自离店而去。身后留下一片议论声。

刘墉一字一句听得真切，真是“踏破铁鞋无觅处，得来全不费工夫”。当下按捺住心中喜悦，出得茶馆，打听得柴火市的方向，径直寻来。

柴火市坐落在金陵北关的一条大街上，大街中间坐落着一座土地庙，算是这条街最热闹的地方了。刘墉来到庙前，打定主意，见地上有散落的木炭，便捡起一块，在一块平坦的地上写下几行字：

寻财能指东西方向
寻人能知路程远近
求婚能言良辰吉日
求子能排月令高低

写完把木炭一扔，包裹一放，一屁股坐在包裹边，叫道：“算卦咪，算卦！我刘三生算得不准，分文不取！”

很快，围观的人越来越多，有人念着地上的字说：“嘿，这老道非比寻常，也许有真本事。”

一个半大小子挤进来，说：“喂，老道，你算算我求财能否有望！”

刘墉抬头打量着来人，点点头，又摇摇头说：“本该求财有望，可惜呀，可惜！”

半大小子不明白，问：“老道，你是啥意思？”

刘墉说：“说卦辞你也听不明白。打个比方说，你去井边提水，水桶已经提到井口，不想井绳咔吧一声断了，连桶连水掉进井里了。”

半大小子一听，气得直跺脚：“嘿，这不是狗咬猪尿泡——空喜欢嘛！老道，你有办法不让那井绳断掉吗？”

刘墉又点点头：“有，从此以后，你多行善事，多积阴德，必有巨财落到你家。”

半大小子高兴得不得了，丢下两个大钱，连连作揖说：“我听您的！”

又有一位近前问道：“道长请给我算算命中可有子？”

刘墉一看，对方身体健壮，如同牧牛，问道：“成亲几载？”

那人说：“两年多了！”

刘墉说：“放心吧，不出三年，连得贵子。”

那人高兴地离去，逢人便夸道士算得准。柴火市一条街的人都知道土地庙有个道士会算卦，有问吉凶祸福、求财求子的都聚拢来。刘墉算了一卦又一卦，始终没发现有用的线索，心里有些着急了。这时，一个大嗓门的女人声音说道：“喂，我说老道，你算得真那么神吗？”

刘墉吓了一跳，抬头一看，从外面挤进来一个十二三岁的姑娘，生得又矮又胖，相貌丑陋，两只小眼睛陷进肉窝窝里，傻乎乎的，一看就知道是个短心眼的主儿。刘墉笑道：“丑大姐，我算得准不准，你可以问周围的。”

丑姑娘嘴巴一撅，不高兴地说：“老道，你也喊我丑大姐，咋不看看自己生得啥模样！”

刘墉说：“我这模样有啥不好？”

丑姑娘撇着嘴说：“好得很哪，你出门保准饿不着，走到哪儿都能现做饭吃，你背后背着一口现成的锅啊！”一句话说得围观的人轰然大笑。

刘墉心想，这姑娘虽说丑陋，嘴巴却不饶人。算了吧，谁让自己先喊人家丑大姐的。忙歉然说：“贫道失礼了，请问大姐要问什么卦？”

丑姑娘也换上了笑脸说：“不是我要算卦，是我姐要算卦。”

刘墉问：“你姐来了没有？”

丑姑娘傲然说：“我姐长得那么漂亮，哪能随便抛头露面让人家看？你得去我姐家。”

刘墉差点儿笑出声，心说，就她这副尊容，其姐恐怕也漂亮不了多少。本想不去，可是自己失礼于先，说不过去，只得收拾东西起身，说：“我跟你去，不

过，太远了不行。”

丑姑娘高兴极了，说：“放心吧！远不了，一会儿就到。”说完，迈动两只鲶鱼脚，叽里呱啦地跑开了。

刘墉紧走慢跑在后面跟随。果然没多会儿，丑姑娘就跑进一家院子里。他也到了跟前，刚到门口，就听见里面另一个女人的声音责怪说：“青儿，你又疯到哪里去了？”

丑姑娘的声音回答：“姐，我可不是疯去了。我找了个道士为你算算心事。”

这时，刘墉一脚迈进门去，往院子里一看，只见一个手拿扫帚的端庄少妇正与丑姑娘说话。

那少妇身段苗条，容貌秀丽，与站在跟前的丑姑娘形成了鲜明的对比。刘墉惊愕，这一对绝不会是同胞姐妹。

这时，那少妇也看见刘墉了，忙收敛满脸怒意，说：“都怪傻丫头多事。不过，道长既然来了，我就问上一卦吧！青儿，还不给道长看坐。”

青儿忙去屋里取出两个凳子，请少妇与道士坐下。刘墉说：“请问夫人是寻财还是寻人，是求婚还是求子？”

少妇长叹一声说：“我一个妇道人家，还求个什么婚，寻个什么财？我要让道长给一个人算算命。”

“此人是男是女？请报上生辰八字来。”

少妇说：“是男的，二十三岁，属牛的，腊月十八子时生。”

刘墉心中一动，是否与清风店一案有关？于是，故意掐指嘟囔一番说：“二十三岁，属牛的，这是丙子年，癸卯月乙亥日丙子时。哎呀，这个时辰不好呀！正逢白虎星压运，吊客星穿堂，流年非常不利，眼下就有性命之忧。”

少妇顿时花容失色，一声惊叫：“天啊，果真如此。当初我就担心，几次劝他不要出门，可是他就是不听！”

刘墉问道：“夫人，但不知卦中是你什么人？”

少妇哭泣说：“奴家白玉莲，他是我丈夫富全。还请道长仔细看看他还有救没救。”

刘墉又是一怔，怎么不是伊小六？莫非这白玉莲没说出真名？看来还得套套她的话，便说：“请夫人说得详细点儿，说得越细卦越准，心越诚则卦越灵。”

白玉莲含泪点头说：“我丈夫富全，一年前与我表哥出门去做买卖，原说多则半年，少则三个月就回转。谁知至今音信皆无，让我如何不着急！”

刘墉安慰道：“夫人且慢悲伤，待贫道仔细看看有无破解之法，让你丈夫逢凶化吉，遇难呈祥。”

白玉莲赶紧擦去泪水，起身便拜，说：“难得道长如此用心，我这里先谢

谢了！”

刘墉闭目屏息，掐着指头，口中念念有词。念着念着突然停下了，睁开眼说：“哎呀不好，你丈夫的灾气原可化解，可惜当中又犯小人了。”

白玉莲吃惊地问：“这小人是谁？”

刘墉故意卖关子：“贫道说出来，恐怕你不相信。”

白玉莲恨不得把心都掏出来，连声说：“我信，我信，我既有求于道长，怎么会不相信呢？”

刘墉说：“小人就是你那位表兄。不知他是怎样一个人？”

白玉莲坐回原位，说：“果真是他。一年前他硬拉着我丈夫外出做买卖，我根本就不愿意。”

刘墉问：“为什么？两弟兄在一块，有啥不放心的？”

白玉莲摇摇头：“不是他表弟，是我的姑表兄弟。道长有所不知，我的这位表哥，噢，对了，就是青儿的哥哥，他从小就不学好，吃喝嫖赌，坑蒙拐骗，样样都会。三十多岁的人了，连个家也没有，愣把他妹妹青儿寄养在我家里。好在青儿有趣，不惹我生气。我丈夫富全从来没做过买卖，是被我表哥硬拉出去的，您说我能放心吗？”

刘墉一听，果然那丑姑娘与她不是同胞姐妹，又问道：“富全原是做何营生？”

白玉莲叹息说：“他这人本分，除了种地啥也不会。可是，连田地也没有，只有租人家的地种。”

刘墉突然想起来在茶馆里络腮胡子说的话：柴火市那条街，有多半人家是伊小六的佃户。便问：“租种谁家的土地？”

白玉莲突然神色大变，支支吾吾地说：“我……我不知道，都是我丈夫外出联系的，他没有跟我说过，我当然不知地主是谁！”

刘墉心头疑云顿起，但仍不动声色说：“你竟不知地主是谁？”

白玉莲好像在故意避开这个话题，焦急地说道：“道长就请明告，我丈夫能否得救？”

刘墉见她不肯说，也不便再追问，只好决定从别处突破，便又装模作样地掐算着说：“贫道再仔细算算！你的这位表哥叫什么？”

白玉莲没回答，突然站起身来说：“我有点儿不舒服，这卦今儿个就不算了。青儿，取五个大钱来，送这位道长出门吧！”说完，竟自顾自回屋里去了。

青儿跑进屋拿了五个大钱放到刘墉手上，不高兴地说：“你这道士真是，算卦就算卦呗，怎么啥都问？惹我姐生气了吧！换上别家，你这算卦的钱甭想要了。”

刘墉一看，今天只能到此为止了，只好接过钱来边往外走边故意问：“青

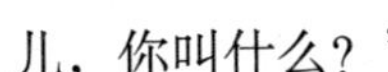

儿，你叫什么？”

青儿扑哧一笑，说：“你这人，还算卦呢，明明叫我青儿，还问我叫什么。”

刘墉说：“我是问你姓什么。”

“姓钟，钟青儿！”

“你哥叫什么名字？”

青儿不耐烦了，说：“你怎么啥都想打听，怪不得我姐生气呢。我说你还是两个‘山’字垛一起——请出吧！”说着把刘墉往外一推。

刘墉还想仔细探问，可是人已在大门外了，他灵机一动，又有了主意，就回头向正要关大门的青儿说：“钟青儿，我告诉你，你们家这院子凶得厉害，夜里要闹鬼哩。”

青儿伸出头来啐了他一口说：“呸，好丧气。你们家才有鬼呢！这是怎么说的，叫人怪害怕的，滚吧你，臭道士！”咣当一声把门关上了。

刘墉左右瞧瞧，门对过有四棵枣树，门楼子是青灰抹的，记准之后才溜达着回府衙了。

江宁府后衙，何英与张成正等得着急。毕竟刘大人是第一次来江宁私访，人生地不熟，万一有个闪失怎么办？两人正心急火燎，刘墉回来了。张成赶紧迎上去，说：“我的爷，可把您盼回来了，有收获吧？”

刘墉连连摆手，说：“少废话，快拿点吃的来，老爷我饿了一天，肚子都扁了。”

张成笑道：“我怎么忘了老爷是一个大子儿都舍不得花的主儿。”赶紧去把饭端了上来：几个馒头、一碗萝卜缨子熬小豆腐。刘墉拿过一个馒头，一掰两半，正要往嘴里送，忽然停住了：“张成，赶快把陈大勇找来！”

“是，老爷！”张成答应一声，出门而去。

何英等刘墉吃了个半饱方问道：“大人此次私访，可有收获？”

刘墉笑眯眯地说：“收获大了。今天老爷出外私访，在柴火市土地庙旁的一户人家遇一女子。她说话躲躲闪闪，吞吞吐吐，十分可疑。特别是一说死在清风店的那男子，她就神色大变。老爷本想顺藤摸瓜进一步深入，不料她起了戒惧之心把我赶出来了。”

何英钦敬地说：“大人察访案情，小人十分钦佩。但不知大人下一步怎么办？”

刘墉胸有成竹地说：“老爷我已有了主意，下一步就由陈大勇行动了。”

说话之间，刘墉吃完了饭，张成也把陈大勇叫来了。陈大勇给府台大人施礼：“不知大人召见有何差遣？”

刘墉说：“本府命你今夜前往柴火市土地庙旁的一户人家去。那家的门楼子是青灰抹的，对面有四棵枣树。你乘着黑夜，来个见缝插针，暗中弄鬼，不怕她

有话不说。”

陈大勇为难了，这不跟做贼一样吗，算什么差事？便说道：“请大人明示，小人如何下手？”

“附耳过来。”

陈大勇附过身去，刘墉在他耳边如此这般地说出一番话。陈大勇连连点头说：“大人放心，小人即刻动身，照大人的吩咐去办。”

日暮时分，陈大勇就到了柴火市。因为他是本地人，熟人多，怕被人认出坏了府台大人的事，就换了一身庄稼汉打扮，戴了个草帽，帽檐压低，遮住大半个脸，然后才往土地庙走来。果然，离土地庙不远就有一家门楼是青灰抹的，对过有四棵树。确定是富全家。因时辰尚早，他没有行动，而是又折回土地庙。直到二更天，柴火市一片漆黑、寂静，这才悄悄摸到富全家的门口，轻轻将身一纵跃上墙头。

陈大勇借着夜光看去，院子里空落落的。正房三间屋子，只有最西边那间屋子的窗口透出灯光。他猫腰站起，顺着墙头走到西边墙头上，飘然落地，竟一点动静也没有。一下地，就是窗户根下了。他站在那儿瞧了瞧，听了听，虽然有灯光，却听不见说话，等了一会儿，才听见屋内传出一声女人的叹息，又不言语。

陈大勇等得不耐烦，索性凑近窗户，用舌尖把窗户纸舔破，睁一眼，闭一眼，往里面看。

屋内孤灯清影，俏佳人白玉莲愁眉紧锁，双手托腮坐在灯下发呆，两滴清泪挂在香腮上。有两只灯蛾子绕着油灯乱飞，有一只竟然噗的一声扑进灯罩里面，顿时冒出一缕青烟。

白玉莲看着化为灰烬的灯蛾子，不由得又长叹一声，然后慢慢起身向东屋里喊道：“青儿，铜盆呢？我要洗手进香。”

东屋里传出青儿含混不清的声音：“姐，铜盆在桌子底下呢，你自个拿吧，我困得睁不开眼哩！”

白玉莲只得自己拿了铜盆倒水净手之后，端起油灯到了外屋。原来外屋的正堂上供着关公神位。白玉莲拈出三炷香，在灯上点燃，小心地插在关公像前的香炉里。

她双手合十，低声祷念着：“关公爷在上，弟子求您保佑我在外的丈夫平平安安，早日回家，夫妻团圆。”说着，嘤嘤啼泣，跪倒在蒲团上，又说道，“弟子罪孽在身，自然瞒不过神灵，可是，弟子并非淫荡之女，只为恶人所欺，酿成罪孽，害得我无脸做人，只想做鬼！想不到，我一个弱女子也要棒打恶狼，难道神灵也是欺软怕硬，只对善人降灾，不敢惩罚邪恶吗？”

陈大勇从西屋窗外走到门口，通过门缝，侧身静听。虽然他听得似懂非懂，

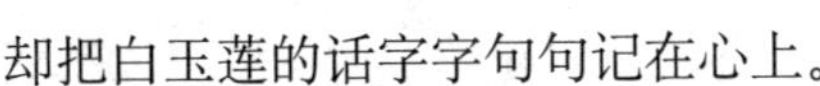

却把白玉莲的话字字句句记在心上。

白玉莲哭泣了一阵，又说道："弟子而今别无所求，只求尊神保佑我丈夫平安回家，只要让我夫妻早日团聚一面，弟子情愿以死赎罪。"

陈大勇在外边又听了多时。白玉莲已起身端灯移步进了西屋坐在床头。大勇知道再也不会听到什么了，便蹲到西墙根下，从地上摸到一块瓦片，一扬手，摔到门口。瓦片落地，发出嘎啪的声响。

西屋里的白玉莲听见响声吓了一跳，坐在床头没敢做声，两只大眼睛惊恐地看着窗外。等了一会儿，听外面没有动静，才哆哆嗦嗦地站立起来，朝东屋喊："青儿，醒醒，快醒醒！你这丫头睡得怎么这么死！青儿！青儿！"

好半天，东屋方传出青儿懵懵懂懂的声音："啥事儿呀？"

"你听，院子里好像有人哩！"

青儿迷迷怔怔地跑出来，揉着眼睛说："姐，人在哪儿？我拿顶门杠打他。"

白玉莲连忙说："青儿，开不得门，别乱来，让我再听听。"说完，走到窗户前，侧耳细听，又听见院内响起脚步声。有青儿做伴，她壮起了胆子，正言厉色向窗外说道："外面的歹人听着，你想必听说我男人不在家，半夜三更入宅前来行苟且之事。恶徒，我并非水性杨花之人，你就绝了淫念吧！"

陈大勇一听，没把鼻子气歪了，心想刘罗锅派的这个差事给我，我就成采花贼了。不过，他还真佩服这女子的贞节。他仍按刘墉所授之计，不停地走动，并搬动柴火，发出沙沙的声音。

窗内又传出白玉莲的声音："是了，我知道你是个贼，想来偷东西吧？我告诉你，你这是烧香走进砖瓦窑——找错庙门了。我天天度日尚且艰难，哪有余财让你偷？赶早去别家吧！"

陈大勇一听，不行，她先把我当做淫贼，后当盗贼，装神弄鬼的目的没达到。他略一思忖，干脆纵身跳到屋檐上，踩掉一些檐瓦，弄出一片哗啦啦的落地声，又用手贴嘴搭出喇叭状，发出"呜哇，呜哇"的惨叫声，令人毛骨悚然。

屋里的两名女子吓得浑身乱颤。白玉莲竟吓破了胆地喊道："啊，原来是你这死鬼，死了还想来糟蹋我。你觉得你死得不明不白是吧？你咋不想想自己作了什么孽！你既然前来，我岂怕一死？等我丈夫回来与我见上一面，我同你到森罗殿上辩个明白就是。"

陈大勇仍在外面发出"呜哇"的惨叫。

白玉莲的声音竟毫无惧意了，冷笑说："你这个万恶的死鬼，我和你阴阳两世，势不两立，有什么能耐尽管使出来吧！"

青儿吓得缩成一团，一会儿看看她姐，一会儿听听窗外的声音，说话也结结巴巴了："姐……姐姐，怪不得白天里那罗锅子老道说这院子里邪气重，夜里要

闹鬼。赶明儿个再把老道找来，让他来驱鬼。”

白玉莲胆气更壮：“行，行！明天我就把老道找来，让他捉拿你这个恶鬼，把你压在阴山下，永世不得脱身。”

陈大勇在檐上听得一清二楚，刘大人交代的任务已经完成，他将身一纵，飞到墙上，消失在茫茫的黑夜中。此时已是四更天了。

白玉莲与青儿被“鬼”闹腾得一夜没睡，直到天光大亮，两人才放下心来。青儿往床上一倒便鼾声如雷了。白玉莲也是两眼酸涩，歪斜在床头睡着了。

不知何时，院外又传来呱嗒、呱嗒敲竹板的声音，有人高声唱道：“求财问喜来会我，道吉言凶下神坛。文王神课瞧灾福，净宅除邪保安然。麻衣神相分贵贱，行人音信来问俺。算着只要钱一个，算不着倒罚一百钱。”

白玉莲心里有事，睡得不沉，懵懵懂懂中听出是罗锅子道士的声音，忙睁开眼睛，用脚一蹬床上的青儿，叫道：“青儿，青儿！起来，快起来！”

青儿一骨碌爬起来，眼睛没睁，就双手乱舞，叫道：“姐，咋的，又弄鬼哩！”

白玉莲说：“不是闹鬼，你听，那算卦的道士又来了，你去把他请来，驱驱昨晚的那个恶鬼。”

青儿细听，欢喜地说：“是他，他的神卦真灵。我去叫他来。”

刘墉还是昨天的那身道士装束，手敲卦板念念有词。刚走到富全家门口，就听见门响，从里面走出丑丫头青儿，向他一招手，叫道：“罗锅子老道！”

刘墉一听，这话不中听，可是比昨天客气多了，便故意拿派，说：“丑大姐，又要赶我走！”

青儿凑到跟前，小眼睛挤出笑容，说：“道爷别生气。咱们是老主顾了，一回生，两回熟，是不是？”

刘墉说：“你别兜圈子了，有话就说，想干什么？”

青儿忙说：“道爷的卦还真灵呢，你不是说这院子里邪气重，有鬼嘛。谁知昨夜还真闹鬼哩，又是哭，又是叫，还扔砖砸瓦，把尿盆都给打碎了，今晚就没得用。还请道爷给驱驱鬼吧！”

刘墉暗笑，那鬼就是我派来的，不过嘴上却说：“出家人讲的都是积德行善，我也不计较了。咱们进去吧！”

两人刚进院子，白玉莲就从屋里出来，亲自搬过柳木椅子请刘墉坐下，说：“道爷，昨天多有得罪了。我这里赔礼了。请道爷瞧瞧我这院子，是何物作怪？”

刘墉站起来，东瞧瞧，西看看，拿腔作势，沉吟了老半天，才说：“夫人，依贫道看来，不是怪物，竟是怨鬼作祟啊！”

白玉莲吓了一跳，忙又问：“道爷瞧他是男鬼还是女鬼！”

刘墉说："是个男鬼。年纪还不大，三十岁的光景。"

"真的是他？"白玉莲惊叫一声。

刘墉一怔："怎么，夫人认得那男鬼？"

"不，不！"白玉莲矢口否认，说，"我怎么认识那恶鬼！"

刘墉察言观色已是心中有数。只听白玉莲又说："道爷既知恶鬼作祟，请快施法力，把冤鬼驱走，恩有重报，义不敢忘，我有重要的卦仪酬谢。"

刘墉说："夫人放心，我们出家人岂容鬼怪作祟？快取高桌前来，贫道好画符咒捉拿怨鬼。"

白玉莲满心欢喜，叫青儿把桌子搬来放在道士面前。刘墉把随身带的包袱打开，取出笔砚，准备画符咒。他故意套问那怨鬼的名姓，便说道："贫道虽然能算出怨鬼的性别、年龄，可不知其姓名。符咒之上只有写上怨鬼姓名才能把他降伏住。夫人想一想，可曾得罪过三十岁左右的男子，如今已经死去？"

白玉莲不觉产生疑惑，看了刘墉几眼，说："我一个妇人家，何曾得罪过三十岁的男人！道爷非要写上姓名吗？"

刘墉解释说："只有写上怨鬼名姓才可超度他去脱生，宝宅以后保安宁。夫人请放心，我们出家人从不过问尘世间的恩恩怨怨。"

白玉莲还是不放心，犹豫了半天，终于有了主意，说："道爷，这么着吧，您照旧写好符咒，只把写姓名的地方空出来，待我烧符咒前再把那姓名填上去。"

刘墉不由得暗吃一惊，这女人真聪明，居然绕过去了。不过，你有你的招，我有我的计，不把死鬼的姓名套出来，我就不是刘罗锅子。他二话没说，抓起笔管在黄裱纸上胡乱画了起来，白玉莲看不懂画的什么玩意儿。其实刘墉也不知道自己画的啥，他是瞎蒙的。

画完之后，他把纸递给青儿放好。

"我再画几道灵符。不过，这灵符不是烧的，要贴在门窗上，确保宝宅安宁。同样要写上怨鬼的姓名。"

青儿一听，高兴地说："道爷想得真周到，您就多画几张灵符，把茅厕的门上也贴一张，省得我夜里上厕所害怕。"

白玉莲骂道："傻丫头，胡说什么！快去屋里取五个大钱来，等道爷画完符咒，好打发他去做经营。"

青儿住了嘴转身进屋去了。等她把钱拿来，刘墉也把灵符画完了，接过卦钱又叮嘱几句便走了。

天近黄昏，青儿就手拿画符说："姐姐，你快把那鬼的名字写上，我好去烧，还有这灵符也要贴在门口。不然那鬼一闹腾，非把咱们吓个半死不可！"

白玉莲被她缠得没办法，只好说："你去把笔墨取来！"

"好嘞。"青儿高兴极了，把画符小心地放在桌子上转身到里屋取出笔墨，并主动磨起墨来。

白玉莲等她磨好墨才提笔在手，犹豫半天，咬着牙，终于在画符的空处写上"伊小六"三个字。

青儿高兴极了，她不认得字，便问道："姐，你写的啥名字？念给我听听。"

白玉莲没理她，却把画符抢在手里，说："这些画符我来贴，你趁早睡觉吧！"

青儿巴不得呢，高兴地拍手说："这回好了，鬼不敢来了，我可以睡安稳觉了。"

夜幕慢慢降临。

白玉莲走出院外，打量着四周，确信无人之后才把那张写有伊小六名字的灵符贴在门楣上一个不显眼的地方。

当天夜里，有条黑影出现在白玉莲家的墙头上。那黑影轻轻跳上屋檐，一个倒挂金钩从上面垂下来，接着一伸手把那画符揭去了。

当晚，江宁府后衙的书房里，知府刘墉与书办何英正在商议案情。刘墉说："经过本府两次暗访，发现白玉莲说话吞吞吐吐，情绪反常，尤其一提到被杀人伊小六她就神情大变。种种迹象表明，她的嫌疑最大。"

何英道："依大人的判断，白玉莲就是那天与伊小六一起去清风店投宿的那个女人？"

刘墉点点头："应该不错，等大勇回来便可进一步证实本府的判断。"

说曹操，曹操到。这时，陈大勇穿一身夜行衣走了进来，双手献上灵符。

何英接过仔细一看，高兴极了："伊小六！果真是他。大人真是料事如神。"

刘墉却没有太多高兴，凝眉深思说："本府还有一事不明。如果白玉莲是被强奸，她就不会心甘情愿地同仇人假扮夫妻夜晚投宿；如果她是通奸私奔，为何男的被杀，她却一直隐匿不报？"

何英钦佩地说："大人所虑极是，这个难解的扣儿只有传唤白玉莲才能知道。"

第二天，江宁府大堂堂门大开，三班衙役分班站立。知府刘墉发下传票："传柴火市街白玉莲到堂问话！"

白玉莲大清早发现贴在门楣上的符咒不见了便知不妙。等到差役上门传唤，她反而镇静如常了，吩咐青儿看守门户，便随差役来到府衙步行款款上堂。向刘墉施一大礼说："不知大人何故传民女上堂？"

刘墉仔细打量白玉莲，见她一个民间女子初次来到江宁府大堂，言辞举止竟丝毫不乱，不由得暗暗称奇，便说道："白玉莲，你可知这里是江宁府大堂？本府问你话，你要如实回答，不得有半句虚言。"

白玉莲说："大人要问什么，民女一定据实回禀。"

"本府问你，有个伊小六你可认得？"

白玉莲心头一惊，果然是因为这死鬼，只是不明白知府大人何以知道得这么快。她稳住心神，回答道："民女一妇人，深居简出，不认得此人。"

刘墉冷笑道："不认得？你看这是什么？"说着将那张驱鬼灵符扔到堂下。

白玉莲捡起来一看，顿时大惊失色，猛然发现堂上的府台大人好面熟，好像前两天去她家算卦的罗锅子老道。她发觉自己上了当，一时又羞又怒，用手一指说："怎么，大人就是那个老道？"

刘墉微微一笑："不对，应该说那个老道就是本府。"突然脸色一寒，啪地一拍惊堂木，喝道，"白玉莲，你如何认识伊小六，还不从实招来！"

白玉莲一看，再说不认得不行了，只得说道："伊小六是我家的地主，每年下来催租，因而民女认得此人。"

刘墉又是冷冷哼了一声，说："记得本府到你家私访时，你一口咬定不认得地主，今日为何又说认识？"

白玉莲惊悸了一下，也觉察到自己前后言语背谬，不由得低下头去。

刘墉不容她有喘息的机会，步步紧逼，怒喝道："白玉莲，你做下什么犯法之事，还不从实招来！"

白玉莲慌忙矢口否认："伊小六不是我杀的！"

刘墉反问道："本府也没说伊小六已死，你怎么知道他被人杀死？"

白玉莲意识到自己又犯了个错误，慌忙解释说："是……是邻居们都在传说，验尸时有人去清风店看过。"

"你不是一向深居简出吗，何以听到外面的事情？"

"回大人，是青儿说给民女听的。"

刘墉暗暗惊叹，好机灵的女子，嘴巴够严的，又问道："本府再问你，伊小六死后，为什么天天到你家闹鬼？到底是真闹鬼，还是你心里有鬼？"

白玉莲美目流转，答道："可能是我家欠他的租子吧！"

"难道别人家就不欠他的租吗？"

白玉莲也觉得有些勉强，思忖半晌，又答道："还有，我家欠他的银子。我丈夫和表哥出去做买卖，用的本钱就是伊小六的，共有纹银三百两。他们一去音信皆无，想必那伊小六死后还惦记那三百两银子，故而来我家纠缠。"

刘墉一听，这女子竟回答得滴水不漏，看来一时还无法让她招供。他扫了何英一眼。何英摇摇头，表示没发现白玉莲的回话有何破绽。刘墉一拍惊堂木："退堂！"

回到后衙，刘墉与何英一边吃饭，一边商议案情。

刘墉用一块馒头把小碗里的臭豆腐抹净放进嘴里，咽下肚去，然后才说道："以本府的手段，逼她招供不是难事。但我不忍心这么做。她杀死伊小六一定另有隐情。我是可怜她，希望给她一个自首的机会，以便日后判刑时有一个从轻发落的理由。"

何英眉开眼笑："大人妙计，小人自愧弗如。"

白玉莲从江宁府大堂回到柴火市的家里，心里忐忑不安。府台大人私访，掌握那么多证据，岂能善罢甘休。说不定哪天又有差役上门把自己锁拿归案。对于死，她已没有丝毫的恐惧。自从手刃仇人的那一天，她就做好了死的准备，只是因为要见着丈夫一面才苟活至今。此刻，她更加思念生死未卜的丈夫富全。

可是，一连三天。江宁府既没有传唤，更没有差人来锁拿她。直到第四天的上午才有人敲门，青儿出去开门。

门外，江宁府书办何英与两名差役押解着脚戴镣铐的李有义。何英问道："请问白玉莲在吗？"

青儿一见是差役，吓得扭头就往回跑，一边喊着："姐，不好喽，衙门又来人了！"

白玉莲从屋里出来，毫无惊慌之色，迎着青儿说："青儿别怕，有事姐姐担着。"说着不慌不忙来到何英等人面前，双手一伸，说，"差爷是奉命锁拿民女吧，请！"

何英淡然一笑，说："刘大人没有命我等前来锁拿你。是这位店主要见你。"说完，问李有义说，"店家，这位是不是你要见的女子？"

李有义移动镣铐上前仔细端详白玉莲，连连点头说："正是此人！"

白玉莲此时才认出李有义来，顿时大吃一惊，连忙否认说："不！我不认识他！"

李有义吃惊地说："女客官，你真的不认识老汉了吗？老汉我是清风店店主李有义！"

白玉莲还是摇着头："不，老店东，您认错人了！"

李有义老泪纵横，啜泣说："才隔十多天，哪会认错人呢？我眼睛不花，脑子也没有糊涂到早起忘记晚上的事。女客官，你可知清风店血案害苦了老汉我。上元县错把我当成凶手，严刑逼供，判成死罪。老汉我一世清白，想不到老了还要蒙受奇冤。我如今身陷囹圄，可怜老妻和唯一的傻儿子无以谋生……"

白玉莲听得眼圈发红，鼻子一酸，眼中滚出两颗泪珠来，情不自禁地叹息道："老店东，你好可怜啊！"

李有义说："女客官若有怜悯之心，老汉就求生有望了。"

白玉莲只顾掉眼泪，没明白他的意思，问道："老店东此话怎讲？"

“女客官与那被杀的男子同到小店投宿，以夫妻名义同住一室，一定清楚凶案的真相，只有女客官能证明我是无辜的。求求你，老汉全家求你救命啊！”李有义哭诉着，突然跪在白玉莲面前连连磕头。

白玉莲痛苦矛盾，心中万分为难，迟疑了半天才俯身搀起李有义，慢吞吞地说：“老人家，我一定尽力帮你。”

李有义惊喜万分，拭去泪水，说：“你承认老汉没认错人了？”

白玉莲艰难地点点头。

李有义又说：“我想问一句，店门关闭，女客官何以走出客店？”

白玉莲一旦作出决定，反倒平静了许多，回答说：“老人家有所不知，我是趁着布商出门时的混乱偷着溜出门外的。”

李有义长叹一声说：“你这一走不要紧，人们只当你已经死了，你却几乎送掉两个无辜的性命！”

白玉莲诧异地问：“怎么，除了您，还有谁蒙冤？”

“就是那个山西布商。”

“他？他如何蒙冤？”

“因为只见男尸，不见女尸，省刑道孙大人便猜测是住在隔壁的布商怀有歹心，图财害命杀死你男人，又贪恋女色，抢走女客。如今他已被押解在刑道衙门，屈打成招，问成死罪。”

白玉莲义愤填膺，恨声道：“我要去官府自首，揭开清风店血案的真相，让无辜者洗雪冤屈。”

李有义又惊又喜，再次拜谢。

何英和两位差役也深为白玉莲的大义之举所感动。何英由衷地说：“白夫人义薄云天，敢作敢当，足以令须眉汗颜。我也实说了吧，我们大人早已明了案情真相，也有足够的证据把你锁拿归案，可是他老人家知道你有难言之隐，情不得已才杀人。没有缉拿你，就是留给你一个自首的机会，以便作为日后量刑，从轻发落的根据。”

白玉莲愕然醒悟：怪不得江宁府迟迟不来拿人，原来是刘大人存心要救自己活命。她内心对刘墉私访的反感霎时变为钦敬和感激之情，含泪说道：“刘大人这样为犯妇着想，犯妇还有何话说？诸位差爷请放心，犯妇明日就去堂上自首。”

江苏巡抚何衙书房里，高名楼坐在太师椅里，手拿鼻烟壶，不时闻上两口。刑道孙朴方恭恭敬敬地坐在对面的椅子上向巡抚大人汇报工作：“刘罗锅果然非同凡响，一上任就过问起清风店的案子，还把胡知县狠批了一通。不过也仅此而

已，此后就再没见他有何动作。一定是头三脚没踢好，把脚脖子踹歪了。听说他还在家装病呢。”

高名楼非常满意，高兴地说：“我要的就是这个效果。”

“听说清风店的案子你已经有了结果？”

孙朴方取出布商于连贵的供词双手捧到高巡抚面前说：“回禀大人，经过卑职连日的穷追猛审，此案已有结果，布商于连贵贪财害命，杀死男客，劫走女客。这是他的供词，请大人过目。”

高抚台接过供词，反复看了几遍一直没有说话。孙朴方一直注视他的表情变化。好半天，高抚台才把供词放在桌子上，问道：“怎么连被杀之人是谁也没有弄清楚？那女人又在何处？孙刑道，你的这份供词全是靠严刑拷打出来的吧？”

孙刑道说：“没有棍棒，哪有供词？大人放心，凶手是于连贵无疑。至于那对夫妻是什么人，似乎无关大局。”

高抚台未置可否，只是说道：“以后办案要多重证据，少用刑讯逼供。有刘墉在江宁，凡事小心点儿，别留下把柄。还有，最近皇上说要整顿吏治，吏部已行文各省考核各级官员。咱们江苏要特别小心，别撞在刀口上。”

孙刑道连连点头：“大人教诲得是，卑职一定小心。”

两人正说着话，陈书办走进来施礼说道：“禀抚台大人，徐五来了！”

高抚台脸色不悦，说：“他又来干什么？”

陈书办说：“小人没敢问。”

孙刑道一见忙起身说：“抚台大人若没有什么吩咐，卑职就告辞了。”

高抚台挥挥手，孙朴方告辞而去。高名楼才说：“让徐五进来！”

不多时，从外面走进来一个年近三十的五短汉子，身穿锦缎长衫，外套青缎坎肩。那一身华服把高巡抚都比下去了。五短汉子一进屋就给高名楼跪倒磕头。

“侄儿给世叔请安！”

高抚台眼皮也没动，有气无力地说：“徐五，这里是后宅，不必行此大礼。你来干什么？说吧！”

徐五爬起来赔笑道：“侄儿能干什么呢？多日没来看望世叔了，今天来问个安，顺便给您带来件好玩的东西。”

高抚台的眼皮抬起来了，两眼放光，问：“什么东西？”

徐五往外喊道：“拿进来吧！”

从外面走进一个家丁来，双手捧着一个一尺高的东西，用红绸布盖着。徐五上前把红绸布揭开，得意地说：“世叔请看！”

高抚台只觉得眼前一亮，一块玉石雕成的仙鹤呈现在眼前。他惊得站起身来，睁大眼睛仔细打量，并用手抚摩，判断玉石的润滑程度。他是鉴赏玉石的专

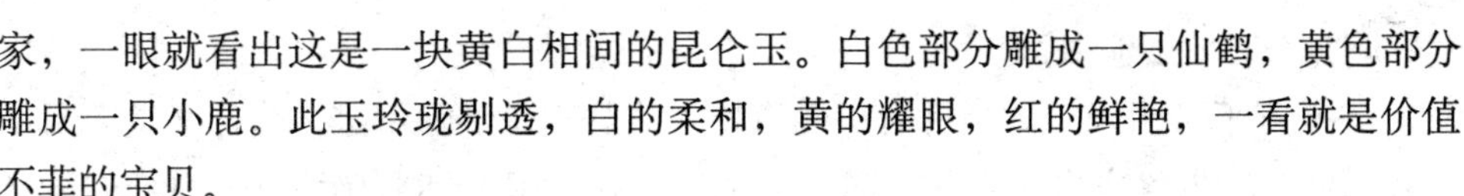

家，一眼就看出这是一块黄白相间的昆仑玉。白色部分雕成一只仙鹤，黄色部分雕成一只小鹿。此玉玲珑剔透，白的柔和，黄的耀眼，红的鲜艳，一看就是价值不菲的宝贝。

“世侄，此物你是从哪儿弄来的？”抚台大人脸上没有了矜持之色。

徐五凑到他身边，故作神秘地说：“世叔有所不知，此物叫做玉玲珑，是当年康熙爷赏赐江宁织造曹玺的。后来曹家被抄，败落下来，曹家的奴才就偷出这件宝贝卖给珠宝商，辗转几手，被侄儿我花五万两银子买回来了。”

高名楼闻听，不由得重新打量一下他的这个世侄。徐五的父亲徐昆做过一任两江总督，是自己当年的顶头上司，自己能有今天，全是徐昆的庇荫之功。因此，高、徐两家交往甚厚。后来，徐昆一病而死，其唯一的儿子徐五不通诗书，仕途无望，但头脑活络，倚仗与抚台之间的特殊关系，大量贩运私盐，几年下来就发了大财，成了江苏著名的盐商。徐五不仅贩运私盐，还在金陵开设店铺、赌场、妓院，什么赚钱干什么，挣下的家业是其老子的二十倍。当然，他没忘记高巡抚的庇护之功，白花花的银子以及珠宝古玩等没少往抚台衙门送。不过像今天这样稀奇的宝贝，高抚台还是第一次见到。

徐五见巡抚大人高兴，便趁机说明来意：“侄儿最近在生意上不太顺利，想请世叔帮忙。侄儿有批货想销往淮安、扬州等地，可是淮安府、扬州府盘查很严，所以请世叔给当地官府打个招呼，通融通融。”

高名楼笑容尽逝，面露难色，说：“又是私盐，对吧？世侄啊，不是我不肯帮你，实在不是时候，你就是给我一座金山，我也无能为力啊！”

徐五大吃一惊，不解地问道：“为什么这次不成？世叔乃一省之长，难道淮安府、扬州府不买您的面子？”

高抚台摇着头：“问题不在他们那儿。如今全省都是你贩卖的私盐，江苏的财政因此少收入三成，这么大的财政缺口，你让我如何填补？更要命的是新来的江宁知府刘墉，他是老太后的干殿下，当今皇上的御弟，人称‘铁脖子’，油盐不进。皇上把他放在咱这儿，就是对我这个巡抚有所察觉。若是此刻被刘墉抓住什么，一本参奏上去，不但我这巡抚当不成，世侄的财路也断了。所以，我劝你避开这个风头，做点儿正当生意。还有，你的那些恶奴一定要管好，千万不要弄出什么事来。因小失大，悔之晚矣。”

徐五犹如被当头浇了一盆冷水，傻愣愣地站在地上，两眼盯着桌上的玉玲珑，半天没说话。

高抚台明白他的意思，只得说道：“世侄，要不你把这玉玲珑拿回去！”

徐五极善机变，立刻换上笑脸说：“世叔哪里话，侄儿这是孝敬您的，岂有收回之理。侄儿在想，刘罗锅真的是油盐不进？我就不相信世上有不爱银子的官

儿。明儿个我就试他一试。”

“千万不可胡来！”高抚台正色道，“他若真是油盐不进，你这么做岂不是授人以柄？听世叔之言，忍耐一时，让他做上几年太平知府调离本省，你们就可再敲锣鼓重开张。”

“什么，要等上几年……”徐五脸拉得老长，像吃了苦瓜似的。

高抚台怒道：“听着，没有我的允许不可妄动。只要刘罗锅离开，你要怎样都成！”

徐五不敢多嘴了，低头说道：“行，我听世叔的。”

孙朴方回到刑道衙门，抽出案卷正要为清风店一案结案，忽然衙门外传来咚咚的击鼓声，有人喊叫着“冤枉”。

刑道大人把案卷一丢，问：“何人喊冤？”

一名差役快步走进来，禀道：“启禀大人，门外有一女子，击鼓鸣冤，口称要为布商于连贵鸣冤叫屈。”

孙刑道一听，只得吩咐道：“来呀，升堂！”

“来呀，带鸣冤女子！”

两名差役领着一名年轻女子走进大堂跪下。孙刑道见女子颇有姿色，怒气缓和了许多，问道：“堂下何人？有何冤屈？从实讲来。”

女子答道：“青天大老爷，民女白玉莲，要为被屈打成招的山西布商于连贵鸣冤叫屈。”

孙刑道怒意又起，怒道：“于连贵贪财害命，本道已审清问明，有供词在此。你是何人？为什么要为他鸣冤？”

“民女白玉莲，丈夫叫富全，家住上元县柴火市街，与布商于连贵并不认识。”

孙刑道啪地一拍惊堂木，斥道：“大胆刁民，你一个女子既不与他相识，为何抛头露面闯进公堂要为杀人凶手鸣冤叫屈？莫非要戏弄王法吗？”

白玉莲愤愤道：“民女岂敢戏弄王法，只为王法公正，为于连贵洗雪冤狱。”

孙刑道连拍惊堂木：“大胆刁民，还敢狡辩。你到底受何人指使为于连贵翻案。若不从实讲，休怪本府的刑罚无情。”

白玉莲冷笑说：“若说民女受人指使，民女就是受良心指使。”

孙刑道愣住了，半天没明白过来，问：“什么良心指使？细细讲来。”

“大人容禀，民女就是那位投宿清风店的女子。”

“胡说，你乃有夫之妇，怎么自认别人之妻，与人去客店奸宿？”

白玉莲含泪说：“大人有所不知。与民女同宿客店的男人叫伊小六，本是我家地主。他见民女有些姿色，心存歹念。只因我丈夫富全在身边，碍着他的手脚，他就让我的表兄拉我丈夫出外做买卖。我丈夫不愿出门，他就以催逼地租相

要挟，又让我表兄唆使丈夫出门。”

孙刑道也被漂亮女人的眼泪感动了，着急地问：“那伊小六把你怎样了？”

白玉莲悲愤难抑，说道：“我丈夫和表兄一去便音讯皆无。伊小六趁机到家里调戏我，都被我坚决抗拒。他怀恨在心，竟用迷魂香熏倒民女，强行无礼。”

孙刑道连声叹息，恨恨地说：“你为何不来刑道衙门告他？本道一定为你做主。”

白玉莲泣不成声，半天才冷哼一声，说：“伊小六有钱有势。他的娘舅在京城内务府和大人府上当差，民女告得倒他吗？况且，这种事我一个女子如何开口？”

孙朴方一听吓了一跳。这伊小六竟够得着内务府大臣和珅。这样的主儿，自己就是长着八个脑袋也不敢得罪。他这一惊，突然想起了什么，问道：“白玉莲，你说了半天也没挨得上于连贵，快说你为何为于连贵鸣冤叫屈。”

白玉莲擦着眼泪说：“大人别着急，待会儿您就明白了。伊小六为了长期霸占民女，就骗民女说我丈夫做买卖把他的本钱赔光了，现被扣押在扬州。我深信不疑，让他带我去见丈夫。那晚宿在清风客店，他以我是他妻子为名与我同居一室。我因有求于他，只好忍气吞声。他在又一次作践完民女后得意地说，要带我去北京做长久夫妻，享受富贵。我如梦方醒，后悔不该跟他出来。可是，我一个弱女子只身在外，如何对付豺狼？民女思索再三，决心计除恶狼。于是，民女装作顺从，劝他饮酒。伊小六得意忘形，喝得烂醉，鼾声如雷。民女千仇万恨涌上心头，双手举起一把锋利的剪刀，毫不犹豫地刺向仇人的胸脯。”

孙刑道像是听一个传奇故事，扶案问道：“这么说，那伊小六是被你所杀？”

“正是！”

“哈哈哈……”孙朴方突然大笑。

白玉莲愕然抬头问：“大人为何大笑？”

“本府笑你能言会道，也笑你愚不可及。你既然杀了人，逃遁躲避尚且不及，岂能再为一个素不相识的替罪羊鸣冤叫屈。白玉莲，你到底受何人指使来我刑道衙门胡闹？若不从实招来，本道只有大刑伺候了。”

白玉莲不但毫无惧色，而且杏眼含怒，仰视公堂，一字一顿地说：“好一个大刑伺候！上元县一顿棍棒让一生忠厚老实的李店东屈打成招问成死罪。刑道大人的严刑重讯使一个安分守己的布商沦为死囚。如今，大人又要严刑逼供，莫非又要制造一起冤狱不成？”

孙刑道恼羞成怒，惊堂木拍得山响，连声叫道：“刁民竟敢诬蔑公堂，来呀，夹棍伺候！”

两边差役如狼似虎，上前架起白玉莲，有人哗啷啷拉过刑具，夹住白氏十指就要行刑。忽然，门外有人高叫："江宁知府刘大人到！"

孙朴方暗叫不妙。刘罗锅早不来晚不来，怎么偏偏这时候来？正要命人把白玉莲押下去，刘墉已大步走进来，到了公案前躬身施礼。

"江宁知府刘墉参见刑道大人！"

孙刑道只得还礼，笑道："刘大人可是忙人哪，怎么有空到我刑道衙门来？"

刘墉说："大人有所不知。卑职刚从属县公干回衙，听说有一女子自称是清风店血案的凶手，前来我江宁府大堂投案自首。因卑职不在，此女前来刑道衙门投案。卑职因此赶来。"

刘墉还没说完，白玉莲就挣开差役，扑到他跟前，哭叫道："刘青天，犯妇前来自首了。"

刘墉看着披头散发的白氏，又看看地上的夹棍，面色越来越沉重，向孙刑道说："孙大人，此女乃是自首投案，何以用此酷刑？"

孙刑道理直气壮地说："清风店一案，本道已审清问明，有凶犯于连贵供词在此。此女不知受何人指使，竟妄称凶手诬蔑公堂，本道不得已用此刑罚。"

刘墉伸出手来说："于连贵供词可否让卑职一观？"

"有何不可！"孙刑道二话没说，抽出供状啪的一声摔到刘墉手上。

刘墉接过来仔细看了一遍说："孙大人，按照于连贵的供词，他杀了伊小六之后，便把那女子装入布袋之中推到桥下身亡。可是，如今那女子安然无恙地站在公堂之上，可见供词不实。"

孙刑道不以为然，反问道："刘大人何以认定此女就是与被害人同在清风店投宿的女子？"

"卑职已命人带清风店店主李有义当面辨认。"

孙朴方固执己见，说："也许此女侥幸不死。可是也不能说明于连贵无罪，这份供词乃是他亲口供述，岂能有错？"

刘墉将供词放回公案上，愤慨地说："这份供词乃是于连贵在严刑之下胡乱招供而来。大人请想，如果是他杀人，他何以重返客店向店家指明凶案，并且劝其去官府报案？"

刘墉身为下级，连番质问令孙刑道尴尬万分。孙朴方面色发紫，气呼呼地说："刘墉，这有什么奇怪的？贼喊捉贼的伎俩本官见得多了。"

"铁脖子"刘墉毫不理会刑道大人的愤怒，自顾说道："大人身为一省刑道，主管全省刑狱，岂能以推理作为案情的依据？执法者当重证据，一要人证，二要物证，不能轻信口供。古往今来，严刑之下不知冤枉了多少好人。"

孙刑道铁青着脸，怒视刘墉："刘大人，你口口声声说要证据。本道问你，这女子说是她杀的人，于连贵无辜，可有证据？”

刘墉胸有成竹，慨然说道：“卑职到凶案现场详加勘察，发现死者的伤口与丢弃在角落的凶器都与白玉莲的供述相符，但是却与于连贵的供词不合。白玉莲杀人之后，看到店主李有义与布商于连贵无故蒙冤，良心所使，主动投案自首，堪称义女。卑职还亲自到柴火市街访察，证明白玉莲所言是实。”

孙刑道双手直抖，哆嗦着嘴唇说：“刘……刘墉，真是辛苦你了。本道奉抚台大人之命审理此案，你何苦如此费心？”

刘墉当仁不让：“此案本属我江宁府大堂过问，刑道大人却越过本府插手其中，本是不该。若能审个水落石出也还罢了，大人却是无凭无据，严刑逼供，造成无辜蒙冤，凶手逍遥，如此草菅人命，无异于践踏朝廷王法！”

孙刑道无地自容，面如猪肝，拍案叫道：“刘墉，你以下犯上，狂妄至极！本道不会断案，就由你来审理好了！”

刘墉要的就是这句话，当即从袍袖里取出一份文书，放在公案上说：“大人请在上面签字，卑职即刻将案犯押解回衙，保证秉公执法，让凶手心甘情愿服罪，使无辜洗雪冤狱。”

孙朴方顿时傻眼了。刚才本是气话，没想到刘墉当真要提走案犯。有心不答应，可是话已出口，覆水难收。尤其刘墉，不愧是“铁脖子”，愣是把上级说得无地自容。他孙刑道日后如何在属下面前抬起头？罢，罢，罢，还是把这个烫手山芋扔给他吧！

孙刑道抓起笔，刷刷刷，签上自己的大名把笔一扔，拂袖而去。

【第四回】

徐五大堂投落网，钟三小店入樊笼

刘墉把白玉莲、于连贵等人犯带回江宁府大堂，当即升堂问案。白玉莲当堂自首，如实供认自己杀死伊小六的经过。刘墉命人把无辜蒙冤的店家李有义、布商于连贵无罪释放，将真凶白玉莲收监。当差役们用枷锁夹住白玉莲时，白玉莲泪流不止。刘墉心里一动，劝慰道："白玉莲，你虽是杀人凶犯，但实出于无奈，为恶人所欺，被逼自卫，又有自首情节，本府判刑时一定会从轻发落。"

白玉莲涕泣道："大人的恩德，犯妇铭刻在心。不管怎么说，犯妇罪孽在身，甘愿服罪。只是有些事放心不下。"

刘墉关切地问："你有何要求，尽管向本府开口，本府一定竭尽所能帮你。"

白玉莲说："犯妇被恶狼污了清白之身，早有寻死之心，只是为见上丈夫富全一面才苟活于世。乞请大人帮我打探富全的下落，若我夫妻能见一面，犯妇死而无憾。"

刘墉满口答应，说："你表兄和你丈夫都是本案的重要人证，本府自然会全力查找。只是你要安心等待，也许有夫妻团聚的那一天。此外，你要为本府提供查找他二人的线索。"

"大人放心，只要犯妇知道的一定说出。犯妇还有一件心事，青儿一人，无依无靠，无以为生，求大人可怜她。"

刘墉深受感动："难为你此时还想着青儿，本府就把她接到府衙，暂且抚养，粗茶淡饭决不会饿着她。"

白玉莲连磕三个头，感激涕零："青天大人的恩德，犯妇只有来世相报了。"

刘墉回到后衙，天色已晚，张成做好饭端上来，爷儿俩很快吃过晚饭。张成收拾完毕，为老爷沏上茶。刘墉手捧茶杯，还没品出茶味，又把杯子放下了，说："张成，快去把朱文、赵武两位承差叫来。"

张成一直没闲着，听到吩咐暗暗叫苦：刘安不在，自己可忙坏了。可是嘴里

不敢说，只得放下手中的扫帚出门而去。

没过多久，朱文、赵武来到后衙，给知府大人施礼：“大人唤小人前来，不知有何吩咐？”

刘墉说：“本府命你们去捉拿一个叫钟自鸣的人，明日鸡啼即动身。”

朱文、赵武你看看我，我看看你，不知所措。最后，赵武问道：“请问大人，这钟自鸣是何人？在哪州、哪府、哪县、哪村居住？大人明示，小人好去办差。”

刘墉说：“这钟自鸣就是白玉莲的表兄，与富全一起外出做买卖。依本府推断，钟自鸣拉富全出去做买卖是假，受伊小六主使引开富全是真。如此推断，富全恐有性命之忧。依白玉莲所说，钟自鸣心狠手黑，无所不为，如果害死富全独吞伊小六的三百两银子，一定在句容一带吃喝玩乐。所以你们去句容，只要细心查访一定可以找到钟自鸣与富全的线索。”

赵武一听这差事难办，他拿眼瞄着朱文。朱文会意，仰脸说道：“回大人，小人连钟自鸣、富全的面都没有见过，句容虽小，查访起来无异于大海捞针。小人倒不是怕苦怕累，只怕办不好差事，误了大人的事儿。”

刘墉面色愠怒，说：“本府已经说得够明白，你们还敢推三阻四！当初白玉莲住在柴火市，本府也是慢慢查访到了。你们在本府身边当差就要多动点脑筋，总不能让本府事事亲自查访。限你们五日内将人犯押到大堂听审，否则，各责四十大板。”

两位差人一听刘罗锅不好说话，不敢再顶嘴了，慌忙领命而出。

刘墉还是心神难安，又命张成把何英叫来，两人对坐谈论公务。不过一杯茶的工夫，张成又进来了：“禀老爷，有一个叫徐五的求见。”

刘墉与何英都是一愣。

刘墉道：“徐五？这名字好熟，在哪儿听说过。”

何英道：“徐五是金陵有名的盐商，为江宁首富。其名声在江宁可谓妇孺皆知，大人自然也有耳闻。”

刘墉凝眉深思：“他来干什么？”

何英道：“在商言商，他来找大人，自然是生意上的事。”

刘墉笑道：“他找错人了，刘某做买卖可是外行。”

何英：“大人有所不知。此人乃是官商，他倚仗高巡抚做后台，大量贩运私盐，行销全省，甚至省外，牟取暴利，短短数年，竟成江宁首富。可叹江苏全省的盐税全部流失，每年全省财政少收入三成。”

刘墉愕然：“我一直不解，江宁乃江南富庶之乡，府库财政何以如此紧张？想不到原因在这里。”

何英道：“按说大人一上任，此人就该前来拜访。小人弄不明白他为何姗姗来迟。”

张成等得不耐烦了，说：“老爷，您说了半天，到底见不见？人家还带着几箱子的东西呢！”

刘墉看着何英：“何书办，你说本府见还是不见？”

何英却不作正面回答：“大人一向清正廉洁，自然知道该怎么做。”

刘墉下了决心：“本府定要铲除此盐枭，老不见识尊颜，岂不遗憾？张成，请徐五到书房来见。”

后衙门外，一身华服靓装的徐五在昏黄的灯光下焦躁不安地踱来踱去，在他身后一字摆开四只精美的箱子，八名家人围着木箱小心翼翼地看守着。

好不容易后衙的门打开了，张成探出头来赔笑说：“对不起，让五爷久等了，我家老爷有请！”

徐五焦灼的表情变成得意之色，冲身后一挥手，说：“快，把东西抬上，去见刘大人！”

张成在前，将徐五引到了刘墉的书房。此时，何英已经回避，书房里只有刘墉一人。徐五命人把东西放在门外，自己先进去给刘墉施礼。

“江宁乡绅徐五拜见老父母！”

刘墉谦谦一笑，说：“徐先生的大名，本府早有耳闻。张成，给徐先生看座。”

张成搬过一把椅子。徐五谢座，说道：“大人已上任多日，徐五本该早日前来拜访，无奈俗务缠身，至今才有空闲，请大人恕罪。”

刘墉说：“哪里话，我为官，你为商。官、商不同道，何言‘拜访’二字？”

徐五笑道：“不，徐五以为官商本为一家，没有官府治乱安民，商人如何做生意？商人发财致富当然不能忘记官府所给的方便。大人，你说是吧！”

刘墉哈哈一笑：“好一个官商一家，徐先生真是‘真知灼见’啊！”

徐五没听出刘墉的讽刺之意，还以为他高兴呢，便又得意地说：“久闻老父母一向清廉，两袖清风。朝廷的那点儿俸银还不够您养家糊口，更不用说支撑门面，徐五不忍心看着大人如此清贫。”

刘墉打断他的话说：“朝廷俸禄乃是户部所定，并非苛刻我一个人，徐先生就不必费心了。”

徐五却道：“话虽如此，徐五却不能心安。若没有我大清天子创下的太平盛世，便没有徐五的今天。不瞒大人说，徐五曾多次向江宁各衙门捐输银两，以表达忠君报国之心。今日略备薄礼，孝敬老父母，乃是徐五的一片心意，老父母可不要推辞哟！”

刘墉正要推辞，徐五却向门外喊道：“来呀，把东西抬进来，请大人过目。”

门外的八个家丁抬着箱子走进来，四只精美的箱子一字儿摆开放在书房正中。徐五起身上前一一打开，请刘墉过目。

刘墉顿觉眼前金光闪烁，定睛一看，这第一箱子乃是黄金，一根根金条在昏暗的灯光下放光，照得满室辉煌；第二箱乃是珠玉，晶莹剔透，发出炫目的光；第三箱倒是不放光，乃是古玩字画；第四箱是银锭。

徐五见知府大人半晌不语，以为刘墉惊呆了，更加得意，随手从第三箱里取出一幅卷轴字画，轻轻展开，向刘墉介绍说："老父母请看，这可是当今书画名家郑板桥的真迹。郑板桥性情怪僻，从不肯轻易授人墨宝。这幅真迹乃是徐某花大价钱从他身边的书童手上买到的。因为听说大人也喜好，擅长于字画，所以拿来孝敬大人。"

刘墉闻听，忙叫张成取来灯烛，仔细观赏，赞叹不止："好画，好画啊！板桥不愧为扬州八怪之首，刘某自叹弗如！"

徐五笑道："老父母若是喜欢，徐某就把它挂在这正堂之中，留您日后仔细观赏。"说着，手举画幅就要往墙上挂。

刘墉醒过神来，连连摇头，暗中叹惋，说："不可，不可！俗话说，无功不受禄，徐先生，你就明说吧，要本官为你做什么？若是本官能为你出力，自当受之无愧；若是收下你的东西不能为你办事，徐富商，你可是蚀了血本。"

徐五哈哈大笑，把郑板桥的画卷起来，说："大人真是爽快人，我也是快人快语。不瞒大人说，我有一批货从东海边运来，因碍着大人的威名，迟迟不敢在江宁靠岸。如果大人能够通融，免予检查，就算为徐某办事了。此事不过举手之劳，大人不会不帮忙吧！"

刘墉故作不解："大清律是准许商人经商的，徐先生贩卖的是什么东西，竟要本官通融免检？"

徐五嘿嘿一笑："实说了吧，徐某从海边盐厂运私贩，销往各地，从中取利。当然，这中间少不了官府给予方便。"

刘墉点点头："我明白了，你是贩卖私盐，偷漏官税，这件事本官从没办过。不知以往是什么人帮你怎样办的？不妨说来听听，本官也学着点儿！"

徐五得意忘形地说："大人身为四品官员，竟连这种事儿也没经过？我贩卖私盐数十年，江苏省上至巡抚，下至里长，谁没为我办过这事，谁没受过我的好处！就说咱们省上的孙大人……"他突然意识到说漏了嘴，忽然打住，盯着刘墉说，"大人，您到底帮不帮忙，给个痛快话，打听这么多干什么？"

刘墉知道他已有提防之心，再也问不出什么，遂把脸一沉，说："对不起，本官吃朝廷俸禄，当然要为朝廷办事。张成！"

张成忙答道："老爷有何吩咐？"

“传本府的命令，连夜搜捕江面，发现运载私盐的船只一律查扣。”

“是，老爷！”张成领命而去。

徐五如梦方醒，手指刘墉气得直哆嗦，说：“好你个刘罗锅，果真油盐不进哪。你等着瞧！孩儿们，东西抬着，咱们走！”

刘墉威严地喝道：“慢着，明日你还要上堂听审呢，还有这些行贿的赃物，按律充公。今晚只好委屈你了。来人呀，带下去！”

两名值日的衙役走进来。徐五一见，怒喝道：“我是本省有名的乡绅。你们要干什么？”

两名差役冷笑道：“我们只听知府大人的。管你有名还是无名！”不由分说架起徐五就走。

徐府的八名家丁一见，面面相觑，谁也不敢上前，一个个灰溜溜地跑了。

赵武、朱文从衙门里出来，都没想着回家，因为明天清早他们就要动身去句容。可是知府大人派的差事怎么做，两人心里都没谱。

赵武说：“兄弟，你说咱们明天到哪儿去抓钟自鸣？一没图影，二没准地方，难啊！”

朱文想了一会儿，说：“这样吧，咱们也学刘大人私访。到句容县暗中查访，说不定真能抓到钟自鸣。”

赵武又喝干一杯酒，说：“你快成小罗锅了。明天就按你所说行事。”

第二天，两人早早起身，穿着便装，出了江宁府南门，上了通往句容县的大道。

句容是江宁府的属县，府、县之间不过五十多里地。赵武、朱文脚健如飞，不过一个多时辰便到了句容县北门，抬头看看太阳，不过一竿子高，时辰正好。两人进城到一家酒铺歇歇脚，顺便吃点东西。酒保殷勤招待，满脸是笑地说：“一看二位就是从府城来的，来赴盂兰会的吧？”

朱文问：“什么盂兰会？”

“客官连盂兰会都不知道？今天是我们句容县一年一度的盂兰盛会，十字街观音堂正唱大戏呢，二位不想听戏去？”

朱文眼睛一亮，对赵武说：“大哥，过去看戏去！”

赵武翻着眼说：“我说兄弟，你可真有闲心，咱们是干啥来的？五天的期限办不成事就等着挨板子吧！”

朱文笑道：“大哥有所不知，小弟并非真的看戏。你想啊，那姓钟的是个游手好闲、吃喝玩乐的主儿，手上又有银子，还不是哪儿有乐子就往哪儿去？戏台底下正是这种人的聚散之处，咱们正好私访暗拿。”

赵武一拍他的肩膀赞叹说：“兄弟真有长进啊，咱们现在就走。”

二人出了酒铺，一直往南顺大街不多时便走到十字街，往东一拐就看见戏台了。闹哄哄的，看戏的人不少。来到戏台底下，两人光看戏。戏台上，一个汉子扮成大花脸，双手拿着锄把，满台蹦跳。

赵武看了一会儿说："这是哪出戏？《钓鱼》不像，《打朝》也不像。"

旁边一看戏的搭话说："你没看过这出戏吧？这叫《灶王爷出征》。御驾亲征，大战'出溜锅'。"

赵武说："这倒是生戏呢！"

周围人一阵哄笑。赵武这才明白是前面那人蒙自己，心里光火，正要发作，忽然想起自己是便装查访不便生事，只得把一口气咽了下去。

朱文的心思却没全放在戏台上，两眼滴溜溜地扫视着四周，竖着耳朵听人们的议论。可是观察半天也没发现可疑之人。

两人正在看戏，忽然有个人端着茶杯走过来，拱手施礼说："二位上差，真是少见哪，竟有闲暇来我句容小县听戏。"

赵武、朱文吃了一惊，抬头一看，认得是句容县的马快金六。这金六比赵武当差的时间还长，所以，赵武慌忙还礼笑道："这不是金六哥吗？彼此少见。"

朱文也还礼问好。金六请二位到雅座吃饭，赵武、朱文也没客气。三人围着一张桌子，边喝茶，边看戏。金六说："二位到此，不是只为看戏吧？"

赵武说："一来看戏，二来找个朋友。"

金六笑道："二位好前程，听说新任的刘大人是老太后的干儿子，当今皇上的御弟。跟着这样的主儿，还不是吃香的，喝辣的，胜过愚兄十倍。"

赵武苦笑道："说起刘罗锅，那是三天三夜也说不完。休提，休提，家家都有本难念的经，我们的苦处你是不会明白的。"

金六见他不愿意说，也就不再提起，便转了话题说："二位也别看戏了。这戏有啥看头？还不如俩狗打架热闹呢。依我说，跟我到赌局耍钱去。"

朱文连忙摇头说："金六哥，我们俩对赌钱可是外行，再说身上也没钱，还是不去的好。"

"咳，咱们带什么钱。"金六看看周围，见人们只顾看戏，才小声说道，"这家赌局乃是我们县衙郑都头开的。他是自开赌局自抓赌。"

赵武来了兴趣，问："啥叫自开赌局自抓赌？"

"这还不明白？他让人找几个冤大头来赌钱，估计时辰差不多，就回去看看。若是自己的人赢了，那就拉倒；若是外人赢了，他就向外招呼一声，让几个差役进去抓赌，没收全部赌注不算，还要罚一顿饭局。"

赵武惊叹不已："郑大哥这一手真叫绝，这不是死赢不输吗？"

朱文撇撇嘴巴说："世上哪有这么多冤大头？时间一长，这底儿一漏，谁还

上这个当？”

金六不以为然：“总有那么几个冤大头！特别是外地来的愣头青，腰里揣着来路不明的银子，又不知其中底细，可不就……”

赵武有些不耐烦，拉起朱文说：“有金六哥在，还会有错？再说咱们的身份已明，你还查访啥？不如瞧瞧热闹去。”

朱文只好起身。二人跟着金六穿过两条大街，绕过几条小巷，来到一座院落前。金六推开一扇小角门，三人进去。里面有个当差的迎出来说：“是金六哥呀，带朋友来耍？”

金六说：“这两位是府上来的哥们，行里的人，过来耍耍。前边怎么样？”

小差役说：“正耍得欢呢。郑大哥有事儿出去了。您来得正是时候，快去吧！”

金六领着赵武、朱文向前面走去。

前面客厅里摆着一张八仙桌，四面坐着赌徒，周围都是瞧热闹的。赌徒们吆五喝六，骂骂咧咧。三个人凑上前去。只见一个三十多岁，长得五大三粗，一脸横肉的赌徒，甩着手骂道：“他妈的，老子今儿个真背，二十吊钱快输光了。”

金六上前安慰他说：“钟三爷，莫急，莫急，再赌下去，说不定时来运转呢！”

钟三爷看见金六，转忧为喜，说：“金六哥，您来得真是时候。我把钱输光了，麻烦您作保，借他五吊钱，回头再还他怎么样？”

金六慷慨地说：“成！”回头向下家王老五说道，“老五兄弟，你就先借他五吊钱。”

王老五是自己人，装作不情愿的样子说：“哎呀，金六哥说话了那就先借给你一吊钱耍耍吧！”

钟三爷一听，脸上挂不住了，虎着脸说：“金六哥，你也不要做这个人情了，我也不是输不起的人。这么着吧，你派哪位兄弟辛苦一趟，去西关王虎臣老店取十吊钱来，我的钱都寄在王虎臣柜上呢。”

金六说声好，正要派人前去，站在他身后的朱文开口说道：“我们哥俩也是闲着，就为这位钟三爷跑一趟。”

金六笑道：“二位来这儿就是客，不好意思。”

赵武一心想要钱，正要向金六推辞，却被朱文拉扯着出了屋子。到了外面，赵武埋怨道：“兄弟，你怎么甘愿为那小子跑腿儿？”

朱文咬着他的耳朵说：“你没看见那小子一脸的横肉，生就的凶恶相，他又姓钟，会不会就是咱们要找的钟自鸣？”

赵武恍然大悟，双手直拍脑袋，说：“咳，我怎么忘了这事儿，是有点像，说不定就是他呢。快回去把他抓起来！”

朱文拦住他说："慢着，到底是不是他还拿不准。反正他一时半会儿也不会走，咱们不如去西关王虎臣老店探问明白。"

赵武竖指赞道："兄弟，真有你的。"两人急忙往西关走去，不过一袋烟的工夫便来到王虎臣老店前。店家王虎臣正在门口站着，一抬头看见江宁府上的二个差役了。因为府、县相距不远，赵武、朱文都是老差役，时常来句容县公干，所以老店家王虎臣也认识他们俩。

王虎臣殷勤地打着招呼："两位上差又来县上公干哪？请进小店喝杯茶吧！"

赵武、朱文走到门口。朱文说："这次不是公干，是因私事前来贵店。"

王虎臣听说是冲自己的店而来，心里七上八下的，忙把二人让到店里，献上香茶之后才试探着问道："二位来小店为的何事？"

赵武笑道："不过是受人之托，前来贵店取点东西。有一位住在贵店的钟三爷，他现在正在赌局要钱，托我们来店里取十吊钱过去。他说他的钱都寄在你这儿。"

王虎臣一听放下心来，忙说："是有这么一位钟三爷。我去取钱过来。"

朱文等他从柜上回来，便问道："店家，你可知这位钟三爷叫什么名字，来句容多长时间了？"

王虎臣一愣，不解地说："二位不是他的朋友吗？竟不知他叫什么名字！"

赵武解释说："赌场上认识的，算什么朋友。"

王虎臣点点头，这才说道："这小子，我一看就不是个好东西，早晚非输个精光不可。他本是江宁人，叫钟自鸣。刚来时还带着个二十六七岁的年轻人，说是他表弟，两人合伙来做买卖的。那个表弟老实巴交的，事事都听他的。可是后来两人发生口角，听表弟说，是因为他拿做买卖的三百两银子吃喝嫖赌，表弟苦心相劝，他不听，因而争吵。第二天，两人言归于好，说是一起要到乡下的什么地方收租子。可是到了晚上只有钟自鸣自己回来。我问他，他说表弟不会做买卖，打发回金陵了。从此，他就长住本店，天天吃喝嫖赌，无所事事。这样下去，不出一年，他那三百两银子的本钱就打水漂了。"

赵武、朱文闻听心中大喜，真是"踏破铁鞋无觅处，得来全不费工夫"。朱文强抑兴奋之情，向王虎臣说："你管他呢，开饭店的还怕大肚汉吗？有钱赚就成。天色不早，我们给他送钱去。"

两人辞了王虎臣，径直回赌场，一进门便说："店家不给钱，他说不认得我们，要本人去取。"

金六说："不用了。这会儿钟三爷转运，捞回来了。"

赵武走到他跟前用手一捅，拉着他来到外间，低声说："金六哥，这位钟三爷是我们要抓的人犯！"

金六一愣："你们不是来要钱吗，怎么办起差事来了！"

赵武说："实不相瞒，是这么回事……"遂把奉知府刘大人之命来句容缉拿人犯的经过说了一遍，最后说，"请金六哥全力协助。"

金六也是老马快了，自然明白利害关系，当时就说道："都是公门中人，什么也别说了，拿人！二位一个堵门，一个进去拿人。我在旁边看着，若是不顺再出手不迟！"

屋里钟自鸣与众赌徒赌得正欢。金六与赵武径直奔到跟前。赵武出其不意，从袖中抖出锁链，哗啦一声套住钟自鸣的脖子，又咔嚓一声给锁上了。

钟自鸣回过神来，瞪着赵武、金六吼叫道："这是干什么？在下也没犯法！是咧，抓赌来了。要抓把大家伙都抓去，干吗只锁我一个？"

金六脸色一变，怒喝道："姓钟的，为人不做亏心事，半夜敲门心不惊。蛇钻的窟窿蛇知道，你的事儿你明白。这两位是府里的上差，奉府台大人之命前来拿你。快跟他们到府衙大堂听审吧！"

钟自鸣一听，像泄了气的皮球一样坐倒在地。赵武一提锁链，喝道："快上路吧，刘大人还等着你呢。"

金陵江面上，陈大勇率领众差役分乘数艘快船拦截搜查过往船只。经过一夜的搜捕，终于查获三只满载私盐的大船。

刘墉升堂审讯徐五贩卖私盐一案。

徐五被带上堂来。经过一夜的囚禁，这个江宁首富的脸上多了一分忧色，但骄横之气如故，一进大堂便傲然怒视刘墉。

刘墉一拍惊堂木，威严喝道："堂下之人，见到本官为何不跪？"

徐五冷笑道："我是本省名绅，你不过一个四品官。在下高兴跪便跪，不高兴跪也算不上越礼。"

刘墉大怒："大胆，你现在是本府堂上的人犯，岂有不跪之理？来呀，让他跪下！"

两名差役上前，不由分说把徐五摁倒在地。徐五挣扎着大叫："我犯了哪条王法？你们竟如此无礼！"

刘墉斥道："无理的是你。本官已拿获你贩运私盐的大船三只，你还不知罪？来呀，带人犯！"

堂外一阵杂乱的脚步声响，陈大勇等众差役押解着十几名护船家丁鱼贯而入。众家丁看见徐五也在堂上，顿皆失色，慌忙跪倒在公堂上。

刘墉啪地一拍惊堂木，威严问道："你们为谁押运货船？快快从实招来，免受皮肉之苦！"

众家丁都拿眼睛看着徐五，谁也不敢说话。刘墉看得明白，又把惊堂木一拍，怒声说："大胆囚徒，竟敢拒不招认。来呀，夹棍伺候！"

差役领命，拉出夹棍，哗啦啦抖得山响。众家丁无不失色。一个年轻的家丁吓得连连磕头，说："大人饶命，小人愿招。小人等都是徐五爷府上的家丁，奉主人之命贩运私盐来金陵。"

刘墉斜视徐五一眼，说："徐五，你都听见了吧，是不是还要看看被查扣的船只才知犯了哪条王法？"

眼见人赃俱获，徐五无可狡辩，却异常骄横地说道："刘大人，不就是三船私盐吗？按大清律也不过枷刑数月，罚银若干而已。我还可以罚代刑，花钱免罪。要罚银多少，你就开个价吧！"

刘墉略显惊愕，似笑非笑道："真看不出你还精通大清律法，不过，你贩运私盐远不止三船。昨晚你向本官行贿时，曾说贩运私盐十数年，广销全省，竟成江宁首富，这当中漏脱官税多少？行贿官员多少？这可是举国大案，其罪不小。不过，只要如实招来，本府可呈请刑道，对你从轻发落。"

徐五此时肠子都悔青了，恨自已昨晚太糊涂了，竟把不该说的全说出来了。可是，后悔顶什么用？只得把牙一咬，说："大人真会说笑，徐某何时说过那种话？你不要贪功心切，诬陷徐某。"

刘墉道："徐五，你不要忘了，你行贿本府的东西还在！"

徐五道："算徐某瞎了眼睛，碰上你这种不识时务的怪物。徐某就是贩运三船私盐的事儿，你奈我何！"

"看来你是不愿招认了？"

"除了那三船私盐，你别想再得到什么。"

刘墉冷笑道："看来不动大刑你是不肯招认。来呀，重打四十大板，看他招是不招！"

徐五又气又怕，手指堂上骂道："刘罗锅，你口口声声说胡知县、孙刑道搞刑讯逼供，你不也是如此！"

刘墉斥道："本府有根有据，你却拒不招认，不动刑罚，你不知道官法的厉害。来人，给我打！"

差役拥上前来把徐五拖到堂下，举板子正要打，忽然守门差役匆忙走进来对刘墉说道："启禀老爷，衙门外来了好多百姓，跪着为徐五求情呢！"

刘墉一怔，眯着眼睛自语道："徐五真是'大善人'，竟有百姓为他求情？且慢动刑，本府倒要亲自看看都是些什么人！何书办，你也一起去。"

差役在前，刘、何二人在后一齐出了大堂，穿过前院，便到了衙门外。果然有几十名百姓跪在地下，一见刘墉出来，纷纷叫喊着：

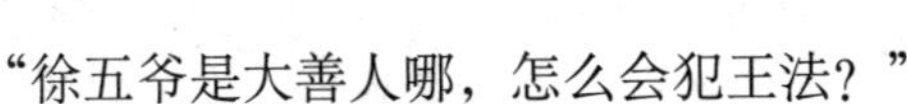

“徐五爷是大善人哪，怎么会犯王法？”

“求大人饶过徐五爷！”

“谁不知道徐五爷是咱们省的模范乡绅，不能对他动刑……”

为首一人，五旬开外，穿一件旧青绸衣衫，仰着脖子，涨红着脸大叫着：“大人哪，徐五爷可是咱们江宁人人皆知的大善人，捐资县学、府学，修夫子庙，善举不胜枚举，礼部都曾行文褒奖。如此大善大义之人，能犯哪条王法？求大人顺应民意，放徐五爷回府！”

刘墉没理他，却逐个打量着跪在地下的人，心里已有几分明白，回过头，低声问何英：“为首之人你可认识？”

何英轻蔑地笑道：“这个人在金陵也算有些名气，小人怎会不认识？他是江宁府的秀才，却是文不能授书，武不能操锄，家中自然穷苦。却倚仗肚中有几句酸文，走跳衙门包揽词讼。他姓朱，名亮，有受过他迫害的人给他送个外号，叫‘坏肉’。‘坏肉’来此一定是受徐府的指使。您再瞧瞧跪着的这些人，一个个不是肥头大耳就是红光满面，哪一个是穷苦百姓？”

刘墉恶气胆边生，怒目而视“坏肉”，冷峻地说：“就你们也能代表江宁民意？徐五触犯国法，本府按律审理，理所当然。尔等竟敢聚众闹事，要挟官府？姑念初犯，本府不予追究，还不快快散去！”

“坏肉”朱亮吓得一缩头不吱声了。可是身后跪着的人还在乱纷纷地喊叫着：“徐五爷无罪！”

“求大人放徐五爷出来……”

刘墉大怒，喝道：“来呀，把这帮恶奴给我轰走！”

几名衙役上前挥舞水火棍来驱赶人群，好半天那帮人才骂骂咧咧地离去。

何英望着远去的人群说：“徐五在金陵有钱有势，又有高巡抚做后台，非同一般恶徒。这一次不过是从下面给大人以压力，下一次恐怕要搬动抚台大人了。”

刘墉轻笑道：“只要他犯了王法，本府不管他有多硬的后台，都要把他绳之以法。遗憾的是目前尚无更多的证据定他重罪。”

何英点头说：“属下所虑的也是这个。徐五骄横，有恃无恐，大人恐怕难以从他口中问出口供。若动刑罚，难免有严刑逼供之嫌。依属下愚见，大人不如依据目前的证据判罪，稍示薄惩。待日后发现重大证据时，再拘他治罪不迟。”

刘墉说：“有理！”

两人回到堂上。刘墉命人把徐五推回来，说道：“徐五，你贩运私盐，偷漏税金，又行贿本官，腐蚀朝廷，触犯国法，你可知罪？”

徐五摇头晃脑地说：“我都说过十遍了，就是那三船私盐和送礼给你的事。其他事儿没有！”

"既已认罪，还不快招供画押！"

一名差役把何英记录的供词拿过来放在徐五面前。徐五仔细看了三遍，确实只是贩运三船私盐和行贿江宁知府的事儿。他哈哈一笑，得意万分。刘罗锅也没辙了！伸手便在供词上画了押。

刘墉命人收起供词，一拍惊堂木，大声说道："徐五听判：本府根据大清律法，判你杖四十，罚银五千两，所贩私盐及行贿金银财物悉数充公。"

徐五一听，又惊又怕。罚银和钱财他不在乎，可是那四十大板他害怕。刘罗锅绕来绕去还是要打这四十大板。他连连摆手说："大人且慢，我情愿以罚代刑，要罚多少钱都可以！"

刘墉把眼睛一瞪，斥道："呸，大胆刁民！现在是本府判案，以罚代刑岂是你情愿不情愿的事！来呀，拖下去，打！"徐五一听板子难逃，刚才的骄横不见了，脸色灰白。差役上前把他拖到堂下，不多时，打板子声夹杂着惨叫声传出衙外。

四十板子打完，徐五的屁股已是皮开肉绽，血肉模糊，他哼哼唧唧地被拖回堂上。刘墉打量一番，说："来呀，先押下去。待其家属交清罚银再放人！"

"是，老爷！"

差役架着耷拉着脑袋的徐五退下。刘墉一拍惊堂木："退堂！"

赵武、朱文把钟自鸣押回江宁。刘墉褒奖一番，立即升堂审讯。

"你就是钟自鸣？"

钟自鸣惶恐回答："小人就是钟自鸣，金陵人氏。不知小人所犯何罪，竟被大人锁拿到堂？"

刘墉冷冷说道："钟自鸣，你不要揣着明白装糊涂。本府既然派人缉拿你，就有十足的证据，你还是如实认罪，免受皮肉之苦。"

"大人，你说什么，小人认什么罪？"

"本府问你，你为何事离开金陵长期住在句容？"

"回大人，小人去做买卖！"

"是一人独去，还是与人合伙？"

钟自鸣有些慌乱，支吾着答道："是小人一人，啊，不，与人合伙。"

"与什么人合伙？"

"表妹夫富全。"

"富全现在何处？"

"早已回到金陵。"

刘墉不再追问，吩咐道："来呀，带白玉莲！"

两名差婆押着披枷戴锁的白玉莲上堂。白玉莲一见钟自鸣，立即扑上前问道：“表哥，你妹夫呢？他人在哪儿？为什么一去不回？”

钟自鸣看见白玉莲，神色大变，结结巴巴地回答道：“他、他不是早就回来了吗？”

“瞎说！他何曾回过家里？倒是你捎信给伊小六说他把本钱赔光了，已被拘押起来。”

钟自鸣申辩道：“表妹，那是伊小六骗你的，富全根本没被拘押，他、他……就是回金陵了。”

白玉莲柳眉倒竖：“我明白了，一定是伊小六与你设下毒计，把我夫君骗出去害死了。夫君，你死得好冤啊，为妻为你报仇。”话没说完，猛然举起锁链向钟自鸣头顶砸去。

钟自鸣吓得双手抱头，趴在地上连声哀求：“表妹饶命，饶命啊！”

刘墉命人拉开白玉莲，一拍惊堂木，喝道：“钟自鸣，你是如何害死富全的？还不从实招来！”

钟自鸣执意抵赖，说：“大人明鉴，他早已回金陵，小人没杀人。总不能找不到人就把罪名安在小人身上吧！”

刘墉勃然大怒道：“大胆刁民，看来不动刑罚，你是不肯招认。来呀，重责四十大板！”

两边差役把钟自鸣拖到堂下，拿起板子噼噼啪啪就是四十大板。钟自鸣不知是皮粗肉厚，还是真有种，被打得皮开肉绽竟一声没哼。

刘墉命人把他拖回来，追问道：“你到底招是不招？”

钟自鸣咬牙切齿地说：“我没杀人，如何招供！大人有什么刑罚尽管使出来吧，上夹棍还是坐老虎凳，我老钟皱皱眉头算不得汉子。”

刘墉一怔，嘲弄道：“你算什么汉子，为人所用，妄行不法，杀了人都不敢承认，夹棍、老虎凳有你尝的。不过，今天天色已晚，老爷我要休息了，改在明天吧。来呀，把人犯监押大牢。退堂！”

回到后衙，张成端上饭菜。刘墉匆匆扒完一碗饭便把碗筷一撂，说：“张成，叫人把白玉莲带到书房，老爷我有话说。”

张成出去传下话来。不多时，两名差婆押着白玉莲来到书房。白玉莲一见刘墉，就跪地哭泣道：“刘大人，您为什么不严加刑讯，逼那恶徒招认？若我夫君之仇不得报，犯妇就是死也不瞑目啊！”

刘墉忙安慰道：“你放心，本府一定让人犯伏法，为你丈夫报仇。不过，钟犯死硬到底，严刑恐怕未必见效，老爷还要落下严刑逼供之嫌。对这种死硬顽固之徒，只有用计才可令其招认所犯罪恶，把你叫到后衙，就是为此事。”

白玉莲半信半疑，止住哭声问道："大人欲用何计？真能套出他的口供吗？"

刘墉胸有成竹地说："你放心，本府今晚就可以拿到他的供词。你要告诉本府你丈夫是什么模样。"

白玉莲忙说："瘦高个儿，白净面皮，高鼻梁，嘴角左边有颗黑痣。"

"够了，够了。你下去吧，明日就有音信。"

夜深人静，金陵城一片静谧。坐落在城南的江宁府大牢，高墙耸立，在朦胧的月光下显得更加阴森可怖。监牢里死一般沉寂，只有岗楼上站岗的兵卒像游魂一样来回晃动。

钟自鸣被关押在最东边的单间监牢里。他没有像其他囚犯那样酣然入梦。毕竟，杀人的罪名让他不寒而栗。何况，他所杀的人是对自己有恩的表妹夫。妹妹青儿寄养在他家，吃喝拉撒睡，一粒粗粮不交。表妹、表妹夫从无怨言，他却杀了表妹夫。钟自鸣在恐惧的同时，也受着良心谴责的煎熬。可是，杀人偿命，古今一理。一想到刽子手手举明晃晃的钢刀，他就感到头皮发麻，脖颈发凉。

他胡思乱想着难以入睡，干脆坐在墙角数着指头。数了半天还是睡不着。屋外传来呜呜的声音，起风了。风从窗口和门缝吹进来，吹得地下的稻草沙沙作响。

忽然，一阵疾风吹来，监牢的门啪的一声开了。钟自鸣正在惊疑，门外传来"啊呜，啊呜"的声音，像是有人在哭。哭声越来越近，变成"冤啊，冤啊"的声音。他心里一紧，不由自主地往墙角里缩，一抬头，看见窗口外闪过一个影子。转瞬间，门口站着一条人影，长长的头发披散下来。

"冤啊——"人影发出令人毛骨悚然的声音。

钟自鸣从那熟悉的身影上一眼就看出是冤魂找上门来了，顿时吓得魂飞魄散，连声哭求道："好兄弟，饶……饶命啊！"

冤魂蹦跳着进门，挥舞长袖，冷森森地叫道："钟自鸣，还我命来！"

钟自鸣头也不敢抬，只顾求饶："好……好兄弟，只要你饶我一命，你要我做什么都行。"

冤魂哑着嗓子说道："姓钟的，你害得我好惨。如今我是一个孤魂野鬼，四处飘荡，就是取你性命也难消我心头之恨。"

钟自鸣战战兢兢地说："好兄弟，既是难消其恨，就饶过我吧。"

"不取你性命也行。你要给我办一件事。我在阴间听说，只要是冤死的鬼魂都可以投胎到富贵人家。我是被你害死的，当然是冤魂。我要你写一份害死我的供词，到阎君那里证明我是冤魂，以便早日投胎托生。"

钟自鸣忙不迭地点头道："我写，我写，可是哪儿去找笔墨？"

冤魂阴森森地笑着，手上不知何时出现了笔墨纸砚，轻轻地放在地上。

钟自鸣向前爬行几步，展纸磨墨，就着朦胧的月光书写起来，并郑重其事地签上自己的大名。

“好兄弟，我写好了。你请回吧！”

冤魂卷起供词，发出阴鸷的笑声，纵身跃出门外，牢门咣当一声又关上了。

次日天亮，刘墉再次审讯钟自鸣。

“钟自鸣，本府已经掌握你谋害富全的充分证据，就算你不肯认，也可以依律定罪。不过，本府还想给你一个坦白的机会，你千万不要错过哟。”

钟自鸣嘿嘿笑道：“刘大人，别把我当做三岁的孩子哄。就算富全是我杀的，死不见尸，活不见人，你能有什么证据？还是那句话：人，不是我杀的。”

刘墉冷哼一声说：“你既然冥顽不化，就休怪本府不客气了。你看这是什么？”

一张纸扔到钟自鸣的面前。钟自鸣仔细一看，神色大变，失声叫道：“这……这东西怎么会到大人手里？”

“是富全的冤魂送到堂上来的。”刘墉说着扫视了陈大勇一眼。

陈大勇笑道：“钟自鸣，为人不做亏心事，半夜敲门心不惊。我就是昨晚的那个冤魂，刚一敲门，你就不打自招。”

钟自鸣如梦方醒，顿时跌坐在地。刘墉一拍惊堂木，说：“大胆囚犯，你还有何话说？”

钟自鸣丧气道：“供词都在大人手上了，我还说什么！”

“不，你的供词是惊惧之下胡乱写来，供认不详，本府要你详细供出杀人的前因后果。”

“大人足智多谋，小人佩服，我如实招来就是。其实小人平日对表妹和表妹夫很感激，因为他们对小人兄妹很不错。我妹子青儿长期收养在他们家，表妹夫从无怨言。小人之所以做出对不起他的事，都是伊小六唆使的。伊小六从京城回来就看上表妹白玉莲的美貌，几次三番调戏勾引都遭拒绝。后来就想出个主意，由他主动拿出三百两银子，要我拉着表妹夫富全外出做买卖，寻机把富全干掉，他就可以趁家中无人对白玉莲强行无礼。小人起初不肯答应。他就另外拿出三百两银子给我，并说事成之后再给三百两银子。小人一时财迷心窍就答应了。”

“你是如何害死富全的？”

“因为小人并非真心要做买卖，把富全骗出金陵之后便在句容西关王虎臣的老店住下。小人手里有钱，吃喝玩乐，好不痛快。可是富全全力劝阻小人，小人不听，他就说要回金陵，不做买卖了。小人担心他回到金陵，事情败露，便动了杀机。小人假意答应他说明天一起去看货。第二天，小人把他骗到荒郊野外的一

座破窑洞里，乘其不备，用一根绳子套住他的脖子，往肩上一背，把他活活地勒死了……”

钟自鸣还没说完，在堂上听审的白玉莲就大叫一声：“夫君，你死得好苦……”“啊”字没叫出来便昏倒在地。慌得两个差婆又是掐人中，又是揉胸口，白玉莲好半天才缓过气来。白氏醒来如发疯一样扑到钟自鸣的身上，又撕又咬，还加上用头撞。钟自鸣自知罪孽沉重，对不住人，任其撕咬，纹丝不动。

刘墉命差婆把白玉莲拉开，令钟自鸣当众招供画押，宣布退堂。退堂之后，当即派人押着钟自鸣前往句容，在一座破窑洞里刨出富全的尸首。

轰动一时的清风店血案终于真相大白。新知府刘墉断案如神的美名传遍古都古城。街头的说书艺人更是把刘罗锅私访的故事说得神乎其神。

四月初六，江宁府大堂再次开启。衙门外挤满了听堂的百姓，差役们不得不出来维持秩序。刘墉端坐正堂，命人把白玉莲、钟自鸣、李有义、于连贵等一干人犯带到堂上，威严宣判。

“白玉莲用剪刀杀死地主伊小六乃是事实，按大清律本该处斩偿命。但念其是被伊小六强奸霸占，又欲拐胁潜逃，不得已刺死伊小六，含有自卫之意，况且又有投案自首的情节，按律从轻发落。本府据上述事实，判七年监禁。白玉莲，你可认罪？”

白玉莲心服口服，叩谢道：“大人名镜高悬，犯妇愿伏法赎罪。”

“钟自鸣，你见利忘义，图财害命，与恶徒伊小六相互勾结，祸害良家妇女白玉莲，并凶残杀死其丈夫富全，罪大恶极，法不容情。今判斩刑，待报刑部批复后即行执行。”

钟自鸣面如死灰，连连叩头求饶：“刘青天，求……求您法外施恩，饶小人一命。小人尚有一年幼的妹妹无依无靠。”

刘墉面色如铁，断然摇头：“钟自鸣，你贪财害命，罪大恶极，没有从轻发落的根据。至于你妹妹青儿，本府自会照顾好她。”

钟自鸣长叹一声，又重重磕了个头说：“多谢刘大人了。我钟自鸣自作自受，死而无怨了。”

白玉莲、钟自鸣被押解下去。刘墉的目光落在李有义、于连贵的身上，说：“李有义、于连贵，如今真相大白，真凶已认罪。你们是被无辜冤屈的善良百姓。本府判你们无罪，当堂释放。”

差役为李有义、于连贵打开枷锁，两个忍受冤屈的人热泪横流，连连给刘墉磕头。于连贵说：“刘大人，您是青天在上，明镜高悬，小人永生永世不忘大人的恩德。”

李有义长长叹息，说：“小人我五十多岁了，一辈子小心谨慎，胆小怕事，

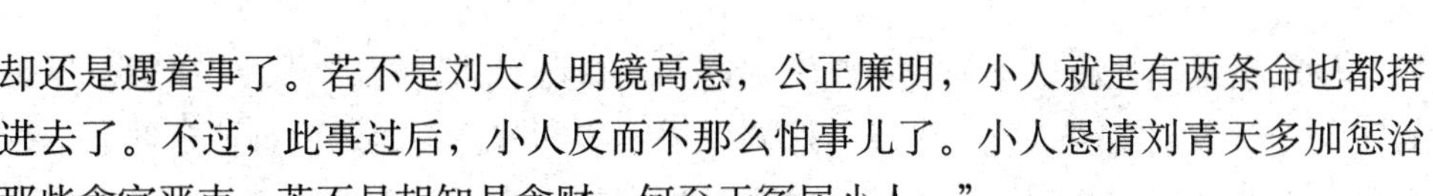

却还是遇着事了。若不是刘大人明镜高悬，公正廉明，小人就是有两条命也都搭进去了。不过，此事过后，小人反而不那么怕事儿了。小人恳请刘青天多加惩治那些贪官恶吏。若不是胡知县贪财，何至于冤屈小人。”

刘墉心有所动，摆手示意情绪激动的李有义说：“李店东，你不必悲愤。胡知县已被高巡抚革职。本府也在详细考核属县官员政绩，凡有劣迹、枉法之徒，一定上奏朝廷，甄别使用。”

李有义苦笑着点点头，说：“但愿大清的官员都能像青天大老爷您那样清正廉明，老百姓就有安生日子过了。”说完，李有义再次叩头谢恩后，退出堂去。

堂门外，李有义的老妻带着傻儿子与于连贵的伙计们正在焦急地等待着。一见两人出来，李妻与傻儿子抱着李老头就哭；伙计们则围着于连贵关切地问长问短。李有义劝住老妻，回头说道：“于老弟，咱俩也算有缘，倒霉也倒霉在一块儿。不如你们今晚还住我清风店，老汉我免费。”

于连贵爽快地答应道：“多谢老哥，今晚就住在你那儿。回头我去刑道衙门把货取回来就去店里。今晚我请客，咱哥儿俩好好唠唠！”

“好嘞！”李有义竟像孩子般高兴得跳了起来。周围的人们也被深深感动了，欢呼着，拥着两人走出府衙。

第二天凌晨，刘墉刚刚起床，忽然一名差役快步奔来：“大人，不好了，白玉莲自杀了！”

刘墉一怔，赶紧擦了一把脸，问：“什么时候？如何自杀的？”

“回大人，就是昨天夜里，是用瓦片割脉而死。这儿还有一份遗书呢！”

刘墉接过，仔细一看，不禁为之动容。这是用手指蘸血写成的一首诗：

风雨凄凄泪暗伤，
鹑衣不奈五更凉。
挥毫欲写哀情事，
梦断情死追亡郎。

刘墉顿时肃然起敬，慨叹道：“好一个刚烈的女子，本府要把此事奏明圣上，旌表节烈。”

半个月之后回复送到江宁府大堂。乾隆皇帝在刘墉的本后御笔亲批：“白氏贞烈，除恶殉夫，其情可泣，其事可敬。着赦无罪，拨银万两修盖烈女庙，旌表节烈。钦此！”

江苏省刑道孙朴方这几天心里一直窝着火，连那个深受宠爱的四姨太也不敢

靠近他。也难怪他心里不痛快，江宁知府刘墉微服私访，智破清风店血案，抓获真凶，一时轰动金陵，百姓到处传颂刘罗锅断案如神。相比之下，他孙刑道草菅人命，制造冤狱的名声不胫而走。尤其是刑道衙门的那帮差役属吏，竟然也跟着百姓把刘墉捧上了天，简直不把他孙刑道放在眼里。

尽管心里有气，孙朴方还算明智。都是刘罗锅把自己弄得灰鼻子灰脸，与差役属吏们无关。要出气只能拿刘罗锅出气，若给手下人小鞋穿，只会让人家更小看自己。

这一天，刑道衙门早早退堂，孙朴方乘上大轿径直奔巡抚衙门而来，刚拐进抚衙街就与一豪华软轿相遇。孙朴方一眼认出是徐五的轿，便命轿夫放慢脚步。坐在软轿里的徐五也认出孙朴方的轿子，忙从轿子窗口探出头来，问候道："是孙大人，徐五有礼了。不知大人有何公干？"

孙刑道探身笑道："再过几天就是抚台大人的六十寿诞，我去帮忙准备准备。徐五爷也是去抚台大人那儿吧？"

"正是，世叔要过六十大寿，我这个做晚辈的理当孝敬孝敬。孙大人，咱们一块儿去吧！"

两乘轿子一前一后来到巡抚后衙高名楼官邸前落轿。守门仆人进去通禀，不多时回话说："抚台大人在书房里等着呢，两位老爷请！"

两人进府，熟门熟路，径直奔书房。高名楼正坐在书案前手捧香茶，凝神静思。孙朴方、徐五跪拜施礼。

高抚台啜了一口茶，说道："你们都是我这里的常客了。坐下说话吧！"

孙刑道欠身说道："再过两天就是大人您的六十寿诞，卑职赶过来看看有没有效力的地方。"

徐五也说道："侄儿前来，也是为此。"

高巡抚叹息一声，把茶杯一顿，说："我哪儿还有心思做寿？你们看，这是刘墉送来的折子，他把十个州县的吏治政绩都考成中下，并要参奏撤掉其中的八个。"说着将一份折子递到孙朴方跟前。

孙刑道简略看了一遍，气呼呼地说："这个刘罗锅太狂妄了，连本道，不，连抚台大人都不放在眼里。"

徐五附和着说："是啊，上次在江宁府大堂上，他连世叔的账都不买，竟打了侄儿四十板子，如今屁股还痛呢！"

"够了！"高巡抚突然恼怒起来，拍着书案说道，"你们还有脸来我这儿叫屈？清风店血案本是一件普通的案件，朴方，我是如何交代你的？可是你不但不能及时破案，还冤及无辜，引起民怨，结果让刘墉给破了案，抓住了真凶。刘墉露了脸，咱们就丢了脸。还有你徐五，我反复交代过，有刘墉在江宁，不可胡为。你偏不听，结果被罚银、打板子不说，还折损了本抚台的颜面。刘墉是狂妄，可这也是你们不争气造成的！”

孙刑道、徐五被训斥一通，脸上发热，低头不敢吱声。半晌，徐五大着胆子说道：“世叔教诲得是，侄儿知道错了。可是，侄儿以为，世叔这样一味退让，也不是长久之计吧！”

高巡抚嘿嘿冷笑，说：“对付这样的‘刺儿头’，须得上下联手才行！”

孙刑道、徐五惊喜地问：“何以上下联手？”

“刘墉有皇上和皇太后做后台，所以本抚也要让他三分。如果我们从上面着手，利用一个与之相当的后台，就完全可以扳倒他。”

孙刑道有些泄气，说：“大人，您能够得上皇上和皇太后这样的后台吗？”

高抚台自信地说：“本抚宦海沉浮二十年，虽然不能直接够得上皇上和皇太后，但深信钱能通神。只要花钱，就会有人在皇上面前为咱们说话。只是本抚囊中羞涩，没有这么多钱通路子。”说着，用眼角瞄了徐五一眼。

徐五暗骂，老东西搂那么多钱还在这儿装穷呢！但他是聪明人，立即表明态度说：“世叔放心，花多少钱都包在侄儿身上，只要把刘罗锅赶出江苏，白花花的银子还会流回来的。”

高巡抚满意地笑了，说：“还是世侄聪明，不愧为江宁首富。”

孙刑道插言道：“大人刚才所说乃是从上面入手，请问从下面如何着手呢！”

高巡抚手捻胡须说：“刘墉不是自诩清正廉明吗？如果有人告他贪赃枉法，‘清正廉明’之名岂不不攻自破？他是因侦破清风店血案而响名金陵的，我就让他在这件案子上跌倒。朴方、世侄，你们从今天起就按我指令行事。如此这般，一定让这刘罗祸好看！”

孙刑道、徐五眉开眼笑，齐声赞道：“好计，好计，我们总算有出气的一天了。”

随着高巡抚情绪的好转，客厅里的气氛轻松了许多。三人的话题又由刘墉转移到寿诞之上。徐五讨好地说：“世叔，再过两天就是您的六十寿诞了，不知府上准备好没有，需要侄儿效力的地方，侄儿万死不辞。”

高巡抚满意地笑道：“能效力的地方，你已经效力了，剩下的就是你不能效力的事儿了。”

徐五得意地说：“有世叔您的关照，侄儿什么事儿办不了！”

高巡抚说：“你能为世叔写一副寿联吗？”

徐五一听，赶紧摇头说：“这个，侄儿真的不能效力了。”

孙朴方忽然想起什么似的，说：“噢，对了，刘墉不就是当今的书法名家吗？若是让他写上一副寿联，一定会为大人的寿诞增辉不少。不过，他这样的

‘刺儿头’怕是求不动。”

高巡抚连连点头说：“不错，刘石庵（刘墉，字石庵）的字儿写得的确不错，很有收藏价值，我还真喜欢。就找这个‘刺儿头’写！”

徐五担心地说：“刘罗锅他肯写吗？”

高巡抚笑道：“不怕他不写，我身为一省巡抚，请他写副寿联乃在情理之中。他若不写，就是他不通情理。你们可以四处宣扬他自命清高，说他是冷血怪人。”

孙朴方、徐五交口叹道：“大人高明，刘墉不能不写！”

高巡抚回头吩咐家人道：“让陈书办带些礼物到江宁府去一趟。”

高巡抚六十寿诞要大摆筵席。江苏省的大小官员闻风而动，争相置办礼物，好乘机送礼巴结抚台大人。江宁是江苏首府，自不必说，道、府、州、县的官员一片忙活，煞费苦心地置办，只为讨抚台大人的欢心。各府派出的采办人员穿梭来往，有的搜集古董，有的搜求名人字画，有的重金购买珠宝翡翠。高名楼是属鼠的，有的人就用黄金铸成小老鼠作为寿礼。

唯有江宁府后衙，刘知府的官邸一片安静，忙中偷闲的知府大人刘墉正在手把手地教青儿写字。一张宣纸写完，青儿放下笔揉揉酸麻的右手，说：“老爷，您就饶了我吧，我一个苦命丫头练什么字儿！”

刘墉摇摇头说：“青儿，你这话说得不对，能读会写才能知书达礼。你看你表姐白玉莲，有才有德，连皇上都被其诗感动，钦笔旌表贞烈呢。”

青儿眼圈儿一红就落泪了，说：“表姐死得好苦啊，都是我那混账哥哥作的孽，老爷该判他凌迟才是。”

刘墉见她伤心难过，忙转移话题问道：“青儿，你在这儿能吃饱饭吗？”

青儿感激地说：“能吃饱，张成哥哥每次都让我吃得饱饱的。可是，我能长远留在这儿吗？”

刘墉用手抚摩着青儿的头发，说：“当然能。不过，你以后要学着帮张成做事儿，老爷我就收你做个使唤丫头吧！”

青儿一听，机灵地跪倒磕头：“多谢老爷的大恩大德！”

刘墉把青儿扶起来。这时，张成进来禀道：“老爷，巡抚衙门的陈书办求见，还带着不少礼物呢！”

刘墉一怔，自语道：“他到我后衙来干什么？还带着礼物，高巡抚不至于给我送礼吧？”

江宁府后衙客厅并不大，仅放着一张八仙桌和几把椅子。陈书办跟着张成走进客厅坐在桌子旁，一边喝茶，一边等待刘墉。在他身后，两名抚衙差役抬着一箱子的礼物。

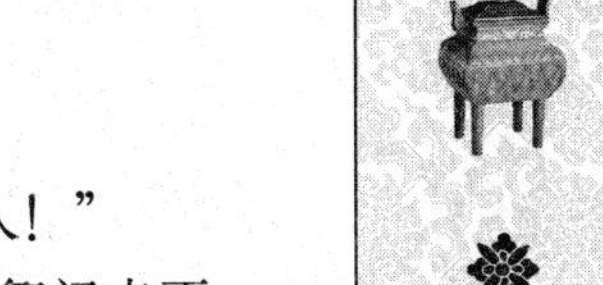

不多时，刘墉走进客厅。陈书办慌忙起身施礼道："小人见过刘大人！"

刘墉略一还礼，含笑道："噢，陈书办，你可是上差呀，到我这小衙门来不知有何公干？"

陈书吏忙说："大人说笑了。小人哪里是公干，不过是奉抚台大人之命来求大人您的墨宝。明日就是抚台大人的六十寿诞，抚台大人想请刘大人写一副寿联。"

刘墉一听，婉辞道："抚台大人的寿诞，本府本该效力，只是刘某的字写得不好，难以出手啊！"

陈书吏钦佩地说："刘大人何必过谦，谁不知道刘石庵乃当今书法名家？抚台大人也是仰慕刘石庵的大名才有所求，还特地让小人带来一份薄礼，以表寸心。来呀，把箱子打开让刘大人看看。"

两个差役把箱子放到刘墉跟前打开。陈书办指着箱子说："这是几幅字画和五百两银子，请大人笑纳！"

刘墉看也不看，摇头说："这些东西我不能要！"

陈书办脸上的笑容顿时凝固，冷冷地说："刘大人是不愿为抚台大书写寿联喽？"

"不，我写！"刘墉的回答出人意料，"只是这礼物我不能收，我不是卖字的！"

陈书办的笑容又绽开了："噢，小人明白了。大人是怕礼物污了您的清名。既然如此，小人也不勉强。只请大人快些写寿联，小人好回去复命。"

"这可急不得。抚台大人的寿联非比寻常，须容我三思。这样吧，你午后来取，如何？"

"也好。那就有劳大人了。小人告辞了！"

时近中午，主仆三人围坐在一起很快吃完午饭。张成献上茶。刘墉品着茶，养了一会儿神，说："张成，把墨磨好，老爷我要写寿联了。人家待会儿来取。"

张成忙把笔墨纸砚从书房里拿出来，研好墨，把宣纸铺放好，才说："老爷，都准备好了！"

刘墉把茶杯放下，站起身来，提笔在手，蘸饱了墨，笔走龙蛇，转眼间写出了上联：

江苏高巡抚

张成一看，笑了，说："您这是什么寿联？写人家'江苏高巡抚'干什么？"

刘墉说：“看着！”又运笔写出下联：

南大一仙翁

张成说：“这还像话。哎，不对，怎么是‘南大’？该为‘南天’啊！”

刘墉狡黠地笑了：“张成，你也长学问了。应是‘南天’，老爷我少写一笔。”

“老爷为何少写一笔？”

刘墉把笔放下，说：“你就别问这么多了，老爷我自有道理。等墨迹干了，你就收起来，等陈书办来取。老爷我趁这个空儿到‘小十岁’那儿剃头去！”

小十岁是前街的一位理发师傅，姓李。李师傅的手艺巧在江宁出了名，来找他理发的人也就多了。老头儿进去，出来像个小伙子。小媳妇进去，出来像大姑娘。人们送李师傅一个外号，叫“小十岁”。

刘墉上任半年多，就乐意找李师傅剃头。他每次来都是一身便服，与普通百姓无异，谁也不知道他就是知府大人。

这一次，他还是一身百姓装束进了李师傅的店门。今天店里的客人不多，也不少，整整四位坐在大板凳上等着呢。刘墉进去在后面坐下。

李师傅的手艺又巧又快，不过半个时辰就打发走了五位客人，轮到刘墉了。刘墉往椅子里一坐，一边剃头，一边与李师傅闲唠：“老哥，我来你这儿剃过六次头了，怎么没看见你家那口儿？”

李师傅摇头叹息说：“客官别提了，我都是土埋半截的人啦，还没混个饱饭呢，哪个女人肯跟我？再说咱这个活儿，谁看得起呀！”

刘墉说：“不，靠手艺吃饭有什么丢人的？看老哥的生意不错，怎么吃不饱饭呢？”

李师傅说：“客官有所不知。我这店里的生意是不错，可是挣来的钱还没装进口袋就被人家拿去一多半。”

刘墉说：“莫非你欠人家钱？”

李师傅说：“我谁的钱也不欠。客官难道不知这整条街的店铺都是徐五爷的？我每月交了房租和保护费就所剩无几了。”

“噢，”刘墉似乎明白了，却又说道，“这房租该交，可是这保护费从何说起？他保护什么？”

李师傅说：“哎，客官别动，这会儿要修面了。”

刘墉一听，不说话了，闭目养神，享受起那嚓嚓声。

就在这时，门外传来一阵脚步声，一个男人的声音恶声恶气地叫道：“哎，小十岁，快收拾家伙，给我们五爷剃头去！”

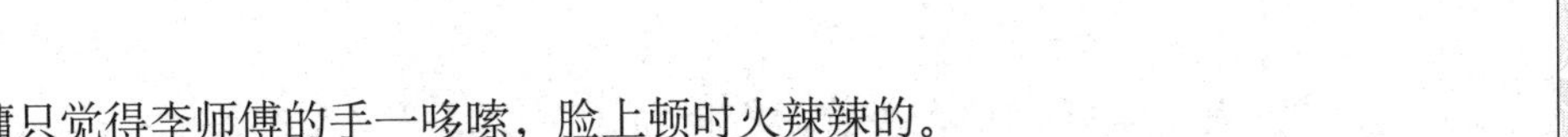

刘墉只觉得李师傅的手一哆嗦，脸上顿时火辣辣的。

"对不起，客官。"李师傅向刘墉道过歉，又忙着对那人低声下气地说，"大管家，您坐这儿抽袋烟，我把这几位客官打发走就去。"

"不行，大爷我哪有工夫等你！快把他们轰走，跟我进府！"那男人霸道地说。

刘墉惊愕地抬起头。只见跟前站着个胖大的男人，四十多岁，一脸的横肉，脑后的辫子支棱着，一副不可一世的架势。那胖男人见刘墉面露憎恶之色，竟把眼睛一瞪，骂道："老家伙，还不快滚，难道要大爷我把你扔出去？"

刘墉不慌不忙地站起来，盯着胖子问道："我说你是谁呀？怎么这么横？"

胖子哈哈一阵大笑，傲慢地说："老家伙，你不是江宁本地人吧，连大爷我的名头都不知道。小十岁，告诉他我是谁！"

李师傅忙向刘墉小声说道："他就是恶虎村徐五爷府上的大管家孙八爷，您惹不起，快走吧！"

哪知刘墉轻蔑地一笑，说道："你不就是徐五家的一个恶奴吗？你可知道老爷我是谁？"

孙八一听，睁大了眼睛上下打量着刘墉一番，故作惊讶地说："嗬，我还真瞧不出你是金陵城里的哪位尊神，报上名号吧！"

刘墉道："老爷我就是江宁知府刘墉！"

"什么？刘罗锅子？"孙八吃惊不小，围着刘墉转了一圈发现对方背后果然高高隆起，顿时大惊。主子徐五尚且挨过刘罗锅的板子，何况他一个奴才，吓得他慌忙给刘墉磕头："您真是刘罗……不，刘大人？小人有眼无珠，顶撞了大人，还请大人恕罪！"

刘墉冷笑说："你怎么不横了？"说着用手去摸孙八支棱的辫子，竟摸出一根铁丝来，转身对小十岁说，"李师傅，把他的辫子梳理好，别这么支棱着，怪讨人烦的。"

"是，大人！"

李师傅哆哆嗦嗦地上来，梳理半天，才把孙八的辫子整平了。刘墉说："孙八，起来吧。回头告诉你家主子，要剃头自己到铺子里来，人家李师傅的生意忙，哪有工夫去他家！"

"是，刘大人，我一定禀明五爷！"

"还有，这条街不能收保护费。若敢再勒索百姓，休怪本府无情，滚吧！"

"多谢刘大人！"孙八施了一礼转身跑了。小十岁慌忙给刘墉磕头，说："小人眼拙，竟没认出您就是断案如神的刘大人，求大人恕罪！"

刘墉忙把他拉起来说："李师傅快起来，我还没修好面呢！"

“大人请坐好，小人接着为您修面。”李师傅又拿起剃刀，一边给刘墉修面，一边说，“我说刘大人，徐五这小子可不好斗啊。他有钱有势，连巡抚大人都搬得动，前任的知府王大人就是被他挤对走的。”

刘墉笑着说：“李师傅，你是怕他报复吧？”

李师傅说：“是有那么点儿。大人您想，我要天天在这儿做生意，大人您不能天天在这儿守着。孙八那小子今天老实，明天说不定就使坏水。我要想在这儿混口饭吃，难喽！”

刘墉深表理解，说：“也是，我这个知府也不能啥都管着。这么着吧，我送你一条金扁担，你把金扁担卖了换成银子，到别处娶个家口过日子吧！”

李师傅说：“大人您真会开玩笑，像您这样的清官，有钱也富不到哪儿去，哪有金扁担给我？”

刘墉说：“别不信哪。你去借锭墨和砚台来就成了！”

李师傅只当他是开玩笑，修好面之后就去隔壁小铺借来一锭墨和一个砚台。刘墉把砚台上了点水，把墨磨了两下，顺手捞过墙角的一张破纸，用手指蘸墨，往纸上一下子划了个“一”字，递给李师傅说：“这就是一条金扁担！”说完，走出门去。

李师傅从小家里就穷，没读过书，哪里知道刘墉墨宝的价值。他只当知府大人跟自己开玩笑，不等刘墉走远便把那破纸揉成一团扔到墙角去了。

高抚台官邸的大门口，陈书办已从刘墉家里取来寿联，与徐书办一起指挥家人忙着张贴上去。等寿联贴好，徐书办念道：“‘江苏高巡抚，南大一仙翁。’哎，不对吧，老陈，该是‘南天一仙翁’，怎么少了一笔？”

陈书办这才仔细去看寿联，懊悔地说：“真是的，刘大人肯定写错了。都怪我，连看也没看就拿回来了。这可怎么办？”

一个家人出主意说：“不就少那个‘一’吗，你们两位谁给添上不就完了。”

徐书办不等他说完，便骂道：“你小子懂个屁，这是刘石庵的手迹，我们岂能随便添上？”

陈书办挠着头说：“这事儿，难办！就是去找刘大人，咱也无法开口，总不能说刘大人把字儿写错了。”

众人七嘴八舌，议论纷纷，就在这时，忽然有人喊道：“你们瞧，刘大人不是来了吗！”

众人往前一看，还真是刘墉慢悠悠地走过来了。陈、徐两位书办喜出望外，慌忙迎上前去，施礼问候：“噢，刘大人哪。瞧您这身打扮，不像是来公干，闲转悠哪！”

刘墉点点头说："我是顺便来看看寿联贴上没有。"

陈书办一听，心想：太好了，让他自己看出毛病来，改过来就完了。于是便恭敬地说："刘大人，您请！"

刘墉来到跟前，一抬头，果然看出了毛病："哎，不对，怎么是'南大一仙翁'？"

陈书办忙说："是啊，大人。该是'南天一仙翁'，少了一笔！"

刘墉用手拍拍脑袋，说："噢，我想起来了，那一杠子我写了，扔在小十岁的剃头铺里了。"

陈书办一听，高兴地说："那可是条金扁担。小人马上亲自去取。"

刘墉哈哈一笑："对，对，你就跟他要那条金扁担。"说完便回府了。

陈书办带着管家、家丁、差役，一大帮子人一溜小跑来到李师傅的剃头铺，把李师傅围在中间一齐吆喝着："拿金扁担来！"

李师傅愣了一会儿神，回过味来，暗想：刘大人给的真是条金扁担。他忙把墙角的那团纸捡回来，当众摊开说："这可是刘大人留给我的金扁担。你们想要，就得拿一根六尺长、三寸厚的金扁担来换，不然的话，我不卖。"

管家一听，火冒三丈，怒喝道："大胆，你敢讹诈抚台大人，小心抓你去衙门！"

不料，李师傅把腰杆一挺，说："你们敢欺负百姓，我就去青天大老爷刘大人那儿告你。"

陈书办看着他天不怕地不怕的架势，暗想，莫非他与刘墉是亲戚，要不刘墉怎么会把金扁担留在他这儿？想到此，忙向管家递了个眼色，笑着对李师傅说："李师傅，您看我们也是做下人的，就是把老婆、孩子都卖了，也买不起您这金扁担。您就权当开恩，便宜点儿吧！"

李师傅见他们软下来，也让了一步，说："我们穷人不像你们有钱人那么贪心，便宜一点，两千两银子，少一文也不行！"

陈书办忙说："好，一言为定，两千两就两千两，我命人去取银子来。徐书办，你过来！"

徐书办凑到跟前，低声说："老陈，你真要去府上取银子？抚台大人要是知道，非骂咱们无用不可！"

陈书办嘿嘿一笑，说："这银子不要抚台大人出，也不要咱们自己拿。你去徐五爷府上，两千两银子对他来说，还不是九牛一毛？快去吧！"

"老陈，真有你的！"徐书办哈哈一笑，领着两个差役出门而去。不过半个时辰，便把两千两银子一文不少地交到李师傅手上。李师傅痛痛快快地把那条"金扁担"交给了陈书办。

刘墉溜达一圈回到府里正在书房里看书。这时，张成从外面买菜回来，一见老爷忙说："老爷，明天是高巡抚的六十大寿，城里大小官员都忙着置办礼物准备赴宴，您也该准备送点儿什么吧！"

刘墉把书本放下，苦笑道："他高巡抚做寿，咱们就得倒霉。好吧，给你两吊钱，买点儿香菇、木耳、面筋、鸭子爪什么的，回头咱爷儿俩赴宴去。"

张成没接那两吊钱，脸儿像苦瓜似的说："我说老爷，您就送这点儿东西？您知道人家都送什么吗？金银、珠宝、古董、字画。高巡抚属鼠的，有人就送金老鼠。听说徐五那小子就送了十个金老鼠，全是这么大个儿的。"说着，还伸着手比划。

刘墉一听，连声叫道："哎呀呀，不得了。幸亏抚台是属鼠的，要是属牛的，还得送一个金制老牛去。张成，咱比不得人家，老爷我没钱，送不起。"

张成却是不依，反而开导起刘墉来："我说老爷，您怎么着也得送点儿像样的东西。上次您打了徐五四十板子，高巡抚肯定记着呢，这回趁机赔个礼儿吧！"

刘墉不以为然，说："赔什么礼？徐五触犯王法，我不过依法行事，关高巡抚什么事儿？好了，就依你所说，咱们外加六十块豆腐，对付着就行了。"

张成撇着嘴巴："老爷，这豆腐算什么礼？"

"好礼呀，六十大寿，一年一块豆腐。'豆腐'，'逗福'，一逗，他高巡抚不就有福了？"

张成无奈，只得拿着两吊钱出去了。没多大工夫便把礼物置办齐了：香菇、木耳、面筋、黄花菜、粉条、素炸丸子、寿桃、寿面，整整八样，外加六十块豆腐，全用食盒装着。

第二天，刘墉主仆穿戴整齐，带着两名差役，抬着食盒穿街过巷，径奔高巡抚官邸来为抚台大人祝寿。

因为时辰尚早，巡抚官邸门口只有一些差役站在大门两侧，正门关闭，两个侧门开着。正门的门前摆着一个书案，上面摆着笔砚之类的东西，陈、徐两位书办坐在案前，两边另有多人伺候。

刘墉来到门前下马，执事差役慌忙打躬迎接："是刘大人哪，还是您早，第一个来了。"

刘墉说："烦请通禀一声，就说江宁知府刘墉前来给抚台大人祝寿。来呀，把礼品献上。"

张成与差役将食盒抬到书办的案前。陈书办仔细打量着食盒，不知道里面装着什么，又不便打开细看，只好提笔在账单上写道："今收到江宁知府食盒一个。"写完，高唱一遍。徐书办则命差役道："来呀，把刘大人的礼品抬进里面去。"

陈书办命人送过一把椅子，向刘墉施礼说："刘大人请坐。稍待片刻就会有人恭迎大驾入府。"

"好嘞！"刘墉在书案旁坐下，与陈书办说着闲话。

巡抚衙内客厅里，身穿崭新寿服的高名楼正与两名门下清客品茶闲谈。这时，家人进来禀道："禀老爷，江宁知府刘墉前来贺寿，送上寿礼一份。"

高抚台闻听，得意地冷哼一声。一名清客奉承道："都说刘罗锅是个倔主儿，这回倒乖巧，还不是第一个给您祝寿来了！"

说话间，两个差役抬着礼盒进来了。高巡抚不耐烦地说："他能有什么好东西，叫门前收下就是，抬到这儿干什么！"

差役忙解释说："禀大人，是一个单薄的食盒。陈书办恐怕里边另有所寄，不敢私自打开，所以请大人亲自拆看。"

高巡抚站起来，命人把食盒打开，仔细一看，是八宗礼品和六十块大豆腐，脸上顿现怒容，又走过去亲自在里面查了又查，搜了又搜，除了这些东西，什么也没有。抚台不由得大怒说："这算什么寿礼，分明是对本抚的侮辱。来呀，给我抬回去送还给他，就说我今年不做寿了！"

差役们只好把盒抬下去。到了门口，陈书办一看礼品又回来了，吃了一惊，问："怎么给送回来了？"

差役说："老爷说了，老爷今年不做寿了，不收寿礼了！"

陈书办看着刘墉，为难地说："刘大人，您看这、这怎么说的？要不我再进去说一声。"

刘墉哈哈一笑，说："没什么，陈书办。抚台大人不做寿了，不收寿礼。大人这是为了清廉之名，刘某佩服！张成哪，把东西抬回去吧，回头送个马扎子给我！"

张成问道："老爷，您不回去了？要马扎子干啥？"

"你别问，越快越好！不然，老爷的两条腿该站酸了。"

"是，老爷！"张成带着差役抬着食盒匆匆离去。

刘墉回身站在书案旁边。陈书办请他坐，他也不坐，就这么站着盯着衙门口。

天到辰时，前来拜寿的官员陆续赶来。四乘绿呢大轿来到门前停下，从轿里走出四名四品官员。执事差役慌忙迎上前去："多谢各位大人大驾光临！"

四名官员依次报道：

"苏州知府冯积善给抚台大人祝寿！"

"扬州知府陈立信前来拜贺抚台大人六十寿诞！"

"淮安知府张煌明恭贺抚台大人六十华诞！"

“镇江知府齐如林前来为抚台大人祝寿！”

诸位知府的差役把一担担的礼盒抬了上来。刘墉一见，快步迎上去说：“诸位大人，且慢！”

四位知府这才注意到刘墉。镇江知府齐如林惊讶地说：“噢，这不是江宁府刘大人吗？还是您来得早，干吗站在这里？”

刘墉故作委屈地说：“冯大人有所不知，刚才本府也是前来为抚台大人祝寿的，送上一份薄礼，谁知差役们抬进去又很快抬出来了。巡抚大人传出话来说，不做寿了，寿礼一概不收！”

齐如林面露惊异之色，问：“不做寿了？”

其余三位知府也很惊异。扬州知府陈立信摇头说：“不会吧！抚台大人年年都要做寿，下官年年都来拜寿。今年正是他六十大寿，怎么会不做寿了？”

刘墉笑道：“真的不做寿了。刘某还会骗你们不成？不信你们问问两位书办。陈书办，你说刚才巡抚大人是不是这样传出话来的？”

陈书办被逼问，只得说：“是的，刚才巡抚大人是这样传出话来，不过……”

“不过什么？”刘墉抢着说道，“不用你解释，诸位大人自会明白。一定是抚台戒奢戒侈，为下属做个清廉的表率。我说诸位大人，咱们作为下属，千万不能污了大人的清廉之名啊！”

四位知府你看看我，我看看你。镇江知府齐如林说：“刘大人言之有理。咱们可不能好心办坏事，我看还是回去算了。”

其余三位连称有理。淮安知府张煌明叹气说：“也只好如此了！可惜我是几百里地，连夜赶来的！来呀，把寿礼抬回去。”

四位知府垂头丧气而归，路上逢人便说，抚台大人不做寿，不收寿礼了。消息很快传遍金陵，赶来送礼和准备前来的官员闻听，全都把礼品抬回去了。

高巡抚还穿着寿服，端坐在客厅里等着人给他拜寿呢。谁知天将近午，一个人也没来，这才觉得不对劲儿，忙派人去门口打听。陈书办慌忙进去，禀道：“启禀大人，今天本来有不少官员前来为大人贺寿，可是刘墉阻在门口，逢人便说大人今年不做寿了，不收寿礼了。诸位大人信以为真，都把礼物抬回去了。”

高巡抚气得脸色铁青，腾地站起来，说：“又是这个刘墉，他这是有意跟我过不去啊，待我亲自向他问罪！”说着就往外走。

两名清客慌忙拦住，劝阻道：“大人万万不可屈尊与他争辩。刘墉既然敢这么做，自然有恃无恐。何况，不收寿礼不做寿的话也是大人亲自说出的。刘墉故意拿着鸡毛当令箭，就是要堵大人的嘴啊！”

高巡抚一时语塞，但是却怒气难消，气呼呼地说："本抚的六十寿诞被他搅成这样，传扬出去，老夫颜面何在！"

一名清客劝慰道："大人，话不能这么说。依小人之见，寿筵做得风风光光，自然于大人脸上增光；可是不做寿，对大人来说也未尝不是好事！"

"什么意思？"

"大人不收寿礼不做寿，传扬出去，人们一定以为大人清廉，不收礼物，堪称众官表率。当前正是朝廷大力整饬吏治的关口，您说这是好事还是坏事？"

经过一番劝说，高巡抚怒气渐渐平息，便向陈书办吩咐道："叫人把门口的寿幅、寿山撤去，贴出公告，就说本抚为革除本省官场积习，甘做表率，取消六十寿诞，谢绝任何贺礼。"

"是，大人！"

陈书办正要退下，忽听高巡抚又叫道："回来！"

"大人又有何吩咐？"

"派人把徐五找来，我有话说。"

"小人马上打发人去！"

陈书办下去。不过一炷香的工夫，徐五便来了，一进门就愤愤不平地叫道："世叔，刘罗锅子真可恶，把您的六十大寿给搅了。侄儿恨不得掴他两耳光。"

高抚台摆摆手说："做寿的事儿就别提了。我把你找来，是商量别的事。"

徐五一听找他商量事，受宠若惊，忙欠身问道："世叔有事尽管吩咐，侄儿定当效力。"

高巡抚说："过几天我就要进京述职，我要趁此机会运动朝中的关系，把刘墉赶出江苏。"

徐五一听，高兴万分，说："我就说世叔不会容忍下去，只要刘罗锅一走，江苏还是咱爷们的天下！"

高巡抚捻着胡须，得意地说："到时候，你还照样做你的私盐生意，白花花的银子像长江水一样流进你的腰包。不过，你没忘我上次讲的事儿吧？"

徐五突然明白过来，连忙赔笑说："侄儿哪能忘呢，不就是世叔需要银子打通朝中的关系吗？这是十万两银子的银票，请世叔笑纳。"说完，从贴身处掏出银票恭恭敬敬地送到高巡抚的面前。

不料，高巡抚没接银票，却说："徐五，你知道我要走朝中哪位大臣的关系吗？"

徐五摇摇头："侄儿不知。"

"内务府大臣和珅！"

"和珅？"

“对，就是和珅。和珅是当今皇上跟前的红人，皇上对他言听计从。只要攀上这棵大树就能扳倒刘墉，保住咱爷儿俩在江苏的荣华富贵。可是，和珅生性最贪，家财何止万贯，你这十万两银子，连他家的一个奴才也打发不了。”

徐五惊愕地说：“那得多少银子？”

高巡抚颇为爽快地说：“这次走和珅的门子，也是为我的前程着想，所以，我出小头，你出大头。我准备把你孝敬我的那块价值连城的玉玲珑带进京去，外加二十万两银子。你就拿八十万两银子，如何？”

徐五听得眼睛都直了，愣了半天，方喃喃地说道：“八十万两，八十万两哪，要我把府上的现银全拿出来，这也太多了。”

高巡抚嘿嘿笑着，开导说：“舍不得孩子套不着狼。不花大钱赶不走刘罗锅。赶不走刘罗锅，说不定你我哪一天就会下大狱，甚至砍头。你那万贯家财指不定姓什么了。”

徐五听得头皮发麻，冷汗直冒，眼前又浮现出刘墉刚正不阿的面孔。他嗫嚅半天，终于一咬牙，说：“好吧，我出八十万两！”

三天之后，高巡抚打点好行装又带上金银珠宝，在随从的簇拥下直奔京师而去。

金陵城北门外的十里堡是个远近闻名的地方。之所以闻名，并不是因它地处交通要道，而是因为号称“江宁首富”的徐五就住在这里。村头路旁有一家“太白酒店”，大概也沾了徐五爷的光，南来北往的客商喜欢在这里歇歇脚，与徐五有来往的黑白道上的朋友也喜爱在这里饮酒聚会，因此，小店的生意非常红火。

这天，太白酒店依旧宾客满堂。徐府的于文亮和于文立也在店中饮酒。店家知道这两兄弟都是江洋大盗出身，于文亮是个秃子，江湖人称“金头蜈蚣”；于文立五短身材，生性狡诈凶残，江湖人称“鬼头太岁”。两人被徐五收在身旁，或看家护院，或押运私盐，很受倚重。因此，他们来此饮酒，店家非但分文不取，还得笑脸相迎给安排个雅座。

于氏兄弟倚窗而坐，边喝酒边说话。于文亮喝干一杯酒，用手挠着秃头说：“我说兄弟，这些日子五爷是怎么了？整天愁眉苦脸的，连咱们弟兄也不给个笑脸。”

鬼头太岁把酒杯一顿，说：“还不是那个刘罗锅子搅的，还有高巡抚，也他妈的不是东西，一下子就敲去五爷八十万两银子，你说五爷能高兴吗？”

于文亮不以为然地说：“八十万算个屁，五爷从姓高的身上赚去的何止八十万！至于那个油盐不进的刘罗锅，只要五爷说句话，我就神不知鬼不觉地把他做了。”

于文立白了他一眼，说：“你懂什么，刘罗锅是皇上钦点的知府，又是老太后的干殿下，你要是把他杀了，惊动了朝廷，恐怕连高巡抚和五爷都要倒霉，咱们也跟着玩完喽！”

于文亮道：“他妈的，这样不行，那样也不行，徐五爷不高兴，咱哥俩的赏钱就少多了。”

于文立道：“咱们可以想办法让五爷开心。”

“有啥好办法？”

两人正说着话，忽然听到店小二的招呼声：“两位客官请里边坐，是饮酒还是品茶？”

于文立往门口一看，眼睛顿时被钉住了。只见门外进来一男一女两个人。那男的四十多岁，穿一身半旧不新的粗布衣褂。那女子不过十六七岁，虽是村姑装束，却是十分端庄秀丽。于文立的眼珠子就是被女子给钉住了。

那一男一女在一张空闲的桌子旁坐下。男子说：“小二哥，请沏上两杯茶，我们爷俩歇歇脚，还要赶路呢！”

店小二一听，这两位是穷鬼，跑这儿喝大碗茶来了，便没有了刚才的热情劲儿，提着大茶壶过去给沏上两杯茶再不答理他们。

于文亮也看见了那妙龄少女，用胳膊一捅盯直了眼的于文立，小声说：“兄弟，怎么，看上啦？”

于文立这才回过头来，大咧咧地说：“兄弟我见过、玩过的漂亮女人多得数不清，这样的女子嘛，一般！”

于文亮说：“别吹牛，兄弟，瞧你那眼神都直了，要不，哥哥帮你弄到手？”

于文立却摇摇头说：“小弟不着急，倒想把这女子给五爷送去，让他开开心，咱哥俩的赏钱肯定少不了。”

于文亮闻听一竖大拇指赞叹道：“兄弟不愧是‘鬼头太岁’。真有你的！哥哥听你的，咱们准备动手吧！”

于文立忙按住他的肩膀，骨碌着小眼睛低声说：“这事莽撞不得，弄不好不但讨不了五爷的欢心，说不定还招顿骂呢。咱们必须手脚利落，不留把柄，才能让五爷放心享用这女子。”

于文亮听得连连点头。

没多大工夫，那中年男子与姑娘饮完茶，付了茶钱走出酒店。男子牵过拴在门口的毛驴，等姑娘上驴坐稳了，才赶着驴上路了。

于文亮、于文立一见，立即起身出了酒店，远远地跟在姑娘的后面。行走不过四五里地，于文立打量四周无人，便向于文亮说：“哥，该动手了，听我的！”

说着，他把身上的衣服脱下，反穿在身，又用汗巾蒙上脸，只露两只眼睛。于文亮也学着他那样把脸蒙上。两人这才健步如飞，一口气赶到姑娘的驴前往道中一横，大叫道：“站住！”

那中年男子与姑娘见有人蹿到前面拦路，而且蒙着脸，顿时吓了一跳。中年男子大着胆子说道：“你们想干啥？这晴天白日的，还敢抢劫不成？”

于文立二话不说，刷地抽出身后的钢刀往中年男子的脖子上一架，嘿嘿阴笑道：“老子就是来抢个压寨夫人的，识相的快滚，不然要你的狗命！”

中年男子一见冷森森的刀锋，吓得跌跌爬爬地往后就逃，跑出老远还回头说道：“周姑娘，对不住了，我保命要紧。”

姑娘面对两个手持利刃的强盗，吓得一句救命的话也喊不出来，一下子从驴背摔下来昏了过去。于文亮、于文立得意地哈哈大笑。两人把姑娘装进口袋，扛在肩上向徐府奔去。

到了徐府给徐五看过，徐五指着姑娘苦笑道：“这么大的一个活人被你们抢到府里，人家能不告到官府吗？这不是将现成的把柄留给刘罗锅吗？”

于文立得意地一笑，说：“五爷放心，我们哥儿俩手脚利落，不留痕迹，他刘罗锅抓不住证据又能怎样？五爷您就放心享受这女子吧！”

徐五被他说动了心。是啊，没有证据，刘罗锅敢怎么样？自己没必要怕成这样。再仔细打量眼前的姑娘，水灵灵含苞欲放，那种纯洁秀丽，就是“秦淮四大名妓”也是无法与之相比的。徐五心神摇曳，上前拉起姑娘冰凉的嫩手，温言说道：“姑娘别怕，老爷我就是江宁首富徐五，只要你能陪老爷我开心，不愁锦衣玉食，享受人间欢乐。”

姑娘听他言语和善，壮壮胆子，哀求道：“小女已许配人家，夫家就在王家镇。今天是六月初一王家镇的庙会，夫家差人来接小女赶庙会，不想……求五爷高抬贵手，放小女回家。”

徐五一听，老大不高兴，说：“不是还没成婚吗？干脆把王家的婚约退掉，老爷我正式娶你做妾如何？”

姑娘吓得花容失色，连声说：“使不得，使不得，老爷，民女求您了……”

徐五不耐烦地一挥手，说：“你答应也得答应，不答应也得答应，徐府的大门是有进无出。来呀，把新人带下去，好生伺候！”

姑娘大惊，跌跌撞撞向门外逃去。不料，门口进来两名健妇不由分说架起姑娘就走。

徐五满意地看了他们二人一眼，说：“徐某难得今天开心了。二位功不可没，各赏黄金百两。”

“多谢五爷！”金头蜈蚣和鬼头太岁乐得两眼眯成一条缝儿。

【第五回】

查奸情动烟花女，心虚构陷栋梁臣

凌晨时分，刘墉早早起床坐在书案前看书。

张成打扫着房间说："老爷，夫人上次来信说牵挂您，她要到金陵来，说不定这两天就到了。要不，小的到城门口去迎接？"

刘墉眼睛盯着书本，说："夫人的话你可不能相信，她的心思都放在老太爷的身上喽，哪会牵挂我？你就老实待在府里吧！"

张成笑了，说："老爷，您别蒙我。夫人不光人漂亮，心眼儿更细，怎么会不牵挂您？说不定她今儿个就到了！"

刘墉眼睛一瞪，说："少跟老爷我耍贫嘴，快去准备升堂事宜！"

"是！"

张成放下扫帚正要出去，忽然外面响起鼓声。刘墉慌忙放下书本，说："大清早击鼓，必有冤情。张成，传下去，老爷即刻升堂！"

江宁府大堂开启，差役、府吏两旁伺立，刘墉升坐正堂。

"威武！"

差役们喊着堂威，声音在府衙前后回荡。刘墉一拍惊堂木道："何人击鼓？带上堂来，本府要当堂审理！"

差役高叫："将击鼓人带上堂来！"

不多时，一个五十多岁、一身村民打扮的老汉和一个中年汉子走上堂来，跪倒叩头道："草民叩见知府大人！"

刘墉问道："你们一大早就来击鼓，想必有些冤情，快快从实讲来！"

老汉首先开口说："小老儿姓周名国栋，就住在城东周家村。这位是我的远房表弟，叫王洪，家住城西北王家镇。小老儿有一女周月英，就由王洪表弟做媒，许配王家镇的王自立。昨天是六月初一王家镇香火庙会，王洪表弟来接小女周月英赶庙会，行至城北十里堡北头，忽然有两名手持钢刀的劫匪蹿上前赶走王

洪，劫走小女周月英。求大人救救小女吧！”

刘墉吃惊地说：“晴天白日，朗朗乾坤，有人竟敢强抢民女？王洪！”

中年汉子慌忙答道：“小人在！”

“你可看清劫匪的长相，听清他们的口音？”

王洪道：“回大人，那两名劫匪俱是黑衣蒙面，小人看不见面目，但听出他们是本地口音。”

刘墉不假思索地说：“黑衣蒙面，本地口音，必是当地人作案。王洪，你可曾向周围的人打听强抢周月英的人姓甚名谁？”

王洪：“小人当时惊慌失措，只顾跑回周家村向周大哥报信。周大哥得知后方与小人一起去十里堡一带打听劫匪的消息。可是人们都躲躲闪闪，不敢正面回答。”

刘墉点点头说：“好了，本府明白了。周国栋，你们先下去，待本府查访到贼人，一定把你女儿周月英救出来交还给你。”

周国栋老泪纵横，连连给刘墉磕头，说：“多谢大人！我父女如能重逢，周家世世代代不忘大人的大恩大德！”

退堂之后，刘墉把陈大勇招至书房，说道：“十里堡就是徐五的府邸所在，大勇，强抢周月英的人会不会就是徐五府上的？”

陈大勇钦佩地说：“大人英明。在堂上我就猜出作恶之徒必是徐府豪奴。说起徐府，江宁城里无人不知，无人不晓。徐五有钱有势，横行霸道，他所做的坏事，何止强抢周家女儿这一件！但是，因为他有钱有势，官府不过问，百姓不敢告，使得他照样逍遥法外。”

刘墉闻听，怒气顿生，拍案而起说：“又是徐五。本府岂容他横行不法！”

陈大勇说：“是啊，这一次再不能放过他。大人请下令，我立刻带人把他抓到堂上受审。”

刘墉摇摇头说：“徐五可不是寻常不法之徒。我们要有真凭实据方好抓人。”

陈大勇道：“不把徐五抓来审讯，何来证据？”

刘墉说：“周月英就是人证。你去召集所有的差役，带上周老汉与王洪，本府要亲自去徐府搜查，只要找到周月英，徐五难逃其罪。”

陈大勇说：“大人高明，小人这就去召集差役。”

不一会儿，江宁府几十名差役集合起来。刘墉也不乘轿，换上坐骑与陈大勇一起带上周国栋二人，领着众差役直奔十里堡扑去。

江宁府衙距十里堡不过三十里地，骑马不过小半个时辰便赶到了。刚到十里堡镇外，刘墉就命朱文、赵武带五名差役绕到徐府的后门，堵住后逃之路。自己则亲率差役一下子扑到徐府的大门口。

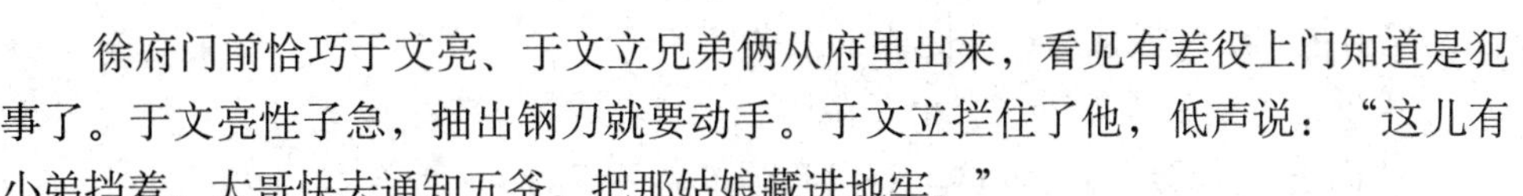

徐府门前恰巧于文亮、于文立兄弟俩从府里出来，看见有差役上门知道是犯事了。于文亮性子急，抽出钢刀就要动手。于文立拦住了他，低声说：“这儿有小弟挡着，大哥快去通知五爷，把那姑娘藏进地牢。”

于文亮转身进府。于文立一招手，几十名恶奴各持刀棍跟在他身后。这时，陈大勇已跳下马来大步踏上台阶，厉声说道：“府台大人有令，立刻搜查徐府上下。妨碍公差者，严惩不贷！”

于文立大大咧咧地迎上去，略施一礼，皮笑肉不笑地说：“上差别来无恙。徐五爷乃是本省有名的乡绅，是大善人，他的府上怎么会有违法犯禁之事？恐怕是你们大人弄错了吧！”

陈大勇大怒，正要动手，刘墉驱马上前，手指于文立怒斥道：“大胆恶奴，本府怀疑徐府强抢民女，所以要进府搜查。你敢妨碍公务，吃罪得起吗？”

于文立即把双手一横，说：“我是江湖中人，不懂官法，只知道为主子效命。请大人稍候，我已经派人向五爷通禀，若五爷准大人进府搜查，小人自然不会阻拦。”

刘墉冷笑一声，说：“笑话，本府执法，难道要他徐五同意？大勇，进去搜！有敢妨碍公务者，拿下问罪！”

“是，大人！”

陈大勇一招手，领着众差役就往里闯。于文立也把手一挥，众恶奴各持刀棍守住门口，双方剑拔弩张，一触即发。刘墉看着人数处于劣势的众差役，手里也捏着一把汗。

就在这时，门内有人喝道：“住手！”

众恶奴放下兵器往两边一闪，只见徐五一身锦衣华服，手摇折扇，大摇大摆地走了出来。看见刘墉他傲慢地一笑，说：“是刘大人哪，如此兴师动众，是抄家，还是拿人？请问徐某又犯哪条王法？”

刘墉用手一指周国栋，说：“昨日午时，这位周老汉之女周月英在十里堡被两名蒙面歹人劫走。你可知此事？”

徐五哈哈一笑，说：“徐某不知道，也不想知道。大人兴师动众前来，莫非怀疑那蒙面歹人就是我府上的？”

刘墉还没说话，身后的周老汉突然走到徐五跟前双膝跪下，含泪乞求道：“求五爷行行好，放了小女吧。小老儿只此一女，没有了女儿，我和老伴也不想活了！”

徐五大怒，一脚踹开周老汉骂道：“好一个无赖刁民，竟敢诬告本省名绅。来呀，抓他去见官！”

两名家奴上前就要抓人，陈大勇一步上前护住周老汉。刘墉怒喝道：“周老

汉乃是苦主，谁敢抓他与劫匪同罪。王洪！”

王洪忙上前两步答道：“小人在！”

“你挨个儿仔细看看，这里有没有强抢周月英的歹人？”

“是，大人！”

王洪壮着胆子走到台阶上，挨个儿打量着徐府的家奴。于文亮、于文立弟兄看见王洪都把心提了起来，暗暗握紧钢刀，怒目而视。王洪看到他们时，吓得低下头去不敢再看。

陈大勇着急地问：“王洪，你可曾发现与劫匪相像之人？”

王洪哆哆嗦嗦地说：“小人当时吓蒙了，劫匪又蒙着脸，记不清了。”

于文亮、于文立放下心来，手松开了刀柄。徐五怒视刘墉说：“徐某乐善好施，是有名的大善人，岂会做那种非法之事？大人凭空猜测，便来我府搜人，难道不是倚仗官法欺人吗？”

刘墉冷冷一笑，说：“徐五，少在本府面前充善人。本府身为地方父母，有权搜查任何可疑的地方，有权讯问任何可疑之人。来呀，进去搜人！”

众差役往里就闯，于文立与众家奴又欲阻拦却被徐五示意制止。徐五愤恨地叫道：“刘大人，你要是搜不出人来，我可要告你无端扰民。”

刘墉已迈步进门，回头淡然一笑，说：“悉听尊便！”

看见江宁府差役进府，徐府上下一片慌乱。陈大勇站在院子里，大声叫道：“本差奉府台大人之命，搜查可疑人犯。府里人听着，所有男女到院中集合，隐匿不出者，作疑犯处置！”

话音未落，各房的男女大呼小叫，乱哄哄地奔出门来。后宅奔出徐五正妻母老虎曹氏，身后跟着七八个花枝招展的姨太太。曹氏瞅准身穿四品官服的刘墉，径直奔过去，呼天抢地叫喊着：“我说当官的，我们家犯了什么法，让他们这般折腾？”

众姨太也把刘墉团团围住，吵吵嚷嚷道：

“是啊，我们家到底犯了哪条王法，你要说清楚！”

“徐家可是有名有望的人家，容不得你们胡闹！”

……

刘墉被她们吵得脑袋都大了，憋了半天才说道：“你们有所不知，有人举报徐五纵使家奴把一美貌女子强抢入府，准备做小姨太。”

众姨太一听，脸上都显露愤恨之色，有人低声骂道：

“这个天杀的，贪心不足，吃着碗里的，看着锅里的。”

“是啊，新姨太进门，还有咱们的好吗？”

母老虎也是愤恨不已，咒骂一通徐五之后却又道：“不对，我怎么没听见一

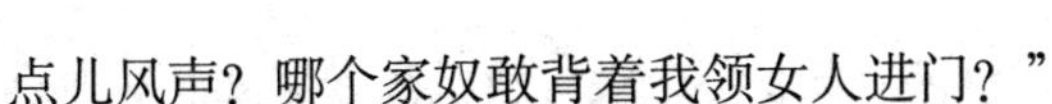

点儿风声？哪个家奴敢背着我领女人进门？”

刘墉笑道：“这事儿就难说了。本府来此不为别的，就是要找出这一被抢的女子，查明行凶的家奴，绳之以法。”

曹氏闻听，冷哼一声，说：“好了，刘大人，你尽管搜吧。找出那个贱人和那个该死奴才岂不更好！三丫，把所有的女人都叫到院子里，让官差辨认。”

有了母老虎的配合，徐府上下人等很快集合起来。五六百男女站在院子里让周国栋、王洪挨个辨认。周、王二人仔细看了一遍，回禀刘墉：“回大人，没有月英姑娘，也没发现与歹徒相像的人。”

刘墉暗暗吃惊，却不甘心，又吩咐陈大勇说：“大勇，带人逐房逐屋搜查，一定要认真、仔细，不放过任何可疑之处。”

陈大勇应声道：“小人遵命！”带着众差役四散开来。

徐府太大了，方圆五里多地，占去十里堡大半个镇子，而且房间甚多，再加上花园、假山、祠庙等处，几十名差役忙活了半天方搜查完一遍。陈大勇回复刘墉：一无所获。

徐五已经回到院子里，坐在太师椅上，一边品茶，一边看着众差役忙进忙出，不时叮嘱管家孙八：“小心看着他们，别把咱家东西弄坏了。刘大人一身清廉，可赔不起啊！”

刘墉见搜不出人来，心中着急，吩咐大勇说：“再搜一遍，千万仔细、谨慎！”

众差役又忙活起来，仔仔细细地搜查，连厕所、鸽笼都不放过。天色渐晚，大勇回禀：还是一无所获。

刘墉傻眼了，难道自己判断失误？怎么会找不到人呢？没办法，只好传命回府。

这时，徐五可不依了，忽地从太师椅里站起来，阴阳怪气地说道：“怎么，刘大人，找不到人哪？我徐五说起来也是本省响当当的人物，你说搜就搜，没那么容易吧！”

刘墉说：“本府不管你有多大的名头，你既是本府管辖的大清臣民，本府就有权搜查你的府邸。奉劝一句，不要太猖狂，多行不义必自毙！”

母老虎曹氏这会儿也不依了，上前拉住刘墉的官袍，叫嚷着：“姓刘的，你这是蒙人哪，我们家老爷哪有别的女人？你不是骑到我们家头上拉屎吗？姐妹们，不能饶了他！”

众姨太闻听，大呼小叫地围上来扯住刘墉的衣袍不放。刘墉这一会儿理亏，又不便与女人理论，只好任她们撕扯。陈大勇与众差役都是男差，不便跟女人动手，只好干看着大人狼狈乱窜。徐五与家奴们幸灾乐祸，哈哈大笑。

不多时，四品官袍被扯成布条。刘墉大怒，高举双手大喊道：“住手，本府这身衣服可是朝廷赐给的四品朝服，你们扯毁朝服，揪打命臣，就是造反！”

母老虎曹氏与众姨太这才害怕，于是慌忙住手。刘墉乘机逃出女人堆，把那身官服也扔了，出了徐府，匆忙回府了。徐府里传出一片哄笑声。

刘墉回到后衙一屁股坐在椅子上，双手抱着左腿，气呼呼地骂道："气死我了，气死我了，这帮臭娘儿们！真他妈的不是东西！"

张成献上茶，偷乐道："老爷，您怎么也说起粗话了？"

刘墉抖抖手说："你是没看到，这帮泼妇所为，简直有辱斯文。不骂几句粗话老爷我这口气出不来。"

张成笑道："您是四品知府，应该把她们按律治罪！"

刘墉骂道："你小子瞧着老爷开心哪？这帮泼妇，我跟她们论什么国法？"

张成一乐，道："老爷，您也有没辙的时候！"

刘墉道："少贫嘴，去看看青儿把饭弄好没有。"

张成道："老爷您还吃得下？"

刘墉道："吃得下，吃得下，老爷越生气，越吃得下。"

张成笑着下去把饭菜端上来。刘墉还真饿了，吃了三个馒头、半碗臭豆腐外加两碗汤。吃完把嘴擦干净说："张成，去把何英、大勇叫来，我有话要问。"

"是，老爷！"

没多大工夫，陈大勇与何英到了。何英刚从属县回来就听说刘墉去过徐府，所以一进门就安慰道："大人不必为那帮女人生气，保重身体要紧！"

刘墉笑道："我岂能与那帮女人一般见识，不生气，不生气。这会儿叫你们来，还是为了周月英的事儿。徐府里怎么就找不到人呢？难道是本府判断有误，周月英不是徐府抢走？"

何英说："大人的判断没有失误，周月英肯定是被徐府劫去。因为事发前江宁并无强盗出没，而且劫匪用黑衫蒙面，害怕被人认出，显然是当地人作案。人是在十里堡被劫，徐府以前又曾多次强抢民女，恐怕连三岁的孩童都清楚周月英被谁抢去。只是这一次徐府慑于大人的威名，手脚利落，行动谨慎，没留下证据罢了。"

陈大勇疑惑道："可是，我们把徐府搜遍了就是找不到人。徐五会把周月英藏在何处？"

何英道："周月英就在徐五府里。只是徐府这么大，凭你们几十人如何搜得到？何况徐五有钱有势，作恶多端，府里一定设有暗道机关。我曾听人说，徐府仅地牢就有两个，常把一些无辜百姓关入地牢，折磨至死。"

"真是十恶不赦之徒！"刘墉切齿骂道，"我若不为江宁百姓除此祸害，枉受浩荡皇恩。"

何英道："只有找到地牢，找到周月英和被害的无辜百姓，方有足够的证据

治徐五之罪。”

陈大勇摇摇头，为难地说：“这次搜查一无所获，再想进徐府恐怕就难了！”

刘墉道：“徐府不是不可进，而是不能再扑空。眼下只有先查明地牢的位置，方可再行搜查。只要找到地牢，即便找不到周月英，也可定他个私设公堂之罪。”

何英道：“可是，如何查明地牢的位置？徐府经过这次搜查，一定防范甚紧，陌生人根本进不去。”

刘墉道：“可以想想办法嘛。嗯，徐五不是经常召妓女进府吗？我们可以在妓女身上想想办法。”

何英点头赞成，说：“是个好计。不过，这妓女要听从大人的安排才行。”

刘墉说：“这个不难。妓女之中大多是穷人家的女儿因衣食无着才堕落风尘的。只要对其晓以大义，不难为我所用。”

陈大勇笑道：“大人说得是。今晚我就去叫一妓女过来。”

刘墉连连摆手说：“不，不，天色太晚了，不方便。明天你与张成一起叫一妓女过来，本府好面授机宜。”

第二天辰时，大勇便来后衙找张成说：“大人吩咐，叫你我二人去花街柳巷一趟，找个漂亮的姑娘来。”

张成不知道他们商定的计策，闻听一乐，说：“陈爷，您别蒙我了，我不信。我们老爷不喜好这个，他也舍不得花这个钱。平日连一斤肉都舍不得吃，净闹小豆腐，再不然，买俩烧饼吃，就算开斋喽！他舍得花钱干这个？”

大勇笑了，说：“你也太小瞧刘大人了。这回是大人差遣我们俩去叫姑娘，错不了。你若是不愿意去，我就回禀大人，换别人前去。”

张成一听，忙说：“真有这样的美差，我还巴不得呢。咱们现在就去！”

两人一前一后向前走去。出了衙门口张成还在嘀咕：“老爷真是胡闹，今儿个想起要我叫个姑娘来，这是怎么啦？噢，我想起来了，他老人家上任没带家眷。今儿个找个姑娘松松腰杆，闹袋水烟，也是人之常情！”

大勇听得不耐烦，说：“你嘟囔什么？这边走，找姑娘要去紫石街风流院。”

两人健步如飞，不过一袋烟的工夫便赶到了紫石街。这条街是金陵最热闹、繁华之处，两旁妓馆林立，歌舞声声。有钱人在这里寻欢作乐，一掷千金，穷苦人则不敢涉足。

张成还是第一次来这种地方，两只眼睛东张西望，看到一个姑娘就移不开。可是他这身打扮，一看就是个穷鬼，所以走了半天也没人答理他。倒是大勇，一身江湖打扮，引得老鸨们大献殷勤。大勇根本不理她们，径直奔一家高档妓馆而来。

两人在一座清秀的小楼前停住脚步，张成抬头看见那门楣上的匾额："夜来香客栈"，不解地说："陈爷，找姑娘去妓院，你来客栈干什么？"

大勇敲了一下他的脑袋，说："什么客栈，这就是妓院，金陵最高档的妓院，名字当然要雅。"

两人正说着话，一个白白胖胖的中年女子扭着屁股走过来，向大勇丢过一个媚眼，说："这位爷，难得有空来这儿玩玩，怎么还不上楼？"

大勇往楼上看了看，装作十分挑剔的样子说："你这里的姑娘恐怕不怎么样，要不，客人怎么这么少？"

胖女人笑道："这位爷尽说外行话。我们这种生意当然是晚上客人多，白天客人少。实话跟您说吧，金陵的达官贵人、名流乡绅，没有不来我们夜来香客栈快活的。我这儿的姑娘一个比一个漂亮。您就是要雏儿，我也有。不过，要收开苞费的。"

大勇摇摇头说："老板娘，不是我跟你抬杠。我说一位咱们江宁的名人，他恐怕就没到这儿来过。"

"谁？"胖女人睁大眼睛问。

"咱们江宁的首富，徐五爷！"

胖女人笑得眼睛眯成一条缝，说："您说五爷呀，当然来过，不过大多是他召我们姑娘去他府上。有几位姑娘一去就是半个多月。"

张成听得不耐烦了，说："陈爷，你啰唆什么，咱们上楼见见姑娘不就知道了。"

"对，对，耳听为虚，眼见为实嘛，二位还是上楼再说。"胖女人拉着大勇上楼走进一间装饰幽雅的房子。大勇与张成刚刚落座，胖女人就喊道："闺女们，都出来，有客人！"

随着一阵嘻嘻哈哈的女人笑声，一下子跑来十几个花枝招展的姑娘来围着大勇扭捏作态，卖弄风情。胖女人笑问道："这位爷，您看上哪位姑娘啦！"

大勇站起来挨个儿把姑娘们打量一遍，摇摇头，问道："你们谁侍候过徐五爷？"

姑娘们一听全都不说话了。胖女人不解地说："这位爷真是怪，别的客人挑姑娘，都不愿意打听姑娘以前的客人，您这是……"

大勇却道："风尘中的女子，没有不接过客的，我不在乎这个。我的意思，像五爷这样有身份的人玩过的女人一定很有味道。"

胖女人心中暗笑，真是林子大了什么鸟都有。别人啃过的剩馍，他偏说有味道。表面却恭维道："这位爷真是高见。实话跟您说，侍候五爷的那几位姑娘平常不接客，都在后头歇着呢！"

大勇闻听顿时大怒，一脚把跟前的八仙桌踢了个四腿朝天，气呼呼地骂道：“好哇，你敢狗眼看人低。是怕大爷出不起价钱吗？”

胖女人慌忙赔罪说：“客官请息怒。实不相瞒，那几位姑娘都是五爷包下的。我哪敢让她们接客！”

大勇转着眼珠子，说：“大爷今天不玩女人。让她们出来，大爷看看总可以吧！”

胖女人忙说：“行，行，客官稍候。阿兰，快把花茹、柳青、艾心、无倦四位姑娘叫过来。”

不一会儿，阿兰领着四名女子进来。大勇仔细打量，这四位姑娘果然非比寻常，不但美丽无比，而且清新可人，惹人怜爱。坐在大勇身边的张成把眼睛都看直了。胖女人望着大勇出神的样子，皮笑肉不笑地说：“客官，这几位姑娘也不是随便看的，您要付银子的。”

大勇没理她，目光落在年龄最小的姑娘身上，说：“这位姑娘请留下，其他人都退下！”

胖女人不高兴了说：“你不是说过，只是看看吗？这是……”

大勇一拉她的衣袖，低声说：“老板娘，借一步说话。”

胖女人只好跟他走到屋角，问：“客官到底要干什么？”

大勇故作神秘地说：“实话告诉你，我就是江宁府的差役陈大勇，专门来为府台大人挑姑娘的。”

胖女人吓了一跳，却又半信半疑地说：“听说刘知府是位清官，他会到这儿挑姑娘？你有什么凭据？”

大勇把藏在怀里的差签露出半截，在她面前晃了晃，说：“我们大人到这儿来不方便，所以要你们姑娘到府衙去，你是答应不答应？”

胖女人这会儿相信了，连忙赔笑道：“我们吃这碗饭，全靠官家给撑腰呢，哪有不答应的道理？只是您选的那位无倦姑娘是徐五的心尖宝贝，我怕……”

大勇道：“你放心，只此一夜，悄悄去，悄悄来，神不知，鬼不觉，你怕什么！”

胖女人终于点点头：“我可把无倦姑娘交给陈爷您了，一定让她快去快回。”

大勇一拍胸脯，说：“你放心，保证万无一失。”

老鸨把其他姑娘支应出去，只留下那位无倦姑娘，说：“好闺女，你跟这位陈爷去府衙侍候刘大人，要早去早回，知道吗？”

“是，妈妈！”无倦姑娘顺从地点点头。

大勇忙向张成吩咐道：“张成，快去雇一乘小轿，我们马上带无倦姑娘走。”

“好嘞，陈爷！”

张成奔下楼去很快雇来一乘青呢小轿。老鸨亲自送无倦姑娘下楼，上了轿子，用轿帘遮得严严密密。大勇、张成一前一后护着，小轿忽闪忽闪，径奔江宁府后衙。从后门进了府衙，小轿直到刘墉的书房门前才停下。

刘墉正在书房等着呢，听见脚步声迎出门外，向大勇、张成道："人带来了？"

张成几步跨上跟前，挤挤眼睛，笑道："老爷，人来了，小模样那是没的说。"

刘墉眼睛一瞪："张成，休得胡说，老爷我是办正事儿！"

"对，对，正事儿，小的没胡说。"说罢嘿嘿直乐。

这时，无倦姑娘已经下轿。大勇上前引见说："这是我们府台刘大人。这位是夜来香客栈的无倦姑娘！"

无倦上前道了个万福。

刘墉忙说："请无倦姑娘到书房里说话。"

"谢大人！"

无倦迈步进屋。大勇正要跟着进去，却被张成拉住衣袖，小声说："我说咱们就别进去了！"

大勇道："不进去？大人还有差遣呢！"

张成道："人都带来了，还有什么差遣！你一个聪明人怎么也犯糊涂！"

大勇摇头说："谁犯糊涂了？老爷是办正事儿，不是……"

"什么正事不正事儿，你跟我走吧！"张成不由分说拖着他就走。

刘墉进屋刚刚落座，发现大勇、张成不见了，着急地说："这两个狗奴才，怎么都走了？"

无倦浅浅一笑，说："人都带来了，他们还待在这儿干什么？"说完，走到门口，把门轻轻关上。

刘墉顿时浑身不自在，忙起身把门打开。无倦一见，娇嗔地说："您这是干什么？我虽是青楼女子，可是，晴天白日开着门还是不习惯。"说着，无倦又把门给关上了。

刘墉窘迫万分，原先设计好的说辞一时不知从何说起，竟结结巴巴地说："姑娘，你不要误会，本府不是……"

无倦咯咯一笑，说："你是第一次找姑娘吧？什么本府本府的，这里只有男人和女人。"拉着刘墉一起在书案旁坐下。

刘墉紧张得满头大汗，暗暗后悔自己不该出此下策。如今孤男寡女独处一室，就是跳进黄河也说不清了。如果传到夫人的耳朵里，以夏儿的禀性岂能善罢甘休？正不知所措，又听无倦不满地说："哎，你这是书房啊，怎么连张床也没有？"

刘墉定了定神，说："我们坐着说话，要床干什么？"

无倦点着头说："说话当然好，不过，你要快点办正事儿，妈妈要我快去快回呢！"

刘墉道："就好，就好！"不由得长叹一口气。

无倦笑问："你叹息什么，是嫌弃小女子容貌丑陋吗？"

刘墉连忙摇头："不，不，我在叹息，我一个堂堂的四品知府在姑娘眼里，竟视若无物。"

无倦闻听，放荡地大笑一阵，说："什么府道州县、平民百姓！在我们青楼女子的眼里，男人都一样，表面甜言蜜语，一肚子的男盗女娼。"

刘墉却把脑袋一摇，说："不对，不对，也不是都一样。江宁首富徐五，那是手可通天的人物，对你们这样的名妓挥金如土，他不好吗？"

"好什么，"无倦脸上顿现愤恨之色，"他第一次见到我的时候，信誓旦旦地说要为我赎身从良。我还信以为真呢，谁知半年过去连影儿也没有。后来一打听，他跟我们四姐妹都说过同样的话。从此以后我再也不相信男人了。"

刘墉笑道："你这人倒是直爽。凡青楼女子大多都是讨好客人，求得欢心。你不一样，有高高在上之感。"

无倦说："那是自然，凭本姑娘的花容月貌什么样的男人不拜倒裙下？可惜我生来命苦……"

刘墉精神一振，忙问："姑娘何方人氏？"

无倦脸色一暗，旋即又变成笑脸，说："我有点儿乏了，您的卧室在哪儿？该办正事儿了。"

刘墉却起身把房门打开，回身坐下，说："姑娘跟我说说话，就是正事儿。你还没有回答家居何处。"

无倦不解地笑道："你这人真逗。我的故事讲给无数个男人听过，你会相信吗？"

刘墉满脸真诚，说："相信，姑娘所说我深信不疑。"

"好吧，我讲给你听。"无倦收敛了放荡之色，说，"我家居淮安府高家堰，因水患逃荒到扬州，靠乞讨为生。当时我年方十五岁，还有一个大我三岁多的哥哥。爹和娘带着我们兄妹俩住在一座破庙里。有一天，我们兄妹到一姓高的有钱人家乞讨。谁知这家五十多岁的主人高占扬是当地的恶霸，看我长得貌美，要纳我做第十房小妾。我一看见那又老又丑的老头就恶心，死活不肯答应，高占扬命家奴动手抢人。我哥急得跟他拼命，竟被家奴活活打死。我被抢进府里受尽折磨欺辱，又从家仆嘴里得知我爹也被姓高的打断了一条腿，并且下落不明。我几次想杀死姓高的报仇，都因防范太紧没得手。后来，姓高的玩腻了我，又担心

我弄出事儿来，就把我卖到金陵的妓院。在夜来香客栈，我几次想寻死。可是想到爹娘不知流落何处，他们打听到消息一定会来找我。为了见上爹和娘一面，我就这么不人不鬼地活着。”无倦说着，不知不觉地泪水蓄满美目。

刘墉听得怒火中烧，一拍书案，说：“如此不法之徒，你为何不具状告官？”

无倦苦笑道：“在高家我就想到官府告状，可是身陷魔窟身不由己。后来到金陵，在风月场中看惯了以强欺弱，场面上听惯了官官相护的故事，告状的心思就死了。”

刘墉道：“姑娘放心，我可以帮你写状纸去扬州府告那家姓高的。”

无倦擦去眼泪，笑道：“看来您是真相信我讲的故事。”

刘墉正色说：“姑娘说得动情、凄婉，我怎能不相信！不过，打官司告状可不是讲故事。你所说若属实，我能帮你打赢官司，为亲人报仇；所说不实，自然告不倒人家。”

无倦闻听，突然跪倒在刘墉面前声泪俱下，叫道：“大人，民女冤枉啊，求大人为我爹娘和哥哥报仇啊！”

刘墉哂然道：“怎么，我这时又是‘大人’，不是‘男人’了？”

无倦哭道：“不，您是好男人，更是大人。我也听说过大人为官清正，只当是浪得虚名，没想到大人真能帮助我。”

刘墉把她拉起来说：“告状的事儿本府责无旁贷。不过，你如今身在青楼尚未赎身，如何去扬州府大堂鸣冤？”

无倦一听面露难色。刘墉忙又安慰道：“本府倒有一计可为你赎身！”

无倦惊喜地说：“果真如此，我愿以身相许。不对，大人哪能娶青楼女子？我可以随招随到，给大人快乐！”

刘墉挥手斥道：“本府不是那种人，也不图你的报答。今天请你来，是有要事相托。”

无倦瞪大了眼睛，问：“大人，您是说我能帮您做什么？”

“正是此意。如今江宁就有一个像高占扬一样的恶霸，你不恨这种人吗？”

无倦咬紧牙关说：“当然恨，我恨不得食其肉，寝其皮。”

“这个人祸国殃民，比高占扬胜过十分。本府想除此祸害，可是恨无证据，所以想请你相助。”

“大人所说的是徐五吧？”

刘墉点点头：“正是此人。徐五行贿命官，长期贩卖私盐，成为本省最大的盐枭；还倚仗有钱有势，欺压百姓，胡作非为，成为地方一害。前日竟强抢民女入府。本府前去搜查却找不到被抢女子，证据不足，无法将其治罪。”

无倦肃然起敬：“徐五凭借官府的势力，又养着一批恶棍豪奴，别说寻常百姓，就是官府也怕他三分。百姓告他的状子无数，可是县里、府里、道里竟无人敢接状。日子久了，百姓自知告状无门，也就无人再告了。大人不惧权势，敢斗此贼，令人钦佩。无倦虽是青楼女子，可愿为大人效命除此恶贼。”

刘墉满意地笑了，说：“姑娘如此深明大义，不枉本府良苦用心。来，本府告诉你如何探听徐府的机密。”

无倦高兴地伸过头。刘墉附在她耳边，如此这般地交代着。

两人正说着话，门外忽然传来一阵吵嚷声。刘墉正要出去看个究竟，却见从门外走进一男一女两个人来。那女人竟是刘墉的夫人夏儿，男的则是张成。刘夫人一手揪着张成的耳朵，满面严霜。张成痛得直叫唤：“哎哟，夫人您轻点儿，老爷就在里面呢。”

刘墉看见夫人，顿时慌了神，她怎么来得这么巧？现在自己就是浑身是嘴也说不清楚了。知府大人手足无措。刘夫人看见屋里的一男一女，顿时花容陡变，丢开张成走进屋里顺手抄起一把扫帚，挥舞着向刘墉打去，一边打一边骂：“死罗锅子，你长能耐了，学会嫖娼宿妓了，看我今儿个打死你。”

刘墉吓得满屋打转转，边躲边作揖辩解道：“夫人息怒，夫人息怒，全是误会，冤死我了！”

刘夫人堵住门口，冷哼一声，说：“女人都带到书房里来了，还说冤枉你？我明白了，怪不得你不愿带我来赴任，嫌我碍眼哪！”

刘墉着急地说：“夫人误会了，不是那么回事。我这是为着公事啊。哎，张成，你快给夫人解释清楚。”

张成连连摇手说：“我怎么解释？老爷，您别怪我，夫人她揪着我的耳朵，我不来不行啊！”

刘夫人柳眉又竖，用扫帚指着刘墉骂道：“罗锅子，你甭蒙我了，事情明摆着呢。看我把你的罗锅打直了，你好风流快活哪。”说着举手又打。

一直躲在一旁冷眼旁观的无倦姑娘看明白了。人家两口子为着自己闹误会了，得赶快解释清楚还刘大人清白。于是上前拦住刘夫人，施礼道：“夫人息怒，您真的冤枉刘大人了，大人招小女子前来，只是为了……”

“住口！”刘夫人不等她说完便横眉怒斥道，“这里有你说话的地方吗？烂婊子，我先打死你！”抡起扫帚朝无倦姑娘头上就打。

刘墉一看，急了，一把夺下扫把，怒斥夫人道：“你真是蛮不讲理，不可理喻。”

刘夫人气得眼泪在眼眶里打转转，骂道：“好哇，你这个无情无义的东西，你心疼她了。我和你拼了！”说着丢开扫帚抓住刘墉撕扯起来。

这一下刘墉可惨了，躲闪不开被夫人抓住罗锅背上先挨了几拳。刘夫人跟

着父亲六王爷从小练过武功，手上有点儿力气，这几拳头下去，疼得刘墉嗷嗷直叫。

说来也巧，这工夫后衙没人：青儿出去买东西了，张成早吓得没影儿了。剩下这位无倦姑娘，走也不是，劝也不是，躲在屋角不敢动。

正打得不可开交，门外又来了两个人。刘墉一看，是刘安和嫣翠，忙求救似的叫道："快，快，你们快把夫人拉开！"

嫣翠和刘安赶紧进屋，一个拉开刘夫人，一个扶起刘墉。刘夫人怒气不息，指着刘墉还在骂："刘罗锅子，你长了胆子，竟敢大白天在府衙里嫖娼宿妓，就不怕触犯王法，砍了狗头？"

刘墉喘息着劝说："你小声点儿，这是府衙，传扬出去多不好听！"

"你也知道难听？可为什么还招婊子进来？刘墉啊刘墉，你枉读圣贤之书，竟做出这种不耻之事！"

"夫人哪，夫人，我跟你说过多少遍，今天招无倦姑娘进府，完全是因为公事！"

刘夫人嗤笑道："因为公事召婊子进府？说得好听，谁能作证？"

"我们能作证！"门外有人大声答道。

刘墉抬头一看，是何英与大勇，后面还跟着张成，忙叫道："你们来得正好，我如今是百口难辩啊！"

何英、大勇走到刘夫人面前，施礼道："不知夫人驾到，小人有失迎，还望恕罪。"

刘夫人看着他们穿着吏衣皂服，方才平息心头怒气，端坐正容，说："两位是……"

何英忙答道："小人是刘大人属下书吏何英，他是差役陈大勇。"

"噢，刘大人召妓进府，你们一定功不可没！"

何英道："夫人错怪大人了。我们大人不过是用这青楼女子探听本地盐枭徐五府里的机密，以便搜集罪证，将其治罪。"

大勇亦在旁说道："何先生所言句句是实。这位无倦姑娘还是小人仔细挑选后送到府里的，听从大人面授机宜。"

刘夫人还是半信半疑，默然不语。嫣翠在旁劝解说："我说夫人，别人说什么你都可以不信，可是我们老爷是啥样的人，您应该比谁都清楚，怎么这会儿一生气就犯糊涂啦！"

刘夫人瞄了她一眼，说："嫣翠，你也知道老爷，你说他是什么样的人！"

嫣翠不假思索地说："那还用说，老爷是天下最好的男人。他一定不会做出那种没廉耻的事儿。"

刘夫人破涕为笑，说：“好，就凭你这句话，我相信他这一次。”

刘墉闻听如释重负地出了一口气，说：“夫人，你要吓死我了。哎，无倦姑娘人呢？”

无倦姑娘从墙角走出来，说：“大人有何吩咐？”

刘墉说：“对不起，让你受惊了。张成，大勇，备轿子送无倦姑娘回去！”

“是，大人！”张成、大勇忙去命人备轿。

刘夫人却说道：“老爷且慢，您还没有面授机宜呢。不方便的话，我们大伙儿先回避。”

刘墉白了她一眼，说：“不劳夫人费心。该说的话我都说了。无倦姑娘聪明绝顶，知道怎么做！”

刘夫人不好意思地笑了，起身走到无倦姑娘面前，真诚地说：“真对不住，我这人性子急，肚里盛不下事儿。给你赔个不是吧！”

无倦慌忙跪下，卑怯地说：“夫人快别这么说，您是什么身份，我一个青楼女子担待不起啊！”

刘夫人忙把她拉起，说：“都是女人，论什么尊卑？你能帮助我们老爷，我还感激不尽呢！”

这时，张成进来说：“轿子备好了，请无倦姑娘上轿吧！”

无倦向刘墉、刘夫人深施一礼告辞而去。何英要到前衙处理公事，也走了。刘墉见再无外人，看着刘夫人，揶揄道：“夫人，你今儿个来得真是太巧了！”

刘夫人哈哈大笑，说：“不是太巧了，是我事先听到信儿。嫣翠，告诉老爷是怎么回事。”

嫣翠嘻嘻笑道：“这事儿坏就坏在张成的那张嘴上。本来夫人说老爷公务繁忙，就不劳烦江宁府派人来接了，我们就直接找到府衙。谁知刚到衙门口，就看见张成和一个差役从里面出来，脚步匆忙像是出去办事的样子。张成就从我们的马车旁边经过，只顾跟那个差役说话竟没看见我们，就听他说老爷要找姑娘什么的。夫人一听当时就生气了，我和刘安也不信。夫人非要我们偷偷跟着张成，看他到底为老爷找个什么样的姑娘。我们跟着他二人，看着他们进了夜来香客栈，又雇了一顶轿子，抬着什么人进了府衙后门。夫人当时就骂老爷不老实，怒气冲冲地闯进府衙里。转了半天不知道老爷住在哪间房。幸好遇着张成，夫人就揪着他的耳朵找到老爷的书房来了。”

刘墉说：“也不能全怪张成，是我没跟他说明白才闹出误会来。”

刘夫人不好意思地笑了。刘安为刘墉捶着腰说：“我们可是半年多没见着老爷了，心里真想得慌。”

嫣翠看着刘夫人，说：“可不是嘛，夫人就常常念叨老爷呢！”

刘夫人娇嗔地捶了嫣翠一拳头，说："你这丫头不也是一样嘛，老是说老爷身边没有人照料，万一有个闪失怎么办？要不是你催得紧，我才不会到这里来呢。"

刘墉闻听，得意地晃着脑袋说："你们都想着我？"

刘夫人、嫣翠、刘安异口同声说："我们都想着你！"

刘墉眼睛湿润，感慨道："我又何尝不想着你们？可是身在官场，由不得自己，我那点儿俸禄银子养活不了这么多人。"

嫣翠笑道："我的清官大老爷，夫人就知道你日子过得苦，所以专门带着银子来。"

刘墉一听，望着夫人连连摇手，说："使不得，使不得，老王爷把个漂亮格格许给了我，哪能再搭银子！"

刘夫人小嘴儿一撇，说："刘墉，你就别装相了，又不是第一次花我爹的钱。唉，跟着你这样的男人真倒霉，不能养活我不说，还得我爹搭银子。"

夫妻主仆正在说话，这时青儿提着菜篮子回来了，没进门就叫嚷道："老爷、老爷，听说夫人来了，人在哪儿呢？漂亮不漂亮？"

嫣翠听着好奇，转身迎出门外正与青儿碰面。青儿上下打量着她，啧啧赞叹道："瞧，真漂亮啊，你就是刘夫人吧！青儿拜见夫人！"说着，伏身便拜。

嫣翠被闹了个大窝脖，连耳根子都红了，慌乱地摇着手，说："不……不……"

刘墉忙冲门外喊道："青儿，错了，夫人在这儿呢！"

青儿一听，赶紧站起来横了嫣翠一眼，嘟囔道："你不是刘夫人？那干嘛长得这么漂亮！"她把嫣翠一推，走进屋里看见正容端坐的刘夫人，惊喜地叫道，"哇，原来夫人比她还美十分。青儿给夫人磕头了。"说完，跪倒在地砰砰砰磕了三个响头。

刘夫人看了刘墉一眼，笑问道："老爷，您哪儿弄来这么个丫头，倒是爽直可爱！"

刘墉遂把勘破清风店血案的经过说了一遍，说道："这孩子命苦，我不收在府里她就得饿死街头。还好，这丫头听话，挺勤快的！"

刘夫人同情地抚摩着青儿散乱的头发，亲切地说："青儿，我得谢谢你才是，是你帮我照顾着老爷。咦，这篮子里买的什么菜？"

青儿把篮子举到刘夫人面前，说："夫人您别笑，不过是几块豆腐和一把萝卜缨子。"

刘夫人看着菜篮子，又心疼地看着刘墉，难过地说："我哪还笑得出来，老爷天天就吃这个？"

青儿小心地放下篮子，认真地说道："对，我们天天就吃这个。老爷说过，

豆腐是好东西，常吃人会变得又白又胖。”

刘墉知道夫人心疼自己，故意接过青儿的话茬说：“豆腐就是好东西，人吃了不仅变白变胖，还可以延年益寿。”

刘夫人注视着丈夫，眼角湿润，摇摇头说：“别说了。嫣翠，拿点银子到街上多买点好酒好菜，今儿个让老爷好好地吃上一顿。”

嫣翠应道：“是，夫人。我就去。”转身就走。

青儿慌忙追上去叫道：“漂亮姐姐，我跟你一块儿去！”

江苏巡抚高名楼一路风尘来到了北京。因他是外官进京，京城并无住处，按惯例直接去吏部报到，由吏部安排驿馆居住，等候朝会时陛见。

次日，高巡抚经过一夜的歇息，消除了旅途劳乏，早早起床梳洗整洁，与住在驿馆的各省督抚们往来拜会，联结情谊。午时，吏部的文书下来了：江苏巡抚于五日后早朝陛见。高名楼见时日尚多，便早早拜别众督抚，回到驿馆吩咐陈书办说：“把礼品整理一下，今晚随我前去拜会和大人！”

“是，大人。”

陈书办答应着。他吩咐几个扈从把一箱箱的金块、字画、古玩、玉器搬出来，重新整理，列写礼单。望着金灿灿的金砖和价值连城的宝物，他都感到眼晕了。在高名楼身边多年，他见过的金银珠宝、字画古玩太多了，有的是人家送给高名楼的，也有的是高名楼巴结上司的。可是这一次，高名楼如此不惜血本，倾囊而出，让他感到心惊，所以边书写礼单，边情不自禁地说：“大人，这礼是不是太重了？”

高名楼也在盯着那一箱箱的礼品，他不仅仅是心惊，更是心疼。这些是他多年搜刮来的财物，就要白白送给和珅，他能不心疼吗？听见陈书办的话，他抬起头，说道：“和珅是皇上身边的红人，新近又升任九门提督、文华殿大学士，钦命兼管京察大计，权势炙手可热，朝中官员及各省督抚争相投其门下，求其荫庇。我们这点礼物，人家还不一定看在眼里呢！”

陈书办写好礼单，放下笔，愤愤不平地说：“和珅也太贪心了，他看不上眼，大人您可是倾尽家资啊！”

高巡抚长叹一声，说：“人在官场，身不由己呀！”他心里油然而生出一种恐惧、一种不祥之感。皇上把个“刺儿头”刘墉放在江宁是否另有深意？这几年，乾隆皇帝整肃吏治的诏令越来越严厉，朝廷上下查处不法官员的风声越来越紧。浙江巡抚王珅望、陕甘总督勒尔谨、闽浙总督陈辉祖、江西巡抚郝硕、福建巡抚浦霖等一批地方督抚大员，因贪赃枉法相继被处以死刑或赐令自尽。在各省重大贪污案迭出的同时，江苏省则显得异常平静，这种平静是否让乾隆有所怀

疑，故而把一向清正廉明、不畏权贵而又机智善变的刘墉放到江宁知府任上？刘墉就是一把利刃，插进江苏的官场之中令不法官员不寒而栗。高名楼就明显地感觉到刘墉的威胁。如果不设法把刘墉赶出江苏，他高名楼的下场就不仅是丢官罢职、倾家荡产，恐怕连脑袋也保不住。

“大人，礼品已毕，何时动身？”

陈书办的问话打断了高巡抚的思绪。高名楼稳稳心神说：“不急，等天黑之后再说。”

晚风飒飒，玉兔东升，驿馆的门口挂起了行灯。高巡抚早早用完晚膳，乘上一顶小轿，陈书办带着八名扈从赶着盛礼品的马车出了驿馆的大门，径奔和珅府上而来。

不过两袋烟的工夫，远远便看到一座高大的门宅前悬挂着四只大红纱灯，灯上写着“和府”两个大字。灯光下人影晃动，人声嘈杂。高巡抚忙命停轿，探出头来说道：“陈书办，叫他们留在此处，小心看守东西。你随我去和府。”

“是，大人。”

陈书办忙命马车停下，吩咐扈从小心看守礼品，自己跟在轿子旁边向和府走去。

小轿在和府门前落下，高巡抚下轿一看人还挺多。这些人虽然都跟他一样穿着便装，但有十几位方面大耳、衣冠华丽者，一看就知是来求见和珅的高官显贵。这些人毕恭毕敬地排着队等候府里传召。高名楼正要迈步上前，却被前面的大个子拦住了。

“噢，这位仁兄也是求见和大人的？”

高名楼点点头说：“特来聆听和大人的教诲！”

高个子摆摆手说：“对不起，排队去，这是规矩。”

高名楼一听，这人太无礼了，正要发怒，转念一想，算了，忍着吧，说不定人家比自己的官还大呢。都是来求人办事的，体谅点儿吧。他规规矩矩地排在后面，忍不住又说道：“这么多人，何时才能见到和大人？”

高个子回头说道：“这还是少的呢，白天的时候人更多，我都排了一天的队喽！”

说话的工夫，两扇大门闪开一道缝。人群一阵激动，只见从门里面走出个管家模样的人，大声喊道：“一六五，一六五进见。”

“来了，来了！”一个胖大的中年人瓮声瓮气地答应着，得意地回头一笑，大步迈上台阶跟着管家进去，大门砰的一声又关上了。

高名楼笑道：“这人怎么没姓名，还编上号了？”

高个子看了他一眼说：“看来你是第一次来。这时候来和府的人，大家心照不宣，都怕别人知道自己的身份。和府深知大家的心意，就想出编号的主意，怎么，您还没号牌呢？”

高名楼摇摇头。这时，陈书办跑过来把一块号牌送到他手上，说：“大人，这是您的号牌，一八八，大吉大利。”

高名楼惊喜不已，满意地说：“好小子，哪儿弄到的？”

陈书办得意地说：“小人打听到，那东边的小门是专递礼单的。小人把礼单呈上，人家就给了这个号牌。待会儿府里喊到您的号牌，您就进去，小人就把礼物送进去。”

“噢，原来如此！”高名楼明白了，暗暗惊叹。自己为官二十年，见过送礼行贿的事儿太多了，可还从没见过像和府这样收礼的。

和府大门开开关关，进去的人满怀希望，出来的人喜形于色。钱能通神，和珅就是大家心目中无所不能的神，只要肯花银子，没有和大人办不到的事。高名楼满怀希望，听着被喊的号牌逐渐接近自己，那种狂喜、得意驱散了压抑在心头的恐惧。

一八二、一八三、一八四……喊到一八四时，管家突然说道：“对不住诸位，天色太晚，和大人要歇息了，请改日再来吧！”说完，咣当一声，把大门关上了。

立时人声怨沸，高个子气呼呼地骂道：“他奶奶的，真倒霉，又白来一趟。”

高名楼也是大失所望，满怀无奈地说：“明天再来吧！”

高个子摇着肥硕的脑袋说：“明天和大人要上朝，哪有工夫召见人？再见和大人说不定要到哪天呢。”

高名楼心凉了半截，手拿号牌站着发愣。众人唉声叹气地陆续撤去。陈书办上前劝慰道：“大人，回驿馆吧。改天再来拜见和大人。”

高名楼只好迈步回身，刚走两步，忽听有人说道：“噢，季三叔回来啦！”

高名楼一听“季三”二字，心头一动，回头一看，是和府的两个守门家丁跟一个胖大的外人说话。只听那季三道：“回来了，总算没把我累死在外头。”

家丁笑道：“你叫啥苦，分明是赚足了银子把腰压弯喽！”

季三骂道：“臭小子，你们在这儿赚足了红包，还说三叔赚银子！快开门，让我进去。”

高名楼突然拉住陈书办，说：“这个季三，不就是在清风店一案中被杀死的伊小六的舅舅吗？你去把他叫过来，我有话说。”

陈书办一听，急忙紧赶几步喊住正要进门的季三。

“季三叔，等一等！”

季三听见喊他，转身出来了瞪着陈书办道：“你是什么人？喊我干什么？”

陈书办慌忙施礼赔笑：“季三叔，咱们是老乡啊，我也是江宁人。”

不料，季三没好气地说：“少套近乎。我们和府门前像你这号人太多了。去去去，大爷要回去睡觉了。”

陈书办赶紧上前拦住，说：“您不认识我不要紧，您总该认识伊小六吧！”

季三闻听，愣住了，上下打量陈书办一番，问道：“怎么，你认识小六？你是他什么人？”

陈书办见他停步，坦言道：“实不相瞒，在下是江苏巡抚衙门的书办，这位就是我们巡抚大人。”

季三这才注意到旁边还有一个五十多岁的胖老头，便略一躬身，施礼道：“原来是父母官到了，不知巡抚大人找我一个奴才有何贵干？”

高巡抚亲切地说：“伊小六是你外甥，他在江宁被人杀死，你不想为他报仇吗？”

季三却骂道：“这小子从小就不成器，我是看在死去的姐姐面上拉他一把，带他来京城。可是他还是不争气，偷偷带着银子衣锦还乡摆阔，还骗奸人妻，被人家杀死在客栈里。这样的东西，死十个我也不心疼，还会为他报仇吗？”

高巡抚一听，清风店的案子他全知道，骗他不得，只得说道：“季三，本抚有要事求见你家主人，还请你帮忙，本抚一定重谢。”

季三连忙摇头，说：“对不起，巡抚大人，这事我可帮不了您。您想，我一个做奴才的，有多大能耐？”

高巡抚却不肯轻易放弃，说：“你在和府多年，一定会有办法的。陈书办，嗯！”

陈书办会意，从身上取出两根金条双手捧到季三的跟前。高巡抚道：“这两根金条你先收下，事成之后，本抚还有重谢。”

季三望着金光闪闪的金条眼睛都直了，半天才点了一下头，说：“巡抚大人如此爽快，我还有什么可说的？快把礼品带上，跟我进府吧！”说着接过金条藏在身上，走到府门口对守门家丁道，“这两位是我老家来的客人，让他们进去。”

家丁点头哈腰地说：“季三叔的客人，好说，好说！”说着把府门打开。

陈书办把停在远处的马车叫到府门前，命随行扈从把一箱箱的东西抬进和府。两家丁看见，一前一后围着季三嬉皮笑脸地说：“季三叔，你看我们哥儿俩天天站在这儿，连件像样的衣服都没有，这不是给咱们和府丢面子吗？”

季三笑道：“我怎么会忘了你们俩小鬼呢！”说着，瞄了身后边的陈书办一眼。陈书办会意，忙又取两锭银子，一人一锭放在两家丁手上，笑道：“两位兄弟辛苦了，拿去喝杯酒吧！”

“谢您了！”两家丁喜洋洋地接过银锭到旁边乐去了。

季三引领高巡抚一行进了和府，穿过后堂进入后宅，进了一间侧房。季三招

呼两个家人过来，吩咐道，“这两位是贵客，好生伺候着，我去禀明老爷。”说着又回头向高巡抚与陈书办赔笑道，“两位稍候。”

高巡抚有些不安，说：“天太晚了，惊扰和大人恐有不妥吧！”

季三摇头笑道：“大人放心，我们老爷是夜里欢，这时候哪能安歇呢？”说完，出去了。

陈书办看着他远去的身影，对高巡抚说道：“季三混得不错嘛，连和大人都够得上。”

高巡抚感叹道：“有钱能使鬼推磨。他不过一个小鬼，大鬼呀，咱们还不见得使得动呢！”

两人一边品茶，一边说着话，门外的八名扈从也坐在地上歇息。约莫小半个时辰，季三才回来，一进门就得意地说：“高大人，事儿成了，我们老爷在客厅等着您呢！”

高巡抚高兴极了，忽地站起来拍着季三的肩头说：“季三，还是你有办法！陈书办，再赏他金条两根。”

季三引路，高巡抚、陈书办和八名抬着箱子的扈从跟着，没多大工夫便来到一间灯光明亮的大厅前。高巡抚命陈书办留在门外，自己跟着季三走了进去。

客厅里，和珅坐在太师椅里半闭着眼睛，两个漂亮丫头一前一后，一个为他捶肩，一个跪在地上捶腿。季三站在老远处故意咳嗽一声，说：“启禀老爷，江苏巡抚已到。”

和珅睁开眼睛点点头。高名楼一见，赶紧上前几步，跪倒磕头，口中说道：“江苏巡抚高名楼拜见和大人！”

和珅坐起身子，屏退丫头，面上含笑道：“高巡抚不必多礼。请坐下说话。来呀，给客人献茶！”

一个丫头献上茶来。高巡抚受宠若惊，连声说：“多谢和大人！”

和珅笑容满面地说道：“高大人此次来京是为述职而来吧！今年的京察大计，江苏省政绩不错，高大人很受皇上的赏识啊。”

高巡抚谦恭地说：“惭愧，惭愧。下官以后还要仰仗和大人的栽培。此次来京，一为述职，二为拜望大人。下官略备薄礼，以表孝心。”说着，起身向门外喊道，“陈书办，把礼物抬上来！”

陈书办忙命扈从把一箱箱的礼物抬到客厅当中，之后又悄悄退出。

和珅一见，故作不满地说：“高巡抚，这是何必？你来我府上相见，和某已知心意，何必多此一举？”

高巡抚恭恭敬敬地说道：“区区薄礼，无以表达下官对大人的敬意。这几箱里的黄白之物，不敢污了大人的眼睛。不过下官另有一件稀世之物，也许大人会

感兴趣。”说着，走到一只古铜色的箱子跟前，开锁，轻轻把箱子打开。顿时，箱子里放射出五彩光环，映射得满室斑斓。和珅惊得瞪大了眼睛。

高巡抚小心翼翼地取出宝贝，双手捧到和珅面前，毕恭毕敬地说：“大人请过目！”

和珅凑到跟前，揉揉眼睛仔细观赏，惊得嘴巴张得老大。这分明是一件稀世玉雕，白色部分雕成一只仙鹤，黄色部分雕成一只小鹿。黄玉中夹杂着点点白色，成了鹿身上的梅花斑纹。整个玉雕玲珑剔透，白的柔和，黄的耀眼，红的鲜艳，在灯光下闪闪发光。一看便知是价值连城的宝贝。

高巡抚见和珅目瞪口呆的样子，知道宝贝勾起了他的贪欲，便笑道：“这叫玉玲珑，旷世珍宝啊。如果大人喜欢，下官就不虚此行了。”

“喜欢，喜欢！”和珅连声说道，双手接过来，赞叹道，“玉玲珑，好名字，好东西！高大人哪儿弄来这么个宝贝！”

高巡抚哪能说实话，便答道：“回大人，这是下官花重金从一富商手上买来的。”

和珅才不相信他的鬼话呢。不过，不管人家怎么弄到手的，送给你就是心意。和珅绝顶聪明，心眼透亮，便把玉玲珑放在桌案上，直截了当地说：“高大人如此费心，一定有求于和某。什么事儿？说吧！”

高巡抚高兴得不得了，忙说：“和大人真是爽快人。下官来此，是为刘墉而来。”

“刘墉？”和珅皱起了眉头，“刘墉不是在江宁做知府吗？他又搅得你们江苏不安了？”

高巡抚唉声叹气道：“可不是嘛。刘墉一到任，先给江宁的官员一个下马威，十个州县官员的政绩，有八个被他考核为下等，逼着下官撤换他们。他还插手省里、道里的事务，甚至连下官的私事也敢插手。”

和珅闻听哈哈大笑，说道：“刘墉这个人，我最知底，是头犟驴，不通情理，到哪儿都是‘刺儿头’，讨人烦。他做江宁知府，真有你高大人的好受喽！”

高巡抚苦笑道：“大人所言极是。下官终日提心吊胆，寝食难安啊。请问大人，皇上把他放在江宁，是不是对江苏省有所怀疑？”

和珅摇头说：“我又不是皇上肚子里的蛔虫，哪知道他想什么？不过，皇上很看重刘墉这个人，把他放在江宁，一定有大用。”

高巡抚更加恐慌，额上竟冒出了冷汗，连声说：“这如何得了，这如何得了？”

和珅惊讶地问：“怎么，高大人有把柄落在他手里了？”

高巡抚摇摇头：“没……没有，暂时还没有，不过，日子长了，恐怕……”

和珅看着他：“你想把刘墉赶出江苏？”

高巡抚连连点头，说：“下官正有此意。还请和大人在皇上跟前进言，把刘墉调出江苏。”

和珅的脸色变得沉重起来，摇摇头说：“当今皇上乃是一代圣主，独断朝纲，他决定的事，断难更改。何况，刘墉在地方为官，我在京城，不便议论其长短。除非……”

“除非怎样？”高巡抚像抓到一根救命的稻草，连忙问道。

“除非从地方上做文章。”和珅提醒道。

高巡抚恍然大悟，用手直拍脑袋。这是自己早已想到的计策，怎么一时之间竟想不起来？便奉承道：“大人高明，下官知道怎么做了。不过，朝廷上还望大人费心。”

和珅拍着胸脯说：“你放心，只要你们地方上顺手，我在朝中自然好说话。到时候就有刘墉好瞧的了。”

高巡抚放心了，忽然又说道：“下官还有一事请求大人。”

和珅道：“什么事？”

“下官有些事儿要用到您府里的下人季三，请大人恩准！”

和珅不解地问：“季三？他能干什么？”

高巡抚道：“季三的外甥与江宁发生的一起凶杀案有关，下官想到用此案参奏刘墉。”

和珅道：“既是用得着，季三就由你使用。来呀，叫季三。”

季三就在外面跟陈书办他们吹牛呢，听到和珅叫他，连忙跑进去，问：“老爷有何吩咐？”

和珅说：“高大人有些事儿要你去做。你要听从他的安排。”

季三一听，心里就不乐意。他在和府里当个奴才很不错的，跟高巡抚能好到哪儿？但嘴上不敢顶撞和珅，只得答应道：“奴才听老爷的！”

高巡抚见事儿办妥，便向和珅告辞道：“和大人，天色已晚，下官该告退了。”

和珅道：“恕不远送。季三，代我送送高大人。”

高巡抚笑道：“那就烦请季三送我们到驿馆，下官正有事儿与他相商。”

季三忙道：“请老爷回房歇息，由奴才送高大人。高大人，请！”

高巡抚施礼退出。和珅望着他的背影嘿嘿奸笑几声，自语道：“刘墉啊刘墉，不是我和珅有意跟你过不去，实在是因为你太讨人烦了。”

季三把高巡抚一行送到驿馆门口转身欲回，却被陈书办拦住，说：“季三叔，急什么，我们大人还有话跟你说呢！”

季三不高兴地说：“三更半夜的，还有啥话说？我要回去睡觉哩！”

陈书办道：“和大人说过，你要听我们大人的。”

季三道："怎么，我家老爷把我卖给高大人了？"

这时，高巡抚下了轿，笑道："季三，在驿馆住一宿，本官决不会亏待你。"

季三想起和珅的交代，只得说道："好吧，我听大人的。"

众人走进驿馆。高巡抚命驿丞献上茶来，季三屁股还没坐下，就急着问道："高大人，您让我干什么？尽管吩咐！"

高巡抚神秘地一笑，附在他耳朵边低语几句，季三一惊，站了起来，叫道："怎么，您让我告刘墉？不行，不行！"

高巡抚道："怎么不行？"

季三道："您让我做什么都行，只有这件事不行。诬告朝廷命官，那是死罪啊！"

高巡抚劝慰道："你放心，有和大人和我为你撑腰，不会有事儿。你若按我的吩咐去做，我决不会亏待你。陈书办，先赏他金砖两块。"

陈书办走到内室拿着两块金灿灿的砖头出来，放在季三跟前的桌案上。

季三看着闪着金光的金砖，惊得张大嘴巴，半天合不拢，结结巴巴地说："大人，都……都是我的？"

"季三，不只是这些，事成之后，另有重赏。"

季三挠着脑袋愣了半天，最后把金砖推开了，说："这东西是好。可是您让干的事儿，弄不好要掉脑袋，脑袋没了，这东西也就不归我了。"

高巡抚笑道："不愧为和府里混出来的奴才，你真是太聪明了。不过，你该想到，就是没有这些东西，你也得干！这可是和大人的意思啊！"

季三一听，急得眼泪都下来了，慌忙给高巡抚跪下，央求道："高大人，您这是要小人的命啊，求求您，饶了我吧！"

高巡抚忙把他拉起来，责怪道："季三啊季三，瞧你这点儿出息！你不就是怕掉脑袋吗？放心吧，有和大人在上头罩着，我在下面捧着，万无一失。"

季三道："真的没事？"

高巡抚道："天衣无缝，万无一失啊！"

季三约略放心，终于点头答应了，却又问道："哎，我告刘墉什么？"

高巡抚道："这个不用你管。陈书办会为你写张状子，明日你就去刑部大堂喊冤！"

季三牙一咬，心一横，道："看在这两块金砖面上，老子豁出去了。"

次日辰时，刑部大堂的堂门刚刚开启，辕门突然响起一阵击鼓声。侍郎郭里财吃了一惊，忙命道："有人击鼓鸣冤，快快升堂！"

三班衙役、书办师爷一阵忙乱，各司本职。郭侍郎正襟危坐在"明镜高悬"的横楹之下，喝呼道："升堂！"

两边衙役排班整齐，齐声高呼堂威："威武！"

郭侍郎把惊堂木一拍，叫道："来呀，带击鼓人上堂！"

差役带季三上堂，季三看见郭侍郎，慌忙跪倒。

郭侍郎问："下跪何人？因何击鼓？快快从实讲来。"

季三面带委屈地说："小人季三，江宁人氏，乃是为我外甥伊小六击鼓鸣冤！"

郭侍郎闻听大怒："大胆刁民，你既是江宁人氏，为什么不在江宁告状？那里难道没有府道州县？刑部大堂是什么地方，岂能受理你这鸡毛蒜皮的小事？来呀，给我轰出堂去！"

季三一听，连忙叩头叫道："青天大老爷且慢，小人有下情回禀。"

"说！"

"小人虽是江宁人，却在京城和珅和大人府里当差。何况，小人告的是江宁知府刘墉，以民告官，当然该到刑部大堂来鸣冤。"

郭侍郎吃了一惊，说："你是和府的人？要告江宁知府刘墉？"

季三道："小人岂敢欺骗大人？小人的外甥伊小六携带金银回江宁老家省亲，被江宁柴火市一姓白的妇人看在眼里。白氏为谋夺伊小六所带钱财，故意勾引他夜宿清风店，用酒灌醉后杀人劫财而去。案子报到江宁府，刘大人亲自到白氏家中查访。那白氏不但不逃走，反而用女色勾引刘大人。刘大人竟贪恋其美貌，置国法于不顾，判其无罪。可怜我那死去的外甥伊小六，孤魂野鬼，至今不能看到仇人伏法。求大人为小人做主，严惩昏官刘墉，缉拿杀人恶妇，为伊小六报仇！"说完，双手呈上状纸。

一差役接过状纸，送到公案上。郭侍郎仔细看了一遍，额上沁出细细的汗珠，犹豫半天，才开口道："季三，你的状子本官接了。不过，案子发生在千里之外的江宁，查证需要时日。这样吧，你先回去。何时开堂审理，本官会通知你。"

季三道："多谢青天大老爷。小人从命就是！"

郭侍郎一拍惊堂木："退堂！"

退堂之后，郭侍郎立刻携带季三的状纸向后堂走去。

在后堂的一间小巧雅致的书房里，刑部尚书于文伦正在专心致志地翻看一摞案卷。这些日子，都察院参劾官员贪污粮款的案件比较多，件件都要刑部详细审理定罪，真把刑部的官员们忙得够戗。于文伦已经一天一夜没合眼，吃住在衙门里，但手上的卷宗还有一摞没看完。

郭侍郎悄悄走进书房，一声不响地站在于尚书的身后，他想等于大人看完一段后，再惊动他。不料，于文伦感觉到身后有人，回过头来，看见是他，惊讶地问道："不是有人击鼓鸣冤吗？怎么，这么快就审理完了？"

郭侍郎摇摇头，说："今天的案子有些棘手，所以卑职前来请教大人。"说

着取出那张状纸，展开放在于尚书面前的书案上。

于尚书飞快地扫视一遍，惊奇道："怎么，有人告刘墉贪色枉法？还是以民告官，胆子不小啊！"

郭侍郎摇摇头，说："这个季三哪里是寻常百姓，他是和珅和大人府上的奴才。"

于尚书更加吃惊："季三是和府的人？这里面是不是有些名堂？和大人与刘墉有过节，这是人所共知的事实啊！"

郭侍郎："大人所言极是，卑职也有此顾虑，所以先打发走季三，前来请教。"

于尚书凝眉沉思道："此案实在棘手。和大人我们得罪不起，刘墉又是个'刺儿头'。弄不好，咱们刑部又要丢几个顶子。"

郭侍郎道："可是人家把状子递上来了，咱们不能不闻不问哪！"

于尚书道："这样吧，明日早朝前，我先跟和大人打个招呼，试探一下虚实，再将此事奏明圣上，听从圣意行事。"

郭侍郎道："大人言之有理。只有这么办了。"

于文伦思谋着心事，在炕上翻了一夜的烧饼，刚蒙眬睡去，远远地听雄鸡一声长啼，接着墙上的自鸣钟沙沙一阵响，无比响亮地连撞五声，于文伦忙翻身坐起。夫人被惊醒了，不满地说："时辰早着呢，起来干啥呢！"

于文伦穿着衣服解释道："今儿个有点急事，朝会要早点儿去。"

说话间已经穿衣正冠迈步出了卧室，威严地咳嗽一声，吩咐道："来呀，准备轿子上朝！"

小内厮传呼下去："备轿，老爷上朝！"

于文伦乘上绿呢大轿赶到午门，抬头看天，启明星刚上屋梢。午门外阔大广袤的阅兵场上到处都是赶来朝会的各部官员。"文官到此下轿，武官到此下马"的石碑南边黑压压地停放着一大片轿子，摆放得煞是齐整。阅兵场上官员们或外地进京述职的，或同年科举不同衙办理的，有拉线认同乡、同年的，或找别的部衙门司官拉到背人处说事荐人的，三三两两五七个人凑在一处。有的大说大笑，有的窃窃私语，有的望阙沉吟，有的顾盼寻友，簪缨辉煌，翎领交错，到处是来来往往、四处乱窜的官员。

于文伦张眼搜寻了半天没有发现他要找的和珅和大人，就走到侍卫房南边向几位王爷、大臣施礼问安。他知道和珅这时候多半还没有来，便一边与众人闲谈，一边耐心地等候和珅的到来。

没过多久，和珅就踱着方步，不快不慢地走过来了。百官们看见，争相上前问候。和珅面带笑容，不停地向众官致谢，脚步却向几位王爷跟前移动。到了王爷们跟前，只顾向王爷们请安问候却把百官撇在一边。

于文伦很清楚，和珅现在是皇上跟前的大红人，权倾朝野，文武百官无不争相巴结，就是那几位王爷也得讨好他。此时自己断难与和珅说什么，只好耐心等待时机。

和珅与八王、九王见礼之后说笑了一阵。于文伦瞅准他们说话的间隙，凑到和珅跟前，施礼笑道："是和大人哪，您总是在卯时三刻才来，时辰掐得那么准。有您在，我的这块西洋怀表也不用了。"

和珅哈哈一笑，说："于大人过奖了，和某不过守时而已。身为人臣，不得不如此啊！"

于文伦赔笑着，突然想起什么似的，问道："和大人，您府上有一个叫季三的下人吗？"

和珅愣了一会儿，说："季三？嗯，有这么个奴才，人老实，又勤快，我还记得。怎么，于大人认识他？"

于文伦摇摇头说："下官怎么会认识他？季三昨天到我大堂鸣冤告状。刑部侍郎接的状子，我才知道他是您府上的奴才。"

和珅惊讶地说："我怎么没听说？这个狗奴才，有多大的事儿竟跑到刑部大堂告状？下人的私事儿，我一向不过问，他们也不敢跟我说。于大人哪，你可要留神点，如果他敢打着和某的旗号胡作非为，你一定要依律严惩。当然喽，要是真有冤情，你也要为他这个做奴才的做主，依律审理。千万不要顾及和某的面子。"

于文伦连忙点头，说："和大人的教诲，下官铭记在心。"

八王、九王听见，赞叹道："和大人公私分明，又体恤下人，令人钦佩啊！"

众人正在说笑，忽然景阳钟、登闻鼓齐声大作，悠扬沉稳的钟鼓之声从重重层楼琼宇里传来。太监们一声声的传呼递送到午门。

"万岁爷驾临乾清宫，六部九卿、各司衙门正官，并在京诸王，依次从左右掖门进乾清宫朝会。"

文武官员慌忙各归本位，按次序分成两行，迈着方步进午门，过金水桥，肃然经昭德门、贞顺门，从中左门、后左门、中右门、后右门进入天街。几个当值的老军机已在乾清门等候着，率领百官及诸王缓缓走进大殿，排班跪候。

此时，满殿中只闻呼吸声、衣裳抖动声，话语声、咳嗽声一概不闻。约有一袋烟的工夫，西阁门突然无声洞开，一个小太监站在门口，啪啪啪连甩三声静鞭。殿外廊下百余名畅音阁供奉太监击鼓撞磬，筑筝笙簧箫笛，编钟排律，乐声大作。

在深闳沉着的乐声中，乾隆皇帝从西阁门迈着虎步出来，走到设在殿中央的御座前坐下。他的脸上挂着宽厚的微笑，无比亲切地注视着御座下的臣子。

"乐止！"司礼太监唱歌一样地喊道，"向吾皇行三跪九叩大礼！"

“万岁！”满殿臣子伏地叩头，三番扬尘舞拜，山呼“万岁，万万岁”！

“诸位爱卿免礼！”乾隆帝双手平伸，诸臣方才起身站立。

“诸臣工！”乾隆帝嗓音洪亮，显得铿锵有力、抑扬顿挫，“今年已是乾隆十八年（1753年）。我大清建国一百余年，仰赖列祖文治武功，始有今日一代极盛之世。然创业难，守业更难。天下承平日久，吏治易生姑息瞻徇之习、贪赃枉法之徒。吏治关乎大清气运国脉，不可不严察。前明吏治败坏，官逼民反，始有李自成革命，崇祯帝吊死煤山。前车之辙，历历在目啊。朕唯行三年一次的‘京察大计’，就是考核官吏，裁撤庸员之策，还有都察院、按察使，俱为监察百官之司，务要秉公查核，据实奏朕。今年是‘京察大计’之年，朕命大学士和珅专属此事。和爱卿，考核结果如何？”

和珅就站在右侧九王的下首，他还在寻思于文伦怎样处置季三的状子，忽然听到皇上点到他的名字，慌忙出班一甩马蹄袖跪了下来：“奴才和珅在！”

“和爱卿，‘京察大计’进行得如何？”

和珅忙回答道：“回禀皇上，奴才担此重任，不敢懈怠，不分昼夜，审核各部司及各省的报表，把其中不称职的官吏分为年老、有疾、浮躁、才力不及、疲软无为、不谨、贪、酷八种，给予处置，分列成表奏。请皇上御览。”说完，双手呈上奏本。

乾隆帝命太监接过奏本呈上，仔细翻看一遍，面露不悦之色，审视着和珅说：“和爱卿，你的表奏倒是细致。可是，这天下之大，官吏之多，不称职的官吏只有一百多人吗？”

和珅闻听吓了一跳，慌忙说道：“万岁息怒，容臣禀奏。我朝世宗皇帝在位，即严峻立法，以猛严治国，扫荡吏治上的结党怀奸、夤缘请托、欺罔蒙蔽、阳奉阴违、假公济私、面从背非等恶劣之习，雍正朝因此政治清新。及至我朝，圣君英明睿智，承继圣祖、世宗两代遗风，为政宽猛相济，执两用中。官民用命，政治清明，堪称清明盛世。奴才身受皇命，尽管废寝忘食，秉公查核，也无法发现更多不合格的官员。盛世如此，奴才到哪儿去找那么多贪官庸吏啊！”

乾隆帝怒意顿息，面露满意之色，说：“果真如此，朕就高枕无忧喽！和爱卿，你且退下！”

和珅悬着的心放下了，赶紧谢恩，回归本位。乾隆帝扫视着众臣，又说道：“虽说是盛世，但鱼目混珠，良莠不齐，总是有的。原浙江巡抚王珅望、陕甘总督勒尔谨、闽浙总督陈辉祖等人贪污库帑，罪大恶极，不杀不足以平民愤。这是已经发现的贪污巨款案，没发现的一定还有很多。诸位爱卿若有所发现，都可大胆地当廷直奏，也可以写密折条陈。如果属实，朕会按功行赏。当然，所奏要有证据，不可妄加猜测，更不可恶言诬告。”

御座下响起一阵嗡嗡声，文武百官交头接耳，低声议论着，谁也不肯站出来说话。参奏他人可不是件小事，得罪人，招人恨不说，弄不好扳不倒人家，自己就倒霉了。

乾隆帝等了半天，见没有人说话，心里不知是喜还是气。喜的是天下真如和珅所说官民用命、政治清明。气的是这么多大臣没有一个敢于直谏的。他把目光落在都察院、刑部的班列上，心想，你们是监察百官、专事刑狱之司，总该先打头一炮吧！

刑部尚书于文伦被皇上看得心里发毛。他是刑部官员之首，理应出班说几句，可是，说什么呢？乾隆帝是一代明主，不尚空言虚谈，隔靴搔痒的话反而可能激怒皇上。对，就奏季三告刘墉一案，也好揣测一下龙意。他正要出班，忽听左边有人高喊：

"万岁，臣有本奏！"

文武百官都把脑袋转向说话之人，只见都按班列走出一位二品官员，弓腰俯身来到御座前面，甩马蹄袖跪倒："臣左佥都御史范振墉有本参奏！"

乾隆帝一见是左佥都御史，问："范爱卿，参奏何事？"

"臣参奏两淮盐政高恒贪污库帑，鱼肉百姓，致使安徽百姓怨声载道，盐税大量流失，财政吃紧。"说完，双手呈上奏本。

范振墉此言一出，文武百官相顾失色，都为他捏着一把汗。大殿里嗡嗡之声顿逝，但闻呼吸声、衣裳声，无数眼睛盯着御座上的乾隆皇帝。

高恒是乾隆帝皇贵妃高佳氏之弟，名副其实的国舅爷，官居两淮盐政的肥差，有权有势，百官侧目。范振墉大概犯糊涂了，竟敢参奏起国舅爷来。

乾隆帝面色凝重，命太监胡胜把范振墉的奏本呈上，仔细看了一遍，脸色越来越冷峻，鼻子里冷哼一声道："好哇，又一个贪盗国帑的大硕鼠，贪污数额竟逾千万。硕鼠不除，何以国泰民安？来呀，传朕旨意，立即将高恒锁拿进京，交刑部治罪。"

乾隆帝话一出口，满朝文武无不惊诧。他们倒不是惊诧范振墉扳倒了高恒，而是惊诧乾隆竟以一份奏本下旨锁拿高恒。难道一份奏本能铁证如山地证实高恒是巨贪？

"皇上且慢，臣有事要奏！"兵部班中突然有人高声道，果然有人刨问究竟了。

只见一个三十多岁的戎装将军弓腰屈身来到御座前。百官又是吃了一惊，这个年轻将军乃是步军统领傅恒，皇后富察氏兄弟，也是当之无愧的国舅爷。高恒被查办，他大概也有兔死狐悲之感，所以要出来求情。

乾隆扫了小舅子一眼，问："傅恒，你所奏何事？"

傅恒："万岁，臣不清楚范御史所奏是否属实，也不是为高恒保本求情。万

岁爷您刚才说过，参奏官员要有证据，不得妄加猜测，更不可恶言诬告。高恒乃是重臣，又是皇亲国戚，事关皇室体面，不可不慎。可是皇上刚才仅凭范御史的奏本就下旨锁拿高恒到京，臣以为不妥。”

乾隆和蔼地问：“你以为怎么样才算妥当？”

“臣以为皇上应派专人前往两淮调查高恒贪污一案，待证据确凿之时再将其锁拿定罪不迟。”

傅恒刚刚说完，百官之中又有人高声说道：“万岁，臣也有话要说！”

乾隆听出是和珅的声音，抬起头往御座下扫视一眼，说：“和爱卿，你也跪在前面说。”

和珅躬身来到傅恒旁边，跪下说道：“万岁，奴才以为傅将军所言极是。不管高恒是否触犯国法，都应派员仔细核查。否则一旦有误，造成冤狱不说，也有损皇上圣德。”

乾隆哈哈大笑，指着他们两人说道：“你们这两个蠢材，以为朕真糊涂到相信一份奏折就下旨抓人？实话告诉你们，高恒贪得无厌，朕早有耳闻，特命都察院暗中调查。范爱卿的这份奏折就是调查的结果，可谓条条罗列，证据确凿，高恒难逃其罪，朕才下旨锁拿他。朕所以不动声色，就是怕高恒听到风声，藏匿或销毁罪证，也是怕宗亲国戚横加阻挠，不便秉公执法。如今，高恒一案已是板上钉钉，谁也休想为其开脱罪责。”

乾隆话说得轻松和蔼，但百官听来身上竟生出阵阵寒意。高恒是国亲尚且如此。看来皇上在下狠心整饬吏治，还是洁身自好为妙，说不定也有人暗中调查自己呢。

和珅也吓得跪在地上半天没动弹。他收受那么多的贿赂，比高恒所贪有过之而无不及，皇上是否也有耳闻？他不敢再说什么，连忙叩头道：“万岁圣明，臣等不及！”

乾隆看了和珅和傅恒一眼，说：“你们两个退下吧！”

和珅、傅恒无言退下。御座下还跪着个范振墉，乾隆满意地注视着他说：“范爱卿查劾贪官污吏有功，堪为百官表率，着赏戴双眼花翎，加俸一年！”

“臣谢主隆恩！”

范振墉喜滋滋地退下。百官刚才还为他担心呢，转眼间，人家得了皇上的赏赐，谁不眼热？

“万岁，臣有本奏！”

“皇上，奴才有事要奏！”

……

大殿里的气氛热闹起来，百官争相上前奏事。虽然参奏的都是小官末吏，所贪的数额也不大，但是乾隆帝还是很高兴，一一传旨查办，给举参者以赏赐。

于文伦更加不安，待参奏之声渐无，便从班列中闪出，高声奏道：“万岁，臣有本奏！”

乾隆：“上前奏来！”

于文伦跪在御座前，大声奏道：“万岁，今有江苏民人季三，来京具状告江宁知府刘墉！”

乾隆及满朝官员无不吃惊。乾隆忙问：“有人告刘墉？告他什么？”

“今有状纸在此，请皇上御览！”于文伦从袖中取出季三的状子，双手呈上。

太监接过，呈上御案。乾隆仔仔细细看了一遍，龙眉皱起，说：“刘墉贪图女色，放纵杀人凶手！不会吧？于文伦，你是否核查，这状子所述是否属实？”

于文伦忙说：“万岁，臣昨天才接的状子，未来得及核查。臣觉得季三以民告官，事关重大，才奏明圣上。”

乾隆明白了，这个于文伦够滑的，他这是来探皇上的话的。因为刘墉是钦点的江宁知府，又是老太后的干儿子，他怕担着事儿，如今先奏明，以后有事他都不用承担责任。

乾隆虽然心里有气，但也挑不出于文伦的毛病，只得说道：“如果状子所告属实，别说一个四品官的刘墉，就是皇亲国戚，朕也决不宽容。如今先要查清事实，才好做出结论。”

乾隆话音刚落，和珅就跳出来了，跪前说道：“万岁，季三所告关乎刘大人的清誉，不可不详察。正巧，江苏巡抚来京述职。奴才以为，江苏巡抚乃一省之长，对季三所告，不可能不知道。万岁只要传旨江苏巡抚进殿，是非黑白，便加立判！”

乾隆一听，有理，便道：“和爱卿所言极是。江苏巡抚现在何处？”

吏部侍郎忙上前奏道：“启禀万岁，江苏巡抚高名楼正在驿馆暂住，吏部安排三天后陛见。”

“不必等到三天后。传旨江苏巡抚高名楼即刻进殿面君。”

御前太监立即出宫，乘上快马直奔吏部驿馆。高名楼闻听皇上急旨召见，慌忙上马，跟随太监进宫。

乾隆正与众臣议论其他朝政，闻禀江苏巡抚已到乾清门外，当即传旨：“宣江苏巡抚进殿！”

太监传呼出去。高名楼躬身进殿，到御座丹墀下跪倒行三跪九叩大礼：“臣江苏巡抚高名楼叩见皇上，吾皇万岁，万岁，万万岁！”

乾隆龙目含威，问：“江苏巡抚，你是述职来京，但不知你省政风民情如何？”

“回禀万岁，如今我大清仰赖先皇及皇上的文治武功，四海升平，万民乐

业，堪称太平盛世。我江苏省仰赖圣德，官吏用命，百姓乐业，臣这个太平巡抚也省心不少啊！”

乾隆听着舒服，口中却道：“朕不要听颂德之词。江、淮横贯省内，可有水患发生？百姓还要因水患逃荒吗？”

高名楼答道：“回皇上，早几年有几次小的水患，但因为省上赈济及时，没有灾民逃难。这几年，臣用户部拨下来的治河款项，下大力气治理江、淮，尤其是长江江宁堤岸。臣修筑了八百里的长堤，可保江宁万无一失。江、淮治理已初见成效，臣还将继续加固险堤险段，保我黎民百姓不受水患之苦。治河的具细，臣已在述职奏折里详述，敬请皇上御览。”

乾隆满意地点点头：“好，好，治理好江、淮是你首功一件。不过，你刚才说官吏用命，有点言过其实吧？”

高名楼心头一紧，忙见风使舵，说：“官吏良莠不齐，难免也有贪墨害民之徒。臣就处置过几个这样的知县，臣以为这样的小事没必要让皇上烦心。”

乾隆道：“微官末吏之事朕也问不着。江宁知府刘墉为官如何？”

高名楼心头一喜。看来季三的状子惊动了皇上。他略一思忖，说道：“刘大人乃是皇上钦点的江宁知府，当然可为全省官员的表率。”

乾隆龙颜大怒，斥道：“江苏巡抚，你可知有人把状子告到刑部来了！”说完把季三的状子扔到案下。

高名楼用的是以退为进之计，见皇上发怒，忙跪爬几步，把飘落在地的状子捡起来，仔细看了一遍，吃惊地叫道：“这、这是怎么回事？”

乾隆用手一指，怒道：“那状上所告之事，你作为一省之长，竟没有耳闻吗？”

高名楼连忙叩头：“万岁息怒，为臣知罪。臣听闻到刘知府之事，只是不敢奏明圣上。”

乾隆更加恼怒，斥道：“你不敢上奏？就是因为他是朕钦点的官员，你以为朕会偏袒他，是不是？”

高名楼体似筛糠。冷眼旁观的和珅瞅准时机，再次近前奏道：“皇上且息雷霆之怒。江苏巡抚虽有失察之罪，依奴才愚见，皇上不如就让他如实核查刘墉之事，一则将功补过，二则也免去朝廷另派大员赴江南，不知圣意如何？”

乾隆看了高名楼一眼，犹豫不决。

高名楼连忙恳求道：“万岁请给臣一次赎罪的机会，臣一定查清事实，具实上奏。”

乾隆终于点点头：“高名楼，朕就给你这次机会。你要查明真相，具实奏朕，若有不实，朕唯你是问。”

高名楼心花怒放，表面却诚惶诚恐地磕头谢恩：“臣谢主隆恩！”

【第六回】

守城门官居九品，护堤坝心系一方

时令刚过小满，北京还是春意融融，南京却有着夏日的味道了。江宁知府后衙，刘墉从属县公干回来，一身的臭汗，还没来得及凉快，就向尾随而进的陈大勇道："大勇，无倦姑娘那边有消息吗？"

大勇又是摇摇头，说："大人，您说那无倦靠得住吗？她会真心帮你？"

刘墉毫不怀疑地说："当然靠得住。无倦姑娘苦大仇深，最恨的就是豪强恶霸，她一定会帮我的。"

大勇道："就算她靠得住，她能从徐五口中得到什么秘密吗？徐五再傻，也不至于相信一个婊子吧！"

这一下，刘墉无言以对了。无倦姑娘能不能从徐五口中问出地牢的所在或者其他秘密，他心里也没底。那天，他把该交代的都向无倦姑娘作了具体交代，各种应变的策略都考虑到。至于具体施行，只有靠无倦姑娘的随机应变了。

刘夫人亲自拧干一条湿毛巾递给丈夫，劝慰说："我说老爷，这徐五也没得罪咱，你何必非揪住他不可？"

刘墉用一种怪异的目光打量着夫人，一边擦汗，一边摇头说："哎呀呀，夫人哪，你可是格格身份，怎么说出这种话来？徐五确实没得罪我，可是他得罪了江宁的老百姓，触犯了国法。我为朝廷命官，地方父母，不该将其绳之以法吗？"

刘夫人气呼呼地夺过毛巾，说："论大道理我当然说不过你这个进士，可是你知道吗？徐五正在到处告你无端扰民，已闹得满城风雨。若是传到京城，会有你的好处吗？"

刘墉用袖子扇着风，坐在凳子上歇息，满不在乎地说："让他告吧，身正不怕影子歪。大勇，注意监视徐府和夜来香客栈，一有消息，即刻回禀。"

"是，大人！"大勇答应道。

高巡抚得了钦命，喜不自胜。第二天便动身离京，一路上快马加鞭，恨不得一步赶回江宁。这一天，终于赶到江宁城外。省、府的官员迎候在接官亭，准备为巡抚大人接风洗尘。高巡抚却以清廉之名，正言厉色训斥众官一通，径直回巡抚衙门了。

当晚，省刑道孙朴方、按察使吴良新、盐枭徐五等人被高巡抚召至后衙。徐五心急似火，来不及给高名楼请安，就问道："世叔，事儿办得怎么样？咱那银子不会白花吧？"

孙刑道和吴良新都不安地看着高名楼。徐五这小子到底是生意人，总是在金钱上算来算去，恐怕要招来巡抚大人的一顿斥骂。可是，今天高巡抚的心情特别好，不但没有责骂徐五，反而笑容满面地说："世侄啊，为叔可是宦海里沉浮的人。不见兔子不撒鹰，你那八十万两银子派上用场了。"

"真的？"徐五喜出望外地说，"刘罗锅子被革职还是调离？最好治他个死罪。罗锅子太欺负人了！"

孙刑道、按察使也高兴不已，连声念阿弥陀佛。

高巡抚得意地捻着胡须，说："刘墉已被我拿捏在手中，我要给他安个什么罪名，他就是什么罪名！"

"真的？为什么？"孙、刘、徐三人几乎是异口同声地问。

高巡抚哈哈一笑，遂把进京的经过说了一遍，最后说："如今，皇上命我调查季三所告一事，刘墉还不是在我手上捏着吗？"

"大人高明！"

四个怀着同样目的的人聚在一起，开始密谋。制造假证、诬陷他人是他们的拿手好戏。一夜之间，一份完美的调查结果便诞生了。

高巡抚尽管一天一夜没有歇息，但还是精神矍铄，兴奋地说："有了这份抚、道、按三衙司的调查结果，我再上一份奏折，保证让刘墉吃不了兜着走。"

徐五忙锦上添花，说："还有周总督那儿呢，我已去总督衙门告刘墉无端扰民，还给周总督送去厚礼，求他参奏刘墉。"

"太好了！"高巡抚兴奋得胡子一翘一翘的，"有季三的状子、周总督的奏折，皇上绝不会想到我们做的手脚。刘墉过不了这一关。"

"这江苏省还是咱们的天下！"孙刑道等人附和着，哈哈大笑。

北京紫禁城养心殿，乾隆帝与和珅正聚精会神地对弈。两名宫女在皇上身后不紧不慢地打着扇子。乾隆怡然自得，和珅手握棋子，盯着棋盘，又是摇头又是点头，迟迟不落棋子。

"和爱卿，你可要看准了，一子定局啊！"乾隆端起奶子茶呷了一口，耐心

地等着和珅。

和珅犹豫半天，终于落下棋子。乾隆立刻抓起自己的棋子重重落下，哈哈笑道："和爱卿，你又输了！"

和珅睁大眼睛，立刻又眯成一条缝，奉承道："皇上高明，奴才不及啊！"

乾隆却指着棋盘说："朕也没有高着儿，是你这个臭棋篓子又犯了同样的错误，怎能不输？"

和珅敲打着脑袋说："瞧奴才这脑袋，怎么这么笨？奴才再陪皇上弈上一局，一定时刻小心。"

乾隆摇头说："算了吧，跟你下棋朕没劲。若论下棋，还是刘墉。朕与之对弈，虽说赢多输少，但刘墉的棋技总有古怪刁钻、出人意料之处，令朕防不胜防。有时，朕怀疑他是不是故意输给朕。"

和珅笑道："哪能呢，刘墉这个人一向恃才孤傲，想赢皇上还巴不得呢！听说他到江宁，与地方官员也弄不到一块儿。"

"刘墉是孤臣。"乾隆不知是为刘墉辩解，还是疑问。笑容已从他脸上逝去，眉头皱成问号。江苏巡抚调查刘墉还没有结果，两江总督又具折参奏他无端扰民，激起当地名绅的控告。他真的那么胆大妄为？乾隆开始怀疑自己把他放在江宁是不是错误。

和珅揣摩着圣意，劝慰说："这个刘墉啊，总是让皇上难以放心。照奴才的愚见，他一个四品官，值得皇上操心吗？要不，奴才陪皇上出宫散散心？"

"也好。"乾隆好些日子没出过宫门，早就在宫里待腻了，有和珅陪伴出宫，少不得去陕西胡同会会那个叫柳歌的名妓，何乐而不为呢！

皇上正要微服出宫，忽然，御前太监胡才捧着一份文札急匆匆而进，跪奏道："启禀皇上，江苏巡抚有加急奏折递到，呈请御览。"

乾隆回到御座里，接过文札，扫视一眼，惊讶地说："江苏巡抚办事儿够快的！"

和珅听说是江苏巡抚的奏折，猜想一定与刘墉有关，心中暗喜，故意待在一旁一声不响。

果然，乾隆刚翻看两页，就用龙拳捶着御案，连声叫道："刘墉啊刘墉，你果真如此，太让朕失望了！"

和珅忙着安慰乾隆："皇上且息雷霆之怒，保重龙体要紧啊！"

乾隆抖动着右手，点着奏折说："和爱卿，你来看，这是江苏巡抚、刑道、按察使三司共同调查的结果。有人证、物证，季三所告俱属事实，刘墉甚负朕望。"

和珅凑到跟前，粗略地看了一遍，愤愤不平地说："刘墉太不像话了。一出

京门，竟如此胆大妄为，不思报效君恩。依奴才愚见，皇上应降旨，稍示薄惩，以儆后来。”

“朕岂能容他！”乾隆怒气冲冲，“和爱卿，你来拟旨：着将刘墉……哎，刘墉不是贪污，也没弄出人命，该如何处置呢？”

和珅心里明白，乾隆是顾及老太后。因为刘墉从小就被太后收为义子，深受太后的喜爱，此时如果落井下石进谗言陷害刘墉，反而易引起皇上的警觉。老奸巨猾的和珅忙谦卑地说：“皇上乃一国之君，独断朝纲，奴才岂敢左右圣意？”

乾隆为难地站起身来，踱着步说：“朕再也不愿见到他。这样拟旨：着将刘墉官级从四品降为九品，仍留江宁效命，不得回京。钦此！”

和珅站在御案前，提起朱管御笔在一张黄宣纸上书写着。当中突然停笔，眼珠子转了几转，问乾隆道：“刘墉还有专门奏事权呢。万岁，一个九品官……”

“夺去他的奏事权，朕不愿再听他的辩词。”乾隆不容置疑地说。

“皇上圣明！”和珅得意万分，高高兴兴地在后面加上“夺去奏事之权”，将笔放下，卑笑道，“奴才写好了！”

乾隆扫视一遍，才从锦盒中取出皇帝玉玺盖在上面，之后命太监传发出去。和珅亲眼看着圣旨发出，真是心花怒放，看着愁眉不舒的乾隆，媚笑问道：“万岁，刘墉已受薄惩，您还有什么不开心的？”

乾隆微微叹息道：“朕不是为着一个刘墉，朕是为吏治上因循瞻徇、贪渎腐化而不安。就说江苏巡抚吧，刘墉之事，他先是推脱不知，待朕追问起来，他查核得却如此之快，令人吃惊啊！”

和珅笑道：“皇上为九五之尊，自然不明为官之道。在奴才看来，江苏巡抚所为一点儿也不奇怪。他与刘墉都在江宁，刘墉的所作所为他当然一清二楚，只是慑于刘墉是您钦点的地方官员不便得罪。待皇上追问起刘墉之事，他再无顾忌，自然毫不费力就弄清了事情真相。我大清有万岁爷这样的一代圣明之主，吏治一定会有好转。”

“可惜朕分身无术，难以事事躬亲！”乾隆不知是不是在听和珅说话，踱着步自语着，突然又停步道，“朕去江南看看！”

和珅被皇上突然冒出来的想法弄蒙了，问：“皇上要出巡？什么时候？”

“三天后就动身！”

江宁。

知府刘墉丝毫没有觉察到官场上的风云变幻。夜幕降临，他还在后衙秉烛查阅文卷，操心政事。刘夫人陪坐在旁边，绣着花，不时心疼地打量着丈夫。嫣翠

则轮番为两人打着扇子。

刘墉看完一份文卷，抬头看见嫣翠粉脸热得通红，汗水涔涔，还在不停地为自己打着扇子，忙摇摇手说：“嫣翠，你就出去凉快一会儿歇着吧，我不热。”

嫣翠却不罢手，笑道：“老爷刚才的汗水把文卷都弄湿了，还说不热呢！”

刘夫人嗔视刘墉一眼，说：“老爷呀，我在这儿坐了老半天，能不热吗？你怎么不让我出去凉快凉快？”

刘墉听出她的醋意，赔笑道：“夫人哪，你是贤德夫人，就喜欢看我批阅文卷。我每次让你歇息，你也不肯哪。”

嫣翠听他夫妻斗口，便又走到刘夫人身后说：“夫人，您就在这儿坐着，奴婢专门为您打扇子。”

刘夫人笑骂道：“死丫头，少来讨好我。老爷都让你歇息了，我敢劳驾你吗？还不出去？”

嫣翠不敢再多嘴了，忙谢过夫人，转身出去了。刘夫人指着她的身影对刘墉说道：“这丫头，心眼儿细，又会照顾人。老爷您不喜欢吗？”

刘墉揣摩着夫人之意，小心翼翼地答道：“嫣翠挺勤快的，你不是也喜欢她吗？”

刘夫人笑道：“你要是真喜欢她，赶明儿就让她填房吧！”

刘墉唬得变了脸色，站起来，连连摇着双手说：“夫人，使不得，使不得啊！”

“怎么使不得啊？”

“夫人贤淑，待我情深义重，人又漂亮。我刘墉有夫人一人，一生足矣！”

“真的？”刘夫人似笑非笑，“刘墉啊刘墉，这可是你自己推辞不要的。以后要是跟我有花花肠子，我可就……”

刘墉嬉笑道：“你这是试探我，我哪儿敢呢？你要是还不放心，就让青儿来伺候我，嫣翠就留给你专用。”

刘夫人却是不肯，说：“青儿粗手大脚的，做些粗重的活儿还行，哪会伺候人？还是让嫣翠伺候你吧。我反正也是闲着，用着她的时候也少。”

“悉听尊便了！”刘墉说着又坐回原位，翻看着一份文卷。看着，看着，眉头皱成一个死结。刘夫人不解地问：“又怎么了？”

刘墉指着文卷说：“夫人你看，这份公文上说，高巡抚在江宁修了八百里的防洪大堤。我怎么没听百姓提起过？这中间有鬼啊！”

刘夫人责怪道：“修堤治河那是河道官员的事，你管他有鬼没有鬼。你就让我过两天安心日子吧。唉，这两天我的眼皮老是跳，不定要出啥事，你就安生点儿吧！”

刘墉忙合上文卷，安慰说：“夫人放心，我安生着呢。”话没说完，门外

响起一阵脚步声。陈大勇兴冲冲地走进来，未及施礼就说道："大人，有消息喽！"

刘墉一喜，忙问："是无倦姑娘那边有消息吗？"

"正是。无倦姑娘已探明徐府的地牢就在后花园花亭的下面。周月英和一些无辜的百姓都被关在里面。"

"太好了！"刘墉兴奋地吩咐大勇，"快去把城防陈总兵请来，我有话说。"

大勇不解，问："大人，您不赶快去徐府救人，叫陈总兵来干什么？"

刘墉道："徐府养着一批亡命之徒，单凭咱们府衙里的几十人，恐难对付，所以请陈总兵派兵相助。"

大勇钦佩地说："大人真是虑事周到，小人不及。小人就去请陈总兵！"

刘墉看大勇退出，忙起身更衣，准备去前衙等候陈总兵。刘夫人也站起来，不满地说："你不是安生吗，怎么又去过问徐府的事儿？别忘了，徐五告你的事儿还没完呢。你要是再扑空，如何收场？"

刘墉安慰说："夫人放心。这次探明了地牢所在，一定可以抓住徐五的罪证，令其伏法。"

刘夫人白了他一眼："你就那么相信那个婊子？"

"无倦姑娘苦大仇深，嫉恶如仇，一定不会妄言。"

"我总觉着不踏实。"刘夫人嘀咕着，但她知道拦不住丈夫，说完便回房里去了。

江宁城防陈总兵来到府衙，听刘墉说明原委，连连摇头说："刘大人，不是下官不肯相助。这徐五可不是寻常之辈。你上次去他府上搜查，无功而返，他就告到周总督那儿了，听说周总督还把此事上奏朝廷。这一次，您仅凭妓女的一句话就兴师动众，搜查徐府。万一找不到罪证，可就无法收场了。"

刘墉说："陈大人放心。本府若无十分的把握也不会去摸老虎的屁股。徐五这样的盐枭、恶霸，若不乘机铲除，我等上有负圣主，下对不住百姓啊！"

陈总兵说："刘大人一片忠君爱民之心，可钦可敬啊！下官也对徐五这一祸害恨之日久，只是顾忌高巡抚那里……"

刘墉说："陈大人放心，本府自有安排，不会让你们为难。本府率府衙差役进徐府搜查，你可带部分兵丁换上差役的服装，埋伏在村头。如果徐府不抗拒官差，那是最好。若有反抗，你再带兵相助不迟。"

陈总兵终于点头说："好吧，下官就听从刘大人的安排。但愿大人马到成功。"

"多谢陈大人！"刘墉拱手道。

陈总兵回营布置。刘墉也不怠慢，忙叫过大勇，把赵武、朱文、王明等一班差役召集在一起，带着水火棍、锁链、绳子径奔江宁北门十里堡而来。

江宁府差役刚到十里堡镇外，陈总兵与江宁守备王英带着五十名身着一色差役装束的兵卒就赶到了。守备王英武举出身，人高马大，声如洪钟，手抓着身上的衣服，叫道："总兵大人，咱们可是健锐营的，穿这身衣服算哪门子事儿？徐五这小子不是东西，平时连咱们都不放在眼里。不如我去把他抓来，以消心头之气。"

陈总兵斥道："不得鲁莽行事，一切听从刘大人的安排。"

刘墉打量一下众兵丁，说道："陈总兵、王守备，你们先躲在路旁的树林里。我带差役进府搜查，一旦听到杀声，你们就冲进去，协助擒贼。"

王英挥舞着大刀说："刘大人尽管放心前去。那帮恶奴若敢抗拒官差，我这口大刀可就开荤了。"

刘墉一拱手："拜托了！"遂重新上马，带众差役直扑徐府。

江宁府差役刚一出动，徐府就得了消息。鬼头太岁于文立、金头蜈蚣于文亮和管家鬼吹灯孙八带着白花蛇郑青、黄蜂尾张三等几十个豪奴把徐五团团围住，挥舞着兵器纷纷叫嚷道：

"五爷，他妈的罗锅子欺人太甚，咱把他做了吧！"

"是啊，这口鸟气憋得太久了，兄弟们也该出出气了。"

"上次便宜了他，这次再放过他，五爷今后还怎么在江宁混？"

徐五满意地笑了，一挥手说："弟兄们如此用命，徐某在此谢了。不过，对付刘罗锅子，不能单靠武力。都把家伙放下，听我说。"

众豪奴放下家伙，不解地看着他。

徐五说："刘墉是江宁知府，是官府，对付他不能像对付江湖劫匪一样，不到万不得已不能动武。"

黄蜂尾张三问道："啥叫万不得已？"

"就是不能让官府发现地牢里关押的刁民，一定要把地牢口隐蔽好，派专人监守。一旦地牢被刘墉发现，就是我等罪行暴露之时，只有拼死一搏了。"

鬼头太岁于文立说："五爷说得是，我们听五爷的吩咐！"

徐五道："刘罗锅这次来，一定听到了什么风声，来者不善哪。黄蜂尾、白花蛇再去看看地牢口隐蔽好没有，之后在附近暗中看守，一旦官差发现地牢口，就鸣锣告警。"

黄蜂尾张三、白花蛇郑青挺身而出，齐声应道："小人遵命！"

徐五又道："府中上下，只要听到鸣锣告警声，就一齐动手杀官差、宰刘罗锅子。后事自有五爷我料理，你们只管放心杀人。"

众豪奴精神亢奋，纷纷叫嚷道：

"五爷放心，小的干别的不行，杀人那是本行。"

“是啊，小的们手脚早就痒了。”

徐五接着吩咐说：“大管家，你去高巡抚、周总督衙门走一趟，就说刘墉又来我徐府无端扰民，请他们前来阻止刘墉。”

大管家孙八连忙应道：“五爷，小的就去！”说完匆忙离去。

徐五正在一一交代，突然，一名守门家丁慌里慌张地跑进来，上气不接下气地说道：“不……不好啦，官差又来搜府啦！”

徐五眼睛一瞪：“慌什么？小的们，跟我到门口去，看我眼色行事！”

“是，五爷！”

一帮人呼啦啦全奔门口跑去。徐五不慌不忙，在于文立、于文亮的簇拥下大步来到府门。此时，江宁府差役已把府门团团围住。徐府家奴则紧闭大门，手持棍棒，准备官差撞门时就动手。

徐五到了跟前，命道：“开门！”

守门家丁迟疑道：“五爷，外面那么多官差，不能开门啊！”

徐五哈哈一笑：“叫你开你就开，有五爷在，怕什么？”

“是，五爷！”

两名家丁拉开门闩，朱漆大门呼啦啦就打开了。门外的差役正要往里闯，却见徐五一身锦衣华服地站在正中，笑吟吟地说：“诸位公差别来无恙，我要跟你们刘大人说话。”

江宁府差役许多人得过徐五的好处，又深知徐家的势力，一时被其气势震慑住了，竟站在原地不动。大勇怒道：“我们奉刘大人之命前来搜查，不要管他，进府！”

徐五双手一横，怒道：“姓陈的，你不过是官府的一条狗，也能在五爷我跟前这样说话？我徐家犯了何罪，用得着你们连番搜查？今天不把刘墉叫过来问个清楚，休想踏进我府里半步！”

徐五身后于文立、于文亮与一群豪奴有恃无恐地叫道：“五爷说得对，不说出个子丑寅卯来，休想进府搜查！”

其实，刘墉就在府门前不远的树下，听到叫嚷声，便带着何英走上前去。差役让开一条道，刘墉来到徐五跟前，冷冷道：“徐五，你敢抗拒官差吗？”

徐五看见刘墉心里就发虚，忙双手一拱，满面赔笑说：“刘大人，我哪里敢抗拒官差哪。不过，我徐家可是大户人家，我徐五也是有脸面的人。前次你说要搜一失踪的民女，我徐府哪来此女子？这次，你又来我府上兴师动众，不知内情的人还以为我府里窝藏人犯呢。大人无凭无据就来搜查，我徐五还要不要脸面！”

刘墉嘻然一笑：“我倒忘了，徐公子是有头有脸的人物。依你之意，我只有

收兵回衙，才算给你留下脸面？”

徐五哼了一声，说：“那倒未必，不过，大人总得有个说法！”

刘墉正色道：“你要什么说法？你再有头有脸，也是本府治下的大清臣民。本府执法办案，难道还要跟你交代案底？实话告诉你，本府没有十分的把握，不会第二次到你府上来。听我良言相劝，尽早投案自首，坦白交代，本府可以从宽发落。若是执迷不悟，对抗本府，恐怕神仙也救不了你。”

徐五听得心惊胆寒，看来刘墉真的探得什么风声，他是有备而来。眼下只有靠高巡抚、周总督前来制止了。可是，高巡抚、周总督为什么迟迟不到？难道孙八这小子没把信送到？

他还真猜对了。孙八是从后门出府的，他刚走出没几步，就被守候在后门的朱文、赵武逮个正着。这小子还挺横，一个劲儿地叫着：“干什么，干什么？我又没犯王法，官差就可以随便抓人了？小心我告你们！”

朱文骂道：“你他妈的少那么狂妄，等会儿我们大人搜府找到罪证，你就老实了。先在这儿委屈一会儿吧！”

赵武把孙八推到一旁，说：“刘大人有令，你们徐府人谁也甭想离开半步，出来一个抓一个，出来两个抓一双。”

孙八往地上一躺，懒洋洋地说：“好吧，我就在这儿等着。两位当差这么久了，当然知道我们五爷的能耐。到时候恐怕抓人容易放人难喽！”

赵武被他说得直犯嘀咕，低声对朱文说：“刘罗锅子要是再搜不出罪证，恐怕不好收场吧。弄不好，他把官儿弄丢了，咱们也跟着倒霉。得罪了徐五，以后还怎么在江宁混哪！”

朱文摇摇头说：“大哥，少听这小子吹牛。我看徐五作恶多端，遇着刘大人，是他的报应到了。”

赵武说：“我看没那么简单，人家有高巡抚做后台，官大一级压死人，刘罗锅子能扳倒徐家？”

朱文说：“扳倒扳不倒又怎样？老兄，你别忘了，咱们现在在罗锅子手下当差，千万不能有什么花花心思。要是被他抓着个错儿，少不得屁股挨板子。徐五再有能耐，他管不到咱们头上。别犯浑哪！”

赵武说：“言之有理，言之有理。哎，小心盯着门口！”

徐府大门口，徐五还在软磨硬泡，企图拖延时间，等候高巡抚或者周总督的到来。刘墉一眼看破他的心思，冷笑道：“徐五，你少在这儿巧言狡辩，今儿个就是天王老子来了，本府也要搜府。快快闪开，否则本府可要下令拿人喽！”

徐五身后鬼头太岁于文立接茬道：“官府就能随便拿人吗？别以为我们都是吃素的！”

金头蜈蚣于文亮晃晃手中的鬼头刀，狂叫着：“想动粗吗？大爷的手脚早就痒得难受了！”

刘墉闻听大怒：“大胆恶贼，竟敢抗拒官府。还不给我拿下！”

大勇与众差役往上就要闯。徐五一见，慌忙叫道：“大人且慢！”回头瞪了于文立、于文亮一眼，低声道，“不到万不得已，不能动手，明白吗？快快闪开，让他们进府！”

于文立、于文亮只得往两旁一闪。徐五冲刘墉奸笑一声，说：“大人要搜，就请进府吧。不过，我可有言在先，要是查不出什么，你只有等高巡抚、周总督来说情，才能出我徐府喽！”

刘墉冷笑说：“到时候，恐怕高巡抚、周总督要为你说情了。只怕你罪大恶极，法不容情，本府难以网开一面啊。来呀，进府，搜！”

大勇领着众差役大摇大摆地进府了。不料，刚进到门里，身后突然响起一阵急骤的马蹄声。众人回头一看，却见一匹白色驿马急驰而来，到了徐府门前停住，马上跳下一名驿丞，径奔刘墉而来，跪地禀道：“刘大人，有圣旨！”

刘墉吃了一惊，问：“圣旨现在何处？”

“是宫里的公公亲自送来的，随后就到。”

众差役与徐府的人都愣住了，站在那儿看着刘墉。刘墉向大勇招手，说道：“且等一时！”心里却在嘀咕：怎么圣旨早不到晚不到，偏偏这时候到？究竟是何事？

不过一袋烟的工夫，又有十几匹驿马奔驰而来，到了跟前停住，从马上跳下来一个身穿黄衣、年约四十的白胖男子和十几名宫廷侍卫打扮的人。刘墉一看，那白胖男子就是宫里的太监吴公公，赶紧上前问候道：“是吴公公啊。圣上为着何事，竟劳公公亲到江宁？”

吴公公看见刘墉，尖着公鸭嗓子埋怨道：“刘墉啊刘墉，你不在江宁府里待着，跑到这儿干什么？害得我多跑十几里地。”

刘墉说：“下官来此办案哪。不知公公驾到，有失迎迓，请公公恕罪。”

吴公公翻翻眼皮：“少废话啦，刘墉接旨！”

刘墉慌忙一甩马蹄袖，双膝跪地磕头，口称：“臣刘墉接旨！”

吴公公从怀里取出圣旨，双手展开，高声宣读：

江宁知府刘墉居官不正，致使江宁吏民怨愤，甚失朕望。着将刘墉官级由四品降为九品，夺其奏事之权，仍留江宁效命，不得擅自回京，钦此！

刘墉听完，耳朵根子动了几动，再次磕头谢恩：“臣刘墉遵旨，谢主隆恩！”

圣旨宣读毕，犹如平地响起一声惊雷，把众人都惊呆了。何英、大勇等江宁府差役都露出惊诧怨愤之色，徐府的家奴则幸灾乐祸起来。徐五心里明白，这是高巡抚进京的结果，那八十万两白银花得值！他嘿嘿奸笑着，走到刘墉身旁，说："刘墉，你现在就不是江宁知府了，还要进我府里搜查吗？"

刘墉好像没听见，双手摘下顶戴。大勇愤恨难抑，上前质问吴公公道："请问公公，刘大人犯了哪条王法，竟要连降五级？"

一名侍卫大怒，指着大勇斥道："大胆奴才，竟敢对公公如此说话，小心狗命！"

吴公公摆摆手说："算了，本公公不跟他计较。本公公只是奉命传旨。刘大人为什么被降级，你只有去问皇上。"

"我……"大勇憋得满脸通红，说不出话来。他不过一个府衙差役，能够得上跟皇上说话吗？

何英也不满地说："刘大人的奏事权被夺去，连申辩的机会都没有，就不明不白地连降五级，跟革职差不多了。公公您说，这公正吗？"

吴公公摇头叹息道："本公公也是做奴才的，管不了公正不公正。刘大人，你把圣旨收好，本公公要回去了。"

刘墉收起圣旨，躬身道："刘墉恭送公公！"

吴公公转身正要上马，忽然，一阵锣声传来，有人高呼："高大人到！"

只见一群侍从吏役簇拥着一乘八抬大轿缓缓向徐府走来。到了台阶前，大轿落下。徐五一见，慌忙奔到轿前，撩起轿帘，低声道："世叔来得真是时候，京里刚刚来了圣旨把刘罗锅连降五级。"

"噢，真这么巧。"高巡抚掩饰着内心的得意，迈步下了轿子，抬头看见身穿黄衣的吴公公，慌忙上前施礼道，"江苏巡抚高名楼不知钦差驾到，有失迎接，乞请恕罪。"

吴公公淡淡地说："本公公为刘大人而来，与巡抚大人无干。圣上有交代，不得惊扰地方，所以本公公冷不丁地就来了。你不迎接，也说不上有罪无罪。"

高巡抚被弄得灰不溜秋。好歹他也是二品大员，吴公公再怎么着也只是个太监，竟然没有动弹地方，连礼也不还，显然没把他放在眼里。

高名楼憋着一肚子火，一回头看见刘墉昂着头站在那儿，顿时找到了出口恶气的地方，便把脸一沉，说："刘墉，你可知罪？"

刘墉甩袖跪倒，答道："草民不知，请大人明示！"

高巡抚奸笑一声，说："你不知罪？那皇上为什么革你的职？"

"那是皇上的事。草民有机会见着皇上，一定会问个清楚。听大人的意思，好像知道我为什么被革职。"

高巡抚心虚，忙说："我……我怎么知道。我是问你无端搜查徐府，可知罪吗？"

刘墉摇摇头："草民刚才还是江宁知府，有权搜查辖区内的任何地方，何罪之有？"

高巡抚道："你是有权搜查。可是你知道吗？徐五是本地乡绅、大善人，多次捐资府学、县学，修德扬善，其父也做过一任的巡抚。如此有名望、守国法的人家，你连番搜查扰民，把官府的名声都败坏了。上次，徐五告到总督府，周总督已奏明皇上。你还不思悔改，再次骚扰徐府。本巡抚岂能坐视不管？"

刘墉正然道："高大人，您开口说徐五是名绅，闭口说是大善人。请问，他这样的乡绅因何出名？他这'大善人'之名是官府所赐，还是百姓所给？徐五是本省最大的盐枭，偷漏多少国税，官府是心知肚明啊。他还欺压良善，称霸一方，胡作非为。如果容我进府搜查，现在就能搜出他的罪证来。"

徐五听得又惊又怒，扑通跪倒在高巡抚的面前，呼叫道："大人，您听见了吧？刘墉不但诬陷小民，还往本省长官的脸上抹黑呀，他分明是目中无人啊！"

谁都听得出徐五是有意在挑起巡抚大人的怒火。高名楼果然恼羞成怒，怒视刘墉，说："刘墉，你现在已不是什么钦点的江宁知府了，竟还敢诬陷他人，诬蔑官长。本官若不惩治你，江宁吏民人心不服啊。来呀，将刘墉拿下，交按察使处置定罪。"

高名楼一语甫出，江宁府人等尽皆显露出愤恨不平之色，暗骂高名楼狗眼看人。刘大人刚被圣旨降级，他就治大人之罪。巡抚衙门的差役扑上前去就要抓人。江宁府差役陈大勇一步跨到刘墉面前，手按刀柄，将身一横，怒斥道："谁敢动刘大人一根毫毛！"

大勇做过押运漕粮的千总，巡抚衙门的差役都认识他，知其勇猛，一时竟不敢上前。高巡抚大怒，手指大勇怒斥道："陈大勇，又是你！当年你丢失漕粮，蒙皇上宽恩，饶你性命，想不到你不思报效圣恩，竟做奸官鹰犬。快快闪开，本官既往不咎，若还执迷不悟，休怪我将你一并治罪。"

陈大勇好像没听见，依然怒目而视，傲然不动。刘墉推开他，平静地说："大勇退下，他高名楼不敢把我怎么样。"便上前轻松地一笑，说，"高大人，你在抓人之前可要想好定我个什么罪名，免得抓人容易放人难啊！"

高名楼心里咯噔一下，暗想，对呀，刘墉就是被革去官职，也不是寻常百姓。若没有适当的罪名，恐怕人心不服，弄不好惊动了朝廷，反惹一身臊。

他这一犹豫，徐五着急了，跟在身后说："高大人，他这罪名是现成的，诬陷本地名绅，诬蔑本省官员、无端扰民，哪一条不够抓人治罪啊？大人，就凭他那一副狂妄的气势，就没把你这一省之长放在眼里。这样的人您要是不敢抓，您

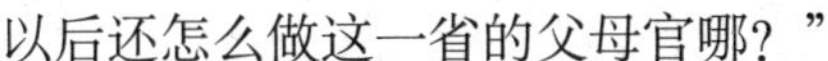

以后还怎么做这一省的父母官哪？”

高名楼的心头之火又被挑起来了，冷笑道：“刘墉，你不要以为你是老太后的御儿干殿下，本抚就不敢抓你。如今，连皇上都下旨革了你的职，本抚还有何不敢？来呀，拿下！”

巡抚差役又要上前拿人。忽然，远远地有人高喊：“谁敢动我们老爷！”

众人吃了一惊，循声看去，只见东边道上一乘轻盈小轿急急赶来。轿子前面，刘墉的家人张成、刘安边跑边喊。不多时，两人跑到徐府门前，径奔刘墉，挡在跟前。张成瞪着眼珠子，说：“老爷，谁敢欺负你？夫人来了！”

刘墉笑骂道：“好小子，就凭你能保护老爷？夫人来了也没用。”

说话间，小轿也在徐府门前停住。刘夫人走出轿子，嫣翠、青儿在两旁陪着，径奔刘墉跟前。刘夫人看着丈夫，说：“老爷，圣旨不是革去你的江宁知府之职吗？革去了咱就不做这个官，照样过日子。怎么，还有人欺负咱这平头百姓？”

刘墉故作惊异，大声地说：“哎呀，夫人，你可是格格身份，怎么能抛头露面到这种地方来？快回去，这里有我呢！”

刘夫人摇摇头：“你现在是寻常百姓一个，还不是谁想怎么捏巴就怎么捏巴！”说着，向高巡抚走近几步，说，“高巡抚，看这架势，你要抓我家老爷？不知他犯了哪条王法？”

高名楼略施一礼，说：“格格有所不知，刘墉诬陷名绅，诬骂本省官员，无端扰民，本抚不得不问。”

刘夫人杏眼圆睁，怒骂道：“什么无端扰民？我家老爷刚才还是四品知府，难道无权搜查他徐府？什么诬陷名绅、诬骂官长，他不就是骂你几句吗？姓高的，你也不看看你是什么东西，你跟徐五勾在一起干的那些事，别以为江宁的老百姓不知道，还有，你上奏朝廷说修了八百里的防洪长堤，那长堤在哪儿？不是不报，时候没到。王坤望就是例证啊。我现在也骂你了，是不是也要抓本格格治罪？”

高名楼面色灰白，心惊肉跳，哆嗦着嘴唇叫道：“一派胡言，你不要以为自己是格格就可以任意辱骂朝廷命官。本抚要上奏朝廷！”

徐五在旁叫道：“高大人，这妇人如此刁蛮无礼，目无王法。您不如将她与刘墉一同捉拿问罪！”

高名楼瞪了他一眼，怒骂道：“你懂个屁。她是旗人，是格格——六王爷之女，我一个汉官，敢拿她问罪吗？来呀，回府！”

巡抚衙门的差役早就被刘夫人的尊贵身份震住了，谁还敢上前去抓刘墉。闻听高巡抚之命，巴不得似的回身就走。高名楼正要上轿，忽听吴公公叫道：“高

大人且慢！”

高名楼被吴公公刚才的轻慢态度惹恼了，所以就没想着跟他道别。但此时人家叫到自己，不得不应付几句了，便止步说道：“公公一路劳乏，请到衙门里歇息一日，本抚好备些薄酒，为公公洗尘！”

不料，吴公公却摇头笑道：“我不是要去你衙门吃喝，我是有几句话要奉告大人。”

高巡抚一怔：“公公请赐教！”

吴公公：“大人要弄清楚，圣旨只是把刘墉降级使用，不是革职，虽说官级被降为九品，但毕竟是官不是民。高大人应遵旨办理。方才大人要治刘墉之罪，实在是有违圣意。我既是奉命宣旨，不能不提醒大人。”

高名楼闻听，吓了一跳：是啊，自己真是昏了头，怎么竟在钦差面前违旨行事呢？如果这位吴公公回京后奏明皇上，后果难料啊。都是徐五给闹的。他狠狠地瞪了徐五一眼，向吴公公赔笑道：“公公言之有理，高某一定遵旨办理！”

吴公公说：“不知高大人给刘墉什么差事？”

高名楼没想到他逼得这么紧，毫无思想准备，只得向随身的陈书办道：“陈书办，你看九品衔的差事，何处有缺？”

陈书办想了想，答道：“回大人，江宁北门缺一个城门官。”

“好，就让刘墉做北门的城门官吧，公公以为如何？”

吴公公笑道：“我可不敢干预地方政事，只要高大人遵旨办理就行。刘墉，还不谢过高大人！”

刘墉说了声“多谢吴公公”，方向高巡抚施礼道：“草民——不对，我还不是草民，刘墉谢过巡抚大人。”

高名楼冷冷地说：“别谢我，要谢就谢圣上吧！”回身上轿而去，连吴公公也不答理。

徐五望着高巡抚远去的队伍多少有点儿失望。但刘墉被革去江宁知府之职，对他的威胁解除了，这可是最大的喜事。他冲刘墉笑了笑，说：“刘墉，你现在无权搜我的府邸了吧？明告诉你，我府里关押着很多人哪，周月英就在里面，你这个九品官又能怎样？哈哈哈……”

刘墉却没有表现出徐五想象的那种尴尬、窘迫的神态，而是平淡地笑道：“徐五啊，你小子先别得意。我夫人说得对，不是不报，时候未到。难道你没看出来？这江宁已经不是你和高名楼的天下了。”

徐五心头一惊，感到刘墉的话好耳熟。对，是高巡抚多次这样说过。自从刘墉到江宁，高名楼似乎胆小多了，处处谨小慎微，再不敢像以前那样大把大把地搂银子了，还多次告诫他，不准再贩卖私盐、招惹是非。上次于文立、于文亮强抢周月英，虽然高名楼并不知道实情，但还是把他臭骂了一顿。

徐五感到一种无形的威胁的存在，但是在刘墉面前却不会表现出胆怯，所以依然得意地说："刘墉，我不该得意，你该得意啦。你如今是城门官，只管着开关城门，可比做知府省心多喽。对不住，我要进府了，失陪！"

于文立、于文亮等豪奴也得意地说笑着，跟着徐五进府去了。大门咣当一声关上了，把刘墉、吴公公等人留在门外。吴公公冲刘墉一笑，说："刘大人，圣上宽恩，还留给你九品官。是官强过民。好好过日子吧，别再招惹是非。我走了！"

刘墉夫妇连忙致谢。吴公公上马率众离去。

刘墉从府衙里搬家了，在北门内租了间民房居住。幸好他是骑驴上任，行李不多。倒是刘夫人来后置办了一些必需的东西，归总起来也不过一辆马车就拉完了，搬起家来倒是方便。

但是，难以搬走的是人情。刘墉驭下严明，公正无私，府衙上下无不敬服。听说刘大人要搬走了，府吏差役、侍仆杂佣都舍不得。何英、大勇更是热泪横流，也要辞职离开江宁府。刘墉劝慰说："请二位安心留下。要不了多久，我便会弄清楚谁在弄鬼。请相信刘某有官复原职的那一天，江苏吏治也有大力整饬的那一天。二位留在府衙，于我相助甚大啊！"

何英、大勇点头说："我们相信大人有扭转乾坤之力，贪官恶霸有落入法网的那一天！我们听大人的安排。"

刘墉举家搬进了北门内的一处小院。虽说是民房，但经过青儿、张成几个人的打扫，倒也干净宽敞，只是众人总觉老爷太冤枉，闷闷的，不开心。刘夫人边整理衣物，边愤愤地说："都说当今皇上圣明，依我看他也是昏君一个。老爷这样辛辛苦苦为他效忠，却被无辜地连降五级，这世上还有天理吗？"

刘墉却毫不在意地笑道："你甭发牢骚了。我不就是被降级留用吗？好歹还是九品官。吴公公说得好，是官强过民嘛！"

刘夫人讥笑道："嗬，你还强过民呢，你就是做四品知府的时候，那副穷酸相谁没看见过？如今降为九品官了，就凭你那点儿俸禄，咱们这六张嘴吃什么？比起这江宁城里的百姓，你强过谁去？"

刘墉脸上没有了笑容，皱皱眉说："夫人，要么这样，你带着嫣翠和青儿回京，我和张成、刘安怎么都能对付过去。"

"那不就苦了老爷您了。"刘夫人叹息说，"我可不是那种怕吃苦受穷的人，再说，有老爷子的积蓄帮衬咱，怎么也能对付着过去。我心里还是那个疙瘩，老爷您太冤了！"说着，眼泪竟下来了。

刘墉耐心开导说："夫人，你要想开点儿。宦海沉浮，那是自然之事。再

说，当今皇上尚算圣明，不会无端下旨到地方。一定有人从中弄鬼，高名楼上月进京述职，听说带了不少金银珠宝。他刚回来不久圣旨就到了。此事一定与他有关。”

“是他弄鬼又怎么样？”刘夫人摇摇头，“你如今没有了奏事权，连向皇上辩解的机会都没有。”

刘墉说：“不是还有老爷子吗？我今晚就给老爷子修书一封，问明真情，好酌情应对。”

刘夫人白了他一眼，得意地说：“你呀，还不是全指望我爹！”

夏日的凌晨，东方刚露出第一缕朝霞，刘墉就带着几名官兵出现在城门洞前。他穿着那身短靠军服，几乎与兵勇无异，所不同是，胸前绣着一个“官”字，而不是“兵”。但在老百姓的眼里，城门官跟当兵的一样。就是兵勇也不拿城门官当回事，称之为“头”。刘墉自然被称为“刘头”。

城门里已经有人等候出城，自然，城门外也有人等着进城了。刘墉掏出怀表看了看，快到开城门的时候了。一个矮胖的兵勇冲他挤挤眼，说：“刘头，不急，时辰还早呢！”

刘墉不解其意，问：“胖子，你搞什么鬼？”

胖子把他拉到一边，低声说道：“听我说，刘头您初来乍到哪知道这里的事儿。俗话说‘龙有龙路，虾有虾道。’咱们守城门的，就得靠这城门弄俩酒钱。您瞧这些等着出城的人，一大早起来，十有八九有急事儿。咱们耗他一会儿，准有人孝敬咱们银子！”

刘墉吃惊得嘴巴张得老大，半天没合拢，问：“人家要是不给呢，咱这城门难道就不开了吗？”

“我说刘头，您别抬杠，凭我的经验，差不多天天都有跟咱们耗不起的主儿。”

“人家要是告到城防总兵那儿去怎么办？”

胖子咧嘴说：“让他们告去吧！总兵大人哪有工夫管这样的小事？再说，这太平年景，城门早开一会儿晚开一会儿有什么关系。”

“嘀，真是闻所未闻哪。”刘墉嘀咕着。回头一看，果然有个老者等得着急了，上前问道：“几位军爷，该开城门了吧！”

刘墉还没开口，胖子就接过话茬，硬邦邦地说：“不行，时辰还早着呢！”

老者忙拱手施礼，央求道：“求军爷行行好。我儿子得了急病，我赶着出城去请郎中呢！”

胖子看也不看老者，说：“少啰唆，不行就是不行！”

老者显然经见过世面，叹息一声，从褡裢中取出几块碎银，双手捧到胖子跟前，恭恭敬敬地说：“这点小意思算是孝敬军爷的，求军爷早点打开城门。”

胖子看见银子，眼睛都眯成一条缝儿，高兴地接过银子，连声说：“好说，好说，刘头，开城门吧！”

刘墉看得真真切切，似笑非笑地对胖子招手说：“拿过来！”

胖子屁颠屁颠地奔过来，把银子放在刘墉的手里，媚笑着说：“刘头，该您拿着才是。”

刘墉一努嘴，说：“胖子，你去开城门！”

“是，刘头。”

胖子走到门后，扯着嗓门喊道：“开城门喽！”然后用力拉开门闩。几个兵勇一齐用力，城门吱呀呀，咣当打开了。门内门外等候的人们拥向城门。老者迈步就走，却被刘墉几步上前拦住：“老哥且慢！”

老者没好气地说：“你们还想要什么？”

刘墉把碎银往他手里一塞，说：“你的银子还给你。快给儿子请郎中去吧！”

老者愣住了。进出城的人们也停住脚步，好奇地看着他们。刘墉向四周拱拱手，大声说道：“各位父老乡亲，刚才我们的一个弟兄勒索这位老哥的钱财，乃是有违国法的行为，应按律处置。我是这里的城门官，先向老哥道个歉。以后，如有守门官兵敲诈勒索之事，你们就来向我告状。李阿胖今天勒索老人家，除了向老人家道歉，另处罚饷一年！胖子，快过来向老人家道歉！”

胖子显然没想到刘头会来这一手，脸上青一阵白一阵。但是在刘墉凌厉目光的威逼下，只得走到老者面前深施一礼，低声道：“对不起，是我一时糊涂，老人家多多担待！”

“好哇！”人们欢呼起来。很快有人认出刘墉，大声喊道：“这不是刘青天刘大人吗？刘大人在哪儿都为咱百姓说话啊！”

“刘青天？您是刘青天啊！”老者一阵惊喜，忙撇开胖子，给刘墉跪倒磕头。周围的人们也呼啦跪倒一片。

刘墉忙拉起老者，说：“老哥，你这是干什么？你儿子还病着呢，请郎中要紧，快赶路吧！各位乡亲，大家大清早赶来都有事儿，快去办事吧。这样堵在城门口也不是事儿。”

人们这才起身陆续散去。

胖子生气了，不再答理刘墉。

日上三竿，进出城门的人络绎不绝，城内叫买叫卖声此起彼落，也逐渐热闹起来。因为是太平年景，守城门的官兵除了每天开关城门也没别的事可做。刘墉叫几个兵勇看守城门，自己则打来半斤烧酒，就着咸萝卜干，坐在城门洞里喝起来。喝到兴处竟哼哼唧唧起来，也听不清唱什么。

胖子看了他一眼，低声骂道：“死罗锅子，不让我们弄俩酒钱，自己倒喝得

痛快。”

一个兵勇小声说：“人家是刘青天，哪能让咱们乱来！”

胖子冷哼一声，说：“青天个屁，他还不是专拣软柿子捏？徐五贩卖私盐，捞了多少银子，为祸一方，欺压多少人家，他怎么管不了？”

刘墉看见他们交头接耳，就举着酒壶叫道：“喂，你们哥俩嘀咕什么呢？想喝酒的话，就过来一起喝！”

胖子怪声怪气地说：“我们能说什么？还不是说您刘青天的好啊。您那可是青天酒，我们哪敢喝呀！”

“不喝拉倒！”刘墉又闷了一口酒。他还真舍不得给人家喝。

时近晌午，北门内正是车水马龙、人流如潮的时候，忽然有人高叫道：“行人快快闪开，孙大人、吴大人、徐五爷到！”

人们一听当官的来了，慌忙往路旁躲闪回避，街上一片混乱。一个推车进城卖酒的老汉被行人拥挤，独轮车歪倒，两坛子刚酿的新酒全洒在了路旁，老汉心疼得老泪直流。

几十匹马奔过来，江苏刑道孙朴方、按察使吴良新与徐五带着几十名扈从出城避暑游玩。

马到城门，守门的胖子等几个兵勇听说当官的来了，早已跪在路旁，迎接大人。只有刘墉好像没听见，还在自得其乐地喝着酒。

徐五骑马走在最前面，看到有人竟敢对他们视而不见，怒道：“什么人敢如此无礼？”

胖子正愁找不到出气的地方呢，马上笑道：“五爷，您问他吗？他可是刘青天哪！”

徐五这才认出是刘墉，得意地笑道：“我说谁能有这个胆子，原来是刘罗锅子。”

胖子挑拨说：“五爷，您能让他下跪吗？”

“他敢不跪？”徐五突然怒喝一声，“大胆刘墉，还不下跪迎接。”

刘墉这才收起酒壶，慢吞吞地站起来掸了掸身上的尘土，抬头看了看徐五，说：“是徐五啊，你是让我给你下跪吗？”

徐五道：“刘墉，你现在不过是九品官。五爷我已经捐了监生，品级比你高，你敢不跪？”

刘墉咂着嘴说：“别说你还真有出息了，不就是花钱买了监生吗？我还告诉你，别说你一介监生，就是这江宁城里，也只有给我下跪的人，没有我给人家下跪的理儿。”

徐五道：“哎哟哟，刘墉，你还真会吹牛。你看着，孙刑道、吴按察使就在

这儿呢，你敢不跪？”

刘墉梗着脖子道：“就是高巡抚、周总督在此，也只有他们给我下跪的理儿！”

“你比做江宁知府时还狂啊。”徐五回头叫道，“孙大人、吴大人，刘墉没把你们当回事啊！”

他这是有意让孙朴方、吴良新整治刘墉。孙、吴二人早已怒容满面，尤其是孙朴方，在审理清风店的案子时，身为上级竟被刘墉当众驳得哑口无言，无地自容，今天终于找到出气的机会了。

孙刑道驱马上前，怒视刘墉，斥道：“大胆刘墉，不过一个九品微官，见了本道，竟敢不跪。来呀，给我拿下，送衙门治罪。”两旁的扈从跳下马来上前就要抓人。不料，刘墉大叫一声：“慢着！孙朴方，你看这是什么？”

孙朴方见他右手指着足下的朝靴，哑然失笑说：“不就是一双朝靴吗？怎么，你那四品的官服被剥去，朝靴还穿着？”

刘墉用手指点着孙、吴、徐三人，一字一顿地说：“你们听清楚了，这朝靴乃是当今圣上的御赐之物，我穿着它，能给你们这种人下跪吗？本来我刘墉从不以御赐之物炫耀于人，今天是被你们这几个混蛋逼的。来，来，来，都过来。御赐之物如圣上亲临，快向朝靴磕头吧！”说着，盘腿坐在道路正中等着人家磕头了。孙、吴、徐三人目瞪口呆，想不到刘墉还留着这一手。

刘墉见他们发愣，冷笑道：“怎么，不磕？那可是目无圣上，罪同大逆啊！”

孙朴方脸上汗如雨下，面色晦暗，完全没有了刚才的骄横之气，终于第一个下马走到刘墉跟前，恭恭敬敬地跪下连磕三个响头。徐五、吴良新不敢不磕，那几十名扈从也都下马，跪倒一遍。周围挤满了看热闹的百姓，人们看见一向骄横跋扈的贪官、恶霸竟被刘墉治得服服帖帖，无不拍手称快。

时令刚过立秋，江南就进入了梅雨季节，秋雨淅淅沥沥下个不停。江宁古城被蒙在似雾似霾的雨帘里，被雨淋得黑沉沉的老墙和城上锯齿般的城堞巍然兀立着，时而被缓缓飘过的团云遮蔽，时而又透过云缝绽露它带着威严的峥嵘。

刘墉站在城门口，不时地看着天色，显出焦虑不安的神色。兵勇李阿胖笑道：“刘大人，您现在是城门官，操那么多心干什么！”

自从刘墉制服孙刑道、徐五、吴良新三人后，李阿胖对他佩服得五体投地，不再称“刘头”，而改称“刘大人”了。

刘墉摇摇头说：“你可知每年一到汛期，河水暴涨，有多少人家面临洪水的威胁。乾隆十八年，我为安徽学政，亲眼看见淮河决堤，两岸田园、房屋被洪水吞没，受灾百姓流离失所，背井离乡。其情其景，令人惨不忍睹啊！”

胖子不再笑了，钦敬地说：“要是当官的都像大人您这样，老百姓就有好日子过喽。岳飞不是说过，文官不爱钱，武将不怕死，天下就太平了。”

刘墉又是摇摇头，说："钱这东西太好了，谁不喜欢呢？自古以来都是贪官如蚁，清官寥寥啊！"

"刘大人，您也想过捞钱吗？"胖子大着胆子问。

"白花花的银子，谁不喜欢？不过，为人为官总要对得住天地良心。不然，必受神明的惩罚。"

两人说着话，雨已经小了些，进城的人多了起来，大多是赶着牛车，拖家带眷的百姓，人人脸上带着惶恐不安之色。

刘墉撇下胖子，拦住一辆牛车问道："你们从哪儿来？为什么冒雨进城？"

赶车的中年汉子满面愁容，答道："军爷有所不知，小人是江边白家堰人，这几天连着下雨，江水暴涨，说不定什么时候江堤就要决口。小人为着一家大小的活命，只好拖家带口逃到城里避难了。"

刘墉道："官府没有征集民工加固江堤吗？"

"当官的哪知道百姓的死活啊！"中年汉子摇头叹息，赶着牛车走了。

刘墉眺望江边，长吁短叹，焦虑不安。

雨幕中，十余骑奔驰而来。身披油衣的城防陈总兵亲自巡视四城。刘墉赶紧迎上前去，施礼道："卑职刘墉迎接大人！"

"刘大人不必多礼。"陈总兵跳下马，把缰绳扔给了身后的亲兵。他对刘墉尊敬如故，尽管刘墉已是他的属下，还是习惯地称其"刘大人"。

"大人快避避雨。"刘墉把陈总兵让进城门洞，随手搬过一只木凳子，"大人为何冒雨巡城？"

陈总兵没有坐下，说："没办法啊，听说圣上南巡已到凤阳府，近日就到江宁。高巡抚吩咐我们城防兵要加强警戒巡逻，严防发生意外，尤其你们北门。圣上历次进金陵都走北门，此处更要严加盘查防守，严禁刁民流匪闹事。"

"圣上真的要来江宁？"刘墉不知是喜是忧。

突然间陈总兵又道："大人可知白家堰江堤危在旦夕，百姓惊慌逃难？"

陈总兵点点头说："白家堰地势低洼，每逢汛期都有险情发生，我岂能不知。可是高大人说了，白家堰不过几百户人家，弹丸之地，无须官府兴师动众。"

刘墉像是被什么东西蜇了一下，面露愤然之色，说："什么？几百户人家难道就不是民命？何况一旦白家堰决堤，还将殃及附近的百姓。高大人难道就抽不出人救救他们？"

陈总兵苦笑道："高巡抚在准备迎驾事宜，忙得很呢！"

刘墉道："万事民为本。白家堰面临水患的威胁，高大人不去救民于水火之中，却一味铺张于迎驾之仪，取媚于圣上，岂不是本末倒置了？"

陈总兵慌忙低声劝解说："小心祸从口出。咱们都是下属，只能听命于上

司，还是少管那些吃力不讨好的事吧！”

“不，”刘墉摇着头，突然请命道，“请总兵大人准我去白家堰抗洪抢险！”

陈总兵惊愕不已：“什么，你去白家堰？那……那北城门交给谁？”

刘墉道：“不就是守好城门吗？我一个城门官，跟当兵的差不多，有我一个不多，无我一个不少。守城门的差事还有李阿胖他们呢。”

陈总兵道：“虽说谁都能守城门，可是无事则已，一旦发生意外，你我难逃失职之罪。如果正赶上圣驾入城，弄不好要掉脑袋的。”

刘墉道：“大人不就是担心刁民流匪惊了圣驾吗？其实只要保住江堤，稳定人心，哪还有那么多的刁民流匪？稳定民心乃是防乱治乱之根本。白家堰近在咫尺，就是皇上到了城外，卑职再赶回来守城也不迟，恳请大人恩准。”

陈总兵笑道：“刘大人，您都混到这份上了，还操这些闲心干什么？徐五乃是人人皆知的大盐枭、大恶霸，别人不敢碰，你非要碰，结果狐狸没抓住，反惹一身臊。如今白家堰的险情，江宁城里哪个官员不知道？高巡抚都不当回事，你偏偏要管。不是我不愿放你去，实是怕有人借此落井下石啊！”

刘墉着急地说道：“大人，顾不得那么多了。白家堰的百姓正面临着家园被毁的危险啊！”

陈总兵深为感动，终于点点头说：“刘大人爱民如子，其情可泣，我能不答应吗？姑且拨一百名兵勇由你使用。”

“多谢大人。”刘墉转忧为喜，忙说，“请大人先把那一百名兵勇调齐，我去跟夫人告个别，马上动身！”

陈总兵说：“一百兵勇瞬间可集，你可要速去速回。”

刘墉快步赶到家里，一进院门就连声喊道：“张成、刘安……都到哪儿去了？”

张成、刘安两人从侧屋里探出头来，问：“老爷，这大雨天您不在城门洞避雨，回家干什么？”

刘墉说：“你们俩快出来，跟我去白家堰修江堤去！”

张成不高兴地说：“老爷，您不是守城门的吗，怎么管起河道的事儿？”

刘墉道：“少啰唆，你们去不去？不去，老爷我可要家法伺候了。”

张成、刘安忙说：“去，去，老爷都去，我们还怕什么！”两人合撑着一把破雨伞从屋里出来。

刘墉正要转身往回走，正房的门响了，刘夫人站在门口问道：“老爷，这是干什么去？”

刘墉答道：“出趟公差。让张成、刘安一起伺候我呢。”

刘夫人道：“您还骗我？我都听见了，就您这身子骨儿还能抗洪抢险？江宁那么多当官的都干什么去了，轮着你一个守城门的九品官出头？”

刘墉道："夫人哪，我没工夫跟你说清楚，白家堰险情正急，我先走了。张成、刘安，快走！"

刘夫人气得直跺脚，看着他们消失在雨幕中。

陈总兵很快抽调出一百名精壮的兵卒，并把自己的战马交给刘墉。刘墉深感不安，说："大人，身为总兵，不能没有战马啊！"

陈总兵笑道："你不是说过，保住江堤，稳定人心，就没有乱民流匪。我这个总兵还要马干什么！"

"可是……"

"刘大人，这战马对你可有大用场啊，万一圣驾来江宁，不管江边险情如何，你都要赶回来守护城门。"

"刘墉感激不尽。"

"大人用心，刘墉明白。"当即上马，领一百名官兵冲进雨幕中。

白家堰距江宁北门不过二十里地。刘墉等人赶到村头时，村民大多已逃难而去，剩下的只有那些不愿离开故土，再也经不起风雨和旅途颠沛的老人。人们听说刘墉带领官兵抢险来了，全部披着蓑衣到村头迎接。一个白发苍苍的老妇不顾满地的泥水，跪倒在刘墉的马前，颤巍巍地说："刘大人，青天大老爷，快救救我们白家堰吧！"

刘墉慌忙下马双手搀起老人，仔细一看，惊讶地叫道："白大妈，是您！"

原来，这个老人是清风店血案中杀人凶手白玉莲的母亲。白玉莲被监押时，其母白大妈、其兄白玉柱曾经去探监，所以刘墉认得。

"白大妈，快别这样。我们就是为修堤、护堤而来。"刘墉安慰道。

白大妈叹息道："刘青天要是早点来就更好了，也不会有那么多人害怕逃走啊！"

刘墉问："怎么，您的儿子也逃走了？"

白大妈摇摇头说："您说玉柱啊，他哪儿也没去，就在江边守着大堤呢。我那媳妇和孙子都留在家里，她们不忍心抛下我这老婆子啊！"

刘墉用眼睛扫了一遍稀稀拉拉的人群，果然有一个衣衫破旧的中年女子领着一个三四岁的小男孩，娘儿俩合撑着一把破油纸伞在风雨中摇晃。

一个姓张的老汉上前说道："玉柱这孩子，为了守堤把自己的家都忘了，房子昨天夜里就被雨淋倒。幸亏他媳妇有防备，才没有伤着人。可今晚，他们全家连歇脚的地方都没有了。"

刘墉听得心头酸溜溜的，突然回头吩咐道："刘安，你想办法找辆车，把白大妈、白大嫂和孩子送到城里去，先安排在咱们家住下。其余人跟我上大堤。"

张老汉自告奋勇说："草民为青天大老爷带路。"

刘墉感激地说："多谢老人家。张成搀着老人家，小心摔倒！"

白家堰两面环山，一面临江，浩荡的江水被山势挤压，似困兽犹斗，拼命地拍打着堤岸。所谓的防洪大堤，不过是村民用土石堆成的不到半人高的土堤。因为堤岸太长，村里人力不足，那长堤修得单薄无力，在肆虐的江水面前摇摇欲坠。

刘墉登上江堤，堤上有十几名青壮村民正来回奔忙着用畚箕或土筐运送土石。显然，又有一处堤岸出现了险情。张老汉一上堤岸就大声喊道："玉柱，你们看，刘青天刘大人帮咱们护堤来了。"

正在奔忙的白玉柱停住了脚步，他认出了刘墉，惊喜地大声叫道："真是刘大人，刘青天来了。"

"刘青天来喽！"

奔忙的人们欢呼雀跃起来，十几张疲倦已极的脸上显露出兴奋的笑容。

刘墉下马，立即分遣官兵投入抢险的战斗，不过一袋烟的工夫，这一处的险情被排除了。但是刘墉并无一丝的喜悦，他眺望着漫长单薄、千疮百孔的堤岸，摇摇头说："靠这样修修补补无法确保江堤的安全，一定要全面加固才行。"

张老汉看看天际说："看天象今晚还会有大暴雨。这样的江堤随时都有决口的可能，除非全面加固。"

白玉柱看着刘墉说："全面加固，哪有这么多的人力呢？刘大人，您怎么就带这么点的人来？"

刘墉苦笑着没说话，此时此地，他怎么能说清楚官场上的龌龊呢？不过，对于召集民工他有信心。

张老汉说道："按说修堤、护堤，百姓没一个不乐意的。只是没有官府的组织，好多人不相信能保住江堤，都自顾自家去了。如今有刘青天带着大家修堤，人心齐，有信心，没一个不乐意来的。玉柱，你带着后生们去四方八邻招呼人，就说刘青天来为咱们修堤了，保准能来万儿八千人。"

张老汉的话与刘墉所想不谋而合。刘墉点头说："对，玉柱，你和后生们带上几名官兵快去召集村民。这里有我们守堤，暂时没问题。记住，让大家伙多带些口袋、门板等筑堤之物。"

"是，刘大人！"玉柱转身招呼后生们。

刘墉回头吩咐官兵："给他们几匹马。骑马去，快去快回，抢险保堤要紧。"

白玉柱等人跳上马，分头驰去。饱受水患之苦的沿江村民谁忍心看着洪水吞没自己的家园？听说刘墉刘青天领着大伙儿护堤，人们纷纷带上工具拥向江边。不消半个时辰，江堤下就聚集了黑压压的人群。而远处，抗洪的人流还在源源不断地赶来。

雨一直淅淅沥沥下个不停。先前赶到的官兵已经热火朝天地干了起来。刘墉望着冒雨聚集来的村民，深感人心可贵，立即指挥众人逐段加固堤防。

白玉柱召集四乡后回到江边。刘墉把他叫到跟前吩咐道："玉柱，你带十几个人专门巡视大堤。发现险情，及时告警抢修。天黑之后更要细心留神。夜里怕是还有暴雨，一旦有一处决口，势必前功尽弃。"

白玉柱用力点点头，说："大人放心，小人一定细心巡察，保证大堤的安全。"说着，向身后的青壮村民一招手，喊道，"走！"

平日静寂无声的江岸突然热闹起来，到处是忙碌的身影，到处是劳动的号声。刘墉瘦小的身影穿梭于忙碌的人群中，一会儿指点着打桩，一会儿叫人加固，有时抢过年老体弱者的扁担挑上一阵土石。

古往今来，老百姓最喜欢看当官的实干，最讨厌当官的夸夸其谈、满口官腔。"刘大人挑土石呢！"人们的议论、赞叹声很快传遍整个工地。刘墉的行动鼓舞了村民们的干劲，增强了大家战胜洪水的信心。多日来弥漫在人们心头的阴霾消散了，工地上响起了欢笑声。

众人拾柴火焰高。细长的江堤在一点点地长高增厚，加固后的江堤横亘在肆虐的江水面前。

天黑了，但还有一半的江堤没有加固。雨小了许多，细细的雨雾打在人们的脸上，与汗水混在一起成股地流到身上，湿湿的、黏黏的。

因为天太黑，工程的进度明显慢了下来。跟在刘墉身后的张老汉仰望着黑漆漆的天空，忧心忡忡地说："刘大人，看天象下半夜必有暴雨，说什么也要赶在暴雨来临之前把江堤加固一遍。"

"老哥所言极是！"刘墉点点头，喊过几个村民过来，吩咐道，"你们几个去各村里多找几只风灯来。今晚就是挑灯夜战，也要在暴雨之前全部加固江堤。"

"是，大人！"

几个村民消失在夜幕中，没多久便回来了。大堤上亮起了十几只纱灯，在江风中飘摇。人们又喊着号子，忙碌起来。工程进度加快了。

一个时辰过去了，两个时辰过去了，加固后的大堤在迅速延长。但此时，一道闪电划过，天际间传来轰隆隆的雷声。一阵强劲的江风裹着几滴豆大的雨点扑面而来。张成手里的风灯被吹灭了，漆黑一片。张老汉拉着刘墉的衣袍，语带惊慌，说："刘大人，不好，暴雨要来了！"

刘墉也是心如火燎，对着黑夜喊道："喂，还有多长没有加固？"

黑暗中有人答道："快了，还有小半里地！"

张成好容易把灯又点亮了，昏暗的灯光照着刘墉瘦削冷峻的脸。他用坚定的语气大声喊道："暴雨快来到了，大家再加把劲，把大堤加固一遍，它就安全多

了。”说着，抱起一根粗大的木桩喊道，“张成，跟我到前面去打桩。”

“哎，老爷，您……”张成想劝阻，但深知刘墉的脾气，只好把风灯交给张老汉，抓起一只大锤跟过去。

“加把劲哪！”有人大声喊着号子。

“保大堤呀！”万千人应喝着。

一道闪电划过，照亮了大地。天地间显现出一幅战天斗地的动人画卷。

闪电过后，一声轰鸣在天地间回响。暴雨终于来了，如瓢泼，如盆倾，劈头盖脑地向人们浇来。所有的风灯一下子全被浇灭，江岸上一遍黑暗。

刘墉站起来喊道：“我是刘墉，大家不要惊慌，一定要坚持把最后这段加固保住。保住大堤，就是保住我们的家园和亲人啊！”

不用他喊，没有人退缩，更没有人悄悄溜走。暴雨没有让人们停下手脚，大家借着闪电的一瞬间光亮，把土石、木桩准确地运送到堤段上。暴雨下，加固的长堤继续顽强地延长，一丈，两丈，五丈，十丈……

又一个闪电划过，人们清楚看出只剩十来丈的江堤没有加固了。白玉柱带着十几名青壮民工在那最后一段摇摇欲坠的江堤上分散看守着，显然在查看、在倾听每一个不祥的信号。所有人的心里都有着如释重负的感觉，但没有人敢松懈，仍然拼命地忙活，因为暴雨不知要下到何时，新加固的大堤能扛得住暴涨的江水吗？

暴雨如注，刘墉身上披的那件油衣根本不顶用，雨水照样灌进脖子里，全身早已湿透，好在忙活得一身汗，并不觉得冷。但是，浑身酸痛难忍。他把一根木桩立稳，让张成打桩，自己站起来，伸伸腰身，想歇息一下。忽听风雨声中响起一阵轰鸣。

“不好！”

他的心里刚闪过一个可怕的念头，就听好几个人的惊叫声：“不好了，决堤了！”

正在忙碌的人们慌乱地惊叫起来，闪电下有人开始逃走。刘墉吃了一惊，连忙大声喊道：“不要惊慌，哪里决堤哪里堵。不要老想着家里，堵不住堤口，谁也护不住家。哪里决堤？快带麻包、蒲包去堵。”

闪电中，一个青壮民工带着刘墉向前摸去，刚走几十步，就听到江水的轰响声。又一个闪电，刘墉看清楚了，决堤处正是没来得及加固的地方。江堤被撕开了一道两丈多宽的口子，洪水如万马奔腾，轰鸣着涌出。决口两边，白玉柱带着人正往豁口里扔着装满土石的麻包、蒲包。

白玉柱也看见刘墉了，奔过来带着哭音叫道：“刘大人，麻包都被江水冲走了，不顶用，怎么办？”

刘墉不假思索地说："只有打桩了！"

有人立刻提出异议："成麻包的土石都被冲走，人怎么下去打桩？"

刘墉坚决地说："就是用人堵，也要堵住决口。不然，后果不堪设想啊！"

话音刚落，白玉柱就喊道："对，用人堵。身强力壮的跟我来，下水！"

但是，没有人应声，谁都明白下水的危险性。

刘墉见此情形，大声说："玉柱，我算一个。"

闪电下他第一个上前拉住白玉柱的手。

张成听见，连忙上前喊道："老爷，您那身子骨哪扛得住？还是让小的来吧！"

刘墉没理他，大声地解释说："大家不要怕，只要人接人，手牵手，以众合力，不会被洪水冲走。事不宜迟，快快行动，否则决口会越来越大，再想堵就堵不住了。"

白玉柱气得大叫："刘大人都不怕，你们怕什么？家里的娃儿、媳妇、老爹、老娘正巴望着救他们呢，是男人的站过来！"

青壮民工终于被打动了，一个个站到白玉柱的身旁，齐声说："刘大人留下吧，小人们下去！"

刘墉坚持道："不，我跟你们一起下去，一定要堵住决口。"

"不，刘大人！"白玉柱说，"江水太急，我们年轻人都扛不住，您那身子骨儿哪成？万一您那一环扛不住，我们大家会被水冲走的。"

"对，刘大人您不行！"众人异口同声地说。

张成把刘墉拉到边上，说："老爷，有小人在，哪能让您下去呢？"

刘墉不再坚持，吩咐人把木桩、土石、麻包、蒲包准备好。

几十名青壮民工手拉着手走向堤口。白玉柱第一个跳进湍急冰凉的水流中，没走两步就被巨大的水流冲倒，好在他牢牢抓住另一个民工的手，终于挣扎着站起来，顽强地向对岸摸去，一步，两步……

青壮民工一个挨一个跳下水去，不时地有人被冲倒，但都被两边有力的大手支撑着站起来。白玉柱不知道摔倒多少次，在水流中翻滚着向前蠕动。

跳下水的人越来越多，手拉着手，结成一道冲不垮的人墙，在洪流中挣扎。一根根碗口粗的木桩被抛下去，急流中，民工们摇晃着抡起大锤，终于将一根根的木桩打在洪流中。一袋袋装满土石的蒲包、麻包被扔下去，决口开始一点点缩小了。

天麻麻亮时，几经反复的决口终于合拢了。而老天爷似乎有意跟人们开玩笑，这时候突然风停雨住了。奋战了一天一夜的人们又困又累，好多人穿着湿漉漉的衣服，倒在泥地上就睡着了。刘墉也是疲劳已极，但紧张的神经丝毫不敢放

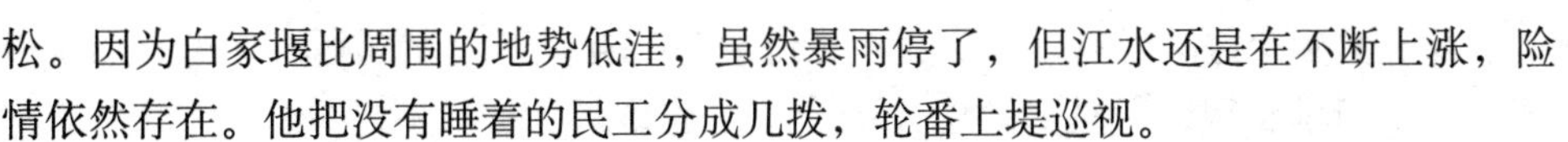

松。因为白家堰比周围的地势低洼，虽然暴雨停了，但江水还是在不断上涨，险情依然存在。他把没有睡着的民工分成几拨，轮番上堤巡视。

天光放亮，白家堰及周围村子里送来了饭菜，老人、妇女、孩子几乎全部出动，箪食壶浆，就像欢迎得胜归来的大军。民工们吃得又香又甜，浑身的困乏顿消，内心油然而生豪迈之情。

几个老人和妇女把刘墉团团围住，他们的手里捧着瓦罐，里面有冒着热气的鸡、鱼等美食。有的村妇还连夜缝制了新衣送到刘墉面前。每个人几乎都是眼含热泪，说着内容相同的话：

"青天大老爷，您救了俺全村啊。乡里人没有什么好东西，这碗鸡汤您就喝下，补补身子吧！"

"青天大老爷，您就换上这身干衣服吧，小心着凉啊！"

刘墉非常激动，连连摆手说："乡亲们，起来，保住大堤是大家的功劳，我刘墉一个人有多大的能耐？这么多东西我也吃不完，都分给大家吃吧！"

捧着衣服的村妇不甘心地说："青天大老爷，您把这衣服换上吧。保重您的身体是小民的福啊！"

刘墉坚辞不受，说："堤上泥水遍地，可惜了这新衣服，我这身衣服一会儿工夫就烤干了。"

天空中乌云消散，水天相接处，一轮红日喷薄而出，竟是个晴好天气。人们心头的一块石头落地，开始四散回家。刘墉一见，急忙起身招呼道："喂，我说大家先别忙着回家。今天天晴了，谁知道明天、后天会不会还有暴雨？像这种临时应急加固的堤坝能抵住连日的暴雨吗？当然，大家一时都拿不出钱来修一道抵御百年洪水的石堤。但是，我们有的是力气。趁着今天好不容易聚集这么多人，我看不如把大堤再用土加固一遍，尽可能修得牢固些。你们说，好不好？"

"行，我们听刘大人的！"吃饱喝足，烤干了衣服的民工几乎是异口同声地答道。

江堤上，一幅热火朝天、修堤保家的动人画卷再次展开了。但这一次有所不同的是，民工们不慌不忙、有条不紊地忙碌着。不过半天，白家堰堤段就长高了许多。

日近正午，一匹快马急驰而来。一名清兵滚鞍下马，人还没有站稳，就急乎乎地喊叫道："刘墉在哪里？"

有人很快把他带到刘墉面前。那清兵责备道："刘墉啊刘墉。这里没有险情了，你怎么还不回去？皇上已到江宁，圣驾快进城了！"

刘墉暗叫一声"糟了"。若是高巡抚知道自己擅离职守，就是陈总兵也保不住自己，他忙喊道："张成，快，牵马来，咱们回城！"

张成赶紧牵过两匹马，主仆两人上马也不等那清兵，急忙扬鞭而去。

二十里的路程，一袋烟的工夫就到了。刘墉到了江宁北门，翻身下马。陈总兵正等在那儿呢，一见他来到，忙迎上前去，小声埋怨道："刘大人哪，雨早停了，你怎么还不回来？幸亏高巡抚迎驾去了，若是他发现你擅离职守，我也保不住您啊。"

刘墉施礼赔笑道："对不起，陈大人，让您着急了。"

"别对不起啦。圣驾要进城了，快把这身脏衣服换掉，守城门吧！我还要到别处转转，北门就交给你了。"

陈总兵接过自己的战马，上马离去。刘墉忙叫张成道："张成，快回家拿一身干净衣服来，老爷我好换上！"

张成撇撇嘴说："今儿个可是皇上进城，你那些破烂衣服哪一件能穿出去？咱们家除了夫人有几件新衣服，哪有像样的啊！"

刘墉挠挠头，忽然笑道："你说得对，就拿夫人的新衣服来，越是鲜艳越好！"

"什么？您穿女人的衣服迎驾？那可是惊驾之罪，要掉脑袋的！"

刘墉说："张成，老爷也该洗雪冤屈了。让你去拿你就快去拿，老爷自有妙用。"

"老爷，您又要卖什么神药？小心把脑袋弄没了。"张成嘴里嘀咕着，还是转身跑回家去了。

金陵城外接官亭两旁的官道上，几百名全副武装的清兵三步一岗，五步一哨，戒备森严。接官亭左边的空地上黑压压落着轿子，摆放得煞是整齐。

凉亭里，身穿朝服的江苏省府大小官员有的摇着折扇，有的低声议论，有的引颈遥望前方。

官道上，早已禁止行人通行，只有几匹驿马来回奔驰，不时禀报着圣驾的行止：

"启禀大人，圣驾已过江登陆！"

"……圣驾已到蒋塘！"

"……圣驾还有十里地！"

周总督、高巡抚手摇折扇，坐在众官员的最前边。高巡抚尽管不停地摇着扇子，额头上还是沁出细细的汗珠。他一会儿遥望前方，一会儿看看周总督，心神不安，小声向周总督道："周大人，圣驾三天前还在安徽的凤阳府，为什么要冒雨兼程来我江苏呢？"

周总督虔敬地说："我主圣明，最重躬行实践，不尚喋喋讲论之虚。登基以来，频频出巡天下，躬行政事。此次来我江苏，亦不为怪呀！"

高巡抚连连点头笑道："总督大人所言极是，但卑职以为本省之政未必件

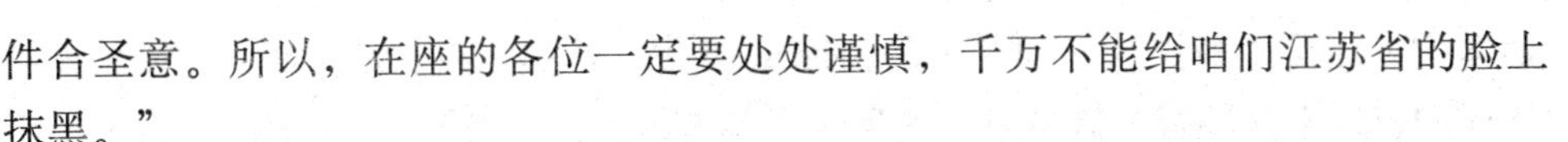

件合圣意。所以，在座的各位一定要处处谨慎，千万不能给咱们江苏省的脸上抹黑。”

“高大人言之有理啊。不该让皇上知道的事儿，就不能让皇上知道。各位要严防刁民制造谣言，无事生非。”周总督完全赞同高巡抚的意见，告诫众官员说。

众官员一齐点头说：“总督和巡抚大人所言甚是。防民之口甚于防川，还是小心为妙，小心为妙啊！”他们这些人，哪个屁股没有屎？都怕有人在皇上驾临时捅出点什么事来。

众人一边说着闲话，一边等待乾隆帝的驾临。不过两袋烟的工夫，一匹驿马驰来，禀报道：“圣驾即刻就到，请各位大人做好迎驾准备！”

周总督第一个站起来，喊道：“快，跪迎圣驾！”

高巡抚及众官员跟在他身后，走出凉亭，一个挨一个跪在官道旁。刚过正午的太阳正是最毒辣的时候，毫不客气地炙烤这些肥头大耳的人上人。汗水很快湿透了朝服。但没有人敢有怨言，都在诚恐诚惶地等待着。

一阵惊天动地的马蹄声响，官道上开过一支队伍，龙旗飘扬，凤旗摆动，彰显着皇家的尊贵和威严。队伍不大，绵延三四里路长，全是精骑马队。前面是几百名穿着黄衣、全副武装的宫廷侍卫开道，当中几十辆豪华轿车，全都插着龙旗，最后是两千名御林军殿后。

乾隆帝这次南巡可以说是轻车简从，不求奢华。若非如此，这支队伍怎么可能只用两天的时间就冒雨从凤阳府赶到江宁？

周总督、高巡抚等地方官员跪在道旁不敢抬头仰视，耳听着马蹄声和车轮声从身前经过。终于，马蹄声和车轮声停住。

一辆插着龙凤旗的辇车在众官员的跟前停下，一名内监上前道：“启禀皇上，江苏省地方官员在此恭迎圣驾。”

辇车里传出乾隆帝的声音：“知道了。朕见见他们。”

帘门挑动，从车辇里先下来的却是和珅。乾隆随后下车。和珅殷勤地伸手搀扶皇上，却被乾隆帝拒绝，说：“朕还没到七八十岁的时候，用不着人搀扶。”

周总督、高巡抚听出乾隆与和珅的声音，连忙行三跪九叩首大礼，口呼：“臣等恭迎圣驾！吾皇万岁，万万岁！”

身后的官员们轰雷般高呼：“吾皇万岁，万万岁！”

乾隆帝看着汗流浃背的众官员，亲切地说：“这大热天的，跪在烈日下，谁受得了？诸位爱卿，快快请起！”

众官员齐声道：“臣谢主隆恩！”一个个方才站起身来。

乾隆帝看见红柱绿瓦的凉亭，用手一指，高兴地说：“这里倒不失为避暑的

好地方。诸位爱卿跟朕一起进去凉快凉快。哎，对了，传朕旨意，叫六王、范御使他们也过来。还有，御林军、内廷人员都去树荫下歇息吧！”

乾隆帝走进凉亭，和珅忙叫人拿来一个香木凳请皇上坐下。江苏的地方官员谦让着站在乾隆帝的周围。这时，随驾的六王、范振墉等王公大臣走了过来。地方官员与他们一一施礼相见。

乾隆帝扫视江苏官员一遍，含笑说：“江南好啊，山清水秀，人杰地灵，是北方没法比的。朕生性爱山爱水，若不是肩上挑着祖宗遗下的千斤重担，朕一定会游遍天下的名山秀水。”

和珅不失时机地奉承道：“是啊，皇上不只是爱山爱水，还有寄情山水、抒发情怀的雅趣，所到之处，无不留下辉煌诗篇，比之唐时的诗仙李白，有过之而无不及啊！”

众人发出啧啧赞叹声，有人感叹道：“以皇上之才情，堪称当代的诗仙啊！”

乾隆帝颇有些得意，但还是沿着自己的思路说下去，故作谦逊地一笑，说：“朕不敢妄称诗仙，朕也没有李太白仗剑远游的那份福气。因为朕的肩上担负着大清江山，担负着天下苍生。所以，朕每次出巡总要把社稷放在第一位，游玩居次。而此次南巡则完全为了政务。这大热的天，一步三喘，汗透衣襟，就是诗仙李白恐怕也没有这份雅兴了。”

他脸上的笑容不知何时消失了，剑眉扬了扬，接着说：“朕赶在这个时候来，是因为正赶上江、淮的汛期，朕要亲自看看河道治理得怎么样；百姓是否还受水患之苦；朕拨了那么多的银粮用于治河修堤，到底收到多大的效果。所以，朕不惜冒雨从淮河赶到长江。”

乾隆帝的话如一阵轰雷在江苏官员的心头炸响，令人不寒而栗。全场突然变得异常寂静。话语、咳痰一概消失了，只听得见呼吸声、衣裳抖动声。

一向精明的和珅为了缓和一下沉闷的气氛，忙叫内监端来一杯果汁露，双手捧到乾隆帝的面前，谦卑地说：“皇上，您润润嗓子。这地方凉快，比太和殿还舒服呢。您慢慢说。”

乾隆帝呷了一口果汁露，清咳一声，继续说道：“朕出了京城，眼睛就盯在河道上了。永定河、黄河、淮河、长江，朕要一一亲临查看。永定河、黄河经圣祖、世祖两代的治理，已有明显的成效，治河官员尚且用心，又逢今夏北方干旱少雨，这两条河没发生水患。而朕一到淮河就遇连日暴雨，但淮河两岸竟还是圣祖在世时修筑的堤防。这种年久失修的堤防能挡得住暴涨的河水吗？一夜之间，河堤多处决口，三县百姓竟成泽国之民。河道官员职责何在？他们视百姓之饥寒为自身之疾苦了吗？”乾隆帝由于太激动，说着说着剧烈地咳嗽起来。

和珅忙用双手为皇上捶着背，一边劝说："皇上，您歇会儿，下边的事儿让范大人说，他经办的事儿，最能说清楚。"

乾隆帝点点头，接过内监递过来的果汁露喝了个精光。

站在六王身后的都察院都御使范振墉上前两步扫视着江苏地方官员，语带威严地说："朝廷每年拨给两淮的治河银两不下百万，但淮河岸边连一道加固的堤防都没有，这么多的钱都到哪儿去了？圣上当时痛心地说，治河必先治吏。有这么多的蛀虫，治河谈何容易？这是为君者的失策。皇上当时就命臣从严查处违法官员。经审查，那么大的一笔治河款项竟被安徽巡抚、凤阳知府、河道官员等人私下瓜分，中饱私囊。圣上得知，龙颜震怒，下旨将涉案的官员一律革职，交刑部从严议罪。按我大清律法，这几条蛀虫是死罪无疑。这是两天前的事，邸报还不能到江宁，所以你们还不知道。今天圣上提起此事，希望各位引以为戒。"

都御史的话更让江苏官员惶恐不安，脊梁骨冒凉气。一个个敛声静气，低下头去。

乾隆帝沉默片刻，心情平静了许多，挥手示意范振墉退下，说："淮河的治理一塌糊涂，百姓饱受水患之苦。那几条蛀虫上负皇恩，下害黎民，天理难容。朕由淮河自然想到长江。适逢暴雨多发季节，江宁百姓能否平安度过雨季？朕放心不下啊！"

和珅见着话缝插话说："是啊，皇上一直念叨着江宁的百姓，时刻惦念，催促车驾冒雨兼程赶往江宁。我主以天下苍生为念，乃是万民之福啊！"

乾隆帝摆摆手说："朕为天子，理当如此。昨夜下了一夜的暴雨，朕真担心这里也成泽国。可是，朕到沿江一看，还好，村舍田园安然，路上也没看到逃难的灾民，只是有些低洼的农田被淹。高巡抚，这恐怕是那八百里长堤的功劳吧！"

高巡抚听到皇上提起那子虚乌有的八百里长堤，不由得心头一紧。但见乾隆帝龙颜转和，面带微笑，又放下心来，忙上前跪倒，回禀道："皇上圣明，的确是那八百里长堤挡住了暴涨的江水，才使我江宁百姓免受水患之苦。"

乾隆帝点点头，赞许地说："为民父母，实政惠民，高爱卿是难得的好官啊！如果淮河两岸也修筑这样的长堤，决不至于洪水肆虐！"

高巡抚道："圣上过誉了，臣不过职责所在罢了。"

乾隆帝站起身来："此处离江边很近，朕想去看看。"

高巡抚吓了一跳，失声叫道："万岁不能去啊！"

"为什么？"

“因为……皇上一路车马劳顿，理应先进城歇息。”高巡抚慌忙解释，一边用眼睛求救似的扫着和珅。

和珅能不明白他的意思？立即往乾隆跟前凑了凑，恭恭敬敬地笑道：“高大人说得是啊。江边道路泥泞，车辇难以通行，这大热的天，皇上总不能步行前去吧？奴才也以为先进城好。保重龙体要紧啊！”

周总督和江苏的官员谁不知道那条长堤根本不存在，齐声劝谏道：“请皇上保重龙体，移驾入城！”

乾隆帝这几天兼程赶路，再加上操劳过度，也确实感到劳乏极了，见众臣都劝驾进城，便点点头，说：“也罢，朕就不去江边了。来呀，起驾进城。”

君臣各自上了车轿，浩浩荡荡地向金陵城开来。

和珅没有再跟乾隆帝同乘一车。因为快要进城了，金陵的官民都想争睹皇上的风采，作为臣子，再与皇上同乘一车，当然不合适。于是他就骑着一匹御马跟在车辇的后边。

高巡抚瞅着和珅，借口乘轿闷热，弃轿换马，紧走几步赶到和珅身后，轻轻叫道：“和大人！”

和珅回头一看，放慢了御马，谦和地笑道：“高大人，你怎么也不乘轿了？”

“还是骑马凉快，也自在。”高巡抚答着话，见周围的官员和侍从只顾赶路，忙低声说道，“和大人，谢谢您了。”

和珅故作不知，低声笑问：“谢我什么？”

“和大人心里明白着呢，下官求您一定要劝阻皇上去江边。”

和珅道：“我不是劝阻过了吗？皇上也没去江边啊！”

高巡抚担忧地说：“只怕皇上进城歇息过后，再想起去江边的事，还求大人从中周旋。下官今晚一定重谢。”

和珅笑道：“好说，好说，你的事就是我的事，和某能不尽力吗？不过，皇上可不是耳朵根子软的人，他如果坚持要去江边，和某也无能为力呀！”

高巡抚轻轻叹息道：“生死有命。只要大人您尽了力，下官就感谢不尽了。”

说话间，銮驾已到金陵城下，从十里长亭到北门内外，早已黑压压地跪满了迎接圣驾的吏民。乾隆悠然自得地坐在车辇里，通过敞开的帘门频频向他的子民点头致意。子民们无比虔诚地欢呼，如春雷轰鸣。

“万岁，万岁，万万岁！”

銮驾队伍进了城门，行进在最前面的宫廷侍卫队列里突然传出一阵嬉笑声，步伐整齐的队列竟然骚动起来。侍卫长不知发生了什么事，急忙驱马赶上前去。

跟在乾隆车辇后面的和珅也发现了前面队伍的骚动，慌忙驱马上前查问，正与返回的侍卫长相遇。和珅忙问：“前面是怎么回事？”

侍卫长答道："回禀大人，有一个守城的城门官竟穿着女人的衣服迎接圣驾，引起队列的骚动。"

和珅把眼睛一瞪，骂道："混账东西，还不快把那个疯子抓起来治罪？惊了圣驾，你吃罪得起吗？"

侍卫长为难地说："那人不是疯子，他说他是当今圣上的御弟刘墉。小的哪里敢抓他？"

"怎么，是刘墉？"和珅吃了一惊，这才想起来刘墉还在江宁。看来刘墉是被一下子降了五级给气疯了。这可是治他于死地的好机会。和珅心中得意，向侍卫长命令道："什么御弟，先把他抓起来，我去奏明皇上！"

侍卫长领命往前面驰去，和珅则向后赶来。

车驾一直在行进，坐在车辇里的乾隆帝也觉察到侍卫队伍的不正常，正要责问随行的大臣，却见和珅急匆匆地从前面赶来。乾隆忙问道："和珅，前面怎么了？侍卫队伍乱成这样，成何体统！"

和珅伸着脖子，怪模怪样地笑道："启奏皇上，前头出怪事了。守城门的刘墉穿着女人的衣服在那儿跪接圣驾呢，队伍能不乱吗？"

乾隆一愣，以为自己没听清楚，问："你说谁？刘墉？刘墉在哪儿？"

和珅连忙答道 ："皇上日理万机，当然记不得了。刘墉不是因为枉法被下旨降官五级，做了个九品的城门官，在江宁守城门吗？他一定是想不开就疯了，竟穿着女人的衣服迎驾。这可是惊驾之罪，罪同大逆呀！"

乾隆一听，觉得又可气又可笑，说："刘墉真的疯了？他那副尊容，再穿上女人的衣服，该是什么样子？和爱卿，传朕旨意，先把刘墉抓起来，那身女人衣服还让他穿着，进城后再说。"

和珅得意地笑了，随行的高巡抚把他们君臣的话听得清清楚楚，心里也是又惊又喜："刘墉啊刘墉，你疯得太是时候了，这不是死催的吗？"

乾隆的车辇进城。金陵乃六朝古都，城内宫室众多，高巡抚早已选定最豪华的一处宫殿作为皇上的下榻之处。乾隆帝一进行宫，就把围在他屁股后面转的江苏官员屏退，问和珅道："刘墉呢？带上来让朕看看！"

和珅大为不解，笑道："万岁，刘墉犯下惊驾之罪，交给下面处置就行了。您看他干什么？"

乾隆突然笑道："朕就是想看他穿女人衣服的模样。在城门口不方便看，在这里朕可以随便看。"

和珅放心了，便命人把刘墉带上来。不多时，两名宫廷侍卫提着一个人来，正是刘墉，他身上果然穿着件绣着梅花的大红丝绸旗袍。乾隆一眼就认出这件旗袍是夏儿压箱底的衣服。当年夏儿格格最爱穿这件旗袍，那副倾国倾城的美貌招

惹得刚刚登基的乾隆皇帝神魂颠倒，若不是顾忌君王的颜面，乾隆当时差点跟刘墉来个“横刀夺爱”了。所以，这件旗袍至今还留在他的记忆里。

两名侍卫把刘墉往地上一扔。刘墉忙翻身跪倒给乾隆磕头，道：“罪臣刘墉叩见吾皇万岁！”

乾隆被他那滑稽可笑的模样逗得哈哈大笑，好久才突然止住笑声，怒道：“刘墉，看来你没疯啊！若是真疯了，姑念你祖上有功，朕还可饶你活命。如今是装疯卖傻，你难逃惊驾之罪，按律当……”

刘墉不等他说完，就打断道：“万岁，臣有何罪？不就是穿了件女人的衣服吗？就这也能吓着您？您可是圣明之主啊，怎么没问臣为什么穿女人衣服？”

乾隆被他一连串的问题问愣了眼，冷笑道：“好，朕就问你一句，为什么要穿女人的衣服迎驾？如果没有充足的理由，朕照样治你的死罪。”

刘墉忙说问：“万岁有所不知，臣是实在没有衣服穿才穿夫人的衣服。”

乾隆瞪着眼睛：“什么？你连衣服穿都没有？你的衣服呢？”

刘墉道：“臣的衣服全湿透了，沾满泥水，怎么迎接圣驾进城！”

乾隆道：“你不是城门官吗？又不是耕水田的农夫，衣服怎么会沾满泥水？”

刘墉道：“前日天降暴雨，江水暴涨。北门外白家堰岌岌可危，百姓争相逃难，官府却不闻不问。臣不忍看百姓受水灾之苦，便上江堤召集四乡八邻的百姓，组织民力筑堤坝、堵缺口，苦战一天一夜，终于使堤防转危为安，保住了一座金陵城啊！”

乾隆吃了一惊：“什么，江堤有险？不是说那八百里长堤固若金汤吗？”

刘墉道：“万岁，那八百里长堤是谁说给您的？”

“江苏巡抚啊。他在奏折中说，用银一百五十万两沿江用大石条修筑了八百里的长堤，可抵御百年一遇的洪水。”

刘墉道：“是啊，那八百里的长堤只是在高大人的奏折里、在官文里存在，江宁的百姓却没有人知道它在哪儿！”

一旁的和珅一听刘墉把话题扯到江堤上才恍然大悟，刘罗锅是在故意设法揭穿高名楼的把戏啊。高名楼的情形不妙！他上前一步，怒斥刘墉道：“大胆刘墉，为了开脱罪名竟敢诬告朝臣大员。若没有那八百里长堤，就凭你刘墉带着几个民工能保住江堤！”

乾隆也怒视刘墉说：“你无凭无据，朕岂能轻易信你！”

刘墉说道：“臣所言句句属实。臣带着民工能侥幸保住江堤，不是臣有什么过人的本领，而是苍天有情。前几天都没有降大雨、暴雨，昨夜也只是降了半夜的暴雨，天亮就停了。这是苍天之恩，不是那子虚乌有的八百里长堤的功劳啊！皇上如果还不信，只要到江边一看便知。”

和珅连忙呵斥道："胡说，皇上乃是金尊之体，岂能为你的一句话移驾江边？"

乾隆审视着刘墉，正要再讯问几句，忽然看见门口一贴身内监探头探脑，便走近门口，问道："何事禀奏？"

小内监看看刘墉，凑到乾隆跟前，小声禀道："禀主子，刘夫人来了！"

乾隆一听，忙走到门外，问："刘夫人？不就是夏儿格格吗？她来干什么？"

"当然是来找她家老爷的！"

"她一个人？"

"还带着个丫头呢！"

乾隆面露笑意："叫她一个人来见朕！"

内监转身而去，乾隆回到屋里，笑着对刘墉说："刘墉，你说的情况，朕会派人查清楚的。不过，你穿女人的衣服也太招眼了，怎么说也难逃惊驾的罪名吧？你先把衣服换下来再说事。"

刘墉笑了笑，挠挠头发，说："皇上，臣也不想穿女人的衣服。可是这外头就这么一层，脱下来臣就只剩下裤衩了。臣得回家去换。"

乾隆道："回什么家呀，朕这里还能没有你要换的衣服？来呀，带刘墉下去更衣。"

一个小太监应声而进，带着刘墉出去。和珅着急地说："皇上，刘墉可有惊驾之罪，有诬告大臣之罪啊，您不治罪啦？"

乾隆不耐烦地说："朕都知道了。你知道什么，夏儿格格来了！"

和珅瞪大眼睛，道："夏儿格格？"

"对，就是刘墉的夫人哪。她要是一闹腾，连六王都得搅进去，你说朕怎么治刘墉的罪？"

和珅大失所望，说："皇上就这么便宜他了？"

"当然不能完。"乾隆诡谲地一笑，说，"你去叫人把刘墉看住，最好让他待在屋里看书练字，千万别放他出来。朕好专门对付夏儿格格。"

和珅见他一脸的兴奋之色，就明白这位风流皇帝对夏儿还不死心。自己待在这儿别碍着他的好事。于是便冲乾隆意味深长地一笑，说："奴才就下去了，皇上可要小心点儿。"

乾隆挥挥手，突然又想起什么似的叫道："哎，和爱卿，待会儿你把刘墉换下的旗袍送过来！"

和珅停住脚步，回头笑道："皇上，您要那件旗袍？咳，奴才真是多嘴，奴才遵旨就是！"

和珅刚离开，内监就引着刘夫人进来了。刘夫人一脸的焦虑之色，看见乾隆倒身便拜。

"臣妾拜见皇上！"

乾隆见她虽然杏眼含愁，柳眉不舒，但风姿仍不减当年，而且比起当年的夏儿格格更增添一种成熟的女人味道。他不禁一阵心旌摇动，忙用双手去拉刘夫人的双手，亲切地说："你不是什么臣妾，你是格格，是咱们旗人。不必多礼，快快请起！"

刘夫人满面通红，用力抽出双手，低眉顺眼地说道："皇上，臣妾是来找丈夫的。刘墉在哪里？"

乾隆见她硬是不起来，只得罢手，说："你还找他？你可知他穿着女人的衣服在城门口迎驾，把整个江宁城都轰动了？朕若不是看在你的面上，早就把他就地正法了。"

刘夫人的俏脸上顿时露出笑容，连忙磕了个头，说："这么说皇上是不治他的死罪了？臣妾谢主隆恩！"

她这么在意刘墉的生死使乾隆很是不快。乾隆板着脸说："朕不治他的死罪，不等于他没有罪。死罪饶过，活罪难逃。"

刘夫人面上又是一紧，问："请问皇上如何治罪？"

乾隆似笑非笑地说："朕处他以宫刑！"

"什么？"刘夫人花容失色。宫刑就是割去生殖器的一种残酷刑罚，极具侮辱性。西汉著名史学家司马迁就是被施以宫刑。刘夫人能不害怕吗？她顿时又羞又气，毫不客气地回敬乾隆说："这就是皇上的恩典吗？生不如死，皇上还是杀了他吧！"

乾隆哈哈大笑，好久才止住笑声，眼睛盯着刘夫人说："朕在跟你开玩笑呢。宫刑在唐时就已废止，朕岂能恢复这种极具残酷和侮辱性的刑罚？夏儿，刘墉不就一个罗锅子，又丑又犟，不解风情。他哪点儿好啊？朕的心里可是一直有你啊！"

皇上终于说出心里话了。刘夫人心里突突直跳，不敢抬头，眼盯着地上，说："皇上不该说出这种话，刘墉就是没有一点儿好处，他也是臣妾的丈夫。嫁鸡随鸡，嫁狗随狗，嫁根扁担抱着走，这是妇道。"

"什么妇道，那是汉女死心眼儿！你是旗人，咱们旗人不讲究这个。你若是从了朕……"

"皇上真是越说越不像话了。"刘夫人突然抬起头，眼睛里闪烁着凛然不可侵犯的光，"您平日不是尊崇儒家理学，提倡满汉一家吗？怎么这会儿旗人与汉人又有分别了？"

"这个……"乾隆被她问得无言答对，急得直瞪眼，说，"好……你怎么跟罗锅一样犟？朕是尊崇儒理，可那是统治之术，你懂吗？汉人这么多，咱们旗人那么少，不用汉人的思想束缚汉人，朕能统驭天下吗？其实朕最看重的是情义，男欢女爱乃是天之正理，管他什么三从四德呢！”

他说得正起劲，忽然瞥见和珅在门口探头探脑，忙停住口，对门外喊道：“和珅，鬼鬼祟祟干什么？进来吧！”

和珅双手捧着件衣服进来，媚笑道：“皇上，奴才把衣服给您拿来了。噢，夏儿格格也在啊！”

刘夫人转过脸去不理他。乾隆接过衣服，问：“朕交代的事办妥了？”

和珅得意地说：“这点小事奴才还办不好吗？皇上尽管放心吧！”

乾隆满意地点点头：“好，这儿没你的事了。下去吧！”

和珅刚退出去，乾隆就捧着衣服，说：“夏儿，你看，这是当年你最喜欢穿的旗袍，朕至今还认得。第一次见到你，你穿的就是它。那时，朕真的被你把七魂六魄都勾去了，好几天茶饭不思，精神不振啊。夏儿，你就算可怜朕的这一片心意吧。”

刘夫人冷冷地说：“皇上要我怎样？是暗中私通还是公开做你的妃子？”

乾隆听她话有转机，竟激动地跪倒在她跟前，说：“只要你让朕亲近，要怎样都行，就是进宫做妃子朕也答应。”

刘夫人说：“你是万乘之尊，用得着这么低声下气的吗？”

乾隆抓住她白嫩的双手：“夏儿，我在你跟前不是皇帝，而是有情有义、有血有肉的普通人。窈窕淑女，君子好逑呀。”

刘夫人再次挣开手，正然道：“好，你既然说自己不是皇帝，那我就说几句大不敬的话。像你这样的风流皇帝，见一个爱一个，换女人就像换衣服一样，有什么情义可言？我一个寻常女人，看重的是夫妻恩爱、夫唱妇随，要的是靠得住的男人。可是，你不是。你后宫佳丽三千，得你宠幸的能有几人？有多少女子被锁深宫之中，哀叹岁月流逝？”

乾隆悻悻地说：“不错，我后宫是有不少的女人。可是我不喜欢，我只喜欢你一个。从古至今，哪一个帝王不是后宫佳丽三千，岂止我一个？那是朝廷的规矩，是没法改变的事。若说风流，哪一个男人不是见一个爱一个？乡村野夫还有踹寡妇门、勾他人妻的事儿。就是刘墉也有不少的花花事儿，只是你不知道罢了。”

刘夫人一听，气咻咻地说：“你胡说，刘墉他不会在外面拈花惹草，他不是那种人。”

乾隆道：“别不相信哪。刘墉为什么官降五级？就是因为他利用职权，与寡妇私混，被人告到了刑部。”

刘夫人顿时激动不已，热泪涌流，语含悲愤地说：“那是有人故意陷害，诬

告我家老爷。你是皇上，竟然也是黑白不分，不闻不问，就下旨治老爷之罪。这天下还有天理吗？”

乾隆听她又哭又叫，顿时慌了神，忙摇着手说：“别哭，别哭啊，朕现在不跟你理论这件事。朕要歇息了，你退下吧！”

刘夫人却没动地方，止住哭声，说：“我不走，我还没见着老爷呢！”

乾隆见她还在牵挂着刘墉，很是不快，脸上一寒，说：“刘墉是戴罪之人，不准见。”

刘夫人却是一副豁出去的架势，往地上一坐说：“见不到老爷，我今儿个就是不走。”

乾隆又爱又恨，吹打不得，只得笑道：“你不走，朕还巴不得呢。不过，朕还有事儿，失陪了。”

乾隆是狗吃刺猬——无法下口，气得他一个人跑到后花园转悠。和珅不知从哪里钻了出来，笑问道：“皇上，您怎么不跟夏儿格格在一起？”

乾隆一看是和珅，好像找到了倾诉的知己，愤愤地说：“别提了。这两口子犟到一块儿了，真是不是一家人，不进一家门哪。”

和珅似乎很惊奇，说：“怎么，她敢不领皇上的情？”

“岂止不领情，简直把朕当成色狼防范呢！和珅哪，你也知道，朕微服在外头见过的绝色女子不少，就是不用天子的身份，也没有弄不到手的。可是，夏儿是那种带刺的花，让朕费尽了心思，还是无法得手。偏偏朕最喜欢的女人就是她。朕是欲罢不能啊！”

和珅显出同情的样子，讨好地说：“夏儿格格太不体贴皇上了。不过，奴才倒有办法可使皇上如愿以偿。”

乾隆半信半疑地看着他：“你？你有办法让她回心转意？”

和珅道 ：“皇上，夏儿格格身上有刺儿，那是因为刘墉啊。您只要下旨如此……”

乾隆一听，喜上眉梢，连声赞叹：“好主意，好主意。和爱卿，亏你想得出来！”

和珅得意地说：“奴才也不是这会儿才想出来的，自打得知夏儿格格来了，奴才就在为皇上想办法呢！”

乾隆十分高兴，说：“你一片忠心，朕不会亏待你。从今儿个起，你就以大学士入值军机。”

和珅美得眉开眼笑，连忙甩袖跪倒：“奴才谢主子恩典。”

入夜，行宫安静极了。连日的奔波使上至皇帝，下到太监都疲惫已极，一躺下就进入了甜甜的梦乡。

但是，在前院的便殿和后院的天仪阁里还不时传来一声声叹息。在便殿里叹息的人是刘夫人，天仪阁里的则是她的丈夫刘墉。夫妻二人近在咫尺，却不得相见，都在焦虑地牵挂着对方。

刘墉跟着小太监到了后院的天仪阁。小太监不知从哪里找来一身青绸衣衫让他换上。刘墉换上绸衫，把那件红旗袍折叠整齐，夹在腋下，准备再去见乾隆。不料，和珅不知从哪儿钻出来，叫小太监抱来一摞文卷，说是皇上命刘墉仔细查阅。临走，还不顾刘墉同意不同意硬是把那件旗袍拿走了。

刘墉坐下来翻看文卷，却发现全是过时作废的卷宗，根本没有查阅的必要，这才觉得不对劲儿。起身要往外走却被门口两个宫廷侍卫拦住："刘大人，圣上有旨，您不能离开这间阁楼。"

他被关起来了。只好回到原处，看着窗外的天空出神。自己费尽心机才见到皇帝，揭露高巡抚，没想到竟是这样的结果。皇上为什么要关他？难道又是和珅搞鬼？

天还没黑，小太监就送饭来了，饭菜很不错，有鱼有肉，还有酒。小太监恭恭敬敬地说："刘大人，您慢用。奴才就在门口伺候着，有啥事儿您招呼一声。"

刘墉更糊涂了。看来皇上没把自己当罪犯。皇上的葫芦里在卖什么药？尽管他聪明过人，也猜不出个所以然来，最后，索性什么也不想，先享用这顿酒菜再说。

吃完晚饭，小太监把刘墉带到后头的卧室，里面锦罗帐高挂，香枕床褥全是新的。小太监含笑说："刘大人，这就是您的卧室。小人把文卷给您搬过来，您要是看得累了、困了，就早点儿歇息吧！"

刘墉一看，这不是拿自己当贵客吗？皇上对一个九品官礼如上宾，换上谁也会受宠若惊，感念圣恩的。但刘墉不会，他出奇冷静，他相信世上没有天上掉馅饼的好事，他要静等皇上自己把那谜底解开。

刘墉坐在床头的几案前，百无聊赖地翻看那摞文卷。墙上的自鸣钟当当当……地敲响了九下。门外传来轻轻的脚步声。他忙抬头看去，顿时愣住了。

只见从门口走进来两名年轻美貌的女子，全是一袭锦绸旗袍的穿着，衬托出婀娜的身材。两女子甜甜一笑，一齐给刘墉道万福："奴婢给刘大人请安！"

刘墉站起来吃惊地问："二位姑娘是……"

女子笑着答道："奴婢是随驾的宫嫔，她叫闭月，我叫羞花。"

刘墉一听是宫里的女人，吓了一跳，忙说："二位宫嫔，你们走错门了，快出去吧！"

闭月看着羞花，说："没错，是这儿啊！"

羞花盈盈一笑，对刘墉说："刘大人，我们姐儿俩是奉圣上旨意，专门来伺

候您的，不会错。”

“什么？”刘墉吓得手中拿的文卷掉落地上，尚不自知，软绵绵瘫软在地，“二位宫嫔，这不是要我的小命吗！”

两宫嫔慌忙把他扶到床边坐下，一个捶背，一个捏肩。闭月安慰说：“您怕什么，这是皇上的恩赐呀，别人想还想不来的好事。”

刘墉吐了一口气，双手乱摇，说：“好什么呀，你们不知道，这是圈套啊。求求二位，快回去吧！”

闭月、羞花却一齐跪倒在他脚下，哀求道：“求大人千万别赶我们走。皇上说了，不伺候好大人，就治我们的死罪啊！”

“什么？皇上真是这么说的？”

“奴婢不敢欺骗大人！”

刘墉下床站起，说：“我也不为难你们。你俩睡这儿吧，我到前边去。”

闭月却拉着他说：“您不能走啊。外面有人看着哪，要是皇上知道我们姐俩没伺候您，也是死罪啊！”

刘墉一想，也是，外面肯定布满了监视的眼睛。只好把胸脯一挺，说：“我就成全你们，拼着罗锅的一条命不要了，你们睡床上，我睡床下。”

闭月说：“我们还要伺候您洗脚宽衣呢。”

刘墉道：“这也是皇上交代的？”

两宫嫔一齐点头。刘墉只得又道：“那就由你们吧！”

两宫嫔慌忙一个脱鞋，一个去打水，洗完脚后又一齐动手为刘墉宽衣。刘墉按住衣服说：“我这人不习惯别人伺候，还是我自己来吧！”

“不行啊，这也是皇上交代的！”

外衣脱去了，只剩下内衣了。刘墉低着头说：“你们也为我宽衣了。该退下去了！”

闭月却脸上一红，说：“刘大人，还是不行啊。皇上说了，我们俩要真正伺候您一夜才行。”

“不可，绝对不可！”刘墉这回没有任何商量的语气，双手紧紧按住内衣，“天明我去找皇上，有事我担着，不关你们的事。”

两宫嫔对对眼色。闭月说：“咱们也不能冒死抗旨呀。羞花，上啊！”

两个女人突然把刘墉扑倒在床上强拉硬扯起来。刘墉本来生得瘦小单薄，加之羞怯，竟不知所措。眨眼的工夫，内衣就被撕扯成一条条的，浑身光赤赤的缩成一团。

闭月不知是有意挑逗刘墉的情欲，还是真的同情他的窘迫，竟扳着肩头开导他说：“刘大人，何必呢？孔夫子都说过：‘食色性也’。男人不也都是宁愿牡丹花下死，做鬼也风流吗？今天都逼到这份上了，您还学什么柳下惠啊，不如及时行乐！就是明儿个皇上把您砍了脑袋，您也是个风流鬼啊！”

羞花也极富感情地劝说道：“刘大人，我也看出您是好人，是正人君子。您权当是帮帮我们吧。我们姐儿俩进宫这么多年，只被皇上临幸过一次，也就是只当过一次真正的女人，只享受过一次男欢女爱的乐趣。可是，有这一次，还不如没有这一次。它勾起了我们情欲，却不让我们发泄。那种痛苦，有时简直令人生不如死。你们外面人哪里知道啊！今儿个您权当行行好，帮帮我们，让我们再做一次女人，再享受一次那种销魂的快乐。我们会至死记得您的恩德。”

刘墉双手抱膝，护住下身，低头闭眼哭号着：“别说了，羞煞人也，羞煞人也！”

羞花见劝了半天，他还是不动心，只得看看闭月说：“姐姐，怎么办？”

闭月娇笑一声：“还得霸王硬上弓。把对付吴公公的那套功夫用上。”

吴公公是宫里敬事房的太监，专管皇上宫里的性生活。虽说太监算不上完整的男人，但是，天天看着皇上临幸漂亮的女人，自己又身处女人堆里，难免就生出点男人的欲望来。而宫里到处是寂寞的女人，在得不到男人的情况下，她们也会对徒具男人外壳的太监感兴趣。闭月、羞花就是这样与吴公公偷偷摸摸起来。天长日久，他们就摸索出一套取悦对方的方法来。

羞花心领神会。两个女人飞快地脱去衣服，一左一右赤条条地站在刘墉的身边，晃动着他的肩膀，你一言我一语地挑逗着：“刘大人，您睁开眼看哪，错过这个村可就没那店啦！”

“就是。我们姐儿俩都是经过千挑万选才被选中的。刘大人，您有这个艳福，哪能不消受呢！”

刘墉还是闭着眼，摇着头，沙哑着嗓子叫道：“非礼勿视，非礼勿视啊！”

闭月喝叫一声：“霸王硬上弓！”两人同时把刘墉推翻在床上，不由分说行动起来。刘墉开始时还拼命挣扎，后来渐渐地任其摆布，继而被撩拨得激情勃发。

“啊——”他终于惨叫一声，向闭月身上压过去。

【第七回】

刘夫人怒打宫嫔，黄老爷误杀豪绅

天仪阁里颠凤倒鸾，便殿里的刘夫人却在为丈夫牵肠挂肚。天黑之后，两名宫女送来饭菜。刘夫人看也不看，说："是皇上叫你们送来的吧？我不吃。"

两宫女笑道："格格，您不认得奴婢了？奴婢是伺候过老太后的春风、秋月啊。那时格格常到太后宫里，所以奴婢认得您。可是您不一定记得奴婢了。"

刘夫人这才注意到两宫女好面熟，想必去宫里时常见到，便缓和颜色说："真的是你们俩，怎么不在宫里伺候太后，却跟着皇上出来了？"

一宫女答道："我们做奴才的，主子让跟谁就跟谁呗。格格，这饭菜是我们俩要送来的，跟皇上无关。我们怕格格饿坏了身体呀。"

刘夫人当然不相信她们的话，笑问道："你们私自给我送吃的，不怕皇上怪罪？"

两宫女笑而不答。

刘夫人又问："皇上在哪儿？我要去见他，给你们请功啊！"

两宫女诡秘地笑说："皇上在哪儿，奴婢们不知道，反正他很忙，不会见您的。奴婢倒是听说刘大人在天仪阁呢！"

刘夫人一听，又惊又喜，忙站起来说："天仪阁在哪儿？快带我去。"

两宫女互视一眼，道："奴婢们不方便去那种地方。格格要去，到后院一问便知。"

刘夫人见她们神神秘秘的，疑云顿生，问："有什么不方便的？本格格非要弄个清楚。"

"格格要去就请便吧，反正奴婢是不能去的。"

刘夫人瞪了两人一眼，把碗筷一推就往后院而来。后院里几个打扫庭院的宫监正聚在一堆，嬉笑着议论什么，见她来到忙又散开了。

刘夫人走近一个小太监。小太监见躲避不及，只得跪下道："奴才给格格请安！"

刘夫人板着脸问："天仪阁在哪儿？"

小太监犹犹豫豫道："格格去天仪阁干什么？"

"大胆奴才，你也敢过问格格的事？快说天仪阁在哪儿！"

小太监害怕了，不得不说了："再往前走五十步，左转弯红墙绿瓦的就是。"

刘夫人快步向前，走不多远，往左边一看，果然有座红墙绿瓦的阁楼，门头横匾上写着"天仪阁"三个大字。她迈步就往门里走，却被守在门口的两个黄衣太监挡住："格格，您不能进去！"

刘夫人止步问："里面不是刘墉吗？我怎么不能进去？"

两太监忙赔笑道："格格当然能进去。不过，还是让奴才先给刘大人传个话才好。"

刘夫人心头疑云更生，斥道："传什么话？他在里面搞什么鬼？都滚开！"说完就往里闯。

两名太监假意阻拦一阵，放她进去后，忍不住笑出声来。

刘夫人进去见正中客厅空无一人，便往后头走来。刚走几步，就听见旁侧一门内传来女人的嬉笑声。她忍住怒气，上前一脚把门踢开，往里面一看，顿时惊得目瞪口呆。

屋里的一张床上，两个宫嫔正一左一右搂着刘墉，嘻嘻哈哈地往他嘴里喂食。踹门声惊动了三人。刘墉睁开眼睛一看，见是夫人怒容满面站在门口，顿时吓得三魂走了两魂，拼命推开两个女人，跌跌爬爬地到了夫人跟前，结结巴巴地说："夫……夫人，你怎么到……到这儿来了？"

刘夫人脸色一阵青，一阵白，喘息半天才说出话来："刘罗锅……你……"

刘墉低头看自己竟只穿着裤衩，忙又回头到床上找衣服。刘夫人用手点着闭月、羞花，怒骂道："不知羞耻的东西，竟敢勾引我家老爷，看我撕烂你们！"

刘墉披上袍褂，见她扑上去要厮打闭月，吓得忙用身子拦住，双手乱舞叫道："夫人，打不得，打不得呀！"

刘夫人却一巴掌打在他的脸上，骂道："好哇，罗锅子，你还敢护着这婊子！"

刘墉捂着火辣辣的左脸，忙着解释道："她们是皇上的宫嫔，骂不得呀！"

闭月、羞花恢复了常态，冷眼看着刘夫人，说："夏儿格格，你凶什么！我们是奉皇上旨意来伺候刘大人的，有能耐找皇上去。"

刘夫人更加恼怒，一使劲把刘墉推到一边，上前一只手一个抓住闭月、羞花的头发。她是旗人，手上有力气，不似汉女手无缚鸡之力，毫不费力地就把两个女人摁倒在跟前，唾骂道："不要脸的狐狸精，还敢拿圣旨压人，皇上能下这种旨意吗？看我怎么收拾你们！"

刘墉又来劝解："夫人，不关她们的事。快松手啊！"

刘夫人的怒气又转到他身上，丢开两宫嫔，上前揪住他厮打起来。闭月、羞花趁此机会落荒而逃。

刘墉这一下倒霉了，被夫人满屋追打，无处藏身，只好苦苦求饶。刘夫人怒气不解，边打边骂："好哇，罗锅子，你长能耐了，竟学会拈花惹草了，还在皇上行宫里玩女人。"

刘墉惨叫道："哎哟，冤死我了，冤死我了。"

"你还冤，你敢说跟那两个女人没那事儿？"

刘墉道："可我是被迫的，被逼无奈啊！"

刘夫人更加气恼，怒道："笑话，谁能逼你干这事！我看你是色魔攻心，连说谎都不会。打你还冤吗！"

刘墉浑身是嘴也说不明白，只得连声求饶："夫人饶命，夫人饶我啊！"

正厮打得不可开交，忽然门口有人喝叫道："住手！"

刘夫人听出是乾隆的声音，慌忙丢开刘墉，倒身便拜："臣妾叩见皇上！"

刘墉也忙从墙角爬出来，跪倒磕头："臣刘墉给皇上请安！"

乾隆穿一身紫色湖绸常服站在门口，身后跟着和珅。皇上看看刘墉夫妻，威严地说："想吵架回家去吵，这儿是朕的行宫，吵吵嚷嚷，成何体统！"

刘夫人还在气头上，忙说："皇上，您来得正是时候。刘墉跟两个狐狸精……还说是您的旨意。"

刘墉在旁直拉她的衣角，小声道："别胡说，你想要我的命！"

乾隆好像什么也没听见，笑眯眯地问："刘墉，昨夜歇息得如何？"

刘墉想了想，答道："回皇上，昨夜还算安稳，至少臣的脑袋还在脖子上长着。"

刘夫人听着两个男人猜谜一样的话，想想乾隆对自己的觊觎之心，似乎明白了什么。她顿时有一种被戏弄的感觉，便不顾冲撞龙颜，直通通地问道："皇上，是您下旨命那两个女人昨夜与刘墉……"

三个男人都被她的大胆放肆惊呆了。乾隆笑容顿逝，脸上寒了老半天，突然又哈哈大笑道："不错，那两个女子是朕的女嫔。朕把她们赏赐给刘爱卿，有什么不妥吗？"

刘夫人一听，心里更明白皇上的用心，便大度地一笑，说："愚夫能得到皇上的恩赐，臣妾当然高兴。只是觉得愚夫几个月前才被皇上降官五级，一个九品官，竟得皇上如此厚重的赏赐，怕是本朝没有的吧！愚夫有何德能受此恩赐？"

乾隆原以为她会醋劲大发迁怒于刘墉，没想到人家不恼不怒，还含沙射影地说穿了自己的心事，不禁有些恼怒，说："朕不需要什么理由，朕高兴这么做。朕还要把闭月、羞花赐给刘墉为妾。"乾隆一语甫出，刘墉夫妇大惊失色。刘墉暗暗叫苦，这算什么恩赐，他一个九品官，敢要皇上的嫔媵做妾吗，还不得当祖

奶奶一样供着？他连忙给皇上磕头："请皇上收回恩赐，臣受用不起啊！"

和珅奸笑两声，突然斥道："刘墉，你是真心推辞，还是有意抗旨？"

刘墉道："刘墉无抗旨之意，实是不敢承受啊！"

乾隆脸色寒了老半天，恨恨地说："刘墉，你分明要抗旨不遵，还敢强言狡辩。"

刘墉见龙颜动怒，不敢再说什么，只顾哆嗦着磕头。刘夫人见状，上前拉着丈夫说："老爷，咱无功不受禄，这样的赏赐咱不能要。别怕，我陪着您呢。"

乾隆一看，嗬，这两口子还合起伙来跟他较劲儿，更加恼恨。他不便拿刘夫人撒气，便怒视刘墉，一字一顿地说："刘墉，你到底要不要？"刘墉有夫人陪着，胆子似乎壮了许多，浑身也不哆嗦了，一字一顿、清晰地回答道："臣不能要！"

刘夫人听见，顿时心花怒放，刚才对丈夫的怨恨之气顿消，竟上前拥着刘墉的脖子，亲热地说："对，不要就是不要，要了那两个狐狸精咱家的日子还能过吗？"

乾隆看在眼里，气得脸上忽青忽白，一时竟说不出话来。和珅乘机在边上煽风点火，说："皇上，这两口子分明不把您放在眼里，若不从严惩治，皇上还有什么威严可言？"

乾隆的脸上风云变幻，最后竟现出笑容，说："什么生呀死呀的，朕说过要杀人的话吗？刘墉乃是朕的御弟，朕不过跟他开个玩笑，就引出御弟妹这么多怨言来，可见你夫妻情义之重啊！刘爱卿，你们可以回家了。"

刘墉磕了头，说的却不是"谢主隆恩"之类的话，他说："皇上，昨日臣跟您说过，那八百里的防洪大堤纯属子虚乌有。您不想去看看吗？"

刘夫人一听，又气又恼，偷偷地拧了刘墉一把，意思是，你怎么还蹬鼻子上脸，趁着皇上高兴还不快走，若是皇上反悔，这脑袋还是难保啊！

和珅听他又提到江堤，心里一惊，忙对乾隆说："主子您瞧，他刘墉真会蹬鼻子上脸，这么热的天硬叫您到江边去！"

刘墉抢过和珅的话头，说："江边才不热呢，江风凉爽宜人，江水波澜壮阔，正是夏季避暑纳凉的好去处。何况江堤关乎江宁千千万万百姓的性命、财产的安全，皇上如不躬身亲临，能放心吗？"

乾隆的脸色愈来愈冷峻，终于说道："朕是该到江边看一看。来呀，传朕旨意，摆驾江边。"

龙旗飘扬，凤旗摆动，乾隆皇帝的銮驾队伍出了江宁城门，浩浩荡荡地向江边移动。队列中，周总督、江苏省地方官员及随驾王公大臣或乘轿或骑马，伴驾而行。

临近江边，道路越来越狭窄，低洼不平。这么多的车马人轿，显然无法通行。乾隆停辇下车，一阵江风吹来，顿觉凉爽宜人，便高兴地说："果真是避暑纳凉的好地方。传旨百官，弃马下轿，随朕上堤！”

和珅劝阻说：“江堤绵长，皇上万金之体怎能跋涉？依奴才愚见，皇上就在江边纳凉观景罢了，那长堤就别去看了。”

乾隆眺望江堤，笑而不答，向和珅道：“和爱卿，您知道什么是上、下，轻、重，缓、急吗？”

和珅被问住了，憋了老半天，只得老老实实地回答道：“奴才愚钝，请皇上教诲！”

乾隆哈哈一笑，说：“和珅啊，你是小事聪明，大事糊涂。”见和珅面色尴尬，又说，“朕要的就是你的忠心。”乾隆安慰和珅一句，回头向弃马下轿的众官员问道，“你们谁能告诉朕，何谓上、下、轻、重、缓、急？”

众人你看看我，我看看你，不明白皇上有何深意，都不敢贸然回答。

乾隆大失所望，又问一遍：“你们谁能回答朕？”

忽然有人答道：“万岁，臣知道！”

众臣一看，答话的是刘墉。他那一身九品官的裤褂，在翎顶辉映的官员中格外显眼。按品级，九品官连皇上的面都没有资格见，更别说伴驾了。刘墉是乾隆特准随驾的。乾隆看着刘墉，亲切地问：“刘墉，你说说什么是上、下、轻、重、缓、急？”

刘墉躬身答道：“回万岁，君为上，臣为下；荣辱轻，社稷重；游乐缓，河务急。”

乾隆道：“说得好啊，说到朕的心里去了。‘游乐缓，河务急。’和爱卿，你说朕该不该上堤？”

和珅卑恭答道：“皇上的教诲使奴才茅塞顿开，皇上该去。”

乾隆道：“既如此，就请江苏巡抚给朕带个路吧！”江苏巡抚高名楼腿脚颤抖，面色灰白，上前迟疑说：“皇上，那长堤离此太远，您万尊之体还是不去吧！”

乾隆龙颜不悦：“不是说过‘游乐缓，河务急’吗！朕岂有不去之理？朕又不是泥捏的纸糊的。来呀，摆驾江边！”

高名楼求救似的看着和珅。和珅装作没看见，低下头去。乾隆坚持要去，他也不敢拂逆龙意。

宫廷侍卫飞快地沿江边摆开，布置警戒线内置龙旗、凤旗、黄罗伞盖。乾隆帝在黄罗伞的掩映下，迈步向前。

行不多远，一侍卫突然飞奔而来，跪地禀奏：“启禀万岁，前方江堤上聚集无数百姓，头顶美食琼浆。奴才们驱赶不散，请旨定夺。”

“哦？”乾隆面色不悦，他此次南巡，目的在整饬地方吏治和巡视河防。所到之处，先以晓谕地方，不得惊扰百姓，铺饰靡费。莫非又是地方官违旨迎驾？

皇上冷峻地说："他们不愿散开就由他们吧！待朕亲自去看看。"

高名楼紧跟几步，边走边说道："万岁，前边就是白家堰，一定是附近的乡民自发迎驾来了。"乾隆一言不发地往前走。行不多时，便看见黑压压一片跪满的人群。

"万岁，万岁，万万岁！"人群发出轰鸣般的山呼声。

乾隆在众臣的簇拥下走近人群，看清楚百姓们还头顶着鸡蛋、美酒等物。乾隆走到一为首青壮村民跟前，言语温和地问道："你是哪里人？为什么要带着东西迎接朕？"

青壮村民忙答道："回万岁爷的话，小民就是这白家堰村里人，姓白叫白玉柱。因为感念万岁爷的恩泽，就把家里仅有的几十个鸡蛋煮熟了拿来孝敬万岁，请万岁爷尝尝吧！"

乾隆心头的疑云散去，升腾起一种志得意满的感觉。他随手拿起白玉柱捧着的鸡蛋，剥去蛋壳，就往嘴里送。旁边的和珅慌忙劝阻："皇上，吃不得呀！"

乾隆明白，和珅是怕鸡蛋被下了毒。平日他在宫里，每餐前都有太监专门尝试，确信安全才食用。今天竟直接食用百姓敬献的东西，能不让内监、侍卫吃惊吗？

乾隆正为得到百姓的拥戴而得意呢，根本不在意和珅的劝阻，三口两口就把鸡蛋吃下肚去了。正想跟他的子民说上几句，忽然百姓中间一阵骚动，只听有人喊叫道："快看哪！刘大人刘青天也来了。"

一直处于戒备状态的宫廷侍卫呼啦一下把乾隆围在中间，全都刀出鞘，箭上弦，如临大敌。

落在百官之后的刘墉慌忙赶到乾隆跟前，连连向百姓挥手："各位乡亲，千万不能惊了圣驾，都安静点。"原来百姓发现了百官中间的刘墉，情不自禁呼喊起来。刘墉的一句话就使他们又安静下来。和珅看得明白，走到刘墉身旁，干笑两声说："刘墉，你一个九品官，很得人心啊，把圣上都比下去了！"

乾隆听得一清二楚，龙目盯住刘墉，问："刘墉，到底怎么回事？"

刘墉忙说："万岁息怒，臣不是跟您说过，两天前天降暴雨，白家堰地势低洼，岌岌可危。臣带一百官兵，召集四乡八邻的百姓筑堤坝、堵缺口，苦战一个昼夜保住了堤防，保住了金陵。臣这么做，是为皇上广布德泽，所以才有今日百姓箪食壶浆，以迎圣驾的感人场面。百姓对臣心存感激之情也在情理之中。"

乾隆将信将疑，斥退侍卫，走到白玉柱跟前，问："白玉柱，刘墉说的可是实情？"

白玉柱有些愤激，亢声说："万岁爷，那怎能有假？白家堰危在旦夕的时候，官府不闻不问，乡亲们都逃得差不多了，是刘大人赶到堤上召集四方乡邻，连夜加固堤坝，堵住缺口。刘大人跟小民一起摸黑滚打，一身泥一身水，那么多的人，谁没看见？白家堰的人对刘大人感激不尽啊！”

乾隆被深深打动了，忽然想起了什么，问白玉柱：“朕听说江宁修了八百里的防洪长堤，可有此事？”白玉柱两眼茫然，答道：“回万岁爷，小民别说没见过八百里的大堤，就是听也没听说过。”

乾隆厉声喝问：“高名楼，你可知罪？”

高名楼体似筛糠，半天才说出话来：“臣……知罪，求万岁开恩。”

乾隆气得嘴唇直哆嗦：“你到如今才知罪，早干什么去了？朕问你，工部每年捐给江苏省一百二十万两的治河银子都到哪儿去了？”

“臣知罪！”高名楼只会说这句话。

乾隆怒不可遏：“你是第二个王珅望啊。贪鄙、无耻，不顾民命，你不是为民父母，乃是为民盗贼！罪恶至此，纵使朕饶你，可上面还有天理呢。来呀，摘去他的顶戴花翎，交都察院仔细审查，从严治罪！”

两个黄衣侍卫上前摘去高名楼的顶戴，拖起来就走。高名楼惊呼：“皇上饶命，皇上饶命啊！”乾隆怒气不息，不为所动。周总督及江苏的地方官员相顾失色，谁也不敢为高名楼求情。突然，有人高声呼喊：“万岁且慢，臣有话说！”

百官以为有人为高巡抚保本说情，一齐循声看去，见说话的人却是刘墉。乾隆怒意消解，问刘墉道：“刘爱卿，你有何事？”

刘墉突然跪倒在地，大叫道：“万岁，臣冤枉啊！”

乾隆一怔，道：“刘墉，朕知道你筑堤护坝有功，理应封赏。但是你冤从何来？”

刘墉道：“请皇上把高大人留下，臣的冤情就是因他而起。”

“果真如此？”乾隆忙传旨把高名楼又推回来。刘墉走到面如死灰的高名楼面前，淡淡一笑，说：“高大人做的事，还是高大人说得清楚。”他看了众大臣一眼，又转向高名楼接着说，“高大人，你知道我大清律有一条：坦白交代者，从轻论罪。我劝你还是坦白交代了吧，如果你能把如何制造冤狱陷害我的经过当着皇上和诸位大人的面交代清楚，我也会为你求个情。你再把所有的家产拿出来填补亏空，也可抵去一部分罪。这样一来，虽然未必能救你的性命，但至少不会株连妻儿老小。高大人，我是真心为你着想。何去何从，你自己掂量着办。”

高名楼被说动了心，扑通一声给刘墉跪下了，悔恨交加地哭叫道：“我不是人，我不该陷害刘大人。刘大人，您大人不计小人过，求您跟皇上说情，饶我一命。”

乾隆听明白了，怒视高名楼道：“高名楼，你是如何诬陷刘墉的？快快从实讲来。若有半句不实，朕把你满门抄斩！”

高名楼喘息道：“皇上开恩啊，我说，我说……”

站在乾隆身旁的和珅吓了一跳。高名楼要是把他也抖搂出来，那就全完了。不行！他眼珠子一转，有了主意，便探出头来，冲高名楼威严地说道："高名楼，刘大人不计前嫌，愿意为你求情，这是祖上的造化。快把事儿说清楚，别绕弯子耍心眼，如果说话老实，本中堂也会为你求情。"

和珅刚刚被钦命入值军机就自称中堂，分明是在提醒高名楼：别扯上我，我在皇上跟前给你求情。高名楼宦海沉浮几十年，能听不出和珅的弦外之音吗？遂把如何设计陷害刘墉的经过说了出来，只是中间略去了他向和珅行贿的情节。

刘墉听着，突然打断道："慢着，高大人，不，高名楼，你得说清楚那个去刑部大堂告我的季三是什么人？"

高名楼眼角扫着和珅，说："季三就是清风店里被杀之人——伊小六的舅舅。"

和珅听刘墉追问起季三，忙插话说："刘墉，高名楼不是说清楚了吗？季三是伊小六的舅舅。舅舅因外甥的仇恨不得报而怨恨你刘知府，也在情理之中。"

刘墉见和珅出头了，忙说道："想不到和大人也这么操心，我就告诉和大人一个意想不到的事儿。季三虽然是伊小六的舅舅，却不是金陵人，而是京城和大人府上的奴才！"

刘墉一言甫出，百官无不大吃一惊。乾隆也是脸色一沉。高名楼的交代已牵扯到江苏刑道、按察使等地方官员，没想到和珅也有牵连。皇上龙目凌厉地逼视和珅，说道："和珅，到底是怎么回事？"

"这，这……"和珅没词儿了，扑通一声跪在乾隆的跟前，连声解释着，"皇上圣聪明察，奴才每日忙着陪王伴驾，府里下人众多，奴才哪能都认得、都记得？若真是我府里的奴才干的事，奴才一定剥他的皮，抽他的筋，以解刘大人之恨。"

乾隆怒道："和珅，你府上的奴才参与诬陷命臣，你身为家主竟推说不知，谁能相信！"和珅慌忙指天画地地发誓："万岁，奴才虽然与刘大人有些不合，但决无落井下石、构陷诬蔑之心。奴才若有此卑鄙之心，天地不容啊！"

乾隆不理他，却拿眼睛看着刘墉。刘墉何等聪明，看出乾隆无治和珅之罪之意。何况，说和珅陷害自己也缺乏直接的证据。乾隆在等大臣们为和珅求情呢。干脆这个人情我给算了。想至此，刘墉撩衣跪倒，道："万岁，和大人的话也有道理。奴才做的恶不能算到主子的头上。不管和大人是真不知情还是装不知道，反正臣的冤狱也洗雪了，臣除了官小一点，还不是毫发无损嘛！"

乾隆就等他说这句话呢，高兴得连连赞叹："刘爱卿受此冤屈，还如此豁达，真是大度能容天下之事啊！你筑坝抢险有功。朕累功升你为河运按察使，督察河道疏浚及漕运等有关事宜。至于和珅，虽无指使诬陷之实，但也难逃管教失察之责，着罚俸一年！"

和珅一听，心中一块石头落地。罚俸对他来说算什么，他家有的是金银珠宝，罚出去的俸禄还不是十倍、百倍地捞回来？他忙磕了个头。

“奴才谢主子宽恩。”又起身向刘墉一揖，“和某也谢过刘大人。”

刘墉没理他，却向乾隆长跪不起，说：“万岁，请恕臣不能立刻赴任之罪。”

乾隆一怔，以为他要要价，又一想，人家有功于国，又受此委屈，也该提点条件什么的。于是说道：“刘爱卿，你不愿做河运按察使，朕就封你为……”

“万岁误会臣的意思了。”刘墉忙说道，“臣是说臣在江宁知府任上本来要做几件利国利民的事，可惜被这几个贪官恶吏给搅和了。臣想请万岁恩准，等臣办完这几件事再赴任河运按察使。”

乾隆很是感动，连忙道：“爱卿忠君爱民，心如金石，朕岂有不答应之理？朕准你所请，何时办完，何时赴任！”

“臣谢主隆恩！”

次日，江宁北门十里堡徐五的府邸一片忙碌，鼓乐声声，四方八邻都能听见。

今天是徐五的四十岁寿诞。徐五属虎，客厅正中悬挂着“猛虎下山”的画幅，画幅下的寿案上摆着寿桃、寿面等物和四支大红寿烛。徐五身穿寿服，踌躇满志地端坐在虎皮椅上接受众人拜贺。

天到辰时，正是一天中最喧嚣热闹的时候，前来拜寿、贺寿的人一直络绎不绝。徐府上下忙着应酬答谢、准备酒宴，一片忙碌。因为客人大多是江宁的大小官员、缙绅名流，这些人无不携带重礼而来，仅收礼就很是可观。

徐五接受过一番拜贺，正自得意，忽然管家孙八匆匆而进，近前附耳道：“禀五爷，陈书办来了！”

“请他进来就是了！”徐五瞪了管家一眼，心想，他不就是高巡抚派来贺寿的吗，又不是巡抚大人亲临，何必大惊小怪？

孙八急得低声说：“陈书办不是来贺寿的。他说有要紧事跟您说。这里不方便，在后厅等着您呢！”

徐五这才紧张起来。他知道陈书办办事一向稳重，不是火烧眉毛的事儿，不会在这时候来找他。他忙对孙八说：“好好招待客人，我去去就来！”

徐五匆匆赶到后厅，一进门，就看见陈书办在焦躁不安地来回走动，忙问：“陈书办，发生了什么事？”

陈书办迎上去，哭丧着脸说：“五爷还不知道，高大人他……他被革职了，还被都察院抓起来了！”

“啊，怎么会这样？”徐五顿觉一阵眩晕，赶紧扶着门。

“不但高大人被革职审查，孙刑道、吴按察使也一样……”

“为什么？”徐五一把抓住陈书办的胳膊，声嘶力竭地问。

“五爷，您先坐下。”陈书办扶徐五坐下，自己也在旁边坐下，这才说道，“还不是那个刘罗锅给闹腾的。高大人贪污河款，虚报修筑八百里长堤的事儿，就是他跟皇上说的。他还趁机把高大人诬陷他的事抖出来，把孙刑道、吴按察使都牵连进去了。”

徐五跌坐在椅子上，再也无心做寿了。正愁眉不解，管家孙八进来说：“五爷，不知怎么了，客人突然没有了，往年可不是这样，总要闹腾一宿的。”

徐五明白，一定是有人听到了风声才不来贺寿，如今的世道，人情薄如纸啊。他有气无力地摆摆手，说：“孙八，寿不做了。你把于教师爷他们叫来，我有话说。”

“是，五爷！”孙八满腹疑惑，但见徐五脸色阴沉，也不敢多问，转身而去。

不多时，鬼头太岁于文立、金头蜈蚣于文亮、白花蛇郑青、黄蜂尾张三等人都来到了。徐五把高巡抚、孙刑道、吴按察使等人被革职察办，刘墉升迁河运按察使的经过说了一遍。众豪奴闻听大吃一惊。于文亮顿足扼腕说：“当初我就说把罗锅子做了，五爷不让，如今倒好，他把五爷的后台都推倒了，以后还有咱们的好日子过？”

于文立说：“是啊，高巡抚、孙刑道他们在时罗锅就老找五爷的麻烦。这会儿他们倒台了，罗锅随时会来抓人的。”

白花蛇郑青暴跳道：“怕什么！咱们也是大江、大湖里闯荡出来的，大不了拼个鱼死网破。我们今晚就把罗锅子掏出来杀了。”

徐五挥手示意众人安静，说道：“不错，各位都是江湖一流的好汉，可是都被官府通缉，走投无路来投靠徐府。徐五自忖待各位如弟兄，如今徐某也要大难临头了，只有请各位弟兄援助了。”

于文立豪爽地说：“五爷说哪里话，罗锅子不放过您，也不会放过我们这些犯过死罪的人。如今咱们是一条绳上的蚂蚱，只有同心协力，拼死一搏，或有生路。五爷有何打算，就请吩咐吧！”

徐五霍地站起，把心一横，说：“于兄弟说得是，事已至此，只有拼死一战，大家或许有条生路。不过，不可蛮干，我们只能暗中准备，不动声色。刘墉以为我们毫无防备必上门抓人。就凭江宁府的那几十个草包差役如何能敌得过几位江湖好手。到时候，咱们出其不意，杀官差，宰罗锅，反出江宁，找一个山高林密的地方占山为王，逍遥自在，何其美哉！”

众豪贼闻听，齐声赞同。于文立说：“五爷好计。老子早就想做山大王了。只要刘墉他敢来，我就把他碎尸万段，挑着他的脑袋逃出江宁。”

徐五说：“兵贵神速，拖延不得。咱们各行其是，你们备战，我去备饷。”

于氏兄弟等人忙活去了。徐五换上一身行商打扮，又戴上一只遮阳的斗笠，

把整个面部遮得严严的，这才与孙八牵着马悄悄地从后门出府。

两人出了十里堡。孙八看着徐五的装扮，说：“五爷，你还是待在府里安全。城里的店铺您交给小人打理就是。”

徐五嘿嘿奸笑两声，说：“笨蛋，你以为我真的要盘点店铺跟他们去落草为寇？就凭他们几个山贼草寇，能胜过官兵吗？刘墉马上要兵围府邸，我这是趁机逃命，让于文立他们与官兵拼命做挡箭牌呀！”

孙八惊讶不已，问：“五爷，您不怕官兵抓您吗？”

“你我二人，人少便于躲藏，在城里躲上几日待风声过去再潜出城去，逃奔陕西我那做布政使的叔叔。大清像刘罗锅这样死心眼的官员能有几个？到了陕西，用不了几年，老子照样混得不错。”

“五爷高明！”

徐府后花园，于文立、于文亮把全部家奴、庄兵集合到演武场上，训过一通话后检查兵刃马匹，指挥操练，俨然如三军主帅。

正练得起劲，忽然一名家奴慌慌张张地跑过来，禀报说：“教师爷，大事不好，官兵来了，把庄园团团围住。”

众豪贼闻听大惊。于文立问道：“看清了吗，到底是官兵还是差役，有多少人？”

家奴说：“有官兵也有差役，起码有三四百人。”

众豪贼一听说有官兵，无不慌忙，围住于文亮、于文立叫嚷道：“大哥、二哥，怎么办？刘罗锅领来这么多人围困庄园，咱们无路可逃了！”

于文立、于文亮翻身上马抓起兵器。白花蛇郑青、黄蜂尾张三等人全都骑到马上，手握兵刃。

于文立大叫：“走！”说着四匹马向前冲去。几十名家奴手持刀枪，呐喊着跟上去。

转眼之间来到大门口，守门的家兵正死死扛住大门。于文立大声命道：“打开大门，让官兵见识一下爷们的厉害！”

家兵慌忙拉开门闩，两扇大门咣当一声打开了。几个官兵不防备，闪倒在地。于文立一见，大叫一声：“杀！”一挥枣阳槊，把几个官兵砸得脑浆迸流，血染当场。后面的官兵吓得转身就跑。

守备王英一见对手如此凶残狂妄，顿时大怒，驱马抡刀冲到跟前，刀指于文立骂道：“好一个凶残成性的狂徒，竟敢抗拒官府杀死官兵。今天王某不把你缉拿伏法，誓不为人！”

官军这一方忙拍马抡刀，带领官兵杀了上去。

这下热闹了，兵对兵，将对将，捉对儿厮杀。呐喊声、兵刃撞击声传出老远。周围百姓闻听无不骇然变色。

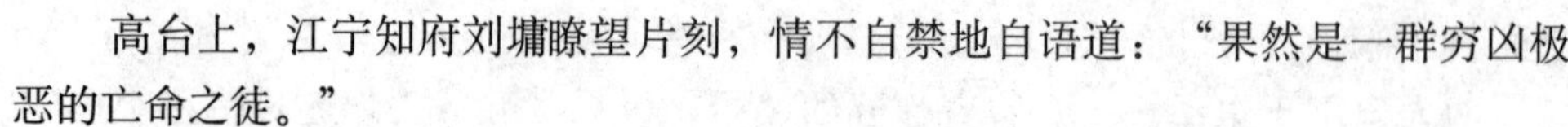

高台上，江宁知府刘墉瞭望片刻，情不自禁地自语道：“果然是一群穷凶极恶的亡命之徒。”

陈大勇闻听，上前道：“大人，您看我方兵虽多，但怯战，仅凭王守备、刘守备两位主将恐难胜敌方四将。属下也是武举出身，略知马上功夫，愿助二位守备杀贼，请大人允准！”

刘墉点点头：“这可是难得的杀贼立功的机会。你去吧，本府为你请功。”

大勇接过差役递过来的马缰绳，手持镔铁棍翻身上马，箭一般飞奔而去。

刘墉又命道：“朱文、赵武，你们也可以步行杀过去，助两位守备一臂之力！”

朱文、赵武应道：“小人遵命！”各持齐眉棍迈着大步冲杀过去。

大勇与于文立厮杀多时，见一时难以取胜，决意智取，镔铁棍的攻势突然变慢。于文立大喜，以为对方不敌，手中的枣阳槊得势不饶人，攻势更急。忽见大勇肩头一动。“有暗器！”于文立突然清醒，吓得一个镫里藏身忙着躲闪。谁知大勇的暗器不是射人，却是射马。一只袖箭激射而出，正中于文立战马的面门。战马暴叫一声，人立起来把于文立掀翻马下，扑通一声，战马倒地而死。

大勇圈马而回，不等于文立站起，刷地又一支袖箭打出。于文立躲闪不及，正中臂膀，疼得他大叫一声，撒手丢了兵器。官兵一拥而上，把他生擒活拿了。

鬼头太岁于文亮见哥哥被俘，顿时心慌气短，被王英一刀砍断了左膀，摔落马下，也被官兵捆绑起来。剩下白花蛇郑青和黄蜂尾张三更是惶惶不安，一个个被打落马下，做了俘虏。其余家奴见大势已去，纷纷丢下兵器磕头求饶。

刘墉命人打扫战场，押走人犯，亲自带人进徐府搜捕。大勇带众差役直奔后花园，打开凉亭下的地牢暗门，里面一片黑暗，散发出恶臭难闻的气味。大勇叫人带来一个被俘的家奴引路，这才下到地牢里，随后逐一砸开牢门。差役们举着火把一看，无不触目惊心，里面竟是白骨累累，有几个黑糊糊的东西在白骨间蠕动。家奴说，因为被关的人多，地牢小，就这样死人、活人关在一起。这几天府里太忙，连那点少得可怜、猪狗食不如的牢饭也没人送了，所以地牢里也没有几个活人了。那几个蠕动的黑影就是活人。

众差役听了无不愤慨难过。大勇忙吩咐救人。众人把黑影架出地牢，先喂以饭食，后浴洗更衣，黑影才显出本来面貌，一个个披头散发，泪流满面。其中有一年轻女子便是被抢入府的周月英，已是骨瘦如柴，站立不稳，连说话的力气都没有了。

刘墉命人把周月英之父周国栋带来。这周国栋闻听刘知府要进攻徐府，救她女儿有望，早就跟着官兵在远处等着呢。父女相见抱头痛哭。在旁诸人无不心酸落泪。

父女痛哭一阵，双双跪倒在刘墉跟前，感谢救命大恩。周国栋老泪纵横，说：“草民只有此一女，晚年就指望着她呢。她要有个好歹，草民也不想活了。

青天大老爷救命之恩，恩同再造，我周家祖祖辈辈不忘大人恩德。”

刘墉忙将父女扶起，愧疚地说：“周老汉，你状告徐府抢劫你女儿已有数月。本府无能，至今才救她出来，让她吃尽苦头！”

周国栋感动地说：“青天大老爷言重了，小女能活到今天是她的造化，也是大人的恩德啊！”刘墉难过一阵，叫过张成吩咐道：“张成，取二十两银子给周老汉，让他买些东西为女儿补补身子。”张成一听，傻眼了。他到哪儿拿二十两银子？可是，老爷已经开口了，总不能当着这么多人说没有银子吧？他磨叽半天才从两位守备那儿借来二十两银子，双手捧到周国栋眼前。周氏父女如何肯要，一齐推辞说：“大人恩德尚无从报答，如何能收大人的银子？”

刘墉看看身体虚弱的周月英，对张成说：“张成，找辆车送周姑娘回家，顺便把银子送到家里。”张成笑道：“好嘞，我好人做到底喽。周老汉、周姑娘，你们等着，我立马叫辆车来。”

刘墉命人继续搜查徐府。不多时，王明、朱文抱着一摞账册过来，禀道：“大人，小人从徐府账房搜出这账册，里面记载着徐五贩卖私盐的数目和向官员行贿的多少。”

刘墉上前翻开几本看看，高兴地说：“太好了，本府要的就是这个。不仅徐五罪责难逃，那些收受好处、助纣为虐的贪官污吏也难逃法网。好好收起来，我有大用。”

天色渐晚，差役们陆续把搜获来的不法之物、非法财产送到刘墉面前。收获不小，仅非法侵吞、霸占豪夺的财产就够徐五砍十次头的。

刘墉正在高兴，只见大勇匆匆而来，禀道：“大人，徐府上下全搜遍了，就是不见徐五的踪影。”

刘墉脸色一沉，着急地问：“可曾向家奴仆佣讯问徐五的去向？”

大勇答道：“小人问过了。有的说徐五偷偷逃跑了，有的说进城盘点店铺去了。”首恶主犯漏网，今天的行动就算完全失败。刘墉当机立断：除留少部分官兵在徐府守候，其余人马立刻回城。进了金陵城，天完全黑了下来，街道两旁的店铺亮起了灯光。刘墉回到府衙，屁股还没坐稳，就命陈大勇、朱文、赵武、王明各带一队差役分头搜查徐五在城里的店铺。

徐五在金陵开设的店铺数不胜数，繁华热闹的地段甚至整条街都被买下了。差役们搜查起来费力不少。几路差役折腾到半夜才陆续回来，众人已是人困马乏，筋疲力尽。但搜捕的结果都是一样：没有徐五的任何消息。

刘墉、大勇、赵武、朱文、王明及书办何英围坐在府衙里，桌子上摆着喷香的酒菜。尽管早已饥肠辘辘，他们却没有人肯动筷子。

抓不到徐五，他们谁也吃不下，睡不香。

刘墉打破沉默，说："各位再仔细想想，徐五可能躲在什么地方？"

大勇开口道："属下去那些店铺搜查，讯问看店的人，都说徐五根本没到店里来，也没有盘点店铺。据此，属下推断，徐五是故意放出风声说自己进城了。其实他根本没进城，早已远逃他乡。"

朱文、赵武、王明都赞同大勇的看法。赵武说："徐五这小子鬼得很，听说高巡抚被革职拿问，自己的后台倒了，还不趁早脚底抹油——溜了？"

只有何英沉默不语。

刘墉问："何书办，你的意见如何？"

何英说："高巡抚是昨天才被突然革职查问的。徐五想不到他的后台会倒得这么快。不能说他早有潜逃的准备。今天搜出的只是他家财的一部分。像徐五这样拥有万贯家产的人，平时一定会把一些细软、金银珠宝藏在一个极为隐蔽的地方以备不测。徐五一定来不及把这批家财转运出江宁。他舍不得万贯家财，没有钱他逃到他乡何以生存？所以，属下推断，他很可能就藏在城里某处。当然他不会傻到去店铺盘点金银的地步。他在等风声过后把隐藏的财产偷运出去，再远逃他乡。"

刘墉点点头，说道："本府也觉得，像徐五这样养尊处优惯了的人，不会两手空空地逃到他乡去。他极有可能还在附近。朱文、赵武，传本府之命，全城继续搜捕，加强四门盘查，绝不能让这个罪大恶极的盐枭、恶霸逃脱法网。"

朱文、赵武遵命而去。忽然一名差役匆忙进来禀道："大人，紫竹巷地保来报，怡香阁的客人打架出了人命，请大人速派人缉拿凶手。"

刘墉闻听大怒，紫竹巷近在咫尺，什么人如此大胆，竟敢在官府眼皮底下行凶？正要命人前去，突然醒悟到众差役都出去搜捕徐五了，只有大勇一人在场，顿时沉吟不语。

大勇正一脚门里，一脚门外往外走，听到差役的禀报，立刻回过身，请命道："大人，就让属下前去吧！"

刘墉面带歉意地说："只有辛苦陈壮士了。把值班的差役带上吧，多一个人多一个帮手嘛！"

大勇出门把几个困得打盹的值班差役喊醒向紫竹巷奔去。

经过这一阵搅和，刘墉困意全无，索性与何英对面而坐论起府衙细务。

半个时辰过去了，两人谈兴正浓，忽听门外脚步声传来。陈大勇和几个差役兴冲冲地回来了。

大勇指着院内，说："那被凶手打死之人正是徐五，尸首已被抬回来了。"

刘墉兴奋地站起身，招呼何英："何书办，咱们看看去！"

两个差役打着灯笼，引着刘墉、何英向前院走去。在一间废弃不用的小屋里，一张破席里卷着一具尸体。大勇把芦席揭开。刘墉一看，死者穿着一身行商

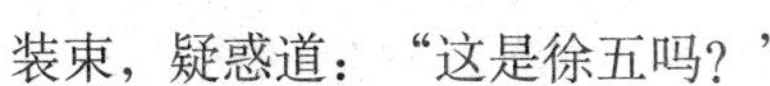

装束，疑惑道："这是徐五吗？"

"就是他！"大勇语气十分肯定，用手把盖在死尸头部的黑布揭开，露出一张白胖狰狞的面孔，果然是徐五。

几个人回到屋里。刘墉向一名差役吩咐道："传本府之命，停止搜捕盘查，所有差役回衙歇息。"

差役领命而去。刘墉看着大勇，问道："凶手为何方人士？为什么打死徐五？莫非与徐五有仇？"

大勇笑道："属下正要禀明大人。这凶手是京城来的有钱人，自称黄三爷，口气大得很。此人昨晚去怡香阁嫖妓。恰巧徐五也躲在怡香阁，装扮成行商。两人为争夺一个妓女争斗起来。黄三爷失手就把徐五给打死了。"

何英感叹道："徐五作恶多端，今日得此下场，也是罪有应得。只是遗憾这种罪大恶极之徒没能被绳之以法！"

大勇说："还有更稀奇的事儿呢。那位黄三爷打死了人，不但不逃走，还大模大样地在怡香阁嫖妓。我们把他从床上拉起来，他不但不慌张，还问我们是哪个衙门的。我说我们是知府衙门的。他张口就骂大人您……"大勇笑得说不下去了。

几个差役听到这里，全都忍俊不禁。刘墉明白了，这位黄三爷一定骂得很难听。他也笑了，毫不介意说："他是怎么骂我的，说出来听听！"

大勇强忍住笑，给刘墉施了一礼，说："请大人恕属下冒昧之罪！"这才说道，"黄三爷骂道，该死的罗锅子，他管官管民，还管得着妓女嫖客吗？下次见着一定饶不了他！他那口气，俨然朝廷一品大员。我们以为他是疯子，把锁链往他脖子上一套，拉起来就走。这时，黄三爷的长随，一个白白胖胖的半大老头赶紧过来，作揖打躬地说好话，还拿出珠宝企图贿赂我们。我跟他说，少来这一套，在刘大人手下当差，谁敢收这个。他们才老老实实地跟我们走。

"进了府衙，我把他们关押在后院的更房里。他们又提出要见大人您。我说，刘大人忙了一天，夜里不升堂。他们还是不肯罢休，说刘知府只要看见他们，就知道他们是谁，准会把他们放了。我骂了一句，别白日做梦了！就把他们关起来了。"

刘墉仔细听着，时而摇头，时而点头，半天才说道："这两个人不是疯子，只怕大有来头。大勇，他们什么长相？"

大勇说："那位黄三爷四五十岁模样，方方正正的个头，方脸浓眉大眼，穿戴考究，言谈举止无不透着高贵的气质。那长随与他年龄相仿，只是身材矮小，白白胖胖，说话谨慎圆滑，一看就是个做奴才的。"

刘墉竭力搜索着脑海中的记忆，想了半天，脑子里也对不上号，只得说道："大勇，引我去看看那两个人到底是什么人！"

大勇挑起灯笼，刘墉、何英跟随。

三人正要走近更房，忽听里面有人大声喊道："喂，快过来，放我们出去。"

大勇笑道："谅他们在里面也睡不着。"遂大声喝道，"深更半夜喊什么？这是府衙，小心挨板子！"

里面的人骂道："小小的府衙有什么了不得的！告诉你们快把刘罗锅子叫来，放我们出去，迟了休怪我剥你们的皮，抽你们的筋！"

大勇大怒，正要上前呵斥几句却被刘墉小声劝阻住："大勇啊，骂不得，咱还是快回去想办法放人吧！"

大勇说："大人还没升堂呢，怎么就放人？"

刘墉不再说话，转身就往回走。大勇、何英不解其意，只好跟着往回走。

回到前厅，未及落座，大勇不解地问道："大人，您还没见着人呢，怎么就回来了？"

刘墉神色紧张，看着大勇说："还用得着见人吗？听声音我就知道他们是谁。大勇，你闯下大祸了！"

大勇心里一紧，问："他们真是京城来的大官？"

刘墉道："岂止是大官，那官儿大得没法再大了。"

大勇忽又轻松地一笑，说："大人，您别唬我。就是皇上，他也得讲道理啊！"

刘墉一字一顿地说："他就是当今的皇上！"

大勇、何英无不惶然变色："真的是皇上？"

刘墉说："方才我听出那说话之人就是和珅。那位黄三爷，必是万岁爷。"

"皇上怎么会去那种地方？"大勇还是不敢完全相信。

刘墉说："别问这么多了。大勇，你把皇上从那种地方抓来，罪可大啦，非但自己性命难保，只怕还有灭门之祸啊！"

大勇真的害怕了，扑通一声给刘墉跪下了，求道："大人救我！"

刘墉看看何英，为难地说："这事不太好办哪！"

何英看看他，恺然一笑说："我知道大人的锦囊妙计了。"

大勇听着两人猜谜似的，着急地问："大人有何妙计救我？"

刘墉笑而不答，说："何书办，你我各把妙计写在掌上，看看是否不谋而合。"

何英欣然同意。两人拿起笔，背转身，在手掌上写出各自的计策，然后一齐亮出手掌。大勇一看，两只手掌上写着同样四个字：

明审暗放

刘墉收起手掌说："快四更天了，赶快依计而行，晚了就来不及了。大勇，快去召集三班衙役，准备升堂。"

大勇迟疑道："大人，这时候升堂？"

"不错。"刘墉肯定地说，又在他耳边低语几句。大勇顿时喜上眉梢，高兴而去。

刘墉猜得没错，陈大勇抓的这两个人就是乾隆皇帝跟和珅。乾隆从江边回来就一直阴沉着脸，满心的不痛快。这一路南巡，他贵为天子，甘冒炎炎酷日，为国事奔波。可是，那些丧尽天良的贪官污吏却不顾民命，贪污、侵吞库帑、河款。安徽的贪污河款案还没有完，江苏又扯出一大串蛀虫来，他能高兴得起来嘛！

和珅最善揣摩圣意，讨主子欢心了。这时候又凑到跟前，先吹捧一番皇上为国事操心，如何如何辛苦，保重龙体要紧的话。然后话题一转，说秦淮自古出名妓，哪家妓馆的哪个姑娘如何色艺双全，名满天下。风流成性的乾隆皇帝顿时抛去了国事的烦恼，转忧为喜。君臣微服出了行宫直奔紫竹街怡香阁。

怡香阁的老鸨见这位自称黄三爷的男人是个出手阔绰的主儿，便叫出最好的姑娘柳如水伺候。黄三爷拉着柳如水的如葱玉手刚说上两句话徐五就到了，非逼着老鸨把如水姑娘让给他不可。黄三爷大怒，出来与徐五理论。徐五自恃跟他的两位教师爷学过点拳脚功夫，挥拳就打。谁知黄三爷也会武功，而且比徐五强多了，两三个来回便把徐五一脚踢得滚下楼去。

黄三爷赶走徐五，自顾与如水姑娘风花雪月，琴瑟相和去了，却不料他那一脚把徐五的命踢没了。徐五滚下楼去，脑袋正好撞在墙脚的石头上，没哼一声，人就没气了。

老鸨一看出了人命，吓得半死，忙叫人找来地保去官府报案。大勇赶到就把黄三爷抓到了府衙。

此时，被关在黑咕隆咚的更房里的乾隆皇帝把怨气都撒在和珅身上了："和珅哪和珅，你非说要朕出来散散心，这下子倒好，被人当犯人关起来了，你说怎么办？"

和珅心里直叫苦：你风流快活，为女人打死人，关我什么事？可是，他嘴上不敢埋怨，只得赔笑安慰："都是奴才不好。主子，您也别着急。不就是关一晚吗，奴才陪着您说话儿。等天亮后，刘墉过来一看是您，还不得把咱们放了！"

乾隆气哼哼地说："你说得轻巧。你不是喊了半天吗？他还是没来。如果天亮刘墉升堂，朕堂堂的天子，如何站立公堂之上？"

和珅说："皇上，他还敢升堂审您？"

乾隆说："你怎么这么笨呢？他当然不敢审朕。可是你想想，咱们是从什么地方被抓来的？如果刘墉认出朕来，朕以后在他跟前还有什么威严可言？"

和珅说："奴才再愚钝也知道这事儿不利于龙颜。可是，刘墉不认出您是不会放人的。要不，就由奴才撕破脸面，跟衙役讲明身份……"

"刘墉多聪明，你的身份已明，他自然能猜出黄三爷就是朕。不妥，不妥！"

和珅说："依奴才愚见，您也别想这么多了。反正天亮升堂，除了刘墉，那班衙役捕快没人认得咱们。谅他刘罗锅也不敢当众说明您的身份。只要他放人，以后您再找个茬儿把他……不管怎么说，保住龙颜要紧。"

乾隆幽幽地说："上天有好生之德，朕为天子，非不得已不欲杀人。"

两人正说着话，忽然外面传来一阵脚步声。乾隆忙嘘一声，低声道："有人来了。记住，我还是黄三爷。"

脚步声伴着灯光来到门口止住。随着一阵开锁声更房的门被推开了。一盏纱灯照着两名差役胸前衣服上的"差"字。一个差役大声喊道："出来，老爷升堂了！"

乾隆有点儿吃惊，没挪动地方，就问："不是说你们大人夜里不升堂吗？"

差役斥道："废话！我们大人什么时候升堂，还用你管？快点儿出来！"

"如此更好！"

乾隆、和珅都高兴。和珅搀着皇上站起来，边往外走，边小心叮咛着："主子，这台阶太高，您留神点。"

两个人被押解着，高一脚，低一脚，走了好长时间才来到府衙大堂前。堂门口连盏灯笼也没挂，朦胧中看见站着两个人，看见他们来到催促道："快进去，大人升堂多时了。"

乾隆、和珅进了大堂，一看，偌大的公堂上只有公案上点着两根半截头蜡烛。昏黄的烛光下，只能看见身穿朝服、正襟危坐的刘墉，两旁站立的衙役则是面目不清，模糊的身影被拉得老长，显得阴森可怖。

乾隆觉得好笑，对和珅说："和总管，我总觉着刘墉的公堂跟森罗殿似的！"

和珅笑道："三爷，您别管这个。刘墉不是坐在那儿吗，奴才去跟他说一声。"说着，迈步正要上前，忽听一阵水火棍敲地声音，两旁衙役齐声威喝道："威武！"和珅这才想起他和乾隆还是这出戏里的"犯人"，只得停住脚步。

只听堂上刘墉威严的声音问道："堂下何人？见了本府，为何立而不跪？"

和珅向堂上招招手，说："刘大人，你这堂上太暗了，在堂下多点几根蜡烛就看清我们是谁了。"

刘墉鄙夷地说："本官不想看你们这些狂徒的丑恶面貌。快跪下，否则，休怪本府不客气。"和珅只得退到乾隆身旁，说："刘墉耳朵笨，他听不出奴才的声音。三爷，还是您跟他说吧！"乾隆一看这势头，还非得自己开口不可，便用折扇往堂上一指，大声说："刘墉，不是跟你说了吗，你多点几根蜡烛，不就什么都看清楚了？你这堂上如此昏暗，能审什么案子！"

刘墉好像还没听出皇上的声音，嘿然一乐说："听你的口气，好像你是本府故旧，非要本府认出你们来。可是本府食国家俸禄，受圣主恩宠，理应秉公执法，以报

效朝廷，岂能徇私枉法，有负君恩？所以，还是认不出的好。来呀，让他们跪下！”

乾隆一听，又气又怒，指着刘墉怒斥道：“大胆刘墉，竟敢让朕……真让我给你跪啊！”他还没说完，旁边两个衙役过来用水火棍一指，喝道：“还不跪下，找打不是？”

和珅一看，急了，慌忙上前护住乾隆，同时大声喊道：“且慢，刘大人您听我说，我这位东家从小腿上有毛病，不能打弯，没法下跪。这么着，您息息怒，就由小民给您下跪，多磕几个响头都成！”说着，当真跪下来砰砰砰给刘墉磕了三个响头。

刘墉口气缓和了一些，说：“你要早说本府也不会逼他下跪。既是腿上有毛病，当然不便久站。来呀，给他一个凳子，让他坐下听审。”

一名衙役拿过一个竹凳往乾隆身后一放，说道：“坐下吧！”乾隆坐下，怒意稍解，却又对和珅有气：你竟咒朕腿脚有病。我就是不跪，他刘墉敢怎么样？

堂上，刘墉开始审讯：“堂下人犯，姓甚名谁，何方人氏？从实招来！”

和珅忙代乾隆作答：“回大人，我东家姓黄，叫黄三，京城人。小人叫和珅。”

刘墉好像没听清，又问道：“你说你叫什么？”

和珅忙大声说：“我叫和珅，我就是和珅哪。刘大人！”

刘墉一听，站起身来，语气惊异地说：“怎么，你也叫和珅？”

和珅颇有些得意，笑道：“什么是我也叫和珅？我就是和珅！刘大人，你看不清人，也该听得出声音啊！”

不料刘墉却把惊堂木一拍，怒喝道：“大胆刁奴，竟敢假冒和中堂之名。和中堂乃朝廷一品大员，身负国家重任，每日陪王伴驾为主解忧，岂能像你们这种鸡鸣狗盗之徒一样跑到那种地方嫖娼宿妓，还为争女人打死人命？你可知假冒重臣之名该当何罪？”

和珅着急地叫道：“嗨哟，我的刘大人，你耳朵怎么这么笨？我不是和珅还能是谁？”

刘墉又把惊堂木一拍，喝道：“大胆刁奴，还敢嘴硬。来呀，夹棍伺候！”

两个衙役哗啦啦拉出夹棍往和珅跟前一扔，铮铮作响。

和珅这下子害怕了，突然明白了刘墉是故意不认他，照这样不明不白地下去，自己准吃亏。他忙又给刘墉磕了个头，求道：“刘大人息怒。小人不是和珅！”

刘墉冷笑道：“怎么你又不是和珅了？那就是承认刚才是假冒和中堂之名喽。这假冒之罪名还是难逃，来呀，上夹棍！”

和珅道：“且慢。刘大人，您听小人说清楚。小人的确也叫和珅，只是跟和中堂同名同姓而已，并无假冒之意。”

刘墉道：“那也不成，既知跟和中堂同名同姓，为何不知避讳？难道不知

‘为尊者讳’的道理吗？”

和珅没词了，干着急。乾隆看不下去了，忽地站起来大声说道：“刘墉，你真敢夹他，朕就……真就要了他的命！”

刘墉连拍惊堂木，斥道：“大胆黄三，本府的名讳也是你叫的吗？若不念你腿有残疾，这夹棍就先给你夹上。”乾隆哭笑不得，只好又坐下。这时，和珅找到理由了，忙说：“回大人，不是小人不知避和中堂的官讳，实是小人比和中堂早出生一年，姓名受之父母，并非小人之错。”

刘墉轻笑道：“你怎么就知道比和中堂年长一岁？”

和珅没好气地说：“和中堂是康熙四十八年（1709年）八月十四的生辰，我是康熙四十七年（1708年）八月的生辰，不正好年长一岁吗？”

刘墉似乎很惊奇：“奇怪，你怎么知道和中堂的生辰？”

乾隆忍俊不禁，笑道：“他要是不知道和珅的生辰那才奇怪呢。”

刘墉轻咳一声，复又威严地说：“和珅，你既然不是假冒和中堂之名，也并非不避和中堂名讳，本府就不追究其罪。你退下，本府要问黄三打死人命一案。黄三，你可知被你打死的是什么人？”

乾隆端坐不动，冷冷一笑说：“不知道！”

“实话跟你说，被你打死之人乃是江宁有名的盐枭、恶霸，也是本府要抓捕在逃的案犯。此人罪大恶极，死有余辜。就这一点讲，本府还得谢谢你。”

“噢，是吗？”乾隆表现出意想不到的惊奇，说，“这么说，我打死了人，不但无罪，而且有功，府台大人理应放了我们才是。”

刘墉道：“非也。人家有罪，理当由官府按律定罪。你与他却是因为争斗将其打死。杀人偿命，欠债还钱，这是常理，若是按大清律你难逃误伤人命之罪。好在死者是个罪大恶极的在逃案犯，据此情节可依律减轻一半的罪责，所以本府判你……”

刘墉正要宣判，忽然从后衙传来一阵急骤的鸣锣声，还夹杂着呼喊声。大堂里的人都慌了，不知发生了什么事。这时，一个人影跑进来，慌里慌张地喊叫道：“刘大人，不好了，后衙失火喽。”

刘墉一听，慌忙站起来喊道：“快，快，救火要紧。留一个人看守人犯，其余人都去救火。”三班衙役丢下水火棍，往外就跑。转眼间，偌大个公堂就剩下乾隆、和珅和一个看守他们的差役。

那差役似乎也想着救火的事，走到门口心神不安地向后衙张望。和珅一看机会来了，忙贴着乾隆的耳边，小声说：“皇上，这可是逃走的好机会，咱们跑吧！”

乾隆指指门口的看守，摇摇头说：“怎么逃？难道还要打死人不成？”

和珅颇为自得地说：“您就瞧奴才的吧，不用动粗，照样逃得出去。”

“行，朕看你有什么高招！”

和珅走到差役身旁，满面带笑，亲热地问道："小兄弟，你怎么不去救火？"

差役看看他，说："都去救火，谁看住你们！"

和珅一副无所谓的样子，笑道："小兄弟，瞧你说的，我们还能逃走不成？刘大人都说了，我们打死的是在逃要犯，可减去一半的罪。要是逃走，还不得罪加一等？我们可不会那么傻！"

差役道："算你聪明，只要老实交代罪过，刘大人都会从宽发落的。"

和珅道："嗨哟，我们东家不过失手打死一个罪大恶极的要犯，能有什么罪？小兄弟，看得出你对刘大人很敬重，跟刘大人当差几年了？"

差役对这个面目和善的"人犯"似乎也没存戒心，索性坐下来与和珅闲聊起来："要说当差，少说也有七八年了。跟着刘大人也不过一年。刘大人可是难得的好官、清官。以往伺候的几任知府哪个不是见钱就捞的主儿？连我们当差的也能跟着捞二两酒钱。可是刘大人就是一个铜子儿也不往腰包里装，一心想的是为百姓办实事儿。他才是真正的清官、老百姓的父母官。"

和珅寻找着话缝，笑道："刘大人清廉对你们当差的可不是好事，恐怕连二两酒钱也捞不到喽！"

差役点着头，笑着说："瞧不出，你对官场很熟的。不怕你笑话，跟着刘大人，一个子儿的外快也捞不着，连养家糊口都困难。像我上有八十岁的老母，下有妻室儿女，仅凭那点儿可怜的俸银怎么过日子！"

和珅听着，显露出关切同情之情，不知何时，把手上戴着的祖母绿钻戒退了下来，放在差役的手上，说："想不到你们当差的也不容易。这东西你拿去换几两银子，给老母亲买点东西补补身子，也算尽了人子之孝。"

差役不知何物，拿到灯光下仔细一看吓了一跳，忙推辞道："先生这么贵重的东西，我可不敢要。"

和珅按住他的手说："天下还有比人心更贵重的吗？这东西对我来说不足为贵，你拿去了却可以尽孝心，尽人子之道。小兄弟，你就算帮我行善吧！"

差役并没把钻戒松开，显然心有贪欲，嘴里却说道："无功不受禄，我怎么能安心收您这么贵重的礼物呢？"

和珅道："那好办，你就帮我一次吧，趁此时没有人，你把我们放了吧！"

差身连连摇头："不，不，在刘大人手下当差，我可不敢干这事儿。"

和珅道："小兄弟放心，我有办法不让刘墉对你有所怀疑。"说着，把身上的绸带解下来说，"请小兄弟受点委屈，我把你捆在柱子上，堵上嘴巴，刘墉决不会想到是你所为。"

差役一听，笑了，说："先生真有高招，我就想着这样呢。来，动手吧！"往柱子上一靠，老老实实地等着和珅捆绑他。

和珅毫不客气，用丝带把差役捆了个结结实实，最后又掏出身上的汗巾塞进差役的嘴里，这才招呼乾隆："三爷，咱们该走了。"

两人出了大堂，顺着墙根深一脚，浅一脚地向衙门口摸去。身后的锣声和救火的呼喊声响成一片。

两人顺利逃出府衙，和珅还心有余悸地向后张望。乾隆拍拍他的肩膀说："别这么紧张，刘墉是不会追来的。"

和珅疑惑地问："主子爷，您怎么知道？"

乾隆又用手敲他的头说："你用脑子想一想就明白了。刘墉早就认出咱们了，他是故意放咱们走。你没有注意到后衙只有喊声，没有火光吗？"

和珅恍然大悟，连声道："奴才怎么没想到呢？可惜啊，可惜！"

"可惜什么？"

"奴才那只祖母绿戒指白白送人了！"

刘墉官复原职，家也从北门里搬回府衙。刘夫人一大早就守在门口翘首以待。丈夫官复原职，虽说是好事，却让她又多一份担忧。就说现在吧，刘墉忙起来一去就是几天不回家。她真担心他那瘦弱的身体会累坏。

终于，甬道的尽头出现了一个人影。刘夫人从那人走路左右摇摆的姿势上就认出是丈夫回来了，心里涌起喜悦之情，回头向屋里喊道："嫣翠，洗澡水烧好没有？老爷回来了，肯定又是一身臭汗。"

嫣翠从里面跑出来，白嫩的脸蛋热得通红，还挂着汗珠，点点头说："夫人，水好了，老爷一回来就能洗个痛快的热水澡。"

说话间，刘墉已经到了跟前，笑着说："看你们，大清早站在门口干什么？不会为等我吧！"

刘夫人拉着丈夫的袍袖，娇嗔道："死罗锅子，不等你我还会等谁？"

嫣翠也笑道："老爷这几天没回来，夫人可是寝食不安呀！"

刘墉笑道："是吗？"

刘夫人白了嫣翠一眼，说："你这丫头不也是时不时牵挂着老爷，生怕老爷累坏了身子吗？快去把水弄好，让老爷洗澡。这一身酸臭，熏死人了。"

嫣翠红了脸，低着头就要进屋，却听刘墉说："洗澡不急。我给你们说个故事听，你们保准笑弯腰。"

刘夫人道："老爷心情不错。说吧，我们洗耳恭听！"

嫣翠去里面拿只凳子出来请老爷坐下。刘墉开讲了，说的却是昨晚抓乾隆、审乾隆、放乾隆的经过。刘夫人、嫣翠笑得眼泪都出来了。刘夫人钦敬地看着刘墉，说："真有您的哪，也只有您能把这个烫手的山芋扔掉。"

嫣翠擦着眼泪说："我们老爷是有名的智多星，这事儿搁在别人，真不知

道咋办呢！”刘夫人忽又扑哧一笑，说：“说起这个风流皇帝，我又想起点事儿来。老爷，您说早些时候，皇上为什么非要送给你俩宫嫔？”

刘墉摇摇头：“不知道。”

“老爷坚辞不要那两个狐狸精，皇上龙颜大怒，本来要治老爷一个抗旨不遵之罪，却突然改变了主意，为着啥原因？”

刘墉还是摇摇头：“我这心里像揣个闷罐子似的。夫人，你心里明白，该说个明白才是。”

刘夫人突然脸上一红，连连摇头说：“不说了，不说了。老爷快去洗澡吧，嫣翠，你进去伺候老爷。”嫣翠一听满脸通红，站在那儿不知所措。刘墉站起身，看了夫人一眼，说：“夫人，平时可都是你帮我洗澡，今个儿是怎么了？”

刘夫人嫣然一笑：“没怎么，咱们都是一家人，嫣翠也该伺候老爷呀。嫣翠，你不愿意伺候老爷吗？”

嫣翠通红着脸，先进去了。刘墉似乎看出夫人在“笑里藏刀”，边往里走边说：“夫人哪，你刚才说的半截话，其实我什么都明白！”

刘夫人道：“你明白什么？”

“那天在行宫里，皇上做的那些可笑的事儿，都是因为你吧！”

刘夫人脸儿又红了，啐了他一口，说：“胡说什么！快进去吧。洗完澡出来，我还有事儿跟你说。”

刘墉进了后房。嫣翠已经往大水缸里加好了热水和凉水，脸儿还是红红的，看见刘墉进来，低头迎了过去，说：“老爷，您洗澡吧！”边说边给刘墉解开袍带。

刘墉顿觉不自在，为了掩饰尴尬之情，只好埋怨起夫人来：“夫人也真是，偏偏要你来伺候。要么你出去吧，我也不习惯让人伺候。”

嫣翠继续帮他宽衣，声音低低地说：“奴婢愿意伺候老爷。夫人都说了，咱们是一家人，还拘谨什么？当然，老爷要是讨厌奴婢，奴婢就走开。”

刘墉道：“说什么呢？嫣翠，老爷喜欢你还来不及呢，怎么会讨厌呢！”

“老爷，您说的什么话呀！”嫣翠低声埋怨着，却掩饰不住欢喜之情。

刘墉自知失言，忙用手按住仅剩下的中衣，说：“你还是出去吧，被人看着我不自在。”

嫣翠只好往外走，边走边说：“奴婢就在门口伺候着，老爷有事喊一声就行。”

刘墉脱得赤条条的爬进浴缸，水的冷热正合适。这几天积累的疲劳和酸臭在水里一泡，就全部消解了，他舒服得哼哼唧唧唱起了小曲。

好半天才洗完澡。嫣翠不知什么时候进来的，把一身洗得干干净净的衣服放在缸沿上。看来这丫头对老爷一点介蒂之心也没有。刘墉穿好衣服，整整衣襟，出了门来顿觉浑身清爽，跟换了个人似的。嫣翠笑道：“老爷气色不错嘛，近日

必有好运。”

客厅里，刘夫人已经摆好早点，看见两人一起出来，笑道：“洗完澡了，快坐下吃饭吧！”刘墉在桌旁边坐下，嫣翠却站在一边。刘夫人一见，又道：“嫣翠，你怎么不坐下一块吃？”

嫣翠说：“奴婢在这儿伺候老爷、夫人。”

刘夫人硬拉着她在旁边坐下，亲密地说：“嫣翠，咱们以后就是一家人了，别主子、奴才的分得那么清楚。来，一起吃。”

嫣翠拘谨地坐着。像这样与刘墉夫妇一起坐着吃饭，她也不是第一次，但这次刘夫人的热情显然有些过分，似乎有一种令人不安的东西在里面。

刘墉看了夫人一眼，说：“夫人不是有话要说吗，怎么又让吃饭了？”

“对，我是有话要说。”刘夫人看看嫣翠又看看刘墉，脸上带着神秘的笑容，说，“老爷，您看嫣翠这丫头怎么样？”

嫣翠一听，坐不住了，挣开夫人的手低着头跑了。刘墉不解，说：“嫣翠跟你这么多年了，你不知道怎么样吗？还来问我！”

刘夫人止住笑说：“我的意思是，这丫头要长相有长相，要人品有人品，要是老爷乐愿，咱把她变成自家人。”

刘墉听了，不知是惊是喜，脸上的表情似哭又像笑。夫人已第三次把嫣翠说成自家人了，他能不明白其意吗！只是，夫人的醋劲、嫉妒心那么强，他已不止一次地领教过她的厉害。今天突然变得如此开通，让人不能不怀疑其中有诈。

刘夫人看不懂丈夫的表情，进一步解释明了，说：“我是说，这丫头人不错，又知道体贴人，不如就让她给老爷填房做妾算了。”

“嗯？”刘墉的嘴巴张得老大，脸上明显表现出惊慌之色，突然身子从凳子上掉下来，直挺挺跪在夫人面前。刘夫人吃惊地说：“老爷，老爷，您这是干什么？”

刘墉完完全全一副可怜巴巴的样子，半天才说出话来：“夫人，您就饶了我吧！我从来对那种事就没有过非分之想。上次跟那两个宫嫔的事儿，那是皇上有意作弄咱们，是圣意，我是不得已而为之。夫人要是还记恨那事，您就抽我俩嘴巴都行，可别再用这种事试探我了！”

刘夫人听了，不知是心疼刘墉，还是惊喜交加，眼泪都出来了，忙拉起丈夫说：“起来，起来，堂堂江宁知府成了啥样了，你那铁脖子的劲儿都到哪去了？说句心窝里的话，我最喜欢那天你在皇上跟前推辞宫嫔的劲头，那才叫男人。也就是从那时候，我就想，皇上是拿着咱的软处作弄咱，像老爷这样百里挑一，不，千里挑一、万里挑一的男人，不能说非得有三妻四妾，但也不能只有一个女人。我就瞅准了嫣翠，这丫头对老爷可上心了，只是心事装进肚子里不肯说。昨儿个我先跟她说了，她那张俊脸儿跟红布似的，说她听我的。老爷啊，我说的都

是真心话，可没有试探你的意思，乐意不乐意，你好歹给个痛快话！”

刘墉皱不啦叽的脸上竟泛起淡淡的红晕，窘迫已极，憋了半天才说道：“夫人的盛情美意着实让我感动。可是我平日根本没往这方面想。你这事提得太突然了，我也没个心理准备。”

刘夫人面露不悦之色，说：“我是实心实意地撮合你们俩，你还跟我打马虎眼？我知道男人对女人都是一个心思：吃着碗里的，看着锅里的，恨不得天下的漂亮女人都为我拥有。平日里，你们俩那眼神就说明了一切，不是我碍着，怕是早就……如今我成全你们，让你们光明正大、欢欢喜喜地在一块儿，你又拿三捏四起来。再若推辞，我可不管了。”

刘墉连忙赔礼，低声说：“夫人把话都挑明了，这事儿要是不成，还怎么在一个家里待？我……我就依着夫人了。”

“这还差不多。”刘夫人满意地笑了，却又恨声骂道，“死罗锅，我就知道你是拿腔作势。唉，既然定下了，干脆把老爷子接过来，你们今晚就圆房，明天发帖子请客。”

刘墉有些吃惊，说：“这也太快了吧！”

刘夫人白了他一眼：“你呀，巴不得呢！”

刘墉道：“我是说，这种事儿还发什么帖子请什么客？那要花多少银子！”

刘夫人道：“这也是件大事呀。咱都不当事儿，以后谁还拿嫣翠当回事？钱不够，我跟老爷子要。咱只请客，不收礼，也不污了你的清廉之声。”

“这、这事儿要传到皇上耳朵里多不好啊！”

刘夫人却满不在乎地说：“我就是要让皇上知道，我还要发帖子请他呢。他不是弄俩宫嫔气我吗，我今儿个也气气他！”

刘墉吓了一跳：“什么？你跟皇上斗气，小心把全家人的脑袋斗掉了！再说，你请皇上，皇上就一定来吗？”

刘夫人大度地笑道：“来不来由他，发帖可是由我。老爷放心，皇上的脉我把得准。我不会拿全家人的脑袋开玩笑的。”

刘墉见她信心十足，不言声了。由她折腾吧！

刘夫人雷厉风行，说干就干。她吩咐张成、刘安、青儿分头接老爷子，发帖子、布置新房、预订明日酒席等，三个下人忙得脚不沾地。刘夫人自己也不闲着，给即将做新人的嫣翠梳妆打扮。

天刚过午，六王爷就接来了。老爷子一见到女儿就叫嚷开了：“我这个一向骄横跋扈的女儿今儿个是怎么了？竟给刘墉纳起了小妾。太阳从西边出来喽！”

刘夫人娇嗔地说：“爹，瞧您说的，女儿是那种不通情理的人吗！百姓人家尚且还有三妻四妾，何况您的女婿大小还是个四品官呢！”

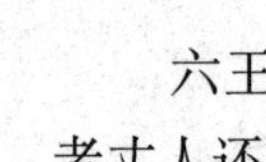

六王爷捋着长须，哈哈大笑，说："说得好，说得好，女儿都不吃醋，我这老丈人还有啥说的？我就等着喝女婿的喜酒喽！"

刘府上下到处贴满了红"囍"字，人人脸上洋溢着喜庆气氛。天近黄昏，刘夫人把新人打扮好了。嫣翠本就生得俊俏，经过她的精心打扮，更显靓丽照人，哪儿还有当丫头的影子，俨然是一位大家闺秀、名门淑女。

刘夫人让嫣翠在床边坐下，又从头到脚仔细打量一遍，笑道："都说人饰衣马饰鞍，这话儿一点也不假。嫣翠啊，就你这小模样，把那些宫娥嫔妃都比下去了。要是被那个风流皇帝看见了，保准他三天睡不着觉。"

嫣翠心里美滋滋的，低下头说道："要不是老爷和夫人的怜惜，奴婢哪有今天！"

刘夫人打断她的话说："什么奴婢、奴婢的，你以后就不是奴才的身份了，该称二夫人才对。咱们老爷是好人，是清官，是大清的栋梁之臣。以后咱们姐儿俩同心协力把这个家管好，把老爷伺候得舒舒服服，就算尽到了咱们做女人的本分。今晚你和老爷就圆房了，姐姐有几句话交代你，你可别不爱听。"

嫣翠直点头，说："夫人请说吧，我一定铭记在心。"

"你知道，老爷上了年岁，身子骨又弱，比不得年轻人。你正值年轻，不能太贪了，把老爷的身子淘坏了。"

嫣翠一下子连脖根子都红了，低着头一句话也说不出来，只是一个劲儿地点头。

交代完嫣翠，刘夫人又来交代刘墉："我说老爷，身子骨儿最要紧，您可得节制着点，可别像饿狗抢着根肉骨头似的，啃起来没完。"

刘墉被说得浑身不自在。他心里明镜似的，夫人表面上什么也不在乎，其实心里早已打翻了醋坛，便说道："夫人，你把事儿办得太紧了。要不，我今晚还去你房里。"

刘夫人强笑着，连连摆手："可别那样，成什么话，第一天就冷落了新人，嫣翠会怎么想？老爷只要心里有我，我就心满意足了。"

刘墉指指胸前，一本正经地说："放心吧，夫人永远装在这儿呢。"

夜幕降临，新房外的空地正中摆着香案，刘夫人做主婚人。刘墉、嫣翠穿着大红吉服，对着明月拜完天地，就算成了大礼。刘夫人一手牵着一个，把两人送进洞房，莞尔一笑，说："洞房一刻值千金，我就不打扰你们了。"

刘墉觉得过意不去，叫道："夫人，就这么走了？"

刘夫人一脚门里，一脚门外，回过头来，脸上还是带着笑，说："老爷，您甭想着我，这会儿想着嫣翠就行了。"说完，步出门去，随手把门关上了。

刘墉回过头来，看着如花似玉的嫣翠，心里也觉得愧疚，不好意思地说：

“嫣翠，你看这都是夫人一手撺掇的，我这么大岁数，可你……”

“老爷，瞧您说的。”没有刘夫人在场，嫣翠大方多了，嫣然一笑说，“奴婢愿意，只要老爷不嫌弃奴婢，奴婢就是高攀了。”边说边拉着刘墉在床边坐下，接着说道，“老爷平日忙于公务，可能不在意嫣翠，可是奴婢却时刻想着老爷。奴婢敬重老爷是个好人、清官，宁愿伺候您一辈子。可是，奴婢是什么身份，哪敢把这些想法跟老爷说？没想到夫人如此豁达大度，把奴婢想都不敢想的事情变成真的。嫣翠今生今世就是做牛做马也要报答夫人和老爷的大恩。”

刘墉拍着嫣翠的香肩，笑道：“你都说什么呢，咱们本来就是一家人，分什么主子、奴才？我从来没拿你当下人待吧！”

“老爷！”嫣翠激动不已，竟扑到刘墉的怀里哭了。

刘墉一边用手轻抚着，一边哄劝着：“别哭，别哭，以后好好过日子吧！”

两人正缠绵悱恻，忽然洞房的门哗啦一声被推开了。刘夫人走了进来看见他们俩，脸上一怔，旋即又堆满笑容，自我解嘲地说：“瞧，我来得真不是时候。对不住啊，我只想跟老爷说一声，明儿个才是正儿八经的喜宴，可别忘了早点起来！”说完，忙又出去了，重又把门关上。

刘墉、嫣翠慌忙把对方推开，两人面面相觑，尴尬至极。

“我……我对不起夫人。”嫣翠忽然嘤嘤啼泣。

“我也对不住夫人。”刘墉也轻声叹息。

两人顿觉兴味索然。好半天，刘墉才把嫣翠揽到怀抱中安慰道：“夫人既然甘愿成人之美，我们也不该让她失望。来，歇息吧！”

嫣翠像头小鹿，依偎在刘墉的怀抱中，瞪着两眼，问道：“老爷，您说夫人还会来吗？”

刘墉说：“大概……不会吧！”

刘府的请帖送进乾隆皇帝的行宫时，乾隆与和珅正在后花园纳凉、品茶。

小太监把刘墉的请帖呈上，乾隆扫了一眼，顿显惊奇之色，笑道：“刘墉还纳妾了！非但纳妾，居然还大办宴席，真是无法想象，夏儿这个醋坛子真能容他？朕真想去看看。”

和珅也瞥见了请帖，摇晃着脑袋劝阻说：“万岁，依奴才之见，您不宜去。刘墉不就娶一小妾吗？这么点小事也来叨扰圣驾。奴才觉得他这请帖有名堂！”

乾隆说：“他另有深意？”

和珅说：“万岁您想，刘墉一向以清廉自诩，这次娶一小妾，竟大摆宴席，连圣上都请了。他故意小题大做，为的什么？就是因为上次您赐给他两个宫嫔的事儿。他这是故意气您呢！”

乾隆龙颜愠怒，道："刘墉他有这个胆子？"

和珅说："刘墉还没这个胆，奴才猜测，一定是夏儿格格所为。刘墉一向惧内，没有夏儿格格的允许，他敢娶妾吗？万岁爷您要是真去了，不等于给他们两口子脸上添光吗？"

乾隆一想，还真是。刘墉两口子这不是存心吗？他想起了前天晚上自己被抓受审，心里更是窝火，遂怒形于色，说："朕要传刘墉来见。"

和珅又忙着劝阻，说："万岁爷别着急。刘墉的喜宴在明天，依奴才愚见，您不如明日就在他家宾朋满座的时候突然传旨召他见驾。他家的宴会当时就得冷场子，该有多丢人。您还可以治他设宴收受贿赂之罪。皇上这口气不就顺了？"

乾隆转怒为喜，一个劲儿地夸和珅："和珅哪，想不到你还有高招。朕就依你所说，治他刘罗锅一回。"

第二天，江宁府后衙刘府大门两旁贴着大红"囍"字。门前人来人往，宾客不断。随乾隆南巡的王公大臣和江宁的地方官员几乎都接到了请帖。请帖上写明不收任何贺礼，凡携礼而来者，一律谢绝赴宴，这样的好事，打着灯笼也找不着，谁能不来？这可就苦了六王爷。白吃白喝，那得花多少银子？不过老爷子今天高兴，慷慨解囊，因为他这个女婿生性刚正不阿，得罪了不少人，今天的酒宴权当是联络一下感情，为着今后在官场上也顺当些。

天到吉时，酒宴开始，刘墉身穿大红吉服，满面春风，穿行于百官之间，频频劝酒。众官员也纷纷向他道喜。大家似乎全没有了官场的拘谨，哄笑声一阵接着一阵，把宴会的气氛推到高潮。

就在这时，忽然一名黄衣太监大步走进门里，大声喊道："江宁知府刘墉接旨！"

整个宴会突然安静下来，官员们全都停止了说笑、吃喝，手中的酒杯停在半空。刘墉慌忙上前，甩甩袖子欲跪地接旨。黄衣太监却摆摆手说："刘大人，不必跪接了。皇上只是口谕，叫你即刻进行宫见驾。"

刘墉屈身一揖，说："臣遵旨！"

众官员听说刘墉也给皇上发了帖子，如今皇上不但没来，还偏偏在这时候把他叫进行宫，都觉得不是什么好事。

大家交头接耳，低声议论着，有人担忧焦虑，有人幸灾乐祸。本来一个充满喜庆气氛的宴会，一时间充满了不祥。

刘墉却没事似的向众官员轻松地一笑，说："各位大人别紧张。皇上因为忙于国事，不能圣驾亲临，这会儿一定是叫刘墉去取赏赐之物。各位大人，请继续吃、继续喝、继续玩，有六王爷陪着呢，刘墉失陪了。"

刘墉又到岳父跟前交代几句。老爷子叮嘱："对皇上你可得小心哄着点，我

总觉得他叫你去没好事儿。”

“老爷子，您放心吧。这么个大喜的日子，我要不讨点赏赐回来，就不来见大家！”刘墉一脸的自信，在众人面前夸下海口。

黄衣太监引着换了朝服的刘墉出了刘府径直奔乾隆的行宫。十来里地，两人乘马转眼即到。黄衣太监在后花园门口停住脚步，说：“刘大人，皇上就在里面，你请进吧！”

刘墉迈步而进，穿过一座假山，走过一个花坛，就看见观目楼下乾隆与和珅正在赏花。

刘墉趋步向前，来到乾隆跟前，甩马蹄袖跪倒：“臣刘墉参见皇上！”

乾隆的心思根本没花在赏花上面，听见刘墉说话就转过身来笑道：“刘墉，你娶起小妾来了？朕还真不敢相信，你那河东狮吼的夫人能允准？”

刘墉颇有得意之色，摇晃着脑袋说：“臣以为皇上的比喻有欠公允。贱内还算贤淑温雅，没有一丁点儿河东狮吼的味道，为臣纳妾一事就是佐证。”

乾隆本想嘲弄刘墉惧内，可事实明摆着，刘墉能纳妾，还是他夫人做的主。夫妻恩爱，可见一斑。他把话锋一转，说：“刘墉，你纳妾本无可厚非，可你不该给朕发帖子。你说就这么点事，朕是去好，还是不去好？还有，你不该大摆酒宴，请客收礼。这是朕多次明令禁止的。朕若不稍示薄惩，何以服众？”

和珅在旁边阴阳怪气地帮腔：“刘墉啊刘墉，你千不该，万不该，也不该在皇上的眼皮底下请客收礼，还给皇上也发了帖子。你让皇上想包庇你都不能啊！”

刘墉一听就明白了：这君臣俩一唱一和，明摆着在找碴儿整治我呢。他不慌不忙地说：“皇上，您错怪为臣了。臣只请客，不收礼，凡携礼而来者，都被臣拒之门外了。为此臣花了岳丈大人二百多两银子呢，老爷子心疼得不得了。”

乾隆、和珅都很惊奇。乾隆说：“这么说，你是请人家白吃白喝？刘墉，你不是一向清廉节俭吗？就算六王爷出钱，你也不见得舍得花。”

刘墉说：“说来说去，皇上还是不相信为臣。客人还在我家喝酒呢，您打发个人去一问，就什么都清楚了。臣就是想骗您也骗不了。至于花这么多银子，臣也觉得冤、心疼。可那是夫人的主意，她还要请皇上您呢，六王爷他也乐意，臣还有什么话说？”

乾隆一听他提到夏儿，心里就不痛快，嘲弄道：“又是夫人当道。刘墉啊刘墉，你是什么男人，怎么老让女人骑在头上？朕就不相信没有办法治她。”

刘墉忙磕了个头：“臣谢主隆恩！”

乾隆惊奇地问：“你谢什么恩？”

刘墉道：“皇上刚才说有办法治服贱内。臣正愁治不了她呢，皇上既然答应替臣管管她，臣当然要谢主隆恩了。”

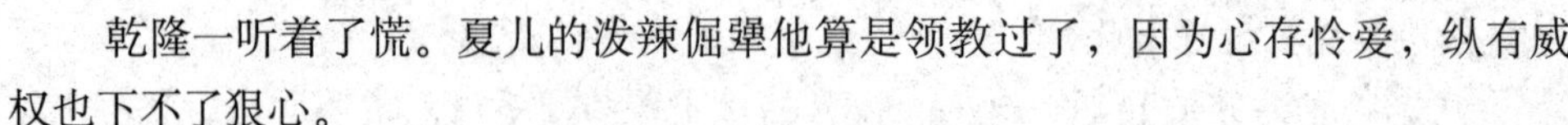

乾隆一听着了慌。夏儿的泼辣倔犟他算是领教过了，因为心存怜爱，纵有威权也下不了狠心。

对这样的女人，乾隆无计可施，忙双手乱摆说：“刘墉，朕可没答应替你管她。你可别跟狗皮膏药似的粘上朕。”

刘墉笑道：“臣哪敢以家事烦扰圣心？只是因为皇上对臣的家事屡有关切，臣才论起家事。”

乾隆自然听得出刘墉话中深意，心中不快，却不便发作。

和珅正揣摩圣上的意见，见他俩斗了半天的嘴，皇上也没找着碴儿整治刘墉，不免有些着急。为了给乾隆提个醒，他笑着问刘墉：“刘大人好清闲啊，居然在家请客。莫非江宁被治理得路不拾遗，夜不闭户，百姓富足，官吏清廉了？刘大人就如此清闲起来！”

乾隆明白过来，责问道：“是啊，江宁府有好多事儿要办。高名楼的案子牵连到很多官员，你都查清楚了吗？还有，江宁要在江边修一道防洪大堤，须全用青石条砌就。但是户部已不可能拨多少银两给你，所以你江宁府必须自已解决一部分修堤银款。这个问题如何解决，刘墉，你想到办法没有？这可是关系百姓安居乐业的大事啊！”

刘墉道：“万岁容禀。臣前日搜查本地盐枭徐五的府邸时发现一本账册，上面记录着徐五与高巡抚、孙刑道、吴按察使等地方官员往来收受、分赃的银粮款数目，内中牵连着很多官员，都有贪赃枉法之事。臣已经罗列，上报都察院范大人。盐枭徐五被充没的家产折银近万两。臣正准备启奏陛下，恳请将这一大笔钱款用于修堤，不知皇上恩准否！”

乾隆一听，修堤的钱款有着落了，非常高兴，连忙答应道：“朕恩准了，这笔钱本是盐枭非法所得，用以修堤，利国利民，是用在了刀刃上啊！刘爱卿，起来说话吧！”

“谢皇上！”

刘墉跪了老半天，这时才让站起来。他活动活动发麻的双腿，揉揉酸痛的膝盖，拿眼睛看着乾隆，等着皇上说让他退下的话。

乾隆明知刘墉家里有客人，却不放他走，家事国事都问完了，又指着一簇刚刚盛开的红牡丹，说：“刘爱卿，陪朕观花如何？你就以花为题，说一句富有深意的话吧！”

刘墉不假思索，开口说道：“牡丹乃国色，恰似我大清江山繁花似锦、兴旺发达。”

“说得好！”乾隆夸赞着，自知以刘墉的文才，这种问题根本难不倒他，便不再提风花雪月之事。

此时，乾隆一抬头，看见花园门口有两个小太监抬着竹篓经过，便随口问道："刘爱卿，你说那竹篓里装着何物？说对了朕有赏。"

刘墉哪知道竹篓里装的何物，只好老老实实地回答："装的东西呗！"

乾隆马上找到了难题，说："为何只能装东西，不能装南北呢？"

这叫什么题呀，连和珅也觉得皇上的刁难太显眼了。可是刘墉想也没想，就回答道："因为南方属于丙丁火，北方属于壬癸水，火放入竹篓会燃烧，水放入竹篓会漏掉。而东为甲乙木，西为庚辛金，木和金放入竹篓则相安无事。故竹篓只能装东西，不能装南北。"

"刘爱卿果然才智过人啊！"乾隆由衷地赞叹着。

刘墉一听，忙说："皇上，你赏臣什么？"

乾隆一伸手把大拇指上戴着的祖母绿钻戒摘了下来，说："刘爱卿，朕就把他赏给你吧！"

刘墉恭恭敬敬地双手接过了，他哪敢戴，这是御赐之物啊，便说道："臣要把它请回家，供在祖先堂上，早晚三炷香，见物如见君。臣谢主隆恩。"说完，他把帽顶子拧下来，把钻戒往顶心轴上一套，把顶又拧上了。

乾隆本来想找碴再把钻戒要回来，却找不到借口了，只得自认倒霉。乾隆心里有气，心想，我得出点难题，只要罗锅回答得不好，我就可以收回我的东西。便用手在空中比画着写了个"王"字，说："这个'王'字，就是朕出的上联：国乱民愁王不出头谁为主？你对下联吧！"

刘墉答："臣对：天寒地冻水无一滴怎成冰？"

"对得好哇！"乾隆脱口而出。

"皇上赏什么？"刘墉追着问。

乾隆一看，又得赏，只好把随身的玉如意摘下来，赏给刘墉。刘墉又如法把玉如意顶在头上。

乾隆接着刘墉的"冰"字又出上联："水上冻冰冰积雪。"

刘墉对："空中腾雾雾腾云。"

"好！"乾隆情不自禁地叫道。

"赏臣什么？"

乾隆身上再无可赏之物，只得把身上的黄马褂脱下来，说："朕赏你穿黄马褂！"

刘墉把黄马褂穿上，说："请皇上继续出题！"

乾隆一看，自己身上只有一件小褂了，若是刘墉又答上来了，又讨要赏赐，再赏他自己就得光膀子了，只好笑道："刘爱卿，今天到此为止，你快回府招待客人吧！"

“罗锅”学士

刘墉

于东来◎著

下册

中国铁道出版社有限公司
CHINA RAILWAY PUBLISHING HOUSE CO., LTD.

图书在版编目（CIP）数据

“罗锅”学士：刘墉：全二册 / 于东来著. — 北京：中国铁道出版社，2017.3（2021.9重印）
（中国历代风云人物）
ISBN 978-7-113-22655-8

Ⅰ.①罗… Ⅱ.①于… Ⅲ.①刘墉（1719 - 1804）- 传记 Ⅳ.①K827=49

中国版本图书馆CIP数据核字（2016）第321214号

书　　名：“罗锅”学士：刘墉
作　　者：于东来

责任编辑：田　军　　**电　　话：**（010）51873012
编辑助理：奚　源　　**电子邮箱：**tiedaolt@163.com
封面设计：MXK DESIGN STUDIO
责任印制：赵星辰

出版发行：中国铁道出版社有限公司（北京市西城区右安门西街 8 号，100054）
印　　刷：三河市燕春印务有限公司
版　　次：2017年3月第1版　2021 年 9 月第 2 次印刷
开　　本：787mm × 1092mm　1/16　印张：33　字数：629千字
书　　号：ISBN 978-7-113-22655-8
定　　价：83.00元（全二册）

【第八回】

喊冤旋风拦官轿，托梦青天访皇亲

江宁城阳光明媚，风和日丽，百花吐艳。大街上人来车往，络绎不绝。大街两边开店的、坐铺的、做买卖的，各行其是，好一派安逸升平之景象。

忽然之间，大街上人流不见。只听见开道锣山响，张成、刘安前行开道，随行差役排列两边，后面一乘青纱小轿。一位官员端坐轿中，年纪在三十来岁，生得眉清目秀，头戴玛瑙顶子，身穿杏黄蟒袍，脚登高底朝靴。他便是乾隆皇帝御笔亲点的钦差、江宁知府刘墉刘大人。这天，刘大人在大街上巡视，正行之间，忽起一阵旋风，霎时间天昏地暗，飞沙走石。路边大树连根拔，穷苦民房转眼倾，石块吹得满地滚，行人地上难立身。好大的一场风哟！

只听得咔嚓一声，刘大人的轿顶被吹到半空，团团乱转。刘墉在轿中倒吸一口凉气，说声“大事不好！”

只见张成急忙到轿前禀报：“大人听禀，大事不好，老爷的轿顶被这旋风吹到半空之上，如何是好？”

“本官早已知晓。你看这旋风是如何刮法？”

张成看了一下说：“回大人，这风左也刮右也刮，我也说不清！”

刘墉说：“阴风吹落轿顶，定有重大冤情！”

只见刘墉在轿中望空一拜，说道：“本官知你有冤，本官定给你报仇申冤，你且去吧！”

只见轿顶在半空落三下起三下，然后向东飘去。刘墉在轿中发话：“张成、刘安！”

“小人在！”

“速速跟定轿顶！”

“嗻。”张成、刘安不敢怠慢，迈开大步飞奔而去。

江宁城有三大高官，号称三大官宅。这徐府乃当朝吏部天官徐让之府；张府

乃张林、张禄两位状元之宅，号称“双状元府”，二人均为朝中高官要员；这高府乃江宁总监高进之府，在江宁城也是威势逼人。

这张府张禄状元归家省亲，不知何因，突然病故，今日正当出殡。整个张府哀乐高奏，人头攒动，白幡高挑，遍地皆白。

一口六六紫檀大棺端放于灵棚之内，棺前祭烛高燃，祭品丰盛，纸钱频烧，烟气缭绕。灵棚外挽联高悬，上联是“英年早逝驾鹤去”，下联是“音容宛在功德存”，横批是“当大事”。众家丁七手八脚，捆捆绑绑，前后吆喝，一声“前后”，棺木离地。只见一架引魂幡飘飘扬扬前头走，四筒大幡分两边，四对童男童女紧跟着，纸车纸马无数，纸扎花轿夹中央，牢盆高举猛摔下，啪的一声烟灰飞。送殡队伍正要开拔，吹鼓手拼命吹打着，突然间，乐音不响，人不行走，个个都目瞪口呆，如泥塑一般。领棺女子望空中一看，不觉间也嘴无哭声，脚不前行。只见空中一个轿顶如风车一般，飞转而来，不偏不歪，端端正正地落在了张府主楼的插花兽上。你说怪不怪！

“怪事！怪事！无风无火，哪里来的轿顶？”

“我老汉八十三岁，从未见过这事！”

“唉！怕是不祥之兆！”

“怕个屁！人都死了，还什么不祥之兆？”

这领棺的女子听见众人的议论，把个小嘴一张，哭道：“我那可怜的夫哇……”吹鼓手高奏哀乐，出殡队伍缓缓前行。

这刘墉刘大人坐在没有顶的轿子里，向前一看，原来是出殡的。只见那领棺女子，身段苗条，美貌出众，身穿孝衫，边走边哭，哭声动地惊天，高低有序，快慢合节，如同唱山歌一般，听起来毫无悲痛之感。刘大人正在疑惑，只见一阵微风吹过，把这女子的白孝衫吹得飘起来，内中红色夹袄鲜艳夺目。刘墉看罢，心中一想，自语道：“是了！这女子外白内红，哭声无哀，其中必然有诈，勾奸夫害本夫也未必可知！”刘墉想到此，急忙发令：“张成、刘安何在？”

“小的们侍候老爷！”

“这女子白孝衫在外，红衣于内，哭声无哀，必定有诈。速将女子及棺材押进江宁大堂！”

说也奇怪，那插花兽上的轿顶，飘飘然凌空而下，只听得咔的一声，不偏不歪，端端正正地又安在轿身上。

“起轿回府！”

江宁府大堂上，刘墉端坐在公堂之上。头上“明镜高悬”匾额高挂，背后“红日出波”中堂色彩鲜艳，书案上朱笔正放，令签在案。书吏两边伺候，跟班差役分列左右，龙头铡、凤头铡、狗头铡在堂下寒光闪闪。刘墉一声“升堂”，

众差役高呼“威武”，堂威已毕！

“带人犯！”

张成、刘安将棺木抬到堂下，将领棺女子带上公堂。那女子来到堂上，并不下跪。

“你见了本府为何不跪？”

“跪？你知道我是谁吗？”

“不论是谁，犯了法一律同罪！”

“你无端闹丧，强抢棺材，拘逮无罪之人，你又该当何罪？”

刘墉听罢，心想，这女子年纪不大，倒也怪刁蛮，我不着实审问，看来难以定案。想到此，把惊堂木一拍，道：“报上名来，不给你个威风，谅你也不知道本府的厉害！”

那女子开言便骂：“狗官，我不说出名来，谅你也不知道我的厉害！本姑娘生在江宁天官府，当朝吏部天官徐让就是我的天伦父。我夫家张府兄弟都是状元郎，本姑娘就叫徐桂莲。你无端闹丧，强抢棺材，拘逮无辜，还不向本姑娘道歉赔罪！”刘墉听罢冷笑道：“好一个徐桂莲，我来问你，你丈夫是怎么死的？”徐桂莲平静地说道：“我丈夫得伤寒病死的！”刘墉说道：“你不要用花言巧语蒙骗本官，分明是勾奸夫害本夫，快快从实招来！”

“无凭无据，要我招供，休得妄想！”

“领棺出殡，身当重孝，你为何外穿孝衫，内穿红色夹袄？分明有诈！”

“大人，想我与夫君恩深义厚，领棺出殡，理当重孝。只是我那红夹袄是夫君亲手赠我，他言道‘身穿此袄，就如我在你身旁一般。’怎奈我夫君得病去世，小女子万般难舍，穿上它，就如同夫君在我身旁。小女子内穿红夹袄不忘夫君深情，外穿孝衫以尽人伦大理，有何不可？”

“我见你哭中无哀，眼中无泪，分明是假意做作！”

“大人真是欲加之罪，何患无辞！大人你想，夫君死去，就如塌天一般，伤心过度，五内如焚，心血不存，哪还有泪水可流！”

刘墉心想，别看她年纪不大，倒也伶牙俐齿，不动刑罚，她是不肯招供。便道：“好一个伶牙俐齿的徐桂莲，不动大刑，你是不肯招供！来呀！大刑侍候！”

“嗻。”张成、刘安把夹棍往地上一摔！紧接着，衙役如狼似虎，直扑徐桂莲。那徐桂莲生在深闺高楼，哪里见过这等场面，直吓得两腿发软，面色蜡灰，两眼发直，嘴里说不出话来。刘墉见状，心中早已明白几分。

“咳咳！”堂下传来干咳之声。刘墉向下一望，只见堂下西南角站有一人，二十来岁，文人装扮，清眉秀目，面带轻薄之气。刘墉一见，料定此人乃寻花问柳之辈。

徐桂莲正当惶恐之际，闻听干咳之音，转眼一看，神色陡变，惊恐之气全无，眉眼之间，暗自传情，说："狗官，难道要屈打成招不成！"

刘墉心中暗想，这是为何？难道干咳之人就是徐桂莲的奸夫不成！让我来个敲山震虎，吓他一吓，看他二人如何做作！刘墉把惊堂木一拍，道："大胆徐桂莲，勾奸夫害本夫，还不快快从实招来！人证、物证俱在，看你如何狡辩！张成、刘安，速将那堂下奸夫押上大堂！"

刘墉一声断喝，只见徐桂莲啊的一声，腿又软了下去，那堂下干咳之人也转眼不见。这一切刘墉在大堂上看得清清楚楚、明明白白，判她个徐桂莲勾奸夫害本夫，定然不冤。刘墉又把惊堂木一拍："徐桂莲！你如何勾的奸夫，害的本夫？从实招来！"

徐桂莲虽说害怕，转念一想，此事狗官无凭无据，无法定案，此事万不能招。便道："本姑娘无罪，有什么可招的？"

刘墉听罢，不觉大怒："张成、刘安，大刑侍候！"

"嘛。"张成、刘安把徐桂莲那葱白纤细的十个手指插入拶板之中。刘墉在公堂之上一声"紧绳"，张成、刘安对着劲，将细绳用力一拉，只听得哎呀一声尖叫，便疼死过去。刘安用半桶冷水向徐桂莲头上泼过去，徐桂莲才慢慢醒来。

"你是招还是不招？"刘墉厉声喝道。

徐桂莲疼痛难忍，仰天长叹一声，心中好生难过，酸甜苦辣一齐涌来，过去的往事不禁又浮现在眼前。

那是两年前的中秋之夜，吏部天官徐让返乡省亲，各处亲朋都来相见，徐府设宴待客。酒席之间，徐让见他的外甥杨红长得一表人才，举止文雅，文才颇高，两个人说天道地，谈古论今，说得甚是融洽。正当酒宴微酣，徐桂莲从内阁走来，恰从席边经过。杨红看见徐桂莲亭亭玉立，宛若出水芙蓉，不禁脱口而出："表妹好人才也。"说罢转眼间又吟出一首诗来：

亭亭玉立一芙蓉，
碧波托出一点红。
莫道清溪浣纱女，
嫦娥相见亦鞠躬。

徐让听罢，哈哈大笑："吾甥不愧好诗才！有我女儿在此，不愧为才貌双璧！"这一句戏言只说得徐桂莲脸泛红霞，杨红眉开眼笑。徐让便说："吾甥且宿一晚，明日再回无妨。"杨红也答道："愚甥从命就是了。"

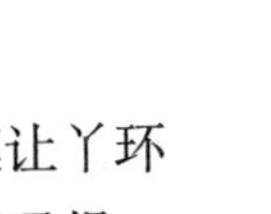

当日晚上酉时，徐桂莲正与丫环喜翠闲话，忽听有敲门之声。徐桂莲让丫环喜翠下楼开门，原来是杨红。喜翠也知杨红是老爷留下的亲戚，因而也不通报，就将杨红领上楼来。徐桂莲见是表哥杨红，便让喜翠安座递茶。

"表哥深更到此，不知何事？"

"不能入睡，特来与表妹闲话。"

丫环喜翠见他们闲来聊天，便道："小姐，我暂到下处安歇去了！"徐桂莲答道："去吧！"喜翠便出房而去。

"表妹近来所读何书？"

"多读'四书五经'，偶读言情小说。"

"那我要请教表妹，《关雎》第一章是何意？"

"表哥见笑了，《关雎》乃是写青年男女情爱之作，表哥岂能不知，反倒来戏耍小妹！"

"我想，也是如此。'窈窕淑女，君子好逑'，那不就是，美貌女子，哪个男子见了都要喜爱吗？你不也就是窈窕淑女吗？"一句话说得徐桂莲脸热心跳。说罢，杨红将日间所吟之诗抄在纸上，递给徐桂莲。

"表哥，这是何意？"

"效《关雎》之故事呀！"

"表哥，你我皆官家子弟，岂可轻浮！"

"什么轻浮？圣人尚有七情六欲，何况你我？你岂不知舅父所言'才貌双璧'之意？才者，我也；貌者，你也；双璧者，合并于一体也！"

"什么你也我也，好不检点！表哥请回！"

那徐桂莲气恼不得，伸手将杨红往外推。那杨红就势逮着徐桂莲的双手，向后一推，向里一拢，就势将徐桂莲搂在怀里，把个嘴对着徐桂莲的嘴亲个不放。那徐桂莲又羞又气，死力挣扎，但她哪里是杨红的对手，被杨红搂得紧紧的。徐桂莲想喊叫，又怕惊动喜翠，一时竟束手无策。这杨红色火正炽，淫欲正旺，全不顾人伦表亲之情，身子往下一沉，将徐桂莲抱起来，往床上一歪，一手搂着徐桂莲的脖子，用嘴堵着徐桂莲的嘴，一手扯断徐桂莲的裤腰带，翻身一滚，将徐桂莲死死地压在身子底下。紧接着是地动山摇，江腾海啸。

事毕，徐桂莲站起身来，道："表哥呀表哥，如此你叫我如何做人！"说罢就要撞墙自尽。杨红一把拉住："表妹不可如此，你若如此而死，别人也能料到死因，如此叫舅父如何抬头见人？还是保全名声为重，表妹就有劳委屈了！"那徐桂莲见杨红如此一说，也万般无奈，说："还是名声为重，我既已失身，又能有什么话可说？不过，表哥，仅此而已，下不为例！"杨红也跟着说："当然！当然！"话虽如此，怎奈这徐、杨二人，少男少女，血气正旺，一度燃起的烈

焰，转眼间又哪里扑得火灭！那杨红又把徐桂莲按在身下……

那刘墉在大堂上见徐桂莲仰天长叹，便愣在那里，便道："徐桂莲，还不招供，等待何时！"

徐桂莲回过神来，说道："小女子愿……"

"报！"就在这时，堂下一声禀报，只见门军急忙来报，"报，老爷，现有徐银龙状元求见！"刘墉说道："请！"便出来迎接。未走出大堂，那徐银龙状元已进得大堂。

"徐状元求见本府，不知有何见教？"

"本官闻听刘大人在审舍妹一案，但不知舍妹所犯何罪？"

"徐桂莲就是你妹？"

"正是！"

这刘墉认得天官徐让，而徐银龙乃新科状元，官授青州知府。这徐银龙上任之后，便归家省亲，接取家眷，闻听徐桂莲被江宁知府抓走，便急忙赶来。这一切，刘墉哪里晓得！

徐银龙道："我乃新科状元，蒙皇上隆恩，官授青州知府！"

刘墉道："如此说来，失敬！失敬！"

那徐桂莲见是徐银龙来到公堂，便哭道："哥哥快来救我！"

徐银龙见徐桂莲身受大刑，自然心中疼痛，胸内有气，便说道："敢问刘大人，我妹身犯何罪而受此大刑？"

"她勾奸夫害本夫，罪不容赦！"

"小女子冤枉！"

"刘大人，你说此话可有凭证？"

"她领棺出殡外穿孝衫，内穿大红，表里不一，分明有诈；阴风吹我轿顶，落于张府插花兽上，说明死者有冤。死者棺木就在大堂，还不算凭证？"

"刘大人，你我都是为官之人，你所言只能说舍妹虑事不周。说她谋害本夫，证据不足！"

"本府断案，从不冤屈好人！"

"刘大人之说，本官不能服！"

"我倒要你心服口服，现在死者尸身在此，开棺验尸之后，看你还有何话可说！"

"验尸后若查出证据，我妹甘当伏法；若查无证据，我倒要参你个破棺挖坟之罪！"

"一言为定！"

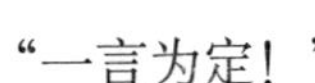

“一言为定！”

二人啪啪啪连击三掌。

刘墉在大堂上发令：“开棺验尸！”

仵作闻听此言，不敢怠慢，一时间准备停当，打开棺盖，将死者尸身平放地上。仵作从上到下，仔仔细细查验一遍：“回大人，死者周身无伤！”

刘墉闻听此言，感到惊讶，于是说道：“再验！此番验不出来伤处，拿你是问！”

“嗻。”仵作二番又细细查验一遍，仍未发现伤处，“回大人，死者周身无伤！”

刘墉只觉得心中发慌，脸上沁汗。

那徐桂莲一见查无证据，便闹将起来，又是哭又是跳，狗官东狗官西地骂个不停。刘墉把惊堂木一拍：“你若再闹，我就治你个咆哮公堂！把她押入大牢！”

张成、刘安将徐桂莲带下公堂。

“刘大人，你这查无证据……”徐银龙说。

“本府决不失言，但按大清律规定，验尸可验三次，只此一次，还不当定论。我若拿不出证据来，甘愿领罪！”

“好，我就再让你三天，若再拿不出证据，我们只有金殿上相见了！告辞！”

“恕不远送！”

“回大人，张林状元求见！”一门吏上前禀报。

刘墉一听是张林，说：“请！”

不一时张林状元来到，刘墉慌忙迎接。二人礼毕，张林状元对刘墉施礼道：“刘大人，我家小弟张禄死得屈呀！”刘墉说道：“张状元不必哀伤，可细细说来！”张状元说道：“那一日我弟兄俩相逢，便在一起吃酒叙话。小弟张禄谈笑自如，精神饱满，活蹦乱跳的一个人儿，回家后陡然死去，至今死因不明。更使人不解的是，夜间死亡，天明弟媳她就将张禄入棺成殓，然后才告之于我，岂不让人生疑？小弟死得不明不白，还请刘大人明断此案，为小弟报仇伸冤，下官感恩不尽！”张林状元言罢，泣不成声。

“张大人放心，我一定明断此案，不负所望！”

刘墉送走张状元，回到后堂，为大堂验尸无伤之事，甚是纳闷，左思右想，觉得欲破此案，非要暗访不可，当下主意已定。

江宁城不愧是六朝古都，市场繁荣，百姓乐业，不说白天到处是一派繁华景象，就是晚上也热闹非凡。你看这大街之上，楼房林立，灯火通明，做买卖的、行走游玩的，人流不断。就见这人流之中，有一个小道士，行走缓慢，虽是身着

道服，却不失灵秀之气。

这十字街口，有一个小店，小道士似觉腹中饥饿，便进店而来。店小二忙迎了上来："小道士，里边请，请问用点什么？"

"来一碗素面、一碟小菜吧！"

"好，小菜一碟、素面一碗！"

不多时，小二将菜碟、素面放在桌上，道："小道士慢用！"

小道士慢慢吃用。

就在小道士的斜对面，有四个人在边吃边聊。只见其中一个矮瘦子说："大哥，江宁府大老爷的轿顶被风刮到了张府的插花兽上，你说怪不怪！""刘大老爷的轿顶刮到谁家，谁家就得倒霉。"小道士一看，只见那个人称大哥的身高马大，方脸剑眉，很有点儿程咬金的风度。

"大哥说得不错，那张家的媳妇被押进江宁府，男人死了，女人进班房，这也真是！"

"哎哎，别说那事，什么事能瞒得了我镇山虎！快喝酒，要不你专门拎两瓶酒来，我单说给你听！"

"大哥，说说吧，我们仨都想听。"小个子说罢，忙喊，"小二，再上一瓶酒！"

那镇山虎见上了酒，一拍大腿，说道："好，我就讲给你们听，让你们也开开眼界！"

"好，好！"三人拍手称快。

"那死的张禄，他媳妇我见过，他媳妇的奸夫我也见过，他媳妇与那奸夫干狗咬猫的事我还见过！"镇山虎咕嘟咕嘟喝了半瓶酒，把酒瓶往桌上一放，说道，"这事说来话长了。那天是三月十八庙会，我见徐桂莲与一个男子眉来眼去。那男的我打眼一瞧，也认识，我镇山虎整日里走街串巷，有头有脸的我谁不认识？哎！我一想不对，这徐桂莲不是嫁给张禄了吗？这大家女也不正经，我看你们能做什么事，我就跟定了他们！说来晦气，他们正在一家的破车屋内干狗咬猫哩，我赶上了，那男的一听我的脚步响，就飞蹿而去，那媳妇裤子还未拎上去。我说：'狗男女，干的好事！'那徐桂莲见我，忙说：'壮士，且莫高声……你要钱我给你个银锭子，你要想……要想那事……我在家等你……你看……'我从她手中拿过银锭就走！哎，天不早了，不说了，我还要再打点货……"

"我们再加一瓶酒，都讲给我们听吧！"矮个子仍拉着不放。

"明天把酒准备好，我再说个新鲜的！"镇山虎说罢，起身而去。小道士见镇山虎走远了，忙喊："小二，算账！"

小道士又同小二嘀咕一会儿，取出二十个大钱递给小二。小二笑眯眯地去了。

小道士顺着大街，南拐北拐，东拐西拐，来到一个茅屋之前。门内闪着灯光，小道士便进了门来。屋内只有一位六旬老妇，这老妇身骨健壮，腰不弯耳不聋，慈眉善目。小道士施礼道："施主在上，小道士这边有礼了！"老妇一见小道士，说道："小道士，半夜里来到这里有啥事？"小道士说："我化缘不着，恐师傅见怪，不敢回去，特来借宿一晚，不知行否？"老妇说："借宿一晚也不碍事，只不过我那儿子不争气，脾气暴躁，打家劫舍、杀人放火的事都干过，每天必喝醉酒才回来，就怕对你不利，你还是快走吧！"说罢老妇就将小道士向外推。小道士就不想走，想往里进。正在推推拉拉之时，就听门外一声喊："娘，俺回来了！"小道士一看，只见那人一手拎个包袱，一手拿着大刀，这人正是在小店喝酒闲聊的镇山虎。

那镇山虎一见小道士与他娘推推拉拉，勃然大怒，把包袱往地下一丢，嘴里说着："小道士找死！"右手便把大刀向小道士砍过去！

老妇一声断喝："不要胡来，将刀放下！"镇山虎说道："这小道士着实可恶！"老妇说道："这小道士我认识，我每去庙中进香，都是他热心照看！"镇山虎闻听，笑道："既是如此，俺就陪你喝两盅，权当给你压惊！"说罢将包袱打开，将吃的拿出来，首先给老妇端酒递菜。小道士想，这人还是个孝子哩！小道士说："听壮士口音，不是江宁人！"慢慢地两人聊了起来。

"小道士你听我说。"镇山虎将一盅酒一饮而尽，"俺本是山东省诸城县人氏，姓刘名青，我父刘统宣。我因在家路见不平，杀死恶少孙飞，怕官府追捕，就带着俺娘逃到江宁来啦！"

"如此说来，我们还是本家，俺也姓刘。你在江宁如何为生？"

"做个小买卖，也干些个打家劫舍的勾当！"

"打家劫舍又是为啥？"

"杀富济贫！你别看俺镇山虎是一个草民，却也不是等闲之人。俺力能扛鼎，刀枪剑戟拿手，蹿房越脊绝活。俺也是官家子弟，俺大伯刘统勋是当朝宰相，俺小弟刘墉也在北京当大官。"

小道士听到此，心中明白，转身向老妇叩头礼拜："婶娘在上，侄儿给你请安！"这一拜将这母子二人拜得直愣眼："这……这，这是为哪般哪！"

"我正是刘统勋之子，你的侄儿刘墉哪！"

"你就是刘墉？为何这等模样？"

刘墉就把出任江宁知府，审徐桂莲勾奸夫杀本夫一案，改扮道士深夜私访之事说了一遍，三人大喜。镇山虎刘青说道："兄弟，你要早说你是刘墉，我不就不拿刀砍你了。喝酒喝酒，待会儿我全都给你说清楚！"

"你在小店喝酒时说的我都记下了！"

“那好，喝好酒我再接着给你说！”

那刘青就把他夜间去找徐桂莲要银子，正遇见徐桂莲在与那杨红干那狗咬猫之事，被张禄撞见，徐桂莲与杨红将张禄害死之事说了一遍。

“那徐桂莲用什么东西害的张禄啊？”

“当时我在外面，看得不清楚。只见徐桂莲从箱子之中拿出一个东西，白光闪闪。那杨红按住张禄下身，徐桂莲将张禄的头搂在怀中，一时白光不见了，我也不知她是怎样害的。”

刘墉说：“是了，明日你到大堂上作证！”

刘青说道：“那还不是土地老爷的屁股——是整的吗？”

刘墉说：“大堂上，你不能说我们是自家兄弟，就如同不认识一般！”

刘青说道：“那是自然！”

第二天，刘墉立即升堂问案，一切人犯统统带到。刘墉道：“徐桂莲，你所做之事，本府已查得清清楚楚。快快招来，免得皮肉再次受苦！”徐桂莲道：“本姑娘无罪，有什么可招！”那徐银龙也说：“大人，你昨日查张禄周身无伤，岂能定案？你滥用刑法，本官在万岁面前也绝不饶你！”刘墉说道：“如此也好，我现在就让你兄妹二人闭口无言！带刘青！”不多时张成、刘安将刘青带上大堂。

“徐桂莲，你看他是谁？”

徐桂莲见是刘青，当然认得，但又一想，他只知破车屋一事，我就宁死不认，谅也无妨。想到这里，徐桂莲把头一摇：“不认识！”

那刘青便说：“老爷，小的倒认识她！”刘青又对徐桂莲说，“你做的事岂能瞒过我镇山虎的耳目？且不说车屋之事，就是你杀张禄之时，我就在你的楼顶上，你哪里知道我把你们看得清清楚楚。事到如今，我给你留个面子，要不然，我就实话实说了！”

徐桂莲听刘青如此一说，再也沉不住气了，心想，就是再受皮肉之苦，早晚也难逃一死，还不如招了吧，活一会儿也活得舒坦。想到此，开言说道：“小女子愿招！”

刘墉喝道：“那就快讲！”

那徐桂莲刚要开口说话，就听得咚咚咚三声炮响，只震得地动山摇，神鬼皆惊。刘墉大喊一声：“不好，必有横祸天生！”

这三声大炮，只是吏部天官徐让一来是回家养身，二来是顺路巡查各州各县。为壮声威而令人放的。

那吏部天官徐让回得府来，只见夫人哭哭啼啼，把家中事故述说一遍。老夫人道：“老爷，如今小女被押在江宁大牢，我只求能见上女儿一面！”天官略一思索，言道：“如此也好！”于是修书一封，派家人送往江宁府衙。

那刘墉正在大堂审案，早有徐府家人把书信呈上。刘墉拆书阅毕，说道："如此，就将徐桂莲暂且放还徐府！"徐府家人遵命用小轿将徐桂莲抬回徐府。

那徐桂莲母女相见，自然是一番啼哭。那吏部天官徐让大人，公正廉洁，为官清正，自知刘墉也是清正干练之人，断案如神，官声甚佳，四海扬名，便道："女儿呀，你若无有伤风之事，老夫自会为你做主；若有败俗之举，如今落在刘墉之手，也只有一死！"那徐桂莲闻听，心中想道，我父虽是清官执法严明，但也必有父女亲情，况且刘墉他现在还是验伤不着，查无实据。便大声哭道："女儿冤枉！那刘墉狗官滥用大刑，至今查得张禄周身无伤。你想，小女自幼饱读诗书，怎么会做那伤风败俗之事？女儿冤枉，父亲若不为女儿做主，女儿只有一死！"说罢又号啕大哭。徐让天官见状，说道："女儿不必啼哭，为父且到江宁府走一趟就是了。"

天官徐让的大轿不多时便来到江宁府衙。通报已毕，刘墉急忙迎接。

"刘大人，你拘押小女，不知何故？"

"令爱勾奸夫害本夫，故而拘押。"

"你说她勾奸夫害本夫，不知有何证据？"

"风吹我轿顶落于张府主楼之上，说明死者张禄有冤；徐桂莲外穿孝衫，内穿大红，表里不一，内中有诈。那张禄貌丑，难配徐桂莲美貌，徐桂莲必生寻求美男之念！"

"一派胡言！此案难立！刘大人，那张禄周身可曾有伤？"

"开棺验尸，周身无伤！"

"好哇，既是无伤，何来相害？既无相害，那勾奸夫害本夫又何从说来？分明是屈断此案！"

"徐大人莫非要徇情谋私不成？"

"老夫一生为官，清正光明，岂有徇情谋私之意！"

"既是如此，以大清条律检尸三验为定，我只才二验，大人怎么就说我是屈断呢？"

他二人你来我去，唇枪舌剑，恼坏了徐大人，那刘墉也怒气冲天。徐大人说道："我现在就让你在此开棺验尸，如若再验伤不着，我是定不饶你！"

刘墉也说："本官甘愿领罪！"

吏部天官徐让徐大人端坐江宁府大堂，刘墉侧坐。老天官一声"升堂"，衙役呼堂威已毕。徐天官说道："仵作，与我开棺细细查验！"

"嗻。"那仵作闻听，即刻准备停当，当即开棺验尸。那仵作周身查验，不见伤处："回禀大人，死者周身无伤！"

"换一个仵作，再查！"

不多时将一切又准备停当，徐大人又让江宁府的仵作再行查验。江宁府的仵作不敢怠慢，又将张禄尸体细细地查了又验，验了又查，仍不见伤处。

“回大人，死者周身无伤！”

“刘大人，两衙仵作查无伤处，你还有何话讲？”

此时刘墉也心中纳闷，刘青说得清清楚楚，怎么就查验不出呢？见徐天官发问，一时愣神，竟说不出话来。徐天官见状，勃然大怒，将惊堂木一拍，厉声断喝：“刘墉！你望风捕影，滥用大刑，屈打成招，草菅人命，刨墓挖坟，视王法为儿戏！你可知罪！来呀！摘去顶戴花翎，扒下官衣，绑到府门外开刀问斩！”

两边差役见天官大老爷下令，哪个敢不遵？霎时间个个如狼似虎，把个刘墉捆得结结实实，背插亡命牌，捆在江宁府前旗杆之上。这个刑场，甚是威风。

这江宁府门前，五步一岗，十步一哨。旗杆上，绑着刘墉；旗杆四周，众兵丁围了个里三层，外三层。一层刀，一层箭，刀对箭，箭对刀，别说是人，就是一个苍蝇也休想飞得进去。再看那刽子手，身高丈二，浓眉大眼，狮鼻虎口，两颗大牙刺出唇外，满腮胡子如锥如刺，又黑又长，手裹红布，手拎大刀，凶神恶煞。那徐让天官亲自传令，命火工司点火放炮。就听见咚的一声，紧接着又是咚的一声。刑场外边人山人海，推挤不动。那刽子手将一碗酒喝下，又将一碗酒泼在地上，说道：“刘大人，明年的今天，就是你的祭日。”

刘墉叹道：“想不到我刘墉就要死在江宁了！可叹可叹！”徐天官又将令下，点第三炮。火工司随即点着了引火线，那火红哧哧燃烧，青烟直冒。刽子手把大刀举在头顶，就势大刀就要劈将下来。

刘墉大声呼道：“吾命休也——”

咚咚咚咚……三十六响大炮，把整个江宁城震得翻了个过儿。

这一日乾隆皇帝端坐在金銮宝殿，忽然想起番邦进贡的雌雄二宝针，想再观看二宝针。只是这两根宝针一支在刘统勋之手，一支在徐让之手，乾隆皇帝便让刘统勋到江宁找徐让取宝。那刘统勋谨遵圣旨，火速南下，不日便到达江宁城。鸣炮三十六响，全城官员都前来接迎，唯独不见刘墉来迎接，老相爷刘统勋不禁心中纳闷。早有随从来报，言说刘墉被绑在江宁府旗杆之上，将要开刀问斩。

刘统勋轿到江宁府，从轿帘一望，果见刘墉被绑在旗杆之上，刽子手拎刀在旁而立。刘统勋进了府衙，端坐大堂之上，老天官徐让一旁侍候。刘统勋向徐让问道：“徐大人，为何将刘墉绑在门外？”

“回老相爷，只因刘墉审断张禄身死一案，望风捕影，滥用大刑，严刑逼供，有违大清条律，且又不听忠告，恶言顶撞下官，我一时动怒，故将其严惩。现在将他放回！”

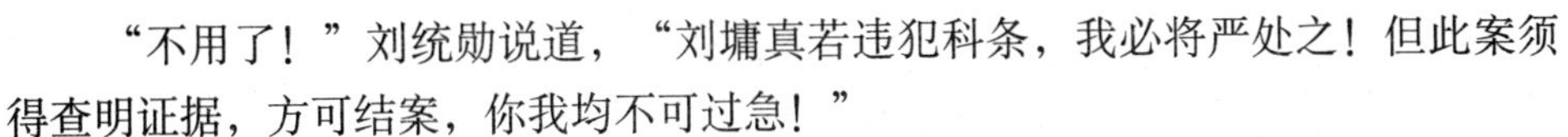

“不用了！”刘统勋说道，“刘墉真若违犯科条，我必将严处之！但此案须得查明证据，方可结案，你我均不可过急！”

徐让亦道：“相爷见教极是！”

“徐大人，吾奉皇上之命，前来取雌雄宝针之在你手中的一根，皇上要观看此宝。可速交与我，方可回复圣命！”

“回相爷，那宝针在拙荆手中，待下官回府去取。”徐让言罢，即刻回府。

徐天官回府见过老夫人，即刻发话：“皇上给我的那根宝针快交与我，皇上要观看此宝，特让宰相刘统勋前来取宝。”

“女儿出嫁，我把它陪嫁给女儿了！”

徐让气得一拍大腿，说道：“夫人差矣！皇上所赠之物，岂可转交他人！”言罢立即将女儿徐桂莲唤来。

老夫人问道：“我给你陪嫁的那根宝针呢？皇上要观此宝，快交给你父亲！”

徐桂莲闻听此言，顿时面若死灰，口中说不出话来。

“那……那宝宝针……针，那……日……俺夫……夫妻观观……观看……掉……掉在……地地……上……上就……不不……不见了啊！”

徐让一听，那还有命？仰天长叹：“我一家大难临头了！”说罢，急忙出门而去。

徐天官来到江宁府，见了刘统勋，扑地跪倒，说：“相爷，下官罪该万死！”

吏部天官徐让与宰相刘统勋同朝为官，都是清官，关系亲密。刘统勋见状，速将徐让搀起：“徐大人慢慢讲来！”徐让遂将取宝针经过述说一遍。

刘统勋言道：“我明白了！”刘统勋即刻发令：“将棺木打开！”两边差役不敢怠慢，转眼将棺木打开，将张禄尸身放于地上。刘统勋从怀中取出宝针，只见那宝针亮光闪闪，耀人双目。刘青大叫：“我那天在张府房上看到的就如同这个一样！”刘统勋并不言语，将针拿到张禄头部，只见那尸身鼻孔之内突突冒烟，亮光闪闪，只听得啪的一声，一道电光飞出来，一根金晃晃、明亮亮的宝针飞于刘统勋手中。至此案件真相大白。

原来这宝针雌雄一对，故而刘统勋能将那宝针从张禄鼻内寻出。众人惊讶不已。早有人将刘墉松绑，迎回大堂，父子得以相见。

吏部天官徐让羞愧难当，低头将衣上一颗金扣子吞到口中，又听得哎呀一声，直痛得在地上翻来覆去，不一会儿就气绝身亡。刘统勋见状，不觉痛哭，状元徐银龙也放声大哭。早有徐府家人来报，小姐徐桂莲羞愧万分，悬梁自缢身亡，老夫人撞死于后堂之内。状元徐银龙闻罢昏死于地，刘家父子叹惜不止。

次日，刘墉送父亲刘统勋回京复命回来，即命张奉、李彪捉拿凶犯杨红。不日之间，张奉、李彪将凶犯杨红捉拿归案。

这一日，刘墉升堂审案。刘墉端坐大堂之上，一声断喝："带人犯！"张成、刘安将杨红带至大堂。杨红当堂跪下。

"杨红，你奸淫表妹，杀害表妹婿，该当何罪？"

"小人知罪！"

"如此，免受皮肉之苦，快从实招来！"

杨红便从中秋节席间吟诗讲起，把夜进表妹闺房强行奸淫，后来表妹出嫁后仍继续通奸，后被张禄撞见，二人合力用宝针杀害张禄的经过说了一遍，随即在口供上签字画押。

刘墉在大堂上判曰："人犯徐桂莲，虽生官宦之家，却不守妇道，勾结奸夫，杀害亲夫，依律当斩，念其不堪羞愧，悬梁身死，不再追究。人犯杨红，虽读诗书，却好色邪淫，有伤人伦，强淫表妹，不思悔改，通奸多年，与表妹合力杀害张禄，依律当斩，打入死牢，秋后斩决。吏部天官徐让为官清廉，受其女案情所连，羞愤吞金身亡，理当厚葬。老夫人后堂撞墙丧命，其情可伤，亦当以情厚葬。张禄含冤而死，沉冤得雪，张林状元领尸安葬。徐银龙状元扰乱公堂，念其不详实情，父母双亡，其情可哀，故不究其过，命归安葬双亲，后当好自为之。其妹罪恶深重，可念手足之情，将其入土为安，但不得入祖坟。张林状元，令弟沉冤得雪，后当潜心修行向善，为国效忠。刘青虽身为小民，却能行侠仗义，公堂之上，大胆作证，助本府破案有功，录为府衙当差！"众人皆谢恩而去。

刘墉正要退堂，就听门外高喊："圣旨到，刘墉接旨！"

刘墉急忙整衣跪下："臣刘墉接旨！吾皇万岁，万岁，万万岁！"

"奉天承运，皇帝诏曰：朕闻刘墉在江宁审理徐桂莲勾奸夫害本夫一案，明察暗访，尽职尽责，功过分明，奖罚得当，深得民心，不负朕望，官声甚佳。特擢升都察院供职，随旨进京上任。钦此！"

"吾皇万岁，万岁，万万岁！"

刘墉谢恩毕，钦差说："恭喜大人高升！"

为了不惊扰百姓，刘墉令张成、刘安，轻车简从，不声不响，当日离开江宁。

北京城内，过去有一个风景区，叫做八王坟。平时，在这里游玩的人很多。不远处，有一座小桥，叫得胜桥，桥两边的人很多，来来往往，都要从这小桥上经过。这一日，正赶上古城庙会，游人更是推拥不动。

就在这时，打东边来了六七匹马。为首的是一匹枣红马，马上坐着一个人，此人三十来岁，生得五大三粗，狮鼻鹰眼，满脸横肉，犹如凶神一般。此人姓李名龙，他的父亲就是当朝太师，他的妹妹就是当朝的李娘娘。这李龙是老太师的独生子，自小娇生惯养，长大之后，倚权仗势，胡作非为，整日里提笼架鸟，东游西逛满城窜。百姓见了他如同见了恶鬼一般，无人不怕，因此，百姓们平时都称他为鬼国舅。

这一天，鬼国舅李龙带着李狗、李毛、李兔、李豹等五六个恶奴来八王坟游玩，就要上桥过河，那桥上桥下桥东桥西的纷纷躲闪，有的人躲闪不及，就跳到了河里。说来也巧，其中有一个老汉叫冯半仙，是一个算命先生，据说他给人算命是十算十准，百说百灵，因此，人家都叫他冯半仙。这一日，冯半仙并不是出门算命，而是来走一趟近门的姐姐家。这冯半仙五十余岁，穿戴干干净净，生得慈眉善目，一缕白胡子飘然在胸，很有几分仙风神韵。他骑着一头小毛驴，从西向东而来，正好与鬼国舅走个顶面。听说鬼国舅来了，人们纷纷躲避，有往前跑的，有往后跑的，也有从中间向两边跑的，有哭的，有喊的，有呼的，也有叫的，到处是骚动，到处是混乱，到处是恐惧。冯半仙骑的小毛驴哪里见过这等场面，早被吓得魂飞魄散，不分东西南北，到处乱撞。冯半仙骑在驴身上停也停不住，下也下不来。冯半仙本来想掉转头往回走，可那毛驴却叫着蹦着跑着直往前冲，直奔着鬼国舅的马撞将而来。谁知这头小毛驴也是一个不知死的鬼、惹祸的精。它撞着了鬼国舅的枣红马且不说，它来到枣红马跟前停了下来，对着枣红马亲了亲，突然一口咬住枣红马的下嘴唇子不放。那枣红马平时就养尊处优高傲自大惯了，从没有把小毛驴看在眼里，更没有想到小毛驴对它还会有这一着，直疼得又是摆头又是尥蹶子，把鬼国舅从马上摔了下来。

“把这有眼无珠的老王八给我往死里打！”

冯半仙已五十余岁，撞了国舅的马头，本来已是惊恐万状，哪里还能经得起这帮恶奴的毒打？不多时，竟气绝身亡。惹祸招灾的小毛驴见主人已死，它也不跑了，便站在冯半仙的旁边大叫。它在叫什么呢？也许是呼号救命，也许是为主人的惨死而悲啼，也许是对鬼国舅的暴行而控诉。

此时，人们断断续续地从四面聚拢而来。

“唉，造罪呀！造罪呀！”

“好端端的一个人竟给活活地打死了！这还有没有王法？！”

“小老弟，忍着点吧！这年头就毁了没钱无势的！”

“这种人早晚也不得好死！”

“这不是冯半仙吗？”

“可不是！已经有人回家报信去了！”

“这冯半仙算了一辈子命，怎也不为自己算算！干吗要今天出门？晚一个时辰这场祸也就躲过去了！”

“你看，冯半仙的女儿冯雪花来了！”

此时，冯半仙的女儿冯雪花闻讯急忙赶来，老远就哭喊着。她拨开人群，见她

父亲冯半仙倒在地上，全身是伤，便不顾一切地趴在冯半仙身上痛哭：“爹爹呀！你死得好惨呀！这是哪一个天杀的打死了我爹爹呀？你死了，撇下了女儿好可怜哪！爹爹，女儿可怎么过呀！谁还是女儿的亲人哪！爹爹，女儿一定要为你报仇申冤！”

“孩子，别哭了，把你爹先弄回去埋葬了吧，眼泪是不能淹死那些害民贼的！听说刘墉就要从江宁府回北京了，在江宁，百姓们称他是青天大老爷，是白脸包公，我看你的大冤仇，只有去找刘墉告状！”

“多谢指教！多谢指教！”

“孩子，都别说了，先把你爹弄回去安葬了再说！”

在大家伙的帮助下，冯雪花把冯半仙的尸体运回了家，然后入土安葬。

北京城的大街上，人来人往，就在这人流之中，有一个十八九岁的女子，身穿重孝，头顶状纸，跪在一个十字路口的旁边，在那里边说边哭。

“闺女，你不到官府告状，为何在这里头顶状纸告状呢？”

“那些地方官府多惧怕国舅权势，不能为小女子做主。我听人说刘墉是个大清官，他快从江宁府回北京了，我要找他告状！”

“刘大人何时进京？”

“不知道！”

“刘大人从何处进京？”

“不知道！”

“你可曾见过刘大人？”

“没见过！”

“既如此，你何时才得见到他呀！”

“仇如三江，冤如四海，上天会保佑我见到刘墉的！”

“唉，就让老天保佑你去申冤报仇吧！”

就在这时，南面来了一批人马，前面是四人抬着大锣，鸣锣开道；后面是军丁护卫，旗号招展，刀枪对举，甚是威严；再后面是一乘八抬大轿，轿内坐一人。此人头戴顶戴，身着官衣，脚蹬朝靴，威风凛凛，端坐轿中。众人一见，便说道：“告状女子！南边过大官了，快去告状！”

那女子听说，也不怠慢，紧走几步来到轿前。

“冤枉！”

那轿中之人听到有人喊冤，便说：“落轿！”

大轿落下。

“何人喊冤？”

“回禀太师，是一名女子拦轿喊冤！”

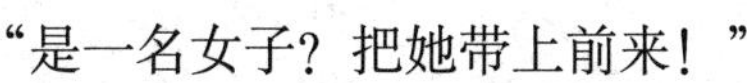

“是一名女子？把她带上前来！”

“嗻。”

那女子来到轿前，高呼冤枉。

“民女冤枉！”

“下跪何人？”

“民女冯雪花，京郊人氏！民女冤枉，求大老爷为民女做主！”

“你为何不到官府告状，偏要拦轿喊冤！”

“民女的仇人官高势大，官府多惧怕他的权势，不能为民女做主。听说刘墉刘大人要回北京，故而要找刘大人申冤报仇！”

“原来如此。你认识刘大人？”

“民女不认识！请问老爷你是……”

“本官从江宁回来，刚刚进京。”

“老爷你就是……”

“你要状告何人？有何冤枉？你说出来，本官为你做主！”

“大老爷容禀，民女要状告当朝国舅李龙！”

“你为何要告他？”

“老爷，前几日，当朝国舅李龙到八王坟游玩。我爹骑着毛驴走亲戚，过得胜桥时，毛驴惊吓，撞着了国舅的马头，他便让恶奴将我爹活活打死！求青天大老爷为民女做主！”

“这国舅竟无端打死人命，目无王法，甚是可恶，本官一定为你报仇申冤！这样吧，你把状纸呈上，跟老爷回府，明日便升堂问案！”

“多谢大老爷！”

那女子便跟着大轿而去。这女子哪里知道自己上当受骗了呢。这当朝太师听得冯雪花要找刘墉状告李龙，心中想到刘墉可不是个省油的灯，这案子若是落到刘墉手里，这太师府可就要大祸临头了。于是他就连哼带哈地假装是刘墉，把冯雪花骗走，到了府中，然后再说。

冯雪花跟随大轿，进了太师府，来到客厅。李太师马上把李龙叫了进来。那李龙见客厅里站着一个陌生女子，便问：“爹，这女子是谁啊？”太师说：“畜生！你还来问我？”

“若不是我把她带到府中，若是告到刘墉那里，岂不连累了全家！”

“死个把人还不是跟死了个臭虫一样！爹怎么越过越胆小了！”

“你知道什么？刘墉可不是省油的灯！”

“老爷，你不是刘墉刘大人？”

“冯雪花，老夫就跟你说个实话吧，老夫不是刘墉，吾乃当朝太师，他就是

你要告的李龙！”

“李龙！是你打死了我爹，我跟你拼了！”

冯雪花上前就要厮打，但她哪里是李龙的对手，早被李龙捉住双手，死死地抱在怀里，动弹不得。那李龙就势向冯雪花脸上吻了一口，又用力向墙角摔过去，可怜那冯雪花被摔得半天爬不起来。

“冯雪花，你不要动怒。老夫有一言相告，你父纯是手下奴才打死，我儿李龙并未亲手打死你爹。这话又说回来，不论如何，我李府也要承担责任。再者，人死不能复生，这冤家也是宜解不宜结，姑娘若能留在太师府，结为秦晋，则可化干戈为玉帛，岂不更好！”

“呸！瞎了你的狗眼，雪花今生不报杀父之仇，誓不为人！”

“姑娘，只怕你进得太师府，走不出太师府！”

“我就是死在太师府，而后必化为厉鬼，来向你父子索命！”

“爹，不要再说了，让她见阎王去吧！”

“雪花，既是如此，就休怪老夫无情了！”

“你父子终不得好死！”

“李狗、李豹！”

“国舅爷，唤小的来有何吩咐？”

“把这个丫头扔到后花园的水井之中！”

“小的遵命！”

两个恶奴架起冯雪花便走，冯雪花大呼救命。可怜在这太师府中，谁敢来救命？来到后花园水井边，李狗说：“丫头，也是你自己找死，这太师府是告得的吗？也是你命当如此，休怪我兄弟俩无情！”

李豹也说：“丫头记着，明年的今日是你的祭日！你就上路去吧！”

说罢，二人将冯雪花头朝下投入水井之中。

就在此时，忽见院墙外扑通一声跳下去一个人来。李狗说：“不好，墙外有人！”李豹说：“随他去吧！伤天害理之事做多了，终究是不得善终！”

这院墙外跳下去的是谁？就是在大街上指教冯雪花拦轿告状的那一位。此人姓项，名叫公理。项公理当时听那么一说，知道坏事了，但又无法挽回，于是便尾随大轿向太师府而来。这项公理不官不吏，为人侠义，偶尔也耍个三腿两脚的。项公理来到太师府前，不得入进，便绕着太师府转了一周。他见后花园院墙外有一棵槐树，便爬到树上，将院内一切看得清清楚楚。眼见得冯雪花被投入井中，只是无力相救，他便长叹一声，双眼落泪，从树上跳下去。

刘墉坐在轿中，刚刚进了北京城。走在大街之上，刘墉就觉得不大对劲，总觉得大街上阴气沉重。刘墉在轿内连打两个哈欠，心中想道，不好！北京城内可能又有冤情。想到这里，刘墉不禁打了个寒战。半年前，只因为铡了西宫娘娘，被皇上发到刑场，差点儿脑袋搬家，多亏众大臣求情，才免于死罪，贬官到了江宁。在江宁，审断了徐桂莲杀夫一案，官声大振，被百姓们称为白脸包公。刚进北京城未走五十步，又觉冤情沉重，看来，此番回北京，又将有一番周折。刘墉在轿内正思想前番之事，就听得张成、刘安来报："老爷，有旋风挡道！"

"落轿！"

刘墉撩开轿帘一看，果见一股旋风在轿前左右旋转，刘墉便知冤情重大。就在这时，只听得咔嚓一声，那轿顶子竟腾空而起，在半空中乱转，并不行走。

刘墉说道："旋风，本官已知你死得冤，就请你带路！张成、刘安，就跟着旋风走！起轿！"刘墉话还未完，就见那旋风缓缓而进，那轿顶子也在半空中飘然而行。大街小巷的老百姓，老远就见一个轿顶子在半空中行走，地上一队人马，抬着一个没有顶的轿子。老百姓们都纷纷拥上来看西洋景。刘墉坐在轿中也不拉轿帘，让百姓任意观看。其中有的人知道，这是刘墉回来了。"刘墉回北京了！"这消息比大轿走得快得多，不一时，全北京城都知道，刘墉回北京了。

刘墉跟着旋风前行，不多时，只见轿顶子在一座小桥上落了下来。张成、刘安认识，这是得胜桥。

"老爷，这轿顶子落在了八王坟边的得胜桥上！"

"落轿！"

刘墉下轿，问道："这里可曾发生过什么事情？"

"回大人，这里曾经打死过人！"

"打死什么人？是谁打死的？"

"回老爷，被打死的是城边的算命先生，叫冯半仙，他骑的毛驴撞了国舅爷的马头，被打死了！"

"是了！你是耳闻，还是目睹？"

"回老爷，小人是听别人说的！"

大家正说话，那轿顶子又自个升到了半空，众人直惊得目瞪口呆。

"张成、刘安！"

"小人在，老爷有何吩咐？"

"看来这冤案不止一个，快跟定轿顶子，起轿！"

刘墉的人马又跟着轿顶来到了一个深宅大院。张成、刘安来报："老爷，那轿顶落在太师府的堂楼之上！"

"冤魂哪冤魂，老爷一定为你报仇申冤！"刘墉话刚说完，只见那轿顶在太师府后花园上面三起三落，而后又咔嚓一声落在轿上。

"张成、刘安，看来老爷又有活干了！起轿，上养老宫！"

刘墉为什么要上养老宫去呢？只因为此案牵涉到太师与国舅，审起来必然要惊动皇上。上一次因为铡了西宫，触犯了皇上，差一点丧命，这一案又必然牵连着皇上。吃一次亏，学一次乖，所以刘墉要先见太后。

刘墉的大轿跟着轿顶子满城跑，早已惊动了全城百姓。项公理在家正为冯雪花的事伤心自责，忽听说刘墉回到了北京，心中大喜，便急忙打听，追赶刘墉的大轿。项公理来到八王坟得胜桥，别人对他说刘墉的大轿向太师府方向去了。他便急忙赶到太师府，还是不见刘墉的大轿，经人指点，又向养老宫方向追来。

项公理追上大轿，高喊冤枉。张成、刘安连忙禀报："老爷，轿后有人喊冤！"

"轿后有人喊冤？"

"正是！"

"落轿！"

刘墉的轿子落下，项公理来到轿前跪下："冤枉，小民冤枉！"

"何人喊冤？"

"小民本京城人氏，姓项，名公理，小人替冯雪花喊冤来了！"

"你为何替冯雪花喊冤？"

"老爷，只因前几日在八王坟得胜桥发生了一宗人命案。当朝国舅李龙因算命先生冯半仙骑毛驴撞了他的马头，他便将冯半仙活活打死在得胜桥上。他的女儿冯雪花听说老爷要从江宁回来，就头顶状纸在十字街口等你告状。不料太师的大轿刚好路过，小民就多说了一句话让她去告状，当时太师接了状纸，便将冯雪花一同带走。小民事后听说是李太师，便知坏事了，可又无法挽回。小民便跟到太师府，爬到太师府后花园院墙外的树上向内观看动静，亲眼看见两个恶奴将冯雪花头朝下投入井中。小民无力救命，只好眼睁睁看着冯雪花冤死在井中。这一切都是小民的过错，是小民害了冯雪花，求大老爷为冯雪花父女申冤！"

"你可曾见李龙打死冯半仙？"

"小人未曾亲见，只是听人说那冯半仙是城郊人氏，是一个算命先生。"

"你且随我而行，审案后你再归家！"

"小民遵命！"

刘墉来到养老宫，见了太后，首先向太后叩头问安："儿臣叩见母后，儿臣向母后问安！"

"罢了！赐座！"

"儿臣谢母后！"

"吾儿何时从江宁回来的？"

"儿臣刚刚回到京城，还未及面君！"

"那又为何急急忙忙来见我？是不是有什么大事啊？"

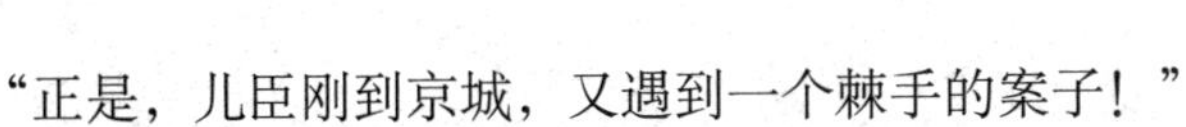

“正是，儿臣刚到京城，又遇到一个棘手的案子！”

“什么案子？”

“李国舅打死人命！”

“李国舅打死人命？”

“正是！”

“为何打死人命？”

“母后，儿臣刚进北京城还未走五十步，便遇到旋风挡道，风吹起了轿顶。儿臣跟随轿顶到了八王坟边的得胜桥，得知冯半仙因冲撞了李国舅的马头而被打死。轿顶又飞到了太师府，又有百姓项公理拦轿喊冤，说李太师将前来告状的冯半仙之女冯雪花骗到太师府，项公理亲眼看见冯雪花被李家恶奴投入后花园水井中。此案势必要牵涉到皇上，特来向母后禀报！”

“这个李龙也实在是太狠毒了些！”

“此案不断，儿臣心中不平，天理不公！”

“此案吾儿打算如何办理？”

“得胜桥打死冯半仙，众人皆知，只是后花园害死冯雪花尚需查明！”

“此案事关重大，哀家就下一道懿旨，你要小心从事才是！”

“儿臣谢母后！”

刘墉奉了太后懿旨，来到北京城郊，找到了地方官吏，来到了冯半仙的坟前，下令开棺验尸。七八名军士不多时，便把棺木起出。刘墉对仵作说道：“认真验看！”

杵作领命，不多时，验看完毕，来到刘墉面前禀报：“回禀刘大人，死者系拳脚之伤，心胸处、下裆要害处，均有拳脚之伤，死者纯系殴打致死！”

“填写尸格！”

“嗻。”刘墉京郊验尸后，第二日，便带着张成、刘安及四五名军士，穿便服来到了太师府附近，在那街头巷尾转悠。天到中午，只觉得肚中饥饿，便走进了一家小酒店。刚坐下，正要用酒饭，就见门外来了两个人，小二连忙招呼。

“哎哟，二位爷来了！请，这边请！”

刘墉道：“小二，快给我们再上一道菜！”

“客官，再上什么菜？”

“小二，刚才那两人是什么人？”

“客官，咱可惹不起呀！他们就是太师府的下人李虎、李豹！”

“好酒尽管上给他们喝，酒钱我付！事后有赏！”

“多谢客官，好嘞！再加一盘牛肉！”

不多时，李虎、李豹的酒菜送到，他二人三杯烈酒一进肚，话就多起来了。

“哥，喝！人生难得几回醉！”

“对，人生还是醉了好，一醉解千愁，万事一醉休！”

“哥，咱还不是给太师、国舅跑腿的，端谁的碗，服谁的管，你说是不？”

“兄弟，你说咱要是不服，行吗？”

“可不是！皇帝老子遇事都要让他三分，更何况咱弟兄们！”

“可他们父子就怕一个人！”

“谁？”

“刘墉！”

“他怕刘墉，我才不怕咧！”

“对，他怕刘墉，咱弟兄们为什么要怕刘墉？不就是打死冯半仙害了冯雪花吗，那有什么了不起？他们爷俩作的恶比我们大多了！再说，他们是主，我们是仆，有天大的事由主人来顶着！”

“喝酒喝酒，咱不谈这事！”

刘墉也端着酒凑了上去，与李虎、李豹套起了近乎。

“是嘛，天下谁能了解咱这当下人的苦处！”

“还是呀，还是这位老哥说得对。主人让咱干，咱不干行吗？就拿冯雪花这事，咱也觉得亏心，可不干行吗？”

“是呀！这么说冯雪花真的死了呀？”

“那还用说，是我们哥俩亲手把她投进井里去的。阎王爷是她六舅也活不成了。她的尸体现在还在那井里呢。”

“十几岁就死了，可惜呀！”

“再可惜也没有办法！也是她投错了门子，自寻死路。她要是找刘墉告状，准胜。可她却告到太师手里，告不成状还白搭了一条命！”

“两位老哥也真是快人快语，来，小弟就再陪两位端两盅！”说罢，他二人每人又四盅酒下肚，不觉醉得如同烂泥一般。刘墉对张成、刘安说道：“扶这两位哥哥回家歇息！”张成、刘安会意，便将二人扶出酒店。刘墉拿了一两银子，谢过小二，回到府中，待李虎、李豹酒醒之后，便开始审问。李虎、李豹知是刘墉刘大人问案，便也不再隐瞒，一切罪状供认不讳，自愿招供画押。刘墉将他们加镣入监。

刘墉忙乎了一天，晚上在灯下细看李虎、李豹的供词，不知不觉，竟酣然进入梦乡。

“小民叩见青天大老爷！”

刘墉闻得声音，抬头看时，却是父女俩。刘墉一看，便已知这父女二人是何人了。

“本官一看便知，你该是冯半仙了？”

“正是小民！”

“这姑娘便是冯雪花了？”

“正是民女！”

“你父女二人深夜到此，有何事要讲？”

“老爷，你为小民报仇申冤，小民九泉之下也感恩不尽！”

“你父女是如何被害的？”

“大老爷容禀，那一日，小民骑着毛驴进城走亲戚，在八王坟旁边得胜桥上与国舅李龙相逢。当时人们为了回避他，纷纷四处乱跑，到处是一片混乱。我的小毛驴受了惊，便直往前冲去，不想冲撞了国舅李龙的马头。他只说‘给我往死里狠狠地打’，那些恶奴便一拥而上，将小民活活打死！”

“冯雪花，你是如何遇害的？”

“老爷请听端详。民女安葬了父亲，听说老爷要从江宁回京，便头顶状纸在十字街口找老爷告状。此时李太师的轿子从此经过，项公理便说，过大官了，你可去告状。民女误认为是老爷你，因此就去告状。他问我为何不到官府去告？我说仇家权势大，管不了他，只有刘大人才能告准。他便问我状告何人，我说状告国舅李龙。李太师便又问我可认识老爷你，我说不认识。李太师便收了状纸。我问他是不是你刘大老爷，他便说他一定为我报仇，并让我跟他回府。回到太师府，李太师就对李龙说亏他把我带到府中，如若是把案子告到刘墉那里去，岂不要连累全家？李太师还要我与李家结秦晋之好。我不从，李太师便说这太师府进得来，就别想出去。我与李龙拼命，李龙就命李虎、李豹把我投入后花园水井中。”

“大老爷，你为小民申冤，将要受捆绑法场之苦，大老爷当慎处之。结案之后，将官复原职，小民于九泉之下感谢不尽。”说罢二人磕头谢恩。刘墉便要伸手搀扶，不料脚下不稳，一跤摔倒在书案之前，醒来之后，却是南柯一梦。看看时辰，正是半夜子时，梦中言语记得清清楚楚。刘墉便自言自语道：“本官一定为你们报仇申冤，请冤魂九泉下安息。”

天刚放亮，刘墉便点起三千兵马，抬出三口铜铡，直往太师府来。来到离太师府半里路处，刘墉把兵马停下，对带兵的李把总说道：“人马暂且停下，我先进太师府。半个时辰之内我如不出来，你即刻将太师府围住，进太师府去救我！不可有误！”李把总说：“大人请放心！下官决不敢违命！”

“张成、刘安！”

“小人在！”

“起轿！”

半里之路，不一时，刘墉的轿子便抬到太师府门前。刘墉下了轿，来到府门

前，让仆从通报："向里通报，就说我刘墉前来拜访太师和国舅爷，让他们父子出门迎接！"

"小的遵命！"

李太师与国舅李龙正在客厅内闲话，谈论着刘墉回京之事："现在都传说刘墉已回北京，下人说前日有个什么东西落在咱家堂楼之上，又飞走了，此乃不祥之兆！你这几日不要再招惹事端！"

"爹，您老真是胆量越来越小，那小小的刘墉也不过是个毛头小子，倒把你吓成这样！"

"你是没有吃过他的苦头，不知道他的厉害。在江宁，连吏部天官的外甥他都给铡了，天官也因此而丧了命！他不亚于黑脸包公，要是犯到他的手里，可是万万难以脱身！"

"爹，你怕他，孩儿倒不怕他！"

"为父说你不听，只怕要累及全家！"

"回禀太师、国舅，刘墉前来登门拜访，让太师与国舅去迎接！"

"什么，刘墉拜访？既是拜访，就让他进来，还要我去迎接？架子倒不小，我不去！"

"不得无理！刘墉这哪里是什么拜访，分明是找事来了！来者不善，善者不来，还是先看看动静再说！"

"好，我就去看看他是三只鼻子还是六只眼！"

这父子俩来到府门，慌忙施礼："拜见刘大人，不知大人驾临，有失远迎，还望恕罪！"

"本官自江宁回京，偶过贵府，特来拜望！"

"大人驾临，使舍下蓬荜生辉！请！请！"

进得客厅，分宾主坐下。李太师欠欠身子，施了一礼："刘大人光临寒舍，不知有何见教？"

"本官久仰老太师风范，理应拜见，另有小事求教！"

"不敢当，不敢当！刘大人有何见教只管讲来！"

"好！本官从江宁一回到京城，就听说北京城出了一件怪事，不知太师、国舅是否耳闻？"

"不知是何怪事？"

"在八王坟得胜桥有一个骑毛驴的老头被人活活打死，而凶手竟逍遥法外，无人敢过问！"

"老夫未曾耳闻！"

"太师，还有一桩比这事更怪的事！"

“又是何事？”

“杀人凶犯竟将告状人投入井中，杀人灭口，而今这杀人凶犯也逍遥法外，无人敢问！不知太师可有耳闻？”

“老夫也未曾耳闻！”

“这两桩怪事下官都曾耳闻，下官却要向太师求教，对这两个人命案的凶犯，依太师之见，如何判断？”

“这个……刘大人断案自有‘白脸包公’之称，老夫何须多言！”

“爹，你不要与他瞎磨蹭了！刘墉，我爹怕你，我可不怕你！你不要在我这里敲缶卖盆！那老头就是我打死的，那告状人也是我害的，你看怎么办！”

“大胆贼子！倚仗权势，草菅人命，该当何罪？你难道就不怕王法吗？”

“王法？我就是王法，你能奈我何！”

“我不能奈何于你，只是凤头铡伺候！”

“刘大人息怒，我儿是有不是之处，但罪不至死！”

“你身为太师，竟纵子行凶，庇护凶犯，依律也当定罪！”

“刘大人，你年轻气盛，老夫不与你一般见识，我父子之事，咱可去面君！”

“爹，何须面君，先把他宰了再说！”

“你敢！”

“放肆！对刘大人不得无理！年轻人，你也太不自量力，与我李家为敌，是要吃亏的！”

“本官死都不怕，难道还怕吃亏不成！太师也太小看本官了，真乃匹夫之见！”

“刘墉，老夫好意为你开脱，你竟谩骂老夫，老夫可就不客气了！”

“老匹夫，不客气难道能生吃了我不成？”

“爹，让我先杀了他！”

李龙说罢便抽出了宝剑。张成、刘安见状也拔出了宝剑，就在客厅内打了起来。

就在此时，李把总带领兵士冲进客厅，不由分说，把李龙捆了起来。

刘墉下令道：“将太师府四面围住，进后花园搜查！”

“刘墉！你私闯民宅，抄查太师府，该当何罪？老夫要同你面君，非告你不可！”

“面君自要面君，我奉太后懿旨办案，岂能怕你！等我铡了李龙之后，再去面君不迟！”

“刘墉，你要是敢铡了我，那你也活不成！”

“李龙，我既敢铡你，就不怕死；我要是怕死，也就不来铡你！”

“刘大人，事到如今，老夫再劝你一句，为了一个命案，我等之间不一定非要弄个鱼死网破不行！就是你把李龙铡了，你又能得到什么好处？”

“亏你还是当朝太师，当官就要为民做主，我要得到的就是公道的天理！”

“回禀老爷，后花园井中捞出女尸一具！”

“好，李太师、李国舅大人，你父子还有何话说！”

“我没有话说，不就是打死了个把人吗？我就看皇上能把我怎么样！我就不信我妹妹这个西宫能是白坐的！”

“当今皇上不把你怎么样，我刘墉今天就要你李龙进我的凤头铡！”

“你敢？！”

“这世上什么都有卖的，就是没有卖‘不敢’的！”

“你刘墉今天铡了我的头，我明天就要让皇上砍你的头！”

“就是明天皇上砍我的头，我今天也要铡你的头！张成、刘安！”

“小人在！”

“凤头铡伺候！”

张成、刘安闻令，如狼似虎，一把抓住李龙。刘墉按动机关，凤头铡掀开，刘墉手握铡把，张成、刘安把李龙往铡内一送。

刘墉就要往下按铡，李太师忽地跪下。

“刘大人，老夫与小儿方才多有冒犯，所说皆为火气之语，刘大人岂可当真！”

“老太师，人命关天之事，岂能儿戏？杀人偿命，这大清律条难道还要本官教你不成？”

“爹，不要求情，我死之后，爹爹和妹子定要给我报仇！”

“李龙，你听着！明日娘娘、太师为你报仇，我今日就要为被你打死的平民百姓报仇！”说罢，刘墉憋足一口气，牙关一咬，双手用力往下一按，那李龙早已经是身首两处了！

李太师见刘墉铡了李龙，暴跳如雷，还要撒野，众兵士又岂能容他？李太师无奈，便与刘墉拉拉扯扯地上金殿面君。众军士一看这场面，哪一个也得罪不起，只好跟在他二人后面向金殿走去。

说来也巧，今日正是三六九朝见之日，他二人未进金殿，便将景阳钟撞得惊天动地。文武大臣吃惊，就是乾隆皇帝也不知出了啥事情。乾隆皇帝正要发问，只见李太师与刘墉拉拉扯扯地上了金殿。乾隆皇帝心中纳闷：刘墉从江宁府何日回来的？怎么又能与太师发生争执？

他二人来到金殿跪下，口称万岁：“臣叩见吾皇万岁，万岁，万万岁！”

“你二人为何如此？拉拉扯扯成何体统！”

“皇上，老臣冤枉！求皇上为老臣做主！”

“皇上，臣是奉旨办案，为民申冤！”

“老太师，你有何冤枉！”

“启奏皇上，刘墉执法犯法，私闯民宅，抄查太师府，私自将吾儿李龙送进凤头铡。吾儿冤枉，老臣冤枉！求皇上为老臣做主！”

“皇上，臣奉旨从江宁回京，刚进北京城，便有旋风挡道。风吹起为臣的轿顶，臣跟随轿顶来到八王坟得胜桥，得知在此发生一桩人命案，算命先生冯半仙因骑驴在得胜桥撞了国舅李龙的马头，被国舅李龙殴打致死。又有项公理拦臣轿喊冤，得知冯半仙之女冯雪花告状巧遇李太师，被李太师骗入府中，后被投入后花园水井之中。国舅李龙就是这两宗人命案的主凶，因此，臣依大清之律将李龙铡了。李龙被铡系罪有应得，并无半点冤枉！请皇上圣察！”

“皇上，那冯半仙父女死去是实，但均系下人所为，说我儿杀死他父女二人，有何凭据？”

“皇上，那冯半仙被活活打死，臣开棺验尸，有仵作尸格作证；那冯雪花之死现有从太师府后花园井中捞出的女尸为证，并有项公理亲眼目睹为证！”

“刘墉，就你所说，那李龙只有纵恶行凶之罪，未有杀人之罪。”

“皇上，恶奴杀人系李龙指令，李龙就没有责任了？！”

“依朕看来，李龙纵有罪责，罪不当死！”

“皇上，既是李龙罪不当死，而刘墉将他铡了，亦有断案不公之罪！”

“皇上，在太师府，李龙拔剑刺杀我，刺杀朝廷命官是不是该当死罪！”

“皇上，小儿李龙当时按捺不住火气，虽抽剑拼打，并未刺伤刘墉，又岂能定罪！”

“老太师、刘墉，你二人都听朕一言，李龙纵奴打死人命，理当治罪，刘墉量刑不确，有罪；你儿李龙刺杀朝廷命官，也有罪。此两家罪过朕都不再追究，从此息事宁人吧！”

“如此说来，李龙就白死了不成？”

“国舅负罪而死，朕准予厚葬便是了。”

“皇上，如此说来，臣这案子断错了？”

“没有断错，只是有些不当，朕也并未追究呀！”

“皇上，你这是各打二十大板呀！”

“刘墉，你就让朕安宁一时吧！”

就在这时，传事官来报：“启奏皇上，李娘娘驾到！”

“她上金殿算是什么事？有事待朕回宫再说！”

“奴才不敢阻止，奴才通报慢了，她都要杀奴才的头！”

这君臣正在说话，李娘娘已经上了金殿，跪下后，便不起来。

“臣妾叩见皇上！”

“爱妃为何事而闯上金殿！”

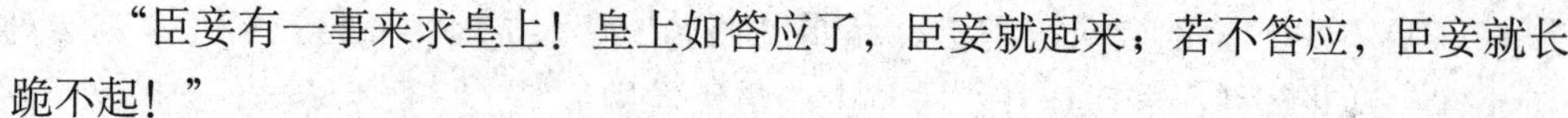

“臣妾有一事来求皇上！皇上如答应了，臣妾就起来；若不答应，臣妾就长跪不起！”

“爱妃请起，有何事就说！”

“皇上答应了？”

“朕答应你！”

“皇上，臣妾求你杀了刘墉，为我哥哥报仇！”

“爱妃要杀刘墉？这刘墉可不是随便可杀的！”

“皇上你说杀不杀！”

“这个……朕……”

“皇上，别这个那个的，我要一命换一命！皇上，臣妾身为西宫，连自己的哥哥都保不住，这样受人欺负，臣妾还活在世上做甚！”说罢，从怀中拿出一把剪刀直刺咽喉。文武大臣大为惊慌，但又均不敢上前阻拦。这时，乾隆皇帝也不顾帝王尊严了，急忙从宝座上下来，一把抱住李娘娘。这李娘娘又哭又跳，又要找刘墉拼命。

“皇上，你是不让臣妾活了！好，我活不了，我也不让皇上好过！”李娘娘对着乾隆皇帝又是拉又是推，把皇上的帽子也给碰歪了！

“皇上，你说是要刘墉，还是要我？你要我，就把刘墉杀了；要刘墉，臣妾我今日就死在金殿上！”

此时乾隆皇帝也生气了，便说：“你别闹了，我把刘墉杀了行了吧！”

刘墉对李娘娘的一番哭闹，早就怒火中烧，极力克制，听皇上那么一说，便再也压不下去了，大叫起来：“皇上，你刚才对我刘墉就是有罪无罪，各打二十大板，分明是为国舅开脱罪责，现在李娘娘说要杀我，你皇上也要杀我！你看，这金殿就让她如此撒野！李娘娘扰乱朝纲，违背祖训，皇上怎不杀她！看来皇上只讲皇亲国戚，不讲大臣！哪里还像是皇上所为！”

乾隆皇帝被李娘娘这么一闹，再被刘墉这么一呛，也火冒三丈，说话也就失去了分寸：“好你个刘墉，竟敢谩辱朕！我就是不当这个皇帝，不要这大清江山，我也要杀你，不杀你这个狂小子，出不了我这口恶气。殿前武士，把刘墉拉到午门外给朕砍了！老太师，由你亲自监斩！李妃，你就坐在金殿上看着刘墉去死，朕今日就要偏，偏到底！让刘墉骂个够！”

李太师闻言满心欢喜，说：“老臣遵旨！”殿前武士拉拉扯扯地就把刘墉绑到午门外。李太师在监斩棚内刚一坐下，就令火工司点火打炮！只听得嗵嗵就是两炮，眼见得午门外刘墉人头就要落地，文武大臣个个心急如焚。裘正义刚要保本，就被乾隆皇帝顶了回去。

午门外，李太师走到刘墉面前：“刘大人，明年的今日就是你的祭日！你休怪老夫无情，我良言相劝，你就是不听。与我李家作对的，就永不得善终！刚才

是你铡我儿，现在是我来斩你，为了一个人命案，不值得弄个鱼死网破啊！”

“李太师，你说错了！为了一桩人命案，我拼个鱼死网破，值得！我拼出了一个天理，拼出了一个公道，拼出了一个善恶忠奸，拼出了一个贤愚美丑！今天，我就是死了，也比李龙死得强！世人会说，李龙是犯罪被人处死的，刘墉是办案得罪了奸党而被害死的。我死了，也比你李太师活着强！我死了心甘情愿青史扬名，你活着倒要落个杀害忠良的万世骂名！男子汉大丈夫，死就死了，二十年后又是一条好汉！宋朝时有一个包拯，公正严明，执法如山，铁面无私，千秋万代，为人所颂。俺刘墉为官以来，一直崇拜包公，把包公作为自己的榜样，杀贪官，惩恶吏，济贫困，抚良善，深受百姓爱戴，因此世人称我为白脸包公。我今日为了替百姓报仇申冤而死于奸佞刀下，无愧我这白脸包公之名！李太师，下令开刀问斩吧！”

李太师被刘墉说得面红耳赤，无话可答，来到监斩棚下，对火工司说道：“打第三炮！”那火工司不敢有慢，立刻点燃导火索，只见那火绳哧哧冒烟，直往前烧，一时三刻，第三声炮响，刘墉的人头就要落地！

“刀下留人，圣旨到！”

听说圣旨到，火工司赶紧把火掐灭，只见裘正义骑马直奔监斩棚而来。

“圣旨到，李太师接旨！”

“老臣接旨！”

“奉天承运，皇帝诏曰：查国舅李龙作恶多端，草菅人命，罪不容赦，刘墉奉太后懿旨办案，并无罪过。朕方才为李妃惊扰，出语失当，速将刘墉送回金殿，官复原职，钦此！”

“谢主隆恩，吾皇万岁，万岁，万万岁！”

话说方才群臣在金殿之内，听得午门外大炮嗵嗵连响两声，眼见刘墉人头就要落地，大家都心急如焚。这时，有刑部尚书裘正义出班保本。

“启奏皇上，刘墉办案为民申冤，虽有不妥，罪不至死。皇上当以江山社稷为重，如若过重亲情，岂不冷落了大臣的心！”

“刘墉狂妄至极，谩辱于朕，当杀当杀！不必再说，凡有来求情者，一律斩首！”

“皇上，请治臣之罪！”

“你何罪之有？”

“臣违旨为刘墉保本！”

“请皇上治臣保本刘墉之罪！”

“臣要为刘墉保本，请治罪！”

“皇上，刘墉罪不当死，请治臣违旨之罪！”

“臣我也保本……”

“臣保刘墉……”

“皇上就是治臣之罪，臣也要保本！”

这时乾隆皇帝也无法，只得说道：“保本！保本！尔等都去保本去吧！”说罢，半晌无语，群臣也不再言语，整个大殿鸦雀无声。

“太后驾到！”

听说太后驾到，所有的人才都急忙迎驾。

太后在养老宫听说刘墉铡了国舅李龙，李娘娘闻讯后又哭又闹，哭喊着要上殿面君，又听得连打两炮，料想金殿内必有事情，心想，哀家得去看看！还未出养老宫，便听得刘墉被绑在午门外，于是直奔金殿而来。未及进殿，传事官见是太后，便急忙来迎。

“太后吉祥，给太后请安！”

“刘墉为何被绑在午门外？”

“太后你可来了，只因刘墉铡了国舅，李娘娘来金殿哭闹，皇上有气，下诏要杀刘墉。全体大臣都为刘墉保本，皇上就是不准，金殿里乱成一团。您快进去吧！只有您才能救刘墉！”

“快为哀家通报！”

太后进殿说道：“刚才还热热闹闹的，怎么现在这么安静？”

“儿臣叩见母后！”

“臣叩见太后，太后吉祥！”

“皇儿，哀家刚才听得午门外连打两炮，那是干啥的？”

“回禀母后，是处决犯人的！”

“杀的是谁呀？”

“回禀母后，杀的是刘墉！”

“噢，杀的是刘墉，那刘墉又犯了哪门子的法呀？”

“他谩骂儿臣！”

“他骂你什么呀？”

“他……他骂儿臣偏私！”

“他说你偏私谁了？”

“他说儿臣偏私太师、国舅！”

“那太师、国舅是咱们皇亲国戚，就该偏着点，不偏点那还有个亲戚味吗？那刘墉也真是的，怎么连这一点也不懂！听说刘墉把国舅给铡了？”

“是的！”

“看来你杀刘墉，就是因为刘墉铡了国舅？”

“这……”

“皇儿，你可知刘墉为何要铡国舅呀？”

“回母后，是国舅打杀了两条人命！”

“皇儿，那你就先把哀家杀了吧！”

“母后你……”

“刘墉查办国舅杀人案，是奉了哀家的懿旨去的，刘墉该杀，母后更该杀！”

“母后！”

“你不要叫我母后，这年头当娘的不如媳妇重要！这媳妇一发话，你就可以不要国法道义，你就可以不要江山社稷，你屈斩忠臣，你还配当皇帝吗！”

“母后，儿臣……”

“李娘娘！”

“臣妾在！”

“你厉害！本领可大了！跑到金殿来哭闹，违背祖训家规，你该当何罪？”

“臣妾……”

“皇儿，那刘墉还要杀吗？”

“儿臣方才是一时使气……”

“九五之尊，一国帝王，可不能使气呀！你一使气，那大臣的头可就要落地呀！”

“儿臣知过，现在就下圣旨，让刘墉官复原职！”

乾隆皇帝立即让裘正义到午门外传旨。

不一时，刘墉与太师同回金殿。刘墉跪地谢恩。

“臣叩见皇上，吾皇万岁，万岁，万万岁！臣谢吾皇不杀之恩！”

“免礼！朕刚才也是一时气急，险些误伤了御弟性命！朕深为内疚。”

“皇上不必如此，知过能改，仍不失为有道明君！”

“诸家爱卿，刘墉忠心报国，铁面无私，执法如山，堪为大臣楷模，汝等当效法之。刘墉官复原职，仍到都察院任职。李妃哭闹金殿，违背祖训，当回后宫思过！”

“皇上，老臣有罪，请皇上治罪！”

“刘爱卿！”

“臣在！太师方才所请，爱卿就一并处置吧！”

“皇上，老太师为官一生，晚节有污，甚为可惜。太师爱子情急，本可谅解，但不该是非不分，袒护罪子，更不该与子李龙一同谋害本官。本当治罪，念其年老失子，就贬为庶民归家养老去吧！不知皇上尊意如何？”

“就以爱卿之意办理吧！”

“老臣谢皇上不杀之恩，谢刘大人不责之恩，老臣感激不尽！”

“太师，此番风雨已过，以后就请老太师好自为之吧！”

“多谢刘大人赐教！”

【第九回】

着鹑衣刘墉问赈，披枷锁崇如面君

俗话说：“天行有常，日月有序。”这是一点不假。春生夏长，秋收冬藏，日月从东而出，从西而落，月晕而风，础润而雨，古往今来，无不如此。可话说回来，这老天爷也有改动规矩的时候，这不是，乾隆皇帝登基坐殿，风调雨顺人寿年丰，而近些年来非旱即涝，小灾小荒接连不断。单说乾隆三十五年，先是四个月的大旱，整个京都地区赤野千里，莫说庄稼，想找一棵小草也不容易，正可谓颗粒不收。六月天一过，是天天打雷，月月下雨，满湖里是一片汪洋。不用说，这样的荒年大灾，百姓必定将遭受饥饿之苦。常言道，“富贵生淫心，饥寒生盗心”，说来也不是没有道理，这深州府就出了一件人命官司。

这深州城南有一个柳家镇，镇上有一个小学堂，四乡八村的孩子都来这里上学。离柳家镇不远处有一个大村子叫王家庄。这一天，王家庄的小孩都来上学。王家庆的小儿子十一岁，叫二狗子；王家岑的小儿子十三岁，叫黑蛋子。这一天，二狗子走着走着从书包里拿出一个又白又大的馒头来吃，只因今天是他的生日，所以王家庆好不容易给他买了个馒头，平常都是吃野菜啃树皮的，哪有馒头吃！那王家岑家这两天就没大动烟火，那黑蛋子直饿得难忍难耐，一看见二狗子吃白面馒头，哪里还能忍受得住，便道：“二狗子，馒头好吃吗？”二狗子说：“好吃，好吃，又香又甜！”黑蛋子的口水就下来了。

“能不能给我点尝尝？”

“不行！”

“就一点点儿。”

“一点点儿也不行！”

眼看着二狗子把馒头吃了一小半，黑蛋子咽了一口唾沫，说：“你到底给不给？”

“不给！”二狗子边吃边说。

“不给我就抢了！”

“你敢！”

那黑蛋子仗着自己个子高，就要去夺，二狗子就不让。另外几个小孩也想吃，不觉也就帮个偏手。那黑蛋子抢过馒头只顾吃，另几个小孩站在旁边看，却不防二狗子从书包里掏出一个方块石砚台，照准黑蛋子的头上砸过去。不料这一砚台下去力量不小，把个黑蛋子砸得脑浆迸裂。可怜黑蛋子为了半个馒头命丧黄泉。

这一日，深州知州升堂审案。两班衙役两边立定，书吏一旁侍候，那深州知州从暖房过来坐于大堂之上。这知州大人生得尖嘴猴腮，灰黄面皮，八字小胡伸出唇外两旁，末带弯钩，这都是他平时动脑思虑问题时用手拧的。这知府姓闵名上通，原是乡间一无赖，提笼架鸟，游手好闲，仗着他有几门有钱的亲戚，花钱捐了个知州。别看他斗大的字不认得几个，可花花肠子却多，拼命抓钱更是他的看家本领，人赠外号“吞钱兽”。这吞钱兽闵上通在大堂上刚刚坐下，就听门口堂鼓被击得嗵嗵直响。吞钱兽闵上通道：“何人击鼓？带上堂来！”

“嗻！”衙役闵思、吴工不敢有慢，立即将击鼓人带上堂来。

两人在大堂下跪倒：“小民见过青天大老爷！”

“下跪何人？”

“小民王家庆！”

“小民王家岑！”

“你二人有何冤枉哪？”

“小民王家岑，王家庆的儿子二狗子在上学路上将小民的儿子黑蛋子用砚台打死！求大老爷为小民做主！”

“小民王家庆，是因王家岑的儿子黑蛋子抢小民儿子二狗子的馒头吃，二狗子才失手打死的！我儿子是为了争夺自已的馒头，求大老爷明察！”

“啊，为了个馒头，打死人命，值得吗？王家岑！”

“小民在！”

“你说他儿子打死你儿子，可有证据？”

“回大老爷，街坊四邻为证！”

“闵思、吴工！”

“小人在！去，传一行人犯证人！”

“嗻！”闵思、吴工二人出去不多时，将一应人等带到。闵上通一看，凶犯是个十一岁的小孩子。

“小孩子，我来问你，那黑蛋子可是你打死的？”

“他抢我的馒头吃，我才打的！”

“是了。闵思，让他画押！”

“老爷，这小孩子你让他画押有何用？”闵思说。

那闵上通一想也对，《大清律》上也没说十一二岁的小孩子怎么判罪呀。他把胡子拧了两圈，心中暗想，有了，他要拿银子来，我就放人；若不拿，我就治他罪！于是往下一指："王家庆！"

"小民在！"

"你儿子打死人命，十一岁小孩子也关押他不着。依老爷我想来，你拿出一千两银子，分几个给他安葬儿子，分几个留本老爷买杯茶喝。我把你这案子处理平了，留几个喝茶费也不为过，你看怎样？"

"谢老爷恩典，可这一千两银子小民卖骨卖血也拿不出来啊！"

"那也好，你拿不出银子来，你就给你儿子顶罪吧！闵思，让他画押！"

"老爷，小民并未杀人呀！"

"你没杀人，莫非是老爷我杀人不成！你是画也不画？"

"小民冤枉！"

"你还冤枉！大刑伺候，看你还冤是不冤！"

"就是受刑小民也不画押！"

"闵思、吴工，动大刑！"

王家庆受刑不过，只得画押。闵思、吴工将王家庆押入死牢而去。

刘墉江宁解任，随旨进京，去都察院任职。上任十日，乾隆皇帝一道圣旨，将刘墉削职为民，放回山东诸城原籍，特派七王爷、八王爷、九王爷与和珅四位大臣送银三千两作为盘缠。刘墉暂收银两，返到金殿见驾，问何故送银。乾隆爷见刘墉不私收银两，为官清正，名声不虚，笑而言曰："此乃朕所定一计，看你是否贪钱，你为官清正，由此可见！那三千两银子本是朕送的。"

刘墉叩头谢恩。乾隆爷遂道："爱卿，朕特点你到保定府做主考，可速速上任！"

刘墉道："臣遵旨！"

刘墉到了保定府，三五天后，考务完毕，便回京复旨。刘墉大轿出了保定城，不日来到深州地界。那刘墉刘大人坐在轿内，正然前行。

"冤枉！民女冤枉！"

刘墉闻听喊冤之声，于是说道："落轿！"

大轿落下，刘墉从轿门内往外一看，只见一女子头顶状纸，跪在轿前，旁边一个十来岁的小孩子也跪在一旁。

"将状纸呈上来！"张成把状纸呈上。刘墉在轿内把状纸看罢，向轿外一看。只见那女子三十左右年纪，衣衫破烂不整，头发蓬乱，一根柳棒插在头后发髻之上，面黄肌瘦；再看那小孩，也是面带饥色，骨瘦如柴。

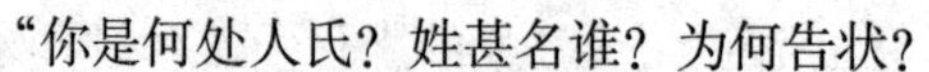

“你是何处人氏？姓甚名谁？为何告状？”

“民女是深州府柳家镇王家庄人氏，姓李名国莲，我丈夫姓王名家庆。我告那深州知府贪赃枉法，断案不公！”

“哦，说说看。”刘墉答道。

于是这女子便将案情大致说了一遍。

“小孩为什么因一个馒头而杀人？”

“大人有所不知，我们深州连年灾荒，颗粒不收，那还不是因着一个‘饿’字吗？”

“深州灾荒，本官也知，这深州不也是奉旨放粮济民了吗？”

“大人莫提那奉旨放粮了！”

“那是为何呀？”

“大人，那深州官员克扣民粮，百姓有苦难言哪！”

“怎么个克扣民粮？”

“奉旨卖三百钱一斗，他们卖四百钱一斗。他们用的不是官斗而是小斗，一斗只给七升，七升里面卖米的还要再扣一舀子！”

“这等贪官，竟如此大胆，真是无法无天！你说的当真都是实话？”

“老爷到深州一看便知！”

“如此，你暂且回家，本官一定为你做主！”

“谢过大老爷！”

“张成、刘安，绕道深州！”

“嗻！”刘墉的大轿在前，李国莲母子跟在轿后，径向柳家镇来，来到柳家镇，在一家店铺安歇。第二日，刘墉唤店家道：“你给我找一顶破草帽、一个烂口袋、白布褂、烂裤子和旧草鞋，本官自有用处！”店家领命，一时准备齐全。刘墉又吩咐张成、刘安道：“我到深州城米场去一趟，不可走漏风声，中午时到府衙去接我。”张成、刘安遵命而去。

刘大人头戴破草帽，身穿烂裤、白褂，脚穿草鞋，肩搭一条空破口袋，正要动身，这时店铺内两个人的说话声，使刘墉又停下身来。

“如今这颗粒不收，还要收租收税，真是要人的命！”

“你可听说吗？今年每亩地还要一只黄雀儿，开天辟地也没听说过要征黄雀的！”

“这皇上要黄雀儿干啥呀？”

“听说是和珅和大人要的。”

刘墉听说是和珅要黄雀，心中暗想，这和珅又要什么把戏？莫非与今年皇上的六十大寿有关？想到此，便道：“张成，你速进北京，探明和珅征用黄雀儿干

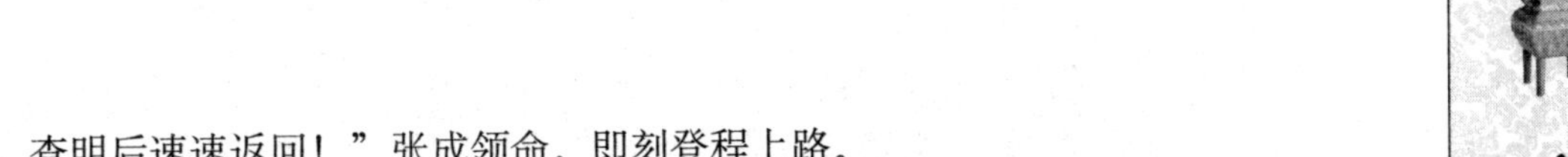

什么，查明后速速返回！”张成领命，即刻登程上路。

刘墉这才往深州城而来。

卯时已过，深州府米场上人山人海，男的、女的，老的、少的，大闺女、小媳妇，你推我碰，拥挤不动；拎口袋的，挑担的，推独轮车的，把个米场摆得横七竖八。刘墉刘大人来到米场，见还没卖米，就走到一位老者面前施礼问道：“老人家，不知几时卖米，前来领教！”那老者说：“请坐吧，仁兄。”刘墉将破口袋往地上一铺，便坐在地上，又说道：“老人家，我是第一次买米，不知怎么个买法？”老者道：“进得衙门，有一个小厮卖牌子，四百钱一个，你拿着牌子，到北边领米。”老者言罢，只见一个差人在衙门外高喊：“开始卖牌子！”只见人们一拥而上。刘大人也挤在人群之中，挤到跟前，把钱递上道：“卖给我一斗米！”

衙役接过钱一数，说道：“还差一百钱！”

“请问，多少钱一斗？”

“四百钱一斗。”

“圣旨不是三百钱一斗吗？”

“我不管什么旨不旨的，知州大人叫怎么卖我就怎么卖！”

刘大人说：“钱不够，我明天再来。”衙役把三百钱又交还给了刘墉，刘墉说，“我也到北边领米的地方看看热闹，也不算白来一趟！”说罢就向北边领米处走去。

刘墉来到领米处一看，果然如李国莲所说，那斗只有七升。此时有一老妇正来领米，只见衙役刘三灌米一斗，灌好后又从中舀了一舀。刘墉看罢，勃然大怒，一把将斗夺过，说道：“皇上叫一斗十升，你这一斗只有七升，七升里面你还要舀一舀子，层层克扣。你克扣民粮，该当何罪！”那刘三打眼一看，见刘墉是百姓模样，出言骂道：“老狗日的！老爷卖几升就是几升，皇上都管不着我，你还能比皇上更有本事不成，看来你是皮肉发痒了！”说罢一脚踹过去，把刘墉踢了个仰面朝天，那官斗也滚出几尺远，撞在一块石头上撞个粉碎。那刘三叫道：“你私摔官斗，该当何罪？伙计们，把他锁起来，禀明上司！”衙役们不敢怠慢，只听哗啦一声，一道锁链将刘墉的脖颈套住，众衙役推推拥拥、拉拉扯扯地将刘墉拉到官衙门口。

那深州知州闵上通，闻听有刁民大闹米场，不觉大怒，立即升堂。他身坐公堂，将惊堂木一拍：“带刁民！”

刘墉上得堂来，不慌不忙，将口袋铺在地上坐下。

“大胆刁民，见了本州为何不跪？”

“我又未犯王法，为何要跪？”

“见了本州不跪，就该打二十大板！”

“见了你不跪，就该打二十大板？”

“见了本州不跪，就该打二十大板！”

“你违抗圣命，克扣民粮，该打多少大板？”

“你怎见得本州克扣民粮？”

“奉旨卖米济民，官价三百钱一斗，你为何要四百钱一斗？这一百钱归何人所有？你私改官斗，一斗只有七升，克扣民粮，损民肥己，你该当何罪！”

“你这大胆刁民，一派胡言！带下去，先重打四十大板！”

吞钱兽闵上通就要抽签下扔，只见外面一个衙役急忙忙跑进来道：“启禀老爷，现有万岁钦点的保定府学政主考官刘墉刘大人的大轿前来，离此不远，请老爷前去迎接！”闵上通闻听，不敢有慢，连声说道：“不要打了，先着一面枷将他枷起来，在米场示众。待本府迎接钦差大人后，再来跟他算账！”知州说罢，刘墉立时被戴上枷，锁在米场的石鼓之上。

那深州知州吞钱兽闵上通，见得刘墉的大轿停在州衙大门之外，急忙向前跪倒，叩头道：“深州知州闵上通叩见刘大人，不知刘大人光临，有失远迎，还望恕罪！”轿内并不搭话，那闵上通又道：“下官闵上通叩见刘大人，不知刘大人大驾光临，有失远迎，还望恕罪！”轿中仍无人搭话。闵上通又向前爬半步，叩头道：“下官闵上通叩见刘大人，不知刘大人大驾光临，有失远迎，还望恕罪！”那闵上通见仍无人搭话，侧目向轿内观看，见轿中无人，心中惶恐不安，手足无措。

原来那刘墉足智多谋，断案如神，擅长私访，最使贪官心惊胆战，那名声满朝文武、内外朝野哪个不知，哪个不晓！那闵上通心想不好，说不定刘墉私访早已来到深州，因此心中害怕。

这时，刘安对闵上通言道：“刘大人早已来到深州，你还不快寻找刘大人！若刘大人在深州出半点差错，走失朝廷命官，你该当何罪！”闵上通闻听此言，吓得失魂落魄！

只见一名差役来报：“坏事了，坏事了！大人米场上所锁之人，正是钦点保定学政主考大人——刘墉刘大人！”

原来，刘墉在米场自称李家镇村民王玉，不巧有一个差役即是李家镇人，说道：“李家镇并无王玉此人！”便来与刘墉闲话。刘墉道：“我本山东诸城人氏，姓刘名墉，逃荒到此，安身王家，今替王家买米，故称王玉！”差役道：“这还差不多！”听得说刘大人私访到此，断定此人乃刘墉刘大人，故而急忙报知闵上通。

刘安与闵上通跟随差役来到米场。刘安、张成见刘墉铁链锁身，对闵上通骂道：“狗官，可恶至极！”那闵上通双膝跪地，把头磕得如鸡啄碎米一般，口中

连连说道："下官闵上通有眼无珠，冒犯钦差，死罪死罪！"刘墉道："不是你捆绑我得死罪，而是你违背圣命，克扣民粮而得死罪！"

刘安忙将刘墉绳索卸下，又要为刘大人开枷。刘墉道："且慢！本官为官多年，给不少人戴过枷，还不知戴枷是何等滋味，而今有幸蒙闵大人给我戴上木枷，就让我尝尝戴枷之滋味！我还要戴到京城，让皇上也尝尝滋味！"此番话直说得闵上通口中连说："我等死罪死罪！"此时众人要给刘墉开枷，刘墉坚决不依，道："此枷要皇上亲手给我开，没有皇上圣旨，我看尔等哪个敢开！"说得众人无人敢动，只得一切听从刘墉尊便。

刘墉说："闵上通！"

闵上通道："下官在！"

"你违背圣命，克扣民粮，贪赃枉法，你可知罪？"

"下官知罪！"

"我命你将所克扣的民粮、多收的银两登记造册，将搜刮来的银两全部造册，将你下属衙役搜刮的民脂民膏皆折成银两登记入册，州衙账务一律查封！"

闵上通道："下官遵命！"

这一日，刘墉坐在深州州衙，正查阅深州案卷，张成来报："回禀大人，和珅征收黄雀之事，小的已经查清！容小的细细禀来！"

这一日，中堂大人、九门提督和珅坐在轿中正然察视，忽见前面围着一圈子人，把道路挡住。因为和珅不让和喜鸣锣开道，所以大轿来到跟前，谁也不知。

只见一个算卦之人，站在人圈儿当中，正在做生意。

"我呀，算卦的，黄雀儿叼签儿算灵卦……"

这算卦之人托起鸟笼，将笼门打开。地上摆着三十六个签儿，只见这笼中的黄雀，哧溜一下飞到地上，叼出一张签儿，又哧溜飞进笼里。

"诸位，我这黄雀乃神鸟，乃王母娘娘亲赐予我，它会叼签，我来算卦。知天文，明地理，精阴阳，未卜先知，预告吉凶祸福……"

这时有人一抬头，发现和珅大轿来临，吓得转头就跑，其他人也一哄而散。

"来呀！连人带鸟押解回府！"

"嗻！"

来到中堂府，和珅问道："你是干什么的？"

"回老爷，我是个黄雀叼签算卦的。"

"黄雀叼签，你把那鸟儿放出来我看看！"

算卦的将鸟笼门打开，那黄雀飞出来，看见地上这会儿没有那三十六张纸签，在外飞了三个圈，又飞回笼中。

和珅一看，乐了，哈哈哈大笑，忽又将脸一沉："大胆，聚众拦路，你可知罪！"

"不知中堂驾到，多有冲撞，小人该死！"

"如此说来，你是认打呀，还是认罚呀？"

"认打怎么说？"

"认打，打你八十大板！"

"哎呀，小人挡不住那八十大板。我要认罚呢？"

"认罚好办，给我驯鸟！"

"驯鸟？大人，你要鸟，我就把这鸟送给你，不就行了吗？"

"胡说！我让你驯鸟，并非一只，要驯一群！"

"驯成什么样呢？"

"驯成鸟儿出笼飞三圈再飞进笼子里去！"

"如此说来，小人认罚，认罚！"

张成如此说了一遍，又道："我亲到中堂府看过，有十多个箱子，里面全都是鸟。不知作何使用？"

刘墉道："本官明白了！和珅哪和珅，我要不让你哭着下金殿，我就不是刘墉！张成！"

"小人在。"

"你可速回北京，在九月初八，到得琼岛瑶台，你就……"

只见刘墉将嘴对着张成的耳朵，边说边比划。张成也笑容满面，连连点头。

"到时务必办好，不得有误，如有差错，拿你是问！"

"嗻！"

自从在米场私坊被闵上通给戴上枷以来，刘墉一直身穿便服，不穿官服。这一日，刘墉头戴破草帽，脚蹬草鞋，身穿白小褂、烂裤子，脖戴木枷，端坐深州大堂之上。刘大人喝道："升堂！"

张成、刘安将深州大小官吏、衙役三十余人带到大堂。闵上通等三十余人双膝跪地："犯官见过大人！"

刘墉在大堂上喝道："尔等身为官吏，安享朝廷俸禄，受用国家皇粮，理应上忠于皇上，下爱黎民。然尔等却胆大妄为，违背圣命，有负皇恩，克扣民粮，损公肥私，该当何罪！"

"我等知罪，求大人开恩！"

"尔等差役小吏，将克扣钱粮银两，全数退还充公，返乡为民，永不录用。念深州饥荒，每人发银五十两养家糊口，不得作恶，各自好自为之，如有作奸犯

科，严惩不贷！”

“谢大人！”

“深州知州闵上通，你克扣民粮，危害百姓，致使饥民身蹈水火，违背圣命，有负皇恩，姑且削职为民，待奏明圣上之后，由万岁圣裁！”

“谢大人！”

“深州书吏何在？”

“小的侍候大人！”

“州衙之内，唯尔不贪，出淤泥而不染，其情可嘉，其情可嘉！现由汝代行知州，待奏明皇上之后，再请旨谢恩！”

“谢过大人！”

王家庆、王家岑、李国莲、二狗子等一干人犯，跪于大堂之下。刘墉说道：“深州贪官闵上通，克扣民粮，危害百姓，吾已将他革职查办。你们有何冤情，尽管讲来！”

“小民王家岑，叩见老爷。小民冤枉，王家庆之子二狗子将小民之子黑蛋子打死，望大老爷为小民做主！”

“小民王家庆，叩见大老爷，小民冤枉。小民之子打死了黑蛋子，盖因黑蛋子抢馒头吃引起。无奈闵上通闵大人让小民拿一千两银子，一方面给黑蛋子作烧埋之用，另一方面为闵大人的辛劳费。小人无力出资，闵大人就判小民顶罪，喝动大刑，让小民画押，定为死罪。小的着实冤枉！”

“二狗子，我来问你，你为什么要打死黑蛋子？”

“黑蛋子抢我的馒头吃，我才打他，我又不是有意的！”

“黑蛋子抢馒头，皆由饥饿所致，因半个馒头而丧命，可怜可伤，理应好生安葬；二狗子虽打死人命，事非有意，实为误杀，二则年小法不当罚，理应出资安葬，赡养其父母。姑念深州灾荒，无力出资，特从深州府库中支银一百两，以示关爱。王家庆其子伤人，理应承管教之责，不当死罪，释放归家。无辜受牢狱之苦，特从深州府库中支银三十两，养家度日，以示关爱；二狗子虽年小法不顾及，而杀人之罪不灭，成年之后，理当受惩，尔当发奋攻读，金榜题名，可将功补过。”

王家庆、王家岑等一应人听此判理，皆心悦口服，口称“青天”，齐声拜道：“谢青天大老爷！”

深州府官衙门前，贴出了一张布告。这布告一贴，在深州城内又掀起了一场轩然大波，深州人都争着抢着去看那布告。这个说：“兄弟，走！看布告去！听说刘大人又要收破烂啦！”那个道：“什么破烂、草根、树皮、剩馍头、咸菜，只要是我们吃的，他都要！”还有一位也接语道：“听说还给银子哪！”他们说

说讲讲，不多时，来到州衙大门。只见布告上写道：

当今皇上，操劳国事，爱民如子，怎奈高居金殿，难体民情。为扩大圣听，体察民情，特此收买民间吃食，不论何物，凡所食者，皆取样收买，不论多少，每样均付白银一两。此布。

深州知州官署

乾隆三十六年六月十日

此布告一出，深州百姓纷纷将所食之物送往官衙。刘墉让书吏登记入册，不论多少，不论何种所食之物，均付白银一两。不到十日，所收之物堆积如山，草根、树皮、白土、黑豆、玉米，无所不有，论那颜色，黑白青绿、黄红灰紫样样皆全。刘墉请画工绘出大清疆域图，又令木工做成长一丈、宽八尺、高二尺的敞口方盒，然后使工匠用所收之可食之物，依大清疆域图制成立体图盘，当山则山，当水则水，当赤则赤，当绿则绿，无不模拟实物，惟妙惟肖，宛然如生，命其名为《江山万年青》。

十日之后，深州府衙又出布告一张，其文如下：

查深州知州闵上通，违背圣意，克扣民粮，置灾民于饥饿而不顾，此滔天大罪也。为将所扣之钱粮折计白银三十万两还于深州灾民，故用此白银收买饥民所食之物，留作样品，制成《江山万年青》立体沙盘，今已完工，三十万两白银发放已毕，深州百姓当生活节俭，聊度荒年。特此告谕。

深州知州官署

乾隆三十六年六月二十日

深州百姓皆跪于官衙门前高呼“青天”，久不离去。

深州事毕，刘墉吩咐起程回京。刘墉辞别深州官员，悄然出城。出城一看，只见深州百姓跪列道旁，挥泪相送。刘墉急忙下轿，与众百姓施礼而行。只见刘墉依然是农民装扮，头戴破草帽，脚穿草鞋，白褂烂裤，颈戴木枷缓步前行，两边百姓高呼“青天”，如此数里之遥。

乾隆三十六年（1771年）九月九日，既是九九重阳，又是乾隆爷六十大寿庆典之日。数月之前，文武百官都在为给乾隆爷庆寿而四下奔走。为了庆寿，圆明园方壶胜境装修一新。楼台殿阁辉煌华丽，红墙金瓦，金碧辉煌，小桥流水，回廊亭榭，掩红映绿。流碧溢翠，文武百官来往如流，杂役仆从奔走如梭，人人欢愉口带笑，个个乐和面逢春。仙鹤秉烛熊熊燃，金炉载香烟升腾，整个方壶胜境

烟笼雾绕，钟鼓齐鸣。

两厢高奏《丹陛大乐》，执事太监长声吆喝："岐山凤鸣，龟负河图，祥云吉庆，瑞气盈门，吉日吉时，大典当始，当今万岁六十大寿庆典开始，万岁爷升座！"

乾隆皇帝在《丹陛大乐》声中稳步登坐，端坐于宝座之上。文武百官排班朝贺，三拜九叩，口呼"万岁"！

此时，只见八王爷出班上前，手持碧玉如意，两手过顶，双膝跪地。"吾主万岁，万岁，万万岁！"乾隆道："平身！"八王爷道："本王谨送碧玉如意一个，为万岁庆寿，愿吾皇万事如意！"遂将碧玉如意递呈皇上。乾隆皇帝将碧玉如意端详一时，复又递还八王爷。这就叫群臣"奉献如意"，皇上"赏还如意"。

在"风月无边"牌坊前又有一番景象，原来是万岁爷要在这里举行庆典的第二项活动，那就是"放生"，就是将笼中的鸟放出，让它们逃生，这叫做积德行善。

午时三刻，和珅上殿启奏："吉时已到，请主子放生！"乾隆皇帝到得"风月无边"牌坊，只见三十六个鸟笼一字儿排开。乾隆皇帝在银盆中将手洗过，将第一个鸟笼打开，太监们同时也将其余三十五个鸟笼一齐打开。那二百一十六只鸟儿一齐飞向天空，在天空上下翻飞，在天空绕飞三圈，又都飞进了鸟笼。乾隆皇帝心中暗想，这鸟怎么又飞回笼中了，岂不怪哉！那和珅见状，上前奏道："启禀主子，这三十六个鸟笼每笼装鸟六只，凡二百一十六只，取六六大顺之意。这鸟儿飞回，乃主子皇恩浩荡，众鸟感恩戴德，不忍离去，也是上承天意，下顺民心。如此'百鸟朝圣'乃吉祥佳瑞之兆，愿我主生与日月同在，万寿无疆！"和珅这一席话，直说得万岁龙颜大喜，连声称赞。

"好！好！好一个'百鸟朝圣'。和珅！"

"奴才在！"

"朕赏你白银十万两！"

"谢主隆恩！"

文武百官回到方壶胜境，奏事官奏道："启奏万岁，刘墉从保定回京，现在门外候旨！"

乾隆道："宣刘墉见驾！"

奏事官道："万岁有旨，宣刘墉进殿！"

"臣遵旨！"

刘墉六月在保定，为什么到九月九日才回京复命？原来刘墉一路上明察暗访，把京都朝野诸事打探个清清楚楚，故意选定六十大寿庆典前来回京复命。

刘墉进得殿来，跪地朝拜："臣刘墉叩见吾皇，万岁，万岁，万万岁！"

乾隆爷往下一看，不禁乐了，文武大臣也都乐了。只见刘墉头戴一顶破草帽，脚穿一双烂草鞋，上穿白色小褂，下穿一条烂裤，脖子上戴着一块木枷，全

是六月在深州私访时的一身装扮。

“刘墉，我来问你，你这身穿民服，脖戴木枷见朕，唱的是哪一出戏呀！”

“启奏万岁，为臣怎敢金殿戏君！此枷乃保定府总督良肖堂所管的深州州官闵上通给为臣戴的，此乃国家王法，为臣岂敢私下去除？待为臣将罪过讲明，万岁再定夺也不迟！”

“有何事情，快些奏明！”

“万岁，臣奉旨到保定府督学主考，途经深州，有一女子拦轿告状，她状告深州知州屈断案情，该案系两小儿因争食馒头致伤人命。为臣询问得知深州知州违背圣旨，克扣救灾民粮，特前往深州私访，被当做刁民戴枷示众。臣只得戴枷面见圣上！”

“那深州知州如何克扣民粮？”

“万岁，那贪官着实可恶！奉旨卖米三百钱一斗，他们却卖四百钱一斗，还私改官斗，一斗只给米七升，这七升之米那卖米差役还要再扣一舀。臣查得深州官吏府衙共克扣民粮折银三十万两，臣将克扣之银遵圣上旨意全部发还灾民，将那贪官削职为民。整个州衙唯书吏一人不贪，臣让他代行州事，此事均请皇上圣裁！臣自行多事，斗胆做主，在外流连数月，未能进京复命，还请皇上恕罪！”

乾隆皇帝闻听此言，龙颜大喜，说道：“爱卿力惩贪官，为民除害，造福百姓，何罪之有？深州之事，就依卿意，朕即令吏部行文，奖善罚恶！”

“谢万岁！吾皇万岁，万岁，万万岁！臣还有一事启奏！”

“还有何事启奏？爱卿奏来！”

“臣回京之时，深州百姓深谢圣上浩荡皇恩，特托臣送给皇上一件东西，现在门外候旨。”

“那就呈来我看！”

张成、刘安奉旨将《江山万年青》立体沙盘抬进。刘墉将黄绫揭开，道：“启奏万岁，深州灾荒，百姓无钱上呈金玉珠宝，此乃用深州百姓口食之物为料做成《江山万年青》立体沙盘，还请万岁笑纳！”

乾隆皇帝闪龙目细观，乃是大清版图，只见高山巍巍，湖海腾波，长江黄河，源水长长。乾隆皇帝看罢，连连赞道：“善哉！妙哉！江山万年青，江山万年青，意义深长！”

不料和珅观罢，却道：“启奏主子，这《江山万年青》多是草根树皮、泥土、咸菜、烂馍，分明是说主子的江山如同草根、树皮一般，有意诽谤朝廷！”如此一说，乾隆也好似不乐。

刘墉心想，和珅呀和珅，我还没参你哪，你倒来折损我！我今天要不把你弄个狗吃屎，也算我不会为人！想罢，立即跪倒请罪：“万岁，这《江山万年青》

立体沙盘确是草根、树皮等制成，那深州百姓确实吃草根、树皮，和大人说我诽谤朝廷，我也无话可讲。反正皇上要治我的罪，我还有一罪，那就请皇上一并治罪，省得整日里没完没了！”

乾隆皇帝一听，差点笑出来，想道：人家都说刘墉聪明，今儿个怎么了，只一个诽谤朝廷还不够啊，还要再治一罪！

“还有什么罪？”

“皇上，这罪你可要治？”

“当然要治！”

“皇上，臣有一罪，就是隐瞒贪官罪证，有意欺君，罪该万死！”

刘墉说罢，让张成从自己怀中取出一张布告，呈交乾隆皇帝过目。

“吾主万岁，那布告上写得明明白白，京畿四府六州二十八县，收租时每亩地加一只黄雀，不交鸟者上交白银十两。这要黄鸟干什么，万岁自然明白。这四府六州二十八县有多少亩地，要收多少银子，庆典只用二百一十六只小鸟，那剩下的银子和大人上交国库了吗？”

“未交国库。”

“该交国库不交，自己装着，这不叫贪污叫什么？”

“和珅，有没有此事？”

“这……这……有……有此事……”

“万岁，这贪官之罪你治不治罪？”

“主……主子，我收小鸟可都是为了给您庆寿哇！”

“皇上，您说过的要治罪，可不能说话不算话呀！”

“吾身为九五之尊，岂可失言！和珅听着，现将赐给你的十万两银子收回，救济深州灾民！”

“嗻！”

“臣替深州百姓谢主隆恩！”

“刘墉，一切罪均免。来，让朕将枷给你打开吧！”乾隆皇帝亲自为刘墉开枷，随后又道，“刘墉下去更衣！”

刘墉更衣后，复见皇上：“臣叩见万岁！”

乾隆道：“平身！”

“皇上，深州百姓如此忠于皇上，皇上不打算赏给百姓点什么吗？”

“朕赐深州百姓每人白银十两，三年免收租税！”

“谢主隆恩，吾皇万岁，万岁，万万岁！”

刘墉拜了又拜，道：“皇上，和大人有‘百鸟朝圣’贺皇上大寿庆典，臣亦奉献‘万蚁庆寿’，恭请圣驾龙身御鉴。”

"什么？万蚁庆寿？新鲜！"

"刘墉，何为'万蚁庆寿'呀？"

"就是数万蚂蚁组成一个'寿'字，以示庆贺！"

"甚好，在什么地方哪？"

"就在'福海'之中的'琼岛瑶台'！"

"呀！跑到海里去啦，如何去看！"

"敢请圣上乘龙舟前往！"

满朝文武，同登龙舟来到琼岛瑶台，只见遍地蚂蚁！乾隆道："我怎看不见哪！"那和珅刚才被刘墉叮得头昏脑涨，老想着寻机报复，刚要启奏，刘墉早知其意，便道："请吾主万岁乘龙舟在'福海'中观看，如再看不见，我自领罪，省得和大人再参我个欺君之罪！"

文武大臣乘龙舟来到福海中间，遥望琼岛瑶台，只见一个大"寿"字三十丈长、十五丈宽，果是刘墉真迹，众人惊讶不已。

原来，在深州之时，刘墉就知和珅诡计，所以当即对张成暗授策略，亲书"寿"字，取韩信用蜂蜜写"项羽自刎"之故事，让张成按时办好，不得有误。如今张成办得果然不错，刘墉必当重奖张成已是必然。

这和珅一看，心想：不对呀！这"寿"字最后一竖钩竟有十几丈长，这算什么体吗？便连忙启奏："启奏主子，蚂蚁所组之'寿'字，又长又扁，最后一笔拖长数丈，其意难解。刘墉精通书法，书此怪体，戏耍主子，这欺君之罪，定当严处！"文武百官无不把心提到嗓子眼儿，几个王爷也怪刘墉，干吗要写怪体，这不是自找麻烦吗？

"刘墉，朕来问你，那'寿'字最后一竖怎那么长啊？"

"万岁，这'寿'字理应如此！"刘墉就势在地上拾个木棒，边说边写，"我给万岁写，就该这么写，叫做'长寿'；我要是给和中堂和大人写，就该这么写，这叫'短寿'。万岁你想，哪个大臣敢与万岁比'长寿'呢？这'寿'字拉长，寓意我主吉祥如意，万年长寿！"

乾隆一听，心里好比大伏天吃下凉西瓜——要多快乐有多快乐。

"万年长寿，不错！如此甚好！"

"万岁，臣送你一个《江山万年青》，这又来一个'万蚁庆寿'，正可谓'江山万年青，福寿千秋长'！皇上，你说这是不是理应如此？"

"理应如此，理应如此！朕应赏赐！"

"为臣不求赏赐，只求能整顿朝纲，严惩贪官，国富民强，永保我大清江山千秋永固，为臣则受恩感激不尽！"

乾隆爷听罢，龙颜大喜，遂下口谕："朕封你为湖南巡抚，尽惩贪官，为黎

民百姓平反昭雪！”

“臣谢主隆恩，吾皇万岁，万岁，万万岁！”

刘墉自从被乾隆爷御封为湖南巡抚，不敢在京逗留，急忙带领张成、刘安、王安、王英，走马上任，直奔湖南而去，数月之后，来到长沙府。长沙知府胡正清胡大人率领长沙官员将刘墉迎进官衙。刘墉道：“本巡抚奉皇上之命，巡察湖南事务。你可将长沙府账务案宗，呈交本官一看。”胡正清道：“下官遵命！”

这一日，刘墉在灯下阅读案卷，偶然翻到刘家德图财害命，杀死了赵德平一案。案卷上写道：“饭店店主刘家德，长沙人氏，乾隆三十六年（1771年）十月初八，因图财害命将本府书吏赵德平谋害，本人供认不讳，依律判斩，且打入死牢。”刘墉寻思道：“米店店主当无饥寒之苦，为何要图财害命？且饭店乃聚人之所，如何谋害？”正寻思之间，只觉阴风忽起，烛光暗淡，一个人从门而入。刘墉抬头一看，只见此人书吏装扮，口鼻流血，到得前来急忙跪下，道：“小的叩见刘大人，小的乃长沙府书吏赵德平。小人死得冤枉，求大老爷为小的做主！”刘墉道：“你是如何被人谋杀的？细细讲来。”赵德平哭道：“大人容禀……”就在这时，窗外金鸡啼晓，赵德平转身不见。刘大人道：“书吏休走！”不料脚下一滑，几乎跌倒，“哎呀！”一声，不觉惊醒，原来是南柯一梦！

晨饭用毕，刘墉传胡正清前来问话。不多时，胡正清来到：“下官见过大人，传下官到此，不知大人有何见教？”

刘墉道：“刘家德图财害命一案，饭店乃聚众就餐之所，千人万眼之下刘家德如何杀人？”

“这个……下官见赵德平死于饭店，故而将刘家德拘来，刘家德招供图财害命。”

“刘家德谋得多少财物？”

“刘家德未得到财物。”

“审案你动刑否？”

“审案不动刑，哪个肯招？”

“如此说来，此案不明之处甚多，本官要重审此案！”

胡正清道：“谨遵大人吩咐！”

刘墉端坐长沙府大堂，胡正清一旁侍候。刘墉道：“带人犯刘家德！”不一会儿刘家德带到。“小民刘家德见过青天大老爷！”

“你以何为业？”

“小民以开饭店生意为业。”

“饭店收入每日能有多少？”

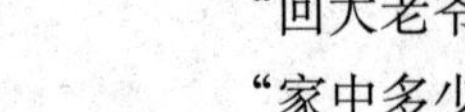

“回大老爷，每日落得银子少则十两，多则十五两。”

“家中多少人口？”

“五口。”

“五口之家，日进十两银子，生活颇足，你为何要图财害命？”

“小民冤枉！那天，小民正在里间算账，听得外间惊叫，只见那人在地翻滚，陪他喝酒之人急忙去寻郎中。那人捉住我手不放，头钩向门外，转眼身亡。众人见出现命案，急忙报官。小民并未杀人。”

“这口供可是你的？”

“小民受刑不过，那是胡乱编造的！”

“胡大人！”

“下官在！”

“你可曾对尸体进行验看？”

“因刘家德已招供画押，故未曾验看！”

“荒唐至极！不验尸身，如何定案！”

“下官失职！下官失职！”

刘墉想到，案发至今，尸体是否化解，尚不可定，尸身或许尚可验查。立时主意已定！

“先将刘家德押入大牢，细心看管，不得有误！若有半点差错，一律死罪！”

一会儿，刘墉又道：“胡大人！”

“下官在！”

“赵德平尸骨葬于何处？”

“葬于长沙城南沙头山之下！”

“前行带路，本官要开棺验尸！”

“下官遵命！”

刘墉与胡正清各乘大轿，不多时便来到长沙城南沙头山脚下，在书吏赵德平妻子李淑珍的带领下来到赵德平坟前。刘墉与胡正清在棚内坐下。听说刘大人要重审此案，特来开棺验尸，来看热闹的百姓人头攒动，把这块地方围了个水泄不通。只听刘墉一声喊：“破坟起棺！”众差役立刻动手，不一时，就将棺木抬出。书吏妻子看见棺木不禁放声大哭，早有人将李淑珍领过一边。刘墉命道：“开棺。”差役将棺盖打开，只觉尸气之中夹有酒气、药气，几个近前差役立刻呕吐不止。仵作走近前去一看，见尸体尚未腐化，那书吏赵德平脸色发黑，口鼻血迹尚存，一见便知是砒霜中毒而死。那仵作回禀刘墉道：“回大人，死者系砒霜中毒而死！”刘墉道：“当真如此？”仵作道：“死者脸色发黑，口鼻血迹尚存，砒霜中毒而死，千真万确！”刘墉又走上前去望了一望，果如仵作所说，即

道："入棺埋下！"不一时，众差役又将赵德平棺木下地重又埋好。仵作将尸格呈上，刘墉乘轿返回。

刘墉回到居室，心想，开棺验尸之时，见胡正清双手微颤，神色似有不安，莫非此案别有隐情？想到此，急呼张成、刘安、王英、王安四人。

"大人有何吩咐？"

"我疑此案别有隐情，就说本官验尸归来身体欠安，三日内谁都不见。张成、刘安速到赵德平家守候，暗中保护赵家，不可让外人知晓；王英在家料理事务；王安在府衙内走动，观察动静，一切保密，不得有误！本官自有安排！"这四人当即离去，分头行事。

那李淑珍在坟地上，重见丈夫赵德平棺木，得知丈夫系被人用砒霜谋害而死，回到家中，悲伤异常，连晚饭也没吃，搂着三个儿女正在啼哭，不觉想起了丈夫的一件往事。

那一日，丈夫夜间归来，来到家中往床上一倒，便熄灯安歇。李淑珍见丈夫不乐，也不便发问，亦自安歇。夜深人静，赵德平将爱妻李淑珍推醒，叹道："人生在世，做人难，做好人更难。你我夫妻一场，本应白头偕老，无奈风云多变，人生难料。倘若有朝一日，为夫先你而去，贤妻你当自强，将儿女养大成人，如能当官，定当清官；如不当官，亦当为孝子！"李淑珍闻言，惊问道："夫君今日何出此言？难道有什么大事要出？"赵德平叹道："诸多事，不是妇道人家所能为，说也无益。只不过今日我在街上，遇一卦师，他道我有血光之灾。故将家资存于家父灵位的灵牌木座之内，不到你生命攸关之时，不得拿出。切记切记！"李淑珍见丈夫眼中含泪，遂劝道："签卦之言，岂可为真，夫君不必多思！"赵德平亦道："但愿卦签之言不实！"谁知三天后，丈夫竟死于刘家德饭店之中。这李淑珍不禁哭道："夫君啊，你死得不明不白，好冤哪！"

这李淑珍正在屋内啼哭，只听外面"噗"的一声响，紧接着门被推开，从外面进得一个人来。此人长得人高马大，凶狠可怕，黑纱蒙面且眼露凶光。李淑珍吓得失魂落魄，轻声说道："壮士深夜到此，不知为何？"蒙面人道："谅你母子三人也难逃我手，我明人不做暗事，让你死后也做个明白鬼，俺就实说了吧！如今巡抚刘大人开棺验尸，重审赵德平人命案。那赵德平私看老爷密信，丧命属咎由自取，让饭店店主刘家德顶个黑锅，也就让你母子多活几日，这也是老爷的恩德。不料这巡抚刘大人重审此案，就怕老爷也难能活命，你母子三人岂能再活下去！我也是受老爷之命，前来杀人灭口！你母子休要怪我，明年的今日，也就是你们的祭日！"李淑珍闻言，哭道："我母子与壮士无冤无仇，还望壮士饶我母子一死！且我丈夫已死，衙内之事我母子一概不知，你杀我母子也是无益！壮士若能饶我母子一命，我母子情愿当牛做马，侍奉壮士一生！"那蒙面人道：

“事关老爷生死，这也由不得我！”说罢，一把将李淑珍按翻在地，脚踏前胸，手握尖刀就要刺下，三个小孩早吓得昏死过去，李淑珍只得双眼一闭。

正当千钧一发之际，从屋梁上落下一个人来，飞起一脚，将蒙面人的尖刀踢落，当胸就是三拳，直打得蒙面人连退三步。不料这蒙面人也是习武之人，也不乏拳脚功夫，两人就拳来脚往，在屋内打起来。正当二人打得难解难分之时，门外又一人闯进来，不用二话，在后面飞起一脚，将蒙面人踹倒在地。二人扑上去，将蒙面人反剪双手，捆个结结实实。这二人不是别人，正是张成、刘安。那李淑珍连忙跪地磕头：“多谢两位壮士救命之恩！”张成、刘安道：“夫人不必多礼，我等奉刘大人之命，前来保护你们母子！”

原来张成、刘安奉刘大人之命，前来卫护赵家安危。张成、刘安商议，刘安在院外守护，张成在院内守护。如若不是二位如此安排，就是十个李淑珍也难逃一死。这一切，均是刘墉安排已就，李淑珍哪里知道。

张成将蒙面人脸上的黑纱一扯，打眼一看，竟也认得，此人正是长沙府衙役王怀利。张成二人正要押着王怀利出门，忽听得门外传来一声“且慢”。张成、刘安一看，见是刘墉，忙道：“大人请进！”

原来刘墉一身郎中装扮，正在街上东走西看，忽见长沙府一衙役身着便装，怀揣尖刀，行路匆忙，便心下有疑，随即尾随而来，因此，不约而同齐奔赵德平家院而来。

李淑珍见是刘墉，急忙磕头：“民女叩见刘大人！”刘墉进屋，坐于中堂凳上，厉声喝问：“大胆狗头，还不跪下！”张成一脚将衙役踹倒，刘安一把将那衙役按跪在地上。

“衙役，报上名来！”

“小的叫王怀利，在长沙府衙当差。”

“你身为衙役，入室杀人，你可知罪？”

“小的罪该万死！”

“为何入室杀人？从实招来！”

“奉老爷之命，特来灭口。”

“为何来灭口？”

“大人重审赵德平人命案，我家老爷怀疑赵德平之妻知晓府衙之事，所以让小的来杀人灭口。”

“张成，让他在口供上画押！”

王怀利画押后，说道：“小的也是受人派遣，奉命行事，求大人开恩！”

李淑珍叹道：“我丈夫被害之前，曾对我说道，他自料有血光之灾，把家资存在家中灵牌木座之内，非到生死攸关之时不准开看！想我母子今日也算是生死攸关之时了，我就将那家资取出吧。”说罢将灵牌木座拆开，却是一封书信。刘墉一看，不禁大吃一惊，原来是胡正清给当朝驸马和珅之子和丰的信。信中写道：

驸马爷讳和丰大人台鉴：

长沙知府胡正清跪禀者：下官蒙驸马爷错爱，视为心腹，乃下官之人生大幸也。为展驸马爷之宏图，下官招兵买马，积草屯粮，以伺天机。驸马爷面南之时，乃下官尽忠之日。然银两开支，分账难平，万望运筹银两，以充财政之空缺。万望万望，切切，切切！

胡正清呈

乾隆三十六年十月初一日

刘墉向李淑珍道：“难怪书吏赵德平被谋害，此案通天，此案通天哪！”李淑珍问道：“此话怎讲？”刘墉道：“胡正清结党营私，图谋造反，这封密信就是重要证据，也是他们杀害你夫的根本原因！”刘墉吩咐道，“张成、刘安，速将他母子及这衙役藏于保密之所，不许一人知情，不许走漏半点风声。现在就连夜照办！”

张成、刘安闻言，将绑缚王怀利的绳索紧了再紧，用布将王怀利的嘴塞个结结实实，趁着夜色带着他们走出家门。刘大人也就此回到府衙。

刘墉回到自己居所，王安来报。刘墉道：“将你所见讲来！”

“小的现在就细细讲来！”于是，王安就将他在晚间的所见说了起来。

王安来到胡正清居室，听屋内有说话声。王安将窗纸捅破，只见胡正清在室内来回踱步，急得如热锅上的蚂蚁，夫人王怀兰也焦急万分，王怀利站在那里一动也不动。只听胡正清说：“刘罗锅子厉害，果真厉害哪！这案子只要一犯，我们都死定了！”“那可怎么办，天哪！”王怀兰望天而叹。胡正清把脚一跺，说道：“绝不能让刘罗锅子重审，古人云，‘量小非君子，无毒不丈夫’，要保性命，只有灭口！李淑珍不除，后患无穷！”“这，这事谁来办？”王怀兰问。胡正清说：“只有怀利了！”王怀利听了，说道：“姐夫，你还叫我杀人呀？我不干！”胡正清把牙一咬，说道：“你杀一个赵德平是死罪，再杀一个李淑珍还是一个死罪，我胡正清死了，你也活不成！就算是你给我帮忙，帮我也是帮你自己！”王怀兰也说道：“兄弟，事到如今也只有如此了！”王怀利说：“反正是一死，我就再给姐夫做件好事吧！将来我死之后，只求姐姐、姐夫善待我的家小！”胡正清道：“不必多说，现在就去！”说罢，王怀利出门便走。

王安道：“想不到王怀利就是杀害赵德平的凶手！”刘墉道：“若不是

我先行一步，王怀利还将是杀害赵德平全家的凶手！”王安道：“如此说来，王怀利招供了？”刘墉道：“只招供受知府派遣杀人灭口，并没招供杀害赵德平！”“那怎么办？”“我会让王怀利招供的！”

第二天，刘墉带着刘安来到一个隐秘的地方。其实也并不隐密，这是一个较偏僻的小旅店，只不过不容一个生人进门而已，刘墉令刘安将王怀利带到跟前。

“只要你如实说一句话，我就法外开恩！”

“不知是什么话？”

“知府胡正清对你好不好？”

“当然好，他是我姐夫，对我还能不好？”

“就是你姐夫胡正清供出是你杀害了赵德平！”

“什么？我姐夫说是我杀的赵德平？”

“正是！你呀！年轻人，上你姐夫的当了！他那是丢卒保车，你只是你姐夫的替死鬼！你想，杀了你，就捉住了真凶，那赵德平的案子就结了，你姐夫还照样做知府！你死也是白死！”

那王怀利是四肢发达，头脑简单，经刘墉如此一吹风，竟大骂起来，连连叫屈：“胡正清我肏你祖宗，我替你杀人，你还告我！好好，你不让我好死，我也不让你好活！好，我说！胡正清有一封密信，无意中被书吏赵德平看到了，那信一传出去，胡正清必定死罪。为了灭口，他就叫我谋害了赵德平。计策是他定的，砒霜是他找济人堂药店老板胡松竹索取的，当时我也亲眼所见。我反正是死，供出他来，为国除掉一个叛臣，也算是为大清国做一件好事。他手中还有一个叛军将官名单，就在他家那个金花瓶里！大人，我都招了，只求大人一件事，大人能答应，我死也瞑目！”

“如此讲来！”

“男子汉大丈夫，敢当敢为，我死应该，我妻子儿女无罪，我姐无罪，求免株连！”

“此事我可奏明圣上，不涉及他人！”

“如此，小的情愿招供画押！”

自从刘墉开棺验尸之后，即传出话来，身体欠安，在室内休息，概不会客。胡正清也正想趁此机会将混乱的思绪理出个头来，所以这两人也就各处其室，均无往来。那王怀利被派出之后，一连三天不露面，胡正清心里老是放心不下。这一日胡正清正在胡思乱想，忽听下人来报，说刘巡抚要升堂审案。胡正清心里一惊，不觉连打三个寒战，于是穿戴更衣，直奔大堂而来。胡正清抬头一看知府大堂，与之前大不一样。

只见大堂上，“明镜高悬”金匾高挂；中堂画上是一只下山猛虎，只见这猛

虎口如血盆，眼同闪电，张牙舞爪，威风凌人；两边一副对联，上联是“啸居山林威四海”，下联是“扑落平岗惊鬼神”。那刘墉端坐大堂之上，威似阎罗，张成、刘安、王安、王英分列两边，恰似金刚。衙役手执水火棍分列堂下，一个个面目狰狞。三口铜铡摆列大堂，寒气逼人，尚方宝剑高悬公案之上。那胡正清不觉心中乱跳，后背出汗。

胡正清一旁坐下，刘墉便喊：“升堂！带刘家德！”

刘家德被带到大堂，跪在堂下。

“小民叩见青天大老爷！”

“刘家德！”

“小民在！”

“你上次说那陪赵德平喝酒之人借口去寻郎中而离开，你若见到他，你可认识？”

“小民认得，那人嘴角有颗黑痣，还是一个六指儿。”

“哪个手六指儿？”

“回大人，他右手是六指儿！”

刘墉转身看看胡正清，只见他正暗自擦手心的汗水，便笑了一笑，说：“胡大人，根据我们验尸来看，赵德平系被喝酒人用砒霜毒死，你可是冤判了刘家德了！”

“下官失职！下官失职！”

“胡大人，依你之见，对于真凶该如何处置？”

“依律当斩，依律当斩！”

“你可知凶手是谁？他为何要谋害赵德平？”

“下官愚昧！下官不知！”

“前几日夜上，有人行刺赵德平之妻李淑珍，大人知否？”

“下官失察，下官不知！”

“如此重大之事，人命关天，你都不知，你这个知府可没有当好，有负皇恩哪！”

“这……下官知罪！”

刘墉将惊堂木一拍！

“胡正清！你说你知罪，你知道你犯的什么罪吗？”

“这……这……”

刘墉一声令下：“两边，将这狗官拿下！”

张成、刘安、王安、王英立即动手，将胡正清顶戴摘下，官衣扒下，那胡正清不觉也早已跪下。

“胡正清，你招兵买马，图谋造反，杀人灭口，草菅人命，该当何罪？”

“大人，下官冤枉！”

“带人犯！”

王怀利、李淑珍、胡松竹有关人等被带到大堂，一齐跪倒：“小民叩见大老爷！”

那饭店店主刘家德一见王怀利，马上回禀：“回巡抚大人，陪赵德平喝酒的就是他！”

刘墉将王怀利细看，果然嘴角有痣，右手六指，刘家德说得一点不差。便道：“如此甚好！”刘墉将惊堂木一拍，厉声道，“王怀利！你夜闯赵德平家，要杀害李淑珍母子，受何人指派？”

“回大人，长沙知府胡正清指派！有胡正清夫人，也就是我姐王怀兰为证！”

“你为何要杀害赵德平？”

“回大人，因那赵德平偶然间看到知府大人一封密信，赵德平曾斥责知府图谋造反，所以知府大人叫我杀人灭口！”

“砒霜从何而来？”

“是知府大人给我的！济人堂药店店主胡松竹可证！”

“胡松竹！”

“砒霜可是你药店之物？”

“回大人，砒霜是知府大人索要，小民送予他的！”

此时早有差役带王怀兰进到大堂。王怀兰叩头道：“犯官之妇王怀兰叩见刘大人。此是我夫所藏之叛军将官名单，犯官之妇不敢藏匿，请大人过目！”随即将名单呈上。刘墉观罢，道：“胡正清，本官让你看一看你自己的东西！”说罢将密信亮了出来。

“胡正清，你还有何话讲？”

“犯官有罪，犯官愿招！”

“从实招来！”

胡正清在大堂上，供出一段过去的往事。

那是在京都会试的时候，当时胡正清与和丰在同一考场，彼此相识，言语之间，甚是情投意合，于是两人结为生死之交，结拜为盟。和丰被招为驸马之后，两人之间是亲之愈亲，热之愈热。有一次两人又相见，酒酣之际，两人攀谈更密。胡正清道：“驸马爷位尊驸马，富贵至极，应享面南之乐！”和丰笑道：“我若面南登基，你就是开国大臣！”胡正清道：“那我就先恭贺万岁早日登基！”和丰道：“那你就先招兵买马去吧！”“臣遵旨！”这两人原本是酒席之语，不想他们竟拿

个棒槌穿线——认起真（针）来了！这不，他们说干还就真的干上了！

刘墉道："让他画押！"

胡正清与其他人犯，各自画押已毕！

刘墉下令道："此案通天，一时难结，所有人犯，装入囚车，押回北京。本巡抚要金殿面君，不得有误！退堂。"

刘墉带领张成、刘安、王安、王英，借长沙知府军士，将一干人犯押解北京。一路沿着官道早行晚宿，历时数月，来到北京。刘墉并不上朝面君，而是先将一行人犯安顿就绪。

这一日，北京大街是天晴日朗，驸马府也是一片金碧辉煌。把门守军刘二、张三抬头一看，说声"不好"！怎么驸马府前来了官兵？只见所来官员，文官装扮，却不是坐轿，而是骑着一匹紫红大马，两边的人也骑着马，左一人怀抱一把尚方宝剑，右一个手中高擎一只大红灯笼，这中间的官员怀抱一只玉花瓶，瓶中插有三朵红绿黄宫花。所来之人，非平凡之人；所来之物，也非凡间寻常之物。所来之人，就是从湖南归京的刘墉，这刘墉要抓的人是当朝驸马中堂大人和珅之子和丰。这刘墉也知道今天要打的是一场恶仗，不把这些东西带来，别说来抓驸马，就是向驸马府看一眼也有罪！说起这些物件，却也大有来历。

刘墉十一岁那年，巧遇当朝太后。太后见刘墉聪明绝顶，长得又十分讨人喜欢，将来必定是国家栋梁之才，就认刘墉为干儿子，当即封为皇儿干殿下串宫侯，并亲赐给刘墉一匹马、一只浅红灯笼。这马叫"穿朝马"，这灯笼叫"串宫灯"。也就是说刘墉是太后的干儿子，与皇帝是干弟兄，他刘墉可以骑着马打着灯笼，朝廷、后宫任其玩耍，任何人不得拦挡。所以刘墉为串宫侯。后来又碰着刘统勋怒铡其子，因刘统勋乃当朝宰相、三朝元老，只因他的儿子贪污银两，刘统勋怒铡三子。正要去铡刘墉，太后赶到，将龙头手杖往铡中一横！刘统勋只得放了刘墉。太后心想，我今天在这里，可以护着我那干儿子，要是有一天我不在，刘统勋不是还可将他铡了！于是从手上摸出一块玉牌，上写"免死牌"三字；又给了刘墉三朵宫花，插在玉瓶之中。这红花，专管打皇帝天子；这绿花，专管打后宫宫妃；这黄花，专管打文武大臣。又赐铜铡三口，这龙头铡，专铡君；凤头铡，专铡后宫；狗头铡，专铡臣和民。这尚方宝剑，乃当今万岁乾隆爷钦赐。有了这些物件，刘墉难道还怕这小小的驸马府不成！

刘墉带领兵丁，一声令下将驸马府给团团围住。刘墉带领张成、刘安直冲驸马府。那门军刘二、张三见如此气势，哪敢阻拦？这二人正要进府通风报信，早被擒住，捆在一边。

这一日驸马和丰正与固伦公主下棋，忽听得门外乱嚷嚷的，便出门来看，正碰上刘墉闯进来，便道："刘大人为何闯进驸马府？"刘墉道："长沙知府胡正

清已供出驸马图谋君位，阴谋造反！你该当何罪！”和丰道：“说本驸马阴谋造反？荒唐！荒唐！”刘墉又道：“金殿面君，再作理会！”随后一声令下，“将这反贼拿下！”众兵丁一齐动手，就如鹰抓小鸡一般，将和丰捆个结结实实，拉出驸马府。

刘墉抓到和丰之后，并不审问，马不停蹄，人不离鞍，将所有人犯，一并带着，直奔金銮殿而来！

这一日，正赶上三六九朝拜之日，乾隆皇帝端坐金龙宝座之上。乾隆说道：“有本早奏，无本退朝！”

就在这时，传事官来报：“刘墉要面见圣上，门外候旨！”乾隆道：“宣刘墉进殿！”

刘墉进得殿来，急忙跪下：“臣刘墉叩见吾皇，万岁，万岁，万万岁！”

“刘墉，朕命你巡察湖南，为何急速返回？”

“启奏皇上，臣巡抚湖南，与地方官论理，为臣说不过他，有一事不明，特来向皇上请求指教！”

乾隆一听，笑了：“刘爱卿才高八斗，学富五车，竟然说不过一个地方官？说来让朕听听！”

“皇上，臣有一事未说过他，那就是为臣者是当忠臣呢，还是当奸臣呢？”

“这算个什么题儿？那还用问？当然要当忠臣喽！”

“那当忠臣要怎么个当法呀？”

“忠于江山社稷，不当叛臣！”

“那要当了叛臣呢？”

“斩首正法！”

“那要是王侯将相当了叛臣呢？”

“一样斩首正法，王子犯法，与庶民同罪！”

“谢万岁！有皇上这一句话，我就可为大清江山除去叛臣了！”

“此话怎讲？”

“启奏皇上，臣巡查湖南，在湖南长沙查出叛臣，他们在那里招兵买马，积草屯粮，图谋君位，密谋造反，只是案情通天，牵涉朝野，为臣不敢擅自决断。现将人犯押至北京，特请皇上圣裁！”

乾隆皇帝一听，心想，竟有人敢谋我皇位，胆子不小，朕倒要看看他是何人！想罢便道：“先押送刑部，朕要亲自审问！”

刘墉听罢，急忙叩头：“谢主隆恩！”

一大早，刑部尚书裘正义就忙坏了！整个刑部大堂装修得富丽威严，所有公差衙役都精神焕发，如狼似虎。这一切不为别的，只因为在刑部要审理一件谋反

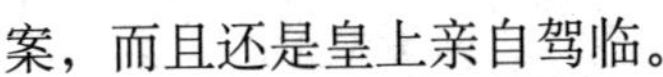

案，而且还是皇上亲自驾临。

刘墉见过裘正义之后，两人就在一起论起案件来。

“刘大人敢审这么一件通天大案，确实胆量非凡！”

“裘大人过奖了，今日还得仰仗裘大人多多相助哇！”

“刘大人，你是如何撞着这通天大案的？”

“原本也就是一件通常人命案，谁知道这是一个连环案呀！捉住真凶，牵涉了长沙知府的谋反案；审得了长沙知府，却又牵涉了当朝驸马，这皇上还不知道呢！等会皇上一看抓的是和丰，这戏还怎么演下去，可真伤脑筋呀！”

“凭着你刘大人的才干，这戏一定能演得很好！”

刘墉和裘正义正在谈论，忽听门外一声高喊：“皇上驾到！”刘墉和裘正义急忙迎接！

“刘墉、裘正义！”

“臣在！”

“带一干人犯！”

“万岁有旨，带人犯！”

不多时，所有人犯一律带到。一众人犯一起跪在堂下。那和丰一见坐在堂上的是乾隆，乾隆也看出了是和丰，二人都大吃一惊！到底还是和丰这小子脑袋灵，心想，皇上在这里，我看你刘墉怎么审我！便磕头叩拜。

“儿臣叩见吾皇万岁，万岁，万万岁！”

众人犯一听，坐在大堂上的是皇上，也都急忙跪拜：“叩见吾皇万岁，万岁，万万岁！”

“和丰！你怎么……”

“启奏父皇，刘墉他私闯驸马府，加害女婿，求父皇治刘墉之罪！”

“刘墉，你怎么把驸马给抓来了？”

“启奏皇上，臣遵圣上之命，抓的是图谋君位、阴谋造反的乱臣贼子和丰，并未抓驸马！”

“和丰就是驸马，驸马就是和丰！你为何说未抓驸马？”

“图谋君位、阴谋造反就是乱臣贼子，并非驸马！皇上不是说对叛臣就要斩首正法吗？”

乾隆心想，这和丰夹在里头，我如何说话？那刘墉舌枪唇剑，我也不好对待他。看来这个案子我没法再审。便道：“裘正义！”

“臣在！”

“此案复杂，朕觉得还是你来审吧！”

裘正义一听，便明白了，驸马在里头，皇上不好说话呀！叫我审，我怎么审

呀？解铃还需系铃人，还是让刘墉审吧！于是急忙启奏道："启奏皇上，此案人多复杂，刘大人经办此案，对案情又熟，还是让刘大人审吧，臣陪皇上在此陪审！"

"如此也好！刘墉，那还是你审吧！"

刘墉一想，嗨哟，你们这是合着伙儿哪！想毕，刘墉道："臣遵旨！"刘墉想，我还是一点一点地牵吧，牵到哪，我就把哪的证据亮给皇上看，我看你这个戏怎么唱。

"刘家德，长沙知府判你图财害命，杀害赵德平，你如何杀人，从实招来！"

"回大人，小民冤枉，长沙知府大刑逼供，小民受刑不过，才胡乱招认。"

"胡正清，刘家德是不是你重刑屈断？"

"犯官失职，刘家德着实冤枉。"

"王怀利，你夜入赵德平家，要杀害李淑珍母子，系何人指派？"

"回大人，是长沙知府指派。"

"胡正清，王怀利杀人是否受你指派？"

"回大人，是犯官指派。"

"为何要杀李淑珍母子？"

"为的是灭口。"

"王怀利，书吏赵德平是不是你杀的？"

"回大人，赵德平是我杀的。"

"你为何要杀赵德平？"

"因赵德平偶见了长沙知府给驸马和丰的密信，赵德平曾斥责长沙知府对皇上不忠。"

"如何杀害？"

"喝酒时用砒霜毒杀的。"

"砒霜何来？"

"长沙知府给我的，济人堂药店店主胡松竹可作证！"

"胡正清，你为何要谋杀书吏赵德平？"

"回大人，书吏见了我给驸马的密信，并斥我阴谋造反。"

"你与和丰是如何勾结的？"

"我与和丰同科京试，言谈投机，遂结为八拜弟兄，酒宴间谈面南之理想，初为酒宴之言，后竟成真。"

"招买叛军多少？"

"十万兵马。"

"和丰，这是胡正清给你的密信，你还有何话讲？"

"长沙知府所供皆酒醉之言，岂能为证？"

“那十万兵马可能作证？”

“那十万兵马是长沙知府的，并非我的！”

“酒宴之间互称君臣，可为实情？”

“此话虽有，但酒醉之言不足为据！”

“启奏万岁，此案案情已白，还请皇上圣裁！”

乾隆心想，圣裁？我怎么裁？暗自将和丰咒骂，小子哎，你为何也要图谋君位？杀和丰，固伦公主能愿意吗？不杀，我却说过“王子犯法，与庶民同罪”，这个刀把还在刘墉手中攥着呢！乾隆皇帝正举棋不定，忽报固伦公主求见。

刘墉一听，心想，这下可好了，半路上又杀出了程咬金！乾隆皇帝一想，固伦来了，我也得想个办法就坡下驴才行。于是道：“让她进来！”

固伦公主来到刑部大堂，跪下道：“儿臣叩见父皇！”乾隆道：“免礼！”

“父皇，不知驸马他犯有何罪？”

“他呀，他图谋君位，阴谋造反！”

“如此说来，还是死罪不成？”

“王子犯法，与庶民同罪！”

“那女儿岂不要独守空房一辈子了吗？”

“这个……是呀！”

那固伦公主边哭边骂，她拉住和丰又推又咬。固伦公主虽气恼和丰，但也不想让他去死。固伦公主也知道乾隆不好说不杀和丰，这也是固伦聪明之处，便向刘墉、裘正义施礼。

“和丰谋反当斩，不过本公主岂不是要独守空房了吗？还请二位大人看我薄面，留他一命！”

“公主之命，为臣怎敢不遵？不过这谋反大罪，天地难容呀！”

“驸马呀驸马，你可将我害苦了呀！你犯啥罪不好，为何非要犯谋反大罪呀！”

也是这和丰命不该死，在情急之中说出一句话来，竟救他一命：

“公主，我和丰何时谋反哪？长沙知府与我君臣相称，那是酒后醉语，岂能当真？更不敢招兵买马，积草屯粮！公主你说，咱府中有私招的一兵一卒吗？别人不知道，你也不知道？”

“父皇，驸马府无私招一兵一卒，怎能说是谋反哪！”

“你说得也是呀！”乾隆心想，这丫头说的也是个理儿呀！于是对刘墉、裘正义道：“公主之言，也是个道理！如此，两位卿家就替朕审断此案吧！”

刘墉与裘正义两人一咬耳朵。刘墉道：“如此和丰是死不成了。既是死不了，那就给公主一个虚礼人情吧。”他二人方略一定，推让一会儿，最后还是刑部尚书裘正义作判决：“查长沙府书吏赵德平被谋害一案，饭店店主刘家德被长

沙知府屈判死罪，今查刘家德无故受冤，今释放归家，官府支银一百两以示安慰。长沙府差役王怀利故意杀人，为虎作伥，依律当斩；长沙知府胡正清为官不正，招兵买马，阴谋造反，依律当斩；济人堂药店店主胡松竹出售砒霜，助恶害命，充军云南；和丰身为驸马，酒后吐狂言，牵涉同谋造反，有谋反之言，无谋反之果，顾公主之托，扣俸禄三年，责其闭门思过。上述判决，谨呈皇上圣裁！”

乾隆听罢，甚为满意，遂发口谕：“长沙谋反一案，就依卿意，依律施行！”

“臣遵旨！”

“刘墉，本案死囚，即放刑部，打入死牢！你继续到湖南巡察！”

乾隆皇帝离开刑部之后，吏部尚书裘正义才宣布退堂，刘墉亦告辞。二人来到刑部府衙门口，刘墉道：“裘大人，下官以后还有仰仗大人之处！”裘正义亦答道：“如此好说，如此好说！大人只管放心巡察，有用得着本官之处，本官定当效力！”言罢，各自分手。

刘墉回到府中，心里寻思，和丰本当斩首，一来固伦公主从中横穿一剑，二来长沙知府虽供出谋反之事，但并无实证，只是牵连，因此在刑部与裘正义商议如此判断。看来长沙事情定是不少。便决定再巡长沙！

却说刘墉坐在大轿之中，张成、刘安、王安、王英守护，径向城南方向行走。刘墉忽然想起昨晚所做的梦，心中甚觉奇怪。他梦见一个女子向他走来，只能看见人头，就是看不见身子。只见那女子来到跟前，转头就走，他也就跟着她走。他走进了一处高宅大院，那女子便不见了。

刘墉在轿中正想着他的梦，忽从轿底下钻出一股旋风来。那旋风越刮越大，直刮得尘土飞扬，让人睁不开眼。说来也怪，那旋风只刮得有一乘轿子那样大，直往天上钻，虽说风刮得人睁不开眼，尘沙就是不眯人的眼。

“大人，有旋风挡道！”

“那咱们就停会儿再走！”

“那旋风它不走！”

“你们就不会绕个弯儿走？”

“回大人，我往左拐，旋风也往左拐；我向右拐，旋风也向右拐！”

“如此，我们就跟着旋风走！”

刘墉说罢，那旋风便缓缓前行。刘墉的大轿跟着旋风左拐右拐，竟来到城墙边的一个乱坟岗里便不见了。

“回大人，旋风不见了！”

刘墉走下大轿一看，知道此处是北京的东城墙。刘墉道：“在此处仔细搜查！”

“嗻！”

突然，张成喊道："大人，这枯井内有一个方盒子！""将方盒拿出来！"不一会儿，张成将方盒子呈上。将方盒打开一看，竟是一颗女人头！刘墉又将方盒仔细一看，只见方盒内有一块灯笼外罩，上有"驸马府"三个字。刘墉将人头又装入方盒之中，放入轿中，说道："回刑部府衙！"

刘墉回到刑部，立刻拜见刑部尚书裘正义大人。相见已毕，裘正义问道："刘大人奉旨巡察，怎么又返回京都了？"刘墉笑道："裘大人，上次还真让我说准了，这次还真要仰仗裘大人再办一案！""又是什么案？""大人，下官在北京东城墙边的一枯井内寻到一颗女子人头！"于是刘墉就把梦中之事及旋风挡道细说一遍。

裘大人道："那你就交给京都官员审办好了！"刘墉道："此案下官一定要办，因为事牵驸马府！""又是事牵驸马府？哎呀，刘大人，你怎么老是通着天呀？"裘正义不禁叹道。刘墉笑道："如此看来，我这一辈子老是要跟和家父子对阵啦！大概也是上天的安排吧！裘大人，下官有一事相求。"

"刘大人尽管讲！"

"此事不必声张，须查明案情之后，再禀明圣上！"

"如此也好！"

刘墉此时也不回府，所有人等均留住在刑部府衙。

晚上，刘墉在书房内寻思道：这人头案，事涉驸马府，如何查明死者及杀害死者的凶手？看来尚需明察暗访。

这一日，刘墉扮作算命先生，在街上摆摊算命，代写状纸。但见他在街旁放一张小桌，小桌旁边插一枝"刘氏神算"旌旗竹竿，桌上放一本《百中经》，旁挂一副对联，上联是"六壬神课瞧灾祸"，下联是"道吉言凶下安坛"。笔砚下压着一张纸条，上写着"代写状纸"四字。刘墉正然闲坐，只见一个十一二岁的小男孩扶着一位老人来到面前。此人六十开外，衣衫不整，蓬头垢面，满脸悲伤，一筒渔鼓抱在怀中。刘墉见状，忙打招呼："老人家到此，不知有何见教？"

"有请先生给写一张状纸。"

"老人家有何冤情，不妨慢慢讲来！"

"先生，小老儿是一个唱渔鼓的，姓张名世贞。大前天，我与小女秀兰在风月酒楼唱座儿，忽然来了一个人，虽是常人装扮，却看得出是官宦之家。他见我女儿有几分姿色，就不容分说，将我女儿抢走，还将小老儿打得口中吐血！"

"你知道抢你女儿的是谁吗？"

"小老儿不知！"

"你知道把你女儿抢到哪里去了吗？"

"只看见他们顺着风月酒楼向北去了！到底在什么地方，小老儿也不知道！"

“你不知姓名，不知地点，这状纸如何写呀？”

“这……如何是好！”

“老人家，别急！你先把你的住处告诉我，我再想想办法！”

“这样也好，小老儿就住在西单大街乐民巷内西头三家，门口有一棵大榆树！”

刘墉听罢，心中明白，便与张世贞告辞。

刘墉根据渔鼓老人所诉，知道张秀兰定是被抢进驸马府。这一颗人头到底是不是张秀兰的人头，也还难定。刘墉命令张成、刘安日夜在驸马府察看动静。

这天晚上，本是三月十八，天无月色，正是夜行人行事的大好时机。张成、刘安站在驸马府后院墙上往南一看，整个驸马府一片黑暗，寂静无声。就看见后花园内有一点火亮，忽大忽小，忽明忽暗。张成、刘安便轻轻地摸过去，走近一看，原来是一个年轻女子，正跪在地上烧纸化钱，地上摆放着四个小碟，碟中盛着四样点心。只见那女子双眼含泪，口放悲声，轻声哭道：“我那没过门的嫂子呀！你死得好可怜哪，妹妹眼睁睁看着你在驸马府中受辱无法救你！你且在九泉下安息，小妹有朝一日，定为嫂子报仇申冤……”

张成、刘安见此情景，走到那女子跟前，不声不响将那女子架起。两人一使劲，便将女子架到墙头之上。那女子还没转过神来，早又落在院墙外边。张成道：“你不要怕，我们是刘大人手下的衙役，快跟我们走吧！刘大人好给你报仇申冤！”三人不多时便来到刑部府衙，见过刘墉，那女子道：“民女叩见刘大人！”

“你叫什么名字？哪里人氏？为何在花园啼哭？你又祭奠何人？慢慢说来！”

“小女姓王，名叫翠翠，家住城内东单大街毛驴子胡同，因家贫来到驸马府当下人。”

“你在后花园内祭奠何人哪？”

“回大人，前几日，驸马府拉进一个女子，驸马爷硬要纳那女子为妾。那女子硬是不从，说已许配东单大街毛驴子胡同王家王成为妻。我才知道那女子便是我未过门的嫂子，只是我们两人从未见面，互不相识。我做下人毫无办法，眼睁睁看着驸马爷欺辱嫂子。我嫂子破口大骂，直骂得驸马火起，一剑将嫂子刺死。我吓得找个借口走出房门，在我屋内失声啼哭。后来我听说我嫂子被扔在后花园水井之中！所以深夜祭奠，以表寸心，有幸被这两位公差遇见，求大老爷为民女申冤报仇！”王翠翠说罢，放声大哭，直哭得刘墉心里也酸酸的。刘墉道：“你先在此安歇，你的深仇本官一定给你报！”王翠翠跪地磕头谢恩。

刘墉心中暗想，那颗人头十有八九是张秀兰的头，但是谁把人头扔在北京东城墙下枯井中的呢？此必是驸马府中之人所为，看来还得寻出扔头之人，寻出人头的身子，使其身首合一，让张世贞认出死者确为张秀兰，才可定和丰强抢民

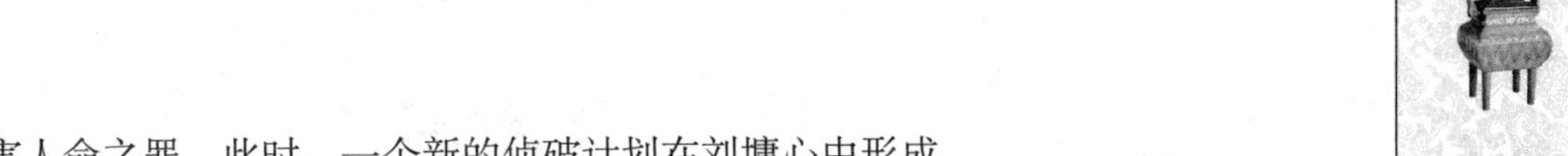

女、杀害人命之罪。此时，一个新的侦破计划在刘墉心中形成。

第二日，刘墉仍扮作算命先生，在驸马府周围十里的地方遛逛，三天没有发现可疑之处。这一日，刘墉来到离驸马府不太远的一个小巷之中，忽听得前边围着的一群人中有女人哭闹、男人呵斥之声，便走上前去。原来是夫妻俩在吵架。见旁边有一个老翁，刘墉便走上前去。

“老人家，这里有礼了！”

“先生不知有何见教？”

“请问这夫妻二人这般是为何？”

“说来是怪事，这赵老刁就在驸马府当差，日子过得好好的，非要搬家！他老婆就不同意，这就闹起来了！”

刘墉一听是驸马府的当差，心想，日子过得好好的，为何要搬家？这里面定有隐情，待我先稳住他再说。想罢便走上前去，这夫妻二人仍在争吵。

“我说你这该杀的贼头！这日子过得好好的，怎么就非要搬家？就是搬家，咱也得收收卖卖，你怎么就跟阎王爷催命似的？”

“你妇道人家知道个啥？这里我说住不得就住不得！”

“人老几十辈子都能住得，怎么今儿就住不得？你是见鬼了是不是？”

“我见鬼？我见了……我不跟你说，你走还是不走？你要不走，我走！”

刘墉此时心中虽不明了，但也有个大数，此人定与驸马府人命有关！

刘墉走上前去，说道：“这位壮士，我看你夫妻二人也不必争吵了，在下不才，自幼饱学星相之术，这也是咱俩的缘分，今日得以相见！”

“我有急事，正要搬家，不劳先生赐教，改日再登门求教！”

“壮士，今日在下正是为你搬家而来。避难趋福之心，人皆有之，若难不能避，福不能趋，这搬家又有何用？”

“我搬家就是搬家，哪有什么难可避呀！见笑见笑！”

“壮士岂能瞒得过我！你家之事，我先不说，壮士且听在下一言。今日乃四月初二，丁巳日，五行为土，蛇日冲猪，日值不吉，日支月破，喜神正南方，贵神西北方，家居于土，土，不吉之日，不吉岂能动，动必生灾。我看你印堂发暗，面带晦气，此乃不祥之兆。我看你今日哪也别去，定能躲过难关；你若外出乱走，不是有杀身之祸，也定有牢狱之灾。我说这话信不信在你，如有不测，后悔晚矣，休怪在下不明言相告！”

不料那赵老刁被刘墉这么一吓唬，倒也真的拿不定主意，便道：“先生真能为我指明前途，保我无事？”刘墉一听，心中暗喜道：这下子有门儿了！顺口言道：“此处不是说话处，还是室内请言其详！”赵老刁说道：“先生请！”

刘墉与赵老刁在屋内坐定，刘墉道：“壮士在哪里发财？有何难处之事说

来，在下也好为你解难！”

“先生请细听：说来这事与我也是无干，只是驸马府抢来一名女子，宁死不愿从驸马为妾，驸马便将那女子杀了。驸马爷让我和丁三将身子扔到后花园水井之中，却把人头让我到城外扔掉。你想大白天我能拎个人头满街串吗？我见地上有一个灯笼外罩，拿起来将人头一包，顺手放在一个方盒之内，站到东城墙上往外一扔也就了事。我想，驸马爷不会让我俩活长，将来人命案发，他定要杀人灭口。他那个心肠子，我赵老刁还能不知道？所以这几天我都装病在家，事大事小一跑就了，我这死贱人就是不听！实在可恶！”

“这么一说也就对了！听在下的话，今天哪里都不能去！在下告辞！”

赵老刁摸了几钱银子，要给神算之资。刘墉笑道：“解人一难，功利在天，也是在下本分，不需如此！”说罢，离门而去。

刘墉回到吏部府衙，即招王安、王英，吩咐道：“你二人速到驸马府南边神道庙西花鸟巷北数第三家，将那个叫赵老刁的人找来，不得让外人知道，不得有误！”王安、王英二人领命，便往神道庙而来。

王安、王英不一会儿来到赵老刁门前，将一乘小轿放在门前。那赵老刁见门前来了一乘小轿，正在惊疑之间，王安、王英进门施礼：“请问此处可是赵老刁壮士之宅？”

“正是在下之蜗居，不知二位有何见教？”

“小的奉我家员外之命，前来请壮士小饮！”

“在下与你家员外素不相识，不知为何相招？”

“壮士不必多问，一到便知，壮士请！”

王安、王英一乘小轿，把赵老刁抬到刑部府衙。赵老刁下得轿来，一看是刑部府衙，吓得掉头就要跑。王安、王英一把拉住道：“壮士休怕，一切等会儿便知。”赵老刁哪里肯信，三人正在拉扯之间，刘墉来到跟前，道：“壮士不必害怕，是本官请你来的！”赵老刁一见刘墉，便认出刘墉即所见的算命先生，急忙跪拜请罪，道：“小的叩见大老爷。小的有眼不识泰山，早间胡言乱语，多有冒犯大人之处，还请大人恕罪！”

刘墉道：“壮士请起，室内说话！”

来得室内，刘墉命坐看茶。赵老刁再三辞让，才敢坐下。

刘墉此时打量着赵老刁，只见此人四十来岁，五短身材，只生得浓眉大眼，一见便知武功出众，眉宇间有股精灵之气。此人名叫赵虎，因平时足智多谋，同伙们戏称之为老刁，久而久之，人多呼为赵老刁，不称为赵虎。这赵虎不愧是足智多谋，一见此情，便知必与驸马府人命案有关，于是便向刘墉起身施礼。

“刘大人唤小的来，莫非就是为了驸马府中的人命案子？”

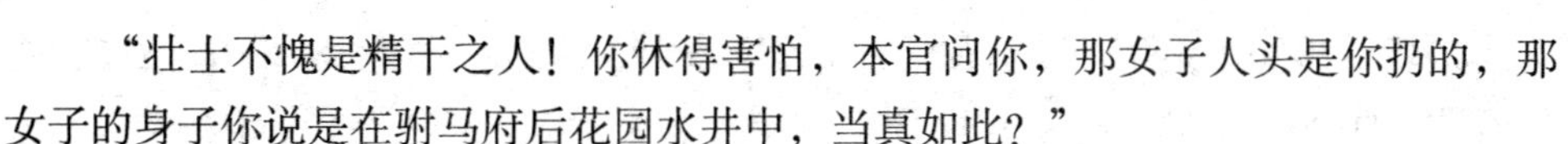

“壮士不愧是精干之人！你休得害怕，本官问你，那女子人头是你扔的，那女子的身子你说是在驸马府后花园水井中，当真如此？”

“小的绝不敢有半句假话！”

“即如此，本官要你领路下井捞尸，你愿意干吗？”

“老爷吩咐，小的怎敢不从？只是小人在驸马府乞食，恐有不便！”

“这个，你放心，本官自会周全安排！你且先在此安歇，不必回家！”

刘墉让王英将赵虎安排歇息，便吩咐下去，即刻去拜见袭正义大人。

在刑部尚书袭正义的内书房，袭正义与刘墉正在议事。

“袭大人，驸马府人命案眉目已清，可望结案！”

“如此甚好！”

“还要仰仗袭大人大力相助！”

“刘大人请言其详！”

“袭大人，依下官之见，想请你以饮酒压惊为由将驸马从驸马府请出来。我等来个调虎离山，你以酒宴拖住他，我带人去后花园井中捞尸，到时人证、物证俱在，我看他和丰还能往哪里跑！”

“本官依你就是！”

“如此，多谢袭大人！”

虽说在刑部审断长沙知府胡正清阴谋造反一案牵涉到和丰，这和丰倚仗着自己是当朝驸马，谅刘墉也不敢砍他的头，所以和丰也并不把此事放在心上，回到驸马府仍是一切如昨，并无改变。这和丰还有个坏毛病，那就是好寻花问柳，已然成性。从吏部回府之后，依然是寻花问柳。那一日抢得张秀兰，纳妾不从，一怒杀了，他也不当什么事，就如同死个鸡狗一样。这一日正在闲坐，衙役来报，说刑部尚书袭正义派员来请驸马爷，和丰即命请进。那人说奉刑部尚书袭大人之命，来请驸马爷赴宴，并有书信在此，说罢呈上。那和丰接信展开一看，只见上面写道：

驸马府讳和丰大人台鉴：

某启，向日奉皇上之命审长沙知府谋反一案，有涉大人，有伤英明令德，本官罪大难恕。今备薄酒，恭候大人光临，为大人压惊洗尘，聊为赎罪，请看薄面屈驾光临。切切！切切！

刑部尚书袭正义呈

乾隆三十七年四月初四

和丰看罢信，想道：这刑部尚书的面子，不能不给。再者，这几日在府中闷着也有点无聊，去就去吧！随即上轿直奔刑部府衙而去。

刘墉等得和珅走了一个时辰之后，带领张成、刘安、王安、王英、赵虎及兵丁衙役，直扑驸马府。

来到驸马府门前，刘墉令兵丁将驸马府围个里三层外三层，别说是人，就连飞鸟也难出，清风也难进。所有人进得驸马府，直奔后花园而来。张成、刘安、赵虎便要下井捞尸，人还未下井，就听得井下连呼“救命”。刘墉吩咐道：“先行救人。”张成等三人七手八脚，把那人拉上井来。赵虎一看，不是别人，此人正是丁三。赵虎道：“这是怎的……”丁三见刘墉在面前，嘴张了两张，未说出话来。赵虎道：“丁三，这是刘墉刘大人，咱们的救命恩人！”那丁三闻言，磕头便拜。

“小的见过刘大人，小的给刘大人请安！”

“你是如何落在井中的？”

“请刘大人细听端详：那一日小的与赵老刁将那女子下身抬到后花园投入井中之后，赵老刁就急忙拎着人头走了。

“我们刚把尸身投入井中，驸马爷来了，他往井中一看，说道，尸身在水上招手呢。我很惊奇，就伸头向井中观看，不料驸马爷从后面猛地一推，我便掉进井中。也是我没做亏心事，天不杀我，那井水刚好淹没我的嘴巴，我慢慢向上挪一点，却怎的也爬不上去，又不敢呼叫。幸亏大人到此，救了小的一命，大人胜似再生父母！大人如不嫌弃，小的愿随大人效犬马之劳！”说罢，磕头又拜。

“罢了，快将他带到隐蔽处更换干衣！”此时，众人已将女子下身捞上，所有人及女子尸身，一齐回到吏部府衙，刘墉立即传仵作来验。不多时仵作验毕，回禀道：“回大人，头与尸身系同一人尸体，该女子系用宝剑刺破腹腔伤胃而死，身首系死后分开！”

再说和珅大轿来到刑部府衙大门口，裘正义早在门外恭候。宾主相见，寒暄已毕，早有人献茶陪坐，不一时，便入席畅饮。山珍海味、弹唱歌舞自不必说，席间裘正义热心热语，敬酒赔罪，部员下属循序敬酒，直把那和珅敬得烂醉如泥，人事不知。刘墉将女尸原委及赵虎、丁三所供详述一遍。裘正义说道：“如此本案可结！只是上次审长沙知府，有皇上御旨，此番未讨得皇上圣旨，本官当如何做？”刘墉闻言，心里自然明白：“此次审察，系本官奉命巡察两湖所遇，虽不在湖南，亦是下官巡抚之职内职责，一切干系皆由下官承担！裘大人能让下官借刑部宝地理案，已经是求之不得了！”说罢，令人将和珅顶戴花翎摘除，扒下官衣，锁个结结实实。

那和珅昏昏糊糊睡了一夜，想翻翻身，却翻不动。睁眼一看，却吃了一惊，自己的顶戴花翎全不见了，官衣也没了，一条链子锁住手脚。他心想这是怎么了？我昨天，我昨天不是喝酒吗？在哪儿？在刑部，对，是裘正义请我来的，他怎么把我锁了？裘正义，这个老混账！看来他是不想活了！

和丰正在想眼前被锁着是怎么一回事，这时王安、王英走过来，扯着铁链子就走。和丰叫着嚷着，王安、王英也不答理，直往刑部大堂走去。

进了刑部大堂，只见刘墉端坐在大堂之上。和丰见了，骂道："刘墉，你这狗日的罗锅子，竟敢捆锁当朝驸马，看来你也是不想活了！"刘墉被和丰这么一骂，也火了。刘墉将惊堂木一拍，说道："大胆贼子！竟敢咆哮公堂！来呀，掌嘴二十！"张成、刘安对和丰早就憋了一肚子火，听到大堂令下，走上前去，啪啪啪一阵耳光，直打得和丰口鼻流血，眼冒金星。王安、王英在后面一推一拉一按，那和丰便跪在堂下。

"和丰！你可知罪？"

"本驸马无罪！"

"你强抢民女，致死人命，该当何罪？"

"强抢民女，致死人命？无稽之谈！"

"看来你是不见棺材不落泪！来呀！带人证、物证！"

众差役将张秀兰的尸体抬放大堂，张世贞、王翠翠、赵虎、丁三等人证及方木盒、驸马府灯笼外罩、带有血迹的宝剑等物证，全部俱在！那张世贞抚着张秀兰的尸体失声痛哭，然后连连对刘墉叩头："冤枉啊冤枉，我女儿死得冤枉！求青天大老爷为小民做主，为小女报仇雪恨啊！"

"驸马啊驸马，你身为当朝驸马，行如禽兽，毒似虎狼！我丁三为你效劳多年，你不该强抢民女，你不该草菅人命，你不该对我杀人灭口！"

丁三刚说完，王翠翠也哭道："你杀害张秀兰我亲眼看见，你可知道，张秀兰就是我没过门的嫂子呀！"

赵虎也说道："人死了也就罢了，你不该再让她身首两地！"

刘墉道："和丰！你还有何话说？"

和丰道："人是我抢的，也是我杀的！"

刘墉道："让他画押！"

和丰无奈，只得招供画押。

刘墉将惊堂木一拍，朗声判道："和丰身为驸马，有负皇恩，强抢民女，致人死命，知法犯法，依律当斩！赵虎、丁三虽尾随和丰，但深明大义，敢揭隐情，助官破案，各赏银五百两。王翠翠，明大义，重亲情，赏银五百两，半数归家养老，半数作出阁之资。张秀兰，含冤蒙辱，由其家人领回安葬。张世贞，老年失女，其情可哀，赏银一千两，少量作安葬之资，多数为养老之钱。死囚待奏明圣上，到秋处决，先行打入死牢。"

众人皆磕头谢恩。

刘墉道声"退堂"，所有人等各自走散。

刘墉在驸马府后花园水井中捞出张秀兰尸身，这驸马和丰抢强民女，致死人命的消息当即就传到了固伦公主那里。固伦公主跑到后花园，丁三、赵虎、王翠翠也把事情的来龙去脉讲了一遍。那固伦公主则气得脸色青紫，全身抖颤，杏眼圆睁，柳眉倒竖，银牙咬得嘣嘣直响！原来，这固伦公主是一个有名的醋坛子。她对和丰管得特别严，不让和丰和其他女人接近，只要一听说和丰和哪个女人说话，或是哪个女人对和丰看一眼、笑一笑，固伦公主都要闹他个天翻地覆。因此，和丰平常除了固伦公主外，就没有敢接触过第二个女人。俗话说物极必反，固伦公主对和丰控制得越严，和丰就越觉得野花香，当然藏花卧柳之事也就不在话下。

上一次在刑部大堂，听说刘墉要砍和丰的头，固伦公主沉不住气了，急急忙忙找皇上求情。这一次，固伦公主倒沉住气儿，一来是乾隆皇帝不会杀和丰；二来是听说和丰强抢民女，又是招蜂引蝶的风流事，固伦公主又醋性大发，心里憋着气，心想这次我偏不去救你，就让你在刑部吃几天苦头，喝几天辣水，反正父皇也杀不了你，刘墉也饿不死你。于是，就在家生起病来，病到茶水不能进的程度，太医多次看治，毫无效果。这消息很快传到了乾隆皇帝的耳朵里。这固伦公主是乾隆的小女儿，是心尖上的肉、手掌中的宝贝疙瘩。一听说固伦公主病得如此严重，乾隆爷急得百爪搔心，坐立不安。

忽然传事官来报："启奏万岁，刘墉有要事面奏，现在门外候旨。"乾隆心想，我让他继续巡察，怎么又回来了？回来也好，固伦的病搅得我晕头转向，看他能否有个好点子。便道："宣刘墉进殿！"刘墉闻召，急忙进殿，叩拜已毕，刘墉即话人正题：

"启奏皇上，臣奉旨前往湖南巡察，半途之中审办了一桩强抢民女，致死人命案。真凶收监，审判已毕，特奏明皇上，还请皇上圣裁！"

"朕给你尚方宝剑，就是让你依情行事，为何还要我圣裁！"

"启奏皇上，此案牵涉皇亲国戚，非同一般！"

"朕不是早有口谕，'王子犯法与庶民同罪'吗？你依律斩决即是！"

"如此臣要斩了这皇亲国戚，皇上不治臣之罪？"

"依法行事，朕赦你无罪！"

"谢皇上！如此臣即依法将和丰斩首！"

"什么？和丰？"

"正是和丰，他强抢张世贞之女张秀兰并要纳妾，张秀兰不从，他暴怒将张秀兰杀死，铁证如山，他本人也供认不讳。这是一干人等供词、证词，请皇上亲过龙目！"

乾隆一听，心中犯难，自己话语已出，无法收回，若依律斩首，那公主又如何处之？便顺口道："既是爱卿审理已明，朕就不看了！现在公主病得茶水不

进，朕正愁得难办呢！现在还是给公主治病要紧，和丰之事，就等公主病愈之后再决吧！”刘墉道：“臣遵旨！”

固伦公主在家一病就是七八天。其实，固伦公主并无病，她是为了发泄醋意，给和丰辣水喝。有人时不吃不喝，没人时有贴心丫环服侍着，该吃多少吃多少。乾隆皇帝当然不知内情，只是严命太医治病。这一下难坏了太医，不过刘墉心里明白，固伦公主这是在吃醋。我何不来个以醋治醋，我将公主的病治好，我看你皇上还如何说话！于是就找了画师，画了一幅《和丰戏美图》。一来是画师技艺高超，二来是刘墉指点高明，几日之间，《和丰戏美图》画成。刘墉随即上殿面君。

“启奏皇上，臣听说公主贵体微恙，太医久治功效不佳，深使皇上龙体不安。今臣虽不才，我只要送给公主一味药，公主微恙即刻可愈！”

乾隆听罢，龙心大喜，便道：“既然如此，就请刘卿家快给公主送药！”

刘墉道：“臣遵旨！”

这固伦公主在驸马府无病装病，转眼间已有八九天之多。这一日，固伦公主正在府中与贴身丫环闲话，门军忽然来报：“回公主，现有刘墉奉皇上御旨前来给公主送药，现在门外候命！”虽说刘墉两次案涉和丰，固伦公主对刘墉也不太满意，但满朝文武都知道刘墉是清官，又足智多谋，固伦公主对和丰拈花惹草也厌恶至极，再加上刘墉是奉旨而来，所以固伦公主也不好拒绝，便道：“让他进来吧！”

刘墉进得驸马府，见到固伦公主，施礼道：“臣闻公主贵体微恙，先给公主问安！”

“多谢刘大人！”

“臣奉皇上御旨前来给公主送药医疾！”

“是什么药？”

“公主请看！”

刘墉说罢，将《和丰戏美图》展开。固伦公主一看，原来是《和丰戏美图》，只见那画上画着：和丰嬉皮笑脸，唇边滴着口水，腰弯着，一只手搂着那女子的腰，一只手搂着那女子的脖子，正在那儿嘴对嘴亲着呢！那女子半仰着脸，双眼笑眯眯的，肚子紧贴在和丰的肚子上，和丰的右脚还踩在那女子的左脚上。那固伦公主不看便罢，一看，直气得银牙紧咬，杏眼圆睁，柳眉倒竖！大叫道：“气死我也！气死我也！”一把把画夺过，撕个粉碎，扔在地上，边跺边骂，“和丰，和丰，我为你装病受罪，你倒风花雪月偷花盗柳，我让你不得好死！”说罢又吩咐道，“来人！让厨子给我上几样可口的！我要吃！我要吃饭！我要吃个痛痛快快给和丰看！”

刘墉见此，便道："既是公主微恙痊愈，下官告辞！"

固伦公主道："有劳刘大人劳神，多谢刘大人！"

刘墉从驸马府中出来，马不停蹄，急忙来到刑部府衙，就在西门外，设置好法场，从死牢中提出和丰，装上囚车，穿街过巷，一时三刻到了法场。张成、刘安将和丰从囚车上拖了下来，插上亡命牌。刘墉急忙下令，嗵嗵嗵三声炮响，刽子手手起刀落，一刀下去，和丰的人头竟滚出五尺多远。这也是和丰作恶多端，必有此报。

自从刑部审理长沙知府胡正清阴谋造反牵涉和丰，多亏公主出力相救，和丰免死，和珅那颗被吊起的心才刚刚放下，又听得说和丰强抢民女致死人命，不料又犯在刘墉手下，自是凶多吉少。那和珅直急得恨不能身生三头六臂，制服刘墉。无奈那刘墉打不垮，压不倒，刚正不阿，六亲不认，铁面无私。万般无奈，只有直奔金殿，求皇上做主。

大殿之上，乾隆皇帝听了和珅的启奏，心中也有些着急，要平息此事，还只有刘墉才能办妥。但刘墉又到驸马府给固伦公主送药去了，此时找刘墉，找也找不着，也只有干着急！

此时，驸马府来报，说固伦公主见了刘大人所送之物后，疾病痊愈，现在正在府中吃饭哩。乾隆皇帝闻言，龙颜大喜！这时，传事官启奏："启奏皇上，刘墉在殿外候旨！"乾隆道："宣刘墉进殿！"刘墉进得殿来，见和珅在殿上，就知道今日又有一番舌战。刘墉心想，今天是三六九朝贺之日，文武大臣均在，对我刘墉来说大有好处！你和珅再是国戚，我也不怕你！刘墉想罢，便跪拜施礼。

"臣奉皇上御旨前往驸马府送药已毕，特来复命！"

"朕已知道，刘爱卿一味药送去，公主的病即刻痊愈！"

"臣谢皇上隆恩！"

"谢什么恩？"

"臣替天下百姓谢主隆恩，吾皇万岁，万岁，万万岁！"

"朕倒让你给谢糊涂了！"

"臣奉旨已将罪魁和丰斩首，故而百姓叩谢！"

"什么，你把和丰斩了？朕何时让你斩的！"

"皇上，不是你亲传口谕的？你说，'朕给你尚方宝剑，就是让你依法行事。'你还说，'王子犯法与庶民同罪'。我说，'此案牵涉皇亲国戚，我要斩了这皇亲国戚，皇上不治臣之罪'吗？你说，'依法行事，朕赦你无罪'。你还对臣说，'和丰之事，就等公主病愈之后再决'。现公主病愈，臣遵皇上御旨，将和丰斩毕，前来复命！"

乾隆听过刘墉之言，虽然心中有气，但说不出口，那口谕是自己说的呀，这还真让刘墉给咬住了！无奈道："如此甚好！"刘墉即答道："谢吾皇不治为臣之罪！"

那和珅听说儿子被斩，心中又疼又气，又气又恨，想哭哭不得，想骂骂不得，舌头在口中乱翻，翻了半天，说道："斩得好！"

刘墉接着话茬谢道："中堂和大人大义灭亲，下官敬仰，敬仰。和大人不怪罪本官，多谢，多谢！"

固伦公主虽说对和丰大发醋意，对刘墉抓和丰听之任之，她也没想到刘墉真的能将和丰处斩，听说和丰在西门外被斩决，则哭哭啼啼闹上金殿来。

"父皇啊，你要为儿做主啊！"

"公主，那驸马强抢民女，致死人命，依律当斩，王子犯法与庶民同罪，臣也是遵皇上之命行事，皇上你说是不是？"

见固伦公主在金殿上又哭又闹，金殿上乱哄哄的，大臣们也议论纷纷。

"刘墉，忠臣呀！是条硬汉子！"

"他把驸马斩了，公主怎么办？这不是给皇上出了难题吗？"

"唉，我看哪，刘墉今天是凶多吉少！"

乾隆虽说也怪罪刘墉不该斩和丰，只是说不出口，便道："各位爱卿，不必议论了。驸马他强抢民女，致死人命，当与庶民同罪，刘爱卿斩和丰也是忠于我大清，是他应尽的职守，刘爱卿无罪！"

"谢皇上不罪之恩！"

"臣和珅启奏主子，奴才以为刘墉有罪！"

"有什么罪？给朕讲来！"

"主子，你让刘墉巡察湖南，当在湖南办案。和丰在京城犯罪，当由京城官员办理此案。刘墉多管别事，是违抗圣旨。刘墉潜居刑部，在刑部审案，名实不符。不启奏主子而私行，是为欺君；抗旨欺君，依律当斩，请主子治刘墉之罪！"

乾隆一听，对！和珅说得有理！

"刘墉，和中堂所奏，说来有理。朕若是治你罪，你会说朕公报私仇；朕若是不治你罪，也有违祖宗家训、大清法律。如此，爱卿有何话说？"

刘墉心想，噢，你们这是在捏我的小鞋儿哪！便道："吾皇乃九五之尊，一国之主，南面天下，当以国事为重，不可有违祖训及大清法律。臣死微不足惜，臣甘心认罪伏法！"

"刘爱卿真是深明大义之人，如此，朕今日也只有挥泪斩马谡了啊！殿下武士，将刘墉带至午门外斩首正法！"

刘墉不慌不怕，除去顶戴花翎，脱下朝服呈与乾隆，然后跪下。

"草民叩见吾皇万岁，万岁，万万岁！小民有一事相求，求皇上恩准！"

“如此，就讲来！”

“草民今日当死，也是情理之内，意料之中的事。草民虽说当死，却也多日为官，且又与皇上有干兄弟之缘，似这样蓬头垢面、露骨露肉地到午门外就死，大庭广众之下，也有辱国体，于皇上金面也无光。草民早已备好送终之衣，虽不华丽，倒也干净。就让草民到家换上送终之衣，再来辞君就死，如此草民感恩不尽！”

“既是如此，朕就准你去穿送终之衣！”

“草民谢主隆恩！”刘墉出了大殿，对张成、刘安吩咐一番，便在朝房内歇息。

那张成、刘安，带领王安、王英、赵虎、丁三，急忙回到东四牌楼礼士胡同刘墉府内，将所用之物一齐带走，不多时来到朝房。刘墉更换已毕，便进金殿辞君就死。

“草民刘墉叩见吾皇万岁，万岁，万万岁！草民此番上殿，一来是辞君就死，二来这三口铜铡乃太后所赐，草民今午门处斩，留它也无用，就请皇上转呈太后，替草民传言，就说刘墉求干娘多保贵体，祝她老人家万寿无疆！”

乾隆皇帝闻言，龙目闪开，只见刘墉身穿官衣，颈系玉制免死牌，外套黄马褂，怀抱玉花瓶，瓶插红、绿、黄三朵金花。这些东西皆是太后所赐，有这些东西在此，就是十个乾隆，也杀不了刘墉。满朝文武也都替刘墉暗喜，就看皇上这戏如何唱下去。乾隆心里也明白，有太后所赐的这些东西，想杀刘墉，那是圆筒裤子——没门儿。乾隆爷心想，我还得找个坡儿下驴才行！主意一定，便对刘墉微微一笑。

“刘爱卿，朕刚才是见你忠心可嘉，心中甚乐，特与你戏耍着闹着玩儿哪！你怎么就当起真来了？”

“臣见皇上心中甚乐，也特地陪着皇上玩哪！”

这君臣一阵“玩话”过后，只有和珅打掉门牙往肚里咽，心里难受着哪！

“皇上，如此京中无事，臣将再回湖南了。”

“朕有大事由你去办，你两破大案，为国尽力，劳苦功高。朕加封你为内阁大学士、礼部侍郎、四库馆总裁，另兼太子师。”

“谢主隆恩，吾皇万岁，万岁，万万岁！”

“爱卿，近来下面表奏，河道失修，官运粮道不畅，不法刁民，啸居山林，骚扰地方。就由卿代朕巡察一趟，如此，又得有劳爱卿了！”

“臣遵旨！”

“有本早奏，无本退朝！”

文武大臣，出得金殿，来到朝房之内，纷纷向刘墉道：“恭喜刘大人高升！”刘墉也回道：“承蒙各位大人厚爱！”裘正义对刘墉道：“刘大人此番代皇上察河，定将会有一番作为！”“一切还多仰仗裘大人提携！”说罢，二人相揖而别。

【第十回】

修河刘墉卖红枣，赌人九王押午门

乾隆三十七年（1772年）六月十五这一日，一大早，太阳刚一出来就像一团烈火，直烤得人们觉得皮疼。刘墉带着张成、刘安等六人，奉旨沿着大运河南行，一路上视察河道，代察民情吏治，不知不觉来到沧州地界。此时日近中午，天热得就像是一个大火笼。人身上的汗水直往下流，身上黏糊糊的，馊气熏天，一个个只觉得头重脚轻，走在路上，就觉得脚像踩在软棉花上似的。刘墉坐在轿中，向外观看。只见赤地遍野，寸草不生，日光白花花的，刺得人不敢睁眼。地面的干裂缝足有一寸宽，远处偶尔有一棵榆树，树干的皮早被人剥光，树枝无精打采地耷拉着。树底下趴着一只狗，骨瘦如柴，舌头伸得老长老长。路上，偶尔有几个行人，不论是男女老少，都有一个共同点，那就是一个“瘦”字。那瘦的样儿，奇形怪状，但也有一个共同点，那就是：眼睛大，青筋粗，骨头高，皮肤松。那从上到下的衣裳，都是千补百衲，扯皮露肉。刘墉看到这里，不觉心中酸楚，两眼含泪，心想，这里的百姓，好苦啊！

“冤枉啊冤枉！”

刘墉在轿内，听到喊冤之声，命道：“落轿！”

刘墉从轿内闪目一看，见下跪之人五十余岁，头顶状纸，仆人装扮，不像是奸诈诡猾之人。

“下跪何人？”

“老奴本是沧州城北李家屯人氏，姓李名忠，因我家主人冤枉，今见钦差大人到此，特来拦轿喊冤！”

“将状纸呈上！你说你家主人有何冤枉？”

“大人容禀，小的主人姓李名国瑞，老主人是武昌府知府，现已谢世。我家主人自幼饱读诗书，性情耿直，为人正派，是位举人。只因青县县令贪污治河银两十五万，我家主人写文到官府告发，不想被青县县令知道，便说我家主人窝藏

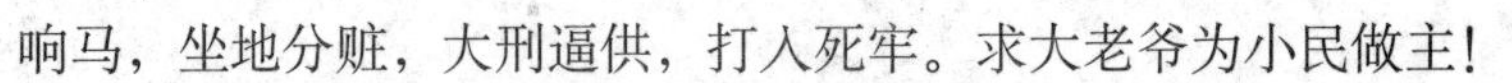

响马，坐地分赃，大刑逼供，打入死牢。求大老爷为小民做主！”

“如此，待本官到得沧州，重审此案，还你家主人一个清白便是！”

“老奴替主人谢过大人！”

刘墉大轿来到沧州，沧州大小官员都来迎接。

“下官钱碧喜前来迎接钦差大人，下官来迟，还请大人恕罪！”

“本官奉皇上之命，巡察运河事务，代察民情吏治！你是科甲还是捐纳？”

“回禀大人，下官是捐纳，原为青县县令，今代沧州署印！”

“如此，明日就将账务案宗交我审查，如若是为官清正，造福于百姓，本钦差将奏明圣上，以功论赏；若是为官不正，危害百姓，本钦差将严惩不贷！”

“下官遵命！”

第二日，沧州知州钱碧喜将一应账务案宗交与刘墉。刘墉便详加审阅，见账务清清楚楚，丝毫无差，刘墉又将案宗审阅一遍，也无甚差错之处。刘墉想道，如此看来，钱碧喜为官也还算清正，那李忠之言难道其中有诈不成？刘墉正思谋之间，只见一颗大火星，又明又亮，金光耀眼，从沧州府衙上空向北行去。刘墉暗想道：这颗大火星定大有来历。刘墉顺便将最底下的一本案宗拿起，只见上面写道：“案犯李国瑞，本州城北三里李家屯人，死囚赵喜供出，李国瑞窝藏响马，坐地分赃，本人亦供认不讳，拟判死刑，打入死牢！”

刘墉又将案宗细阅一遍，寻思道：李国瑞既是官家子弟，当是衣食尚丰，何必窝藏响马来分得银两？既是举人，且饱读诗书，又为何做此作奸犯科的不仁之事？且所分赃银两又是多少？赃银现又在何处？本人供认不讳，是自己招供，还是刑下招供？如此，此案可疑之处不少，还有待查明！

次日天明，刘墉用毕早饭，来到沧州府衙便招来钱碧喜相问。

“钱大人，李国瑞窝藏响马一案，你是如何审断的？”

“回大人，死囚赵喜供出李国瑞窝藏响马，坐地分赃。起初李国瑞也不肯招供，下官具文上达，除去他的功名前程，用夹棍一夹，他便招了！”

“钱大人，你可曾想过，那李国瑞既是官家子弟，怎会缺少柴米银两，又何必要窝藏响马来分银？他所分银两多少？赃银现在何处？”

“这个……下官失察，未曾细问！”

“此案疑点甚多，况且李家老奴李忠也曾拦轿喊冤！本钦差要重审此案！”

“如此，下官遵命！”

那钱碧喜听说刘墉要重审李国瑞一案，心中害怕，急忙招师爷甄有才商议。

甄有才五十五岁，生得五官端正，一表人才，穿着打扮，干净利索，白净面皮，留着一对细溜好看的八字胡，连任三任县令的红笔师爷，文笔如刀，法律纯熟，足智多谋，俨然一位正人君子。但这漂亮的外壳中间，却包着一颗奸诈不仁

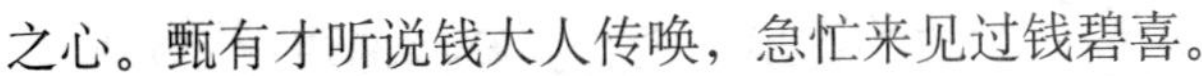

之心。甄有才听说钱大人传唤，急忙来见过钱碧喜。

“小的见过钱大人，给钱大人请安！”

“师爷，本老爷一向视你为知己，所以今天邀你来有事相商，还请赐教！”

“老爷有事尽管吩咐，小的照办就是！”

“不为别事，只是钦差刘大人要重审李国瑞一案，如若李国瑞供出你我河银之事，如何是好？”

“这个……好办，好办！老爷只需将牢头找来，如此这么这么……只需多给一点银两，那李国瑞只要狱中身死，岂不一切都烟消云散！”

“如此甚好！就由师爷去办！”

在快活仙酒楼，这一日生意特别好，楼上楼下，席席皆满，说笑声、划拳行令声、小二吆喝声，此起彼伏。厨师把铁勺儿敲得叮当响，跑堂的小二如同穿梭一般，来往不停。在楼上一个雅间里，一桌丰盛酒席早已摆好，此时甄有才与牢头黄直走上楼来，径自入座。

“师爷请小的来，不知有何见教？”

“闲来无事，特找你闲话！先坐下说话！”

“又劳师爷破费！”

“不妨不妨，些许水酒薄菜，请！请！”

他二人杯来盏往，酒过三巡，菜过五味，便渐入正题。

“小的无尺寸之功，何劳师爷如此盛情？古人云：‘无功不受禄。’师爷请小的来，有何吩咐，就请直言！”

“好！爽快，真是聪明之人。”

“多承师爷夸奖！”

“黄壮士，在下也就明说了。那李国瑞问成死罪，你也是知道的，只因他揭发了老爷的治河银两之事。如今新来的钦差大老爷要重审此案，那李国瑞若供出治河银两之事，你我都脱不了干系。所以老爷要你将李国瑞在狱中做成暴病身亡，先给白银五十两，事成之后，再给五十两。还请费心，要干得利索，不留痕迹！”

“小的知道了！什么时间动手？”

“事不宜迟，就在今晚上动手！”

“如此，小的告辞！”

晚上掌灯时分，黄直拎着两瓶酒和二斤半牛肉，对狱卒子道：“把李举人李国瑞老爷请出来，今天我要和李举人痛饮两盅！”那狱卒将李国瑞带了出来。黄直对李国瑞说道：“今日我请举人老爷痛饮两盅！”李国瑞施礼道：“不知何事，又让牢头大哥破费！”黄直笑道：“今日在街上碰到你家老奴，他给你送了一瓶酒，我们在饭馆里吃了饭，他要我一定陪你喝两盅！”“难得他对我如此

忠心！”“这也不是说话之处，就到我的板房里去吧！”李国瑞道：“如此甚好！”黄直又摸出一把铜钱，对狱卒道：“你和其他的弟兄们买些酒喝去吧！”那狱卒欢天喜地而去。

黄直与李国瑞二人边喝边聊，所说的多是些古今人情世故、各地风土人情。黄直殷勤劝酒，李国瑞也只当是好意，直喝得东倒西歪，说话舌尖儿不灵。

“举人老爷，咱两个千载难逢，能坐在这里饮酒，也是缘分！来，喝两杯！”

“我……我实、实在是不……不能……喝、喝了！”

“那咱就在这木板房歇吧！”

“行……行……啊……”

“举人老爷，省得回来查牢找麻烦，这刑具还是再给你戴上吧！”

“那、那……那是……当然，国、国家、刑、刑、刑具，理、理应……应戴……戴上！”

“如此甚好，老爷休怪！”

那黄直将李国瑞铁链一锁，手脚、双腿、胸部都用绳捆个结结实实，李国瑞半丁点儿也休想活动。黄直走到里间，将所准备的一个沙袋、一碗凉水、近二十张黄色草纸，端到了外间板床之上，听听外面已是鼓打三更。

“举人老爷，我黄直今天明人不做暗事，我今天请你吃酒，是来给你送行的！”

“送……送……送我到、到……哪……哪去！”

“送你上西天！”

李国瑞一听，酒也醒了一多半儿，便说：“此话怎讲？”

“我今天要结束你的性命！”

“我与你无冤无仇，为何要害我！”

“你休要怪我，我这也是奉知州大老爷的命令来的。知州大人要我让你死在监牢之中，然后递上病呈，说你监毙而死，就一切完事。”

“牢头大哥，你若为几两银子而杀我，你可想到后果？你若能放我一条生路，我可以给你几十两银子！”

“你就是给我黄金，我也不敢救你。我实话跟你说了吧，只因皇上亲点刘墉为漕运按察使，沿河南巡，一则察看运河河道，二则沿河巡察风土民情，察访吏治清浊。刘墉大人见你这案情有冤，故要重审，知州大人怕你说出河银之事，所以要我杀人灭口！如此，我救得了你，将来谁又救得了我？就是我不杀你，也还会有别人来杀你。因此，你是非死不行的！”

“既是如此，我只求牢头大哥少一时动手，让我回想一下家乡亲情、人生往事，如此，死也瞑目啦！”

“唉，我就宽限你一个时辰，天到四更，你必定得死，我也算是积一点阴德！”

那李国瑞被捆锁在平板床上，丝毫也动弹不得，眼望屋顶，心想目下遭遇，不觉心酸流泪，更恨贪官可恶之极，恨不得能身化利剑，杀尽天下贪官，还百姓一个清平世界。

就在此时，门外四更锣响，黄直道："举人老爷，时候已到，我也是奉命害你，休怪休怪！"

"恳求牢头大哥饶我一死，将来给你当牛做马也心甘情愿！"

"说什么都无用了！"

李国瑞双眼一闭，只得等死。

黄直端起水碗，喝一口凉水，猛地向李国瑞脸上"噗"的一口喷过去。李国瑞被喷得全身一颤，倒吸凉气，顿时喘不过气来。那黄直骑在李国瑞的肚子上，将那黄草纸贴在李国瑞脸上，喷过一层水，又贴一张，如此三张已贴过。那李国瑞直被闷得喘不过气来，脸憋得发紫。李国瑞用舌尖把纸捅了一个窟窿，才得缓过一口气来，道："牢头休要害我！牢头休要害我！"黄直道："你的气还不小呢！"说罢，用沙袋压在上面，道，"这下看你还能再捅个窟窿不！"转眼间，李国瑞被闷得面发紫，手发凉。黄直还恐其不死，又用力压着。黄直见李国瑞已死，便将沙袋拿下，站在床前，正想着再得到钱碧喜的五十两赏钱哩！

李国瑞被那黄直一闷一压，喘不过气来，一时晕死过去。那黄直也是做贼心虚，见李国瑞无声无息，便以为李国瑞已死掉，他的任务也已完成，就只想着怎样再到钱碧喜那里再讨那五十两银子的赏钱。只是那李国瑞未曾死去，只是一时憋闷，那黄直将沙袋拿下，再加上那几层纸原先就被李国瑞用舌尖捅个窟窿，所以很快就缓过了气来，说一声道："牢头休要害我！"也就在这时，满屋内一片红光，化作火球而去。这黄直哪里见过这等场面？直吓得哎呀一声，倒在床前地下，昏死过去。

刘墉足智多谋，不愧是智多星，他忽然间想道：那李国瑞一案，确系冤案，如若那案子与沧州官员有关，今夜必定是杀人灭口之时。如若今夜有人杀人灭口，那明日还凭什么去重审此案？想到此，刘墉急忙发令："张成、刘安、王安、王英，快随我去查监，不得有误！赵虎、丁三，就在沧州府衙内巡查，若有行踪可疑者，马上捉拿！"这些人闻听此言，各自去办各人的事儿。

刘墉由张成、刘安前行开路，王安、王英为后卫，直奔钱碧喜居室。那钱碧喜听说刘墉要深夜查监，便直打冷战，虽说内心害怕，却也不敢怠慢，急忙穿戴已毕，尾随刘墉前往监狱而来。

进得牢房，见整个监房一片沉静，几点灯光下，几个狱卒在来回走动。刘墉只见木板房内亮着灯光，又听得内中有人说："牢头休得害我！"

刘墉走进木板房内一看，心中便明白了这是怎么回事，急忙令张成、刘安

道："快给那床上之人松绑！"刘墉又看了看钱碧喜，道，"这是为何呀？"钱碧喜道："这定是牢卒泄私仇作弊而害人，下官委实不知！"刘墉道："速将那地上人救活，均带回州衙！"此时钱碧喜正暗自祷告："乞求观音菩萨大慈大悲，不要让黄直醒过来，保佑我脱过此次杀身之祸，保佑我脱此险境，来年我将重塑金身，再修庙宇，多行善事，造福百姓。"很快，听得一声禀报，说："回大人，那牢头黄直已经醒来！"那钱碧喜听说黄直醒来，直吓得屁滚尿滚。

刘墉道："将人犯全带到州衙，由尔等亲自看管，不得有误！"

沧州知州府衙大堂，今日格外威严，两班衙役手执水火棍，威武整齐。刘墉端坐在大堂之上，喊一声："升堂！"两边衙役呼喊堂威已毕。

"带人犯！"

李国瑞、黄直被带到大堂。李国瑞跪地，口称冤枉。

"小民李国瑞叩见青天大老爷，小民冤枉！求大老爷为小民做主！"

"你有何冤枉，尽管讲来！"

"只因小民曾告发钱碧喜贪污修河银两十五万两之事，钱碧喜便让死囚赵喜咬住小民，说小民窝藏响马，坐地分赃。小民不招认，钱碧喜便动大刑，用夹棍夹小民，小民受刑不过，才被迫招认。不料大人到此要复审此案，钱碧喜又指派牢头黄直在平板房杀害小人，多亏大人查监，得以相救，还请老爷为小民申冤！"

"黄直，你为何要在平板房杀害李国瑞？从实招来！"

那黄直见不招供只有皮肉受苦，不招供也无益，倒不如早早招认，免吃皮肉之苦，便完全招认，将甄有才饭店吃饭，安排杀害李国瑞之事讲述一遍，并签字画押。

"甄有才，黄直他已招供，你还有何话讲？"

"回大人，黄直杀李国瑞，事实俱在，罪责难逃。但黄直因有违狱规，曾遭小人训斥，故怀恨在心，今反来攀扯小人，实是诬害小人！"

"回大人，小的说的都是实话，有甄有才给小人的五十两官银为证，请大人过目！"

刘墉一看，果是官银，可证黄直之言不假，便大喝一声："现有官银为证，你还有何话说？"

"回大人，那官银与小人无关！小人乃府衙师爷，岂可做那等作奸犯科之事！"

"好一个刁钻的伶牙俐齿，不动大刑，你是断不肯招认！来呀，夹棍侍候！"

两边差役如鹰拿小鸡，用夹棍那么一夹，那甄有才哪里受得了！

"小的愿招！小的愿招！"

"讲！"

"大人容禀！大人说要重审李国瑞案子之后，知州大人，不！是犯官钱碧喜

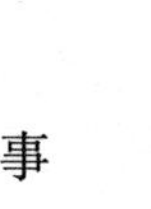

找小的商议说，钦差大人要重审李国瑞一案，那李国瑞要供出你我治河银两之事如何是好？是小人定了灭活口之计，犯官钱碧喜便叫小人去找牢头黄直商议谋杀李国瑞之事。小人说的均为实情，无半点虚假！”

“我来问你，你们贪污治河银两多少？”

“共十五万两！”

“钱碧喜！你可知罪？”

“犯官知罪！

“你贪污治河银两，致使河道失修，水运不畅，有误国事，你该当何罪？”

“犯官该死！犯官该死！”

刘墉令人摘下钱碧喜顶戴花翎，扒下官衣，一根铁链锁了，便宣判道：“沧州知州任青县县令时，侵占治河银两十五万两，且诬陷贤良，杀人灭口，依律当斩；甄有才挑唆县官残害良善，杀人灭口，依律当斩；牢头黄直贪图钱财，助纣为虐，残害人命，依律当斩。李国瑞敢于揭露贪官罪状，无辜而遭陷害，当无罪释放，待奏明皇上之后再恢复你的功名，另当别授官职。暂且归家养神，以候佳音！”

李国瑞跪地叩谢道：“谢青天大老爷！”

“其他人犯，打入死牢，以待秋决！”

六七月间，本来雨水就盛，那专管行云布雨的小白龙，今年闹得特别欢，在天宫又唱又跳。小白龙在天宫一撒欢不要紧，这地上的大沟小河可就受不了啦！小白龙一个喷嚏就是一场暴雨，一伸腰就把天河给倒下来了，一跺脚，那大海也要来个底朝上。这山东、河北、安徽、河南，那可是江河地上流，鱼鳖上屋脊，渔船树上行，满湖遍野，一片汪洋。刘墉带领众人，边行路边察看，这一日，来到了山东临清州。只见这里的运河河道特别狭窄，两边河堤也破烂不堪，随时都有决堤的危险。看到这里，刘墉心中想道：此处河道要认真修理，看来，倒是要在这临清州安营扎寨了。遂道：“前往临清州官衙！”张成、刘安在前面鸣锣开道。

这临清州知州鲁水清听闻钦点漕运按察使刘墉察河来到临清州，急忙带领临清州大小官员到接官亭迎接。虽说鲁水清为官清正，官声甚好，却也对刘墉在沧州查处钱碧喜一事早有耳闻，所以迎接刘墉也就格外认真恭谨。大小官员早都把自己的一应职责财务理个清清楚楚，等待钦差检查。

“临清州知州鲁水清前来迎接刘大人！”

“鲁大人免礼！”

“下官知钦差大人光临，故将一应账务及案宗整理已毕，还请刘大人过目

检验！”

“鲁大人为官清正，本钦差早有耳闻。账务案宗暂先免看，目下暴雨成灾，河务要紧，临清州之事，就有烦鲁大人自行查纠吧！”

“如此，下官遵命！就请刘大人府衙中安歇！”

“如此甚好！”

第二日，刘墉招临清州知州鲁水清议事。鲁水清道：“大人召下官，有何见教？”刘墉道：“连日来，天降暴雨，加上连年灾荒，百姓生活艰苦，我等不能只身坐州衙，须到重灾之处查看一下。府衙内可留书吏守护，其余衙役兵丁可全数下乡，帮助百姓办些事情，对于断炊之人，可济粮些许，不要让百姓再受饥饿之苦！”鲁水清答道：“大人吩咐得极是，下官这就安排人丁事宜！”“本官也一同前往！”刘墉道。鲁水清谢道：“大人前往乃万民之福！”

临清州城南十里处，有一片山河相汇之地，地势低洼。洼湖之中，有一个村子叫刘家沟。刘墉听说此处水情最重，便带领众人前往刘家沟。刘墉在前，鲁水清在后。一看这阵势，其他人等哪个还敢怠慢？

刘墉与鲁知州将村子看了一遍，见有一户被水困在中央，出进均要蹚水，刘墉道：“鲁大人，可派五十名兵丁，挖沟疏水！”“下官遵命！”在刘家沟村西头，有一户民房墙歪门斜，里面住着一位年迈老翁，无儿无女。老翁疾病缠身，见了刘墉、鲁水清，就要叩头。刘墉一把将老翁扶起，道：“不必施礼！老翁高寿？”

“回大人，小老儿今年七十五。”

“不幸遇上灾年，日子甚是艰苦！”

“回大人，这也是没法子的事，收成不好，无力完税纳粮，也只能吃些野菜凑合着！”

“鲁大人，可派些兵丁，将这屋子收拾收拾！可唤个郎中来给他诊治一下，可寻找一家，令其出一人照料老人，可免去他家租税！”鲁水清道：“下官遵命，这就让人去办！”老翁闻听，热泪顺脸而下，接着又磕头谢道：“小老儿多谢大人！”

中午，刘墉令道：“所有人等自行安排吃饭，不得侵扰百姓！”众人领命而去。刘墉还特请老翁与他共同进食，他将老翁的菜饭给众官吏分食，说道：“尔等整日里精米细面，可曾想到百姓吃此等菜饭之苦？为官者，当爱民如子才是！”众人答道：“大人见教得极是！”

晚上离开刘家沟之前，刘墉与百姓话别，道：“尔等要自食其力，设法度过荒年，好好地过日子，万不可做作奸犯科之事！”百姓们齐声答道：“多谢大人教导！”

七月二十五这一日，天气晴朗，刘墉与鲁水清站在临清州城墙之上，大运河两岸景物尽收眼底。刘墉道："这大运河临清州一段，河道颇窄，阻碍南北过往船只，且临清州地势低洼，若能在运河两岸各修一座泄水闸，旱能灌，涝能排，岂不造福于民！"鲁水清道："大人所言极是，下官所见略同，只不过山东地方多年灾荒，民力困乏，所缺银两太多，一时无力筹措！""只要大人主意已定，银两之事，本官再想想办法，或许可望解决！""如此，就多劳大人操心了！"

疏通河道，修建泄洪闸，需要大批银两，刘墉正为此事发愁。这一日是八月初六，刘墉微服正在临清州大街之上闲逛，忽听得一声锣响。刘墉抬头一看，只见在人群之间，有一个人正在卖艺。只见那人五短身材，先是打了一套太极拳，接着是刀枪剑棍等兵器耍了一遍，便道："各位乡亲，李某初来贵宝地，为乡亲献艺，在下初学乍练，在此现丑。常言道：'在家靠父母，出门靠朋友。'咱们就讲一个'义'字！在下卖艺也须讲一个'义'字，这叫义卖义演，若有不到之处，还请诸位多多包涵！"刘墉听罢心中一乐，笑道："好一个义演义卖！你能义演义卖，赚钱养家糊口，我刘墉就不能来个义演义卖赚钱修河道吗？"想到此，急忙回到临清府衙，对鲁水清说道："治河银两有来路了！""有什么来路？"刘墉笑道："我请皇上给一点，我等自己再筹措一点。""如何筹措？"鲁水清问道。刘墉笑着道："我们山东有两大特产，一是山东大红枣，二是武术。可由临清州出面，招录习武之精英一百人，按照套路，集体演练两个月，再将山东大红枣收他个一万担。我们就到北京去，给他来个义演义卖，所得银两入账造册，作为治河修闸之费，你以为如何？"鲁水清被说得眉开眼笑，连连笑道："大人高见！大人高见！"刘墉道："既是如此，就由鲁大人辛苦筹办！"鲁水清道："下官遵命！"

十月的北京，秋高气爽，景色宜人。刘墉的一句话，又给北京增添了一个新的景观，那就是山东临清州知州鲁水清带着"山东治河武术义演团"来到了北京。这"山东治河武术义演团"可是一个大团，有钦差、钦点漕运按察使刘墉的一行人马，有知州鲁水清州衙一行人马，另有武术高手五十名、十万担山东红枣的挑夫，真可谓千军万马，浩浩荡荡！

在北京五朝门外，由刘墉坐镇，一个宽八尺、长十丈的大型横幅招牌扯在大街上，上书"山东治河武术义演团"九个大字！吹鼓手高奏鼓乐，直把锣鼓敲得震天响，早把过往行人给吸引了过来。只见那鲁水清向行人朗声宣讲道："我们是山东临清州百姓组织的'山东治河武术义演团'。钦差大人查河临清州，为了筹措银两以疏通河道，我山东武术团特来北京义演，还请各位多多捧场，慷慨解囊相助，下官这厢有礼了！"

在锣鼓音乐之中，五十个武林高手一起上场，只见刀枪对举，棍剑相迎，寒

光闪烁，龙腾虎跃，直让人看得眼花缭乱。那挑枣子的民工，就趁势在人群中卖枣，一时间，只见那白花花的银子直向刘墉眼前的筐子里飞！喝彩声、掌声接连不断，刘墉和鲁水清喜得眉开眼笑。

义演义卖惊动了满朝文武大臣。乾隆皇帝也有耳闻，他坐在宝座之上想道：这刘墉不在下面治河，到北京又耍什么把戏？义演义卖？好，朕就偏要看看你演的什么，卖的什么！又一想，不行呀！朕乃九五之尊，挤到人群中看把戏，有失国体。想罢便道："七王爷、八王爷、九王爷、和珅，那刘墉在午门外耍的什么把戏？尔等代朕去看看，回来后讲与我听！"

刘墉一见七王爷、八王爷、九王爷、和珅来了，急忙迎接。

"刘墉叩见七王爷、八王爷、九王爷、和珅大人！"

"免礼！我们四位是奉主子之命，前来看看你这义演义卖！"

"谢过皇上，多蒙几位大人前来关照！"

"你这义演义卖是……"

"回禀七王爷，臣奉皇上之命查河，见山东临清州河段河道狭窄，两岸低洼，积水成灾，意欲疏通河道，在两岸建泄洪闸两座。只是治河银两尚缺，所以用义演义卖之银两来维修河务，请奏明圣上，以明臣意！"

"如此甚好！"

这四位大臣回到金殿，见过皇上。

"四位爱卿，刘墉在午门外耍的什么把戏？"

七王爷连忙答道："启奏主子，那刘墉奉旨查河，见山东临清州地段河道狭窄，要疏通河道，修建泄洪闸两座，但尚缺修河银两，因此义演义卖，筹措治河银两！"

"取于民，用于民，朕看这办法不错！"

"启奏主子，那刘墉分明是以修闸治河为名，搜刮民财。那临清州知州鲁水清擅离职守，必须治罪！"

"启奏主子，那刘墉义演义卖，筹措银两也是好事！和大人一派胡言！"

"七王爷言之有理，依朕看来，诸位卿家不必再争了！"

因刘墉斩了和丰，所以和珅一直在找刘墉的碴，想报复一下，不想这次未找准，被皇上来个不热不凉，心中只是闷闷不乐！

刘墉见七王爷、八王爷、九王爷、和珅来到义演现场走了一趟，马上计从心来，急忙写下请帖：

××大人台鉴：

余奉圣上旨意，山东查河，为筹治河银两，特来京都义演义卖。承蒙各位大人关照，亲临现场惠顾，不避寒霜风尘，感恩不尽。特于十月初九在寒舍略备薄酒，恭候大人光临，以表谢意，万望多视薄面，屈驾光临。切切，切切！

刘墉敬呈

乾隆三十七年十月初六日

请帖写好，急忙让赵虎、丁三分别送呈。

七王爷、八王爷、九王爷、和珅都分别收到了刘墉的请帖，他们四人就开始嘀咕上啦！

“七哥，你说这刘墉请咱们，去不去呀？”

“去去，这饭不吃也是白不吃！”

“刘墉诡计多端，我看还是不去！”

“和大人你怕什么？刘墉还会吃了你不成？”

“八哥说得对，我就看刘墉能想个什么点子！”

“都去，不去刘墉除了落个便宜外，还得来损咱们！都去！十月初九，今天是初八了，明天都去！”

十月初九这一天，刘府内张灯结彩，热热闹闹。天还未到小晌午，七王爷、八王爷、九王爷、和珅四乘大轿，相继而来。刘墉一一迎进府门，四人在客厅内坐下，各自品茶闲话。刘墉亲自指挥，走前走后。

天近中午，早到吃饭时间，八王爷饿得直喊：“刘大人，何时入席呀！”

刘墉道：“稍待一时，我先让各位大人品尝一下我家乡的特产。”

王安、王英用大托盘端上满满一托盘的红枣来，另加四个小碟子。

刘墉道：“诸位大人，这是我家的乡邻托我给他们卖的，我先让诸位大人尝尝。这枣儿叫玛瑙红珍珠蜜枣，甜着哪！这是俺山东的土特产，是用蜂蜜、冰糖、桂花、蜜饯精制而成，清香爽口，还能清心肺、去肝火、治虚损、润五脏……”

八王爷性子急，再加上肚子饿，便道：“我还是先尝尝再说！”随即抓起一个往嘴一送，吃了一个，把枣核吐到地上，说道，“不错！不错！好吃，怪甜的！”

刘墉把地上的枣核拾起，说道：“八王爷，这核可是好东西，扔不得，扔不得。就请诸位大人把枣核放在你们面前的碟子内。”

一来是这枣儿好吃，二来也是他们肚中有些饿，这一托盘蜜枣不一时就给吃了个精光。刘墉让张成、刘安将四碟枣核放在一旁，道：“上菜！”不多时，酒菜齐备。

刘墉端起酒盅道：“今日四位大人光临寒舍，使寒舍蓬荜生辉，刘某感激不

尽！我先敬四位大人一盅！”说罢一饮而尽。这四位也不过谦，便杯来盏往地吃将起来！不一时，便是酒足饭饱，碗筷均不想再动。和珅首先站起想要溜，刘墉急忙将和珅摁在座位上。

“诸位大人，在下要多谢诸位大人！”

“哎，今儿又奇了，我等也吃了，也喝了，还没谢你，你反倒要谢我们！”

“九王爷，我是说我这山东红枣……”

“你要说红枣，我爱吃甜，本王爷还没吃够哪！”

“诸位大人放心，我刚才说了，这枣是山东老乡托我卖的。你想我这堂堂国家大臣，去街上卖枣，不是有伤国体吗？我一想，干脆就卖给你们四位大人吧！这枣儿一吃，我这枣不就卖掉了吗？我也买了一份，我现在把我买的那一份，分成四份，都放在每位大人的轿子里啦！”

九王爷一听，大喜，连忙说：“好好！这枣子我买了！”和珅一听，不对劲，便道：“刘大人，我们可是你请来的呀！”刘墉将手一摊，道：“是我请的不错，我请你们喝酒吃饭，可没说吃枣不给钱呀！再说，山东发大水，连年灾荒，乡亲们就指望这卖枣过日子啦，我又怎么好说买枣子不给钱呀！”

九王爷一听，道：“和大人，别说了，谁叫咱吃人家的枣哩，买就买吧！刘大人，你说多少钱一斤？”

“各位大人，这枣子不论斤，论个儿卖！”

“你说，多少钱一个？”

“十两银子一个！”

“才十两银子一个，不贵！不贵！”

原来这些王爷自幼在宫中，富生贵长，哪里知行情物价？他还说便宜。刘墉对张成、刘安、王安、王英一使眼色，四个人便数起枣核来。

“那我们各自吃多少？”

“诸位大人不要着急，我看看账本就行！”

“你哪里有什么账本？”

“七王爷不信？看！这碟中的枣核就是账本儿！”

不多时，四人数好，分别来报：

“回大人：和大人吃九百七十八个，折银九千七百八十两！”

“回大人：七王爷吃五百六十三个，折银五千六百三十两！”

“回大人：八王爷吃六百五十二个，折银六千五百二十两！”

“回大人：九王爷吃一千四百八十一个，折银一万四千八百一十两！”

“诸位大人，掏钱吧！”

“哎呀，我们可没带银子呀！”

“大人，没有银子，给银票也行！”

“那好，我给银票！”

“我也给银票！”

“还是七王爷、八王爷爽快！九王爷与和大人呢？”

“我和珅拿轿子作抵押！”

“行！和大人用轿子作抵押，行！”

“刘大人，我也用轿子作抵押！”

“那不行，你九王爷的轿子岂是我能坐的呀？”

“那我身上没带银票，如何是好？”

和珅在一旁说道：“九王爷，你身上没有钱，你不会卖点东西吗？”九王爷道：“我有什么东西卖呀？”

“卖午门！”

“什么？卖午门？”

“对呀，这大清天下是当今皇上的，可也有你的份呀！你卖午门，就是皇上知道了，你还可以赎呀！再说，你卖午门，刘墉他敢要吗？他要不要，你我的账不就没了吗？”

九王爷听和珅这么一说，也醒过劲儿来，便对刘墉笑了笑。

“这样吧，刘大人，我卖给你一点东西，反正我不欠你的账！”

“行，你把什么卖给我？”

“我把午门卖给你！”

刘墉心想，这又是和珅出的歪主意！好吧，你九王爷敢卖我就敢买！我看你二人还怎样下台！

“好，九王爷，这午门我要了！”

九王爷一听刘墉要买午门，实在是出乎意料，还真弄得九王爷骑在老虎背上——上上不来，下下不去！说不卖，话已出去收不回来；这要卖，午门该值个什么价呀！

“啊！刘大人，这午门你要了，可这没有价呀！”

“哎，九王爷，我还能让你吃亏吗？你吃了一千四百八十一个枣，折银子一万四千八百一十两，这午门就折成一万四千八百一十两吧！”

“好！行啦，咱俩不找钱！”

“九王爷，立个字据吧！”

“还要立个字据？”

“空口无凭哪！”

“既如此，文房四宝伺候！”

九王爷铺纸提笔，写下凭据一张，上面写着几行小字：

契　据

本亲王因买了山东大红枣，为还红枣之银，现将午门折银抵账，两不找钱。空口无凭，立此为据。

刘墉一看，道："这是废纸一张！"九王爷问道："怎么是废纸一张？"刘墉说："你没有签名盖印哪，也没有月日呀！这要认起真来还怪麻烦！"九王爷签上名，从怀中摸出小金印盖上，道："这样行了吧？"刘墉道："还没有保人哪！""还要保人？"九王爷心想，这馊主意都是和珅出的，你和珅也别想清静！

"要保人，那行，就叫和珅做保人吧！"

"我做保人？"

"是呀，快写吧！"

和珅无奈，只得签名作保。

"刘大人，这下子行了吧？"

"九王爷，这回行了！"

"那，我等就告辞了！"

"今日招待不周，诸位大人多受委屈，恕不远送！"

出得刘府，九王爷埋怨和珅道："午门是文武大臣朝见必经之路，岂是可卖的？今日卖了出去，如何是好？"

"王爷何必过忧，我们将午门卖出，他刘墉能把午门背回家中不成？我谅他也不敢动午门一砖一瓦！"

"如此，你说得也是！"

次日一大早，刘墉带领张成、刘安、王安、王英四人来到午门之前，用绳将午门一拦，中间放一个木箱。文武大臣一见，不知是何原因。正迟疑间，张成上前施礼道："诸位大人，这午门被我家大人买下，现归我家大人所管，从此门过者，每位收税五十两！"刘墉走上前去，道："各位大人，虽说午门归我管，在此收税并非为私，也是为疏通山东运河河道而筹款，还望诸位大人见谅！"

这文武大臣正左右不是，那金殿内已是钟鼓齐鸣，香烟缭绕。乾隆皇帝端坐在宝座之上，正在纳闷，眼见马上已到辰时，怎么竟无一个大臣进殿？正欲发问，只见奏事官来报："启奏万岁，那刘墉用绳拦住午门，进门者收税五十两！"乾隆爷听罢，龙心不悦，心想这刘墉胆子不小，竟敢拦阻大臣朝见。"宣刘墉上殿！"

"刘墉，你为何要拦阻群臣上殿？"

“启奏皇上，那午门九王爷已卖给我，我在此收税并非为私，实为治河筹措银两。这是卖午门的凭据，请皇上过目！”

“宣九王爷、和珅！”

九王爷听见宣召，急忙上得殿来。

乾隆问道：“怎么就你一人上殿，和珅为何不上殿？”

“启奏主子，和珅有病告假！”

“这午门是怎么回事？”

“臣在刘大人家吃了百姓的枣子，因身上无钱，和珅就劝我卖午门抵账！”

“哎，刘墉，这凭据上是折银抵账，并没卖给你呀！”

“启奏皇上，这折也好卖也好，反正九王爷得给我钱！”

“你也别拦着午门了！九王爷少你钱，他拿钱还账不就行了吗？”

“九王爷愿还账，我就午门放行！”

“宣群臣进殿！”

“万岁有旨……宣群臣进殿……”

“启奏皇上，臣奉旨查河，唯山东临清州河段河道颇窄，急需疏通河道。为筹修河银两，故来京义演义卖，至今已筹银二百万两，仍缺一百万两，如此，还请圣裁！”

“如此，朕就拨你白银一百万两！”

“谢皇上。启奏皇上，山东连年灾荒，百姓生活甚苦，吃糠吞菜，无力上交租税，求皇上免其租税两年。臣想以工代赈，这样，既可免灾民之苦，又可解决治河之民工开支，还请圣裁！”

“如此甚好，朕准奏！”

“谢皇上！”

临清州府衙门前贴出了一张布告。这一消息就如春雷一般，震撼着临清州每个百姓的心。老百姓三五成群，就如逢集赶会一般，大人小孩，男男女女，都来看那布告。只见那布告上，白纸黑字，写得清清楚楚：

布　告

临清州军民：

奉皇上之命，今冬明春将疏通拓宽大运河临清州段河道，兼修建泄洪闸两座。值此灾年之际，本州决定以工代赈，在本州内征集民工，官府供粮济民，民工出力治河。出一丁者贷一人粮养家，出二丁者，贷二人粮养家，望本州有力壮丁前来修河领粮。自备治河工具。此布。

乾隆三十八年十一月初九日

十日之间，前来报名修河的壮丁达十万余众，不日之间纷纷上工。刘墉命临清州知州鲁水清带领人马负责发放救济粮，安排组织民工上工，维持地方治安。刘墉带领张成、刘安等六人率领兵丁负责治河总务。长达十里的运河河道上，人来人往，人山人海，肩挑手提，人抬车拉，人语喧闹，号子声接连不断。每日日出而作，日落而停，工程进展飞快。

眼见十一月的天气一天冷似一天。刘墉想在雨雪来临之前，一定要把工程的主要部分完工。刘墉与鲁水清商议，采取三个办法，一是增加民工的口粮数量，对上工壮丁的家小一定要让他们有饭吃，解除上工壮丁的后顾之忧；二是再征集劳力，壮年妇女也可单独组织起来上工；三是令州内各级官吏衙役兵丁，都要上工，有力的出力，有钱的出钱，有智的出智，全体军民齐心协力，苦战一个月，争取在雨雪来临之前大体完工，可老天就是不愿意帮这个忙。

十二月初八，天竟纷纷扬扬地下起大雪来。一场好雪，只见天空灰沉，乌云如墨，朔风大作。那雪花，先是一片片地飘，后来就是成团儿地往下落，却好似飞天玉女来散花，又好似万顷白棉空中飞，又好比无数玉龙空中升，败鳞残甲漫天飞。

刘墉再看那民工个个如同雪人一般，当即让众民工停工。其中有两个后生硬是不肯停工，刘墉便问道："雪太大了，你们为何不停？"两后生答道："大人，这修河治水，也是大人造福百姓的事，何况大人是以工代赈。我弟兄俩干一天，可领两份粮，家中年迈高堂可免受冻饿之苦！若不是大人以工代赈，我等百姓早不知冻死于何方。这天虽冷，要比冻死在外强上百倍！"刘墉也被他的话感动了，将官服一脱，道："来！我也和你兄弟俩一起干试试！"说罢，就抄起工具干了起来。所有民工，一传十，十传百，一时间，十里河道又人山人海。你说钦差大老爷亲自干活，所有官吏哪个敢不尽力拼命！此时刘墉传下令去："今日飞雪，所有民工，救济口粮均加一份，养其家小；河段民工，每人赏酒一两！"令一传出，十里河道，皆呼青天！此时，鲁水清急忙赶来，劝道："大人乃五十多岁之人，比不得年轻后生，保重身体要紧！"众人七手八脚，硬是将刘墉抬上河岸，穿上官服，方才罢休。大概是心诚通天，那大雪下了半天竟自停了，一直到十二月二十日才又铺天盖地地下起来。此时河道基本完工，刘墉令全部停工，全都回家过年，待来年二月初十再开工，大干一个月，十里河道将疏通完毕。

乾隆三十九年四月，小麦上场之后，刘墉即开始在大运河两岸修泄洪闸两座。家有双丁者抽其一，单丁者不抽，为的是不误农时。

山东省梁山县，这是当年大宋时宋江起义造反的地方。当年宋江带领一百零八条好汉，啸居山林，闹得大宋江山东摇西坠。七百年后，这里又爆发了一次

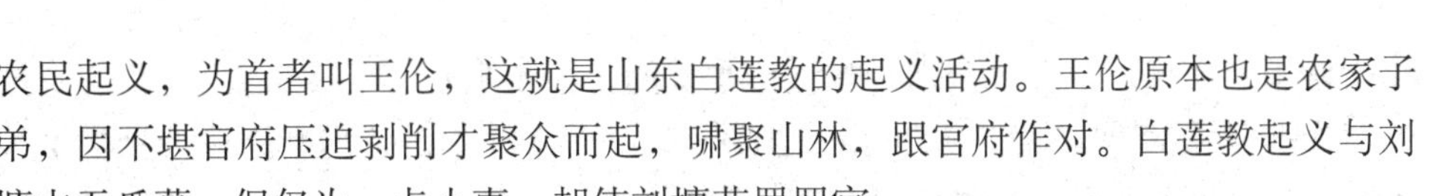

农民起义，为首者叫王伦，这就是山东白莲教的起义活动。王伦原本也是农家子弟，因不堪官府压迫剥削才聚众而起，啸聚山林，跟官府作对。白莲教起义与刘墉本无瓜葛，但仅为一点小事，却使刘墉获罪罢官。

两座泄洪闸正在紧张施工，眼见五月过了一半，到六七月间汛期就到，所以这两座闸必须在汛期到来之前完工。刘墉整日来忙得不亦乐乎。

这一日，两名公差捆锁一人来到刘墉面前。原来所锁之人，姓刘名非，山东梁山人氏，系王伦手下一名小统领。这一日，奉王伦之命到临清州来策动造反，扩大兵力。这刘非心想，两闸工地，人群所聚，便于行事。不料临清州百姓，深受刘墉恩德，正思图报，哪有造反之心？刘非说不上几句，便被公差发现，当即押来见过刘墉。

刘墉见刘非虽属白莲异党，但非奸诈凶残之徒，便细加审问。

“大胆反贼，背叛朝廷，与官府作对，该当何罪？”

“我刘非既落你手，要杀便杀，二十年后，我还是一条好汉！”

“你是什么好汉？好汉当精忠报国，为民造福，为何要造反为寇？”

“精忠报国，为民造福？我精忠报国了，国为民造福了吗？”

“你怎么个精忠报国？国家又怎的不为你造福？”

“我自幼习武，为的就是报国。可梁山县令抢我妻子、杀我父母就是造福于民吗？”

“此话怎讲？”

“反正都是一死！我就实话实说，要杀要砍随你的便！”

想不到刘非一开口，便又引出一桩公案来。

乾隆三十八年（1773）十月初六，梁山县正逢山神庙庙会，人山人海，热闹非凡，开店的、坐铺的，各安其事。忽然间，人们就像鲜花遇上了西北风，忽地矮了一大截，人少了一多半。这是为什么？原来，打东边跑过来三匹马，其中领头的二十六七岁，一看便知是恶少！果真不假，此人正是梁山县高府衙内。三匹马并六七个打手在街上横冲直撞，人们早就躲开，只有老人、妇女、小孩子躲闪不及，有被撞倒的，有被踩烂头的，也有被踩断腿的。说来也巧，有一个年轻小媳妇正被围在中间。衙内高安一见那妇女倒也有几分姿色，一招手，那四五个打手便一哄而上，拉了就走。

那小媳妇正是刘非之妻。消息传到家中，那刘非哪里按得下这股烈火，当即手持大刀便追到梁山县衙。不料那梁山县令高善美这个狗官竟把刘非抓上大堂，诬刘非为反贼，打入死牢。更可恨的是，那高安竟指使打手到刘家，杀了个鸡犬不留。后来，刘非越狱而出，本欲杀了高善美狗官父子，但刺杀无果，便连夜逃

走投奔王伦而去，从此成为白莲教王伦手下的一个小统领。

刘墉听罢刘非之言，沉思了一会儿，道："你投奔山林为贼为寇，身世虽甚可怜，但你背叛朝廷，对抗官府，罪不可赦！"

"大人来到临清州，有口皆碑，今小人既落你手，小人甘愿死于大人手下！"

"刘非，本官念你事出有因，只要你答应本官一句话，本官便不究治你罪！"

"大人请讲！"

"归顺朝廷，不当反贼，上忠国家，下安黎民！"

"大人不治小人之罪，小人甘愿归顺朝廷！"

"如此甚好，本官给你白银五十两，再寻个老婆，好生安心过日子去吧！"

刘非闻言，跪地痛哭，长跪不起，道："大人不杀之恩，终生难报。小人现已无家可归，大人若不嫌弃，小人情愿跟随大人，愿效犬马之劳！"

"既是如此，你就在此当差吧！"

"多谢大人收留！"

后来，也只因刘非是一条汉子，与刘墉当世有缘，竟认刘墉为义父，刘墉也就认了刘非为义子，这自然是后话！

刘墉大慈大悲，大仁大义，收服白莲教叛贼，深得百姓人心，被传为佳话。不料这件事被和珅听说了。和珅心想：刘墉呀刘墉，人都说你足智多谋，没想到你也有失算的时候。你勾结白莲教反贼，并收为义子，背叛朝廷，该当何罪！

山东白莲教农民起义，攻城掠县，抗拒官府，那告急奏章雪片似的飞向北京。乾隆皇帝整天被搅得头昏脑涨。这一日早朝，乾隆皇帝刚坐定，和珅便上朝奏本。

"启奏主子，奴才有本奏！"

"所奏何事？"

"这山东白莲教反贼势力嚣张，官兵围剿不果，只因朝中有人支持！"

"朝中谁在支持？"

"刘墉！"

"刘墉支持白莲教？"

"不错，刘墉勾结白莲教反贼，并收反贼统领刘非为义子，借治河为名，征调民丁，暗中操练，阴谋造反！"

"此话当真？"

"千真万确！奴才敢以人头担保！"

乾隆一听，龙颜大怒，道："传朕旨意，将刘墉就地正法！"

这时刑部尚书裘正义觉得苗头不对，便出班启奏："启奏皇上，为这点小事不必动怒，应多保重龙体才是！"

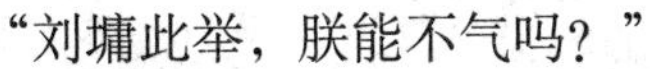

“刘墉此举，朕能不气吗？”

“依臣之见，有太后免死牌在，刘墉，皇上是杀不得的。且杀了刘墉，治河事务何人可以承当？皇上倒不如将他削职为民，戴罪治河，岂不各有所得！”

“既如此，朕就准你所奏。朕就派你前去宣旨，顺便查看临清州河段治理得如何！”

“臣遵旨！”

光阴似箭，日月如梭，转眼间已是七月天气，连续的阴雨，使工程进度缓慢。七月二十三日，天降暴雨，民工们冒雨修闸。七月二十四日上午，暴雨虽停，但仍是乌云翻滚。那运河的水一个劲儿地往上涨，弄不好，那运河之水就要通过闸门向外淹将过去！此时，忽听得圣旨到，刘墉急忙摆香案接旨。虽说钦差裘大人与刘墉关系不错，但这皇命在身，刘墉可马虎不得！

“刘墉接旨！奉天承运，皇帝诏曰：查刘墉治河之间，违背圣命，竟与白莲教叛贼勾结，竟收叛贼统领刘非为义子，且暗训民工，阴谋造反，依律当斩。朕姑念过去有功于国，故免去官职，贬为庶民，戴罪修河立功，期望莫负朕意。钦此！”

“谢主隆恩！”

众百姓及临清州官员闻听刘墉被削职为民，都纷纷跪地，替刘墉求情。那刘非见刘墉因自己而罢官，便要自杀请罪，被众人拦住。那刘非便跪在刘墉面前，把头磕得前额冒血，哭道：“大人，义父，是小人毁了大人的前程！小人罪该万死！”刘非又向裘正义连连叩头，道，“大人，小的情愿跟你进京，求皇上治罪正法！朝廷中离不了刘大人，临清州百姓离不了刘大人啊！”

所有人都跪下，向钦差磕头求情。此时，天降大雨，电闪雷鸣，雨中无一人起立，齐声高呼：“刘大人不当治罪！刘大人功德彰于天地！”

刘墉无奈，向民工施礼道：“诸位乡亲，刘墉乃区区草民，何德何能，劳诸位如此错爱？快快请起，不必如此！”“不给刘大人复官，我们永跪不起！”钦差见此情景，也颇受感动，道：“本钦差皇命在身，不能久留。诸位请起，本钦差一定详细奏明皇上，本钦差一定不负众望！”裘正义亲将刘墉扶起，众人才起。唯刘非仍跪地，道：“小人原本良民，因梁山县老爷抢我妻子杀我全家，气愤之下才投奔白莲教。后受刘大人感化，归顺朝廷，小人将功补过，尽忠朝廷，求钦差大人求皇上降我一人之罪！小的以死谢罪！”裘正义答道：“本钦差定奏明皇上！”裘正义又对刘墉说道，“我皇命在身，不能久留，刘大人多多保重！”“小民谢过裘大人！”众人直将裘正义送上路方回。

送别钦差回来，刘墉对鲁水清说道：“刘墉现已贬为庶民，蒙皇上隆恩，让

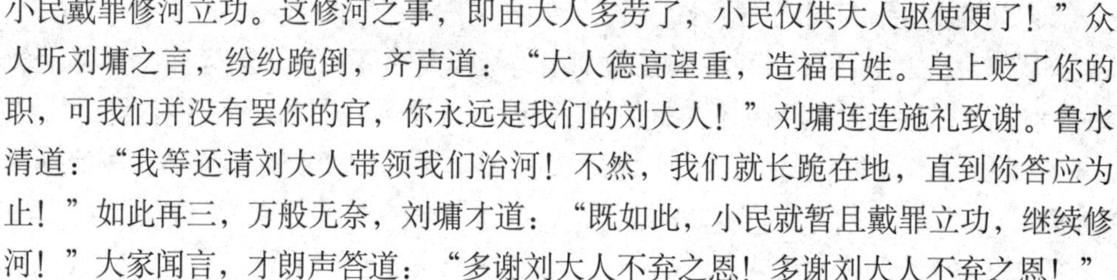
小民戴罪修河立功。这修河之事，即由大人多劳了，小民仅供大人驱使便了！”众人听刘墉之言，纷纷跪倒，齐声道：“大人德高望重，造福百姓。皇上贬了你的职，可我们并没有罢你的官，你永远是我们的刘大人！”刘墉连连施礼致谢。鲁水清道：“我等还请刘大人带领我们治河！不然，我们就长跪在地，直到你答应为止！”如此再三，万般无奈，刘墉才道：“既如此，小民就暂且戴罪立功，继续修河！”大家闻言，才朗声答道：“多谢刘大人不弃之恩！多谢刘大人不弃之恩！”

那刘墉虽说是被贬为庶民戴罪修河，可大家伙待刘墉仍与以前一样，甚至比过去对刘墉更加尊敬爱戴，刘墉仍和以前一样指挥民工修建泄洪闸。

泄洪闸就要完工了，七月二十八日晚上，一场暴雨又来了，从下半夜到天明，三四个时辰，那雨就一刻也没有停过。大运河里的水，波涛翻滚，水面上漂浮着木板、家具、牲畜，还不时会发现被水淹死的人。刘墉带领着民工一直守候在泄洪闸工地上。刘墉知道，一定要保住这还未完全竣工的闸，如有闪失，这里将是一个大决口，外面几十里的村庄，转眼间就会被淹没，成千上万的老百姓就会全部被淹死。刘墉一面让鲁水清连夜转移百姓，一面带领民工守住泄洪闸。天亮了，雨仍是越来越大。刘墉命民工打桩、沉麻袋，到处征集门板、大车、石滚。可是，麻袋投下水去，就像沸水锅中投下的面疙瘩，一翻过就不见了！刘墉下令道：“下水！手扯手筑一道人墙！”呼！刘非第一个跳了下去，张成、刘安、王安、王英、赵虎、丁三跳了下去，人被风浪打得东倒西歪。刘墉也顾不得自己是五十多岁的人了，扑通跳了下去。众人一见刘墉跳了下去，不由分说嗵嗵地直往下跳。一道人墙、两道人墙、三道人墙……整整筑了五道人墙！

风一阵紧似一阵！水浪一个比一个大地向人群打过来。雷声一个比一个响，闪电一个比一个亮！雨一阵比一阵大，雨水打得人们睁不开眼，水气呛得人喘不过气来！分不清哪是雨，哪是河，分不清哪是天，哪是地！水！水！到处都是水的世界。

这时，河水冲着一块木板直向人们冲来，不偏不斜，正向最前面的刘非冲来。刘非本来可以偏身躲过，可他没有躲！那木板像利剑一样向刘非的身体刺进去，鲜血染红了河水。

这时，鲁水清又组织了一百名壮丁，组成了第二批五道人墙。老天终于发完了天威，风平了，浪静了，雨停了，太阳出来了！大运河水就像一个孩子，温存地依在人们的怀里。

泄洪闸保住了！岸外几十里的村庄保住了！成千上万的百姓性命保住了！而刘非的血却流尽了！他躺在刘墉的怀里，慢慢地说道：“大人，义父……我死后，就让……我……看护这……大……大闸……吧，也算……算我……为国……尽忠……忠……”静，死一样的静。运河水在呜咽，刘墉的心在流血，所有的人

在流泪。

两座泄洪闸竣工了，临清州段治河工程全都竣工了，一座石碑在泄洪闸旁树起来了！上写着：“义子泄洪闸看护使者刘非之墓！义父刘墉并临清州百姓，乾隆四十年清明立。”

临清州知州鲁水清具表详奏乾隆皇帝。刘墉于刘非墓旁搭草屋一间，与刘非为伴，于泄洪闸旁度日。

却说那日，御点钦差裘正义奉皇上之命宣读圣旨已毕，即马不停蹄返京复命，将刘墉治河状况及刘非被逼投奔白莲教，受刘墉大义感招归顺朝廷之事详奏乾隆皇帝。乾隆皇帝闻奏半晌不语，似有悔意。裘正义道：“万岁，刘墉对万岁忠心天地可鉴！”乾隆亦道：“爱卿不必再言，且容朕静思之！”

这一日，乾隆皇帝端坐于宝座之上，有奏事官前来禀报：“启奏万岁，现有山东省临清州知州鲁水清的表章呈上，请皇上过目！”

“呈与朕看！”

“嗻！”鲁水清的表章呈上。乾隆皇帝看了一遍，又看一遍，一连看了三遍。

“传朕口谕，宣裘正义上殿！”

裘正义听说皇帝宣召，急忙进殿。

“山东临清州呈来表章，朕已阅过，你也看看！”

裘正义就在金殿上，忙将表章看了一遍，便将表章呈与乾隆。

“裘爱卿，你有何感？”

“皇上，臣读罢表章，觉得治河修闸之事颇使臣内心感动，不知皇上意思是……”

“朕也内心有动，刘墉对朕还是赤心一片！”

“臣过去说过，刘墉对皇上忠心，天地可鉴！那刘非也有一种浩然之气，不知皇上可有赦罪之念？”

“人已为国而故，还何罪之有？”

“如此，皇恩浩荡，天下百姓之幸也！”

“卿可传朕旨意，加封刘墉为吏部尚书，加封鲁水清为济南府知府，追封刘非为鲁运河看护侯。临清州百姓各赏银五两，免收一年租税，以示优抚。朕将南巡，让刘墉在临清州接驾！”

“臣代刘墉谢皇上隆恩！”

“爱卿即刻前往临清州宣旨！”

“臣遵旨！”

乾隆四十年九月十日，刘墉与鲁水清及众百姓在大运河泄洪闸边闲话，忽

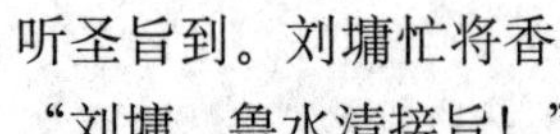

听圣旨到。刘墉忙将香案桌摆好，钦差裘正义来到香案桌前站定，便开读圣旨：“刘墉、鲁水清接旨！”

“吾皇万岁，万岁，万万岁！”

“奉天承运，皇帝诏曰：刘墉治河有功，造福百姓，舍身成仁，忠心可嘉，朕封刘墉为吏部尚书；临清州知州鲁水清为官清正，治河有功，朕封鲁水清为济南府知府；刘非投奔白莲匪寇，事出有因，然能弃暗投明，归顺朝廷，治河中能舍命护闸，浩气贯日，堪为邻里之表，朕追封刘非为鲁运河看护侯；临清州百姓治河效力，各赏银五两，免收一年租税，以示优抚。朕将南巡，刘墉在临清州接驾。钦此！”

“谢主隆恩，吾皇万岁，万岁，万万岁！”

刘墉升为吏部尚书，便遵圣命在临清州迎驾。乾隆皇帝南巡，来到临清州，刘墉及临清州大小官员前来迎驾。刘墉令张成、刘安将自己绑将起来，上身赤裸，背负荆条，取古人负荆请罪之故事。乾隆一见刘墉如此装扮，大为不解。

“刘墉，朕已封你为吏部尚书，为何要负荆见朕？”

“启奏皇上，臣奉旨治河，唯苦劳而已，临清州百姓硬要为臣父子建祠生祭，臣阻止不住。生祠建成，臣不敢当，特向皇上请罪！”

“朕当是何等大事，既是百姓所立，你就依了百姓便是！何罪之有？”

“谢万岁！”

“且带朕到祠堂看看！”

“臣遵旨！”

乾隆来到祠堂，微闪龙目，只见祠堂虽规模不大，倒也清秀俊丽。红墙黄瓦，琉檐高挑，飞禽走兽，活灵活现，雕梁画栋，色彩斑斓。祠中塑像，宛然如真。乾隆皇帝点头称是。“文房四宝伺候！”

一时文房四宝齐备。乾隆执笔蘸墨，游龙戏水，彩凤鸣山，一副对联写成：上联是“父子同祠同享祭”，下联是“浩气共存共月日”，横批是“忠烈昭世”。

乾隆南巡，刘墉回北京任职，君臣南北而去。

刘墉夜间做了一梦，他梦见刘非来到他跟前，纳头便拜，跪呈画图一幅。只见那画上画着一座山神庙，庙前有一只鹌鹑、一只虎、一条龙，还有一只豹子、一只狗熊。这五个禽兽围成一圈，圆圈内倒睡着一男两女。那刘非拜了又拜，转身而去。

刘墉醒来，那梦中之事记得清清楚楚。刘墉自己寻思道：那刘非对我拜了又拜，是什么意思？他又呈给我一幅图画，那画上所画又是什么意思？刘非一句话不说，无言即是哑，莫非是哑谜不成！若是哑谜，那哑谜又是何意？山神庙、鹌鹑、龙虎豹熊，皆禽兽也。虎豹皆吃人之兽，兽相环而围人，故于人必为害也！刘墉猛想起刘非当日之言，心中明白：刘非是托我为之报仇也，五禽兽者，必害刘非家之真凶也！

刘墉急忙进殿面君："皇上，臣有一事启奏！"

"所奏何事？尽管奏来！"

"鲁运河看护侯刘非昨夜托梦于我，诉说自家冤情，求臣为之报仇申冤。刘非投奔白莲反贼，亦系梁山官府所逼。臣要查明此案，将犯官正法。此亦臣为皇上整治官吏，严肃吏治之职责也，请皇上恩准！"

"朕准你所奏！即刻到梁山查办此案！"

"谢吾皇万岁，万岁，万万岁！"

刘墉带领张成、刘安、王安、王英、赵虎、丁三六人，不声不响地来到了梁山县。他们一行七人，身着便衣，在梁山县县城之内，四处寻访，一连五日，没有任何音信。说起来也是平常，这事隔多年，时过境迁，谁还会记着当年高安抢人之事？常言道："善恶有报，苍天有眼。"也是刘非血仇当报，两个人偶然相遇，竟使案情大白。

这一日，又是山神庙会，刘墉他们七人也随着人流来到了山神庙。山神庙前，两人见面，正在叙旧。

"这不是高豹兄弟吗？"

"哎呀，这不是高龙大哥吗？"

"正是，正是！这几年不见了，你如今都在哪里发财？"

"唉，一言难尽，在家里卖烧饼，穷混！"

"是呀！咱哥俩可不如高虎、高熊那哥俩了，人家如今还是吃香的喝辣的！"

"大哥，他哥俩现在在哪里发财？"

"高豹兄弟，你还不知道吧？如今衙内已是梁山县的老爷了，高虎、高熊就跟着在衙内当差哪！"

"唉，咱兄弟俩当初在这山神庙白沾一手骚，不值呀！"

"哎，你还不知道吧，当年刺杀县太爷的那小子，现在可神了，被当今皇上封为什么什么鲁运河看护侯，死后扬名！"

"哎哎，别说了，咱兄弟俩到饭馆去喝两盅！"

刘墉见二人要走，对着张成耳朵一叽咕，张成便向高龙、高豹走去。张成走到高龙身边，装作不知，用膀子向高龙身上一撞，道："哎，你这人真是，走路怎么撞我？"高龙道："明明是你撞我！反倒说我撞你！"张成道："胡说！"随即打了高龙一拳。那高龙、高豹本也不是省油的灯，哪里受过这等闷

气？高龙伸手便要抓张成衣领，早被刘安捉住手腕。刘安道：“好哇！青天白日的，你撞人还动手打人，走！走！咱见官评理去！”高龙也道：“走就走！哪个还怕你不成？”说着王安、王英、赵虎、丁三，一拥而上，拉拉扯扯，把高龙、高豹二人拉到无人之处。张成道：“我等是官府公差，休要张扬，快跟我们走！”高龙、高豹闻听是官府公差便不敢撒野。他们来到一家旅店之内，在一间堂屋内坐定。张成对高龙、高豹道：“吏部刘大人在此，还不下跪！”高龙、高豹虽说是衙内高安的打手，毕竟对官场略有所知，听说是吏部大人在此，心中自然明白，便跪地叩头，道：“小人叩见大老爷。小的不识大人尊颜，多有冒犯，请大人恕罪！”

“你等休要害怕！你二人方才在山神庙前所说刘家之事，详情如何，从实讲来，本官可免你罪过，若有抵赖，从严发落！”

“大人，小人愿讲，还求大人开恩！”高龙、高豹齐声说道。

“既如此，便从实讲来！”

“当初，小人与高豹、高虎、高熊三个在衙内高安，也就是现在的梁山县令高老爷手下当差，那衙内高安抢男霸女的事多得无数。乾隆三十八年十月初六，逢山神庙会，衙内的马撞了一俊俏妇女，当即便抢入府中。当时我等四人都动了手。后来，那刘非持刀追到县衙，当时的县大老爷高善美便以持刀刺杀官府问罪，将刘非打入死牢。那高安父子又以捉拿凶犯为名，将刘非父母杀死。小人当时在场，亲见高虎、高熊杀人。当时高虎杀了刘非之父，刀刺在肚子上；高熊杀了刘非之母，刀刺在胸口上。他二人并割下了人头回去交差，两颗人头是小人带回去的。高安看过人头后，由小人和高豹扔在城北乱葬岗子之内。高安当县令后，嫌小人与高豹办事不力，便不用我二人！”

“你可知两位死者埋葬何处？”

“小的不知。”

“所抢女子现在何处？”

“那女子被奸后，投河自杀！”

“那高善美如今在何处？”

“已升为济宁知府！”

“到时可否当堂对质？”

“小人敢与对质！”

“如若他等不肯承认，你又如何办？”

“大人，小人留有物证。”

“什么物证？”

“他二人当初杀人时所用刀剑！”

“有刀剑也可以不认哪！”

“大人，那刀剑上都刻有姓名！”

“那是为何？”

“那高安有一个好刻字的爱好，所以我们所用刀剑上都有他刻的字！”

“如此看来，你倒是个有心之人！”

“小人当初在衙内手下当差，也只是为养家糊口，见他们作恶杀人，早晚有报，又怕牵连，故而多了个心眼！”

“如此，你且画押。”

高龙、高豹均依次画押，各自回家拿取证物。

梁山县令高安听得吏部大人来梁山县奉旨办案，急忙整衣，出门迎接。

“梁山县县令高安叩见刘大人！”

“你就是梁山县县令高安？”

“下官正是！”

“两边，将这狗官拿下！”

张成、刘安闻令，一边一个，把高安拿住。那高虎、高熊亦被王安、王英、赵虎、丁三一同拿住。那高安大叫不止：

“大人，这是为何？”

“过一时，你便知晓！”

刘墉进得梁山县县衙大堂，立即升堂。这梁山县差役一见刘墉拿了县官大老爷及两名公差，个个胆战心惊。刘墉坐在大堂上，将惊堂木一拍。

“高安！你还记得乾隆三十八年十月初六梁山山神庙前的强抢民女案吗？”

“什……什么……强抢民……民女……案？下……下官不……不知道。”

“你不知道？本官就让你知道！带高龙、高豹！”

那高龙、高豹上得堂来，双膝跪地。

“小民叩见大老爷！”

“高龙，将乾隆三十八年十月初六你犯案事情快快招供！”

“回禀大老爷，乾隆三十八年十月初六，小的与高虎、高豹、高熊四人受衙内高安指令在山神庙抢一民女，后来又受高安之令前往刘家，高虎、高熊二人亲手杀死刘家夫妻二人，小的虽参与其事，但未杀人，请大老爷明察！”

“高虎、高熊，杀伤人命，招也不招？”

“小的愿招，小的也是奉命行事！求大老爷开恩！”

“高安！你强抢民女，指使杀人，该当何罪？”

“犯官死罪，犯官死罪！”

“画押！”

高安、高虎、高熊各自画押已毕，刘墉当即宣判：

“高安于光天化日之下，强抢民女，奸杀致人死命，又指使手下灭人全家，三条命债，罪不容赦，依律当斩；高虎、高熊杀害人命，依律当斩；高豹助纣为虐，尚无人命，当闭门思过，重新为人；高龙虽曾有过，然能弃暗投明，将功补过，补录县衙当差。高善美为官，有负圣命，家规不严，纵子为恶，拟当引咎辞官，奏明皇上，以待天裁！”

至此，刘非沉冤终得昭雪，刘墉便回京面君复旨。

刘墉一行，沿着运河，来到通州地界，天色已晚，便在一家客栈住下。睡了一夜，第二日天将黎明，便踏着朦胧月光，向通州城进发。也不知什么时候，他们竟走下了官道，围着官道边的一座新坟转了起来。大约转了半个时辰，天已放亮，只见新坟四周被他们踩了一个光滑明亮的大圆圈。

张成道：“大人，我等走迷了，半日里竟围着这个新坟转圈儿哪！”

刘墉道：“有这等事！天已大亮，那咱就快上道吧！”

张成、刘安一干人等口中虽答着要上官道，可脚步就是出不了那个圈，仍是在围着新坟转圈儿。

张成又道：“大人，今日是中了邪了，我们怎么走也出不了这个圈儿，老是围着坟头转圈儿！”刘墉道：“怪哉，我也走走试试！”刘墉下得轿来走了几圈也像着了魔似的，老是绕着坟儿转。刘墉想道：莫非是有冤魂缠身吗？想到此，刘墉便道：“本官乃当今皇上御封的吏部尚书，如若是真有冤魂在此，就休要阻拦。使我这轿子晃三晃，本官就为你报仇申冤！”刘墉话还未落音，那轿子便晃了三晃。刘墉道：“冤魂挡道，本官不能不问！我们暂时停下，张成、刘安可在四处察访，问这家坟主是谁，让他前来见我！”

张成、刘安领命而去。

不一时，张成、刘安领来一人。这人六十来岁，姓周名有理，来到刘墉跟前，跪下磕头，道：“小民叩见大老爷！小民冤枉，求大老爷为小民做主！”

“你有何冤情，细细讲来！”

“大老爷容禀！”

那周有理哭哭啼啼，说出过去的一段事来。

乾隆三十九年（1774年）五月十三日，通州城东北四十里，有一个村子叫磨盘庄，庄西头一家农户正在忙着出殡，死者是一位八十老妪。这周门钱氏只生得一个儿子叫周有理，这周有理有两个儿子，大儿子叫周山，小儿子叫周水。时过午时，宾客起席，执事人正张罗着捆棺。钱姓有几个后生，忽说周家给钱家的礼数不周，便找执事人讲理数。此事本为小事，只因过去周、钱两家有些言语顶撞，故此来寻衅。那后生中有一个叫钱通的，动手打了执事之人。这周姓后生见打了人，自是不让，于是双方便拳脚起来，那周水见其父手上流血，便去护救周有理，忙乱之中，刀子刺伤了钱通。双方均伤，两边在庄主调停之下，各自休战，众人方将棺材捆好，吹吹打打地将周门钱氏入土为安。事罢周水外出谋生，钱通找郎中治伤。

那钱家有一本家叫钱通神，在通州州衙当师爷。这钱家便告官，说周水持刀行凶，那通州知州郑武义便发签捉拿周水。这一日，周水刚刚归家，便被当差发现，当即被投入大牢。未及过堂，那郑武义正要开堂审案，牢卒来报犯人周水死于木板房中，并将狱中暴死尸单呈上。郑武义看罢尸单，便道："人犯既死，就不必再审了，让家属领尸回去罢了！"

周水尸体领回，大家痛哭一场，将周水草葬。

这磨盘庄有一老童生，虽是满腹经纶，却不被录用，穷困潦倒度日。这老童生姓张，名义，他见周水在狱中一夜暴死，心中甚疑，自思道："官报说周水暴死于木板房中，周水既已入狱，当死于狱中，为何死于木板房中？这其中必然有隐情！"

"可是，这周家世代忠厚，虽知冤苦，但却无从说起！"

周有理哭哭啼啼说了一遍。刘墉思寻道：看来此案必有隐情，若要查清，也非易事！便对周有理说道："本官先到通州府衙，定为你查明此事！"

刘墉来到通州，通州知州郑武义率领大小官员前来迎接。相见礼毕，刘墉来到通州大堂。

"郑大人，本州内磨盘庄闹丧案你是如何审理的？"

"回大人，钱、周两家出殡发生争斗，周家将钱家刺伤，钱家状告周家持刀行凶。本州将人犯周水缉拿归案，入狱后第二日便升堂审问，得知狱卒报人犯周水暴死狱中！下官未及审理！"

"那周水是死于狱中，还是木板房中？"

"死于狱中。"

"为何报给死者家属时说是死于木板房中？"

"这个，下官只是据狱卒所说，未曾亲看。"

"既是暴死，得何病而暴死？"

"下官也不知是何病而死。"

"传狱卒！传牢头！"

不多时，狱卒、牢头带到。

"狱卒，那周水到底死在何处？"

"回大人，那周水死在木板房内。"

"你是如何发现的？"

“是牢头吩咐我打扫木板房时发现的。”

“那木板房内有何物体？”

“回大人，木板房中只有一张桌子、一张木板床。”

“牢头，周水入狱，关押在何处？”

“小的将他关入三号班房。”

“那一日监牢何人看守？”

“刘七、赵八、李虎、李龙四人看守。”

“传刘七、赵八、李虎、李龙！”

“回大人，李虎、李龙带到，刘七、赵八不知去向！”

“李虎、李龙，那周水住的三号班房何人看守？”

“归刘七、赵八看守。”

“郑大人，咱们到木板房看看！”

刘墉来到木板房一看，房内物件果如狱卒所说，只是床底下多了一个小竹筒。刘墉道：“这竹筒从何而来？”“下官不知！”刘墉让牢头把木板房锁好，便又回到大堂。

“郑大人，周水被押在三号牢房，当暴死于三号牢房，为何死于木板房内？”

“这个……”

“眼下，看护牢卒刘七、赵八为何不知去向？”

“这个……下官不知，还请大人明示！”

“此案尚需查实，请郑大人协助本官查案！”

“下官遵命！”

“张成、刘安，找牢头到木板房内将那竹筒拿来我看！”那张成、刘安找到牢头，来到木板房内一看，那竹筒早不见踪影。

张成、刘安急忙来回：“回大人，那木板房内的竹筒已经失踪，遍找不见！”

刘墉心中一动，马上吩咐：“张成、刘安、赵虎、丁三，你四人马上把牢头抓来，好生看管！王安，快请郑大人前来见我！各自行事去吧！”

不多时，郑武义来到，见了刘墉。

“大人连夜招下官不知有何见教！”

“郑大人，那木板房内床下的竹筒，在木板房内不翼而飞，岂不怪事？那木板房我让牢头锁定，现不翼而飞，那竹筒很可能是犯人留下的物证！那牢头也脱不了干系！我让张成、刘安四人缉拿牢头去了！”

“大人安排得极是！”

此时张成、刘安四人来报：“回大人，牢头已不知去向！”

“郑大人，这些人都是你的属下，就由你来缉拿归案！郑大人，我明言在

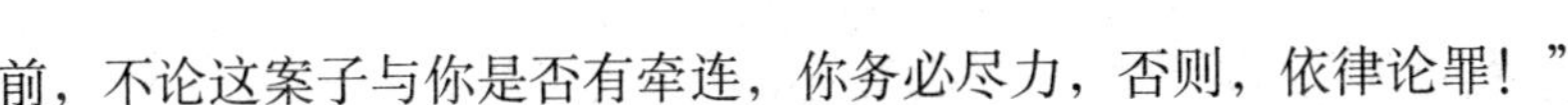

前，不论这案子与你是否有牵连，你务必尽力，否则，依律论罪！”

“大人放心，下官以顶戴担保，定当尽力！”

“如此甚好！”

那郑武义立即传令，派人连夜追捕牢头并刘七、赵八。

“从牢头、刘七、赵八逃走，可知周水并非暴死，要查明死因，必须开棺验尸！”

兵士不多时将坟挖开，将棺木抬将出来。来看热闹的百姓把坟地围了个里三层外三层，风雨不透。刘墉下令道：“开棺！”众人将周水尸体抬在芦席之上，仵作准备齐备。刘墉道：“仔细勘验！”那仵作仔细勘验一遍，道：“回大人，死者周身无伤！”

“再验！”

“回大人，死者周身无伤！”

刘墉寻思：死者无伤，无中毒迹象，莫非伤在体内？便道：“验看五脏六腑！”

那仵作将周水的五脏六腑仔细验过两遍，仍不见异常。

“回大人，五脏六腑均属正常，并无异物！”

刘墉闻言，心中不免吃了一惊，莫非本官真的错了？不觉汗流浃背！

那张成也是一个急性子，见刘墉急成那样，便叫道：“再查！不在五脏，难道还在肠子里不成？”

这张成只是一句气话，说者无心，听者有意，这一句话倒提醒了刘墉：对！莫非真在肠子里？要查就全部查！于是说道：“把肠子也查查！”

那仵作把肠子理出，往上一拎，只听啪嗒一声，那仵作往地下一看，叫道：“有了！大人你看！”

那仵作将东西挑将起来一看，原来是一条一尺多长的花蛇！

刘墉长出了一口气，脸上露出了笑容。

其他的人满脸都是惊讶。

此时，周有理大放悲声，周家老小，哭声震天。

那仵作填好尸格，呈交给刘墉，刘墉当即赏银五两，仵作谢过。刘墉遂令周家将周水重新安葬。

虽说周水死因已明白，但凶手是谁却一时难定。派出去缉捕牢头与刘七、赵八的人，一连十天没有音信，刘墉和郑武义都心中着急。这一日，忽有通州通河镇小吏来报，说镇东北角有一家旅店被三个强盗抢劫一空。那店主说，他认得那为首的一人就是通州大牢的牢头。刘墉与郑大人均很高兴，当即发兵前往追捕。那班人在张成、刘安的指挥下，很快将通河镇围了个水泄不通。然后，逐家挨户地搜查，在李虎、李龙的指认下，很快将三人缉拿归案。

这一日，天到卯时，刘墉开始升堂问案。

牢头并刘七、赵八一起被带上堂，三人一齐跪在大堂上。刘墉将惊堂木一拍，厉声喝道："牢头、刘七、赵八！你三人不安职守，私自逃走，并在外地抢劫旅店，每人先重打八十，然后再算旧账！"说罢，把签子往下一抛。两边衙役不敢怠慢，似鹰擒小鸡一样将他三个掀翻在地。八十大板板板有力，回回带劲，直打得这三个人皮开肉绽，鲜血直流，痛得他三人九死一生。

刘墉在大堂上喝道："这八十大板只打你个私自外逃。这杀人之罪，招者免受皮肉之苦，不招者则大刑伺候。"

这三人平时只是用竹片打别人的，哪曾受过这等苦楚？八十大板已打得他们只想死不想生了。

刘墉喝道："不招的就大刑伺候！"两边衙役把夹棍等刑具噼里啪啦地扔了一地。

这三人见得刑具，不寒而栗，把头磕得如鸡啄碎米："小的愿招！"

那牢头与两个狱卒一言一语，道出了周水的遇害经过。

二月初一，公差将周水缉拿归案交给牢头，由牢头将周水关押在三号牢房。二月二日中午，本州府衙钱师爷将牢头与两个贴心狱卒刘七、赵八约到一家酒楼上一个雅座坐定。小二上来，问道："客官吃点什么？"钱师爷拿出五两银子，扔到店小二手中："好酒好菜尽管端上来！"不多时，山珍海味，南北大鲜，把个八仙大桌摆得满满的。钱通神把酒杯一端，道："诸位，小弟先敬诸位三杯！"牢头应道："又劳师爷破费，实在是不敢当！"钱师爷道："不成敬意，水酒薄菜！水酒薄菜！"这四人喝了半个时辰，钱师爷又拿出一百五十两银子，每人五十两，塞到牢头并两狱卒手中。这三人马上站起来道："常言道'无功不受禄'，钱师爷不将事说明，这银子断不敢收！"钱师爷说道："诸位不必客气，把银子收下，有一件小事要麻烦诸位！"三人把银子收下后才坐下。那钱师爷才慢慢说道："今日进来的那厮是个不法之徒，持刀刺杀我家兄弟，今请各位大哥帮小弟一个忙……"说罢，钱师爷从桌子上抓起一只清水鸡，一口咬下了鸡头，并吃了下去，把鸡身扔在桌子上。这三人都明白了。这杀人的买卖并不是好做的！

这三个人你看看我，我看看你。

钱师爷又道："诸位不必担心，天大事都由我撑着！此事能选着你们，也是知州大人给你们的恩德！咱们谁还敢违背知州大人的心意呢？"那钱师爷软硬兼施，这牢头才说："罢罢！我们的命也就是值百十两银子的价，死了也给子女留个一百两的家产，事成后，再给我们每人五十两！"钱师爷说道："好，痛快！痛快！一言为定！"说罢，与牢头三人各自击掌为誓。这时，钱师爷把嘴对着牢

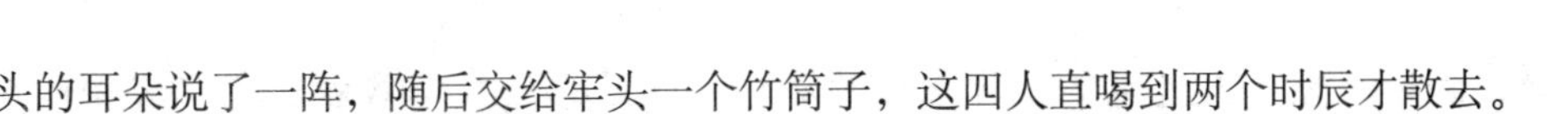
头的耳朵说了一阵，随后交给牢头一个竹筒子，这四人直喝到两个时辰才散去。

到了晚上，牢头在牢中又摆了一桌，将李虎、李龙灌个不知东西南北，然后方才行事。

半夜子时，刘七、赵八把周水从三号牢房内叫到木板房内，拿出一只鸡和一瓶酒，对周水说道："这是你家哥哥托人给你捎来的，你哥说，他已经与官府说通了，过几天就放你回家，你就放心地吃吧！"

那周水在狱中已是饿了一天，见如此说，也不多想，便吃鸡肉，喝烧酒。不多时，鸡吃了半只，酒倒喝了一斤，不觉也就昏昏沉沉的，只觉得头重脚轻，走路如同驾云一般。牢头见时机已到，一招手，两个狱卒就把周水抱到自己的怀中，一个抱身，一个抱头。那牢头把竹筒塞口打开，然后塞进周水口中。那筒中花蛇觉得有热气，便顺着竹筒钻进了周水的口中，然后进入了食道胃肠之中。

刘墉在堂上一声断喝："各自画押！"

牢头三人画押后，刘墉把脸转向了钱师爷。

"钱通神！你不招供，还等到何时？"

"他们说的是实，小的招供！是小的收了钱家的三千两银子，所以才设此毒计。现已铸成大错，悔之晚矣，还求大人开恩。"

"郑大人，你的属下，知法犯法，草菅人命，罪不容赦！"

"下官亦有失察之罪！求大人明鉴！"

"查周水冤死通州狱中一案，钱、周两家出殡闹丧，各有是非，但钱家买通官府，勾结为奸，草菅人命，制造冤案，罪不容赦！牢头亲手杀人，依律当斩；刘七、赵八，图财害命，助纣为虐，本当斩首，念其能主动招供，终身监禁；李龙、李虎，饮酒失职，解职归农，永不录用；钱通神，贪图银两，指使杀人，依律当斩；通州知州郑武义，对属下严重失察，管教不力，酿成人命，扣罚俸禄一年，奏明圣上，然后施行！"

刘墉了断了磨盘庄周水冤案，磨盘庄百姓夹道相送，眼看将到京都地界，便急忙向京城而去。

刘墉诸事已完，心愿了结，闲暇之间，将自己的诗画书字，集编成册，凡《清爱堂帖》《石庵诗集》《刘石庵扇谱》数种。刘墉乃清代奇才之一，诗画且不必说，单是书法，那也是名压京都，无人可出其右。但是刘墉有一个怪毛病，那就是不写，许多名贵权势为了得到刘墉的书法真迹，费尽九牛二虎之力，仍得不到。就是万岁爷乾隆，想让刘墉写个字，也不那么容易。这不，和珅也是这样了。

和珅请刘墉给写幅字，刘墉虽然已经答应，但和珅等了两年还未见字的一

撇。和珅心想，大过年的，你总要写副门对子吧，一大早我就让和喜去揭门对子。可这个点子别人早就想到和珅前头去了。刘墉也被人给揭怕了，这过年了，刘墉又想个法子，把对联一分两半，分两次张贴。刘墉让张奉、李彪将对联贴上，上联是“福无双至”，下联是“祸不单行”。

这时，和喜、和福两个人来到门前一看，不敢往和府拿。为什么？因为这是一对丧气门对。二人立即回府向和珅禀报。

“回和大人，那对联小的不敢揭回府中！”

“那是为何？”

“刘大人写的是一副丧气的门对儿！”

“怎么丧气呀？”

“他写的是‘福无双至，祸不单行’！”

“胡说！大过年的，他会那么写？”

和珅不相信，于是在晚间穿便服亲自去看，走近前一看，果然是“福无双至，祸不单行”。和珅有心想把门对揭回去，可这门对写得太丧气，太不吉祥，于是同和喜、和福一起回府。回到府中，和珅想，刘墉的字贵如珍宝，就是丧气的词儿我也得去揭下来！过了五更，天色微明，和珅又来到刘府门前。离老远，和喜就叫了起来：

“大人，你看！怎么对联又长出一截来！”

和珅走近一看，果然是又长出一截来，分别加上三个字！那对联就变成了这样：

福无双至今日至；
祸不单行昨夜行。

和珅将对子看了又看，念了又念，果然是字好词也好，词好字更好！可和珅揭不去了，因为有门军站着岗呢！

这一日，刘墉在府中闲暇无事，正在观看自己的字画诗文，忽听门外来报，说万岁爷亲临府门让刘墉速速接驾。刘墉听罢，急忙传令，红毡铺地，两廊奏乐，迎接圣驾。全府人忙里忙外忙上忙下，刚刚收拾完毕，只听得高喊：“皇上驾到！”刘墉急忙见驾。

进了客厅，乾隆皇帝客厅坐定，刘墉叩拜。

“皇上屈驾光临，不知有何见谕？”

“朕是为太子求师来的！”

“求师？向哪个求师？”

“向爱卿你求师的！”

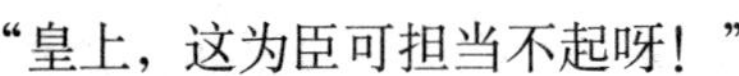

“皇上，这为臣可担当不起呀！”

“爱卿休要推辞，太子师非你莫属！你不必再谦！且太子定要以你为师，非你不学，你就教他学点治国之道。明日在金殿上，就举行拜师之礼！”

“如此，臣从命就是！”

又是三六九朝见之日，文武大臣齐到殿下山呼叩拜已毕，乾隆皇帝端坐于宝座之上，道：“传朕口谕，传太子永琰金殿拜师！”

太子上得金殿，众大臣一看，太子二十来岁，眉目清秀，气宇轩昂，行有人君相，止有龙种姿，坐有面南之威，立有天骄之仪。刘墉心中暗叹：好一个人君之才。

“儿臣叩见父皇万岁，万岁，万万岁！”

“平身！汝近而立之年，虽胸装礼仪之书，尚无治国安邦之术。朕命汝拜刘爱卿为师，汝须倾其全心而学之，勿负朕意！”

“儿臣遵命！”

乾隆皇帝即于殿下为刘墉设座。刘庸端坐于座上，太子永琰在刘墉面前跪下，三叩九拜，口中称道：“恩师在上，学生叩拜恩师！”刘墉亦还了一礼，拜师完毕。

乾隆皇帝又道：“传朕口谕，为贺太子拜师，朕与群臣同游圆明园。”听说皇上要与群臣同游圆明园，众文武大臣自然听命。

文武大臣陪同乾隆皇帝进了圆明园，果然是风景优美，景色宜人。蓝蓝的天空，清澈如洗，不时地飘着朵朵白云，那整个天空犹如蓝底白花的彩缎一般，光闪闪，亮晶晶。遥望远山，翠峰起伏，苍松翠柏，繁茂挺拔。峰峦之间，绿水弯弯；绿树丛中，楼台殿阁，错落有致，红墙黄瓦，挑檐斗拱。红墙与清水相映，黄瓦与绿树相掩。地上鲜花竞放，绿草长长；水中游鱼阵阵，微波荡漾。文武大臣皆陶醉在这青山秀水之中。

乾隆皇帝与群臣来到方壶胜境。这方壶胜境也是圆明园美景一绝。中间是蓬莱仙阁，东西两边有风、月二楼相对，东为听风楼，西为观月楼，可谓风月相对，楼阁共存。乾隆心中正喜，命内侍文房四宝伺候，不一时，四宝齐备，太监磨墨铺纸。乾隆道：“刘墉！”“臣在！”“就为这风、月二楼题个字吧！”一则是君臣共游，刘墉心中高兴，二则是皇上命他写，这个面子不能不给，于是，抖擞精神，挥毫疾书，刷刷刷，“听风观月”四个大字一挥而就。这四个大字，三尺见方，都是单字方儿。乾隆皇帝一看，只见字体古朴苍劲，笔力浑厚，行若游龙，顿似跨虎，果然好书法，龙心大喜。

和珅一看这字儿……嗯，心中忽然想出一计。

“启奏主子，奴才讨旨！”

“你讨个什么旨呀？”

“刘大人这‘听风观月’四字，堪为一绝，奴才愿亲临监工！”

“好！速请能工巧匠刻字制匾！”

和珅拿着字儿，交给工匠。因是单字儿，工匠便把“听风观月”摆成了“观月听风”，和珅道：“字摆错了，把‘风’和‘月’掉换过来。”这一下，“听风观月”就变成了“观风听月”。和珅一看就乐了，“观风听月”，“风”怎么“观”，“月”怎么“听”呀？到时候，我参他个欺君之罪，让刘墉死都不知为啥死的！

刘墉和君臣正陪乾隆观看风景，闻说匾已制好，便都来观看。

乾隆令太监将匾上黄绫掀开，一看字儿——“观风听月”。

“嗯！”立时龙颜大怒，文武百官的心一下子都提到了喉咙眼啦，为刘墉捏着一把汗。

“怎么写成‘观风听月’啦？”

“就是呀！刘墉大概是当了太子师，高兴糊涂啦！”

“糊涂也不该这个时候糊涂呀！”

“私改楼名，有杀头之罪呀！”

“刘墉这下子够喝两壶的了！”

和珅在旁有意煽风点火，不住地冷笑：

“观风听月，这‘风’怎么‘观’，这‘月’又如何‘听’呀！刘大人，在下才疏学浅，可否赐教？”

刘墉一看，便知是和珅捣的鬼。

和珅以为可以难住刘墉，参他个欺君之罪。可那刘墉又岂是平庸之人？刘墉足智多谋，才高八斗，比万岁爷还高六十步呢。说起这六十步，还有一段小故事呢。

那是方壶胜境风、月二楼刚建好的时候，乾隆、刘墉、和珅君臣三人来到方壶胜境，见前面有一牌坊，上刻着“虫二”两字。刘墉一见，便知此二字内含四个字。乾隆一看，心中纳闷，这“虫二”是什么意思？于是边走边想，想来想去，已走出六十步之远，忽然明白：“虫”者，“风”字去外框也，“二”者亦“月”字去外框也，“虫二”者，“风月无边”也！乾隆想罢，心中高兴，颇为自得。便想试试这两位大臣的文才，说道：“两位爱卿，刚才那牌坊上‘虫二’两字是什么意思，你们知道吗？”

和珅听乾隆皇帝一问，心里想道：这“虫二”是什么意思呢？虫二……二虫？这虫，是蝴蝶，还是蟋蟀……代表四个字，蝴蝶起舞？……蟋蟀啾啾……都不是，唉，这脑袋瓜子不行。

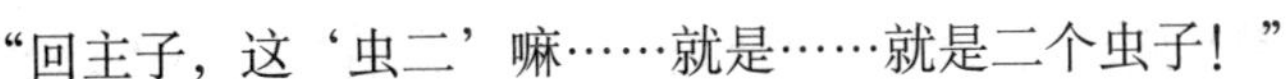

“回主子，这‘虫二’嘛……就是……就是二个虫子！”

“朕对你说吧，那是‘风月无边’，你看‘风’字、‘月’字没有了边，不就是‘虫二’吗？”

“主子高明，主子高明！”

“臣早就知道是‘风月无边’四个字！”

“刘大人就会顺大流，主子说过了你又跟着顺！”

“皇上，臣刚才已写在那牌坊之上，不信你可去看！”

这君臣三人走回去一看，果有刘墉写的“风月无边”四字，墨迹还未干呢。

乾隆皇帝道：“刘爱卿才学高我六十步啊！”从此之后，人们都称刘墉是才高六十步。眼前这一点小问题又怎能将刘墉难倒呢？

“观风……听月……对呀！风……怎么观呢？月怎么听呢？这……你和大人就不懂了！”刘墉道，“我现在就叫你观观风！”

和珅道：“风真能看着？笑话！”

“和大人，你听——

观风楼上观风清，

近见扁舟帆卷蓬。

远看麦田掀巨浪，

旌旗上下任翻腾。

这麦田起波浪，旌旗上下翻，船帆鼓蓬蓬，这不都是风吗？你不是都看见了？”

“看得见，看得见，刘大人，那月你是怎么听呢？”和珅又道。

“好吧！和大人，我再让你听听月——

听月楼上听月明，

耳边嫦娥笑语轻。

吴刚伐桂金斧响，

又闻玉兔捣药声。

和大人，这嫦娥的笑语声、吴刚伐桂声、玉兔捣药声，难道你听不见吗？”

和珅连忙答道：“听见了！听见了！”

乾隆皇帝听罢刘墉的两首诗，嘴上一直没说话，心里说道：“这两首诗真的使人看到了风听到了月。

和珅还想再煽：“这观风听月……”

乾隆皇帝见和珅老是唠叨个没完，心中有点烦，便道：“刘爱卿这诗使朕真看到了风，听到了月，果然是好诗，朕不如也！”

刘墉听乾隆这么一说，连忙跪倒说：“多谢皇上夸奖！”和珅本想给刘墉个难看，却不想被刘墉弄个满脸灰，心中闷闷不乐。

这一天，众大臣都在朝房内候朝，和珅与七王爷、八王爷、九王爷说闲话。

这个说：“这文武大臣都来了，怎么刘墉刘大人到现在没来？”

那个说：“这刘大人不来，定然在家中有事！”

和珅笑道：“刘大人在家里还有什么事？不是憋着气参这个，就是参那个，他一日不参人，他能睡个安稳觉？”

这些人正在议论，刘墉在门外恰好听见，进得朝房就说道：“诸位大人，我刘墉不招谁不惹谁，为什么要背后说我的坏话？”

九王爷道：“和大人说你在家里正憋着气，不是参这个就是参那个！”

刘墉道：“诸位大人，你们说我这十天里参人了吗？这一个月里我又参谁了？我本不打算参人了，经和大人这么一提醒，我还真要参人咪！”

和珅道：“你又要参谁？”

刘墉道：“我谁都能参！谁该参，我就参谁！”

和珅把眼珠儿一转，说道：“我说，有一个人你不敢参！”

“你说我不敢参谁？”

“我说这个人你不敢参！”

“我就敢参！”

“你说敢参，你敢与我打赌吗？”

“打赌就打赌！”

“那要打赌，咱得找个保人？”

九王爷一听，高兴了，道：“我来当保人！”

和珅道：“你要敢打赌，我就拜你为师，给你磕三个响头！”

刘墉道：“我要不敢打赌，我给你磕四个响头！”

说罢两个人啪啪啪击了三掌！九王爷说道：“君子一言，驷马难追。到时候可不许赖账！”

“那是当然，和大人，你说我谁个不敢参吧！”

和珅笑了一笑，说道：“我说这人你不敢参！”

“你说是谁？”

“当今皇上！”

“当今皇上？”

“怎么样？不敢参吧！”

“谁说我不敢参？今天上朝，我就要参皇上！”

“此话当真！”

“你就等着看吧！”

刘墉与和珅一打赌可不要紧，把那些大臣都吓坏了。

这些人正在议论，金殿中，景阳钟响过，大臣们急忙进殿。

文武大臣进殿，山呼叩拜已毕。乾隆道：“有本早奏，无事退朝！”

“臣有本奏！”乾隆一看，是刘墉要奏本。

乾隆道：“刘爱卿，有何本奏？”

刘墉说道：“启奏皇上，臣今日既不参文，也不参武，臣有一事不明，特来向皇上请教！”

“有何事不明，奏来朕听听！”

“臣有一案，不知如何剖断，特向皇上请教！”

“什么案子不知如何剖断？”

“臣有一案，李家坟上有一棵树，那刘五就在半夜把那树给砍断偷回家中去了。那李家状告刘五偷坟盗墓，可那刘五不承认。那刘五道：‘我只是偷砍了他的一棵小树，并没有偷坟盗墓。’为臣也判不清，特向皇上请教！”

“爱卿才高八斗，聪明一世，怎么现在倒糊涂起来了？那《大清律》上不是明写着吗？‘偷坟盗墓者斩立决’嘛！”

“皇上，可那刘五只是偷砍了李家坟上的一棵树呀！既没偷土，也没盗砖呀！”

“那坟上的一草一木、一砖一石都不能动，莫说是偷坟盗墓，就是坟上的一草一木动了去，也是偷坟盗墓！依律当斩！”

“噢，偷了坟上的一草一木，也算是偷坟盗墓？”

“偷了坟上的一草一木，就算是偷坟盗墓，这可是皇上你说的！”

“是朕说的！”

刘墉后退一步，重新跪下，道：“启奏皇上，臣有一本，不敢奏，怕的是冒犯天颜！”

乾隆皇帝说道：“爱卿所参之人、所奏之本还算少吗？有什么不敢奏的？”

刘墉道：“臣所参之人非同小可，只恐冒犯天颜！”

“爱卿不必担心，就是王公大臣、龙子龙孙，就是朕犯了科律，也是与民同罪！所参何人？你就奏上来吧！”

“皇上，你需赦了臣的罪，臣才敢奏！”

“好！朕赦你无罪！”

“皇上，你就是赦了臣的罪，臣也不敢奏！为臣还有妻子儿女呀！”

“朕赦你全家无罪，一切大罪皆免！你所参何人？奏来与朕听听！”

“皇上果真不治为臣之罪？”

“朕既说过，岂能失信？”

“如此，臣所参之人，就是皇上！”

“参朕？你为何要参朕哟？”

"臣参皇上有偷坟盗墓之罪！"

"朕也有偷坟盗墓之罪？"乾隆皇帝一听，不免也大吃一惊。自己虽是九五之尊，这偷坟盗墓之罪弄到头上，倒也不好摆弄。忙道："朕身居京城，足不踏野，何来偷坟盗墓之罪？爱卿说笑话也说得太离谱了！"

刘墉正言道："臣怎敢跟皇上开玩笑？我说皇上，三年前，乾清宫着火，不知皇上还记得吗？"

"朕怎么不记得呀！三年前乾清宫失火，朕用三个月才修好！"

"臣也知用三个月才修好，皇上可记得那修乾清宫所用的木料是从哪儿来的吗？"

"从哪儿来的？"

"皇上那年可到十三陵打围去吗？"

"不错，朕确曾到十三陵打围来着！"

"皇上你看，那永陵'祾恩殿'的殿座都是楠木的，是你传旨把永陵的殿座拆了，将木料拉回来修了乾清宫，有这回事吧？"

"啊，有这事儿！"

"皇上，拆人家永陵的殿座，那皇上算不算偷坟盗墓哪！"

"这、这……刘爱卿，朕这哪能算是偷坟盗墓呀！"

"皇上，你刚才不是还对臣说，坟地上偷去一草一木、一砖一石都算偷坟盗墓吗？你把人家殿座的木料都拆下来修了乾清宫，怎么就不算偷坟盗墓了呢？"

"这……这……唉！不错，朕是拆了永陵的殿座，后来，朕不是又给修上了吗？那如何还算是偷坟盗墓呢？"

"那不算偷坟盗墓，那算什么呢？"

"算什么？朕那就叫……叫拆旧盖新，不但没罪，还有功呢。"

"皇上，既是拆旧盖新，当先盖祾恩殿，后修乾清宫，而皇上是先修乾清宫，后盖祾恩殿，且把原来的七间改为五间。依微臣之见，皇上这不叫偷坟盗墓，也不叫拆旧盖新……"

"那叫什么呢？"

"皇上，我大清入关，世祖皇帝曾下过三道明令，皇上可曾记否？"

"朕当然记得！"

"皇上既然记得，可否细道其详？"

"那有何难？世祖三道明令，其一是顺民情，其二是改装换服……"

"那其三呢？"

"其三是不许毁明陵！"

"对呀！世祖明令不许毁明陵，怎么到了皇上你这儿，就不听世祖遗旨，把

明陵的殿座都给拆了呢？臣以为皇上你既不是偷坟盗墓，也不是拆旧盖新！”

“那朕算什么？”

“算什么？违背圣命，私盗皇陵，罪加一等！”

“啊，这比偷坟盗墓的罪还要大呀！”

“难道臣今天参你参得还不对吗？”

“对是对，爱卿还要让朕认罪正法吗？”

“皇上不是说了吗？王子犯法与庶民同罪。皇上乃有道明君，如何定罪，请皇上龙意天裁！”

乾隆皇帝这一下可就难了，《大清律》上说偷坟盗墓者斩，有违圣命，并没说非斩不可呀，我就自我发配吧！

“刘爱卿，依你之言，朕算是有违圣命！既是有违圣命，我就自贬为庶民，发配江南如何？”

“一切均由皇上龙意天裁！”

“如此，我就发配江南，由爱卿押送如何？”

“臣遵命！”

下了朝来，众臣都来到朝房。刘墉发话了：“诸位大人，且请留步，诸位大人都看见了，我今天在朝上可是把皇上给参了，皇上自我发配到江南，诸位大人都看见了吧？和大人，你也看见了吧？”

那和珅此时已是羞愧难当。刘墉往前面走了几步，道：“和大人，过来拜师吧！先磕三个响头，这可是你亲口说的，九王爷，我刘墉没说错吧？”

“不错不错！”九王爷说，“和大人，快磕头吧！可不许赖账呀！”

此时，和珅直羞得脸如红布一般，汗也出来了，可这头又不能不磕，谁叫自己去打赌的呢？再说，九王爷还在催着哪！万般无奈，只得给刘墉磕了三个头才算了事。

乾隆皇帝退了朝没回后宫却来到琼岛漪澜堂，对着太液池生闷气，心想自己乃九五之尊，却被刘墉参个违背圣命和拆皇陵之罪，虽说是自我发配，心里却总觉得疙疙瘩瘩的。

那和珅也被刘墉弄得羞愧难当，所以和珅又来点火了！

“主子忘了，这风、月二楼，他将‘听风观月’改为‘观风听月’，这私改楼名不是违背圣命、有欺君之罪吗？”

“就是有欺君之罪，他有太后的免死牌，朕也无法治罪呀！”

“主子，那你就不会这样吗？”

和珅在乾隆耳边叽咕了一阵，乾隆笑道：“就这样办！传旨让刘墉来见朕！”

刘墉刚回刘府，忽闻皇上召见，心想：皇上此时诏见，恐怕又没有好事。心

中是这么想，可还是得去呀！于是急忙来到琼岛漪澜堂，见和珅也在那里，心中更是明白！

“叩见吾皇万岁，万岁，万万岁！”

“刘墉，你可知罪？”

“皇上，我在朝上参你，你不是亲口免我一切的罪了吗？”

“你参朕有私拆皇陵之罪，朕说过不治罪于你，可你题写‘观风听月’，这私改楼名，可是有违圣命呀！”

“这个……”

“朕念你是忠臣，对朕一片忠心，也就不治你罪了！”

“谢主隆恩！”

“不要谢了。朕有些口渴，朕想喝这太液池中心之水，你就用衣袍给朕兜点水来就是！”

刘墉一听，心里明白，这是要我去死呀！

“启奏皇上，这太液池中心之水，要臣用衣袍兜上一点来，臣无法复命，只能有违圣命，但臣也不能抗旨不遵，就让臣以死来表达臣对皇上忠贞之心！”

“卿是忠臣，既是你所请，那朕也就准奏就是！”

和珅见乾隆准奏让刘墉去死，心中乐开了花，想道：我看你刘墉还有什么花招！

刘墉慢步向太液池走去，边走边想，皇上、和珅这是在报复我呀！走到太液池边，见池水清清，心中一动，自语道：“有了！”便转身而回，又来到乾隆面前。

“爱卿怎么又回来了？难道要抗旨不成？”

“启奏皇上，臣怎敢抗旨不遵，臣正要跳入水中，被一人拦住了！”

“胡说！朕明明看见并无一人，谁将你拦住了？”

“是屈原！”

“屈原？”

“对呀！屈原说：‘我遇上了无道的昏君楚王，无辜受害，才投水而死；你刘墉幸遇了有道明君，却来投水而死，岂不是大错特错吗？’经屈原那么一拦，我就回来了！皇上，要不就让我再去死吧！”

“不用去死了，你再去同屈原一样去死，朕不就同楚王一样成昏君了吗？”

“皇上，臣是忠臣，皇上也是明君哪！”

“好一个忠臣明君，说得好！你是忠臣，朕是明君！臣忠君明，这话在理！直隶总督缺员，朕命你到直隶上任去吧！”

“谢吾皇万岁，万岁，万万岁！”

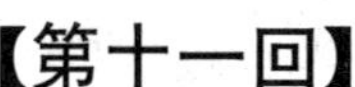

【第十一回】

宾服四海迎外使，一统江山见贤臣

春雨贵如油，下得满街流。
滑倒谢学士，笑煞一群牛。

这诗本也是古代一位才子所作，首句是说春天因雨少而雨贵如油，而这首诗却又让直隶的一位老先生给改了，诗曰：

春雨不用求，下得遍地流。
冲走村与庄，天愁地也愁。

这位老先生并非胡乱改诗，这也是有感而发。去年山东大旱，可今年北直隶就又涝啦，春天里那雨就三天一场，两天一场，一场比一场大，一场比一场猛！沟满河平且不说，那洪水如同猛兽一般，所到之处，田园不见，村庄失踪，千千万万的灾民逃荒的逃荒，讨饭的讨饭。

百姓的生活苦如黄连，而朝廷的租税却不减，百姓们实在无办法。有几个有见识的人便道："刘墉刘大人是清官，能为老百姓办事，我们何不去找他给我们想点办法！"

于是，几个人一邀约便到直隶总督府去找刘墉。

"乡邻们，你们来此找本官有何事？"

"大人，我们家里洪水成灾，颗粒无收，而朝廷租税不减，我们实在无力上缴租税，求大人给我们减免租税！"

"减税之事也不属我管呀！"

"减税之事虽不属你管，可我等都是直隶府的百姓哪！大人你是直隶总督，你不给我等百姓想办法，谁给我们想办法呢？也只有你刘大人才能给百姓办事

呀！你再看，北京城，老百姓进城卖个鸡呀、菜呀什么的，都要报税，这百姓实在是无法过日子了！万望刘大人费心！”

“尔等暂且回去，本官定给你们想办法！”

刘墉送走乡邻，心中想道：我必须到北京城门看看，到底情况如何。于是，便头戴草帽，身穿破衣烂衫，直奔东城门而去。

刘墉来到北京东城门一看，果然不假，诚如百姓所说。只见把门的门军，凶神似的，将过往的百姓个个拦阻盘查。

有一名妇女，拎着六只小鸡，只见高个子门军用手一挡，冷冷地说道：“停下，拿一只小鸡来报税！”

那妇女道：“官爷，行行好吧，我小孩有病，正要进城卖这六只小鸡，给小孩子抓药治病哪！”

那军士道：“要进城就报一只小鸡的税，不报就别进城！”

那妇女无奈，只得报了一只小鸡的税，方才进得城去。

不一时，又从那边来了一个老汉，用独轮小车推了一车柴火，要进城。那个矮个子军士对那老汉说：“你这车柴火不要报税了！”

那老汉忙施礼道：“多谢军爷！”

那矮个子军士喝道：“谢什么谢？快给我推到我家去！”

那老汉一个“不”字还没说出，身上就被那军士抽了一鞭子。老汉无奈，只得含泪把车子推进城中。

刘墉看罢也不言语，自行回府换了朝服，与张成、刘安耳语几句，直奔皇宫去见乾隆皇帝。

“臣叩见吾皇万岁，万岁，万万岁！”

“爱卿晚间见朕有何事？”

“臣闲暇无事，心中甚是思念皇上，特来与皇上闲话！”

这一对君臣，一来一往，你言我语，直谈到半夜，刘墉要告辞，乾隆说道：“为时已晚，天将明亮，你且陪朕下棋吧！”

刘墉道：“臣遵旨！”

刘墉之所以深夜进宫，陪乾隆夜间下棋，这里面还有原因。那是因为刘墉是太后的义子，与乾隆自是干兄弟，所以他们君臣才能无拘无束，同棋共弈。

刘墉与乾隆正在下棋，忽然听到一声金鸡啼晓。乾隆边下棋边顺口言道：“鸡没睡呀！”

刘墉连忙把棋子一扔，跪倒在地，谢道：“谢主隆恩，吾皇万岁，万岁，万万岁！”乾隆皇帝一愣，道：“你又谢什么呀？”

“不征税呀！”

“朕何时说过不征税呀？”

“皇上刚才不是说‘饥没税’吗？”

“朕是说‘鸡没睡’，何时说不征税呀？”

“‘饥没税’，因饥而没税，不就是不征税吗？”

“朕说的是啼晓的鸡！”

“臣听的是饥饿的‘饥’！”

“你净给朕胡缠！”

“不是直隶灾荒闹大饥荒，臣来缠皇上干啥呀？”

“这么说今年直隶的税收又免啦？”

“皇上圣明，免收租税，百姓将盛赞皇上恩德呀！”

“天已明亮，朕该上朝了吧！”

“臣本章已奏，多谢皇上恩准！”

“什么本章呀？”

“为直隶百姓求免租税呀！”

“你真是个难缠鬼啊！”

“谢皇上夸奖！”

刘墉为直隶百姓求情，免了一年的租税，直隶百姓有口皆碑。刘墉禀明圣上，说天下百姓盛赞皇上恩德。

乾隆闻听此言，心中甚喜。刘墉又奏请巡察直隶，考察民情，为国采风。乾隆准奏，刘墉奉命巡察直隶。

这一日，刘墉来到北京附近的宛平县丁集寨，这是一个大村子，约有五千口人。刘墉进了村寨，只见百姓生活十分清苦，虽说皇上免收了租税，但百姓们也只能是三份野菜一份粮来勉强度日，但人的精神风貌颇佳，男女衣衫虽破却也穿得干净齐整。虽说百姓面带饥色却也都知情懂理、讲求良善。

这一日刘墉正走访，老远便听得书声琅琅：

“子曰：学而时习之，不亦乐乎！有朋自远方而来，不亦说乎！人不知而不愠，不亦君子乎！”

“人之初，性本善，性相近，习相远。”

“邹忌曰：妻之美我者，私我也；妾之美我者，畏我也；客之美我者，欲有求于我也。”

“孟子见梁惠王，王曰：叟不远千里而来，亦将有利于吾国乎？”

“子曰：吾尝终日不食，终夜不寝，以思，无益，不如学也。”

“所恶于上，毋以使下；所恶于下，毋以事上；所恶于前，毋以先后；所恶于后，毋以从前；所恶于右，毋以交于左；所恶于左，毋以交于右，此之谓絜矩

之道。”

“是故君子有诸己而后求诸人，无诸己而后非诸人。所藏乎身不恕，而能喻诸人者，未之有也。”

“孟献子曰：‘畜马乘，不察于鸡豚；伐冰之家，不畜牛羊；百乘之家，不畜聚敛之臣。与其有聚敛之臣，宁有盗臣。’此谓国不以利为利，以义为利也。长国家而务财用者，必自小人矣。彼为善之，小人之使为国家，菑害并至，虽有善者，亦无如之何矣。此谓国家不以利为利，以义为利也。”

还有念“关关雎鸠”的，还有念“赵钱孙李、周吴郑王”的，真是五花八门。

刘墉循声找去，这是一家学馆，东、西厢房里都有学生，年龄大小不等，有五六十人，一位私塾先生走马灯似的来回跑。

那先生见刘墉进来，急忙施礼相见。

“草民不知大人来此，未能远迎，还请大人恕罪！”

“本官奉旨考查民风民情，走走看看，不必多礼！”

“谢大人！”

“先生高姓大名？”

“草民姓丁名大用，在此以授学为业！”

“本官见此处学子颇多，年龄大小不等，所学深浅亦不同，执教亦颇难！既是东、西两厢房都有学子，何不以年龄大小为准，一分为二，分而教之，岂不更好？”

“大人见教得极是，草民舍弟亦可为学子启蒙，小民原也想由两个人教之，现有大人如此明示，草民将遵命依法施行！”

“先生馆禄多少？生活尚足否？”

“谢大人关心，馆禄尚可使小民度日。”

这时，一阵清脆的读书声如银铃一般：

“孟子曰：天时不如地利，地利不如人和。三里之城，七里之廓，环而攻之而不胜，夫环而攻之者，必有得天时也，然而不胜者，天时不如地利也。”

“此处有女孩子入馆念书？”

“共两个，一个是小民之女丁丽珍，一个是我家房东之女，只是有时让她听听，‘四书五经’，略知一二。”

“可否带来让本官看看？”

“大人要看有何难哉？草民遵命将她带来便是！”

那小女孩来到刘墉面前，不慌不忙，施礼道：“丽珍给大人请安！”刘墉见丁丽珍十分机灵聪慧，便道：“‘四书’读完了吗？”“回大人，丽珍已读过了！”“你会作词吗？”“回大人，丽珍略知一二！”“你就以‘鸡猫狗马’为

题吟四首诗如何？”“丽珍遵命！”只见丁丽珍在地上转了两个圆圈儿，便吟出四首诗来：

其一：
头顶大红伞，身穿紫花袍。
登高一声啼，丽日普天照。

其二：
五鼠闹东京，宋廷不安宁。
天青见丽日，展昭显功名。

其三：
君子一义友，殿堂守夜神。
对空一声吼，飞贼惊断魂。

其四：
一日行千里，腾云又乘风。
风雨伴圣主，开国建其功。

刘墉听罢，连连称赞道：“好诗，好诗！立意非凡，气度超群，将来可望成为才女呀！”

丁大用连忙道：“大人过奖！大人过奖！”

“本官定将丁丽珍之事奏明圣上，给以嘉奖。”

“如此，就多谢大人了！”

“农家之女，先生可否也收而教之？能多出几个才女，也是家乡之幸！”

“大人所言极是，只是过去学规，教男不教女，小民之女亦是旁听所习，非正式教授。”

“先生可招些农家女而教之，可招二三人教之，学童可按年龄大小而分之，教者各尽所能，学者各有所重，先生可试行之。”

“小民谨遵大人所教！”

丁大用遵刘墉之命，又请一人，与其胞弟凡三人，学生按年龄大小分为三等，各司其职，各负其责。丁大用总管事物，招男女学童约百人，为此，在朝廷中也引起一场风波。亏刘墉能言善辩，使皇上无话可答，此事方才完满解决，这当然是后来之事。

这一日，刘墉带领张成、刘安来到天津塘沽口。

这塘沽口也是一个军事要地，因此刘墉特来此处巡视。刘墉来到军营，查看了士兵的伙食，那厨子施礼相见。

“这士卒伙食一月吃多少银两？”

“回大人，一月伙食是二两银子。”

“你家有几口人？”

“回大人，小的家有五口，上有老母，下有一子一女。”

“日子过得如何？”

“回大人，因小的收入微薄，老母亲、小儿女菜饭尚供奉不足。”

刘墉对随行的小将官说道：“每月再给他加一两银子俸禄，使他供养老母！”

那厨子跪地便叩头：“多谢大人关爱！”

刘墉又来到塘沽口炮台，但见那炮台高耸，大炮雄壮。刘墉上了炮台手摸大炮道：“诸位请看，这炮身都生锈了！如此，如何发炮？这塘沽口乃天津门户，天津乃京都门户，为军者不可不察，不可不慎！”

众人齐道：“大人教导得极是！”

刘墉见一个兵卒面黄肌瘦，便问道：“你如何这等黄瘦？”

“回大人，小的自幼多病，体质甚差。”

“如此，拉弓射箭，扛运炮弹，军中之役你能应力吗？”

“这个……小的自会尽力从军，干不了重的，小的能干轻的。”

“打仗之时，谁会专给你轻的去干？如此，必定要贻误军机了！”

“这……”

“军者，国之卫也，无军，国岂能存？古人云：‘养兵千日，用兵一时。’似尔等如此败弱，如何尽保国安民之责？此乃国之大政，本官一定奏明圣上！尔等现在就要练兵，练他个兵强马壮！”

刘墉又巡察了烟台、青岛等地。

这一日，刘墉与张成、刘安、王安、王英、赵虎、丁三一行七人来到徐州府，徐州知府许化龙率大小官员前来迎接。

“徐州知府叩见总督大人！”

“本官奉皇上之命，一路巡察为的是考察民风民情，有需许大人相助之时，再来相劳，你们各自请回！”

“下官遵命！”

这一日，刘墉在徐州城内闲走，来到一个农家小院，只见一对老夫妻正在推豆腐。老头一边推磨棍往前走，一边与老妇人闲话：

“都说总督大人刘墉是清官，我看不一定，他若是清官，能给咱弄一头毛驴

子来，也省得我老汉推磨棍。”

“你别做梦了，现在当官的，谁不是自己只顾捞钱，不管百姓死活！”

这老夫妻的悄悄话正被刘墉听个清清楚楚。

刘墉心中暗想，唉，当官之人不能为百姓办一件实事，真是枉自穿了一身官服！

刘墉回到徐州府衙便升堂，吩咐张成、刘安道：“你二人速到徐州城隍庙旁路北向东第三家，将那推豆腐的老头给带来！”

那张成、刘安不多一时将推豆腐老汉带了进来。

“小民叩见大老爷。”

“你在家骂老爷不是清官，该当何罪？”

“小民未曾骂老爷。”

“胡说！你推豆腐时道：总督刘大人不一定是清官，如若是清官，能给我弄一条毛驴子来，也省得老汉推磨棍。这话可是你说的？”

“这……这话是……小民说的！”

“如此说来，本官不是清官便是贪官了。”

“小人知罪！求大人饶恕！”

“饶恕？本官绝不饶恕！你说是愿打呀还是愿罚？”

“大人，打又如何？罚又如何？”

“打嘛……就是六十大板！”

“罚呢？”

“罚嘛……吃下二两盐去！”

“如此，小人甘愿受罚。”

刘墉笑道：“你本该受罚！张成、刘安！”

“小人在！”

“尔等速到府衙对面的油盐店买二两盐来！”

张成、刘安领命出衙，不一时，将盐买到。

“张成，用秤称一下，看看够不够二两。这老汉责骂本官定不轻饶，不能让他占便宜！”

张成用秤称罢，道：“回大人，这盐不够数，少五钱！”

“刘安、赵虎，快将那卖盐的店主给带将进来，老爷要问话！”

刘安、赵虎闻令，快步出衙，不多时，将油盐店店主带到。

“你方才卖给两位公差的盐是多少？”

“回老爷，方才小人卖给公差的盐是二两。”

“张成，把秤交给他自己去称，看看是否够二两！”

那油盐店店主自己心中有数，急忙跪下。

“小的有罪！小的刚才少给了五钱，求老爷恕罪！”

“你既经商为业，当公买公卖才是，为何克扣斤两？”

“小的知罪！”

“既已知罪，你是愿打，还是愿罚？”

“愿打如何？愿罚又是如何？”

“愿打，就是重打八十大板，愿罚就是罚银十五两！”

那店主寻思道：我这把年纪，身小力薄，别说八十大板，就是五十大板也把我打杀了呀！唉，钱去人安，我就认罚这十五两银子吧。

“老爷，小的认罚！”

“那好！刘安，随店主去把十五两罚银取来！店主当闭门思过，好生营业，不可再做克扣斤两之事！下去吧！”

刘安随同油盐店店主出衙。不一会儿，将十五两银子带回呈交刘墉。

刘墉手拿十五两银子，走到老汉面前，笑道：“老人家，你看，这十五两银子给你买一头毛驴子，够不够呀？”

老汉又惊又喜道：“怎么，老爷不罚小民了？”

“哈哈……”刘墉大笑道，“你收下这十五两银子，不就罚了吗？”

那老汉接了银子，急忙磕头。

“不必道谢，回去好生过日子去吧！”

刘墉在徐州稍作停留，便沿着官道，直下宿州。宿州出贪官，刘墉早有所闻，故而绕道南下宿州。此时正值六七月间，天气炎热，刘墉来到符离黄山脚下，忽听村内传出歌声：

赤日炎炎似火烧，野田禾稻半枯焦。
农夫心里如汤煮，公子王孙把扇摇。

刘墉道：“落轿，将那唱歌之人唤来见我！”张成、刘安领命而去，不一时将唱歌之人带至轿前。

刘墉闪开虎目，只见那唱歌之人年过花甲，白发苍苍，银须飘胸，童颜鹤发，全无草野村氓之态，更有学者隐逸之风。

那老者向刘墉施礼。“草民叩见刘大人，给大人请安。”

“老者是哪里人氏？尊姓大名？”

“草民乃宿州符离人氏，贱姓许，草字灵风，野号松月先生。”

“敢问先生取松月为号何意？”

“草民厌恶世风，栖身山野，取‘卧松林兮观明月’之意也。”

“当今皇上乃圣明天子，勤政爱民，皇恩浩荡，世风因何使先生恶之？”

“大人，当今圣上果为圣明，孔圣人曰：‘君子之过也，人皆见之，更也，人皆仰之’。圣人之过，尚且难免，况凡夫俗子乎！”

“本官愿闻其详，先生肯赐教否？”

“岂敢岂敢！大人愿听，容草民详禀！”

“如此，先生细说与本官听！”

“当今圣上，英明勤政，爱民如子，世风不正却也令人担忧。一者吏治败落，为官者贪赌成风，吃嫖成性，大肆挥霍，搜刮民脂民膏，贪地占财，土地集中。钱在官吏之手，百姓赤贫，多有饥渴之苦，难以安生。二者王法不执，冤案多多，正气不张，邪气嚣扬，君子受气吞声，小人得志猖狂。三者伦理颓丧，是非颠倒，世人不以敬老学德为美，反以作恶尚邪为荣。故民生艰辛，盗贼猖獗，令人可叹可忧。如若不信草民之言，大人请看，这村边一百八十五座新坟，就可为证。”

“先生此言怎讲？”

“这一百八十五座新坟，皆为无罪村民，只因官道上由官家修石桥一座，这石桥宽三丈五尺、长二百五十丈。这桥修得高大雄伟，雕栏玉砌，甚是壮观，桥上可行人，桥下过舟船，河岸两边桥洞下，尚有洗浴游乐之所，整日里，桥上桥下人来人往接连不断。去年三月二十八日午时，这桥突然塌掉，死伤人数达二百五十人之多！”

“哎呀，可叹！这桥建成有多长日子竟倒塌了？”

“整整八十一天！”

“这整整八十一天就塌了，那是为何？”

“大人有所不知，修河银两共计二十五万两，用于修桥的银两却不到十万两。故而修桥总监偷工减料以次充好，以假充真，那桥建得质量低劣，致使数百人伤亡！”

“那官家如何处置？”

“只不过报个伤亡事故搪塞上面，众百姓落个白死便了事！”

“如此说来，本官便要进村去看一看死者遗属！”

“如此，百姓欢迎大人光临！”

刘墉大轿便向村中而来。那松月先生头前带路，高声呼喊道：“诸位乡邻，刘大人来看望大伙来了！快来迎接大人哪！”

那村民百姓见官家轿子进村而来，又闻松月先生高喊之声，纷纷出村迎接。

“草民们叩见大老爷，为大老爷请安！”

“不必多礼，都平身吧！”

“谢过大老爷！”

“请因桥塌而死者的遗属都过来，让本官看看！”那些百姓听说，都来到刘墉

面前。刘墉下轿，便在村头树下坐了。刘墉一见那几百口死者遗属，不禁心酸落泪。

只见数百口遗属之中，老翁、老妪五十多人，小寡妇三十多个，大大小小男男女女的孩童数百个，十几岁的、七八岁的、两三岁的，口中吃奶的都有。上至七十老人，下至襁褓孩童，个个都是破衣烂衫，面带饥色。

刘墉起身，向百姓们施了一礼，道："百姓们吃苦了！本官定为你们出这一口恶气。你们之中，有谁知道这修桥银被贪占的事证吗？"其中有一个年轻后生道："小的父亲被桥砸死，小的曾参加修桥。那修桥银多被州官吞占，那修桥总监也从中克扣个三万两万的。那桥外面坚固，内中以土代石，就是桥墩也是内中充以碎石，因此桥修好后仅八十一天便倒塌了。"

"那修桥总监姓什么，叫什么？在何处居住？"

"那总监就在城隍庙对门，两层楼的大院便是。"

"尔等所受辛苦，本官明了，一定给大家一个补报！尔等也要尽力农桑，耕田种地，自力养家糊口，生产有功者，本大人将给予奖励！松月先生，请给我找一身破衣烂衫。"

"大人要破衣烂衫何用？"

"先生休要多问，本官自有用处！"

不一时破衣烂衫拿到，刘墉对刘安道："给他一两银子，这衣衫本官买下了！"刘安把银子交给了松月先生然后告辞。

刘墉身穿破衣，与张成、刘安来到宿州城隍庙，向北一看，果见有一个两层楼小院，盖得甚是华丽气派。只见门旁两个小厮正在闲说话：

"咱家总监爷就是有本事，一座桥下来就是一个楼房院！"

"那算什么呀，那知州大老爷十个院也能盖起呀！"

"唉，咱哥们何时能有个小院，死也足了！"

正在这时，只见一人从门内走出，道："你两人又说什么哪？"

"总监爷，小的俩人是在说，还是总监爷有本事，一个桥下来，就落一个小楼院！"

"哎，那算个什么呀？还不是鸡毛蒜皮！"

"就这些，小的们一辈子也挣不来呀！"

"这修桥筑路，是生财之诀窍，大家不都是那么说嘛！'当官要想富，快修桥，多筑路。'那府官大老爷得的银子不下于我得的十倍，你小子能眼红得了吗？"

"那是，那是，小的不敢眼红！"

"金钱面前莫伸手，伸手当心被人捉！"

"哎嗨，你这老头到会说话，'金钱面前莫伸手，伸手当心被人捉'，不伸

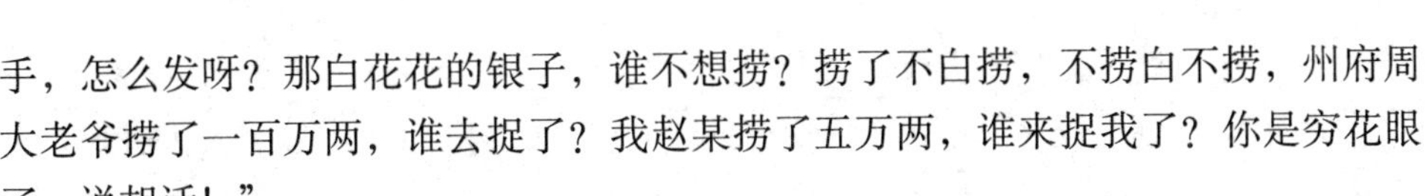
手，怎么发呀？那白花花的银子，谁不想捞？捞了不白捞，不捞白不捞，州府周大老爷捞了一百万两，谁去捉了？我赵某捞了五万两，谁来捉我了？你是穷花眼了，说胡话！”

“我就敢捉，你信不信？”

“去你妈的巴子，老子就不信！给我揍这老头！”

两个小厮刚要动手，被张成、刘安一下子踢翻在地。他们道：“直隶总督大人在此，不得无理！”

刘墉道：“把这厮给我拿下！”王安、王英闻令，将赵总监锁住，直奔州衙而来。

刘墉身着便服，让王安、王英押着赵总监，他带着张成、刘安，来到宿州府衙。刘墉拿起鼓槌，将大鼓击得震天响。

那宿州知府周周，闻听有人击鼓鸣冤，急忙升堂问案。

刘墉与张成、刘安进大堂跪下，那周知府便道：“下跪何人？”

“小民刘三！”

“小民张成！”

“小民刘安！”

“你们状告何人？”

“小人不告人！”刘墉答道。

“小人不告人！”张成答道。

“小人不告人！”刘安答道。

“尔等不告人，来告什么状？”

“回大人，小人来告桥！”

“什么？告桥？大白天说梦话，那桥又没罪，怎么告它？”

“我告这宿州濉河大桥，它不该建成八十一天就倒塌了，它不该砸死砸伤百姓二百余口！”

“荒唐，既是桥塌砸死砸伤了人，与我宿州知府何干哪？”

“大人，那桥可是坐落在宿州地，那桥可是你宿州人所建哪！”

“那桥是坐落在宿州地，是宿州人所建，又怎样？”

“那大桥砸死人没罪，那修桥人可有罪？那贪污修桥银两的官可有罪？”

“依你说来本官倒有罪了？”

“你有罪，小民就要状告你了！”

“民告官就要先打五十大板！”

“那官要有罪，民当然要告之！”

“不论有罪无罪，民告官都要先打五十大板！”

“你就是打五十大板，小民也要告！”

“来呀，那就先打他五十大板！”

两边差役就要动手，张成、刘安当即站起，厉声喝道：“总督大人在此，我看你们哪个敢动？”

周周听罢，冷笑道：“大胆刁民，竟敢冒充官家，给我打！”此时王安、王英、赵虎、丁三闻声赶来。

刘墉吩咐：“将那狗官拿了！”

刘墉更衣已毕，坐于宿州大堂之上。

那周周此时才如梦初醒，连连叩头。

“下官有眼不识泰山，冒犯大人，还请恕罪！”

“将赵总监带上堂来！”

那总监进得大堂，双膝跪下：“小的叩见刘大人。”

“你修桥时贪占多少银两？如实招来！”

“修宿州濉河大桥，小的贪白银五万两。”

“那十万两又到哪去了？”

赵总监看了看周周，道：“那十万两……小的不知道。”

刘墉心中早明，便故意问道：“你不知道，莫非是你家大老爷才知道吗？你是修桥总监，修桥银两如何开支？总数二十五万两白银你是如何开支？”

“这个，小人……”

“你不招，大刑伺候！”

“大人，别别，小人愿招！”

“周大人！”

“下官在。”

“莫非一定要赵总监供指才行吗？”

“大人，下官……下官也愿招。”

“快招，那十万两银子哪去了？”

“犯官有罪，那十万两银子被犯官所占。”

“你身为朝廷官员，不思为国尽忠，不思为民造福，你只知道贪图银两，那桥砸死的一百八十五个阴魂你如何处置？”

“下官死罪，下官死罪！”

刘墉道：“画押！”周周与赵总监画押后，刘墉判曰：“周周身为府官，有负皇恩，贪占银两，致使大桥倒塌，死伤数百人，拟当退回赃银，死伤人命，依律当斩。总监理应与周周同罪，但贪银数少，责令退还赃银，发配沧州充军。所退赃银，五万两用于安置死者遗属，十万两用来奖励农夫种田有功者。本官当奏明圣上，然后施行！”

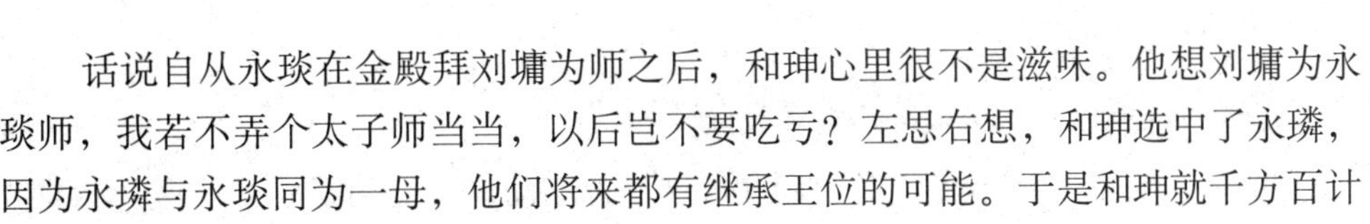

话说自从永琰在金殿拜刘墉为师之后，和珅心里很不是滋味。他想刘墉为永琰师，我若不弄个太子师当当，以后岂不要吃亏？左思右想，和珅选中了永璘，因为永璘与永琰同为一母，他们将来都有继承王位的可能。于是和珅就千方百计想接近永璘。

这一日，在琼岛恰巧和珅碰到了永璘。

“臣和珅叩见殿下，给殿下请安！”

“和大人平身！”

“殿下，臣观殿下相貌堂堂，两耳垂肩，两手过膝，一副帝王之相！”

“和大人过奖了！”

“殿下，臣有一言不知当讲不当讲！”

“和大人请讲！”

“永琰殿下在金殿上拜刘墉为师，殿下……你是不是……也要拜个师呀？”

“这个……父皇未曾说过……”

“那是当然，那是当然……我是说，我与刘墉是满汉两中堂，是当今主子的左右手，臣与刘墉辅导你和永琰殿下，正是一对儿……”

“如此，我就禀报父王拜和大人为师！”

“那好，那好，为臣就先谢谢殿下了！如此，就请殿下多到舍下走走！”

说罢二人各自而别。

那永璘殿下德行纯厚，年轻无邪，对于继承王位之事并不曾多想，所以并未对乾隆讲拜和珅为师之事。那和珅等了几十日不见动静，便又找永璘求拜师之事。于是，永璘将拜师之事禀报乾隆。乾隆道：“你尚幼小，不谙世事，此后再议吧。”永璘见父皇不准，心中即有不悦之感，便对和珅说道：“父皇说我年尚幼小，不谙世事，以后再议。”

和珅神秘地一笑，道：“皇上所言极是，不过殿下越是年幼不谙时事，越是要拜师就学呀，不然殿下何以立身处事？在众殿下之间又如何能立足呀？难道殿下就没有面南之大志吗？”

“这事应当由父皇决定。”

“殿下，当今能与殿下对立的只有一人。”

“谁？”

“永琰殿下！你们两个如果只有你殿下一人就好了！”

“这话是何意？”

“臣是说，若只有你一人，你就理所当然地面南登基了！”

“唉，永琰他已先我一步了！”

“殿下当真想继承皇位吗？”

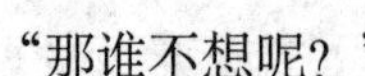

“那谁不想呢？”

“只要你想，臣就一定为你效力！”

那永璘殿下终究年轻，经不起和珅这一片煽动，于是动了心，便道：“我要是登了基，你就是开国之臣！”和珅当即跪下：“臣叩见吾皇万岁，万岁，万万岁！”永璘道：“免礼吧！”和珅道：“万岁，此事当守口，不可外传！”永璘道：“知道了！”

和珅这一日在府中闲坐，忽得知永琰要到京郊游猎。和珅大喜，自以为行事时机已到，便急派人去请永璘。那永璘来到和府相见已毕便入内室说话。

“恭喜殿下，不，万岁，恭贺大喜！”

“喜从何来？”

“臣听说永琰殿下后日要到京郊游猎，到时万岁你也要和他一起去游猎，到时你只要说一句话，就大事可成。”

“到时我说哪一句话？”

“附耳过来！”

于是，和珅就在永璘耳边叽咕了一阵。永璘虽然面有犹豫之色，但最后还是点头答应。

和珅说罢，二人相对哈哈大笑。

永琰带领随从，牵狗架鹰，出城南门径直往城郊而来。刚出门不多远，那永璘也带着随从从东城门转往南郊而来。

不一时，两队人马便合为一处。永璘急忙与永琰打招呼：

“哥哥游猎来了？”

“哎呀，小弟也来游猎？”

“是呀，咱兄弟俩就合为一处游猎，如何？”

“如此甚好！”

于是两队人马就合为一处。那永琰骑红马，永璘骑白马，两匹马并排奔驰在前，两队随从前呼后拥，不一时来到山野之中。正在这时，一只野兔望风而逃，这野兔一跑便惊起了草丛中的一只野鸡。永琰、永璘各自从箭袋里取出一支箭来，拉弓搭箭便射，永琰射中野鸡，永璘射中野兔，兄弟二人各自大笑。这时，一随从来报：“报二位殿下，一只鹿逃进这边树林，一只獐逃往那边树林！”

永璘一听此言，心中咯噔一下，脸色一沉，便道：“哥，你去追梅花鹿，我去追那只獐子！”

永琰说道：“如此甚好！”便急忙打马追去，全然没有注意永璘的脸色神态。那永璘见永琰奔入树林，径自引人马向另一方向奔去。

永琰骑在马上来到树林深处，鸟兽皆无，哪有什么梅花鹿？正怀疑间，只见树丛中突然蹿出几十个蒙面人来，人人拿刀，个个持枪，步步逼近。永琰心中害怕，乃厉声喝道："吾乃当朝十五殿下，休得无礼！"那蒙面人并不搭话，一拥而上，不由分说地将永琰殿下捆在树上。其中一个蒙面人手执短剑，就要向永琰刺去。

那永琰直被吓得魂飞魄散，双目一闭，正然等死。只见那蒙面人手执短剑，对着永琰的心口窝猛力刺去，那剑尖离永琰的心口窝还剩四寸、三寸、二寸、一寸……就在这时，只听得一个炸雷，直震得地动山摇。一条巨龙从天而降，张牙舞爪，从半空中扑将下来，满天红光。那蒙面人直吓得肝胆俱裂，向后一倒，气绝身亡。其他的蒙面之人也都吓得如迷如呆，半天才醒过神来，哪一个还顾得永琰，个个呼爹喊娘地抱头鼠窜。这是永琰命不该绝，也是和珅要加害太子，惹得天神共怒！

话说刘墉在宛平县丁集寨，让丁大用招收男女儿童入学，以年龄为序，分部而教之，本是好事。这事一传到和珅耳中，和珅一想，道："好哇，你个刘墉，我要不参你一本那才怪哩！"

第二日早朝，和珅第一个出班。

"臣和珅有本奏！"

"爱卿有何本奏？"

"我大清风调雨顺，国泰民安，一则是主上皇恩浩荡，二则是祖宗庇佑，故而祖宗之法不得违背。而刘墉在宛平县私自让塾师招收男女学童入学，男女共处，有伤大雅。自古来男女有别，刘墉有意违之，此等违反祖宗之法，违逆圣命之行，使人神共怒，天理不容，主子当治刘墉之罪！"

"朕准奏！传朕旨意，刘墉官降两级！"

这一日，刘墉离了通州地界，直奔京城而来。眼见来到京城南郊，正在行走，就听得晴空一个炸雷，直震得地动山摇。刘墉撩开轿帘，向外一看，只见天气晴朗，万里无云，这大晴天打雷，岂不是怪事？

"老爷，不好了，你看那树林之中失火了！"

刘墉闻听张成禀报，抬眼向树林看去，只见红光满天，丹云盖顶，皆成五彩之色。

刘墉心中暗想，哪里是什么失火，分明是龙虎之气，这其中定有隐情！

"张成、刘安！"

"小人在！"

"快到林内察看，速速来报！"

张成、刘安奉命来到树林之内，不一时便看到永琰被绑在树上，急忙回禀："回大人，那林内树上捆绑一人！"

刘墉闻言，下得轿来急忙到林内观看。

刘墉走近一看，不禁大吃一惊!

“十五殿下！这是如何？这是如何？”

那永琰被绑在树上，双眼紧闭，正在等死，只觉得昏昏沉沉，也不知过了多久，忽听得有人呼叫方睁开眼来，一见是刘墉，便叫道：“刘大人救我！”

张成、刘安用刀割断绳索，放下永琰太子。刘墉方才细问。

“殿下为何被绑在这里？”

“刘大人，今日我来南郊游猎，恰逢十七弟永璘也来南郊游猎，我兄弟二人便合为一处。正游猎之时，一随从禀报有一只鹿和一只獐各自逃走，永璘让我去追鹿，他自去追獐。待我追进树林后，并不见鹿，此时，从树林中蹿出十几个蒙面人，将我绑在树上，就是这个倒地的蒙面人正要拿短剑刺我，不知怎的竟倒地而死！”

“原来如此，看来是有人设计加害殿下。”

刘墉又仔细察看那死者，发现他的剑柄上有一个“和”字。刘墉命道：“将死者和所有物品全部运往京城！”

“永琰太子失踪了！”这消息不亚于一颗重型炸弹，把整个金殿内内外外的人都炸得晕头转向。乾隆派出官兵去找也无下落。虽说和珅、永璘之计得逞，但他们二人也是提心吊胆，永琰失踪，那乾隆爷岂能善罢甘休!

大殿之上，乾隆皇帝龙颜大怒，群臣个个呆如木鸡。

“裘正义！朕让你查，你可查得什么线索？”

“启奏皇上，臣查得永琰殿下是在京城南郊游猎时失踪的，当时永璘殿下与他同去游猎。”

“传永璘上殿！”

那永璘上得殿来自是心虚得很。

“儿臣叩见父皇。”

“你既与永琰一起游猎，他是如何失踪的？”

“儿臣与哥哥游猎，随从有人报说有一只鹿与一只獐逃入树林，哥哥追鹿而去，儿臣追獐去了。我也没追上那獐子，哥哥追鹿而去，久不见回，我便回京了。哥哥怕是碰上强盗了。”

“你怎么知道永琰会碰上强盗？”

“奴才启奏主子，奴才以为永琰殿下一定是迷了路，不可能碰上强盗。”

“朕来问你，你怎么知道不会碰上强盗？”

“这个……奴才是说，我大清国天下太平，不会有强盗的……”

“和珅、裘正义，朕命你们快快查找！”

“臣遵旨！”

此时，传事官来报："今刘墉奉旨巡察直隶已毕，现在殿外候旨。"

"宣刘墉进殿！"

刘墉进殿，还未跪拜，和珅就跪下道："奴才前几日所奏，既蒙主子恩准，如今就要治刘墉之罪！"

刘墉跪地后，道："臣刘墉参见吾皇万岁，万岁，万万岁！

"刘墉，你在宛平让塾师将男女学童同室共居，有伤风化，有违祖宗遗训，你可知罪？"

"皇上所言，实有此事，臣刘墉有罪无罪，应当后论，臣有本奏！"

"大胆！你敢说你无罪？朕本当严惩，但念你巡察直隶劳苦，从轻发落，官降二级！"

"谢主隆恩！万岁，臣有本奏！"

"你便奏来！"

"臣参和珅和大人设计加害永琰殿下，毁我储君，罪不容赦！"

"什么？永琰？谁加害他？快说！"

"就是和珅加害永琰殿下！"

"永琰？他在哪里？快给朕说！"

"永琰殿下树林中遇难已被臣救下，现在我府中安歇！"

"奴才启奏主子，刘墉全是一派胡言，诬陷奴才！"

"皇上，永琰殿下遇害经过皇上可亲自过问。那死于树林中的蒙面人所用之短剑，剑柄上刻有'和'字。这蒙面人他是何人，皇上也可让人查访证实。这剑上之'和'字请皇上亲过龙目！"

"和珅，这剑可是你府之物？"

"此物有'和'字不假，天下姓和的不止我和珅一人，剑上有'和'字不一定就是我府之物，操此物者也不一定就是我和珅的人！刘大人又有何凭证说是我和珅设计加害殿下？"

"此事朕后面定会查明的，仅凭一个'和'字就定为是和大人设计加害，理尚不足！不过，你救永琰有功，朕就不怪罪于你了，还是官复原职吧！"

"谢主隆恩！臣还有本奏！"

"呈上来！"

"臣在天津塘沽见兵卒体弱多病，力不能操刀枪，炮台上大炮炮身生锈，由此可见我兵备疏略，作战无力，一旦有战，如何能抗敌守国？臣以为理当加强军备、巩固国防，大兴练武之风，强国强军。和珅掌管军事，亦有渎职之罪，请皇上明察！"

"好好，那就让和珅加紧操练军事！"

"谢主隆恩！"

“下去吧！”

“臣还有本奏！”

“还有本奏？”

“还有本奏！”

“呈上来！”

“臣在徐州、宿州两地见奸商买卖不公，克斤扣两，伤害百姓；地方官吏贪占银两，以修桥建路为名损公肥私，致使宿州濉河大桥建成八十一天就倒塌，使百姓死伤两百多人。臣请皇上整顿吏治，制止占贪，纯化商风，造福万民。”

“朕准奏！”

“谢万岁！臣还有一本！”

“刘墉呀！你刘三本不叫三本，叫刘四本啦？”

“启奏皇上，永琰殿下在树林中遇害，显然是有人垂涎皇位，如此争斗必造成后患。臣以为，凡大臣唆使殿下们争谋皇位者，当以叛臣治罪！废立之事，当由皇上天裁，诸殿下间争夺皇位者当以逆叛之罪治之！”

“朕准奏！”

“谢主隆恩，吾皇万岁，万岁，万万岁！”

大清王朝自从入主中原，历经顺治、康熙、雍正三朝，文治武功均有建树，使得大清国疆域扩大，版图大增。而今又历乾隆圣朝，把个大清国治理得如同铁桶一般，上下君臣有序，百姓男耕女织。星移斗转，年复一年，倒也可说是风调雨顺，国泰民安。大清江山自成一统，闭疆守关，与世相绝。

在西方有一国度名叫英格兰大不列颠国。这个国家生产发达，技术先进，交通运输、纺织钢铁、造纸等工业在世界上遥遥领先。那英国女皇早就听说东方有一个文明古国叫中国。那里地大物博，人口众多，是一块又肥又香的大肉，于是就想把自己国家的势力向中国延伸。

这一日，英国女皇召集大臣议事。

女皇道：“东方中华之国，地大物博。我国将来若要兴旺发达，称雄世界，我们必须与这中华大清之国建立关系方能有所图。朕闻今年是中华大清国皇帝八十大寿之时，朕想派一使者出使中华大清之国，不知哪位愿往？”

那女皇话音刚落，便有一臣说道：“女皇陛下，下官愿前往出使中国！”女皇一看，只见此人面貌清瘦，面皮白净，鹰鼻高耸，英俊里面交织着丑陋，聪明里面夹杂着狡猾，仁爱之中也不乏几分冷酷和虚伪。他就是外交官马嘎尔尼。

女皇说道：“爱卿愿为朕分忧，如此甚好，你可速做准备，具体事项稍后再议！”马嘎尔尼说道：“臣遵命！”

马嘎尔尼的东方之行却给清廷内外，也给刘墉、和珅带来一场轩然大波。

不久，马嘎尔尼来到中国，先住在万国驿馆，这是清政府专门用来接待外国客人的地方。马嘎尔尼心中盘算，这清廷中最有权威、最能打开皇上这把锁的只有汉、满两中堂，而汉中堂刘墉又官清如水、软硬不吃，不好色，不贪财，是个难听进话的主儿，于是就把主意打在了和珅身上。

那和珅则是一个爱银子、爱女人的两爱高手，且与乾隆皇帝又是儿女亲家，所以马嘎尔尼就选中了和珅，这一切一切的中英政治风云就从这里开始了！

只说这天，和珅在书房里正在欣赏下面官吏送给他的一件汉宫宝镜，和喜来报："老爷，有一个洋人来见你。"

"什么？洋人？"和珅听说是洋人，便来了精神，"几个洋人？"

"一个，后面跟着几个中国人，还抬个大箱子哪！"

"快请！快请！"

和珅急忙更衣，亲自到门口相迎。

"哈喽，威气阿儿油。和大人，我叫马嘎尔尼。扛木席油！"

和珅听不懂洋话，只是点头、作揖，口中也跟着咕噜着："哈喽哈喽，威你油！威你油！"

马嘎尔尼笑个不止："孬！孬！"

"我孬！我孬！"

马嘎尔尼一挥手，那通事人说道："和大人，这洋大人说：'喂，你好。和大人，我叫马嘎尔尼。特来拜见你！'"

"噢！请！请！请！"

马嘎尔尼要来同和珅握手，和珅连忙后退，双膝跪地。

"孬！孬！"马嘎尔尼连连摆手。

通事又把和珅扶起。

马嘎尔尼上来又要拥抱和珅。那和珅以为马嘎尔尼要来打架，连忙后退。和喜便要拔剑阻挡。马嘎尔尼一愣，通事连忙赔笑："误会，误会！和大人，这洋大人是用最高贵的礼节来拜访你！洋大人，这和大人没见过贵国的礼节，全是误会！"

和珅忙说："误会！误会！请客厅里叙！"

"洋大人，请！"

他二人进了客厅分宾主坐下。马嘎尔尼向和珅咕噜比划了一番，通事便对和珅说道："和大人，马嘎尔尼先生说他奉英国女皇之命前来中国为皇上拜八十大寿，并且想与大清国通好。这其中的细节之事还请和大人多多帮忙，马嘎尔尼先生有礼物相送！"

说罢，马嘎尔尼命人把箱子打开，里面是各式各样的珍宝，其中有一个玩具

叫西洋狗。马嘎尔尼把发条上足，那西洋狗就在地上走起路来，活灵活现，如同真的一般。

和珅见了大喜，爱不释手。

“贵国愿与我大清国通好，那是好事，好事！下官一定效力，一定效力！”

马嘎尔尼便笑道：“多谢和大人！”

“好说，好说！”

马嘎尔尼又说道：“和大人，听说贵朝中还有一位大人叫刘墉，这位大人不像和大人好通事，还请和大人指教！”

“马嘎尔尼先生，这个，下官自有办法，你就这么办……”和珅在马嘎尔尼耳边说了一会儿，道，“你是我大清国贵客，你送给他东西，到时他要收下，我有话说；他要不收下，我也有话说。一定把刘墉给制服了，让他乖乖地听咱们的！”

“好，好！威瑞故的！”

第二日，和珅与马嘎尔尼一起来到刘府门外。张成、刘安见状急忙向刘墉禀报：“报大人，门外和大人与一个洋人来求见大人！”

刘墉说道：“快请！”刘墉更衣来到府门。

“和大人、洋大人，请！”

“刘大人，这位就是大不列颠国公使马嘎尔尼先生，这位就是刘墉刘大人！”

“刘大人，你好！”

“多谢马嘎尔尼先生！请！请！”

三人来到客厅坐下，刘墉命人献茶。

“两位大人光临寒舍不知有何见教？和大人？”

“哪里哪里，本官只是陪马嘎尔尼先生来拜访刘大人！”

“噢，那就请马嘎尔尼先生赐教！”

“刘大人，不敢称赐教，我奉我们大英国女皇之命前来为贵国皇上庆贺八十大寿，以求两国通好。这中间细节之事还请刘大人成全相助！”

“两国邦交大事本官定当效力！”

“只要大事能成，我国政府一定不亏待大人！”

“本官为国事效力，不图厚报！”

“那是当然。刘大人高节，让我敬佩，敬佩！现有小小的一点见面礼请大人笑纳！”说罢令人将礼物呈上，打开箱子一看尽是金银珠宝。

刘墉心想，这一定是和珅又在捣鬼，我若收下，他定参我个接受贿赂；我若不收，他定要参我违背善待洋人的圣命。

刘墉便道：“中国有句古语叫无功不受禄，下官对马嘎尔尼先生无尺寸之功，这礼物实不敢收！”

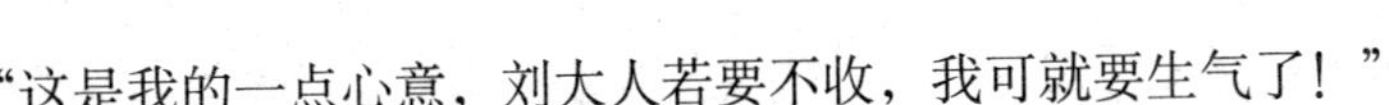

“这是我的一点心意，刘大人若要不收，我可就要生气了！”

“是呀，刘大人，马嘎尔尼先生要是生气了，这不能善待洋大人，违抗圣命你可担当不起呀！”

“和大人，既是如此之说，那本官就恭敬不如从命了。张成、刘安，先把礼物收下！”

“如此，我们就告辞了！”

“两位大人走好，恕不远送！

和珅与马嘎尔尼出了刘府大门，和珅道：“这刘墉只要收下了马嘎尔尼先生的礼物，这今后的事就好办了，不怕他刘墉不跟着我们走！”

马嘎尔尼道：“我国政府一定不会忘记和大人的功劳，我会多多致谢的！”

一大早，刘墉就吩咐张成、刘安待他上朝的时候把马嘎尔尼所送礼物抬到金殿外等候。张成、刘安遵命去办。

乾隆皇帝端坐在宝座之上，文武大臣朝拜已毕，刘墉即出班奏本。

“臣刘墉有本奏！”

“将奏本呈上来！”

“臣刘墉启奏皇上，昨日和大人与马嘎尔尼先生一起来到臣的府内，马嘎尔尼先生是给臣送礼的，所送都是异国金银珍宝。臣本不敢收受，但和大人对臣说若不收礼物惹洋大人生气，就违反了要善待洋大人的圣喻，臣又不敢不收，故暂且收存于府中。臣以为，马嘎尔尼先生是为两国邦交大事而来，所以马嘎尔尼赠与中国的一切东西都应上缴国库。那些上等异国珍宝，臣不配享受，只有皇上才配享受，故臣将上等异国珍宝敬献给皇上，现在殿外候旨。”

“好哇，异国珍宝，朕未先睹为快，你们倒近水楼台先得月啦！朕准奏，快快抬上殿来！”

“臣遵旨！”

“和珅，马嘎尔尼送给你什么礼物？”

“这个……奴才……”

“皇上，臣是无功不受禄，而和大人为洋大人办事，劳苦功高，受之无愧！”

“这个……奴才……”

“刘墉，你说说有哪些功劳？”

“为洋大人穿针引线呀，要不，那洋大人怎么在未拜见皇上之前就先跑到我等两个大臣家去送礼呀！”

“和珅！”

“奴才在！”

“外邦来献之物，当归国库所有，臣下不得私有！”

"奴才遵旨！"

乾隆爷在宝座上见到马嘎尔尼所送之珍宝，特别是那个西洋玩具狗，更让他心中喜欢。转而又想，这洋人也真是可恶，朕在他眼里倒不如两个大臣，心中不免有些不悦。

"刘墉、和珅！"

"臣在！"

"你二人私占来贡珍宝，朕罚你们每人一千两月俸！"

"哎，皇上，臣可是没有私占珍宝哇，是和大人把马嘎尔尼带到我府上的。皇上罚臣月俸，不合情理！"

"那就罚和珅吧！"

"皇上，臣不当受罚，还得受奖！"

"为什么还要受奖？"

"皇上你想，是臣主动将珍宝敬献给皇上的。我与和大人两人都有珍宝，和大人不献给皇上，而臣献给皇上，我俩人谁对皇上忠心？"

"当然是你刘爱卿忠心！"

"既是臣忠心，难道不当奖吗？"

"对，当奖！那就把罚和珅的银子奖给你吧！"

"谢主隆恩！"

随着八十寿辰的来临，有一件事老在乾隆心里转悠。那马嘎尔尼来拜寿，这大礼怎么行？是行我中华大清之礼，还是行西方番邦之礼？他自己也拿不定主意，于是，就想听听大臣们的意见。

这一日，三六九日朝拜之日，群臣进殿。

乾隆道："诸位爱卿，朕有一事想听听众爱卿高见，马嘎尔尼前来拜寿，让他如何行觐见之礼？"

六王爷听后出班启奏："皇上，那还用说，那洋人来拜大清天子，当然要行我大清之礼！"

"皇上，人家是洋人，当然要行他洋人之礼。你想，我大清礼节乃我大清人所行，让一个洋人在里面像耍猴似的，成何体统！"

"和大人所言差也！我中华大清之国乃文明古国，孔圣人所定之礼数，温良恭俭，敦厚文雅，文明之宗，万国之表，那洋人行我大清之礼，沐文明之风，风化夷人之俗，也是理所当然！"

"西方之国，生产发达，技艺先进，其礼仪也别有一番风味，让其行西洋之礼，我等也可开个眼界！"

"西洋之礼仪如何？说给朕听听！"

“那西洋之礼，一是两人伸手相握，二是两人相抱，三是点头鞠躬。男女相同。就是……就是这模样……”

和珅一边表演，一边解说。

“依朕看来，男女都抱在一起有伤大雅！”

六王爷说道：“万岁说得极是！那外夷番邦，乃是孔教未达之荒野之地，未经王化，行如野人，其野礼俗规，何足道哉？”

“主子，奴才以为，洋人来敬我，我亦当敬洋人。洋人国力强壮，有称雄世界之志，其文治武功皆有我大清所不如之处，就是那西洋的月亮也比这大清的亮！”

“臣启奏皇上，和大人所言荒唐至极，他竟说西洋的月亮比我大清国的亮，分明是长夷人之志气，灭我大清之威风！”

“西洋有洋枪洋炮，有火车轮船，你六王爷有吗？不要打肿了脸说自己是胖子！此乃腐朽至极！”

“皇上，你问问和珅，他是西洋人，还是大清人？”

“皇上，和珅诽谤圣朝，理当治罪！”

“皇上，和珅崇洋媚外，理当治罪！”

“主子，奴才所说是实话！西洋人先进，不承认不行；我们落后，不承认也不行！”

“大胆！”

“奴才该死！”

“刘墉！”

“臣在！”

“你今儿怎么不吭声了？”

“臣在想，有一句话不知该说不该说？”

“你想说就说吧！”

“皇上，你须赦臣无罪，臣才敢说！”

“好，朕赦你无罪！你就说吧！”

“皇上，你今天不就是要议马嘎尔尼怎样行觐见之礼吗？依臣看来，这礼仪乃是一个国家之人文明的代表，一个国邦有一个国邦的礼仪。我等不能让那马嘎尔尼行洋人的礼节，也不能让洋人全行我大清的礼节，因那马嘎尔尼不是我大清国人，他是代表他大不列颠国来的。现在不是个人私情，而是两国邦交大事，各方都要保持对方的颜面，可又都不能丢掉自己的面子。臣以为只有遵从中庸之道，才可完满解决此事！”

“朕来问你，用中庸之道怎么解决这觐见之礼？”

“皇上，洋人行鞠躬礼是直立弯身，我大清的双膝大跪的舞拜之礼他洋人也未

必学得会。臣以为让他单膝跪地，算尽我大清舞拜跪见之礼；鞠躬弯身，算尽他西洋之礼。如此施礼，两国礼仪尽有，又各保了自家颜面，岂不是两全其美了吗？”

乾隆闻听，龙颜大喜：“如此，就以爱卿所奏，以此行觐见之礼！”

六王爷伸出拇指，夸道：“刘大人说得好，还是刘大人高明！皇上应该给刘墉赏赐！”

“好，朕就赏刘墉黄马褂一件！”

“谢主隆恩！”

“哈哈哈……”

乾隆八十寿辰终于到了。

圆明园方壶圣境更是一派节日景象。殿堂内外装饰一新。苍松古柏掩映，青山绿水环绕。凤鸟啼鸣于枝，蟠龙起舞于波。铜鹤高悬红烛，金龟背驮紫炉。香烟缭绕，烟霭迷漫。庄严肃穆，典雅隆重。

正是开天辟地隆兴事，从古至今第一典。

大殿之内，腾金耀碧，流光溢彩，金碧辉煌。宝座之后，一个大“寿”字高高悬起。那寿字有丈二长宽，笔画苍劲有力，古朴挺拔，撇如大刀，点如瑞桃，竖似虎尾，横如游龙，可谓天下第一书法。

那“寿”字两边配有一副寿联，那字写得风骨不俗，也定然是出自才子宿儒之手：上联是“数百岁之宝鼎过去五十再来五十”，下联是“问大年于皇天春华八千秋实八千”。

乾隆皇帝端坐宝座之上，但见金贵皇冠，皇冠高耸头上戴；黄色龙袍，龙袍锦绣加在身；一双龙靴，龙靴色皂足上登；黄锻宝座，宝座高高上面坐，神色安详天子态；身体端正，身体端正九五尊，千古帝王成一统，一统帝王数乾隆。

“我朝圣皇八十大寿庆典开始！”传事官一声吆喝。

景阳钟连撞九九八十一下，钟鼓齐鸣，九九八十一人的乐队齐力演奏《丹陛大乐》。

文武百官分列两边，排班朝贺，三拜九叩，肘膝着地，跪起八拜，口呼“万岁”。

“吾皇万岁万岁，万万岁，祝吾皇万寿无疆！万寿无疆！万寿无疆！”

“平身！”

“谢万岁！”

“由六王爷奉献如意！”

六王爷手持碧玉如意来到宝座之前，双膝跪地，将碧玉如意高举过顶：“吾皇万岁，万岁，万万岁！祝吾皇万寿无疆！敬奉碧玉如意一个！”

内侍把那碧玉如意呈递了上去，乾隆把如意用手摸了一下，看了一小会儿，

又递还给六王爷。

这一来一往，亦有名堂，送给皇上叫祝皇上万事遂心，吉祥如意；皇上交给臣下叫赏还如意。

“群臣拜寿！”

众文武大臣闻言，山呼“万岁”。

“吾皇万岁，万岁，万万岁！祝吾皇万寿无疆！”

文武大臣一个个按序向前依次拜寿。有送古玩的，有送玉器的，有送古字的，有送古画的，这是文臣所送；有送古剑的，有送名盔名甲的，有送古青铜器的，有送宝鼎的，这是武臣所送。

这文武大臣依次拜寿，乾隆爷龙心大喜，满面春风。

此时，轮到和珅拜寿了。这和珅是京城中的首富，他权势压城，富过石崇，金银如土，珠宝如泥，当然，他所送的贺礼，自是一般大臣所不可比的。

和珅送的是一棵珊瑚树，文武大臣一见个个惊得目瞪口呆，不是害怕，而是这珊瑚树太宝贵了！

和珅笑吟吟，乐滋滋地迈着公府步，怀抱珊瑚树，摇摇摆摆地来到乾隆宝座之前，双膝跪地，头顶珊瑚树朗声喊道：“吾皇万岁，万岁，万万岁！祝吾皇万寿无疆！奴才奉珊瑚树一棵！”

内侍接过珊瑚树呈交乾隆皇帝。乾隆一看，果然是人间奇宝，爱不释手，龙颜大喜。

现在是刘墉拜寿的时候了，大家一看刘墉所献的寿礼，更是不同于一般。那是一只木桶，外面用彩色纸包裹，里面用姜摆得平平的，上面又用姜摆上了几座山头。这文武大臣有的面目肃然，有的面含讥笑，有的惶恐不解。

只见刘墉面容肃庄，缓步而前，双膝跪地：“吾皇万岁，万岁，万万岁！祝吾皇万寿无疆！”双手将木桶举过头顶，“和大人献珊瑚为贺礼，臣献‘锦绣一统江山’为贺礼！”

乾隆一看，果是“一桶姜山”。一桶生姜值不了几个钱，可经刘墉那么一摆设，就成了“锦绣一统江山”了。当皇帝的就希望江山永固，这词儿也还挺吉祥的，正中乾隆下怀。

乾隆道：“好一个‘锦绣一统江山’，送得好！这‘锦绣一统江山’朕收下了。”满朝文武官员皆大欢喜。

这时，和珅出班奏事。

“主子，奴才有本启奏！”

“有何本奏？”

“主子，刘墉用一桶姜来拜寿分明是戏弄皇上，必当治他个欺君之罪！”

“皇上，臣说送皇上个‘锦绣一统江山’，没有一处是假的，和大人说我欺君，不知从何而言？”

“你戏弄皇上就是欺君之罪！”

“皇上，和大人所说我不明白，我用真物就是欺君，那和大人用贪赃之物来庆寿可是欺君之罪？”

“你说我用贪赃之物来庆寿，有何凭证？”

“皇上，臣有一事不明，和大人俸禄一年也就是万两多银子，和大人自当官的时候算起，不吃不喝也只是几十万两银子，而那棵珊瑚树价值数千万两银子，请问这和大人那么多银子从何处而来？和大人如若会自己造银子，就好说了，和大人自己不会造银子吧？那如此之多的银子不是贪赃而来，又从何处而来？皇上，你让和大人自己说，他那么多银子从何处来？不用自己资财，而用贪赃所得之物庆寿，不是欺君又是什么？”

刘墉这一番话就如一发发炮弹轰得和珅无话可说，就连乾隆皇帝也说不出个子丑寅卯来。

“皇上，这和珅和大人贪赃欺君之罪，皇上是治罪还是不治罪？”

“这个……这个……朕，一定要治……治……”

“马嘎尔尼前来拜寿！”传事官这一声喊，喊得好，好就好在给乾隆、和珅都解了围。

自从乾隆准了刘墉的奏，准了马嘎尔尼的觐见礼仪之后，刘墉就奉旨到万国驿馆与马嘎尔尼讲谈了觐见礼仪。那马嘎尔尼也同意，便试演了几遍，便也把那觐见之礼做得纯熟自然。

所以马嘎尔尼进得殿来，不慌不忙，稳步走到宝座之前对着乾隆单膝跪下，前身微探，鞠了一躬，用生硬的中国话说道：“大不列颠王国公使马嘎尔尼拜见皇帝陛下，祝皇帝陛下万寿无疆！”

“平身！”

“谢谢陛下！”

“尊敬的皇帝陛下，我国女皇向陛下作亲切问候，并让我代她献上礼物！”

马嘎尔尼让人把礼物送上，有地球仪两个、军舰模型一个、毛瑟枪一支、望远镜一架。

众大臣一见不知是何物。

六王爷指着两个地球仪道：“这两个圆球有何用处？”

八王爷指着军舰模型说：“这像条船，可船上这乱七八糟的东西又有何用？”

九王爷说：“这里还有个长筒子！”

马嘎尔尼分别介绍道：“万岁、各位大人，这两个球是地球仪，是教学用的

模型。这是一艘军舰模型，这军舰除了装大炮之外，能装一千多名士兵，一个时辰能跑五百里！”马嘎尔尼拿起望远镜道：“这是望远镜，用这镜子能看见四里路以外的东西，就像在眼前一样清清楚楚！”

马嘎尔尼拿起那支毛瑟枪，道：“这是一种新式武器，就像你们中国的箭一样，可以打着一里路以外的东西！”

马嘎尔尼又对乾隆说：“皇帝阁下，我还给你带来一样礼物，还请笑纳！”马嘎尔尼向外一拍手，便进来了六个大不列颠国女子。

乾隆、和珅、刘墉一看，表现各不相同。

刘墉像是见而未见，那六个女子就好似六幅美女图一般。

乾隆爷闪开龙目一看，心中先是一惊，后来接着是一热，然后心中又渐渐凉了起来，不动声色。

和珅见了那六个不列颠国女子，眼睛一亮，心中有一股燥热在骚动，这骚动无法按捺下去，但和珅还是拼命地按。那燥热就像是被摁在水底的大皮球，一个劲地往上浮，那和珅就好比看到了咸鱼的猫儿。

这大不列颠国的六个女子身着宫女服装，个头不高又不矮，身段苗条，不胖也不瘦，宫粉面部均匀抹，唇如桃红腮如荷，虽说不是华夏种，但姿色妖艳也迷人！

乾隆回到宫中即召见和珅。

和珅闻召急忙来到宫中。

“奴才叩见主子！”

“免礼！”

“谢主子！主子为何不把那六个女子留下？”

“你没看见刘墉那般模样吗？”

“主子，奴才倒有一个主意！”

“什么主意？快说！”

“主子可将两个洋美人赠给刘墉，刘墉若不收，你就治他个抗旨不遵；刘墉若收了两个洋美人，就自然不会再反对主子接洋美人了。送了两个，主子还有四个！主子你看如何？”

“如此甚好！我明日就选两个洋美人送进刘府去，朕看他刘墉还有何话可说。”

刘墉与夫人正在家中聊天，说些拜寿时之事。

“那洋人给皇上送来了地球仪、望远镜、毛瑟枪、军舰模型，那些玩意儿咱大清国以后也得有，如果老是没有就要吃亏了！”

“那些洋玩意我大清国过去没有，不是也照样儿过日子？”

“你呀，真是妇人之见！”

“我是妇人之见？听你说皇上还有和珅见了那六个洋美人眼都愣神了，见了女人就走不动，那倒是丈夫之见哪！”

“夫人，我见了那六个洋女人可没有愣神呀！”

“是呀，谁个都不说自己筐里有烂桃！”

“夫人，我这筐里没有烂桃，你怎么说有烂桃呢？”

“是呀，我家老爷筐里有的都是好桃，就是没有烂桃！谁不知道我家老爷是百里挑一的好丈夫！”

“谢夫人夸奖！”

“说你一句好话，看把你美的！”

“夫人，你呀！”

“圣旨到！”

听说圣旨到，刘墉与夫人急忙接旨，胡公公持圣旨已来到门前。

“奉天承运，皇帝诏曰：朕观刘墉朝务繁忙，编修《四库全书》，甚是辛苦，特赐西洋美女两名，以奉事卿，钦此！”

“刘大人，还不快谢恩！”

“谢主隆恩！吾皇万岁，万岁，万万岁！”

“刘大人哪，一会儿皇上来了你可要灵活一点，可不要惹皇上生气呀！”

“多谢胡公公指教！请胡公公坐下用茶！”

“刘大人，皇命在身，不得久留，告辞！”

“恕不远送！”

胡公公走后不一会儿，刘墉还未及坐下就听外面高喊：“皇上驾到！”

刘墉与夫人夏儿又急忙去迎驾。

“臣刘墉叩见吾皇万岁，万岁，万万岁！不知皇上驾到，有失远迎，请皇上恕罪！”

“平身！”

“谢皇上！皇上请！”

乾隆进到客厅坐下，两名西洋美女随之也就进了客厅。

“刘墉！”

“臣在！”

“朕见你编修《四库全书》甚是辛苦，特赠两名西洋美女侍候你，你看还满意吗？”

“谢主隆恩！对这两位天仙，臣是求之不得，从不敢有非分之想。像臣这等丑陋容貌，能得到我夫人一人也就心满意足，深感万幸了！”

“这么说，你是不收了？”

“皇上所赐，臣不敢不收，只是这两位天仙只有皇上才配享用，臣乃贱体凡胎，没有这等天福受用。臣若是妄为收下受用，将违背祖训，当有死罪，臣绝不敢受用！”

“朕赦你无罪就是！”

“谢皇上。皇上，古人云，糟糠之妻不可丢。臣若是丢下结发之妻，无理受用这两位天仙，将仁德丧尽，落后世骂名！皇上，你可以赦免臣的罪，可你不能赦免我的骂名；你可以堵住臣的嘴，可你不能堵住天下人的嘴呀！”

“刘墉，莫非你要抗旨吗？”

“臣不敢，臣只怕毁了皇上的德行！”

“此话怎讲？”

“俗话说，上梁不正下梁歪，上行下效。皇上见那六个大不列颠的异邦美女视而不见，听而不闻，此乃千古帝王正人君子之德。君者，臣之表；臣者，君之影。有圣明之君，必有贤良之臣；若有奸邪之臣，必有昏庸之君。臣若是抛弃妻子另娶新欢，臣落骂名微不足道，只是毁了皇上的德行，臣可担当不起！”

“大胆刘墉，说来说去，你还是抗旨不遵，你该当何罪？”

“皇上，你要想杀臣，不费吹灰之力；要想改变一个人的意志，却要比摇动泰山还难！俗话说，士可杀不可辱！皇上若要强逼着臣改变自己的意志，臣甘愿死于皇上的王法之下！”说罢，刘墉自跪在地，“现在就请皇上发落！”

“还有我，把我也算上，要死，我夫妻俩就死在一块儿！”

“我一人做事一人当，怎么能够连累夫人？皇上，要治罪就治臣一个人的罪，放我夫人一条生路！”

乾隆见状，心想：这刘墉真是又臭又硬，软硬不吃，对夫人还真有个痴劲，倒也痴得可爱！我还逼他作甚？倒不如找个坡儿下驴吧。

“哟嗬，朕这儿做好人，人家倒不领情，反倒逼出人命来！朕这又是何苦呢？算啦，起来吧！”

“谢皇上！”

“起驾回宫！”

“送皇上！”

和珅在府中正与夫人、小妾、丫环寻欢作乐，和喜来报说洋大人来求见。和珅急忙更衣，在客厅内与马嘎尔尼相见。

“和大人，你好！”

“马嘎尔尼先生，你好！”

“和大人，我来拜访你是有事和你商量。把礼物抬上来！”

外面将箱子抬上来，马嘎尔尼打开箱子。只见各种奇珍异宝，其状千奇百怪，放出奇光异彩。

那和珅一看，双眼发亮，就像一只饥饿的猛虎发现了草丛中的白兔，又如苍鹰在空中发现了地面上的小鸡，一个箭步扑上前去用两臂搂着木箱子，笑容满面，连连夸道："好宝！好宝！"

"和大人，这些珍宝都是价值连城，这是我国女皇让我赠给你的。"

"多谢，多谢！马嘎尔尼先生有何吩咐尽管说，下官一定效劳！一定效劳！"

"那好。请和大人转告你们皇上，我大不列颠国要对中国发展贸易，要求贵国开放天津、青岛、广州、宁波、上海等七个地方为通商口岸；要给我们优惠政策，减低税率；要在中国开辟租界；我们大不列颠国还要派公使长驻北京，保护在华的大不列颠公民的利益。"

"这个好说，好说！这事就包在下官身上了，请马嘎尔尼先生放心！"

"有和大人这句话我就放心了！告辞！"

"马嘎尔尼先生走好！恕不远送！"

和珅收得马嘎尔尼的大批财宝便连夜写好本章，上得金殿。群臣山呼礼毕，和珅便出班奏本。

"奴才启奏主子，大不列颠国公使马嘎尔尼向我大清国提出四条要求让奴才回禀主子。大不列颠国要与我大清国开展贸易，要增开天津、青岛、广州、宁波、上海等七地作为通商口岸，此其一也；要给他们优惠政策，减低税率，此其二也；要在各大城市开辟租界地，内部事务我大清国不得干涉，此其三也；大不列颠国要派公使长驻北京，保护在大清的大不列颠公民的利益，此其四也。请主子恩准！"

"诸位爱卿，尔等看是如何？"

"皇上，我大清国自古闭关自守，不与异邦往来，此乃祖宗遗训，若答应洋人所请，必乱我江山！"

"九王爷所言，不识时务，近于腐儒之见！"

"放屁！我看你和大人就是一个假洋鬼子！"

八王爷道："皇上，洋人所请要看对我大清是否有利，有利者可应，无利者不应！"

"刘墉，你看呢？"

"依臣看来，八王爷所言颇有道理。与大不列颠国通商对我大清国并无害处，其他所请，还由皇上圣裁！"

"我大清国地大物博，无所不有，千秋万代，自成一统，何必在乎外邦之些许之物？祖宗之法，岂能在朕手中毁灭？洋人所请，一概不准，其他不必再议！退朝！"

【第十二回】

梦白幅齐林起义，学鸡鸣和珅诈城

和珅设计谋害永琰太子，自以为做得天衣无缝，万无一失，谁知被刘墉三推两审给捣个七零八落，虽说乾隆因其他事未及深究，倒也把和珅给吓个胆战心惊。事过一年有余，和珅见乾隆未再追究，胆子便又大了起来，谋害永琰之心仍不死，一有时机便要发作。这不，机会又来了，湖北白莲教起义，又给和珅一个谋害永琰的机会。

这事还得从乾隆五十九年说起。

湖北省有个襄阳县，襄阳县有个镇子叫黄龙垱，这黄龙垱镇有个村子叫齐家沟。这齐家沟有个老汉叫齐家祥，齐家祥有个儿子叫齐林，这齐林就在襄阳县当个差役，还是个头儿。这齐林为人仗义，爱好交友，人缘不错，大家伙都亲切地呼之为齐大哥。这齐林弟兄三人，齐林为长兄。这齐林娶妻王氏，艺人出身，刀枪剑戟全习，琴棋书画精通，人长得也漂亮，人称王聪儿。这王聪儿为齐林养了一个女儿，叫齐翠花，十六七岁，水灵灵的，出脱得就像一朵月季花。

这襄阳县令姓钱名富贵，也是一个会捞钱的手。也只因为大清国有了这个钱县令，才逼出了一场浩浩荡荡的川楚白莲教农民大起义来。

乾隆五十八年、五十九年（1793年、1794年），湖北连年大灾荒，旱了涝，涝了旱。这本身就够苦的了，好不容易长出了一点庄稼，可又偏偏遇上了蝗虫。那成千上万的蝗虫飞起来把个天空遮得昏昏沉沉，太阳也失去了光辉，地面上、田野里、道路上、房屋上，到处都是大大小小的蝗虫，一只脚踩下去少说也要踩死四五只。可怜蝗虫所到之处莫说是庄稼，就是各种树木也没有一个带着叶儿的。这一来可就苦了灾区的老百姓，没吃没穿且不说，讨荒要饭无处去，卖儿卖女是寻常，可怜儿女当街站，买人的没有卖人的多！

按理说这襄阳县早就该上报朝廷请求放粮救济，可这钱富贵只知道捞钱，哪管百姓死活，照样逼租逼税。这一日，钱县令催租来到黄龙垱齐家沟，正好来到

齐林家。虽说齐林在县衙当差，家境比普通百姓好些，虽说免于吃草根、树皮，但家里也是吃上顿少下顿的。杂役里胥把齐林家仅有的半袋子米抢走了，那齐家祥老汉哪里肯放？这一来二去便争夺起来。那杂役一拉一推，把个老汉摔倒在地，一来是齐家祥老汉年纪大，二来是饥饿身虚，经那么一推拉一摔打，一口气没上来便呜呼哀哉了。

这一日齐林正在县衙当差，他的二弟哭哭啼啼地来找他。

“哥呀，咱家里出事了！”

“什么事呀？”

“县大老爷带人催租，把咱爹打死了！”

“什么？把咱爹打死了？”

“是的！”

“走，咱找县令说理去！”

说来也巧，县令正好回衙，齐林便迎了上去。

“小的给钱老爷请安！”

“罢了！”

“老爷今日在黄龙珰齐家沟催租时可曾打死了人？”

“人是死了一个，本老爷并未打人，是里胥杂役失手推倒，摔地而死。”

“那杂役是何人？小的要找他拼命！”

“那是为何？”

“杀父之仇不能不报！”

“怎么，那摔死的老汉竟然是令尊？”

“那老汉正是小人的父亲呀！”

“齐总都头且请息怒节哀！令尊实系失手致死，本官将厚葬令尊，切不可胡乱造次，一切还请看在本官薄面！”

齐林心想，父亲虽被打死，但不是县令亲手所致，再者，他又是一县之尊，他的话谁又敢不听，更何况他又要厚葬家父呢。想到此，便道：“多谢大老爷垂怜！”

齐林话虽如此，但心中冤仇岂能解消？只得忍气吞声回家料理丧事。

襄阳县令钱富贵要厚葬齐家祥，一是怕因打死人造成事端，于自己不利；二来齐林在县衙当差，也算是自己的下属，厚葬齐家祥也是为了笼络人心，给自己捞一个好的名声。

齐林虽说是一个衙役总都头，却不是一个等闲之辈。他看到天下屈死的老百姓绝不是他父亲一人，要想改变百姓受苦的局面，非得有能扭转乾坤者不可，朝廷一个劲儿地把百姓往绝路上逼，非得逼出个天下大乱不可！他这话也

只是自己在心里说说。

这一日，襄阳县县城内十字大街口锣鼓喧天。人们围个大圆圈儿，都伸着头、踮着脚往里看，个子小看不着的就一个劲儿地顺着人缝往里钻，鼓掌声、喝彩声，接连不断。这卖艺的却是娘儿两个。这女的，四十岁左右，只生得身段小巧，清眉秀目，行起路来如春燕剪柳，舞得一手好剑！那小女子看起来也只是二十岁上下，只生得粉面桃腮，剑眉微挑，甚是俊俏，也舞得一手好剑，其他兵器也是样样精通。二人就在这人圈中间对打起来。你来我往，剑来剑去，似金蛇入涧；剑上剑下，如巨龙出海。金蛇入涧，电闪雷鸣；巨龙出海，山呼海啸。只见寒光闪闪，不见人影，只听得宝剑撞击之声，叮叮当当，如同铁匠铺锤飞锤舞。只见那女子一个泰山压顶直向女儿劈来，眼见得双剑就要落在女儿头上，人们都吓得噢噢乱叫，胆子小的用手捂住双眼。说时迟，那时快，只见那小女儿一个紫燕翻身，又来了一个杨二郎担山，把双剑在头上一合挡住双剑，又来一个鲤鱼摆尾，就听得当的一声，把母亲的双剑拨飞到人群外，那宝剑贴着人群头上嗖的一声向外飞去。那女子一个鹞子翻身，站在人群外将双剑接住，又一个旱地拔葱跳到人群之中。这一切仅发生在瞬间，全场人都惊呆了，好半天才醒过神来，于是一齐鼓掌喝彩。只见那女子怀中抱剑，向众人连连施礼："各位乡亲，我母女二人在此献丑了，还望同人高手多多指教。小女子姓王，名叫聪儿，大家都叫俺王聪儿，小女名叫齐翠花，我家官人姓齐名林，就在本县当差。只因官府逼租，打死我家公爹，我夫齐林虽说将老人送葬入土，但债台高筑，无力还债，万般无奈，我母女只得抛头露面，在大街上要上几路刀剑，让诸位见笑了。只求诸位看在死去老人的面皮之上，有钱的帮个钱场，无钱的帮个人场！"

这王聪儿话还未完，那铜钱、银子，雪片儿似的直往人圈中飞，一时间地上便是一层银子、铜钱。这王聪儿一边道谢，一边让女儿翠花在地上拾钱。

这母女俩只顾拾钱，突然，一只脚踩在了铜钱之上。这齐翠花抬头一看，只见是一个阔少爷。王聪儿这时才发觉看杂要的人不知道什么时候都走开了，只有几个人在远远地看。这阔少不是别人，正是襄阳县钱县令的三公子，人们都叫他钱三少。这县令钱富贵有三儿两女，这前两个儿子虽不是什么大贤，但名声还不太坏。独有这第三个儿子不走正道，整日里不读书不学礼仪，偏是提笼架鸟满街乱转，专门往人多热闹处去转，见了大闺女小媳妇，只要是俊俏的就甭想清清白白地回去。整个襄阳县，谁个不恨他、怕他。因此，大家都叫他驴头千岁。一来是他人长得丑，脸老长老长的，就像那驴脸；二来他也是一个招蜂引蝶的花花太岁。这驴头千岁用脚踩着钱，一手摸着翠花的下巴。

"小娘子，长得像个天仙，在大街上杂耍卖艺真是委屈了小娘子，倒叫本少

爷心中疼得不行啊！”

“光天化日的，你放尊重点！”

“小娘子，有辣味，我就是喜欢辣点的！”

“光天化日之下，你调戏民女，有没有王法？”

“哟，王法，什么王法？我就是王法！你老了，就是白送给我我还不要哪！小娘子，跟本少爷走吧！”

“光天化日之下你们强抢民女！我到县衙去告你！她爹就在县衙当差！这是齐林的女儿！”

“什么？去告我……你去告吧！齐林，不就是个衙役嘛，那县令就是我爹！齐林，嘿！等我和小娘子欢喜一会儿，我就去拜见他个老泰山！快动手！”

“娘！”

“孩子！”

那钱家三少驴头千岁带领一帮恶奴拉拉扯扯地将齐翠花抢走。那王聪儿虽有武功在身，但毕竟是女流，未经过大世面，等到想起来拿宝剑，人已被抢走，便坐在地上大哭起来。这时，站在远处的人们才敢围上来看看。

“唉，这年头百姓难当呀！”

“哼！什么年头不年头的，不就是他老子是县令吗？”

“我说这位大嫂，你光哭也不是个事呀。你丈夫不是在衙门当差吗？快去找他想想办法呀！”

“多谢这位大哥！”

“唉，都是苦命人，还谢个什么！快去吧！去晚了，可就坏事了！”

那驴头千岁将翠花抢到家中，二话没说，就将翠花的双手双脚用绳拴住，放在床上，拿一块破布把嘴给塞个结结实实。这驴头千岁喝足了茶，养好了神，便来到了床前，只一把便扯下了翠花的裤子，露出了内衣。

那翠花动弹不得，哭喊不得，生，生不得，死，死不得，只是双眼流泪。那小脸蛋儿一会儿白，一会儿红，一会儿紫。这驴头千岁，一手压住翠花前胸，一手就要扯翠花的内衣，眼看这一朵鲜花就要被这驴头千岁撕碎。

这时，就听门外有人哎呀一声，听声音就知不好。这驴头千岁从翠花身上还未下来，就听见门当的一声被踹开，只见一个人闯了进来。驴头千岁一见来人便吓瘫在翠花身上。

这来人只生得丈二身材，虎背熊腰，人高马大，头发上竖，怒目圆睁，两眼喷火，手持一把大刀，那刀上鲜血淋淋。这来人不是别人，正是齐翠花之父——齐林。

这一日，齐林无事，正约着衙役中的几个朋友在聚仙酒楼喝酒。这齐林坐在

上首，刘之协坐在对面，姚之富、王延诏两边相陪，他们是边喝边聊。

“齐大哥，这世道越来越难混，不想个法子不行了！”刘之协喝了一口酒，吃了几个花生米，又道，“当时，我要是碰上那几个狗差打人，我非得砍倒他几个不行！”

姚之富接着说道：“就凭你一个人跟官府斗？咱不是价钱！”

“这当官的反正是不想让百姓们活了！”王延诏把酒盅往桌上猛地一放，又道，“那些狗官早就该砍了他！”

刘之协道：“咱们还是听齐大哥的吧！”

齐林慢慢把酒杯放下，小声说道：“众人拾柴火焰高嘛！这事，不是哪一个人的事，要靠大家伙儿，要有个统筹计划才行！”

大家正在说话，只见王聪儿泪流满面地闯进酒楼。

“大嫂，你这是……”

“出什么事儿了？”

“翠花给人抢走了！”

“啊？”

“在哪儿？谁个抢的？”

“那还能有谁？襄阳县城敢抢人的还能有谁！”

“走！我去把那小子给砍了！”

“他竟敢欺负到齐大哥头上来了！”

“咱哥儿们可是好欺负的？”

“这事不劳各位，我齐林一人就对付得了！”

说罢，各自散去。齐林拿了一把大刀便直往县衙官邸而来。

齐林来到驴头千岁住处，门外小厮欲阻拦，被齐林手起刀落，只听砰的一声那人头早飞出七八步远。齐林一脚将门踹开，见驴头千岁正压在翠儿身上。齐林一个箭步跨到床前，一把将他拖下来，往地上一放，将刀拿起就像切西瓜一样，只一刀就把那驴头千岁的驴头砍下。那腔内鲜血立刻喷将出来，齐林身上净是鲜血，如同血人一般。王聪儿也用刀割断绳索将衣服拿来帮翠花穿好。正要跨步出门，就听见门外人声喧叫，刀枪相撞。

原来齐林持刀一进官邸，早有人报知县令钱富贵。这钱富贵一听不敢怠慢，急招兵丁蜂拥而来。见齐林一身鲜血跨出门来，钱富贵自知大事不好，便高叫道：“不要放走刺客，能抓住刺客者重赏！”众人闻听此言，蜂拥上前。

此时，齐林也不管他三七二十一，对着走在最前面的兵丁举刀就砍。只见寒光一闪，人头早已落地。众人一见，哪个还敢上前？再者，大家都知道驴头千岁强抢民女是伤天害理的勾当，而齐林平日待人又好，所以刘之协、姚之富

等人只是虚张声势。齐林带着王聪儿母女冲出人群直向县衙外走去。

齐林带着妻子、女儿，一口气跑出襄阳县城，来到一处荒山野岭之上，思前想后，三口人痛哭了一场。齐林站在山峰上，手持大刀，将刀抡得呼呼作响，向着高空呼喊，对着大地哭诉：

“苍天哪！我齐林祖祖辈辈都是忠厚正直之人，你为什么让我老父遭惨死！你为什么让我女儿受人欺！你为什么让我齐林有国不能报，有家不能归！苍天，你为什么对我这样的不公？想我齐林，堂堂七尺男儿竟落得如此下场！苍天哪，你告诉我，哪里是我的家，哪里是我的归宿？”说罢便突然倒地，不言不语，双目紧闭，如同睡着一般。此时齐林如同做梦一般，只见天上有一条幅飘然而下，上面有八个大字。齐林看时自然认得，那字写道：“山林为王，夫唱妻随”。八字下面，还有数行小字，齐林看后也自然明白。

那王聪儿母女见齐林突然这个模样不知如何是好，正在啼哭，齐林睁开眼翻身坐起，问道：“你们为何啼哭？”王聪儿道：“你可吓死我了！你刚才是怎么回事？”齐林道：“这你就不必过问了，今后你自然明白。”

齐林便以梦中天书小字之言于湖北襄阳县山林间起事，高举白莲教大旗，啸聚山林，干着杀富济贫的买卖，专与官府作对。在当时，一则白莲教起于民间。对于白莲教，广大百姓都乐于接受；二则当时租税繁重，百姓们日子难过，如同一堆浇上汽油的干柴，只要点燃，马上就会燃起熊熊烈火；三则齐林为人厚道，广交朋友，在江湖上声望又好，所以百姓们纷纷加入白莲教。不到两个月已发展至数万人。他们杀贪官，惩恶霸，开官仓，济贫民，声势浩大。官兵不能抵挡，早有火急表章上奏乾隆皇帝，这是乾隆六十年之事。

正逢三六九日，乾隆端坐于宝座之上，群臣进见，山呼舞拜已毕。

“有本早奏，无本退朝——”

“臣刘墉有本奏！”

“呈上来，让朕看！”

“启奏皇上，湖北襄阳来报：现有湖北襄阳平民齐林举起白莲教旗帜，啸聚山林，聚集百姓数万，杀贪官，开官库，济贫民，声势浩大，官军不能抵挡，故将此情上达天听，由皇上圣裁！”

“启奏主子，那白莲教聚众造反，对抗官府，理应派兵镇压，消除逆党，永保大清江山万古长青。”和珅接着说道。

“启奏皇上，和大人所言臣不敢苟同。那白莲教聚众与官府对抗，实为律法所不容，可事出有因，皇上当应明察。那白莲教徒众多为平民百姓，只因湖北等地连年灾荒，民生艰难，加之地方官员不知爱民，为官不廉，致使百姓铤而走

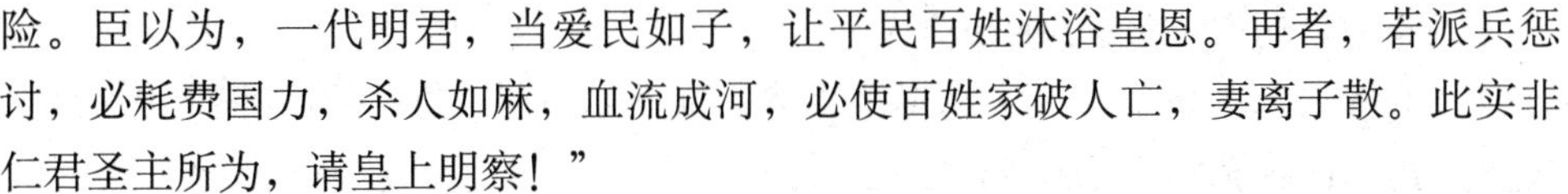

险。臣以为，一代明君，当爱民如子，让平民百姓沐浴皇恩。再者，若派兵惩讨，必耗费国力，杀人如麻，血流成河，必使百姓家破人亡，妻离子散。此实非仁君圣主所为，请皇上明察！”

“爱卿所言甚合朕意，此事即先行招抚，只要他们各自归农安生，不再与官府对抗，朕一概不予追究！”

“皇上圣明！”

“诸位爱卿，你们看谁去招抚？”

“启奏主子，奴才以为此事可派太子永琰去办！”

“我满朝那么多官员何必让他去？”

“主子有所不知，奉旨招抚，此事虽说难办，却也好办；说是好办，却也难办。奴才想，永琰太子作为一个储君，此事正好让他去办，也可以让永琰储君见见世面，长点本事，岂不是好事？这是奴才的一番心意，求主子明察！”

“好，和爱卿这个主意好！那就让永琰去到湖北办理此事！”

“谢主子！”

刘墉心想，这等大事永琰太子岂能办得了？这和珅又不知肚子里装的什么药。于是，便出班奏本。

“启奏皇上，既然圣上让永琰太子去湖北招抚，臣想永琰殿下久居宫内，世事不熟，恐办事有闪失，伤害圣上英明。臣也愿随殿下前往，彼此有个照顾。”

“好！有刘大人亲自出山，此事定然圆满解决！”

“刘爱卿想得周道，朕就命你一同前往！”

“臣遵旨！”

齐林自举起白莲教大旗五个月来，人马已达七万之多。这一日，齐林将各路首领召集在一家酒楼上议事。这家酒楼叫做八仙酒楼，就在襄阳县城十字街南街口。

这家酒楼有个店小二，此人三十来岁，为人精刁，祖上也有几分田地，小日子过得也红红火火的。只是这小二生性好赌，自从他父亲过世之后更是无人管教，因此他更是随便自在，可谓要风得风，要雨得雨。那几分田地没过几年光景便被他赌得差不多了，小日子过得也有几分艰难，于是便出来在八仙酒楼里当个小二，别人都管叫他“杂毛狗”。这一天也该杂毛狗发个小财。说来也巧，齐林他们七位头领在酒楼上议事。杂毛狗原本也不知道，齐林想要小解便下得楼来，恰巧与杂毛狗碰个照面。杂毛狗一见齐林便认出来。只因当初齐林杀了驴头千岁，钱知县画下图影悬赏一万两银子捉拿，这事大街小巷人人都知道。杂毛狗不动声色，待齐林上楼之后，杂毛狗便手持托盘，不时地往楼上端酒端菜。

酒桌上，这七位头领边喝边聊：

“我等自起大事以来，人马增多，势力强大，只是老在山野之中旋转，终无成就。我们必须争城夺寨才能有立足之地！”

“大哥所言极是，而今我们人多了，势也大了，县城里那几个官兵，我们三个人压一个人也把他们给压死了！”

“刘将军所言不差！只是我们要仔细盘算一下才是！”

“那是当然，大哥说打到哪里我们就打向哪里！”

“我想，咱们就来他个声东击西。刘之协、王延诏带两路人马打东门，声音要响，火把要多，声势要大，要拿出硬攻硬拼的架势来。姚之富、王聪儿各带一路人马攻打南门、北门，其余大队人马由我带着攻打西门。进得城来直奔县衙，待攻下县衙后再收拾其他三个城门的守军。大家看如何？”

“如此很好，但不知何时动手？”

“就在中秋节晚上子时动手！”

“好！中秋节晚上子时动手！”

这时，杂毛狗的身影从窗户下闪过，可这七个人竟无一人发现。这也是齐林他命该如此，他们的话都被杂毛狗听个一清二楚，半句也没丢下。这是乾隆六十一年八月初十的事。

这杂毛狗听得了白莲教起事的消息，当晚就直奔县衙官邸而来。

这一日，襄阳县令钱富贵在家中闲暇无事正闭目养神，门外小厮来报：“老爷，外面有一店小二来求见老爷，说有要事相告！”

钱富贵听罢便道：“让他内室来说话！”

那杂毛狗进得内室，见了钱县令便双膝跪地。

“小的见过大老爷！”

“起来说话！”

“谢过老爷！”

“有何大事相告，说吧！”

“老爷，我见到了白莲教匪首齐林，他们七个头领在八仙酒楼议事，定于八月十五日晚上子时攻打县城！”

“什么？攻打县城？”

“正是，我听得清清楚楚，他们两处人马在东门虚张声势，南、北两门各一处人马，其余大批人马攻打西门。”

“此话确实可靠？”

“千真万确，绝无虚言，如有不实之处老爷就砍小的人头！”

“好！本老爷就赏你白银一百两！”

“小的谢过大老爷！”

“来呀！”

“小人在，老爷有何吩咐？”

“去到府库支白银一百两给他！”

这杂毛狗因告密得白银一百两，正是这一百两使杂毛狗发了财，也是这一百两要了杂毛狗的命。因后来遇上强盗入室抢劫，盗贼索银不着便给了杂毛狗两刀，这自然是后话。

中秋节说到就到了。中秋节这日，明月高照，整个大地如同白昼一般，四处一片寂静，死一样静，静得让人感到可怕。那远处的山，就变得让人心战胆寒，让人毛骨悚然。那洁白的月光，也渐渐地变得发黄。那圆圆的月盘儿，就好像一个黄面妖精的脸，又好像一个魔鬼的眼。一切都是恐怖、恐怖……

半夜子时，整个襄阳城就像滚开的锅。东门外，杀声震天，无数的火把把整个天空照得通红，锣声、鼓声、杀声、刀枪撞击声形成一支交响曲。

南门、北门也是杀声震天，旌旗如云。

西门外，官兵四员大将守门。齐林骑在马上说道：“哪个去把这四个贼将砍了？”话音未落，早飞出四匹马去，齐林看去，却是刘之协、姚之富、王延诏、王聪儿。只见这八匹马搅在一处，刘之协使枪，姚之富使锤，王延诏使斧，王聪儿使剑，官兵四员大将均使长枪。这八个人各显雄威，来回刺杀。刘之协那杆长枪耍起来神出鬼没，鬼神皆惊；姚之富的那两柄双锤直舞得呼呼生风，双锤打将下来如同泰山一般；王延诏那把大斧甚是厉害，砍下去天地两分，砸下去铁石成粉；王聪儿那双剑如同两条银蛇，寒光逼人。

刘之协与敌将拼杀，两杆长枪，你来我往，连斗十个回合，不分胜负。刘之协不由得心中大怒，一声怒吼，直震得树上的树叶儿纷纷落下，直震得那敌将两耳发蒙，稍一愣神被刘之协一枪刺中前胸。刘之协双手一带劲，那长枪便穿过后心。刘之协猛然一跳，站在马背上，一只脚站稳，飞起右脚将敌将踹到马下。

那四员敌将见一个掉下马来均想来护救。那敌将稍一走神便乱了枪法，露出破绽后被姚之富瞅准机会，一个泰山压顶，一锤下去砸个脑浆迸裂，死于马下。

还剩下两员贼将此时已无心恋战，拨马便回。王延诏、王聪儿哪里肯放过。这二人各往马腚上加了一鞭，那马如同飞的一般。王聪儿手执宝剑，硬住手腕，借着马跑的惯性，就如同穿蛤蟆一样从后心穿到前心。那王延诏平端板斧，也借着马跑的惯性，就像削西瓜一样，只听嗖的一声早把那贼将的头削出二米多远。

齐林在马上见官兵的四员大将全被砍杀，心中不由得大喜，便在马腚上加了

一鞭，带领兵将向县衙官邸冲去。

齐林一马当先，骑马冲到县衙，只见四处寂静，空无一人。此时，齐林心中什么也不想，眼前只有他父亲齐家祥倒地而死，全家号哭的场面，只有他女儿被驴头千岁压在身下的场面；耳朵内全是家人的哭声、狗官钱富贵的狞笑声、驴头千岁的淫笑声。齐林手持大刀刚冲进县衙，就听得一声锣响，转眼间，整个县衙灯火通明，伏兵四起，刀出鞘，箭上弦。钱富贵从房内走出一声冷笑。

"哼哼！大胆反贼，你没想到吧？本官在此等候多时了！快给我拿下！"

此时齐林方知中了埋伏，但为时已晚。齐林刷刷两刀，砍死两人。无奈弓箭不饶人，转眼前，齐林腿臂中箭，行动不得，被人七手八脚捆个结结实实。

此时，后到人马见齐林被捉，便知中了埋伏，不敢再进，且听得四门外杀声震天，王聪儿当即引兵退出城外，并传令收兵。

此时，天已放亮，钱富贵令人将齐林带上镣枷打入大牢，急忙修书表章，上奏朝廷。

太子永琰殿下由刘墉陪着，奉皇上口谕离京，一路跋涉，风雨无阻。这一日来到湖北襄阳地界，未进襄阳城便听说白莲教攻打县城，教首齐林被捉入狱。他二人边走边议：

"刘大人，襄阳县捉到了白莲教首齐林，这如何是好？"

"我等只有依皇上旨意先行招抚。我们还要赶快进城，以免夜长梦多！"

"大人所言极是！"

"急速进城！"

永琰殿下和刘墉来到襄阳县，钱富贵带领官员出城迎接。

"下官钱富贵叩见殿下、刘大人！"

"免礼！"

"谢殿下、刘大人！"

钱富贵将永琰、刘墉迎到县衙，重新见礼后喝茶叙话。

"听说贵县已将齐林捉拿归案了！"

"回刘大人：白莲教反贼攻打襄阳城，幸得有人探得消息，事先早做准备，才得以擒住贼首齐林，使城内百姓免遭兵刀之苦！"

"钱大人有功！"

"卑职已将详情奏明皇上了，现殿下、大人来此，正好求教！"

"我奉父皇口谕，同刘大人前来湖北对白莲教民进行招抚，只要他们各自归农，不再与官府对敌，则不再予以追究！钱大人你看如何？"

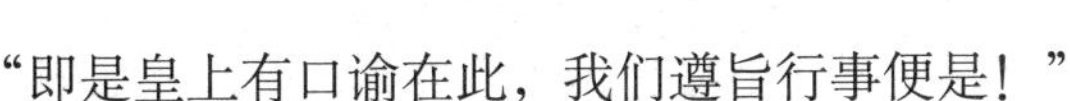

“即是皇上有口谕在此，我们遵旨行事便是！”

“如此，下官遵命就是了！”

“钱大人，我们可否先见见齐林？”

“这个容易！来人！”

“老爷有何吩咐？”

“去死牢将囚犯齐林带到这里来！”

不多时，齐林被带到。刘墉一看，果见齐林是一位血气方刚、一表人才的男子汉，口中不禁叹道：“可惜！可惜！”

钱县令不解，问道：“刘大人，什么可惜？”

“我是说这人可惜了。”刘墉指着齐林说道，“我看此人是条汉子，可惜走错了路啊！”

“这人可是一个杀人越货的强盗！”

“我是强盗？你才是强盗！”

“大胆贼死囚，哪有你说话的地方。见了殿下和刘大人竟敢如此放肆！”

“要杀就杀，要剐就剐，少啰唆！”

“齐壮士，我来问你，你一表人才，堂堂七尺男儿，为何要干这造反的勾当？”

“造反的勾当？大人不闻‘官逼民反’之言吗？我就是这襄阳县衙役总班，是钱县令逼租打死我爹；是钱县令纵子行凶抢我女儿；是钱县令悬赏捉拿我，把我逼得有国不能报，有家不能归。大人，你问钱县令这些可是事实？”

“钱大人，果有此事吗？”

“这个……下官失职……下官……”

“大人，不被逼到梁山，谁会冒着杀头之罪去造反？”

“当今皇上乃圣明君主，皇上口谕，只要白莲教民归乡务农，不与官府作对，前事概不追究。不知齐壮士能否说服教民归农？”

“大人，白莲教起义乃民心民意，小人虽愿听大人之言，但不敢违抗民意，让我学宋江，小人实难办到！小人杀贪官，开官仓，对抗官府，死罪难免。小人可以服法而死，但不可出言劝降。还请大人见谅！”

“齐壮士要多思刘大人之言，你之冤情我将回禀父皇，求他将你罪赦免！”

“多谢殿下美意！小人既入大牢，只求一死而已！”

“如此，且送壮士回监，要好生服侍！”

齐林走后，刘墉对钱富贵说：“钱大人，为官要廉政，切不可逼迫百姓而生事端啊！”

“多谢大人赐教！”

“下一步，我们可与白莲教余党联系，宣示皇上旨意，息事宁人，你们看

如何？”

“刘大人所言极是，我等遵命行事便了！”

“如此甚好！”

白莲教各路人马发现中计，见齐林被捉，便纷纷收兵回到山林之中，损失人马数百人。齐林被捉，大家心中甚是忧伤，不少人在暗自啼哭。

刘之协说道：“眼下大哥被捉，伤心也无用，大家还得再想个办法才是！”

姚之富也道：“兵不可一日无帅，眼下大哥一时难回，我等还需推举首领才是！”

王延诏说道：“不必再推了，我们就都听大嫂指挥就是了，大家以为如何？”

刘之协、姚之富说道：“那行！就这么办！”

王聪儿听说后连忙摆手，说：“不行，不行，这个担子我可担不下来！”

“大嫂不要推托了！就看在我兄弟三人的面子上担下来吧！”

王聪儿说道：“既如此，我就先担几天再说，等你大哥回来了我们就再都听他的吧。”

他们四人正在议事，外面士兵来报说有当朝太子和京城里来的刘墉大人前来求见。

王聪儿说道：“请他们进来！”

刘墉与永琰太子进得门来，王聪儿四人分别施礼。

“不知刘大人、太子光临，有失远迎，还请恕罪！”

“各位壮士免礼！”

“谢大人，谢太子！”

“不知刘大人与太子光临草野有何见教？”

“本官与太子殿下奉皇上口谕前来湖北招抚白莲教民，本官与齐壮士也交谈多时。皇上之意，只要白莲教民各自归农，不再与官府为敌，可一概不究！还请各位体会皇上圣意，好自为之！”

“大人，我等均是贫民，只因官家逼迫甚急，不堪忍受，故铤而走险。只要官府放我夫君，不再逼迫百姓，大人之言我等会考虑再三的！”

“如此甚好，本官告辞，敬候佳音！”

“恕不远送！”

永琰殿下和刘墉与钱富贵正在县衙议事，准备放归齐林。那钱富贵虽心中一百个不乐意，但嘴里还得说：“下官遵旨而行，一切听大人安排！”忽听门外高喊：“圣旨到！”刘墉三人急忙下跪接旨。

“永琰、刘墉、钱富贵接旨！”

“儿臣永琰接旨！”

“臣刘墉接旨！”

“襄阳县令钱富贵接旨！”

“奉天承运，皇帝诏曰：朕闻襄阳县已将白莲教首齐林捕捉，白莲教风潮有所平息甚合朕意。朕念白莲教民铤而走险事皆有因，故而此事宜剿。尔等可按朕意速办，不得有误，钦此！”

“吾皇万岁，万岁，万万岁！”

“钦差大人请稍事休息！”

“刘大人，本钦差有皇命在身不便久留，暂且告辞！”

“送钦差大人！”

永琰、刘墉将圣旨看了又看，心中甚是不乐。

“看皇上这道圣旨与皇上口谕截然相反，这是怎么回事？”

“我觉得这不像是父皇口气！”

“这白纸黑字，圣旨还能有假？”

“我们进京问明父皇，再办不迟！”

“你没见‘速办，不得有误’六字吗？违抗圣旨是要砍头的呀！”

“那如何是好？”

“遵旨办事！”

“还是刘大人明白，圣旨谁敢不遵呀？”

刘墉虽口中说要遵旨办事，但内心却不想追剿白莲教，更不想杀齐林，于是就说：“殿下，此次奉旨来湖北，皇上是交给你的，我只是陪伴，所以这追剿之事你就遵旨而行吧！”刘墉这话本来是破劲的话，可永琰与钱富贵二人听起来却认为是鼓励的话，所以他们奉旨办事就更是认认真真、不遗余力了。这不说大家也明白，钱富贵与齐林有杀子之仇，永琰太子是初涉世事，经验不足，哪里知道这处世中的弯弯道道？因此，齐林要想活命也就难如上青天了！

在襄阳县城西门外有一片荒山地，刑场就设在这里。山坡上竖立一根旗杆，临时筑了一个长一丈、宽八尺、高五尺的高台，离高台十丈之外搭了一个监斩棚，永琰太子居中，刘墉居左，钱富贵居右。四周有兵士把守，把个刑场围得连一个苍蝇也飞不进。

那齐林被五花大绑，背插亡命牌被绑在旗杆上。那刽子手身披红衣，一只赤臂露在外面，两眼圆睁，凶神一样的，手执那明晃晃的大刀，寒光逼人！催命的大炮连响两响，直震得桌子上的茶盏儿乱蹦。那永琰哪见过这等阵势，早被吓得脸儿变色，两手发抖，两腿站立不住。

只见刽子手端起一碗酒，一饮而尽，把碗向后面一扔，用手抹了一把嘴角上的酒，说道：“齐壮士，你记住，明年的今日是你的祭日。你饮下这杯酒好

上路！”

齐林饮过刽子手端过来的一碗酒，抬起头来两眼喷火，向刽子手道声谢谢，然后便大呼起来：“刘大人、太子殿下，我齐林死不足惜，二十年后，我齐林又是一条好汉。我不怕死，我不愿意像狗一样活着！我痛心的是刘大人、太子殿下言而无信，自食其言，此其一；我不能杀尽贪官污吏，而身先死，可惜可叹，此其二；皇帝老子说不追究，今又杀我，言而无信，何以治国？此其三也。钱富贵，你逼死我父，纵子抢我女儿，我死之后定为厉鬼，勾你魂魄，让你不得安生，咱们在阎王殿前再相见！”

太子永琰早已六神无主，忙问：“这……这……如何……”

“快，快传令打第三炮呀！”

“好……好……传……传令打……打……打第三炮！”

只听得嗵的又是一声炮响。刽子手手抡大刀，只见弧光一闪，齐林的人头早已落地。可怜齐林壮志未酬身已先亡！

王聪儿正与其他几位首领议事，忽听探马急报：“今日午时，齐大哥就要在城西门外被处决正法！”王聪儿听罢二话没说，出门翻身上马，直奔襄阳城西门而去。其余首领也都各自带领人马直奔城西门而来！可是，他们来晚了。

王聪儿见到了齐林的尸体并没有哭。只见她手执双剑跪在齐林尸体前连磕了三个头，然后跳将起来用双剑把那小碗口粗细的旗杆砍了两截，然后翻身上马打马而回。众人将齐林尸体运回。

这是齐林的老家黄龙珰镇齐家沟，这里正在举行一个隆重的葬礼。

一座殿堂式的灵棚高高搭起，黄墙蓝瓦，角檐高挑，四个大白球高高悬挂。一个魏体大“奠”字有五尺见方，高高悬挂，“当大事”三字横幅高悬。两边一副对联，上联是“守孝不知红日上”，下联是“思亲犹望白云飞”。正前三张祭桌，桌上摆放香烛贡品，齐林的棺木就放在灵堂中央，棺木四周挂着亲友所送挽联。

正中是王聪儿的挽联：“居家堪称孝子严父好郎君，处处无愧挚友良师大丈夫。”

刘之协的挽联是：“处世接物肝胆相照，待人交友头颅敢许。”

姚之富的挽联是：“出师未捷先去也音容犹在，人去楼空后思之风范永存。”

王延诏的挽联是：“苍天问故人何去也何处有座，大地曰新客忽来之瑶池增客。”

王聪儿及刘之协等首领皆披麻戴孝在棺前守灵，上等将士皆白衣白帽，兵卒白帽常衣。吹鼓手高奏哀乐，人流出出进进，一片皆白。

天到未时，王聪儿手领女儿翠花前头领路。只听啪的一声，牢盆摔破，灰烟

四飞。兵士们一声吆喝棺木离地。

只见那引魂幡高挑，飘飘扬扬前后开路，吹鼓手吹吹打打紧跟上。后面是纸人纸马童男童女排列两队，再后面是四队兵士作前卫，两边两队长枪高挺，中间两队大刀齐举。长枪高挺，阵势威严神鬼怕；大刀齐举，寒光闪闪天地惊。棺木后又是四队兵士作后卫，随后是送葬的亲邻无其数。这队伍好似一条巨龙，足有三里路长，好不威风！

来到坟地，坑已挖好，棺木停下，三十六响大炮过后棺木下地坟土埋好，所有将士皆在坟前拜了三拜。又是三十六响大炮放过，王聪儿双剑割破食指，剑带鲜血，剑举过顶，对天发誓：

"苍天在上，大地在下，天有天威，地有地灵，我王聪儿对天发誓：大清王朝，官吏腐败，政治黑暗，横征暴敛，民不聊生。官家有负于我，杀我亲人，我王聪儿与官家有不共戴天之仇。今誓将报此仇，而今将重整旗鼓，高举义旗，杀贪官，救百姓，血战到底。若违此言，天地不容，人人当诛之！"

呼喊声在旷野上空久久回荡！

震惊中国的川楚白莲教农民大起义此时就像一只受伤的雄狮，它用舌头舔干了自己的血迹，又向长空张开了怒吼的血口；它又像山间的一弯涧流，冲垮石坝的狙击，打了一个旋涡又向山涧外冲突而下；它又像一堆巨火，遭受扑击之后又以燎原之势冲天而起；它又像一个受伤的巨龙，再度乘着闪电冲向天庭。这支队伍在王聪儿的带领下，踏着齐林的血迹，攻孝感，占武昌，转战四川，北进河南，直逼陕西，就像一把钢刀直插进大清国的心脏！大清国颤抖了，北京城颤抖了，乾隆皇帝颤抖了！

永琰太子与刘墉调兵遣将，使出浑身解数，但在强大的白莲教面前微弱得就像大海里面的一滴水。一支支官兵部队，不论在什么时候，也不论是什么地方，作战的结局只有一个，那就是失败、失败，还是失败。足智多谋的刘墉此时也是束手无策，一筹莫展，无时无刻不在向自己发问：难道我错了吗？我到底又错在什么地方？

又是三六九上朝日，乾隆皇帝一想到上朝之事就头疼，白莲教的事搅得他头昏脑涨。乾隆皇帝自己心里也纳闷，刘墉和永琰到底是怎么搞的？我明明让他们去招抚白莲教，他们怎么就把齐林给杀了呢？乾隆皇帝想：杀就杀了，也罢了，怎么白莲教越闹越凶呢？所以未上朝之前心中就烦恼不已。

文武大臣山呼礼毕，乾隆皇帝便道："有本早奏，无本退朝！"

"奴才和珅有本奏！"

"是不是又是白莲教的事？"

“正是！”

“白莲教的事朕不听！”

“奴才启奏主子，此事重大，奴才不敢不奏！”

“那就快讲！”

“启奏主子，自从襄阳县杀了白莲教教首齐林之后，白莲教风潮有增无减，他们攻城掠县，杀人放火。近日又闻湖北的白莲教与四川的白莲教合兵一处，攻孝感，打武昌，转战四川，北进河南，直逼陕西，所到之处，鸡犬不宁，告急表章如同雪片一般，还请主子圣裁！”

“圣裁！圣裁！弄到这个地步，朕还圣裁什么？传朕旨意，招永琰、刘墉火速进京，朕倒要问问他们是如何招抚的！”

“主子，奴才有一言不知当讲不当讲？”

“尽管讲来！”

“主子，你让太子同刘墉刘大人去湖北招抚白莲教，可他二人却杀了齐林，并且追剿白莲教，这才激起白莲教大反朝廷，这二人不是抗旨不遵吗？奴才认为当治他个抗旨之罪，以儆效尤，否则将来主子何以治国？再者，严惩了这二人，也可以宽解人心，平息白莲教风潮，岂不是两全其美！”

乾隆心想，这和珅说得也对，只要能平息了这场白莲教风波，就是舍弃了永琰、刘墉也值得！

“好，朕就准奏！你可传朕旨意：永琰以违抗圣旨论罪，让其自裁，刘墉革职为民！”

“多谢主子，主子忍痛割爱，大义灭亲，令奴才钦佩！”

“这事朕就交给你去办！”

这一日，刘墉与永琰太子正在内室闲聊。

“刘大人，自杀了齐林之后，白莲教非但未能平息，反而愈演愈烈，如何是好？”

“那齐林本当放归，可皇上非要征剿。白莲教愈演愈烈，实由杀齐林所激也！”

“既如此，那又如何是好？”

“此非我二人所能为，全在于皇上圣裁了！”

这师生二人正在闲话，忽听外面高叫：“圣旨到！”

永琰、刘墉分别跪下接旨，钦差便是和珅和大人。

“奉天承运，皇帝诏曰：查太子永琰、刘墉奉朕口谕到湖北去招抚白莲教时有违圣意，抗旨不遵，私将齐林杀死，激起白莲教风潮大涌，攻城掠县，杀人放火，危害百姓，闹得朕昼夜不安。实由永琰、刘墉抗旨不遵所致，故依律论处，太子赐死，着令引咎自裁；刘墉革职为民，放归原籍，钦此！”

和珅走后，永琰太子便哭道："本想招抚白莲教，为国效力，谁想竟事与愿违。而今父皇赐死，让我自裁，如何是好？"

"殿下难道真的想死不成？"

"父皇赐死，我不死谓之不忠，不得不死。但不知如何自裁？"

"自然有办法，你且听我安排就是！"

刘墉将嘴对着永琰的耳朵，指指点点，叽咕了老半天，直说得永琰连连点头，满面带笑。

刘墉又把张成、刘安叫来，仔细吩咐一遍，最后说道："此事要仔细办好，不得有误，此事办好了，将立大功一件！"

张成、刘安皆遵命行事，不敢怠慢。

次日一大早，永琰焚香沐浴，向北拜了三拜，饮鸩酒自裁。刘墉选了上等棺木将永琰装入棺木，写好奏章，上达天听。刘墉自护棺木，向北京进发，日夜兼程不敢有丝毫怠慢。

刘墉护送棺木，日夜兼程，马不停蹄，人不离鞍，不到两月便来到北京。

三六九日早朝，刘墉令人将棺木安放在朝房之内。待群臣进殿之后，刘墉也不穿朝服，百姓装扮，直奔大殿。也未有任何人阻拦，因为刘墉有太后所赐的穿朝马、串宫灯，大家都知道，故而无人阻拦。

乾隆皇帝坐在宝座之上，奏事官来报说："刘墉护送太子棺木到京，现在殿外候旨！"

乾隆皇帝虽不想见刘墉，但听说太子棺木护送到京，知永琰已死，所以心中不免悲戚，半晌无语。其实，刘墉未等奏事官通报，也就随着奏事官进到金殿之内。

"草民刘墉护送太子棺木到京，叩见吾皇万岁，万岁，万万岁！"

"刘墉，你在表章上不是说永不见朕了吗？而今怎么又来了呢？"

"皇上，你让和大人宣旨治我与太子违抗圣旨之罪，我既削官为民，自当不能再见皇上。我与太子有一层师生之谊，太子既被皇上赐死自裁，我总不能让他抛尸荒野吧！护送归葬总该是可以的吧！再者，皇上身为九五之尊都可以出尔反尔，自食其言，那我一个小小的草民百姓又何必牢守一句之言呢？"

"哎，刘墉，你说朕什么时候出尔反尔，自食其言了？"

"噢，皇上，你没有出尔反尔，自食其言？皇上，当初我与太子出京之时，可是你亲自口谕让我二人去湖北招抚白莲教的？"

"是朕说的！"

"那皇上后来又下旨让我们征剿白莲教，是不是出尔反尔，自食其言呢？"

"朕何时下诏让你们征剿白莲教的？"

“哎，皇上，这圣旨上写得明明白白，你看——‘奉天承运，皇帝诏曰：朕闻襄阳县已将白莲教首齐林捕捉，白莲教风潮有所平息，甚合朕意。朕念白莲教民铤而走险，事皆有因，故而此事宜剿。尔等可按朕意速办，不得有误，钦此！’皇上，这圣旨可不是我刘墉自己造的吧！‘故而此事宜剿。尔等可按朕意速办，不得有误’，我二人遵旨杀了齐林，违抗圣旨之罪何来？”

“那又怪了，朕当时明明说是‘此事宜招’，怎么又成了‘此事宜剿’呢？”

乾隆皇帝当然不明白其中原委，这事只有去问和大人。

当初，和珅举荐永琰去湖北襄阳招抚白莲教，心中就打好了主意，若招抚成功，则可参他个与叛敌私通，共欺皇上之罪；若招抚不成，则可参他个办事不力，有违圣意之罪，反正不管怎么说永琰都要获罪！

永琰、刘墉离京后，和珅便对乾隆皇帝说：“主子，太子与刘大人光遵口谕还不行，主子要亲降圣旨，他们才好行事！”乾隆当时就说：“和爱卿所言极是，你就起个诏书吧，就说白莲教事出有因，此事宜招，可按朕的旨意速办，不得有误。”

此时和珅是有心算计无心的，便将“宜招”二字写成了“宜剿”，“招”、“剿”音近意反，一字之差将整个事翻了个过儿，目的就是要置永琰、刘墉于死地。这些，和珅当然不会给乾隆皇帝一个明说。

“皇上，这诏书可是和大人代写的？”

“是朕让他代起的，你又是怎么知道的？”

“小民为官多年，难道还能不知道这一点？这以桃代李的把戏只有和大人才能干得出来，别人谁有这个本事，谁又能得着干这代起圣旨的事？皇上，小民有一事不明，不知皇上可否赐教？”

“什么事不明？”

“皇上，你明明说的是‘此事宜招’，和大人却写成‘此事宜剿’，这算不算假传圣旨？假传圣旨算不算欺君？”

“这个……”

“主子，奴才明明听你说的是‘此事宜剿’，奴才没有假传圣旨！”

“和大人，各位大人可都听见了，皇上刚才与小民说过是下了‘此事宜招’的圣旨，可这和大人代起的诏书上明明写着‘此事宜剿’，你和大人不是假传圣旨是什么呢？”

“刘墉，你不要临死还要拉着我垫背！我没有假传圣旨！”

“万岁，和大人说他没有假传圣旨，那‘此事宜招’是皇上说的，‘此事宜剿’也是皇上说的，那皇上就是出尔反尔，自食其言了？”

“你们到底还是把朕给扯上了，弄来弄去倒都是朕的错了？”

“小民不敢说皇上有错。反正皇上与和大人，不是和大人假传圣旨欺君，就是皇上出尔反尔而，自食其言。皇上天裁吧！”

“朕何时出尔反尔，自食其言？”

“既然皇上没有出尔反尔，自食其言，那就是和大人假传圣旨，有意欺君！既是和大人假传圣旨，有意欺君，那小民与永琰太子就无违抗圣旨之罪！”

“那是！”

“我刘墉既无违抗圣旨之罪，就不该被削官为民！”

“复你原职便是！”

“谢主隆恩，吾皇万岁，万岁，万万岁！”

“爱卿，平身吧！”

“谢皇上。皇上，那和大人假传圣旨有意欺君，按《大清律》又该当何罪？”

“主子，主子！奴才冤枉，奴才冤枉，是奴才当初未听清楚，‘招’、‘剿’相混，铸成大错。念奴才跟随主子多年，还求主子开恩！”

“死罪可免，活罪难容，朕就罚你半年俸禄吧！”

“谢主子不杀之恩！”

“皇上，既然臣与和大人的罪都能免了，那永琰太子一向对皇上忠心耿耿，而无罪竟遭赐死自裁，皇上当如何处之？”

“这个……唉，都是朕失察误害了他，只有以礼厚葬，立碑旌表，其他还能何为？”

乾隆皇帝说到伤心处不觉暗自落泪。

就在这时，忽听外面喧哗。乾隆皇帝刚欲动问，就听奏事官来报：“永琰太子在棺内复活了！”

既然永琰太子饮鸩酒自裁，又为何能复活呢？原来这是刘墉的一计。

对于白莲教是招抚还是追剿，对于乾隆皇帝的态度变化，刘墉即有所疑。待到和珅为钦差传圣旨要永琰自裁，刘墉就觉得定然有和珅在做手脚。所以刘墉便密令张成、刘安买一口上好棺木，在棺木底的四周都钻上孔眼，当即让永琰饮过含有大量麻醉药的酒，专哄外人耳目。行路之时又让永琰装扮成兵卒模样一起行走。到了京城，又如前法将永琰放于棺中，内中虽然黑暗，但因底板四周钻有洞眼，空气流通，不得憋死。待一个时辰之后永琰太子在棺中脚踹手拍。张成、刘安见时辰已到，便喊将起来。一时间满朝文武无不惊讶。

乾隆皇帝一听说永琰太子复活，龙心大喜，忙说：“速宣太子上殿！”

永琰太子上了金殿，在宝座之下跪地。

“儿臣叩见父皇，万岁，万岁，万万岁！”

“平身！”

“谢父皇！”

“朕来问你，你为何能死而复生？”

“回禀父皇，儿臣当初遵父皇之命饮下鸩酒之后便觉昏昏沉沉，如同睡梦一般。不一时就有两个红衣女子相招将我带到一个去处，甚是华丽，进得门去一看，原来是爷爷奶奶、祖爷爷祖奶奶。他们都说：‘是永琰，你怎么来啦？’我说：‘是父皇让我自裁！’奶奶说：‘你父皇老糊涂了！你快回家吧！’爷爷说：‘稍等一会儿，你祖宗还要带你面见阎君。’祖宗带我见了阎君。阎君对我说：‘吾有一言语汝，回去面南，莫违天命，登基四载，方可亲政！切记切记！’等我醒来，却来到了京都！”

“太子殿下，你这一睡就睡了两个月呀，是臣护送你回京的！”

“多谢刘大人！”

“刘爱卿，太子永琰所说‘天命’是何意？可否说与朕听？”

“皇上，依祖宗之法，太祖登基在位凡六十年，皇上也曾言，在位之期不出此数，而今已是乾隆六十年（1795年）了，天命者，当指此六十大数也！”

“哎呀，爱卿不说朕还将此事忘了，几乎违了祖宗之法！”

“皇上圣明！”

乾隆皇帝退朝回到正宫心中闷闷不乐。娘娘问道：“皇上为何闷闷不乐？”乾隆皇帝将朝中永琰太子之事说了一遍。

“哎哟，我当是什么大事！永琰复活这本是好事呀！你在位六十年，依我说你早就该禅让了。孩子们都大了，你为国劳累了一辈子也该歇歇身子，安享晚年了！”

“梓童所言甚是，朕又何尝不想清闲清闲？可这朝中之事太多，什么白莲教呀，什么官吏贪污呀，什么百姓生活艰难呀，什么太子立废呀，整天弄得朕头昏脑涨的。”

“赶快召集大臣议商一下，把位子让了，咱们好过几天舒坦日子！”

“说得容易，做起来可就难了！”

正在说话，外边通报刘墉求见。

“让他进来见朕！”

刘墉进来，自然先行君臣之礼。

“臣刘墉叩见吾皇万岁，万万岁！叩见娘娘千岁！”

“此系内室，不必行君臣之礼！”

“谢万岁！”

“爱卿见朕有何事要说？”

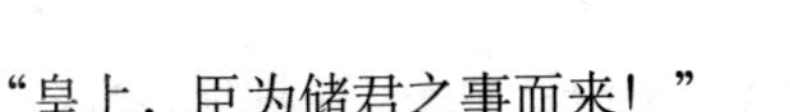
“皇上，臣为储君之事而来！”

“爱卿之意如何？”

“皇上在位已六十年，不可违圣祖宗法，故而禅让之事本年内定须定夺！”

“只是诸皇子大多不谙国事，朕把江山交给他们还有些不放心！”

“这好办，依臣之意，禅让皇位之后皇上可以太上皇之位居之，国家大政可亲自过问，此来一可以使朝政不乱，大局稳定；二来新君登位也可边锤炼自己面南之术，有不懂的及时向你请教，老带新，岂不两全其美！”

“爱卿所言甚合朕意，诸皇子中继位者谁可？”

“这立君大事，臣不敢乱言！”

“朕今日就要听听你的意见！”

“如此，臣就斗胆直言了。依臣之意，永琰殿下可继皇位。”

这君臣二人正在说话，外边又报，说和大人和珅求见。

“如此可好了，朕之左右臂都来了！”

言还未了，和珅已经进来了。

“奴才叩见主子，吾皇万岁，万岁，万万岁！奴才叩见娘娘千岁！”

“和爱卿此来见朕有何事要说？”

“奴才是为新君而来！”

“什么新君？”

“主子怎么忘了，你今日在金殿之上不是说过你在位之期不能超过了祖宗之数吗？”

“你以为朕诸皇子中谁可继承皇位？”

“依奴才所见，永璘可承皇位！”

“两位卿家，一个说永璘，一个说永琰，意见相反，这就给朕出了一道难题了！”

“皇上，永琰厚实，精通谋略，可继皇位！”

“主子，永璘多才，书画绝顶，可继皇位！”

“皇上，书画乃文人雅士之所为，只有谋略方可治国！”

“主子，治国需才，无才既无德，无德无才，何以治国？”

“两位爱卿不必再争了，此事容朕再思之！”

“如此，微臣暂且告辞！”

“奴才也告辞！”

刘墉、和珅走了之后，乾隆皇帝坐在椅子上，手端茶盏，半日不语，忽而自言自语起来：“我明白了，原来如此！”

正宫娘娘见乾隆如此，忙上前问道：“皇上，你明白什么了？”

“唉，梓童，你哪里知道，前些时永琰打猎山林遭害，去湖北招抚白莲教又因违旨欺君赐死自裁，原来都是为了皇位呀！刘墉与和珅政事多有不合，这一盘棋真是难下呀！”

“唉，皇上，时辰已不早了，你且歇息吧！龙体要紧！”

无奈，乾隆皇帝才糊里糊涂地睡了一觉。

第二日，乾隆想了一计，决定试一试永琰、永璘的才能。

这一日早朝，乾隆皇帝端坐在宝座之上，群臣进殿。

“宣永琰、永璘上殿！”

文武大臣见皇上宣永琰、永璘上殿，都不知为何事，所以也都不言语。永琰、永璘见父皇相召，也不知为何事，便急忙进殿。

“朕有两件东西存于北京东门和西门之外，只是这两件东西见不得日光，着不了肉身。你二人明日子时出城，天亮前取到金殿之上，留朕使用！”

“儿臣遵命！”

“有本早奏，无本退朝！”

文武大臣无人奏本便退朝而去。

刘墉心中一想便明白了，鸡不叫城门不开，子时如何出得城去？这分明是试两人之才，于是便对永琰说道：“你奉命行事，有违阻者杀无赦！”永琰道：“此理我懂！”

永璘出了金殿便来找和珅。和珅也不知皇上要他们取何物，只得答应与永璘一同去取，永璘方才放心。再者和珅也钻了乾隆皇帝言语的空子，乾隆只说要他们二人子时出城，天明取回，并没有说不准别人陪伴去取，所以和珅陪着永璘去取也并无过错。

乾隆皇帝让人加工了两块大石头，做成两个大圆球，重约百十来斤，并刻上“钦制试才石”五个字，让太监放在北京东西城门官道之上，并在暗中守候。

古时有个规矩，大凡城门，日落关城门，鸡叫时开城门，正常情况下门军是不得乱开的。

永琰单身一人，子时刚过不久便来到东城门。

“守门将士，打开城门放我出城！”

“夜间不得乱开城门，这是上司的规定！”

“快开城门，我有皇命在身，若误我大事，我便砍你的狗头！”

“你是何人？”

“我乃当朝太子十五殿下，速速打开城门送我出城！”

“殿下息怒，小人遵命便是！”

门军打开城门，永琰出了城门果见官道之上有一物在。令门军提灯笼一看，

却是一个百十来斤的大石球，上有“钦制试才石”五字。永琰心想，怪不得父皇说不得近肉身，一个石球如何近得肉身？想了一想，计上心来。“正是我要取之物。你找几位兵士，将此石给我抬到朝房外守候，本殿下必有重赏。”

太子奉旨行事，所令哪个敢不从。四名强健军士轮换抬石，不到两个时辰便将“试才石”抬到了金殿外朝房之中。永琰每人赏银五十两，军士便在朝房内守候。

子时之时，永璘皇子也与和珅一起，带上数十个兵丁，佩带刀枪护卫着永璘来到西城门，此时天到丑时。所带兵士大喊：“我们护送太子出城办事，快开城门！”

守门军士见几十个人拿刀带枪，哪敢开门？

和珅道：“这是皇子要出城办事，快开城门！”

守军道：“大人，上面有令，夜间不得私开城门，小的不敢从命！”

“皇子奉旨办事，有事本官给你挡着！”

“即奉旨办事，可有圣旨令箭？”

“这个……”

这下还真的卡住了，皇上并未给圣旨令箭呀！若要给圣旨令箭，还怎么试才呢？

“大人，你再等个把时辰，等鸡叫了，小的就先给你开！”

“和大人，那咱们就等到鸡叫吧！”

“那何时才能等到鸡叫呢？”

这和珅毕竟是老奸巨猾之人。听门军那么一说，和珅计上心来，道：“咱不能让鸡提前叫吗？”“如何让鸡提前叫呢？”永璘问道。“这个你不必发愁！”

只见和珅走到僻静处蹲下，用一手拍着腚，一手捏着鼻子学起鸡叫来。

一声、两声、三声、四声……

果然，远处的鸡真的跟着叫了起来。

门军怪道：“怪了，怪了，今儿鸡怎么这么早就叫了。”无奈，只得开了城门。

永璘与和珅出了城门一看，果见官道上放着一个大石球，百十来斤重，上刻“钦制试才石”五字。

永璘说：“看来这就是父皇所要之物了。这般石球，如何搬运？”

那和珅虽说奸刁，但取石弄瓦的事却没干过，幸亏他还想得出来，便说：“那就顺着大街往前滚吧！”

众人见说，只好用手推着往前滚，等滚到朝房已是卯时。此时，乾隆皇帝早已端坐在宝座之上。传事官来报：“启奏皇上，永璘太子替皇上取物来到，现正

在殿外候旨！”

“永琰替朕取物回来没有？”

“回皇上，永琰太子替皇上取物早在寅初就来到了，他在殿外候旨！”

“宣他二人进殿！”

“宣永琰、永璘进殿！”

永琰、永璘闻宣急忙进殿。

“儿臣叩见父皇万岁，万岁，万万岁！”

“平身！”

“谢父皇！”

“永璘，朕问你，你是如何出城门的？”

“回父皇，儿臣子时末到得西门，守门军不愿开门，说须得鸡叫时方能开城门。我们等了一时，是和大人学鸡叫引得别处的鸡都叫了起来，门军打开城门我们才得出城。”

“多亏和大人还会学鸡叫。”

“主子，奴才也是一时想出的点子，是给门军逼出来的。”

“和大人，能再学一遍给朕听听吗？”

“奴才遵旨！”

于是和珅往下一蹲，用手拍了拍腚发出啪啪声，然后用一只手捏着鼻子叫了起来。

乾隆乐了：“和爱卿学得像，学得像！”

“奴才献丑了！”

“永璘，你那‘试才石’是怎样弄回来的？”

“儿臣听了和大人的主意，让军士用手滚回来的。”

“怎么滚呀？滚给朕看看！”

乾隆让武士将石球弄到殿内，和珅指挥军士滚了几圈。乾隆皇帝见那“钦制试才石”五字滚得不成样子，心中不悦，便道：“还是和爱卿本事多！”和珅连忙谢恩。

“永琰，你是如何出的城？”

“回父皇，儿臣子时末寅时初到得城东门，对守城门军说道，我是当朝太子殿下，现奉皇命出城办事，速速打开城门，放我出城。那守门军听儿臣如此说便开了城门。”

“你是怎样将那石球弄回来的？”

“儿臣选四名强壮军士用筐抬回朝房的，儿臣每人赏白银五十两。”

乾隆又命武士将永琰的“试才石”抬进殿来，果见完好。乾隆皇帝龙心甚喜！

“启奏皇上，臣刘墉对皇上如此试才心中不服！”

“为何不服？”

“皇上，你让两位皇子出城取‘试才石’处置不公！”

“朕哪里不公？”

“永琰太子是一人去取，而永璘皇子是和大人陪他去取，且方法谋略又多是和大人所出。如今他二人虽都把‘试才石’取来，但人力不同，皇上不给个明确裁断，反而都是半斤对个八两，一样评价，实在是有失公平！”

“爱卿不必再议此事，朕是不会亏待你的学生的！”

“奴才有话要说，请主子恩准！”

“和爱卿又有何话说？”

“主子，你当时说要让两位殿下出城为主子取东西，并未说不准别人陪伴。奴才陪伴皇子出城取物是对皇子的安危关心，也是对主子的一片忠心。奴才不但不得赏赐，反倒有了罪过！奴才就请主子给评个理，到底是奴才说得对还是刘大人说得对！”

“皇上，谁都知道和大人是皇亲，就是皇亲再近也不能不讲道理，拿着不是当理讲！和大人，皇上是让谁去取‘试才石’？出城门是你学鸡叫骗开的门，弄‘试才石’回来是你出的主意让人滚来的，你说说哪一点能算是永璘皇子的？”

“哎呀，两位爱卿别再争了，朕让你们给吵得头痛。此事以后再议，退朝，退朝！各位卿家都回去吧！”

“谢皇上！”

乾隆皇帝退了朝来到正宫。正宫娘娘接驾：“臣妾叩见皇上！”

“免礼！”

“谢皇上！”

“快扶我到床上卧一会儿！”

“皇上龙体欠安？”

“唉，头疼！我让他们吵得头疼！”

“听说玉泉山景致不错，何不去玩一玩？”

“好，明日朕就去游玉泉山！”

太阳才刚刚露点霞光，乾隆皇帝便准备停当，派人招刘墉、和珅来见驾。那刘墉、和珅还未及用饭，见皇上来招去见驾便急忙前来。

“朕这几日甚是劳累，想轻松轻松，听说西郊玉泉山风景不错，两位爱卿就陪朕玩玩。咱们不谈国事，专心游玩，扮作百姓模样，开开心心地玩上一天，如何？”

“臣遵命！”

“奴才遵命！”

这君臣三人出了西直门便坐了一辆轿车向西而行。

从西直门到玉泉山这条道儿是专为皇宫运水的官道，故而称为“御道”。这条御道全是用大石条儿铺成，还是在明朝时修的，其间已经过三百多年，路面高高低低、坑坑坎坎的。那轿车走在上面就如跳舞一般，人坐在车中就好像簸箕中的蚕豆粒儿，上下颠簸，走不上几里路，这三人就受不了了。

为了减少疲劳，乾隆就和赶车的聊上了。

“赶车的，今年多大岁数了？”

“回掌柜的，小老儿今年六十三了！”

“看您老气色还不错！”

“我生就的穷命，得个好身子，长这么大没请过郎中吃过药，不过活着也是受穷，不像你这掌柜的有福气！”

“我哪有什么福气哟，我受的苦你哪会知道？”

“你还受苦？一看你就是个富贵相！”

“你会看相吗？”

“马马虎虎吧！”

“那你就给我看看吧！”

“不用看，你们这仨人都不是凡人，依小老儿看来，你做个掌柜的就屈才了，看你的相貌，当有帝王之命；你这两个伙计，也都是侯相之命！”

“我有帝王之命？我能当皇帝？我要当了皇帝就不让你赶大车了！”

“那也不一定，我一家祖祖辈辈都赶车，我就是赶车的命。康熙、顺治朝，我家赶车，这乾隆朝，小老儿还是赶车！”

“那你说当今皇上这皇帝当得怎么样？”

“怎么样？那也难说！这乾隆倒也是个有道之君，可天下那么大，要处处都治理得好，那也很难。你说吧，这贪官污吏这乾隆就是治不好！听说京城里的和珅就是个大贪官！”

“你认识和珅吗？”

“不认识！”

“不认识？不认识你怎么说他是贪官？”

“有口皆碑嘛！我也是听人家说的，听说他家的钱比皇帝家的还多呢！这家伙太可恶，老百姓恨的就是贪官，我要是见了和珅，非抽他五十鞭子不可！”

“哈哈哈，你好大的火气！”

“掌柜的莫见笑，我就是这个火脾气！”

"你见了和珅就要抽他五十鞭，要是见了刘墉你抽多少鞭子？"

"我一鞭也不抽，我要敬他三炷香！"

"那是为什么呀？"

"那还用说，他为俺老百姓办的好事多！"

"那你要是见了当今皇上怎么办呢？"

"皇上？我要是见了皇上，就先磕头，然后就说，你要狠狠惩治和珅那样的贪官，多用一些像刘墉那样的好官，老百姓就感激皇上的大恩了！"

"说得好！说得好！"

"哎，到玉泉山了，光顾和掌柜的说闲话去了，差点儿走过了路！"

"好好，下次还坐你的车！给车费银五十两！"

"掌柜的，我今天可是碰上财神爷了，这五十两银子也够我拉半年的了！多谢掌柜的！"

这君臣三人下了车，就看见了一个小饭店。多远的，店小二就招呼过来了："三位客官，小店里请！"

刘墉道："掌柜的，我早饭还没吃哪！"

和珅被赶车人骂了一顿，硬气也气饱了，可气并不能挡饿呀，也说："快吃点饭再说。"

乾隆皇帝也说："两位爱……"话到嘴边又改了口，这是私访呀，不能露相，便说道："两位爱吃什么就要什么。"

和珅说："我要一碗肉丝面！"

刘墉说："我要一碗鸡蛋面！"

乾隆皇帝说："我要四个小菜、三壶酒，外加三碗鸡蛋汤！"

小二对里面吆喝道："好嘞，一碗肉丝面、一碗鸡蛋面、三碗鸡蛋汤，外加四个小菜、三壶酒！"

不多时，酒菜齐备，三人慢慢受用已毕，直吃得酒足饭饱。君臣三人精神抖擞、神采奕奕，出了小饭店往外一看，只见玉泉山果然一派好景观。

玉泉山气势磅礴，绵延十数里，群峰屹立。你看那山峰奇形怪状，有的如人头，名曰人头峰；有的如少女玉立，名曰玉女峰；有的如笔头，名曰毛笔峰；有的如香炉，名曰香炉峰；有的如飞马，名曰飞马峰；有的如立于巨石的苍鹰，曰立鹰峰。诸峰有的似天外飞来，有的直立如削，有的悬空而立，无处不险，险象环生。玉泉山自有险崖无数，如虎头崖、熊口崖、鹰愁崖、猿啼崖。山中涧谷亦多，如飞流涧、鹿死涧、鬼神谷、迷仙谷。但见山上树木葱茏，山间绿水潺潺。树木葱茏，隐见古寺传钟声；绿水潺潺，可听游鱼争水藻。山脚之下，良田万顷满眼绿，村舍点点炊烟袅。刘墉一见，不禁诗兴大

发，随即吟诗一首：

玉泉无玉只有缘，身前身后尽是花。
村外道路垂杨柳，村内家家飘烟霞。

乾隆皇帝一听，说道："好诗！好诗！和爱卿，你也来一首！"那和珅本来也想来几句，也好在主子面前献献功，正愁着肚里没词哪，忽见有一农家女子正在推碾子碾米。那女子长得也有几分姿色，和珅一见便来了神，顺口吟道：

二八娇娥推碾忙，香腮流汗金莲慌。
若时嫁得君王府，何须厮守牧牛郎？

刘墉道："和大人春心涌荡呀！"

和珅道："刘大人，见笑见笑！"

刘墉又道："皇上何不赋诗抒情？"

乾隆道："也好！朕就来一首。"随即吟出四句：

山中有凰彩羽多，引得雅士赞娇娥。
凤若有得青云志，何必自念影婆娑？

刘墉道："皇上之诗绝非俗庸可比，帝王之气字字可见！"

这君臣三人正要行走，只见那边来了一位老者。一看那老者的装扮，大家都乐了，为什么？只因那老者的装扮太特殊了。

这老者身穿大襟小褂，红花条镶边，手拄龙头拐杖，年纪在九十开外，红光满面，牙齿完好，八字胡嘴角上高挑，光头顶上扎着一个四寸多长的小辫儿，直挺挺地竖立在头顶上。这小辫儿名叫"冲天杵"，过去小孩子娇惯，才留此独角小辫儿。

乾隆便高兴地与他拉起家常来：

"请问这位老者今年高寿？"

"哪里什么高寿，我还年轻着呢，我今年才一百四十一岁！"

"一百四十一岁，你还嫌小？像你如此岁数，世间稀少呀！我赠你一副寿联如何啊？"

"那便多谢了！"

"'花甲重开，外加三七岁月'。和珅，你能配个下联吗？"

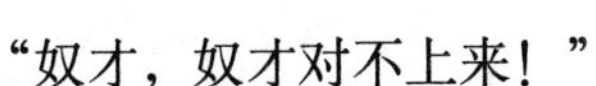

“奴才，奴才对不上来！”

“和大人对不上来，我来对个试试！我对他个‘古稀双庆，内多一度春秋’。”

“好，对得好！”

这副对联上、下联均暗含着“百四十一岁”，这也算是他们君臣留下来的一副绝世妙对了。

“老人家，如此高寿为何还要扎着这独角小辫呢？”

“掌柜的有所不知，这哪是我扎的，这是我娘给我扎的！”

“啊！你如此岁数高堂尚在？”

“是啊，我娘如今身子骨还算硬朗！”

“今年令堂又高寿多少？”

“我娘她今年一百九十三岁了！”

“哎呀！高寿呀高寿，不愧是老寿星！老人家，你能否让我见见令堂呢？”

“哎呀，掌柜的，可真不凑巧，我娘她今天去我姥姥家看望我姥姥去了！”

“你姥姥又高寿多少？”

“我姥姥她今年二百四十一岁呀！”

“我们今日算是碰上老寿星啦！老人家，我再送你一首祝寿诗吧！”

“多谢！”

乾隆随口吟诗一首：

玉泉山下寿星三，如松似鹤永延年。
莫非大圣盗仙丹，双手拱送敬三仙。

老者称谢告辞。这君臣沿着柳荫大道缓缓而行，不觉来到一条小河边。只见远处满山苍翠，山影倒映水中甚是好看，河边上，绿柳飘枝。远处有几个人在钓鱼，很富有诗情画意。乾隆皇帝说道：“咱也在此钓一会儿！”刘墉说道：“好，咱就钓一会儿！”正好那边有卖鱼竿的，刘墉买来钓鱼竿便在河边钓起鱼来。

不一会儿只见刘墉这边浮子乱动，少待一时，刘墉将鱼竿一甩，哇！一条活蹦乱跳的大红鲤鱼被钓了上来！那鱼在地上活蹦乱跳，甚是喜人。而乾隆与和珅这边却并无动静。乾隆皇帝不免心中着急，但表面上还是安安稳稳地在那儿钓着。

说来也怪，那鱼儿却硬是往刘墉的鱼钩上跑，就是不上乾隆皇帝的鱼钩。不一时，刘墉又甩上来了一条鱼。这时，乾隆皇帝再也坐不住了，向水面望了一下，不觉顺口吟出了四句：

玉泉山下清水流，水中鱼似画中游。
君臣三人河边钓，为何让朕空垂钩？

刘墉一听，心里明白了。怎么，皇上心中发急了？没钓着？心急不能喝热稀饭，不沉住气，还想钓鱼，那准没有门儿！待我再激他一激，便随口吟了四句：

玉泉山下流水清，水中鱼儿画中游。
多谢老天多赏赐，鱼上我钩不用求！

乾隆皇帝一听，心里说道：这刘墉是在气我哪，待我也来教训教训他，不要高兴得太早。于是吟了四句：

同钓为乐不为鱼，钓得鱼儿休过乐。
少刻朕得把鱼钓，再看君臣谁最乐。

“皇上，你还想钓着鱼？甭想！”
“那是为何？”
“我这有一首诗说得明白！”
“什么诗呀？”
“你就听吧！”
刘墉便又吟出四句来：

我主乃是真身龙，光焰万丈照苍穹。
凡鱼不敢惊圣驾，因此落得钓竿空。

乾隆一想，这话也对，朕乃真龙天子，鱼哪敢惊龙呢？转而又想，不对，这刘墉该是在耍我吧，那和珅为何也未钓着呢？

“刘墉，朕来问你，那和珅为何也未钓着？”

是呀，为什么和珅也钓不着呢？他钓不着，怨他是笨蛋，可又不能说他是笨蛋，话还得拣好听的说。于是说道：“这个，我的一首诗也说得明白，你听！”刘墉又吟了四句：

奇珍异宝聚和家，财气如炽闪光华。
河鱼一生多贫贱，不敢近前浴光华。

乾隆听罢不禁哈哈大笑。

和珅连声说道："刘大人又取笑我了！"

"咱们再去山上看看如何？"

"遵命！"

君臣三人沿着山路不觉来到一座庙内。只见这座小庙占地不大，修建得小巧玲珑。大雄宝殿内塑着一尊佛像，只见这佛像笑容可掬，大大的肚子袒露在外。佛像两边有一副对联：

大肚能容，容天下难容之事；
笑容可掬，笑天下可笑之人。

整个庙内装饰得金碧辉煌。这君臣因是常人装扮，所以进得庙来并无人接迎。乾隆在河边钓鱼时知道刘墉辩驳得很有水平，现在又想试才取乐，所以想着点子向刘墉发问。而刘墉呢，也知道皇上是在拿他取乐，因此也就小心奉陪。

"朕问你，这是什么佛呀？"

"回皇上，这是一尊长笑佛！"

"你看，他为什么要见着我笑呢？"

"那是佛见佛笑呀！"

刘墉这话说得中听，乾隆心里高兴。那是因为清代皇帝都喜欢佛，自称为老佛爷。但也知道：刘墉是在讨自个的好，这一点，乾隆心中还是明白的。于是又继续发问："刘墉，那长笑佛为何见你也笑呀？"

"这个……"

刘墉心中一想：我不能再说"佛见佛笑"了。

"这个……这是在笑微臣不修道。他见皇上笑，是佛见佛笑；他见我笑，是笑臣不积极进取。他说，人家都成了九五之尊，你现在算是个什么呀？他是在笑臣不知进取呢！"

"此言也有理。那么朕再问你，这佛像为何要塑在北边呢？"

"皇上难道没听和尚念经吗？那佛经上不是都说'南无阿弥陀佛'吗？'南无'就是南边没有呀，你想南边没有不就是在北边吗？"

"你这是在耍嘴皮儿！"

三人说说笑笑地走出了小庙又向山上走去。他们三人又攀上了玉女峰，向下一看，见江山如画。乾隆道："我们就以玉女峰为题，各咏三个美女故事如何？"刘墉道："臣遵命就是！"

乾隆也是才子，作诗打对并非难事，随即吟诗三首：

其一：
神箭神威射九日，天赐长生不老丹。
偷吃仙丹携白兔，长居月宫不回还。

其二：
天生丽质不自弃，朝朝暮暮伴龙君。
马嵬坡前玉质碎，留得明皇夜断魂。

其三：
只因不肯买画师，落得无奈北和番。
青山有幸埋茅骨，汉魂几度归长安？

刘墉在乾隆吟诗之时，也自吟诗三首：

其一：
唐宫淑女西和戎，哈达伴着藏歌咏。
汉藏两家结秦晋，浓情日月乐融融。

其二：
别乡离国进吴宫，红帐之内浓郁情。
千军夺帅赖范蠡，国耻雪罢五湖行。

其三：
身居董卓吕布间，舍身曲意巧周旋。
为国除得奸臣日，方显歌舞非等闲。

乾隆对和珅说："和珅，你也吟上三首吧！"和珅道："奴才舞文弄墨可不行，主子就饶了奴才吧！"

"那可不成！"

"那不成，就让奴才学两声鸡叫给主子开心罢了！"

"不行，鸡叫朕听过了，朕不听！"

"那奴才就学个狗叫吧！"

"好，朕就听你学狗叫！"

那和珅往地上一趴，将头一摇，望着乾隆头一伸，就叫了起来："汪，汪汪汪，汪！”

“好好，学得像，朕今儿玩得高兴！”

刘墉说道：“皇上，天已不早，咱们回去吧！”

乾隆说：“好，起驾回宫！”

君臣三人下了山，仍坐了一辆轿车，顺着石板路颠颠荡荡地回到城内。

第二天早朝，文武大臣朝见礼毕，和珅第一个出班奏本。

“和珅，你有何本奏，呈上来！”

“主子，奴才昨日陪主子游玉泉山，见西直门外‘御道’路面破损，送水车来往不便，这也关系到京城防卫大事，因此，这御道必须重修。所以奴才特来讨旨，就让奴才来负责修此御道！”

“启奏皇上，这修桥筑路之事应归工部管，和大人负责修御道，名不正，言不顺哪！”

“主子，刘大人所言知其一，不知其二。奴才负责京城防务，皇上你想，这段御道乃皇宫送水之道，修路时人千人万的，万一出了事谁来承担？奴才负责此御道之修建，不仅名正言顺，而且也是理所当然！”

“和爱卿所言也有理，朕准奏，此事就由你去办。你可先造个计划上来，待朕把银子给拨下来就可动工！”

“奴才遵旨！”

下了朝和珅回到府中心中乐滋滋的。和夫人迎了上来。

“老爷今日回来春风满面，有什么喜事？”

“夫人，你听我说，我陪主子去游玉泉山，见那御道年久失修，石条破旧，路面坑洼不平。我就奏了一本，说这御道当修，我请求修御道，没想主子还真的准奏了。只要这路一修，这银子不就会来了吗？”

“主子给银子修路，还能让你赚得银子？”

“我算了一下，一尺御道用石条铺成，连工带料八两多银子就够了。我按十两去算，从西直门到玉泉山是三十里路，共计用银四十五万两。主子让我造价，我每尺路面按二十五两去算，路长按三十五里去算，共用银一百三十一万二千五百两，仅此一个差数就是八十六万二千五百两！别的嘛，暂时就不说了！”

和夫人啪一下在和珅脸上吻了一口，亲亲地、甜甜地说：“到底还是老爷会扒银子，怪不得人家都夸老爷是个大能人！”

和珅也笑了，搂着和夫人的肩膀也朝着和夫人的嘴巴上亲了一口，说：“夫人，你就在府中等着收银子吧！”说罢，二人就钻入帷帐之中去了。

又是三六九日，乾隆皇帝端坐在宝座之上，群臣舞拜已毕。

“奴才有本奏。奴才奉主子之命，为修御道亲自跑到山上问了石头价。石头价比往前上涨了一倍，每尺路面用石料再加上工人工钱，要银子二十五两。从西直门到玉泉山约有三十五里，共计需银一百三十一万二千五百两。施工造价计划已制好，请主子亲过龙目！”

乾隆将计划略翻了一翻，说道：“用银一百三十一万二千五百两，可是个大数目呀！你要俭省着点用！”

“这个，当然，当然，奴才当然知道俭省着用银子！”

“知道就好，朕也就放心了！”

“主子，奴才准备在市上招工，谁个能为主子省的银子多，我就找谁干，主子觉着如何？”

“如此甚好，朕现在就为你划拨银两！”

“多谢主子！”

“皇上，修御道所用银子是否太多了？”

“刘爱卿不必再说了，朕心中有数就是了！”

“皇上既如此说了，为臣也就不再说了！”

“有本早奏，无本退朝！”

众大臣下了金殿来到朝房。

和珅一拱手，说道：“各位大人，我和珅奉旨修御道，哪位大人愿意带工修建哪？咱们有钱大家赚，有福大家享，怎么样？”

“和大人，我们哪有这个本事？这个财只有你去发吧，我们告辞了！”

和珅回到府中有意放出言语：“我和珅奉旨修御道，有钱大家挣。不论是谁，只要是混事的主儿，能挣钱，能舍得花大钱的，我就让谁带工干。我和珅也是脸朝外的主儿，谁为我办事，我也决不会让谁吃亏！”

这话说明了，就是谁给我和珅银子多，我就把这个银子让谁赚！

这几日，和珅就坐在府中，前来洽谈修御道的人走了来，来了走，总的不外是三种人：一种人是手中本钱少，三言两语就被和珅给轰走了的；一种是眼中看钱紧不舍得花银子的，和珅当然不会把这赚钱的差事交给他们；还有一种是舍得往和珅身上花银子，但多少不一的。

我们现在就来细说这类人与和珅的商谈。

在客厅里，一场金钱的争夺战正在进行着，来的人叫“银堆垛”，就是说他家的银子堆起来就像柴草垛一样大。

“和大人，在下听说你要找人包工修官道？”

“是呀，你老兄关心这干啥呀？”

“在下手头不丰，想找和大人讨几两买油盐的银子花花！”

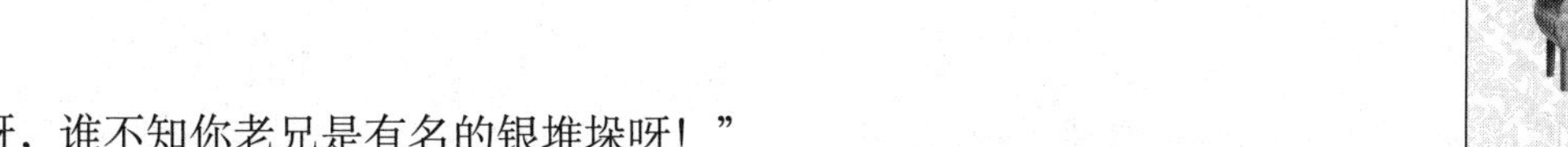

“哎呀，谁不知你老兄是有名的银堆垛呀！”

“我腰杆子再粗也比不上和大人一根汗毛呀！这修御道，我只要能揽下来，还愁不能弄一盅酒喝？”

“银堆垛，你当我和某会没有酒喝？”

“说笑话嘛！你就是天天吃猴头燕窝，吃个十辈八辈的也吃不完呀！”

“银堆垛，你可知为了能修这个御道，我费了多少口舌，花了多少银子？”和珅用两手比划着说道，“这个数！”

“和大人，你就别卖关子了，你向万岁讨个旨不就得了？那万岁爷还会要你的银子吗？整个天下都是他的，难道他还缺银子？别说了，和大人，你就是一两银子不花，能讨得这个旨，也是你和大人的能耐。我银堆垛丢不起这个脸！我不会让你吃亏的，你说要我给你多少？”

“老兄，你也别打绕绕圈了！这是三十五里长，北京西城的银老虎一尺路面给我二两，我还没给他呢。”

“和大人，一尺路面二两你没给他，给我不是正好吗？”

“什么正好？你正好？二两银子不给他，二两银子给你，我这恶亲戚恼朋友的，又图个什么？难道说我这头脑子有了毛病是不是？你至少要拿出这个数来！”

“多少？三两！我的和大人，那一尺十两的造价，我再孝敬您老三两，再除去工料，你让我喝西北风呀！”

“银堆垛，我实话跟你说吧，那一尺路面工料也就是六两多银子，你一尺得个两把银子，这三十五里路面，一三得三，三五一十五，五七三十五，你有五万多两银子，够你玩的啦，别人心不足了！干活的时候石头是死的，人可是活的呀！就这么定了，你要不干，我还有人！”

“和大人能不能再让一顿饭钱？”

“你银堆垛还能少了饭吃？一言为定！”

“好好！一言为定！”

银堆垛回到家里，在心里又过滤了一遍，买料时再划划价，工钱再扣压一点，头十万两银子还是能捞的！心中又骂了一句：“和珅这狗日的手也太长了！”

银堆垛又以每尺路面五两银子的价钱包给了他小姨子的婆家二母舅喝银虎，这银堆垛只是说说看看。

那和珅呢，只是在开工和竣工的时候陪着皇上去看了一次，然后就坐在家里只等着收银子。

开始修建西直门到玉泉山的御道了。三十里路，民工如蚁，运石的、挖石的、垫土的、和灰的，各司其职，路两边的小彩旗迎风招展，整个工地好不热闹。

刘墉、和珅陪着乾隆皇帝，边看边聊：“和大人，你讨旨修路，这可是积德

行善之举呀！”

“哪里哪里，多谢刘大人夸奖，说到底还是主子圣明！”

“怎么又把朕扯进去了？和爱卿讨旨修路也是一片好意嘛！哎，和爱卿，这民工的工钱是多少呀？”

“回主子，这事我是不经手的，全由总管工安排。反正奴才交代过了，皇上给的银子除去买石料，剩下的就都给民工工钱。”

“如此，甚合朕意！”

刘墉边走边看，边看边想，总觉得这修御道好像少了点什么，少什么呢？一时又想不起来。

刘墉回到府中对夫人说：“我看和珅包揽修建御道，这里面不实，他和珅非从中捞银子不可，我一定要让和珅全给我吐出来！”

“老爷，人家和珅又没惹着你，你多这事干什么？”

“没惹着我？比拿刀子砍我还厉害！你那妇人的眼睛如何看得出来？”

“就是你那男人的眼睛管用，别人的眼睛不管用！谁不知道你们两个是针尖儿对着麦芒儿！”

“夫人哪，我对着他干是为了大清国的百姓、天下；他对着我是为了他自己捞银子！你知道吗，夫人。”

“知道，知道！要不人家怎么都说老爷是个大忠臣、大清官哪！”

“多蒙夫人夸奖，为夫这厢有礼了！”刘墉一句京剧道白把个刘夫人逗得眉开眼笑，用手向刘墉额头上一指，道：“就你会耍好嘴。”没想这一指指得重了，刘墉后退，一不小心便仰坐在地上。刘夫人急忙去扶，刘墉就势倒在刘夫人夏儿怀中，两人不禁相对而笑。

过了一会儿，刘墉便把张成、刘安、王安、王英、赵虎、丁三六人叫来。这六人人人精明强干，个个能打能跳，要文能文，要武能武，可谓刘墉的贴身护卫、查案问狱的助手。

“老爷叫小的们来有何吩咐？”

“从明日起，府中只留丁三一人应差，你们五人都扮作百姓模样到西直门外修御道去。”

“老爷让我们去修御道？”

“是的，老爷我就是让你们去修御道。每天每人赏银半两，吃饭另加饭钱；丁三也是一样，只是不加饭钱。”

“多谢老爷有赏！”

“哎，我这每天半两银子你们可不是白拿的。从西直门到玉泉山这三十里御道，你们五人分开干活，每人管六里地段，将那御道如何施工、如何买料、民工

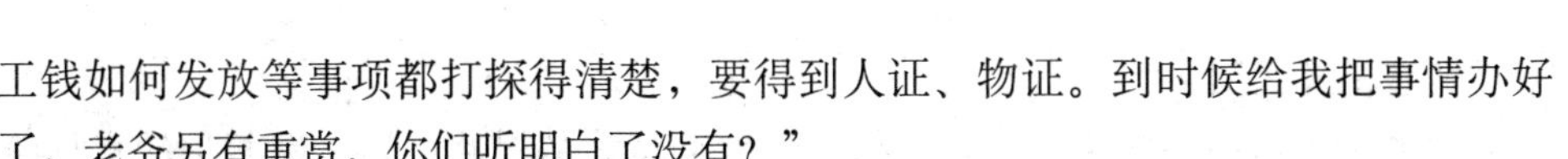

工钱如何发放等事项都打探得清楚，要得到人证、物证。到时候给我把事情办好了，老爷另有重赏，你们听明白了没有？”

“小的们明白了！”

“但你们都给我记着，不要露出你们的真实身份，对外要保密，如有泄漏，必加惩罚！各自速去准备，明天就去工地上工！”

张成、刘安、王安、王英、赵虎五人奉命来到工地，各自编了个谎便登记入册，干活领钱，与民工们一样天天日出而去，日落而归。

这五人毕竟不同于一般百姓，跟着刘墉办事这么多年，对于和人打交道自有一手，所以不到一日，他们就与工地上的大小头目打得火热。下至各工段的小监工，上到喝银虎和银堆垛，他们之间相互称兄道弟、猜拳行令，形同同胞手足，所以未到完工之时，其间瓜葛内情无不掌握得一清二楚，所需的人证、物证也都搜集得完完全全，修路的银两开支状况也探个水落石出，并回来向刘墉汇报得清清楚楚。

从开工到收工，两个半月，这条御道便修好了。乾隆皇帝听说后龙颜大喜，决定要去亲自看一看。乾隆皇帝这一说不要紧，更是忙坏了和珅与银堆垛、喝银虎。不用说，把路面打扫得干干净净。

西直门外热闹非凡，西直门上龙旗高挂，张灯结彩。那三十里御道，各色龙旗高挂。修路民工都在道路两边恭候皇上到来。整个御道干干净净、整整齐齐。

辰时刚过，乾隆皇帝率文武百官来到了西直门。只见西直门城门大开，前面是御林兵开道。只见那御林军英武雄壮，一样高的个头，一样盔甲，中间两队是弓箭手，两边两队持长枪。弓箭手，弓在手，箭上弦；长枪手，手拖长枪显威风。御林军后是鼓乐手，圣乐高奏。

乾隆皇帝在前，左边是刘墉，右边是和珅；再后是七王爷、八王爷、九王爷；再朝后是各品文武官员，前呼后拥；最后又是御林军后卫，拖拖拉拉也有二里多长，好不威风！

两边的人见皇上来了，山呼“万岁”，喊声如雷，人涌如潮。

“主子，奴才这御道修得怎么样啊？”

“不错，该奖，该奖！”

“皇上，和大人这御道修得满意否？”

“满意！满意！”

“哎哟！”

“和爱卿怎么啦？”

“我……这……这……唉！”

“皇上，皇上你看，和大人的脚陷到路洞里了！”

“这是怎么回事？”

“这……这……回主子，这是奴才让他们特修的过路水道，路两边的水从路面下水道中流过，这是他们那些民工没封结实！没封结实！”

“朕明白了！”

“皇上明白了就好！”

“朕明白什么了？”

“和大人这御道修得好呗！”

“哎哟，我这脚！”

“和大人，你那脚没有事，让郎中给弄弄就好了。皇上，你看这和大人走路不便，这御道修得都是这样，剩下的咱们……咱们还看吗？”

“不看了！回宫！”

“皇上英明！”

天还未到卯时，朝房里就聚集了许多文武官员。

为什么今日早朝百官来得这样早呢？大多数大臣都是来看看形势，凑凑热闹的，今日早朝不比寻常，因为大家都知道，和珅修御道有功，万岁要赏赐和珅；大家还都知道凭过去的经验，只要和珅受赏赐，刘墉必定有本奏，那和珅弄到最后都是偷鸡不成反要赔上一把米。而这一次，大家都看见了，这御道修得是不孬，皇上也满意，那刘墉又能上个什么本呢？所以大家都想看。

到现在，大家都到齐了，就是刘墉还没见个人影儿，大家都议论开了：“哎，今日到现在，怎么刘墉连个人影儿也不见？难道这次刘墉没有本奏了？”

“我看那御道修得不怎么样，走个人都能踩个大窟窿，你没听说，和大人的脚就陷进窟窿里去了。”

“只要刘大人不来奏本，那和大人的赏是领定了！”

“我看还不一定，凭刘墉那个精明劲，还能不知道？”

大家正在议论，景阳钟响了，大臣们都忙着上殿。此时乾隆皇帝端坐于宝座之上，群臣下跪，山呼舞拜。

“奴才和珅有本奏！”

“有何本奏，呈将朕看！”

“奴才奉主子之命修建御道，主子已经查看过，如今已经全部竣工，下一步还请主子吩咐！”

乾隆一听，心中明白，既是工程已全面竣工，还吩咐什么？分明是向我讨赏来了。向下一看，刘墉未来上朝。哎，不对呀，刘墉既不来上朝，为何又不向朕告假？刘墉是有名的刘三本，这一次刘墉为什么会这么行善，不来找碴？好！趁

着刘墉未来，我就先赏你一万两银子吧!

“和爱卿，你修建御道有功劳，既已全部竣工，朕也就没有什么要吩咐的了，朕就先赏……”

乾隆皇帝的“赏”字还未说完，传事官急忙来报：“刘墉有要事面奏万岁，现在殿外候旨！”

“刘墉他来得正巧，快宣！”

其实，乾隆皇帝的这句话是心不在焉，随口而说的。

为什么？因为乾隆皇帝也知道，刘墉与和珅是针锋相对，每次和珅受赏，刘墉总是要跟着胡捣弄。

正想着就这一次和珅受赏刘墉未跟着捣弄，这“赏”字还没说完，刘墉却有要事见我。这早不见，晚不见，偏这时求见，真是巧啊！所以，乾隆皇帝才随口说出“刘墉他来得正巧，快宣”的话来。

刘墉进得金殿，双膝跪地，高声道：“臣刘墉叩见吾皇万岁，万岁，万万岁！”

文武大臣一见刘墉都忍不住捂着嘴笑，但均不敢出声，因为那是在上朝呀，哪个敢笑?

乾隆皇帝也乐了，笑得差点儿从宝座上掉下来，但马上又放下脸来，因为要保持君主尊严哪!

只见刘墉跪在地上，两只朝靴反穿着，那两只朝靴的靴尖子就像两座小山尖子，直挺挺地立着；那上衣褂子也反穿着，扣子扣在脊背上；帽子也反戴着，那原在脑后的花翎现在长在额头上，直指着地下。

乾隆皇帝强忍着笑，又拿出过去的威严，重声慢语，用手一指：“刘墉！竟然反穿朝服，如此荒唐！成何体统？”

那和珅眼看皇上的赏赐要拿到手，又被刘墉早不来，晚不来，如此一搅和，又黄了，心里正难受着哪，见乾隆斥责刘墉，认为有机可乘，便来了个火上浇油：“奴才启奏主子，金殿朝见乃严肃郑重之事，而今刘墉反穿朝服，如此荒唐可笑，视朝觐如儿戏，分明是戏弄主子，当治以戏主欺君之罪！”

这次刘墉反穿朝服又有什么名堂呢?

【第十三回】

裘子辉山途遇虎，飞毛腿禁城刺龙

和珅修完御道正邀功请赏之时，刘墉反穿着朝服，反穿靴子，反戴帽子，来到朝堂上有话说道："皇上，我反穿朝服和大人就要治我戏上欺君之罪，那和珅和大人修建西直门御道把石条儿翻个儿以劣充优、以假充真是不是也该治戏上欺君之罪？"

"什么石条翻个儿？朕不知道！"

"皇上，那西直门到玉泉山的御道都是用长石条儿铺成的，你知道不知道？"

"朕知道！"

"那和珅和大人把那旧石条儿反转过来，把那烂的一面朝下，底下的那一面放在上面，以劣充好，这就叫石条儿翻个儿！"

"主子，奴才冤枉，刘墉他是一派胡言！"

"和大人，我一派胡言，你我陪着皇上查看御道，你的一只脚陷在了路面大窟窿里，这不是一派胡言吧？皇上，修御道你拨了多少银子？"

"朕按造价计划拨了白银一百三十一万二千五百两！"

"好哇！启奏皇上，臣有本奏！"

"有何本奏，呈上来！"

"和珅修建御道，贪污大批银两！"

"贪污大批银两？"

"正是！臣已查明，西直门到玉泉山共三十里不足，而和珅却以三十五里长度计算，以路面每尺造价二十五两，共计一百三十一万两千五百两。和珅又以每尺路面用银十两的价格包给了银堆垛去修建，银堆垛共用银四十五万两，其中和珅从中得银八十六万二千五百两。和珅又从银堆垛那里以每尺路面三两银子的标准索取白银十三万五千两，共计得银九十九万七千五百两。而银堆垛又以路面每尺五两的标准转包给他小姨子的婆家二母舅喝银虎。喝银虎共得银二十二万五千

两，银堆垛从中得银九万两。因修路是用旧代新，所买新石条甚少，民工工银每一个工给银三钱，实际上每尺路面仅合二两银子，喝银虎从中得银十三万五千两。实际上用于修御道的银子只是九万两，只占总数的百分之六点九。皇上，修一条御道，你拨银一百三十一万二千五百两，实际用在路上的工料才是九万两，那一百二十二万二千五百两银子全都落入了私人的腰包！皇上，是我反穿朝服的罪大呢，还是和石条儿翻个儿罪大呢？这两个罪该怎么治，还是由皇上圣裁吧！这里臣还有人证、物证，请皇上亲过龙目！”

刘墉这一席话说得又软又硬、又脆又辣，直把乾隆皇帝气得脸色由白变黄，由黄变青。

和珅站在那里也不敢插话，只是一个劲儿地把汗擦。

乾隆皇帝直气得半天才说：“和珅！你该当何罪？”

“奴才死罪！奴才死罪！”

“你死了就拉倒了吗？看来你是要钱不要命！来人，把他拉出去正法！”

殿前武士如狼似虎地上前，就如饿鹰捉小鸡一般把和珅拎起就要出金殿。这一切都是大臣们料想不到的。皇上要动手杀自己的亲家，大臣们一时都惊呆了，全没了主意。

到底还是刘墉思想转得快。他也知道皇上是在气头上，说把和珅杀掉也有可能，一旦皇上回过味来，吃了后悔药，必然要来找自己的麻烦。再者，让和珅吃了一刀，那和珅贪污的银子又如何弄回来？倒不如再做一个人情。

“皇上息怒，皇上息怒！臣刘墉还有本奏！”

“还有何本奏？”

“皇上，和大人虽说贪污银两，可他也毕竟是跟着皇上鞍前马后辛苦多年，没有功劳，也有苦劳。再者，对于和大人这样的朝廷重臣，处置也应慎重，不能操之过急。臣与和大人同朝为官多年，也不忍心和大人因我一言而丧命。臣以为可让和大人戴罪立功，将其所贪银两全部倒回，按工料实价拨银十万两，让其限期把御道重新修建。既修好了御道，又保全了朝廷重臣，岂不是两全其美？请皇上圣裁！”

刘墉这一席话到真的又把乾隆的火气给消了下去。乾隆一想，刘墉这话说得也不错，真杀了和珅，自己里里外外也不好交代，于是便顺顺当当地就着刘墉的这个坡下了驴来。

“朕准奏！和珅，就依刘爱卿所言，由你戴罪立功，追回所贪的一百二十二万二千五百两银子，上交国库，朕拨你十万两，把御道重新修建！”

“奴才谢主子不杀之恩，一定谨遵圣命，把御道修好！”

“臣刘墉还有本奏。”

"还有何本奏？"

"和大人死罪虽免，活罪难饶。为不使群臣效尤，和珅贪污受贿之罪，必当惩治，还由皇上圣裁！"

"准奏，那就将和珅官降一品，罚俸禄一年！"

"谢主隆恩！吾皇万岁，万岁，万万岁！"

"启奏皇上，臣刘墉还有一本！"

"奏上来！"

"皇上，据微臣所知，当今吏风不正，为官贪污者甚多，为保我大清基业万世永固，皇上当再下一道圣旨，遍布全国各地，惩办贪官污吏，对再有犯科贪赃者，严惩不贷！"

"好！此言甚是，朕准奏。朕将下旨于天下，大刹贪污之风！"

"此乃我大清万民之幸也，谢主隆恩，吾皇万岁，万岁，万万岁！"

众臣下得金殿来到朝房。和珅走到刘墉身边双手抱拳，连连施礼："刘大人，多谢你在皇上面前多进美言，使下官免遭杀头之罪，我和珅是一定要加倍报答于你的！"

"和大人，这也是本官应尽之事，都是为了大清江山万年永固，何必言谢？"

此时刘墉看了和珅一眼，不禁倒吸一口凉气，心中不由得打了一个寒战。为什么？因为从和珅的那双眼里看到了一股杀气！

刘墉回到府中，用香汤净身，独居书房，不许任何人打搅。刘墉点上一对大蜡烛，焚上香，两杯酒，一杯敬天，一杯敬地，夜观天象，闭目沉思，不觉内心诸事明了。

和珅回到府中，坐在太师椅上双目紧闭，肚子一鼓一鼓的，嘴中的气一口一口地往外吹，把个胡子吹得一翘一翘的。和夫人见和珅那个模样，觉得好笑，便说："老爷，你看你那个洋相，就是皇上赏给你的银子再多，也不该来家装毛猴子吓唬人呀！"

"赏！赏个屁！"和珅气得一下子从太师椅上蹦下来，"气死我也！气死我也！"

"老爷气得这样，那是为啥？"

和珅把上朝之事说了一遍。这个气我早晚要出！刘墉啊刘墉，你不让我好生过，我也不让你好活着，咱就骑驴看唱本——走着瞧！

"哎哟，我说老爷，我还当是什么天大的事咪，不就是那几十万两银子吗？为这些烂银子气坏了老爷，我还心疼呢！生这个气，不值得，不值得，老爷你就是一个造银子的机器，有了老爷，就会有银子。我说老爷呀，你还是宰相肚里能撑船哩，怎么就跟老娘儿们一样？别气别气！我给你沏壶茶喝，消消气！"

和夫人把茶端来。和珅接茶呷了一口，说道："夫人，那罗锅子太可恶了！"

"老爷，咱这里失了银子就不会从别的地方捞回来？咱在东边斗不过罗锅子，咱不会从西边斗？亏你还是个老爷！"

"对呀！夫人说得对呀！我还要从长计议！再过几日就是我四十六岁生日，我们就庆个整寿，来个五十大寿吧！到时候我还要宴请刘墉！我就要办得风风光光，让刘墉看看，让他知道我和珅有的是银子，我和珅瘦死的骆驼比马大！"

"对！老爷，咱就这么办！"

和珅一方面安排重修御道，一方面张罗五十大寿庆典，一时间，和府上下是忙成一片。整个和府整修一新，华丽富贵，金碧辉煌。朝中官员且不说，只是北京地方官吏，哪一个不知道和珅是权势惊人。谁不知道他与当今皇上是亲家，想拍马屁都拍不上，如今机会来了，谁个不积极上前。但只有刘墉不向前，装作不知。而和珅还非得要刘墉到场，所以，和珅特备请帖让人去请。那请帖是这样写的：

请　柬

恭请刘墉大人台鉴：

兹因本年十一月初十为在下贱长五十年生辰之日，承蒙同僚及亲友错爱，定于是日共贺之，因而略备水酒，特请大人屈驾光临寒舍一聚，以报昔日救助之恩，敬请大人届时光临。

和珅恭候

乾隆六十年十一月初十日

刘墉接到请柬一看，说道："如此，届时我还真的要去了，不然，和珅又说我不给他留面子！"

刘墉夫人夏儿也说道："老爷还要多长个心眼儿，见机行事！"

"那是当然！夫人所言极是！"

十一月初十，天气晴朗，万里无云。和府大门红墙黄瓦，廊檐之下一对石狮子把门。那石狮子直雕得如同真的一般，张牙舞爪，栩栩如生。两扇大门金钉打就，铜衣裹身，大门上"和府"金匾高高挂，大红灯笼两边悬。进了大门，走道两边，绿树叶茂，修竹叶翠，四对铜鹤长颈曲仰。正堂之上，金水写就的大"寿"字高悬，中放太师椅，前置八仙方桌。香炉中香点燃，烟雾缭绕。一对大宫烛，烛上写有金字寿联：

福似东海长流水，

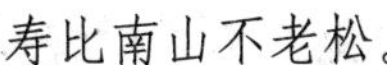
寿比南山不老松。

庆寿的人实在是不少，和府内外到处都是那庆寿的礼物，多得无处放。整个天井院到处放的都是金银珠宝，人们齐齐站定，对着和珅施礼祝贺。

“刘墉刘大人驾到！寿礼玉制鲜桃一对！”

“恭贺和大人五十寿辰，刘墉来迟，万望和大人恕罪！”

“有劳刘大人屈驾光临，和珅实不敢当！”

“刘墉尚有杂事缠身，先行告辞！”

“刘大人暂且留步，下官还有事相求！”

“不知和大人有何事吩咐？”

“一则是刘大人上次在金殿上良言相助，使本官不获杀头之罪，当献上一杯薄酒表示谢意！”

“区区小事，不足挂齿！”

“二来是本官至今想取一个号，尚未得到，刘大人才高八斗，就请赐个号吧！”

“哎呀，取个号呀，这很难如大人之愿啊！”

“刘大人，没关系的。你看，我姓和，名珅，字致斋，你就给配个号吧！”

该给和珅取个什么号呢？刘墉也未曾想到和珅要他给起个号。他抬头一看，只见一对蜡烛上的寿联分别烧去了三个字，变成了“海长流水”、“山不老松”，便心中有数。

“那和大人的号就叫海山吧！就取福如海水、寿如山松之意，如何？”

“甚好！多谢刘大人赐号！”

“不必客气，本官告辞！”

“刘大人走好，恕不远送！”

庆寿的人都走了，和珅便想，所取之号是何意呢？他来到烛台前面一看，全明白了：上写“福如东海长流水”、“寿比南山不老松”的蜡烛烧得只剩下“海长流水”、“山不老松”八字，那不是“蜡头儿”吗？这刘墉到底是才高呀！

此时，和喜来到和珅面前悄声说道：“老爷，宫中来人要见老爷！”和珅便说：“让他在书房里相见，我马上就到！”

和珅进了书房，一名小厮相见。

“小的给和大人请安！”

“免了！找本官有何事？”

“永璘皇子有书信在此，请大人过目！”

和珅将书信拆开看时却是一行字：“父皇近日要禅让皇位”。

和珅将信撕掉后，便道：“但愿苍天助我！”

山东济南府济南城南十五里有一个村子叫王家堂子村。王家堂子村有一位老太太叫杨氏，五十来岁，丈夫姓王，名叫王老忠。老两口只有一个女儿，叫王翠娥。王翠娥五岁那年，王老忠一场大病归了天，所以这王翠娥就由杨氏老太太抚养成人。如今这王翠娥已长到十七八岁，只生得秀眉俊目杨柳身段，如同出水芙蓉一般。这翠娥不单模样长得俊俏，心眼儿好，又特别懂礼，左邻右舍没有不夸奖的。

这一日，杨氏老太太赶集去了，只有翠娥一人留在家中。她遵照母亲的吩咐，把几件衣服拿出来晒晒，把几个小鸡儿弄出来放放。天刚过午，就见天边涌起一块乌云，随之，一阵凉风也刮了起来。王翠娥想到天快要下雨，便连忙将小鸡儿逮进屋里，又忙将衣服收进屋里，这雨便下了起来。

有一位学子写了一篇文章，单说这一场大雨：

六月天，孩儿面，说变就变。刚才是晴空万里艳阳高照，转眼间，昏天黑地乌云卷。昏天黑地，行走对面人不见，千年老猿能迷路；乌云卷，恰似黑色棉絮堆成山，千缸墨汁把天染。阵阵狂风平地过，古树折断乱石转，先是雨天铜钱大，后是倾盆大雨不分点，一阵风来一阵雨，一阵雨过一阵风，雨借风势，风助雨威，就好比天上银河决了堤，又好似汪洋东海翻了底，遍地洋洋皆水流，大街之上把船行，千载不遇一场雨，行路的八仙也难行。

王翠娥急忙把门窗关好，任凭那雨尽情地落去下。

过了一时，王翠娥听得门外有动静，打开门一看，只见一位老人头戴破草帽，身穿烂衣，全身湿透，被雨淋得像落汤鸡似的。王翠娥见状，连忙说："老大爷，你看你淋得全身都湿透了，快进屋里避雨吧。"

王翠娥把刘墉扶到屋内，又把过去他爹的几件单衣拿出来让刘墉换上，便坐下来说话。

"姑娘，怎么就你一人在家？"

"俺娘赶集去了。"

"你爹呢？"

"在我五岁时，俺爹得病死了。"

"哎呀，怪我不该问。"

"没有什么。哎呀，老大爷，你饿了吧？我去给你弄点吃的。"

"也好，老汉确是有些饿了。"

翠娥拿了两个黑窝头。刘墉正在饥饿之中也没推辞，不一时便将两个窝头都吃下肚。

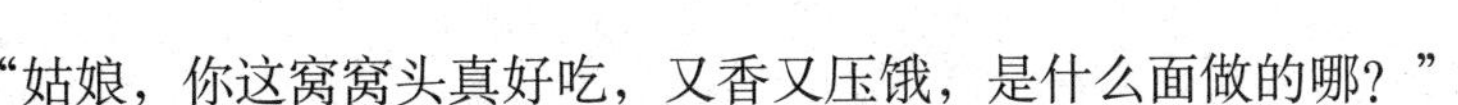

“姑娘，你这窝窝头真好吃，又香又压饿，是什么面做的哪？”

“老大爷，你真会说笑话。这年头哪有什么面吃呀？那是草种子加上树皮磨成的粉。”

“草种子、树皮？草种子、树皮也能吃呀？”

“还有的连草种子也吃不上呢！”

“这里的百姓就是这么苦吗？”

“这里的百姓？大爷，你不是本地人？”

“我是远路的，我来找老朋友的。”

“大爷你不是老百姓？”

“我不是老百姓吗？”

“你像是当官的！”

“我怎么像当官的？”

“我看你走路、坐、喝茶都像当官的。”

“姑娘，真聪明，当官的有什么不好？”

“当清官，像刘墉那样为老百姓办事的就好，像和珅那样的贪官就不好。”

“你见过刘墉吗？”

“没见过。他在北京当大官，我哪能见他呢？”

“好姑娘，很有见识的嘛！唉，想我老汉一辈子无儿无女，我要是能有你这么个女儿就好了！”

“大爷，我从小就没有爹，老大爷要是不嫌弃……我……我是情愿做你的干女儿……”

“姑娘当真要做我的干女儿？”

“当真愿意……”

“好好，老汉就收下你这个干女儿！”

“干爹！”

“女儿！哈哈哈……”

“爹，我还没问家在哪住呢？”

“孩子，爹也是咱这山东人，不过，爹现在在北京做生意，那里有咱的宅院。今天爹没有什么送给你，以后爹一定送给你好东西！”

“女儿不图金，不爱银，只求人间亲情在！”

“哈哈哈……好一个‘只求人间亲情在’，还是我女儿见识高！”

这父女两个正在闲话，外面早又是雨过天晴。杨氏老太太赶集回家，一进家门见女儿与刘墉正说得亲热。

“娘，赶集回来了？”

"老人家……赶集回来了？"

"回来啦，翠娥，这是……"

"老人家，老汉探友路过此地，天降大雨，就到贵处避雨来啦！"

"娘，这是我干爹……"

"怎么？娘半天没在家，你就认了个干爹？"

"老人家，都是老汉的不是！我在檐下避雨，你女儿见老汉衣衫湿透，就让我进屋避雨，并给我换了件干衣服。我见你女儿很是仁义，就多了一句嘴，你女儿就认了我做干爹，老汉也就收了她为义女。老人家若是不同意，老汉就权当是一句戏言！"

杨氏老太太见刘墉举止也不似凡人，便道："既是女儿已经认下，这大概也许就是缘分！"

"如此，多谢老人家！"

"不用谢！我女儿能做你的义女，大概也是她命中的福分！"

"老汉哪有什么福分哟！"

"你不用说了，只是你府上名讳？"

"老汉叫刘三秀，山东诸城人，现在北京做点生意。"

"不用说了，你那生意我们老百姓可不会做呀！"

"老人家，不要取笑，老汉可就是老百姓呀！"刘墉说罢，哈哈大笑。

"翠娥，快把那只老母鸡杀了招待你义父！"

"使不得使不得，留着它下个蛋吧！刚才女儿已经给了我最好的饭菜！"

"那都是草种子、树皮！"

"咱这里的百姓能吃这个，我老汉也就能吃，在京城里想吃还吃不上哩！"

晚上，这三口人喝的是野菜汤。

第二日，刘墉告辞要走了。临走，刘墉再三叮咛："女儿，今年十一月十八日，是老汉六十大寿，到时女儿一定要去给我拜寿。义父就要你昨日给我吃的黑窝窝头，记住，就是黑窝头，别的我一律不收！记下没有？"

"女儿记下了！"

刘墉就用小木棍在她家正墙上刻画了"北京东四牌楼礼士胡同"十个大字。

"女儿，把这地址记熟了，北京东四牌楼礼士胡同刘家，到时义父就专等着吃你的黑窝头！切记切记！老人家，到时我再回来看你！"

说罢作揖而别。

杨氏老太太那一日赶集也被雨淋了一下，又忙着赶路，不觉也受了风寒，从此便染起病来。这一日，杨氏老太太觉得身体沉重，便让翠娥到集上去抓点小药吃吃。

翠娥吃了早饭便急急忙忙向集上赶来，其间要过一条河。王翠娥刚到河边，就见河中渡船上坐着几个贼眉贼眼的年轻人。翠娥还没上船，那船上就发话了：“哎哎，你看看，你看看！来了个仙女！来了个仙女！”

“怎么样？小兄弟要是中意，我就把这仙女说给你做媳妇！怎么样？嘿嘿！”

“我不要，留着给你当娘吧！”

“好嘞！小娘子，快坐到我这儿来！”

为了躲避事端，王翠娥到船后舱坐着。

“这个妞倒满正经儿的！”

“不错，蛮正经，不知心里可正经？”

“喂，船家！稍慢，我要过河！”

王翠娥转头看时，见是一个年轻书生身背行囊也上了船。

船到河心，船家照例停船收渡河钱。王翠娥手向口袋里一摸，心想：坏了，过河钱放在那件衣服里了，换衣服未拿来。

“哎呀，船公大哥，我娘病了，我是去集上给我娘抓药的，可过河钱叫我放在那件衣服口袋里了，等我回来再给过河钱，好吗？”

“没有钱，过什么河呀？”

“就是呀，没有钱过什么河呀？”

“人没有钱，有小脸蛋儿也行呀！”

“你说你没有钱，大概是想攒私房钱给小女婿留着吧！”

“船家，这位姑娘的过河钱我替她给了！”那书生说罢便打开包袱，取出钱来交给船家。

“这位公子是大好人！”

“大概是看上了这好脸蛋了吧！”

船到对岸大家便下了船。

王翠娥紧走几步追上了书生，便说：“这位大哥，多谢你帮忙，请问大哥你高姓大名？”

“区区小事，不值一提，就不必问姓名了吧！”

“这位大哥，前面的树林是个凶险之处。刚才大哥打开包袱时，银两露了相，你最好与人结伴而行，不要独自进林。”

“多谢大姐提醒，大白天想来无妨！”

“大哥万望小心才是！”

“多谢关照！”

这书生姓裘，名子辉，刑部尚书裘正义便是其叔父。裘子辉心想，这姑娘虽说是女流，倒也有几分侠肝义胆，自己乃堂堂男子，若不敢进林，岂不被人耻

笑？于是便进得树林而来，果见树林里甚是凶险，便有些后悔未听那女子的话。转而又想，既已进林，岂有回去之理？便继续前行。

裘子辉行到树林深处，正前行之间，忽从树林里蹿出四五个蒙面之人，手持棍棒，也不搭话，上前便来抢夺裘子辉的包袱。裘子辉想要争夺，哪里是他们的对手，早被打得头破血流，倒在地上。这时忽听得远处有人来，蒙面人便一哄而散，不知去向。

王翠娥与裘子辉分别之后，走了几十步远，老是放心不下，想道：这位公子是为我而银两露相，那几个歹人必于树林中拦截，若是公子路有不测，自己岂不犯下大过？再者，如此处事也是不义。于是便央求七八个人跟进树林来，只见裘子辉被打得头破血流，倒在地上，王翠娥便将裘子辉抬回家中。

杨老太太见翠娥抬回一个人来，大吃一惊，王翠娥便把事情前后说了一遍。杨氏老太太道："理应如此，理应如此！"

这母女俩便将裘子辉的血衣换下，将伤处擦洗干净，又用草药抹好，然后包好。母女俩忙了好一阵子，才松了一口气。老太太说："没有事了！好歹是皮肉伤，调养些日，就会好了！"

"多谢大姐与伯母相救之恩！"

"话别这么说，你也是为了我女儿才遭此横祸，敢问公子高姓台府？"

"小生姓裘，名子辉，诸城人氏，本是要前往京城应试的，不想受祸。在此有劳伯母、大姐！"

"裘公子别这样说，公子如不嫌弃，就在此处住下养伤。公子光顾草堂，这也是一段缘分！"

"如此，小生就恭敬不如从命了！"

"翠娥，快把那只老母鸡杀了，给裘公子补补虚。我这农家小户的，只好委屈裘公子了！"

"能得伯母、大姐垂爱，小生三生有幸！"

裘公子从衣袋里摸出一两银子，说："这是强盗未抢走的一两银子，求大姐拿去给我买上文房四宝，然后再买点米来！"

"哎呀，使不得，使不得！用裘公子的银两，甚是不便！"

"伯母，休得如此，休得如此！大姐快去便是！待我把书信寄回家，家中自会把银两送来！"

王翠娥不一时便把文房四宝买来。裘子辉不一时便把家书写好，由杨氏老太太央人去送信。

那杨氏老太太所得伤寒杂病未得及时治疗，病情加重。裘子辉伤势大体已好，便与翠娥一起侍奉杨氏老太太。杨氏老太太见裘子辉与王翠娥年龄相当，相

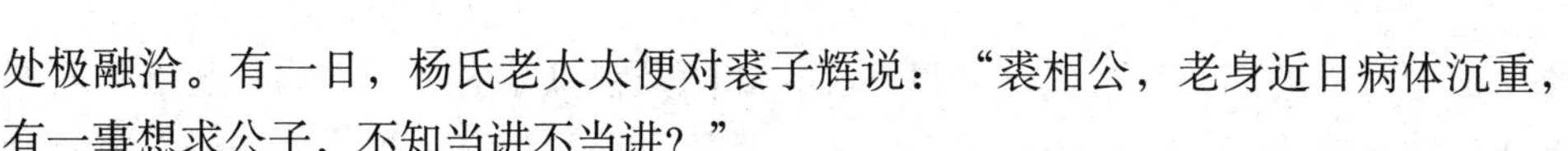

处极融洽。有一日，杨氏老太太便对裘子辉说：“裘相公，老身近日病体沉重，有一事想求公子，不知当讲不当讲？”

“伯母有话，但说无妨！”

“老身膝下只有翠娥一女，我死之后便无处安身。公子若不嫌弃，我就将翠娥拜托给公子，服侍公子，不知公子尊意如何？”

“伯母，小生能得大姐爱怜，实乃三生有幸，只是太委屈大姐了！”

“我女儿自愿服侍公子！”

“如此小生就多谢了，只是小生还要进京赶考，未曾禀报高堂，眼下不能完婚！”

“公子若不嫌弃，眼下且把婚事订下即可，待公子高中之后再来完婚，你看如何呢？”

“一切但凭伯母安排！”

“此事就如此定了！”

“如此，岳母在上，且受小生一拜！”

裘子辉对着杨氏老太太拜了三拜，说道：“岳母大人在上，且受小婿一拜。今日与翠娥成婚，日后必善待于她，小生日后若负翠娥，必天打雷劈！”

王翠娥此时也不顾老母在前，一把抱住裘子辉说：“小冤家，哪一个让你赌这样的咒！”

说罢，裘子辉又与王翠娥一起对杨氏老太太磕了三个响头。

此时，前往诸城送信的人已经返回，裘家又派人一起送来银两。裘子辉便将婚姻之事写信详禀父母，裘家父母自然欢喜不尽，此是后来之事。

又过了几日，眼见大比之期渐近，裘子辉便与王翠娥母女挥泪而别。

裘子辉辞别了王翠娥母女，一路上披星戴月，日夜兼程，不觉渐渐来到河北地界。

这河北地界，不是平原之地，却是高山无数，峻岭难数，到处是高山，到处是险峰，到处是深谷，到处悬崖绝壁。山上古树参天，深草覆地，山猿哀啼，豺狼高吼。正是：山川之间人迹少，唯有豺狼虎豹多。

裘子辉走在山间小路之上，见此光景，虽说不怕，却也心惊胆战。正行走之间，山中突然刮起一阵狂风。这阵风好猛好大，只见得：狂风起处天地暗，狂风过处千树折；乱石满山遍地走，河底游鱼天上飞；山中千年老猿路途迷，豺狼狮豹绝踪迹；村庄房舍无全瓦，打场石磙上树丫；莫说行人不见影，就是神仙心也惊。

裘子辉直被这狂风吹得晕头转向，倒在一块大石之下才没被吹下山崖。这阵狂风过后，就从那边树丛中跳出一只斑斓猛虎来。只见那只猛虎口似血盆，牙如利剑，双目如电，四腿如柱，尾似钢鞭，一声吼叫，直震得树上的叶子纷纷下

落，口中呼出的那一股热气，又腥又骚，如同开锅掀笼的热气一般。裘子辉此时直吓得四肢麻木，一点也动弹不得。裘子辉只见那猛虎将前爪往下一按，纵身一跳，就在十丈开外的半空里向自己扑来！裘子辉只吓得魂飞魄散，身朝后一仰，便不省人事。

就在这千钧一发之际，就听远处嗖的一声，一支箭射将过来，不高不矮，不偏不斜，正好射中那猛虎右眼。那猛虎右眼中箭，疼痛难忍，身体失去了平衡，只听砰的一声，一头碰在裘子辉身后的大石之上，直碰得脑浆迸裂，落在裘子辉身旁，在地上四腿伸了两伸，便呜呼哀哉了。

射这一箭的不是别人，却是一名女子。这女子走到猛虎身边，用脚踢了它一下，说："你这畜生，到底逃不脱我的飞箭！"

只见这女子紧身束腰，绿裤白衫，外披大红风衣，脚蹬短靴，只生得细眉如柳，双腮如桃，碎齿如玉，甚是威武俊俏，颇有巾帼大将风度。

此女姓李，名翠英。李翠英生于一个望族之家，据其家谱所载，李家传说为汉将李广的后裔，祖祖辈辈都是挥刀舞枪、使棍弄棒。到了李翠英的父辈，虽不曾从军为将，却也门第赫然，家资殷实，习武之风仍是继延不绝，因此，李翠英兄妹几个人无不精习武功。

自从这山中来了这只斑斓猛虎，屡伤人畜，官府让猎户捕捉，却屡屡不果，因此，这李家自然也就担起了捕杀猛虎之责。所以，李翠英无事便带着众丫鬟满山转悠，一方面游玩散步，一方面伺机捕虎。

这一日，说来也巧，李翠英带领众丫鬟刚来到山冈之上，就见一阵狂风从山中而起，就知猛虎将至。李翠英连忙拉弓搭箭，就见那猛虎已跳将起来向下扑来，正与李翠英对面。说时迟，那时快，李翠英屏息闭气，瞄准老虎右眼，一箭射去，正中目标。

李翠英见老虎旁还睡个书生，人事不省，便命丫鬟将裘子辉抬下山去。

到了家中，李翠英命丫鬟将书生放下，又找了个郎中用银针扎了几个穴位，裘子辉方才醒了过来，口中连呼道："吓死我也！"

裘子辉睁开双眼，见李翠英与众丫鬟围在四周，便道："这是什么地方？我怎么会在这里？"

一丫鬟说道："这是李家宅子，是我家小姐救了你的命！"

"如此，多谢小姐的救命之恩！"裘子辉对李翠英深深地施了一礼，正好与李翠英照了一个对面。也就在此时，李翠英才真正地、正式地看了裘子辉的面容。啊呀！李翠英只觉得眼前一亮，心中一热，觉得心中似乎有一种说不出的东西在涌动、在翻腾、在升华。裘子辉的那眉梢、那眼角儿、那嘴边儿，还有那疏密相宜的胡子；裘子辉那动人心魄的眼神、那让人心醉的声音，这一切，使李翠

英愣了神。丫鬟用手推了一下，小声说："小姐，人家在谢你呢！"李翠英才忙说："不！不用谢！哪个要你谢哟！"

裘子辉此时也看清了李翠英，她是那么美、那么俊！他只觉得自己心里热乎乎的，但只是一瞬间，很快又消失了，一种救命之恩的感激之情却仍是有增无减，在那感情的河水里，已然是波汹浪翻……

此时李家员外李士龙及夫人周氏、李翠英的兄长李龙闻讯也都来看望裘子辉。裘子辉连忙施礼："晚生拜见伯父、伯母。晚生幸得令爱相救，方才得虎口逃生，此救命之恩晚生终生难报！"

"遇难呈祥，逢凶化吉，这也是公子的命运造化，小女杀虎救人也是本分之事，些许小事不必挂齿！"

"古人云，'滴水之恩，当以涌泉相报'，今小姐救命之恩未能答报，内心惭愧，岂敢忘恩而负义乎？"

"公子不必常挂于心，请问公子高姓台府，因何而至此？"

"有劳大伯垂问。晚生姓裘，名子辉，山东诸城县人氏。因今年乃大比之年，故晚生赴京应试，得遇恩人全家，晚生三生有幸！"

"公子既是应试，好在这里已离京城不远，再者大比之日尚早，且裘公子身体不适，如不嫌弃就在舍下调养几日！"

"如此连续打扰，晚生内心不安！"

"就请裘公子委屈一下吧！"

"如此，晚生便从命了！"

李翠英见裘子辉答应留下来，脸上露出喜悦的笑容，朝着裘子辉嫣然一笑。

李员外和夫人回到后房，李员外喝了一杯茶便与夫人聊开了话题：

"我看这裘公子日后必是大富大贵之人，夫人你说呢？"

"你说得对，要不然咱那丫头能对他有意呢？"

"什么？你说咱女儿对裘公子有意？我怎么不知道呀！"

"我说你那眼呀都是猪眼，你看别的事管用，可看这情爱之事，你可就是有眼无珠了！"

"依夫人之见呢？"

"依我说呀，这也是千里姻缘，自然难得！员外之见呢？"

"夫人说怎么办就怎么办！"

"那好，你就等着抱外孙子吧！"

"你别高兴得太早了，还得看人家可愿意呢，现在八字还没写成一撇呢！"

有一日，裘子辉正在书房读书，丫鬟红春来到裘子辉面前拿出一张纸交给了裘子辉。

“裘公子，我想求你办一件事行吗？”

“要我办什么事？尽管吩咐，小生自愿献力，何必说一个‘求’字？”

“我家小姐写了一首诗，想请裘公子给指点一下，不知行吗？”

“指教不敢当，小姐的诗小生自要拜读！”

“裘公子请看！”

裘子辉取过纸来一看，但见字体秀丽，书写工整，四句诗写的是：

林中一鸟名彩凤，笑啼三声迎飞凰。
梦中蓝天同比翼，醒来还忆鸟成双。

裘子辉一看便明白其中含义，心想，我已与王翠娥结为夫妻，又岂能再招蜂引蝶？于是便来个假装糊涂。

“小姐的诗写得好，字也好，小生拜读了，现也写一首诗奉还吧！”于是铺纸提笔，一挥而就：

小生有幸读华章，诗情才气惊煞人。
可惜小姐误投诗，小生不是弄诗人。

小丫鬟红春接过诗稿说了一声“多谢裘公子”，便急忙回去把诗交给了小姐。李翠英一看，心中想道：怎么，他这是装糊涂啊！不行，我非要把这个糊涂人唤醒不行！

第二日，裘子辉正在花园中散步，听得背后有脚步声，转脸一看却是红春陪着李翠英来了。裘子辉连忙施礼。

“小姐，小生这里有礼了！”

“哎呀，昨日承蒙公子写诗赐教，俺还没有致谢呢，这里俺也有礼了！裘公子，昨日我那诗诗意可好？”

“小生早已拜读了小姐的诗，只可惜小生不是弄诗之人，难知其中之妙呀！”

“裘公子乃饱读诗书之人，岂有不弄诗之理？俺还有诗要求教——”说罢将诗稿让红春递了过来，只见上面写着四句诗：

天帝七女离天阙，抛洒头面寻董郎。
一张白纸作青鸟，两地传书勤飞翔。

裘子辉念罢诗，便开口吟出四句：

小姐多娇非七女，小生福浅慕董郎，
救命之恩难报答，岂需青鸟勤飞翔？

李翠英听罢，也随口吟道：

射虎娇娃非英台，为何偏学梁山伯？
蓝天翩翩舞双蝶，为何不换心意回？

裘子辉听罢，向李翠英略一施礼。吟道：

非是铁石无情义，红颜相约不能违。
牡丹月季园中开，岂可轻采随意挥？

李翠英听罢半日不语，便对红春说道："天色不早了，咱们回去吧。"红春也说："小姐，咱们走吧！"此时，一阵清风吹来，花园中的花被吹得摇摇摆摆。李翠英叹了口气，对着花说："花呀花呀，我也送你一首诗。"说罢，吟道：

满园鲜花何所期？明月丽日喜相逢。
今日为何失魂魄？只缘苍天刮清风。

裘子辉听罢亦是慨然叹之，三人无言而别。

不知不觉，裘子辉在李翠英家已过了半个多月。眼看大比日期将近，裘子辉便要告辞进京。李员外便设宴送行，全家人均举杯为裘子辉送行。裘子辉离席对李员外叩拜。

"伯父、伯母在上，晚生此番进京赶考，承蒙小姐虎口相救，李家大恩晚生没齿不忘，日后晚生当以涌泉相报，请受晚生一拜！"

"裘公子不必如此，不必如此！请坐，请坐！"

"多谢伯父、伯母！"

"裘公子，老夫有一句话不知当说不当说？"

"有什么话尽管讲！"

"自从小女把你救回家来，老夫看这也是一种缘分。小女虽说不上有何德行，可那些粗茶淡饭的事还做得来。裘公子若不嫌弃，就让小女服侍公子一生如何？"

裘公子闻听此言，慌忙离席施礼："伯父、伯母在上，伯父、伯母如此器爱晚生，晚生感恩不尽，只是晚生福浅命薄，无法生受！"

“莫非小女貌丑德薄？”

“不是！”

“是小女与公子不配？”

“不是！”

“那公子为何？”

“大伯，恕晚生难以从命！您就别问了！”

这二人正在说话，只听得嗖的一声，李翠英便抽出宝剑来对着裘子辉说：“负心贼！我父苦心相劝，你竟敢不从，你把我李家看成何等人物？你这个忘恩负义的贼子，早知如此，我就不该救你，让你去喂老虎！这等负心贼留他何用？让我杀了他！”李翠英急火攻心，见裘子辉不从，一是觉得脸上失了面子，二是爱得太深，舍不得，便效法穆桂英招亲的做法。

裘子辉此时一愣，但并不害怕，便跪在了地上：“小姐，我裘子辉是负了你一片深情，你骂我是忘恩负义的贼子，你要杀我，我都认了！可招亲之事，恕我断断不能从命！”

“那是为的什么？你给我说！”

“我只能忘恩负义一次，不能再忘恩负义第二次呀！”

“翠英，放下剑来，不得无礼！裘公子，坐下说话！”

“谢谢伯父，我要跪着把话说完，而后我情愿死于小姐剑下，也不愿做不仁不义之人！”

“你有何冤情？你就说！”

“小姐，不是我裘子辉绝情绝义，是我不能与小姐同结秦晋之好。因为我不能辜负我妻王翠娥的一番情意！”

“什么？你已有妻子了？”

“说是有妻，但还尚未完婚。”

“那又是为何？”

“说来话长。小生此番进京赶考，路过济南，过河时，有一王家堂子村的女子王翠娥过河，因为其母抓药忘了带过河钱，有几个歹徒便欺侮她，我便给她垫了过河钱。不料所带的银子露了相，在过树林时被蒙面人劫去银子，被打得头破血流，后被王翠娥带人救回家中，并在其家养伤月余。后因其母所请，于是与王翠娥结为婚姻，并磕头订婚，待考试后禀报父母之后再行完婚。因此，不能接受小姐之请，万望小姐恕罪！”

“如此说来，裘公子真是仁义之士，可敬，可敬！”

“多谢伯父夸奖！”

“既是如此，裘公子，难道只有王翠娥有缘，我李翠英竟如此苦命？”李翠

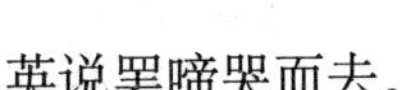

英说罢啼哭而去。

李员外见女儿如此，也是暗自伤情。

老夫人却朗声大笑：“我看你们这些人都没出息！这有什么大不了的？都听我的！翠英，你也过来，不要啼哭！自古以来，男子汉大丈夫，哪一个没有三房四室的？裘公子不就是有一个王翠娥吗？再加上俺翠英也不算多！她当姐姐，你当妹妹，有什么不好？翠英你要愿意，事情就这么办，你裘公子也不要推辞，不要为难！”

“女儿听凭母亲安排！”

“裘公子，你说话呀！”

“如此，晚生从命就是了！”

“好，好，如此甚好！来来，撤宴，重新摆席！”李员外一声令下，厨房一阵忙乎，不一时一桌酒席重新摆上。

裘子辉施礼跪拜道：“岳父、岳母在上，请受小婿一拜！”

“好好好！贤婿请起，贤婿请起！”

“岳父大人，此事既如此定下，须得大比之后禀报父母方可完婚，望岳父、岳母大人见谅！”

“理应如此！理应如此！”

裘子辉又与李翠英给李员外夫妇磕了三个响头，然后方才入席。

席间全家欢欢喜喜、热热闹闹，直到深夜方才散席。

第二日一大早，裘子辉方才辞别李翠英全家，直往北京城而来。

自从刘墉离开王家堂子村之后，转眼已是两个多月。这一日，杨氏太太对王翠娥说：“翠娥呀，你义父已离开咱家两个多月了，看来，你该进京给你义父拜寿去了！”

翠娥说：“我也正要给你说这件事呢！就是我走之后谁来照料你呀？”

“这个，你尽管放心前去，娘这一阵子身子骨还挺结实，就是有个伤风感冒的，左邻右舍的也自然会照顾我！”

“那明日我就给义父准备好黑窝头，就可上路！”

“那也好，你就快准备吧！”

王翠娥遵照义父刘墉之命，蒸好了一笆斗黑面窝头，自己又准备了一点干粮，又卖掉了几件破烂家具，换了几两银子做盘缠，又将家中之事安排了一下便上了路。

王翠娥一路上吃饭不进饭店，睡觉不进旅店，走路不走小路，独自一人往北京而来。饿了，就啃几口干粮，或者找野果、野菜来充饥；渴了，就喝点凉水，

或者有时就便向乡亲们讨点吃的。就这样，经过近两个月的奔走，终于来到河北境内。

这一日，王翠娥走在路上，正行走之间只见前面有八个年轻后生，一看他们的那个装扮形象，就知道是不良之徒。王翠娥前后看了一下别无一人。王翠娥心中虽是害怕，但还是硬着头皮往前走。可那几个后生排成一队儿拦在前面，王翠娥向左边走，他们往左边拦；王翠娥向右边走，他们就向右边拦，如是几次，就不让路。

"几位大哥，我又没招惹你们，为何不让我过去？"

"没招惹我们？嘿，今天老爷们倒要招惹招惹你，看看你能怎么样！"

"大哥，行行好，我还等着赶路呢！"

"赶路？行呀！就从我这裆下钻过去！"

"你这是什么话？难道你家就没有姐妹？"

"什么？姐妹？我们都没有姐妹，我们一个个都是独蛋！怎么样？陪老爷们玩一会吧！"

说罢，便将王翠娥围在中间，推来推去，撞来撞去。不一时，王翠娥就被撞得头晕眼花，满身大汗。就在这时，听得一声怒喊："住手！此是京郊皇城之地，光天化日之下竟敢调戏民女，难道就不怕王法吗？"

几个恶少一看，来的也是一位如花似玉的大闺女，便放开王翠娥向李翠英围了过来。

"王法？我的小美人儿，你知道什么是王法吗？爷们我就是王法！我叫你站着你就不敢坐着！我叫你仰面睡觉你就不敢趴下睡！你信吗？"那为首的恶少伸手就去摸李翠英的脸。手还没碰着李翠英的脸，被李翠英一把捉住手腕子往下一拉，又向上一翻，一用劲，就听得啪的一声，那骨头便断了下来，那恶少疼得在地上直打滚。还有几个要往上冲，李翠英只是一脚一掌，便又有三个倒在地上爬不起来。其余的见势不好想要跑，李翠英喝道："都给我站住！想跑吗？我让你们都跑出一里路远，要有一个能逃出去的，你姑奶奶今天就倒着走路给你看！"

"姑奶奶饶命！姑奶奶饶命！"

"我们有眼不识泰山，多有冒犯，还请恕罪！"

"你们要改邪归正，好好做人！"

"是是！是是！"

"如不改过，我今天见过你，不论你跑到哪里，我二十日内就能抓住你，只叫你吃我这一掌！都给我看着！"李翠英见路边有一棵碗口般粗细的杨树，便运足气，只一掌下去，就听得咔嚓一声，那树便齐刷刷地断为两截！那些恶少见状都吓得连忙跪在地上，大叫饶命。李翠英说声"滚"，众恶少才连滚带爬地逃命

而去。

王翠娥见状连忙向李翠英施礼致谢。

“多谢这位大姐相救！”

“不必客气！这点小事，不值得一提！”

“请问这位大姐高姓大名，哪里人氏？”

“哪有什么高姓大名？我姓李，叫李翠英，河北省沧州人氏。请问你这位大姐高姓大名，哪里人氏？”

“小女子姓王，名叫王翠娥，山东济南府城里十五里王家堂子村人氏。”

“请问王大姐，你这是干什么去啊？”

“我是进京去给我义父庆寿的！”

“你怎么认了一个这么远的义父？”

“说来话长。今年夏天，我自己在家，天忽然下起了大雨。我看见一个老头在屋檐下避雨，淋得像落汤鸡一样，我见他可怜，就把他让到屋里换了衣服，又给了他一个草种子面蒸的黑窝头吃。我们说得很投机，他就要收我为义女，我也就认了。义父说今年十一月十八日是他的六十大寿，要我一定要带上黑窝头去给他拜寿，因此我这才急急忙忙往京城里赶。哎，李大姐，你这是干什么去呀？”

“我呀……我呀……”

“你说呀！”

“我是到北京去找我相公！”

“找相公呀！”

“我们……我们还没完婚呢。”

“那是怎么一回事？”

“这事呀说来话也就多了。两个月之前我在山上射死了一只猛虎，从虎口里救下了一个进京赶考的书生。那书生在我家里过了半个多月，不知怎的，我们全家就都喜欢上了他，我们……我们就……”

“你们就对上眼啦？”

“别瞎说！我们还没入洞房呢。”

“这么说，你去找相公，我去找义父，咱们还是同路呢。”

“咱两个呀，一个南来一个北，相隔一千里能走到一块，也是一种缘分！”

“是一种缘分，我看我们怪能说得来，你看我们认个干姐妹怎么样？”

“好哇！我也正想说呢，你倒先说出来了！”

“你今年多大呀？”

“我今年十九岁，属大龙的，你呢？”

“我今年二十一了，属虎的！”

“这么说你就是姐姐了！”

“那你就是妹妹了！”

“大姐！”

“小妹！”

“大姐，你看咱怎么拜呀？”

“小妹，这半路之上，我们就跪在路上，对天发个誓就是了！”

“这样也好！”

她二人便跪在路上，插草为香，二人共同发誓：“我二人自愿结为干姐妹，有福同享，有难同当，不求同年同月生，但求同年同月死。如违誓言，天地不容！”

拜罢之后二人双双上路直奔京城而来。

再说，裘子辉辞别了李翠英全家人，旬日间便来到了京城，正赶上大比之日来临。时间紧迫，还未来得及拜见叔父裘正义便进了考场。

参考的各个举子都在考场上聚精会神地进行考试。

裘子辉进得考场，接到试卷一看，文章的题目是《论为官当廉》。裘子辉略加思索，便从为官不可负皇恩、官廉政必清、政清官必廉、整治吏制必肃贪官等方面入手，不多时，便洋洋洒洒不觉数千言，将文章完成检查了一遍，便坐在位子上，因路途劳累不觉便入了梦境。

此时，刘墉陪同乾隆皇帝巡视考场。见别的举子都在全神贯注地答卷，只有裘子辉却在位子上睡着了，刘墉便把裘子辉叫醒：“你这位举子，别人都在答卷，你为何睡觉？”

“回大人，学生已将试卷答完，检查试卷时，因路途劳累不觉入睡，还望大人恕罪！”

乾隆皇帝听他说已答好试卷，便想道，别人都才答个三分之一，他为何就答得这样快？便对裘子辉很感兴趣：“刘墉，把他的卷子拿与朕看！”

“遵旨！”

裘子辉见是皇帝驾到，便急忙下跪：“学生裘子辉叩见吾皇万岁，万岁，万万岁！”

“平身吧！”

刘墉将裘子辉的答卷交给了乾隆皇帝。乾隆皇帝闪开龙目观看，只见试卷字体清秀，书写整齐。那文章写得文通字顺，条理清楚，起承转合，章法不乱，分析精辟，议论入理。文章一气呵成，洋洋洒洒，大气磅礴。便不由得自语道：“奇才！奇才！”便将文章让刘墉看了一遍。

“文章何如？”

“皇上圣明，文章果然超群！”

“你字号为何？又是哪里人氏？”

“回大人，学生姓裘，名子辉，山东诸城县人氏。”

“啊，与爱卿还是同乡呢！”

“皇上之意是……”

“此人必国家栋梁也！”

“为臣明白了！”

刘墉说罢陪同乾隆皇帝又继续巡视而去。裘子辉下了考场便在旅店中等候消息。

到了出榜那日，裘子辉在旅店之中刚刚用罢早饭，就听见外面一片声的锣响。报喜的人在外一片声地喊：“恭喜老爷高中了！”裘子辉闻听此言便走出店来。报喜的人纷纷跪地：“见过状元老爷！小的们给老爷道喜来了！”说罢便将报帖呈上。裘子辉接过报帖，只见上面写道：“捷报贵府老爷裘子辉高中头名状元京试连登黄甲。”阅罢报帖，便拿了几两银子赏了报录人，然后便到吏部报到，更换官服，随后是三日夸官亮职，忙三忙四，不亦乐乎！又听得刘墉要做六十大寿，自然要过府庆寿。

十一月十八日是刘墉的六十大寿。整个刘府喜气洋洋，整治一新，虽说不算华丽，却也金碧辉煌，前来庆寿的官员接连不断。

刘墉分别与庆寿的各位官员说话，就听得张成在府门外高喊：“新科状元裘状元到！”

刘墉便对裘正义说：“这新科状元还是你的同宗哩！”说罢便去迎接。

“恭贺刘大人六十大寿！”

“有劳裘状元劳累！裘状元请！”

“刘大人请！”

裘状元进得客厅，众官员都起身迎接。裘状元一眼就看见叔父裘正义，而裘正义却没有认出裘子辉。裘子辉径直来到裘正义面前跪倒：“叔父大人在上，不肖侄儿给叔父问安！”

裘正义见状元跪在自己面前呼叔父，仔细一看，方才认出是侄儿。便道：“侄儿请起！”众官员见新科状元竟是刑部尚书裘大人的侄子，无不惊喜，纷纷说：“恭喜裘大人令侄高中！”

“侄儿，进京来为何不通禀叔父一声呀？”

“叔父容禀，小侄此番进京，说来话长了。侄儿离家进京，行到济南府，过河时，见一女子忘带渡河钱而受几个不良之徒欺侮，侄儿便替那女子垫了渡河钱。不慎所带银两露相，行到树林深处，被几个蒙面人抢劫一空，侄儿也被打得

头破血流，后被那女子救回家养伤。日久天长，那母女要招小侄为婿。小侄为感那母女救命之恩，答应订了婚事，但未得禀报父母而未敢完婚。后来小侄又来到河北境界，山中遇猛虎，幸又被一女子射死猛虎，将侄儿从虎口中救出，在其家又调养半月。怎奈那女子深爱小侄，定要成婚。小侄讲明前情，该女情愿做偏房，盛情难却，小侄只得从命。到京城第二日便参加殿试，皇上恩宠，点为状元。一直未及拜见叔父，不想今日在刘大人家相见，万望叔父海涵小侄不孝！”

裘正义听罢，大笑道：“吾家门之幸！吾家门之幸事也！”

众官员也都暗自称奇。

众官员都在议论此事，忽然听得门外吵吵嚷嚷。刘墉正要去询问，只见刘安禀报：“刘大人，张成在门外与两个女子打起来了！”

刘墉一听，急忙向门外走去。

王翠娥与李翠英结拜为干姐妹之后二人便结伴而行。

“妹妹，你与妹夫还未成婚，你怎么就进京来找他了呢？”

“姐姐，说了你可别笑话我。那裘公子相貌好，才学高，老叫人左看了左疼，右看了右爱，在我家里过了半个月也还是亲不过来。俺二人订下婚事之后，第二天他就走了。他这一走，也不知怎的，我就如失了魂似的，心里老是想着他！”

“所以，你就进京来了？”

“可不是嘛！心里老是想：他走在路上要是再遇上老虎怎么办？走路要是生了病谁来照顾他？越想越放不下心。我就跟爹说了，我要上京去找他，来回也好有个伴。没想到一路上追他不着，倒遇上姐姐啦！”

“唉！”

“姐姐怎么也唉声叹气了？”

“姐姐也和你一样，也有一个赶考的冤家，也不知道如今他到京了没有。”

“姐姐不要想，想我那姐夫也该到京城了！”

“听说，要考上了状元，就要招为驸马！”

“要是那样，还不如不考上的好！”

“唉，那就听天由命了！”

“唉，女人的命就是苦！”

“姐姐，别唉声叹气了，你一叹气，我这走路也没劲了，就是考上了也不会招驸马的！”

“那是为啥呀？”

“姐姐你想，当今皇上都是六七十岁的人了，哪还会有未成亲的公主呀？”

“妹妹说得也是！咱们还是快赶路吧！”

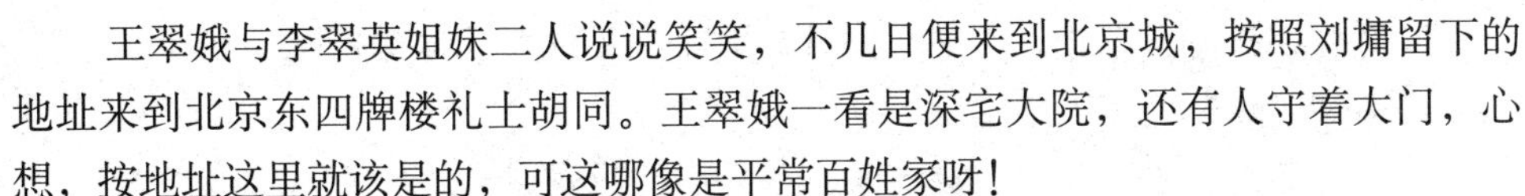

王翠娥与李翠英姐妹二人说说笑笑，不几日便来到北京城，按照刘墉留下的地址来到北京东四牌楼礼士胡同。王翠娥一看是深宅大院，还有人守着大门，心想，按地址这里就该是的，可这哪像是平常百姓家呀！

“妹妹，按地址这里就该是义父的家，可这哪像是平常百姓的家呀！”

“看来咱义父还是一个做大官的呢！”

“可义父穿得破破烂烂，他没说是做官呀！说不定义父是下乡私访的，那也说不定呀！”

她二人正在门前议论，惊动了张成、刘安。

“哎哎，你们是干啥的？快快走开！”

“请问这位大哥，这家人可是姓刘的？”

“是姓刘的，有什么事？”

“这家的主人可是叫刘三秀？”

“好大胆，这刘三秀是你叫的吗？这是我家大人小时的名讳！你是什么人？”

“我是他的女儿，前来给我爹拜寿来的！”

“你好大的胆子！我家刘夫人一辈子没开怀，哪来的闺女？你竟敢冒认官亲！快滚，要不然我可就不客气了！”

“我是他的义女！”

“什么义女不义女的，快滚！”

“大姐，不要与他斗嘴皮子！进！我看他哪个敢挡！”

说着，李翠英领着王翠娥就要进门。张成便伸手去拦，李翠英伸手逮住张成的手往下一拉，张成便趴在了地上。张成一个鲤鱼翻身站将起来又要去拉李翠英，只被李翠英用手一推，张成便一屁股坐在地上。恰好，赵虎、丁三从外边办事回来，见张成被打坐在地，便一拥而上。

“哪来的女子，竟敢如此撒野！”说罢二人便围了上来。

李翠英转过脸来，说：“怎么？想打架？姐姐，你站过一边，看我教训教训这两个野小子！”说罢，拉开了架势，说道，“不怕死的就来吧！”赵虎、丁三便道：“哪个怕你不成？上！”双方正要动手，刘墉来到门口。

“住手！”

王翠娥一看是刘墉，忙对李翠英说：“这是义父来了！”说罢，二人连忙跪倒。

“不肖女儿给义父请安！”

“好好，快起，快起来！翠娥，这是……”

“义父，这是我结义的妹妹李翠英！”

“翠英见过义父！”

“好好，快起！翠娥，为父让你带的黑窝头儿带来了没有？”

“带来了！”

张成、赵虎、丁三一看，傻了眼，三人连忙问安谢罪。

“小的有眼无珠，冒犯了两位姑娘，请两位姑娘恕罪！”

李翠英笑道：“哪个要你赔罪哟！”

刘墉说：“算了，不知者无罪！把黑窝头带着，快进客厅！”

客厅里，裘子辉正陪着叔父说话，刘墉进了客厅便哈哈大笑。

“诸位大人，本官我喜上加喜，三喜临门哪！六十大寿，一喜；义女不远千里来为我拜寿，二喜；义女又为我结拜了一个义女，三喜也。诸位请看，这就是我的两个义女！”

各位大人闻言都施礼庆贺。裘子辉一看，又惊又喜，原来王翠娥竟然是刘大人的义女！那李翠英怎么也来了？她怎么也成了刘大人的义女呢？此时，王翠娥、李翠英也看见了裘子辉，三个人便奔在了一起。

“相公！”

“翠娥！”

“相公！”

“翠英！”

“妹妹，这是你姐夫呀！”

“姐姐，这是你妹夫呀！”

“翠英、翠娥，姐夫、妹夫都是我一人哪！”

“原来我们……我们都是一个相公呀！”

“相公，来，快来拜见义父！”

“翠娥、翠英，快来拜见叔父大人！”

“原来我们还是亲家呀！哈哈哈……”

“刘大人，不，亲家！你何时认的义女呀？”

“那是我在山东济南府私访时，到王家堂子村避雨时收的义女呀！”

“私访访了个女儿来，好福气！好福气！”

“翠娥呀，你是怎样遇到裘状元的？”

“那一日，我去集上为我娘抓药，不想忘了带渡河钱，有几个不良之徒趁机欺侮我。当时他为我垫了渡河钱，不料所带银两露了相。当时他走后，我放心不下，带人追到小树林内，他果然银两被蒙面人抢走，被打得头破血流，后来我便把他救回家中。”

“这也是个姻缘哪！难得！难得！”

“相公，你为何又会遇上翠英妹妹？”

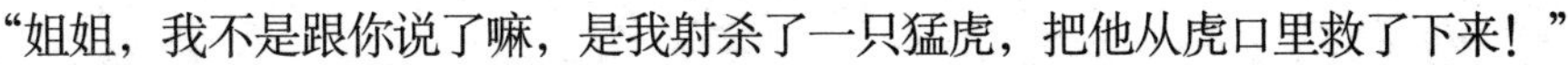

“姐姐，我不是跟你说了嘛，是我射杀了一只猛虎，把他从虎口里救了下来！”

“妹妹，我看哪，那只老虎不该射死！”

“为什么？”

“它是妹妹的大红媒呀！”

“它怎么是大红媒呢？”

“如果没有那只老虎，你能救得状元郎吗？”

“那就叫‘虎为媒’吧！”

“翠娥、翠英，你二人是如何拜为结义姐妹的？”

“相公，我二人是巧遇。我离家走到渐近京城时，见几个恶少正在欺负王姐姐，我就打散歹徒。姐姐说是上北京给义父拜寿的，我说我是去北京找我相公的，正好同路。我二人见说话投机，就拜了干姐妹！”

“现在不是干姐妹了，现在是真姐妹了！”

“各位大人，现在我请各位大人品尝我义女从家乡带来的礼品！”

“好好，多谢刘大人！”

“翠娥，把你那黑窝头一个切八块，分给各位大人品尝！”

“女儿遵命！”

翠娥与翠英把窝头切好分给各位大人。

刘墉也拿起一块说道：“现在我与各位大人一齐品尝！”说罢将一小块窝头吃了下去。各位大人也都吃了下去，但洋相百出，有吃不下去硬吞下去的，有切牙的，有撇嘴的，还有吃了一半吐了一半的。

“各位大人，我女儿带的礼物好吃不好吃呀？”

大家都不肯回答。

“这东西好吃，又香又压饿。这是我在山东济南府私访时被雨淋得如同落汤鸡一般，又饿又渴，当时翠娥让我吃这黑窝头，真是又香又压饿！可现在好吃不好吃？各位大人吃的样子就说明它不好吃！各位大人知道这黑窝头是用什么制成的吗？说来可能有人不相信，这就是用草种子加一些树皮磨成的面制成的。当地的老百姓就是以草根、树皮为生的。我等做官之人，为官一任不能为百姓造福，就枉拿了朝廷的俸禄。本官此次做寿，各位大人都送了寿礼。这些寿礼，本官将全部拿出来去救济受灾的百姓！”

众人听刘墉如此一说，都纷纷赞道：“刘大人爱民如子，其情可贵！既然刘大人对百姓有如此心意，我们也都支持一点！”于是各位大人都慷慨解囊，捐三十两、五十两、三千两、八百两的，无法计算。

“皇上驾到！”

听说皇上驾到，众人都慌忙离席下跪。众人未及出迎，乾隆皇帝已经进了客

厅：“刘墉！”

“臣在！”

“你六十大寿怎么也不让朕知道？”

“臣这等小事岂敢惊动皇上，让皇上劳神。”

“说得也是！刘墉，你此次庆寿收了多少寿礼呀？”

“臣还未及造册统计，因此不知其详！”

“好一个刘墉，你知罪吗？”

“臣不知有何罪过！”

“和珅庆寿你说他非法敛财，而今日和珅又说你非法敛财！你又有何话说？”

“皇上息怒，臣此番庆寿是收了不少寿礼，可臣已将寿礼及各位大人捐赠的银两全部拿出救济山东百姓！”

“胡说！山东哪些百姓需要救济？”

“皇上，臣夏日在山东私访时，见山东大旱，颗粒不收，百姓们吃草种子、草根、树皮。皇上你看，这就是山东百姓的度日粮，请皇上亲口品尝！”

乾隆皇帝吃了一口，说道：“如此难吃！这是从哪里弄来的？”

“皇上，这是我闺女从山东老家带来的！”

“胡说！你夫人一辈子未曾生育，哪来的女儿？”

“回皇上，这是我在山东济南私访时收的义女，这寿礼就打算让义女带回去救济百姓！”

“看来是朕错怪你了！”

“皇上圣明！”

“朕既来了，朕就送给你个字吧！”乾隆皇帝接过笔，便写了一个大“寿”字。

刘墉连忙谢恩，说：“谢皇上！”

“既然诸位都为百姓解囊相助，朕也捐十万两白银以表心意！”

“谢主隆恩，吾皇万岁，万岁，万万岁！”

“好！朕今日心里高兴，咱们君臣就多饮几杯！”

“皇上，臣还有一事启奏！”

“还有何事启奏？”

“皇上，你可知这新科状元是谁吗？”

“是谁？”

“他就是刑部尚书裘大人的令侄，也是臣的女婿！”

“你何时收的义女，怎么又使状元郎成了你的女婿？”

“皇上，臣细说与你听。夏日臣到山东私访时在济南王堂子村遇雨。臣避雨时与王翠娥相识，并收她为义女。新科状元经过济南时被蒙面人抢去银两，被打得头破血流，我女儿王翠娥将他救回家中养伤两月，并订了婚姻大事。新科状元行到河北境内又遇猛虎。李翠英射杀猛虎，将状元郎从虎口中救出，在家调养半月，又结姻缘。义女王翠娥为臣拜寿行至河北，与前往北京寻夫的李翠英相遇，又结拜为姐妹。此事曲折巧合，有情人终成眷属，三喜临门，亦国家吉祥之兆也！”

乾隆皇帝听罢刘墉的话，龙心大喜：“状元这段姻缘是好姻缘、奇姻缘，朕明日为你们主婚！”

第二日，刘府上下张灯结彩，大门前“囍”字大红灯笼高高挂，刘墉亲笔手书喜联，贴在大门之上。上联是“钟鼓乐之”，下联是“琴瑟友之”，横批是“秦晋之好”。

两边楹联上书“天地作成结良缘，珠联璧合恩爱长”。

天井院内，大红双喜墙上挂；桌案之上，红烛点燃，檀香高烧。不一时，乾隆皇帝驾到。君臣迎拜已毕，婚庆大典由皇上主持，礼部李大人当司仪。

“各位大人，吉时已到，宾客齐集，新婚大典开始。天官赐福，神明保佑，皇上主婚，蓬荜生辉。有请新郎新娘就位，火工鸣炮，两廊奏乐。”

乾隆大喜道：“刘墉，朕要你们办两件事：其一是你二人与新科状元同回山东，归家省亲，让两位状元夫人归宗认祖；其二是把此次捐赠的银两带回山东发放，救济受苦的百姓！”

“臣遵旨！”

几日之后，刘墉与裘正义整治齐备，陪同新科状元与两位夫人回山东省亲。只见有百名军士护卫，五乘大轿依次前进。五十辆大车装载银两直往山东而来。

这一日，乾隆皇帝闲暇无事，忽见有一紫衣女子相招，乾隆皇帝便跟在那紫衣女子身后走去。只见日落日出，月圆月缺，就如走马灯一般，只觉得周围迷迷茫茫，如水如烟，如云如雾，鸟在水中飞，鱼在树中游。走起路来轻飘飘、软绵绵，如行如飞，如同腾云驾雾一般。走了不知几时，来到一个所在，只见两边高山如削，峡谷弯弯，正行走间，忽见一狼一虎，狼口衔一把稻草，虎张血盆大口立于山谷两边正要向自己扑来。就在此时，旁边又出来一人，身着帝王衣冠，将虎狼引走。转眼间又飞到北京上空，只见宫中着火，那火烧得甚是厉害！只见大火之中有一个小儿在睡觉，旁边有两个人在守候。

“乾隆，快上金殿去吧！”紫衣女子说道。

“朕就上殿看看！”

乾隆皇帝一进殿门，就见两条巨龙盘立于宝座之上，乾隆皇帝甚是惶恐。

“你不必害怕，此乃你父子之真身也！我带你游玩之处已尽，你看你足下是

什么呀？”

“乃一池清水也！”

那紫衣女子从身后猛推一掌，说道：“你给我下去吧！”

乾隆皇帝落入水中，吓得大叫：“女子快来救我！”

那女子笑道：“你不必惊怕，自有人会来救你！”那女子说罢飘然而去。

乾隆皇帝在水中只吓得大喊大叫。

“皇上醒来！皇上醒醒！”皇后娘娘用力将乾隆推醒，“皇上，为何惊怕？”

乾隆醒来，已是全身大汗淋漓，急忙点烛看时正是半夜子时，原来，只是南柯一梦！

“吓死朕了！吓死朕了！朕做了一场噩梦。”遂将梦中之事说了一遍。

“皇上，此梦是吉是凶？何不请刘墉来圆圆梦？”

“梦即是梦，圆梦之说何足信哉？”

“皇上，那刘墉学识渊博，天文地理无所不精。且圆梦之事古亦有之，圆它一下，又有何妨？”

“既如此，天明朕就传旨让刘墉来圆梦。”

第二日一早，刘墉便被召入后宫。

乾隆道：“朕昨夜子时做了一梦，甚是怪异，特请刘爱卿给我圆圆梦！”

“皇上所做何梦，讲与臣听！”

“朕昨夜所梦，为一紫衣女子所引，飘行如仙，其境亦仙，非人间可有。朕到得两山之间，有狼口衔稻草，有虎口如血盆，并立路旁。虎狼正欲扑朕，忽有一人身着帝王之装将虎狼引走。来到北京又见后宫失火，有小儿睡卧大火之中，火外有两人守之。后又引朕到得金殿之上，见有两条巨龙盘于宝座之上。紫衣女子又让我向脚下去看。只见一弯池水，紫衣女子一把将朕推于水中。朕喊呼救，那女子对朕说：‘自会有人救你。’朕乃惊吓而醒，点烛视之，半夜子时也！”

刘墉听乾隆讲了一遍，心中自明，思索良久，才开始解梦。

“皇上所梦，臣已知晓，但不知皇上是让臣说真话呢，还是说假话？”

“此言怎讲？”

“皇上，你这梦事关大清江山社稷，臣所言若有冒犯之处，皇上当赦臣无罪，臣方得敢实说真话！”

“朕就赦你无罪，让你说真话！”

“臣还有一请求。”

“请求什么，尽管说！”

“臣今日所言除我们二人之外，不能让第三人得知，若有泄露，必有祸端，此其一也；皇上日后行止，必依臣言行事，皇上准否？”

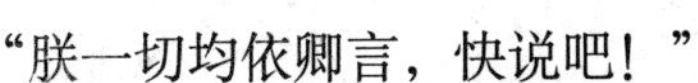

“朕一切均依卿言，快说吧！”

“皇上所梦，实乃天赐天机，日后必有应验。臣近日夜观天象，紫微星旁，杂光闪烁，与皇上所梦暗中相合。皇上所见紫衣女，天使也。皇上所梦虎狼挡道，言皇上当有刺驾之灾。刺驾者何人，臣自己知之，此时说出皇上必不相信，日后自明。有人着帝王之装引狼虎而去，乃杨家将替主就死之故事也。此时皇上虽无性命之忧，而替死者却生死难卜，就看天地造化了。后宫失火，有小儿睡卧其中，言当有人欲火焚太子也，睡卧其中，当性命无忧。金殿二龙盘踞，喻新君当立，而皇上当理护之。皇上梦脚下有池，身坠入水，言皇上眼前当有风波之扰。此梦虽主大吉，稍有不慎，吉则为凶也。”

乾隆皇帝听罢刘墉之言，沉吟良久，道：“事实莫非当真如此？”

“日后定有验证！”

“爱卿既知有人加害于朕，先将此人正法，岂不万事皆无了吗？”

“皇上，天命只能日后验证，岂可泄漏违天？就是臣说出此人，事端不生，皇上又何以治罪正法？”

“既是如此，我们先上朝吧，估计大臣们早已到齐了。”

“臣遵旨！”

果如乾隆皇帝所说，三六九日上朝，文武大臣哪个敢迟到呀！朝房内大臣们正在疑惑，天过卯时万岁今日怎么不上朝呀？

此时，传旨官高呼曰：“皇上有旨，宣群臣进殿！”

群臣进殿，乾隆皇帝端坐于宝座之上。

“奴才和珅有本奏！”

“将本呈将上来！”

“据湖北、河南、四川各省报告，各地白莲教势力异常强大，官兵不能抵挡；闽浙沿海也有土匪横行，滋事扰民；广东、广西，倭寇猖獗，且与当地官府勾结，欺压百姓，出卖大清国利益，诸多事实，均由皇上圣裁！”

“诸多之事，朕一时也裁断不清，待朕亲往看上一看，再行定夺！”

刘墉道：“皇上莫非要再下江南不成？”

“正是！”

“依臣之意，此时皇上不宜离京，若定要南下，就让臣陪皇上前去如何？”

“此事容朕思虑再三，然后再行！”

“皇上英明！”

和珅听说乾隆皇帝要离京南下，认为有机可乘，便自告奋勇：“既是刘大人陪皇上南行，奴才就留守京城！”

刘墉一听和珅此言便知其内心所想是什么，于是说道：“和大人留守京城也

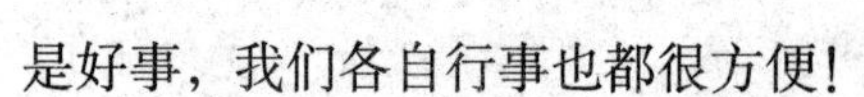

是好事，我们各自行事也都很方便！”

“如此甚好，朕择日便可起程了。”

“皇上，臣还有一言须奏明皇上！”

“爱卿有何事可尽管讲。”

“皇上南下，短时之间不能回京城，京中之事尚需细安排。其一，京中吏、户、刑、兵、礼、工等各部官员均应各安其分，各司其职，不得越职越限。其二，鉴于眼下白莲教活动猖獗，京城地方各处军队各守其方，各司其职，没有满汉两中堂共同发令调遣，均不得擅离职守；满汉任何一中堂无皇上圣旨令箭不得调遣军队，否则，各军可不听调遣。此两条当为皇上离京期间的两大政令，如有违反者，当格杀勿论！”

“好！此两大政令甚合朕意，各文臣武将听了，各部官员，各司其职，不得越限；各处军队，均由满汉两中堂同时调遣，任何一中堂无朕的圣旨令箭，不得调遣军队，否则，军将可不听调遣！有违此两条政令者，必当斩首正法！”

乾隆皇帝退朝回到后宫。正宫娘娘接驾。

“臣妾叩见皇上！”

“免礼！”

“谢皇上！”

“唉，多事之秋啊！”

“又是何事使皇上如此忧愁？”

“四川、湖北等省白莲教活动猖獗，闽浙沿海土匪生事扰民，广东、广西倭寇也多生事端，真是使朕头疼！”

“皇上对此如何处置？”

“朕先巡看巡看再说！”

“怎么？皇上还要再下江南？”

“正是！”

“不可不可！皇上，刘墉圆梦之言难道忘了？”

“朕何尝会忘？此次有刘墉陪朕前往，京都大事刘墉有了安排，所到之处均有接应，料无大事！”

“皇上何时起程？”

“此事朕还待要与刘墉再议。”

“如此甚好！皇上请早早安歇便了！”

“多谢美意！”

和珅下了金殿，在朝房片刻未留急忙上轿直回府中而来。

和珅来到客厅坐下，连茶也未及喝便急忙呼唤和喜。

“老爷，急唤小的为何事？”

“你想办法马上去见永璘皇子，请他马上来见我！”

和喜这小子也是个机灵鬼，只见他急走快跑，躲东藏西，穿大街，过小巷，不多时便来到永璘皇子的居所让门军快予通报。见了永璘皇子，和喜将和珅书信呈上。永璘皇子观罢书信，赏了和喜十两银子，说道：“转告和大人，我马上就到！”

永璘皇子进了和珅客厅，和珅急忙迎接：“奴才叩见皇子殿下！”

“和大人免礼！”

“谢殿下！”

“和大人招我不知有何急事？”

“殿下，今日早朝，皇上说要在近日南巡，再下江南，这对你我可是一个大好时机呀！万万不能错过，如若错过，将来可就后悔莫及了！”

“禅让之事，自有父皇安排，我也只能听之任之了！”

“哎，殿下，你没听人说事在人为吗？天下不论什么事，只要你去想，就没有不能到手的。怕就怕你不想！殿下，你想，皇上是九五之尊，苍天之下，万人之上，谁要不去想那才是傻瓜蛋儿呢！你殿下才德俱全，为什么不去想呢？你要想，要把那归属于你的东西争回来、夺回来、抢回来！”

“和大人，这事儿……”

“这事儿一点也不难，为了皇位，赵匡胤杀死了自己的亲哥哥，武则天杀死了自己的小女儿，还有杀死亲父亲的。皇子你既不要动刀，也不要动枪，只要你去想、去说一句话就行！这又有何难？”

“和大人的意思是……”

“只让你去当皇帝，继皇位，别的事情老臣自有安排！”

“好吧，就依和大人所言！”

“而今你要想办法弄到皇上下江南的起程时间、路线安排。再者，今日皇上听信刘墉之言，制了两道法令，军队是谁也调不动。殿下可将你守家军士交付与我，但必须是贴心家将才可，万不可粗心大意，不然，将有杀头之罪！”

“我记住了！”

“你要想办法把皇上的行止路线问清楚！”

“知道了！”

“那就快做准备吧！”

“那就暂且告辞！”

“恭送皇子！”

刘墉下了朝回到府中，夫人夏儿将刘墉扶到太师椅上坐下，便问起话来：

“老爷，皇上一大早就召你去见驾，为的是什么事？”

“皇上是让我去给他圆梦。”

“什么？圆梦？你给皇上圆了吗？”

“圆了！”

“皇上满意吗？”

“皇上当然满意！”

“皇上做的是什么梦？”

“是一个怪梦！哎，夫人，你不要问了，这天机不可泄漏！”

“去你的吧！你卖个什么关子？不想说给我听，我就不问嘛！”

“夫人，别打岔了，我还有正事要办！”

“去吧，去吧，去办你的正事吧！”

“多谢——娘子——小生这厢有礼了！”刘墉的一声京剧念白把个刘夫人夏儿逗得抿不住嘴。

刘墉急招张成、刘安、王安、王英、赵虎、丁三六人前来议事，不一时六人来到。

“老爷叫我们有何吩咐？”

“你们六人都听着，你们都是跟随我多年，你们说老爷待你们怎么样？”

“老爷待小的们恩重如山。哎，老爷今日说这个干什么？有什么事要办，尽管吩咐就是了！”

“今日吩咐你们的事，都是事关大局、人命关天的大事，切不可有一丁点的差错，否则，将会是千百万人头落地、血流成河呀！你们知道这事情的分量吗？”

“有什么样的大事？老爷就明说吧！”

“好，老爷现在就告诉你们。现在有两件事：一件呢是皇上要再下江南，巡察国家大事；二件呢是按我大清祖上留下的规矩，当今的皇上该禅让皇位了，新的皇上不日间就要登基坐殿了。因此，这也是改朝换代的大事。老爷今日让你们做事，日后均有保朝护驾之功，一定要谨记于心。老爷近日要陪伴皇上下江南巡视，张成、刘安留在京城，专事守卫永琰殿下，要日夜防卫，不得有误，永琰殿下若有半点闪失，你的人头就要落地。切记，保护只能是暗中保护！王安、王英、赵虎、丁三四人随老爷南下，去保护皇上及老爷的人身安全！到时候要机动灵活，见机行事。你们可以早去归家做好准备。”

“小的们遵命！”

“好，时辰已不早了，你们都回去歇息吧！”

“小的们告辞，老爷也歇息吧！”

这六人走后，刘墉又与夫人说了一会儿悄悄话，然后安歇。

第二日，天刚放亮刘墉便奉旨后宫见驾。

“臣刘墉叩见皇上、娘娘！”

“免礼！”

“谢皇上、娘娘！”

“朕近日欲起程南下，爱卿看如何行走？”

“皇上此行，是明察，还是暗访？”

“明访如何？暗访如何？”

“明访公开巡察，沿途有官府迎送，安全稳当；暗访能得民间真情，无官府护卫，易受欺凌！”

“那我们就明访为主，暗访为辅，随从半数跟随，半数暗行！”

“皇上南行，路线如何定？”

“朕欲经天津、济南、徐州、南京、苏州、杭州，然后由南京经武昌、洛阳一线返回京城！”

“如此也好。皇上，每日行止必由臣来安排才可，因你梦中之事已有验证之处！”

“梦中何事得以验证？”

“池中落水，即寓眼前白莲风波也！”

“好，每日行止安排朕听你安排即是！”

此时，有人来报，说：“永璘皇子求见皇上！”

“此必是来打探皇上行止的。”

“你何以知之？”

“来时皇上自明！”

永璘皇子来到乾隆面前，双膝跪地。

“儿臣叩见父皇万岁，万岁，万万岁！”

“免礼！”

“谢父皇！”

“你来见朕有何事？”

“儿臣并无甚事，只是儿臣身在宫中，多日不得相见父皇，儿臣心中甚为思念；又听说父皇要南下江南，又需多日不得相见，故而特来探看！”

“你在宫中怎知朕要再下江南？”

“是儿臣听和大人说的！”

“和珅到你宫里去了？”

“不是，是儿臣到和大人府里去了！”

“皇子无事不得出宫，你为何私自出宫？”

“是和大人请儿臣去的！”

“下次不得私自出宫！”

“儿臣遵命！不知父皇何日起程，先到什么地方？什么时候回京？”

“你问这干什么？”

“儿臣是说到时候儿臣好送迎父皇！”

“多亏你如此孝心，迎送之事就不必了！”

“儿臣遵旨就是！”

“那就归去安歇去吧！要多学点本领，不然，后悔莫及！”

“谢父皇教诲，儿臣告辞！”

永璘皇子出宫之后刘墉看了看乾隆，微微一笑。乾隆不解。

“爱卿，你笑什么？”

“皇上，你看永璘殿下可是打探消息来了！为臣说得不错吧？”

“爱卿真乃诸葛再世！莫非将来造大乱者即是永璘皇子吗？”

“永璘皇子忠厚纯正，素无害人之心，只不过是为人所摆弄而已！但亲痛仇快之事皆皇子所发令也。皇上南行之日，即新君争斗之时，皇上对此不可等闲视之！”

“爱卿所言极是！”

这君臣又说了一些其他琐事。

永璘出了后宫并没有回到自己的住处，而是带着四个心腹随从直奔和府而来，进了和府便直奔和珅的客厅。此时，和珅的贴身随从也是四人，与永璘的四个心腹随从，共是八人。这八人也是八条汉子，但却不是好汉，多是打家劫舍、抢男霸女之徒。第一名油里钻和喜，此人为人精灵刁钻，见圈就跳，一肚子鬼点子；第二名浪里飞和刚，原本水贼出身，水性极好，专干抢劫商船的勾当；第三名飞毛腿和龙，此人善跑，也是不法之徒；第四名赛雷公和豹，此人善配火药，专搞爆炸；第五名活金刚王横，身怀武艺，却不走正道；第六名活阎王王殿，心狠手辣，专干坏事；第七名舍命郎赵狗，打架斗殴不要命；第八名快活神赵狮，玩鸡斗狗，提笼架鸟。这八条恶奴原在两家，而今合为一处更是为非作歹，坏事干绝。

永璘见了和珅，两人便又密谈了起来：

“殿下见着皇上了吗？”

“见着父皇了，父皇正在与刘墉说话。我问他何时起程，何时归来，父皇未回答我，他让我多读书，学点本领！”

“没有皇位，本领再高也是无用！殿下，事到如今，已经由不得你了！这皇位，你是要也得要，不要也得要！”

“哎！事到今日，就随你去吧！”

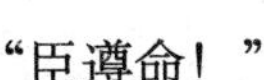

“臣遵命！”

和珅于是命人设置酒宴。不多时，酒宴齐备，众人入席。酒过三巡，菜过五味，和珅端起酒杯与众人共饮。

“诸位，我和某敬大家一杯，请大家干了这杯酒！”说罢，一饮而尽，众人也都饮下。

“诸位，今日和某有一句话。诸位原都在和某与殿下属下公干，可谓心腹知己。而今，当今皇上遵照祖训，将要禅位于太子，而今与永璘皇子争天下的只有永琰皇子。永璘皇子为人宽厚，定然是一位好皇帝，我意要扶永璘皇子登基，不知诸位意下如何？”

“谨遵大人之命！”

“既然诸位有此心意，那大家就对天起誓！”

和珅于是命人点上香烛，众人对着香烛共同跪下拜了三拜。和珅倒下三杯酒，一杯祭天，一杯祭地。和珅手端酒杯对天起誓：“天有天灵，地有地灵，日月交替，朝代变更，天道之常也。皇子永璘，为人敦厚，才艺俱佳，乃有道之君子，依理当登临大宝，九五面南。我等从天命，依人欲，共扶永璘皇子登基，以此为誓，若有二心者，当天地共诛，身如此杯！”言罢，和珅将手中酒杯摔个粉碎。

起誓完毕，大家依旧饮酒。

“诸位，从今之后，你们八位豪杰就是开国的八大将军，均有开国保驾之功，前途无量。不过，大家既然要成大事，诸事都要有个体统，行事要听从指挥。将来所做之事，和某再作安排。做事要有秩序，不可私自乱来，误我大事！”

“谨遵大人之命！”

和珅随后又分别对诸人安排任务。

总的安排是：油里钻和喜、浪里飞和刚、活雷公和豹、舍命郎赵狗，尾随皇上南下，见机行事。飞毛腿和龙、活金刚王横、活阎王王殿、快活神赵狮，留于北京，相时而动。

常言道：“世间没有不透风的墙”，和珅安排得尽管很机密，风声还是被刘墉打听到了；同样，乾隆在后宫里与刘墉说的话也被和珅打听了去，这其中的关节只有他们各自明白。

刘墉看到和珅所派的尾随皇上南下的四人之后心中便明白了。南行所防者，唯水、火兵也！于是吩咐赵虎：“你速去市上买公牛一百头、尖刀二百把，再找三个壮实的农夫，老爷我自有安排！”

不几日，赵虎来见刘墉，说道：“回老爷，老爷所差办之事，已全都办齐！”

“让那三个农夫来见我！”

不一时，三个农夫来到，三人跪在地上。

“小民给老爷问安！”

“罢了！我问你，你们都是何处人氏？叫什么名字？”

“回老爷话，我们都是北京当地人氏。我叫刘山，居大；他叫刘岭，居二；老三叫刘峰，我们是亲弟兄三个。”

“甚好，甚好，老爷我也姓刘，一笔写不出两个‘刘’字来！”

“小民不敢高攀！”

“老爷要出一趟远门，我叫你兄弟三人把这一百头牛养好，现在就要把这一百头牛驯好！”

“请问老爷，如何驯法？”

“你们可从这一百头牛中选出一个领头的牛来，把这一百头牛排成五队，一队二十头。让这些牛在领头牛的带领下，听从牛群后面人的口令，或行或止，或进或退，一切均按人的口令行走。老爷每人每日给你们一两银子，让你们怎么干就怎么干，日后老爷我决不会亏待你们兄弟三人的！怎么样啊？”

“小民谨遵老爷之命就是了！”

“如此甚好！你们下去照看牛群去吧！”

十多天之后，刘山来报：“回老爷，牛群已经驯好。”

“可是驯得像我所说的那样？”

“正如老爷所说的那样！”

“那好，明天老爷要亲自观看！”

第二日，刘墉请乾隆皇帝共同来观看。刘山弟兄三人拜见了刘墉与乾隆皇帝。

刘山把圈门打开，只见一头牛随着刘山的一声口哨从门内出来。刘墉放眼看去，只见那牛果然是一头好牛。只见那牛全身紫红，没有一根杂毛。体型高大，四腿如柱，眼大鼻方，奕奕有神。两角弯曲前伸，又粗又长，一朵红绸扎花挂在脑门上。只见它往路中央一站，又有四头牛并排立在后面，其他的牛均自行排队，整齐有序。只听这弟兄三人各持长鞭，刷刷刷三个响鞭，那一百头牛便沿着大路往前走去。那牛个个牛头高昂，牛尾长扬，四蹄翻花，那气势，不亚于千军万马。刘山又一声长口哨，那牛便停了下来，在那里低头摆尾，一动不动地站在那里。乾隆皇帝心中高兴，对他三人每人赏五十两银子。

“刘墉，你让他们训那么多的牛干什么？”

“皇上，这牛，臣自有大用，日后皇上就会知道了。”

“刘山，你们弟兄三个一定要把这牛群管好，日后立功，皇上定会封赏你们！”

“小民谢恩！”

三六九日，乃吉祥之日，乾隆皇帝决定吉日起程。

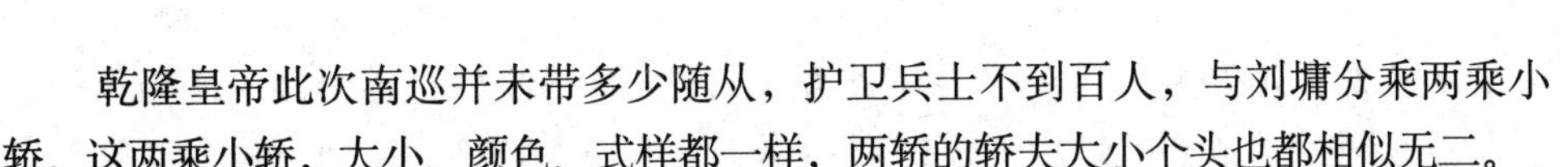

乾隆皇帝此次南巡并未带多少随从，护卫兵士不到百人，与刘墉分乘两乘小轿。这两乘小轿，大小、颜色、式样都一样，两轿的轿夫大小个头也都相似无二。

刘墉摆上香案去点香烛。那香烛老是点不着，刘墉连点了三次方才点着香烛。刘墉跪下拜了三拜，一杯酒祭天，一杯酒祭地。他二人刚要点炮起程，就见正南方天边之处忽地冒出一片黑云来。那黑云越来越大，不时便刮起狂风来。这风好大，飞沙走石，掀房折树。当时有一文学才子吟诗一首，专道这场大风：

何家神灵发神威，千年万载此一回。
苍山古树连根拔，百岁老猿迷途归。
东海龙宫殿柱歪，西天雷音无光辉。
莫说天地生灵怕，就是龙颜也生灰。

大风过后复又天晴日丽。乾隆皇帝对刘墉说道：“这是为何？”

刘墉对曰：“皇上勿虑，此乃天象，天地之常也！鸣炮起程！”

丁虎将一盘炮用竹竿高挑，用香火点炮，那炮便炸响起来。那炮才炸了一小半，便灭了，不论如何点就是不着！刘墉略一点头，道：“此乃天意！不必点了，起程吧！”

刘墉让刘山三兄弟把一百头牛由头牛领路前行，中间隔有半箭之地。刘墉又把护卫分为前后两阵，然后与乾隆皇帝分乘小轿上了路。第一日走了一百里路，第二日走了一百八十里路，第三日只走了四十里路，第四日休息，一步未行，如此反复进行，走了半个来月，一切平安无事。

这一日来到山东泗水，河中无桥，全靠船渡。河面不宽，见有两乘小轿及近百名兵士要过河，渡船自动摇来。刘墉拣了两条大渡船对船工说：“小心载我们渡河，银两不会少给。”那船工自知是官家渡河，心中明白，便说道：“任凭老爷赏点便了！”

刘墉见河中水波翻腾，雾气缭绕，但觉阴风飕飕，似有几分杀气。刘墉让刘山、刘岭、刘峰三个来到身边，轻声问道：“你兄弟三人水性如何？”刘山道：“我三兄弟自小就在河边长大，是有名的气死鱼！别说游水，就是在水中过上两三个时辰也不怕！”“此话当真？”“老爷不信，你看！”只见刘山一招手，三兄弟便纵身跳入水中，不一时，三人每人从水中捉住一条鱼来。刘墉大喜，便对他们耳语几句，三人点头答应。

只见刘山一声口哨，三弟兄连炸三个响鞭，那一百头牛便跳入水中，向对岸游去。

刘墉将军士叫到跟前，吩咐道：“军士之中凡不识水性者，分乘两船渡河；

凡识水性者，各带短刀，在两船四周泅渡。”众军士将轿子抬上船，两船相并。趁人乱之际，刘墉将乾隆推到自己的轿中，他则坐在乾隆的轿中。这一切做得很快，就是随船军士也不知晓。

船工一个号子，两船便离岸向河中划去。船刚到河心，刘墉所乘船只渐渐下沉。船工打开舱盖一看，大叫道：“不好了，不好了！这船怎么漏水了呀！”刘墉闻言，走出轿子来到船板上说道：“大家都不要慌，都坐好，不要动，有乱动者斩首！”大家便不敢动。刘墉又道：“船工到舱下看看为何漏水！”船工下舱用手一摸，说道：“船底被人凿了一个洞！这如何是好？”刘墉道：“果不出所料，这个浪里飞命该死于此水中。”刘墉语未落音，只见一股血水翻了上来。

听到叫嚷，乾隆皇帝也从轿中出来探看动静。

“皇上，一切都平安无事！”

“那船为何漏水？”

“皇上，有人要刺驾，刺客已被我兄弟三人拿住！”

大家看时，只见刘山三兄弟正拖着一个人游过来。

刘墉令道：“先把他拖到对岸再行审问！”

船到对岸，各自安排已定。

刘墉来到乾隆面前：“臣护驾不力，有惊圣驾，请皇上恕罪！”

“爱卿护驾有功，何罪之有？将那刺客带上，朕要亲自审问！”

“启奏皇上，那刺客流血太多，其命将亡，已不能说话！”

“那朕倒要看看他为何要来行刺朕！”

众人将和刚抬到乾隆面前。

“你叫什么？为何要来行刺朕？”

“和……和……和……”

“和……和什么？朕怎么听不懂？”

“回皇上，他是和珅的家将，叫和刚，因为水性好，外号叫浪里飞！”

“他既再无活路，死了就给他个薄棺，埋在此地，待朕返京后再让其家人接回安葬！”

“皇上仁慈！隆恩浩荡！”

“捉拿刺客的将士也让朕看看！”

“回皇上，捉拿刺客的不是将士，乃是臣所找的农家驯牛三兄弟！”

“那朕就封他们为护驾三虎将！”

刘山三兄弟闻言急忙来到乾隆面前谢恩。

“护驾三虎将叩见吾皇万岁，万岁，万万岁！”

“平身！”

“谢万岁！”

又过了十日，乾隆君臣一行来到汴水。汴水河不太宽，河面也不过半里之遥，河上架一座木桥。这大队人马来到河边未曾停留便上了汴水木桥。乾隆皇帝在后，刘墉在前，两乘轿子刚上桥还未走五十步，忽听见前后轰隆一声，浓烟翻滚，桥木横飞。乾隆皇帝与刘墉下得轿来，只见刘山来报：“回大人，前面有人埋炸药！”

“死伤人了没有？”

“只死一个，就是埋放炸药的那个人。此外炸死了三头牛。”

“埋放炸药的是什么人？”

“回皇上，小的听说埋放炸药的人是和珅的家将，名叫和豹，外号活雷公！”

“怎么又是和珅的家将？莫非和珅真要置朕于死地？”

“皇上，这个事日后自然明白！我们还是快赶路吧！”

“好！那就快赶路吧！”

“臣遵命！”

乾隆皇帝继续南行。也可谓是蚍蜉撼树谈何易，螳臂挡车不自量，那和珅机关算尽，倒损了自己两条家将性命。

过了淮河，又过了半月，不日间来到滁州境界。一路上只见高山连绵，奇峰异岭数不胜数，曲曲道路在山间来回盘旋，就如羊肠一般。走着走着，乾隆皇帝在轿中说道：“落轿！”军士将轿落下，乾隆皇帝走出轿来左右观看。刘墉见乾隆皇帝的轿子停下，便也下得轿来，前来询问：

“皇上，为何停而不前？”

“朕看这里的地势，就与我梦中见到的一样，两边高山，中间一条道路，山中烟雾腾腾。”

“果与梦中所见相同？”

“一点也不差！”

刘墉顺眼往前一看，不觉倒吸一口凉气。只见两边群山高耸，奇峰怪岩耸入云端，一条道路由峡谷中穿过，山中烟雾腾腾，不时有黑气蹿出，正可谓：霭霭烟雾藏杀机，天骇地怕鬼神惊。

刘墉将众兵将召集一处，说道：“我观此地地势险恶，杀气腾腾，大家过路时不可不防。护驾三虎将速将短剑绑在牛角之上，若遇贼兵，驱牛群以御之。王安、王英、丁三全力保护皇上，不得有误！赵虎护老爷，护驾三虎将一方面驱牛退敌，一方面护卫老爷。再者，一旦事变，我将与皇上互换轿子，大家可要认准了，不许出错。切切记住，现在皇上坐的轿，轿顶的花人中有孙悟空，老爷轿顶上的花人中没有孙悟空。一旦有变，皇上就在没有孙悟空的轿中，大家记清了没

有？”众人齐答：“记清楚了！”

“皇上，请把你的衣服与臣换用！”

刘墉安排已毕，便下令：“进山上路！”于是这群人便沿山路向山中走去。

这队人马正缓慢前行。刚走到山谷转弯处，猛然间从山中深处杀出一群人马来，为首的正是油里钻和喜、舍命郎赵狗。这两人也不言语，端枪拿刀直往轿顶上有孙悟空的轿子奔来。后边的人杂七杂八，拿刀的、用剑的、拉弓的，各色人等，无所不有，杀声如雷。刘墉在轿中看得明白，令轿夫抬轿向前边牛群跑去。众军士将乾隆所乘小轿团团护住，王安、丁三二人正与来敌拼杀。

轿夫抬着刘墉飞快前跑，和喜、赵狗两匹马紧追不舍，眼看就要追上。赵虎这一杆枪顾前就不能顾后，顾后就不能顾前。只见赵狗手持大刀，用力向轿子劈来。刘墉在轿中，仰天叹道：“我命休矣！”

也是刘墉命不该绝，听到人马杀喊之声，护驾三虎将之一刘山一看，叫道：“不好！”便一声口哨，一声吆喝，连炸三个响鞭。那领头牛急忙掉头，向着路边的人群冲将过来，正遇着赵虎与和喜、赵狗厮杀。说时迟，那时快，只是一头牛，就把赵狗的马肚子给捅了两个血窟窿。那马身子负疼，后腿直立，将赵狗掀下马来，摔在地上动弹不得。那油里钻和喜见群牛狂奔，稍一愣神，被赵虎一锤打下马来。正要结果他两人的性命，刘墉道：“留下活口！”赵虎便将这两个人捆绑了起来。

那和喜、赵狗所带的人众被那一百头牛只这么一趟子就给穿死得差不多了。

刘墉来到轿前把乾隆皇帝从轿内迎出。

“臣护驾不力，请皇上恕罪！”

“爱卿替朕就死，忠心可昭日月，何罪之有？快快请起！”

“启奏皇上，贼军已被群牛踏为平地，贼首乃和珅、永璘皇子的家将，现已押到，请皇上定夺！”

“带上来，朕要亲自审问！”

和喜、赵狗被带到乾隆面前。二人跪地求饶。

“朕来问你们，为何要来加害于朕？如实招了，朕可饶你们不死；如有虚言，定然斩首！”

“小的叫和喜，是和珅和大人的家将。”

“小的叫赵狗，是永璘皇子的仆从。”

“你二人为何加害于朕？”

“这一切均为永璘皇子引起。小的听说皇上遵祖宗之法要禅让皇位，我家老爷要保永璘皇子登位。我家老爷劝永璘皇子说：事到如今，已由不得你，这皇位你是要也得要，不要也得要。永璘皇子方才同意，于是对天起誓，共扶永璘皇子登

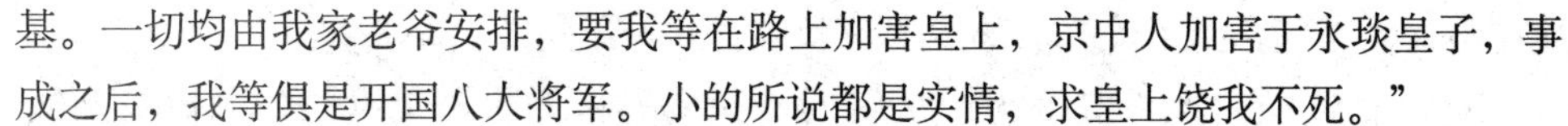

基。一切均由我家老爷安排，要我等在路上加害皇上，京中人加害于永琰皇子，事成之后，我等俱是开国八大将军。小的所说都是实情，求皇上饶我不死。”

“朕再问你，他们在京中如何加害永琰？”

“这些均由我家老爷安排，小的不知！”

“赵狗，你有何话说？”

“和喜所说都是实情，求皇上恕罪！”

“刘墉，臣在！”

“你说永琰在京中吉凶如何？”

“回皇上，依臣看来，永琰虽能逢凶化吉，但皇上也不能再继续南下了！”

“爱卿的意思是？”

“速回京都，扶新君登基，不违天命！”

“既如此，传朕旨意，速回京都。那两个奴才押回京都，然后再处置！”

“臣遵旨！”

张成、刘安自领了刘墉之命，深知事关江山社稷大事，哪敢怠慢？当即设法到了永琰殿下住处，并亲自拜见了永琰皇子，说明刘墉之意，并把刘墉对永琰皇子的要求详作陈述。永琰道：“一定遵从刘大人之意行事！”

张成回来后便与刘安商议：“老爷所交之命，事关重大，如有闪失，我二人就是掉了脑袋也担当不起！”

“不能担当也得担当！”

“保护永琰殿下安全，你看如何保护？”

“我看咱们就多找几个能打能跳、会点儿拳脚的人，前后左右，分班守护，你看如何呢？”

“如此甚好！我们就这样办！”

张成、刘安二人商定之后，说干就干，找了二十个人，分成两组，每组两班，日夜看护。这样，过了一个月，倒也平安无事。

飞毛腿和龙、活金刚王横、活阎王王殿、快活神赵狮，这四个恶奴自从领了和珅的命令之后，一心要当开国八将军，所以日夜都在想法子要加害永琰皇子。而永琰皇子在乾隆皇帝南巡之后，整日在宫中读书，学习治国谋略，足不出户，就是他手下随从也是如此。这四人想了很多点子都未行通：在外面加害，他足不出户；在内中加害，外人针插不进，水泼不入；一天到晚有人轮班护守，始终不得下手，最后想到了火。但那么大的宫院，放火烧人，又谈何容易？可别无良法，只得用火。

计虽定下，却迟迟不得下手，白天不行，晚上有月亮不行，所以要下手必须在没有月亮的晚上。但这点子两个月之前刘墉就想到了，所以交代张成、刘安，

重在防火，因此，到了无月亮的晚上，张成、刘安更是加倍小心。

这一日，又是无月亮，天阴沉沉的，四周黑得伸手不见五指。张成对刘安说：“今夜务必小心！”刘安说：“那还要说？我把灯笼、火把全都准备好了，我就看他四个哪个先落我手！”

常言道：“月黑杀人夜，风高放火天。”张成、刘安防的就是这一天，这四个恶奴选的也就是这一天。

此刻已过子时，张成忽然闻到一股浓烈的酒气，便对刘安说：“不好！当心有火！”话刚落音，就见东北角一亮，张成道，“有人放火！”刘安道：“快去捉人！”一时间，火光冲天而起，四周守护的人纷纷点起火把，一时间大地被照得如同白昼一般。那放火人本该逃开，只因他点火时，火光一闪，便被张成看见，人声一喊，便心中作慌，引火之物连点三下未引着。火刚引着，不想他是在地上泼的酒，燃得快，只听噗的一声，便是一片火光。放火人吓得一愣，转身便跑，也是该他倒霉，一脚绊在路边的一块石头上，一下子摔个嘴啃泥。还未及爬起，张成、刘安赶到跟前，一个饿虎扑食，就如老鹰抓小鸡一般将他捆个结结实实。只见烈火熊熊，凡所泼的酒所到之处，一片火海。众人急忙救火，哪里救得下去！

张成、刘安见火烧如海，更是心急如焚。就在这时，只听得一个雷响，老天便下起倾盆大雨来，转眼间，大火全灭。张成、刘安急忙令人查看火情，寻找皇子永琰。

不一时，下人来报，大火只是在外围燃烧，未及入内便被大雨所灭。人们找到永琰皇子时他还正在安睡。众人把他推醒，说起放火之事，永琰竟丝毫不知。这大概也是上天保佑吧！

张成、刘安将放火人押着来见皇子永琰。

“启禀殿下，放火人已带到，请殿下处置！”

“多谢二位救护！我先来审问一下！”

飞毛腿和龙被带到永琰面前跪下。

“我来问你，你叫什么？”

“小的叫和龙！”

“在哪里做事？”

“在和珅和大人手下当差！”

“你为何要加害于我？”

“受和大人之命，共扶永璘皇子登基！”

“你这人倒也爽快！我不杀你，待父皇回京后由父皇处置。张成、刘安两位壮士，此人就由你们好生看管，待父皇回京之后再作决断！”

“如此，小的遵命！”

乾隆皇帝与刘墉闻听京中事故，便放弃南巡计划立即返京。日夜兼程，历时两个半月，返回北京。在京官员及城中军民皆出城迎接。刘墉则陪乾隆回到后宫。

“朕此次南巡，多次逢凶化吉，全仗爱卿护驾有功！”

“护驾乃臣之本分。皇上逢凶化吉，乃皇上圣德昭天，神明庇佑，事之然也！”

“朕对和珅不薄，不知他为何要加害于朕？”

“和珅为已之私利也，他极力扶永璘登基，还是为保自己之私。皇上梦中见狼虎当道，狼衔粮谷，虎张血口。狼、虎，兽也，兽必害人。稻谷，‘禾’也，‘禾’边加‘口’，‘和’也，和珅设计加害皇上，梦中之事皆验也！”

“朕欲将皇位禅让给永琰，你意如何？”

“皇上圣明，理当如此！”

“既是如此，明日早朝朕将颁诏天下！”

“如此甚好！微臣告辞！”

三六九日，又是早朝，乾隆皇帝端坐在宝座之上，群臣舞拜。

“吾皇万岁，万岁，万万岁！”

“平身！”

“谢皇上！”

“朕此次南巡江南，未果而回，皆因世事多变。而朕能平安返京，多亏神明保佑、众卿守护。朕在路途之上，遇沉船、炸桥、兵劫三事，京中有后宫放火之事，此四事皆在加害朝廷。案犯两死两生，两生者关押在案。和珅！”

“奴才在！”

“你可想见见两个案犯？”

“奴才……奴才不知主子何意？”

“哼！你不知何意？那和龙、和喜倒知道何意！你加害朝廷，该当何罪？”

“奴才……奴才冤枉！”

“你冤枉？朕无缘受害还没说冤枉，你倒喊起冤来！说！你冤在何处？”

“奴才所为，实为永璘殿下着想，此番举动也是永璘皇子同意的，臣也不过是奉命行事！还请主子恕罪！”

“谋杀朝廷，依律当斩。朕有大事要办，就免你死罪，削职为民去吧！永璘先闭门思过！”

“奴才……奴才谢主隆恩！吾皇万岁，万岁，万万岁！”

和珅脱了官服，自出殿而去。

“传旨官！”

“在！”

“替朕宣旨！”

“圣旨下！”

“吾皇万岁，万岁，万万岁！”

“奉天承运，皇帝诏曰：朕上承天命，下遵祖训，登基面南，在位凡六十年矣。然朕德才平庸，岂能过超于吾祖乎！朕思之再三，决意将皇位禅位于第十五子永琰，朕自称曰太上皇，辅佐永琰祭天祭祖，择日登基，号曰‘嘉庆’，诏喻天下，钦此！”

“吾皇万岁，万岁，万万岁！

“宣永琰进殿！”

“儿臣遵旨！”永琰进殿，山呼舞拜。

“朕已下圣旨，诏喻天下，将皇位禅让于汝，明日便可祭天祭祖，择日登基。汝要以国家社稷为重，勤政爱民，亲贤远小，广开言路，莫负朕望！”

“儿臣谢父皇，万岁，万岁，万万岁！”

“有本早奏，无本退朝！”

“臣刘墉有本奏！”

“呈上来，朕看！”

“皇上南下江南，京都及路途均能平安，虽神明保佑，然护卫之功不可没，皇上理应赏封！”

“此事朕未曾忘，原想让新君赏封，既如此，朕就赏封了吧！刘墉听旨：朕此次南巡，多遇大凶，然终能化吉，护卫之功不可没。朕钦封刘墉为元老护国公，加赏一年俸禄；封张成、刘安、王安、王英、赵虎、丁三为殿前武士，各赏白银千两；刘山、刘岭、刘峰三兄弟均为护驾大将军，各赏银千两，钦此！”

“谢主隆恩，吾皇万岁，万岁，万万岁！”

这一日，北京城天晴气爽，景色宜人。整个圆丘装饰一新，祭坛之上，红烛点燃，香烟袅袅。乾隆皇帝带领群臣来到圆丘，乾隆皇帝在前，永琰皇子在后，众大臣随后登上圆丘三拜九叩。上了祭坛，乾隆三叩首，上香，洒酒祭天，口诵祷词：“朕承天命，登基面南，凡六十年。朕德才平庸，功不能超于先祖，故将皇位禅让于十五子永琰，号曰‘嘉庆’，特告苍天，祈求庇佑！”

言毕洒酒祭天，再次三叩首。

永琰皇子也是三叩首，上香，洒酒祭天，口诵祷词。

词曰：“本殿下遵父皇之命，承继皇位，上承于天，下顺于民。吾将以江山社稷为重，勤政爱民，赤心上表于天，祈求天助！”言罢洒酒祭天，三叩首，然后退下祭坛。群臣山呼：“吾皇万岁，万岁，万万岁！”

闻听皇上要祭祖，人们早把太庙装饰一新。乾隆皇帝带领群臣来到太庙，但见殿堂巍峨，金碧辉煌，红墙黄瓦；殿堂之内，灵牌神位，排放齐整，先祖画像，恭挂于壁，一副对联，悬挂两边。

正堂香案之上两边红烛高燃；中间香炉之内信香点燃，烟雾缭绕。

乾隆皇帝来到香案之前叩了三个头，然后上香，灵前祭上几杯酒，口中祈祷："列宗列祖在上，不肖子孙乾隆承天意，遵祖训，登基面南，在位凡六十年。然德才不超于祖宗，故将皇位禅让于十五子永琰，号曰'嘉庆'。愿列宗列祖上天有灵，保佑子孙平安。"言罢，又磕了三个响头，方才退下。

永琰皇子也如乾隆皇帝一样，焚香洒酒，祭祀祖宗，口诵祷词："列宗列祖在上，不肖子孙永琰，遵从父皇之命，继承皇位，号曰'嘉庆'，特上告祖宗，祈求保佑！"言罢叩首退下。

太庙祭祖毕，择定吉日举行登基大典。

再说和珅出了金殿，也没坐轿，竟自步行回到和府。一进府门，和珅便泪如雨下，一见到夫人，便再也忍不住了，放声大哭。

和夫人让他哭得不知如何是好，便大声来问：

"这是怎么啦？这是怎么啦？"

"我没有啦……我没有啦！"

"你到底是哭的什么呀？就像哭丧的一样！"

"皇上南巡半途回来了，一回来就将我削职为民了呀！"

"为什么要把你削职为民？"

"都是……都是那几个奴才，是他们把我的计划都说给皇上了呀！"

"什么计划？"

"夫人，你干什么非要问到底呀！这还不是为了永璘、永琰两个皇子争皇位的事嘛？为了让永璘登基，我本打算把他们都除去，谁知人未去掉，倒把四个奴才给搭上了！皇上差点把我的头也给砍了呀！"

"该杀该杀！你这天杀的，倒霉！不屈！他们两个皇子随便是谁当皇帝，与你有什么相干，你非得要干那杀人缺德的事！"

"现在说什么也晚了，皇上已决定让位给永琰了！"

"好好！你别哭了，只要你听我的，我一定能让你再回原职！"

"真能如此，我先给夫人磕头！"

和珅说罢真的就给夫人磕了三个响头。别说，和珅的这三个响头还真没有白磕，想不到和夫人还真有一个办法，就是这个办法使和珅又当了六年的官，这倒是历史事实。

吉日吉时，永琰皇子的登基大典就要在太和殿举行。

高大雄伟的太和殿装修一新，更显得雄伟壮丽。黄色的琉璃瓦映衬在蓝天下，更显得华丽壮美。大红宫灯檐下高挂，门窗雕栏画栋，色彩鲜艳多姿。那高大的汉白玉台阶栏杆被擦拭得一尘不染。大殿之内，蟠龙盘柱，喷云吐雾；宝座之上，黄毯铺就；正上方，金龙盖顶，龙口含珠。

太和殿前，御道之上，红毡铺地，两边铜龟仙鹤，各持烛香，烟笼雾绕，香气扑鼻。十八响景阳钟撞过，群臣上殿，文左武右，分班而立。乾隆皇帝端坐于宝座之上，群臣山呼舞拜。

传旨官在殿上朗声高呼："圣旨下，群臣接旨！"

"臣接旨，吾皇万岁，万岁，万万岁！"

"奉天承运，皇帝诏曰：朕上遵天命，下顺民意，谨遵祖宗法制，将皇位禅让于第十五子永琰，号曰嘉庆。朕自为太上皇，旁观朝政，扶新君登基。上祭天，下祭祖，喻告天下，吉月吉日在太和殿举行登基大典！钦此！"

此时，在宝座左后方，又设一宝座，乾隆便在此座上落座。群臣舞拜。

紧接着钟鼓齐鸣，十六响礼炮震天撼地。这是一个神圣的时刻，这是一个庄严的时刻，在中国历史上，也是一个非凡的时刻。改朝换代，开天辟地，在这个人生的大舞台上，演出过多少可歌可泣、可悲可叹、充满酸甜苦辣的人生戏剧！皇位啊！有的人为它奋斗终生；有的人为它终生落下骂名；有的人在这里施展自己的大志与才华；有的人在这里把自己钉在了耻辱柱上。这神圣的时刻，把有的人送到了终点站，把有的人又推上了新的起跑线！

"恭请新君登基升座！"

永琰——嘉庆皇帝在这神圣的时刻登基升座。他端坐在宝座之上，下视群臣，群臣全都跪在地上，自己高高地坐在这万人之上的金殿上。这就是九五之尊，这就是至高无上的皇权。嘉庆皇帝想到了他父皇乾隆的过去，想到了他自己的未来，他在想……传旨官的呼喊打断了嘉庆皇帝的思绪：

"和珅夫妇身背荆条叩见新君，现在殿外候旨！"

嘉庆皇帝闻言，心中想道：和珅本该死罪，但此时乃朕大喜大吉之日，众人皆喜，唯其独悲，于朕不吉，且依例当大赦天下，而今就先大赦于他吧！想到此，便道："传和珅夫妇进殿！"

和珅夫妇果身背荆条，进到殿内长跪谢罪。

"草民和珅夫妇叩见新君，吾皇万岁，万岁，万万岁！"

"和珅，今乃朕登基大喜之时，你进殿为何？"

"草民亲随太上皇前后，半生为官，但草民昏庸，是非不明，故多冒犯新君。一感不杀之恩，二来负荆请罪，还想为新君尽忠，以赎前罪！"

"和珅，你罪依律当斩，念你随太上皇为官多年，没有功劳也有苦劳。朕登基将大赦天下，且今乃朕大吉之日，吾不忍杀生，就赦你大罪，继续为官吧！太上皇尊意如何？”

“如此甚好！”

“谢皇上、太上皇，吾皇万岁，万岁，万万岁！”

乾清宫内，热闹非凡，整个厅堂内，南北方向并排安置四行八仙桌，中间是走道，文左武右。桌上杯盘洁净，天南地北，水下天上，飞的爬的、大的小的、老的嫩的、红的白的、黑的绿的，各种名菜特产，无所不有。宫娥彩女，来往如梭。好一派皇家盛宴！

正北方安放两个八仙桌，上首桌是乾隆太上皇的，下首是皇上嘉庆的。太上皇由和珅对陪，嘉庆皇帝由刘墉对陪。再次，就是七王爷、八王爷、九王爷、刘山、刘岭、刘峰。其余均各自就座。

“太上皇、皇上驾到！”内侍一声高呼，群臣迎接。嘉庆、乾隆喜笑颜开，春风满面，稳步入场，坐于席上。

传旨官朗声宣告，其言曰：“天官赐福，神明保佑，月贡其华，日献其辉。吾皇登基，万民之喜，嫦娥起舞，鹤凤对鸣，升平歌舞，瑞和吉祥，君臣同宴，万姓其乐，国之幸也，家之幸也。良辰吉日，美酒羔羊，君臣同享！”

此时，太上皇亦起而祝词：

帝都巍巍兮今辉煌，君臣同乐兮聚一堂。
美酒未沾兮人已醉，人逢大喜兮心花放。
先皇创业兮何其艰，吾辈守业兮当宏扬。
甲子风雨兮六十载，国交新君兮吾心畅。
勤吾国政兮爱吾民，继承美德兮当发扬。
乾清官内兮宴群臣，奉杯薄酒兮表衷肠。
良辰美酒兮夜光杯，开怀畅饮兮共同享。

嘉庆皇帝于是也步太上皇之韵，起而答词致谢：

天命威严兮无敢违，手捧玉玺兮谢父皇。
身居龙庭兮摄国政，如履薄冰兮心惶惶。
非为私身兮而愁忧，事关国事兮而恐惶。
为对祖宗兮自起誓，雄振国威兮劳无疆。
大宴群臣兮陈心曲，精忠报国兮而衷肠。
交杯频频兮休得辞，朕与众卿兮而同享。

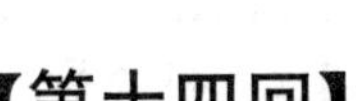

【第十四回】

股肱臣临终奏表，栋梁才寿尽归天

嘉庆皇帝自登基以来，两年间办了四件大事：第一件，大赦天下，赦令一出，全国成千上万的犯人得受皇家恩泽，举国上下，众口皆碑。第二件，减轻租税，亿万百姓，生计有望，衣食丰足，举国称颂。第三件，限制富家大户兼并土地，规定土地买卖条例，广大农夫耕有其田，安有其土，人皆以为善。第四件，考核官吏，对全国各级官吏进行考核，清廉者赏，贪赃者罚。举国上下，众口皆碑。

三六九日早朝，嘉庆皇帝端坐在宝座之上，群臣山呼舞拜。

“皇上，川楚白莲教风起潮涌，势不可当，下面频频告急，请我主天裁！”

“朕初登大宝，大赦天下，减轻赋税，制止兼并，考核官吏，皆从爱民出发。对白莲教民，遵太上皇之旨意，仍当招抚，朕实不忍对我子民刀兵相见！”

“主子仁慈，主子圣明！”

“哪位卿家愿去招抚白莲教民？”

“臣刘墉愿再次去招抚！”

“奴才也愿去招抚！主子就给奴才一个戴罪立功的机会吧！”

“既如此，元老护国公近来身体欠佳，难忍跋涉之苦，就让和爱卿去吧！”

“和大人去招抚，臣有些放心不下！”

“刘大人，你有什么放心不下的？奴才一定按皇上旨意办事，刘大人你就放宽心吧！”

“那就有劳和爱卿了，一定要将朕的旨意晓谕教民！”

“奴才遵旨！”

“太上皇不知有何圣谕？”

“此事就按皇上之旨办吧！”

自从和珅假传圣旨致使齐林被杀之后，王聪儿继承夫志，决心与官府对抗到底，以报杀夫之仇。因此，刘墉与永琰的招抚不但未能平息白莲教民潮，反而使

白莲教势力更为壮大。

这一日，王聪儿与几位首领正在议事。

王聪儿分析当前形势，她对几位首领述说自己的意见：“自从嘉庆皇帝登基以来，虽有大赦天下、减少租税、制止兼并、考核官吏之举，但积重难返，收效不大，朝政大事还都是太上皇说了算，有些事情皇上还下不了手。比如和珅的事，几上几下，就是丢不了官。事到如今，我们已占了众多城池，如若半途而废，将前功尽弃！”

刘之协也说道：“大嫂之言极是！常言道，好马不吃回头草，现在还只能继续走下去，除了这条路，别无出路！”

刘之富说：“听说上次刘墉来招抚，中间都是和珅在捣鬼，要不是他，齐大哥还不得早死呢！”

刘之协说：“有朝一日，和珅若是撞到我的手里，我一定要叫他碎尸万段！”

王聪儿也说：“我恨不得用他的头来祭奠你大哥！”

大家正在说话，门军前来禀报：“报各位头领，朝廷派钦差和大人前来招抚，让各位头领出寨迎接！”

“出寨迎接？好？他和珅来得好！”刘之协怒目圆睁，刷地把剑抽了出来，说道，“我就用剑来迎他！”

“大嫂！杀了他！”

王聪儿此时心中也是怒火万丈，她脸色铁青，两眼冒火，睫毛上挂着晶莹的泪花。她手握剑把，过去的往事又在她眼前闪现。

王聪儿打了一个寒战，眨了眨眼睛，摇了摇头：“不杀他！不能杀他！”

“为什么？”

“我王聪儿报仇事小，千万个兄弟的性命事大。我们若杀了和珅，必定要激怒朝廷，必然派兵来剿，那时，我义兵将损失惨重，小不忍则乱大谋！迎接！走，出门去迎接他们，以礼相待！”说罢，王聪儿让兵士列队迎接。

“拜见钦差大人！”

“嗯，免礼吧！怎么到现在才来迎接本官哪？”

“不知钦差大人驾临，有失远迎，请大人恕罪！”

“算啦！本官也不怪罪你们，你们当反贼多年，心都野了，也全没了规矩。”

“钦差大人请寨内说话！”

“寨内说话？常言道君子不饮盗泉之水，志士不食嗟来之食！本官乃朝廷命官，岂能轻易进寨？本钦差奉皇上之命，前来招抚，尔等要感皇上赦罪不杀之恩，痛改前非，归顺朝廷，不可再为非作歹。”

“为非作歹？那官府强抢民女可是为非作歹？”刘之协烈火难按。

“大胆反贼，竟敢顶撞本官，诽谤朝廷！来人！给我拿下！”

随行军士闻令就要捉拿刘之协。

刘之协此时就像是一头受了伤而发怒的雄狮，大吼一声，将身一晃，便将两个军士甩倒在地，又腾地飞起一脚，将一兵士踢翻在地，手起刀落，又将两名军士砍倒在地！

王聪儿、刘之富分别把刘之协按住。

王聪儿道：“你只知怒火万丈，杀人出气，你可知为此将毁了多少将士性命！你坏了我的大事！”

和珅原本打算来招抚白莲教，戴罪立功的，只是这人一贯是胎里坏，对穷苦百姓没有感情，所以他不但未能说服王聪儿他们，反而激起了反抗烈火，致使刘之协怒火万丈。这也是和珅所未料到的，见他杀了人，便也心中害怕，口中说道：“大胆反贼，竟敢行凶杀害朝廷命官，胆大包天，胆大包天！”转身便跑，随行军士见状，也都纷纷逃跑。

刘之协仍在大喊：“和珅！看我不一刀宰了你为我大哥报仇！”

王聪儿对刘之协说：“你消消气吧！你把祸闯大了！和珅这一走，朝廷必然要派大军来围剿咱们不可！”

刘之富问道：“这如何是好？”

王聪儿道：“收拾人马，打点行装，往大山之内转移！”

和珅逃离山寨，心想，招抚不成，反伤了几条军士性命，如何复旨？思索片刻，便将溅到身上的血迹又让衣服沾染一番，对随行军士道：“今日之事只说白莲教匪不愿接受招抚，行凶杀死军士，其他不得乱言！”众军士皆曰：“遵命。”

和珅立即写表，上奏朝廷：

臣奉皇上御旨对白莲教匪进行招抚。臣遵旨离京，日夜兼程，顶风冒雨，不避寒暑，火速到达，不误时日，皆为宣皇上之德政也。皇上爱民如子，皇恩浩荡，恩泽遍及百姓，聚养生息，安居乐业，唯千古之一帝也！

然白莲反贼，反叛成性，无视天威，抗逆朝廷，不思归顺，一意孤行，竟胆大妄为，刺杀朝廷命官，臣今血染官袍，若非军士舍命相救，则必为反贼刀下之鬼矣！而今贼势浩大，危及江山社稷，除天兵征剿，别无良法。川楚之民，陷于水火，生日艰辛，度日如年，期盼官军，若枯苗之盼甘霖焉！臣叩首再三。

此表写好，即令人飞速上告朝廷，当日即起程返京，不分昼夜，披星戴月，往京城而来。

嘉庆皇帝接到和珅的上表，立即观阅，不禁龙颜大怒，马上招刘墉议征讨

之事。刘墉说道："依臣之见，皇上且缓发兵，等和珅回京问明详情再作决断不迟。发兵征讨，乃用兵大事，治国之要，皇上不宜过急！"

嘉庆皇帝道："就依卿意，待和珅回京时再议！"

三六九日早朝，群臣山呼礼毕。和珅出班奏本："奴才启奏我主，奴才奉旨招抚，不料白莲教贼首反叛成性，无心归顺，对朝廷钦差武力对抗，杀害官兵，强暴钦差。皇上龙目观看，此乃奴才衣袍，血迹斑斑，若非军士舍命相救，奴才不得见圣上啊！"说罢竟放声大哭。

和珅这一哭可不要紧，一下子把嘉庆的火气给拱上来了。群臣也都觉得王聪儿做事过分，两军相交，尚不斩来使，况是朝廷钦差呢！

刘墉虽自知和珅言中有虚，但白莲教势力强盛，已危及社稷，招抚亦不可能，只是暗自叹息。

"白莲教反叛朝廷，危及社稷，朕为保江山太平，决意平叛，哪一位爱卿愿担此重任？"

和珅道："奴才愿担此任！"

"朕就赐你尚方宝剑一把，可在川、鄂、晋、豫、鲁、皖五省调兵遣将，全力征讨！然不可滥杀无辜。"

"奴才遵旨！"

王聪儿把部队拉入大山之后便将几位首领召集一起共同议事。

"各位首领，我们的人马自进入大山之内已近月余，我估计，官兵不久就要来征讨我们。现在大家必须做好三件事：其一，要加紧操练，不可懈怠。其二，布兵设防，各把营寨，准备血战。其三，士可杀，不可辱，抗敌到底，不投降，不叛变！诸位还有什么说的？"

"我等坚决听令！"

于是，王聪儿把人马分作三部，分三处扎寨。王聪儿安寨居中，刘之协安寨居左，刘之富安寨居右，略成三角之形，互相照应。

分派已毕，各寨都在积草存粮，磨刀擦枪，练兵不止，杀声震天。

和珅领了圣旨之后，便手持尚方宝剑走马上任，自称平叛大元帅，从川、鄂、晋、豫、鲁、皖五省调兵四百万，恰是王聪儿他们的四倍。各路人马犹如潮水一般向襄阳涌来，旬日之间把个襄阳包围得风雨不透。只见官军营寨是一个接一个，一个连一个，旌旗如林，满山遍野，到处是官兵，人喊马嘶，涌动如蚁。

王聪儿把众首领又招在一起议事。王聪儿烈火中烧，面对众兵丁将士，声泪俱下："我等本平民百姓，各有家室，然抛妻别子，背井离乡，铤而走险，啸聚山林者，盖官府所逼耳！我王聪儿夫、父被杀，与官府仇深如海，不共戴天，今领众兄弟姐妹同举义旗，共蹈死地。我王聪儿内心有愧，对不起大家。王聪儿在此叩头谢罪！”王聪儿三头叩过，额面带血。众将官亦纷纷下跪向王聪儿叩头致谢。王聪儿又说道：“现在大兵压境，血战就在眼前，诸位当各自为战。将来如有能生还者，当永记这段人生情缘，作文刻石，让子孙后代知我等生为人杰死为鬼雄，来于世上不枉此一生也！”

众人皆痛哭流涕，对天而誓：“一人犹在，义旗不倒，青史留名，地久天长！”

和珅所住营寨，就在王聪儿营寨对面，各路人马齐集帐下。和珅手持尚方宝剑正在训示：“诸将官，本元帅奉皇上御旨领兵来平定白莲反叛。众将官要死力拼杀，尽忠皇上，对叛贼格杀勿论，不得姑息，有违此令者，斩！”

和珅派使前往义寨劝降，三位使者依令前往王聪儿营寨。

王聪儿与众将士正在对天而誓，忽报官兵使者来见。

“让他进来！”

“拜见王首领！”

“有何指教，就请快说吧！”

“现有大元帅书信一封，请过目！”

王聪儿将信拆开，念道：“王聪儿台鉴：今奉旨征讨，本元帅不忍斩尽杀绝，特派使相劝。若能归顺投降，可保不死；如对抗到底，官军所到之处，人人过刀，个个见血，绝无一人生存，望三思。”

“三思！三思！早就知有今日，何须再思？”王聪儿将信撕得粉碎，“来人！把他推出去给我砍了！”

“王头领，不能啊，两国交兵，不斩来使呀！”

“我王聪儿死到临头，还管他什么不斩来使！砍了！悬首示众！”

和珅坐在帐内，探马来报：“报大元帅，大人所派使者被杀，人头被挂在旗杆之上！”

“好你个王聪儿，你也是活够了！你斩来使，我就再派，看你如何！来人，再去送信！”

第二个使者又来到王聪儿面前递上书信。王聪儿看罢书信，道：“斩首示众！”于是，第二颗人头又被挂上了旗杆。

第三个使者又来了，第三个使者的头又被挂上了旗杆。

王聪儿三斩来使，把和珅气得哇哇乱叫：“各路兵马，明日半夜子时，击鼓进军，生擒王聪儿！”

半夜子时，过去的一天刚刚过去，到来的一天刚刚到来。夜是静悄悄的，没有月亮，只有天上的明星在不时地眨着眼睛。她在偷偷地窥看着这人间将要发生的一切，她将要看到血与火的拼杀；她将要看到一场惨绝人寰的屠杀；她将要看到一个个不屈服的灵魂在呐喊、搏斗；她将要看到凶猛的野兽如何吃肉与饮血。此

时，正是人们沉醉在梦乡的时候，可王聪儿和她的将士们却没有一个能够入眠的！

嗵嗵嗵三声炮响，打破了宁静的夜！火把举起来了，战鼓擂起来了，杀声喊起来了，战马冲过来了，大刀砍过来了，飞箭射过来了，大火烧过来了！

王聪儿的将士们，刀高举，弓满开，刀光闪烁，羽箭纷飞，战马嘶鸣，号声呜咽。方圆数十里的岭上坡下，人山人海，涌动错杂，到处是喊杀声，到处是刀枪，到处是乱尸。

刘之协的一杆长枪犹如出海蛟龙。刘之协立于马上，力战四将。官兵的那四员将，四匹马如走马灯似的将刘之协团团围住，四样兵器直奔刘之协要害处打来。刘之协把那杆枪抡得如风车儿一般，只见寒光遮身，不见人体部位，轮番战了四十回合，不分胜负。四员将节节败退，刘之协越战越勇。刘之协大吼一声，连连两枪将官兵两员将刺于马下，另外那两员将转身欲逃，又被刘之协连刺两枪，从背后结果了他们的性命。

刘之协刚刚将马立定，又有四员大将围了上来。刘之协连战八员大将，渐觉力气不支，只有招架之功，再无还手之力，枪法不免也乱将起来。就在此时，被官兵大将看准破绽，只是一枪，便把刘之协刺于马下，这官兵四将的四杆长枪又同时刺下。刘之协身中五枪，腔内鲜血形成五个血柱，喷将出来。可怜刘之协勇猛一生，竟血染沙场，命归黄泉。

刘之富手使双锤，他坐在马上，也不挽缰绳，双腿夹住马肚子，任凭那匹马在官兵阵里来回奔驰。刘之富舞动双锤，见人就砸，逢人就碰，砸着的，脑迸浆流，碰着的，腰断胸伤。刘之富自已也不知打死多少人，只觉得身上的衣服沉甸甸的，低头看时，只见衣服上红的白的，厚厚的一层，足有一指来厚。

刘之富杀得正起劲，忽然围上来六员大将，其中两个使枪，两个使斧，两个使锤。这官军的六员大将，甚是厉害！两杆枪，如蛟龙出海；两柄大斧，如霹雳闪电；两把锤，如泰山压顶。这六种兵器，不论是哪一种，倘若碰身都会丧生亡命！

这六员将将刘之富围在中央。这六种兵器，不打人，专门对付刘之富座下的那匹马，两杆长枪专刺马眼，四把大斧专砍马腿，四把大锤专砸马身。这六种兵器，有一件碰着马，都可使马死亡，战马一失，刘之富岂有生还之理？这刘之富左右不能相顾，上下不能周全，不一时，只累得两眼发黑，四肢无力，稍一走神，那马便被砍断一条后腿。那匹马向后一歪，刘之富便仰面向后栽下马来。顿时之间，两把锤碰在一起，两把斧砍在一块，两杆枪同刺一方。可怜，刘之富转眼之间头被砸成面饼，身被断为两截，想不到如此盖世英雄竟落到如此凄惨地步！

混战之中，王延诏与王聪儿杀到了一块，王聪儿手使双剑，王延诏手使双斧。王聪儿也不知砍杀了多少官军，浑身如同一个血人儿一般。三个人正围着王聪儿厮杀，这三个人也是各使双剑，四个人杀在一处，八口剑刺在一起。那王聪儿力

敌三人，气力不济。王聪儿架得了前面四口剑，这背后两口剑却又猛刺过去。王延诏情急之中，说声躲剑，便扔斧打去，这一斧正砸中那人后脑。王聪儿听到喊声，将腰一拧，躲过了双剑。就在王延诏扔斧之际，有一将官在后边对着王延诏后心就是一剑！这一剑，从后心刺进，前心刺出，霎时鲜血喷出，不时身亡。

王聪儿杀出一条血路，向一座高山上奔去，官兵将官仍是紧追不舍。

此时，白莲教首领大都阵亡，大量兵士仍血战不止。官军人马从四面八方包围而来。白莲教兵士被官军分割穿插，分片包围，被打得溃不成军，死伤无数，最后剩下大批老幼弱残兵士已再无抵抗之力。而大量官军如狼似虎，不论男女老幼，见人就杀，逢人就砍，就如饿狼扑入羊群一般，横冲直撞，如入无人之境。

在一段河谷边，有二百余人被官军团团围住。白莲教兵士步步后退，官兵们举刀挺枪，步步前逼，一直把人们逼到水边。官军将士下令放箭，这二百余人大都死于乱箭之下，还有的人淹死于河水之中，二百余人无一生存。

在山嘴边，五十余名白莲教兵士被二百名军兵包围。这五十余人最后被杀得还剩四个人：一个五十来岁的老头、一个吃奶男孩和抱着他的妇女，还有一个七八岁的小女孩。老者对着官军的一位将军跪了下来。

"将军，这里的白莲教死得就剩下我们这老的老小的小，我不请求你让我活下去，我求你让他们活下去。你若不让这妇女活，她怀中的孩子也活不成，你看这小女孩多可爱，她才是个七八岁的孩子呀！"

"你求我，我求谁呀？格杀勿论，这是和大元帅下的令，我敢违抗吗？"

"你抬抬手，他们不就都过去了吗？"

"老贼头，你倒蛮有善心的，我就要你看着他们死！"说着，将军向老者肚子上就捅了一刀！老者痛苦地趴在血泊之中。"老贼头，你看着我送他娘儿俩上西天！"

"你……还不如禽兽！"

"好！我就是禽兽！"

将军说罢，一剑刺了过去，从小男孩的肚子上一直穿进那个妇女的胸膛。趴在血泊中的老者咬牙痛骂："阎王爷白给了你一张人皮！"

"叔叔，你别杀我好吗？我不是白莲教，我会唱歌给你听……天上有颗明亮的星，那是妈妈的眼睛……"

将军没有说话，他趁小女孩转脸的时候，把剑刺进了小女孩的后心。小女孩仰卧在血泊中，仍断断续续地唱着："天上……有……有颗明……明亮……的星……那是……妈妈的……"

"你这个野兽，快杀了我吧！"

"你不说我也要杀你！"

将军一剑砍下去，老者的头掉了下来，一腔血喷得老远老远。

王聪儿杀出一条血路，向山上跑来。这时她才发现，这里就是当年她与齐林杀掉驴头千岁抱头痛哭的地方，也就是齐林对天发誓决定走造反道路的地方。

她的眼前又浮现了齐林仰天长叹对天发誓的愤怒的身影，耳边好像又听到了齐林那悲愤的呼喊声。

王聪儿放眼看去，只见远处高山连绵起伏，近处重峦叠嶂，悬崖峭壁直立如削，千山万水如同锦绣。王聪儿真想对这里再多看一眼，多呼吸一口清新的空气，可是，她办不到，后面的官兵又追上来了！

王聪儿望了望脚下的深渊，大声高呼："齐林，我来啦！"说着纵身跳下崖去！

王聪儿的呼叫，在峡谷中回荡，回荡……

和珅平定了白莲教起义，得胜回朝，一路上大张旗鼓、声势浩大地往京都而来，同时写表上奏朝廷：

白莲反叛，攻城略地，杀人放火，作恶多端，人神共愤，罪在不赦。而今天兵一到神威大显，反叛皆平，四海安宁，此乃皇上功德所致也！

臣自领命以来，诚惶诚恐，日夜驰奔，唯恐误圣命也。臣调官军四百万，围剿于贼巢之内，拼杀于峻岭之间。子时，官军号炮三声，万马齐涌，千将同战，火光映月，杀声震天，叛贼人头落地，尸身遍野，贼首王聪儿跳崖而亡，其余贼众，不论男女老少，不论能战不战，格杀勿论，或乱箭射杀，或逼溺河谷，或逼其跳崖。贼据村舍，踏为平地，鸡犬不留，片瓦不存。贼众宁死不降，故童孺妇幼，翁妪白发，无一生存。此次平叛，杀贼凡百万五千七百九十九人，焚村舍十座，斩草除根，后患永绝也！

将士平贼，功不可没，故上表达天，以伺其赏也。

嘉庆皇帝在宝座之上将和珅所上之表看了两遍，没有做声，便把表章扔在地上，又过一时，方才发话：

"刘爱卿，你且看看此表！"

"臣遵命！"

内侍将表章传给刘墉。刘墉将表章细看一遍，不觉内心隐隐作痛，便又传到龙书案上，便站在那里，不再言语。

"刘爱卿，朕问你，你看这表章写得如何？"

"皇上，你让臣说实话还是说假话？"

"当然是实话！"

"皇上须得赦臣无罪，方才说实话！"

“朕就赦你无罪，说吧！”

“和大人的表章写得有血腥之气！”

“说呀！”

“臣的话说完了！”

“唉，退朝！”

出了金殿，八王爷向刘墉问和珅表章的内容。

“刘大人，你说和珅的表章写得有血腥之气，是何意？”

“八王爷难道没看出皇上的意思吗？”

“什么意思？”

“和珅杀人太多！”

“和珅杀人太多？不是皇上要他去平叛吗？”

“妇女儿童难道也该去‘平叛’吗？和大人连妇女儿童也没放过呀！”

“唉，这个蜡头儿也太狠了！”

“等他回来讨赏时再说吧！”

“对，到时再说！”

和珅平乱归京是一件大事，所以朝野皆知。

群臣进殿，见乾隆太上皇也上了朝，所以山呼舞拜自与平时不同。

“奴才奉旨平叛，现回京缴旨，详情奴才有表章呈交皇上。平叛将士功不可没，皇上当按功行赏。”

“和爱卿所上表章，朕记不清了，爱卿可将表章内容再说一遍。”

“奴才遵旨，所幸奴才还有原草，现奴才就按稿念诵！”

“那就念与联听！”

“奴才遵旨：‘白莲反叛，攻城略地，杀人放火，作恶多端，人神共愤，罪在不赦。而今天兵一到，神威大显，反叛皆平，四海安宁，此乃皇上功德所致也！臣自领命以来，诚惶诚恐，日夜驰奔，唯恐误圣命也。臣调官军四百万，围剿于贼巢之内，拼杀于峻岭之间。子时，官军号炮三声，万马齐涌，千将同战，火光映月，杀声震天。叛贼人头落地，尸身遍野，贼首王聪儿跳崖而亡，其余贼众，不论男女老少，不论能战不战，格杀勿论，或乱箭射杀，或逼溺河谷，或逼其跳崖。贼据村舍，踏为平地，鸡犬不留，片瓦不存。贼众宁死不降，故童孺妇幼，翁妪白发，无一生存。此次平叛，杀贼凡百万五千七百九十九人，焚村舍千座，斩草除根，后患永绝也！将士平贼，功不可没，故上表达天，以伺其赏也。’”

“臣刘墉启奏皇上，和大人此次平叛有违圣命，当治其抗旨之罪！”

“哎，我说刘大人，我和珅出生入死，遵旨平叛，何罪之有？”

“皇上，你曾明确晓谕，不得滥杀无辜，而和大人却滥杀无辜，不是抗旨不

遵吗？”

“奴才并未滥杀无辜！”

“并未滥杀无辜？‘不论男女老少，不论能战不战，格杀勿论……童孺妇幼，翁妪白发，无一生存。’你连老人、小孩、妇女都不放过，不是滥杀无辜又是什么？皇上，白莲教民本可招抚，始因和珅假传圣旨，致使齐林被杀，从而激起白莲教起义愈演愈烈。上次皇上让和大人招抚，结果招抚失败，致使派官兵围剿。和大人滥杀无辜，虽将反叛平定，但狠毒太甚，将皇上爱民之心意毁坏殆尽，此实为毁我大清之祸呀！皇上，臣刘墉以为，和大人此次平叛，不是有功，反是有罪，不是受封，而是要治他的罪！”

“爱卿所言极是！”

“皇上，奴才冤枉！奴才冤枉！”

“刘墉，和珅平叛，固然有过，平叛的辛劳，也不可没！”

“太上皇的意思是？”

“不赏也就罢了，如若再治其罪，岂不令人心寒吗？万岁，你意如何？”

“那就依太上皇之旨意吧！不赏不罚！”

“奴才谢皇上，谢太上皇不责之恩，吾皇万岁，万岁，万万岁！”

“退朝！”

这一日太上皇乾隆早晨醒来，想睁开眼睛，便觉得眼睛好像睁不开一般，觉得眼皮似有千斤之重。太上皇用力将眼闪开，见天色已明，坐起身来，便觉得头重，有点发晕，便又睡了下去。

太后娘娘见太上皇乾隆坐起便又睡下，急来看视。

“太上皇今日为何起而又睡？”

“寡人今日只觉得头晕不适，双目难睁，不知为何。”

“太上皇莫非是劳累所致？速请太医看看！”

“如此也好！”

太后娘娘速传懿旨，不一时，太医来到。这太医号为“神本草”，医术甚是高明。

太医神本草走近床前，细心给太上皇切脉。只见神本草双目微闭，心平气和，半晌不语，而后将手缩回来，睁开双眼，沉思良久，便执笔开写处方。

太后娘娘轻声问道：“太医，太上皇如何？”

“回禀太后娘娘，太上皇乃劳累所致，肝气不舒，眼下切需细心调养。先按此方抓药去吧，下官告辞！”

其实，太医神本草心中明白，太上皇得的是肝病，且病情甚是棘手，他只是

尽力调养，所以只能维持，并不能从根本上根除病。古人云："养病如养虎。"病在身上，一日不除，病人不得安生，且那病得不到根治，所以就越来越重。太医使出全身本领，亦无济于事，又同其他太医会诊，也是作用不大。因此太上皇的病就越来越重，饭吃不下，觉睡不安，行走无力，那肚子也渐渐肿大，太医神本草亦是束手无策。

太上皇乾隆病情越来越重，可急坏了五个人。一是太后娘娘，原因很简单，他们是多年夫妻，失了丈夫，无异于塌了整个天，再者他们的皇儿刚坐天下，也还需要他的帮助。二是嘉庆皇帝，不要说皇帝，就是平民百姓也怕失父，须知，父亲是儿子的靠山呀，更何况这国家大事还需要他来拿主意。三是三位王爷，他们毕竟是手足兄弟呀，他们也担心，一旦山崩，这嘉庆能稳定大局吗？四是刘墉，刘墉急什么呢？他是元老护国公呀，将来他的担子将更重。五是和珅，和珅不光是急，而且是怕，为什么呢？因为他和珅知道，太上皇就是自己的撑腰柱，若不是有太上皇在，说不定他和珅五年前就被刘墉给惩办了。当然，除了这些人之外还有一个人最怕，那是因为三位王爷发了火，治不好太上皇的病，就要砍他的脑袋！你说太医神本草能不急不怕吗？

这一日，太医神本草在家中愁得饭也吃不下，觉也睡不着，天都黑了很久了，还没有做饭，老伴正唠叨着呢。

"我说老爷，你愁也没有用，不吃不喝也是不顶用。我说你就大吃大喝，到时候三位王爷要是真杀你，倒也落个饱死鬼！"

"对！吃！到时候落个饱死鬼！我什么都不想吃，你说我吃什么呢？"

"你说！老爷你只管说，你缺什么我就给你补什么！"

"你说什么？你再说一遍！"

"我说什么了？我什么也没说！"

"不！就是你才说的什么，好好想想，好好想想！"

"我是说，你缺什么，我就给你补什么。"

"对对，就是这句，缺什么补什么。哎呀，我怎么把它给忘了呢？我记得《本草纲目》上也好像这么说着呢！这怎么就找不着了呢？缺什么补什么，这太上皇肝不好，当然要补肝了，补什么肝呢？当然要人肝了！"

想到这里，神本草也愁了，到哪去弄人肝呢？神本草突然也变得聪明起来了：用死囚的肝！神本草的脸上露出了笑容。

一道懿旨，把三个人快速地召集到后宫。这三个人，就是嘉庆、刘墉、和珅。太后眼中含泪，召开着这样一个不是会议的会议。

"太上皇病情一直不见好转，如何是好？特请两位卿家过来商议！"

"启奏太后，人非神仙，偶生小疾也是常情，太后不必过虑！"

“奴才敢担保，太上皇定能康健！”

“二位爱卿，哀家又不是小孩子，用不着你们好语相慰，你们有什么内心话就说！哀家是心急如焚，用不着绕圈子了！”

“太后、皇上，依臣之见，还是要在太医身上打主意，办法还是得由他来出！”

“传朕旨意，召太医来见！”

太医神本草进宫后，急忙见礼：“回禀皇上！下官实在是无回天之力，不过有一法可试一试，权当尽尽自己的心意！”

“什么方法？”

“中医上有一说，谓缺什么补什么，这叫做同物相补。太上皇既是得的肝病，就应当吃人肝相补！”

“什么？吃人肝？吓死哀家了！”

“太后，那有什么可怕的？只要能治好太上皇的病，就该去取！”

“和大人平白莲教杀人如麻，所以胆大不怕！”

“你刘大人又在奚落下官了！”

“太医，你说这人肝向何处去取？”

“回禀皇上，我们可以用死囚的肝！”

“不行！此法不能用，以人肝治病，乃不仁之举！”

“皇上不要为此事挂心，奴才以为，只要能治好太上皇的病，就是再难，也要去办！”

“唉，此事尽力就算了，不要再惊天动地的了！”

“太后放心吧，奴才一定会尽力去办！”

和珅又遇见了一件新鲜事，这件事很快在朝野之中传开。

自从太上皇病重，须吃人肝补肝之后，和珅是日夜思虑，心中垂念，祈祷天地。这一日，和珅不觉来到一个去处，青山绿水，一条小河穿山而过。和珅觉得困乏，便在河边歇息。忽然又想起太上皇往日对自己的好处，又想到太上皇龙体欠安，不觉眼中落泪，口中又念叨起来：“苍天！你就赐给我一个人肝吧，只要能治好太上皇的病，就是减我和珅十年阳寿，我也心甘情愿！”说罢不禁放声大哭。

忽然就见河中水波翻动，突然从水中钻出一个小儿来。这小儿双手捧着一个人肝走上岸来，和珅惊异不止。

“我乃河神是也！知道太上皇须用人肝，又见你对太上皇如此忠心，再者也是太上皇偶染小疾，命不该绝，故而小神每日献小儿肝一副，让太上皇服用！”

“如此，多谢河神！多谢河神！那你把肝献出，生命岂不堪忧？”

“你把心放下吧，小神之肝，取其一点，即成整肝。吾肝去其一点，一时三刻之间便可恢复，和大人不必忧虑！日后两日来一次，按期来取，不可有误！”

“多谢河神！多谢河神！”

河神说罢翻身入水而去。

和珅得小儿肝归来，急忙上表告之嘉庆，并派人将小儿肝送入后宫。表曰：

自太上皇龙体染疾以来，奴才日夜思念并祈祷天地，每日三次，从不敢有慢，故而奴才忠心上感苍天，下动大地。奴才于河边信步，有河神献肝于太上皇。此也是太上皇功德所致，故而奴才上表达于天庭，儿肝送入宫中。

古有卧冰求鲤，埋儿得金之说，余尝有疑，今日方信。河神献肝，吉祥成瑞，太上皇当龙体康健，此亦大清喜幸之事也。

嘉庆皇帝阅罢表章龙心大喜，并禀告太上皇乾隆，太上皇乾隆也自是欢喜。

三六九日，嘉庆皇帝一上朝心中就不高兴，因有一件事弄得嘉庆皇帝心神不安，那就是北京城内多有儿童失踪，弄得整个北京城人心惶惶，并盛传北京有吃人毛妖，专吃童男童女。因此，人心惶恐，儿童不敢出门，如若哪个小孩子啼哭作赖，大人们只要说“别哭，外面有毛妖，专吃爱哭的小孩子”，那小孩便马上不再啼哭，可见当时人心之惶恐。

嘉庆皇帝端坐于宝座之上，群臣山呼完毕，刘墉便出班奏本。

“皇上，臣有本奏！”

“护国公有何本奏，呈与朕看！”

“皇上，近日来京城盛传有毛妖专吃儿童，闹得人心惶惶，政局不安。为大清江山社稷着想，皇上对此事不能充耳不闻，任其滋蔓！”

“毛妖吃儿童之事，朕早已耳闻，但未及细查！朕想请护国公查明此事，不知可否啊？”

“皇上所命，臣安敢不从！但臣从太上皇南巡之时，臣手下得力干将均被赏封，今已高升。为查明毛妖吃人之事，臣请原班人马屈驾帮臣破案，请皇上恩准！”

“朕准奏，朕命殿前卫士张成、刘安等六人现归元老护国公安排，协助护国公查明此事！”

张成、刘安等六名殿前卫士自然遵旨。

刘墉将张成、刘安等六人邀至府中，设宴款待。刘墉把酒致意。

“诸位殿前卫士，本官奉圣上之旨要查明毛妖吃人之事，因事关重大，故本官请诸位助本官破案，还望诸位屈驾光临，助我以成大事！”

“老大人，这事自不必说，老大人只管吩咐便是！”

“毛妖吃人，儿童失踪，我想，此事恐怕与太上皇药用人肝有关，此事要从和府入手。”

“老大人，和大人不是上表说是河神献肝吗？”

刘墉笑道：“那只不过是一个掩人耳目的幌子，日后定见分晓。”

“老大人，此事如何入手？”

“还是老办法——暗访。因在京城查访，彼此耳目难防，因此，都要改装，此是第一件；你们六人，可分成两组，专到僻静处，小儿玩乐之处，暗中行事，此是第二件；快速查明小儿失踪多在何处，可在小儿失踪处查访，此是第三件；也可找小儿在人少地静之处戏耍，引蛇出洞，暗中守候，此为第四件。一有消息速来禀报！”

当下，他们六人分作两组：张成、王英、丁三为一组，刘安、王安、赵虎为一组。他们六人分头议论，各自行事。

和珅从后宫出来，坐在桥中寻思：寻取人肝着实难寻，要寻小儿肝更是难上加难，为了治好太上皇的病，事情就是再难也还要办。因为和珅心里清楚，太上皇在世一天，他和珅就能安乐一天，不然，那命运可也就难说了。斩经过一个荒岗子，和珅灵机一动，计上心来：对，用银子买小儿尸体，小儿肝不就有了吗？转而又想，那太上皇若得知是从乱葬岗子捡的小儿尸，会不会愿意用呢？

和珅虽说办正事本领不大，可办坏事却能耐不小，为了掩人耳目，所以他就编了一个河神献肝的神话。

和珅回到府中，便把和喜、和龙找来议事。

和喜、和龙来到客厅便给和珅问安。

“小的给老爷请安！”

“赐座！”

“谢过老爷！老爷唤小的来有何吩咐？”

“老爷一向待你们如何？”

“老爷待小的恩重如山，情同己出！”

“既是如此，老爷有一事要你二人去办！”

“所办何事？老爷请说！”

“老爷需要小儿肝为太上皇治病！”

“小儿肝？”

“正是！”

“那如何去取？”

“我们可用银子买小儿尸体，从而得小儿肝，但必然是新鲜的！老爷准备用每小儿尸一百两银子的价格去收买儿尸，你二人可速去查访买尸！”

“小的遵命！”

和喜、和龙这两个恶奴在太上皇南巡之时要谋杀太上皇乾隆和当今皇上嘉

庆，但都因太上皇和皇上宽宏大度、皇恩浩荡，均未予治罪。但这两个恶奴不但不思悔改，仍是吃屎的狗离不了毛厕，依然是在和珅手下干坏事。

张成、刘安六人明察暗访，在大街小巷满城地转悠，连着五天没有消息。这一天是古城庙会，因此，张成、刘安等六人便不约而同地也来到庙会。

奶奶庙前空地上，锣鼓声声，号角阵阵。刀山架上，一个年轻后生在半空中正在表演杂技，一会儿是天女散花，一会儿是寇准背靴，一会儿是金猴探谷。观看之人是掌声四起，喝彩不断。

这一边是耍猴的：一只猴子头顶手帕，前臂挎个小花篮子，在圈子中走动。耍猴人边敲锣，边唱：

三月里来柳芽发，
春城无处不飞花，
俺请诸位细心看，
二八佳人回娘家。
两边的景致（俺）无心观看。
俺心里只想快见爹和妈。
小奴家，婆家就在山坡外，
小奴家，找个相公人人夸。
聪明能干力气大，
只生得漂漂亮亮没法夸。
俺相公对俺情意厚，
三月整，不让奴家回娘家。
小奴家吃饭想起爹和娘，
不由得两眼泪花花。
小奴家想念想到伤心处，
不由得奴家放悲声，
哭一声奴的亲娘呢奴的妈……

“诸位，你们看这小佳人哭得多伤心！我说小伙子们，日后有了媳妇可不要只图得自己热火，不让媳妇回娘家了……”

耍猴人一句话说得大家哈哈大笑。

张成、刘安六人也混在人群之中看热闹，一边看人耍猴，一边观看动静。

“我娘到哪里去了哎……”

张成用脚尖抵抵刘安，刘安向外边一看，只见一个小男孩从那边走过来，一

边哭一边喊，看样子是走迷了路的。

刘安只见一个人向小孩走去，看后影，刘安觉得好面熟，于是用手朝张成身上捏了一把，二人便在人群中挤了过来。

“和喜！”张成喊道。

“是和喜！”刘安轻声道，“走，跟上去！”

张成、刘安一招手，王英、王安、丁三、赵虎便各自围了上来，在暗中监视。只见和喜蹲在小男孩面前。

“哎哟，你这小孩哭什么呀？”

“我找不着我娘了！”

“你叫什么呀？”

“我叫张小毛！”

“家在哪里住？”

“不知道！”

和喜向四周看看，见并没有人注意他，便又和那小孩子说话：

“我是你大爷呀！”

“你不是我大爷！”

“我不是你大爷，是你表大爷！”

“是我表大爷？”

“对呀！走，我带你回家！”

“我不跟你走！”

“走吧！”

和喜一把拉着小孩子便走，这时，一个人又跟了上来，一人架一只胳膊，领小男孩快步走去。

张成、刘安一招手，说一声：“快跟上！”于是这六人分别在暗处紧紧跟随。

和喜、和龙来到野外，也不管小男孩的哭叫，逮住小男孩的双脚就如扛口袋一般往肩上一放，两人便轮换着，扛着小孩向荒郊外跑去。那小男孩被头朝下扛着，不一时便哭不出声音来。和喜、和龙也累得满头大汗，来到一段横沟之内，便停了下来。

“我看，就把这小崽子放在这里吧！”

“行！我也累了！”

和喜把小男孩平放在地上，仰面朝上。和喜用匕首挑开小男孩的衣服，又白又胖的小肚皮便露在外边。和喜喘了一口气，手拿匕首，正要向下刺去。

“住手！”

就听得一声雷吼，和喜的手腕子被一脚踢断。就听得哎呀一声，那匕首便

飞出五尺开外。还没容和龙缓过神来，刘安、王英、王安、丁三、赵虎便一拥而上，将和喜、和龙拿住。

那和喜因手腕被踢断已失去抵抗力，由张成一人押着。那和龙只是被刘安往后脖上一掌，打得也如瘟鸡一般，由丁三、赵虎一人拧着一只胳膊。王英抱着小男孩。刘安让王安前往刘府报知刘墉，派车来押解人犯。

张成、刘安押着和喜、和龙来到有人家之处，向农家寻了两条绳子，将和喜、和龙捆个结结实实。又寻个郎中，将小男孩救治一番，那小男孩也恢复如常。

此时，王安带着车马也来到了。张成、刘安等六人将和喜、和龙押往刘府。

刘墉闻听逮到凶犯，并押解到府，心中高兴，决定对人犯立即审问："我来问你，为何要杀害张小毛？你若从实招来，以后到刑部亦免受皮肉之苦！刑部大堂的刑法你们也是知道的！快招！"

"小的们愿招！"

"从实招来！"

"我家老爷说太上皇治病需要小儿肝，我家老爷让我们买小儿肝脏，一个白银一百两。怎奈我们寻小儿尸体不着，和大人催要又紧，又无人卖小儿，因此小的们只有专偷人家小儿！"

"你们一共偷杀小儿多少？"

"一共是二十八个！"

"都是多大岁数？"

"小的四五岁，大的七八岁！"

"有多少男孩，多少女孩？"

"男孩十个，女孩十八个！"

"小儿的尸体都在什么地方？"

"大多数都在郊外乱坟中或枯井中！"

"还有没有隐瞒？"

"事到如今，小的们反正都是一死，隐瞒也没有用，小的们所说都是实情！"

"可愿画押？"

"小的们愿画押！"

"那就画押！"

和喜、和龙二人画押之后，刘墉吩咐张成、刘安道："张成、刘安，对人犯严加看管，好好调养张小毛，明日带张小毛进殿面君！"张成、刘安遵命而去。

刘墉连夜写表，上奏嘉庆皇帝。表曰：

京城盛传毛妖吃人，小儿失踪，人心不安。吾皇圣明，勤于国政，爱民如

子，命老臣查明此事。

臣奉命遵旨，日夜查访，终因天网恢恢，恶不可赦，终将凶犯捉拿，真相大白于天下。此事，概为和珅派恶奴和喜、和龙所为。两恶奴专偷小儿，杀命取肝，凡杀儿童二十八人，男童十人，女童十八人。小者四五岁，大者七八岁。人证、物证俱在，铁案如山，均待圣上明察。

杀人取肝，天下之至残也；专偷娇儿，天下之至恶也。残恶至极，罪当不赦，当杀之以谢天下。

三六九日早朝，群臣进殿见嘉庆皇帝端坐于宝座之上，太上皇乾隆也坐于宝座之上，群臣山呼舞拜。

此时传事官来报："刘墉特来缴旨复命，正在殿外候旨！"

"宣刘墉进殿！"

刘墉怀抱着张小毛，慢慢上殿。刘墉先将张小毛放下，然后参拜。

"刘爱卿，你抱个孩子上殿，这是为何？"

"皇上，臣有本奏！"

"呈上来！"

"皇上，你刚才问我为什么抱个孩子上殿，皇上可知这孩子的来历吗？"

"朕不知！"

"皇上，这孩子叫张小毛，他在什么地方住，他自己也不知道。他是在昨天古城庙会上走迷了路的，是臣在郊外的荒野横沟里捡到的。"

"荒野的横沟里？"

"是从荒野横沟里的两个人的手下捡到的！"

"两个人的手下？"

"对！是两个专杀儿童的凶犯！"

"专杀儿童的凶犯？"

"正是！"

"这专杀儿童的凶犯是谁？"

"这两个专杀儿童的凶犯嘛，就是和珅和大人手下的恶奴，一个叫油里钻和喜，一个叫飞毛腿和龙。就是当年在后宫放火、路上拦劫，要谋害皇上和太上皇的两个恶奴！"

"刘罗锅子，你诬陷好人！"

"哎，和大人，你是好人是坏人，我不知道，我就知道和喜、和龙杀害的二十八具儿童的尸骨、两个人的供词和这个会说话的孩子！铁证如山，谁也别想赖掉！和大人，要不要让和喜、和龙在金殿上与你对质呀？"

“反正我和珅没有动手杀人，你罗锅子不要牵扯我！”

“皇上，北京城盛传毛妖吃人，儿童失踪闹得人心惶惶，政局不安。现在臣已查明，完全是和珅指使两个恶奴所为。和珅献于太上皇者，皆此二十八个小儿之肝也。杀人取肝，专偷娇儿，凶残至极，当杀之以谢天下！和珅和大人上表所称河神献肝者，纯系子虚乌有。和珅欺君惘上，其罪不小，理当查办。老臣所陈，均请皇上圣裁！”

嘉庆皇帝闻听刘墉之言，龙颜大怒，当即下旨：“两凶犯押送刑部详审，和珅也革职查办！”

和珅闻言，便在金殿上大喊冤枉。

“和珅，你跟朕说，冤在何处？”

“主子，两奴才杀人取肝，实是有罪！奴才只是让他们去买死囚肝脏，奴才并未杀人却治奴才之罪，一冤也；奴才以百两银价买肝，二十八个肝脏，用银凡两千八百两，财去而不得赏，二冤也；奴才为太上皇寻肝治病，也是为太上皇好，奴才忠心，对天可表，然奴才因忠心而获罪，三冤也。太上皇，你说奴才之言是否有理？太上皇，奴才如果因此而被诛，太上皇也是龙心难安！”

太上皇乾隆此时也气得有口无言，只说了一句：“和珅陷我于不义，且免之，寡人先亡而和珅后死之也！”言罢，身往后一仰人事不知。

金殿上慌作一团，嘉庆皇帝一时也没了主张。刘墉此时临阵不惊：“诸位不要慌张。殿前武士将凶犯押送刑部，速将太上皇送往后宫，然后请皇上退朝！”

众人均依刘墉之命各自行事。

太上皇乾隆被送到后宫，太医神本草急忙切脉，然后慢慢说道：“太上皇龙体本来虚弱，此乃气怒，气血不畅，心火攻心所致，须精心调养，尚可有望，不然，前景黯淡，切切在意！”说罢，微叹而去。

太上皇乾隆自上朝被和珅一气之后，身体觉得越来越沉重，睡而不安，食而无味，茶饭不思，终日里是昏昏沉沉，自觉是一日不如一日，一时不如一时，阴气渐长，阳气渐短，大去之日不远。

刘墉早晨起来与夫人一起刚刚用过早点，忽听下人来报，宫中胡公公来传太后懿旨。刘墉夫妇急忙接迎。

“传太后懿旨，宣刘墉速到后宫见驾！”

“臣刘墉接旨！胡公公，何事如此着急？”

“看太后着急，说是太上皇召见！”

“臣知道了！如此，就不再留胡公公吃茶了！我等快走！”

刘墉来到后宫，见嘉庆皇帝也在太上皇病榻之前，便急忙叩拜。

“刘爱卿，太上皇他昨夜病情沉重，看来……太上皇才刚刚入睡！”

“刘墉……来了……吗？”

“太上皇，臣刘墉叩见太上皇！”

“爱卿，寡人……阳世不长……了，快帮寡人写遗诏！”

“臣遵旨！”

“朕在位凡六十年，勤于国政，深知创业之难，守业更艰。故为国者，为政当明，为官当廉，为人当仁，为友当义。手操国柄，处事当公，用人当贤，言路当开，下情当明。此乃朕为国之训也，后世子孙当熟记之。

“永琰之为国也，当自立、自谋、自强，广听忠贞之言，不为巧语所迷，忠言逆耳，良药苦口；广听忠贞之言，亲近贤良，疏远奸佞，不可不顾也。

“刘卿耿直刚正，难得之良臣，吾崩之后，汝当善事之，家国之事，当悉以咨之，必益于汝。和珅与刘墉，满汉二中堂也，今以观之，汉中堂治国，满中堂误国；汉中堂泰山也，满中堂冰山耳！

“刘爱卿，汝随朕一生，治国安邦，功昭日月，朕以家国之事托汝，朕视汝若汉主之视诸葛也！勿负朕意，勿负愧‘元老护国公’也。

“立此遗诏，刻石存照，后世子孙当慎遵之。”

太上皇口述遗诏，刘墉记之已毕。刘墉跪地，潸然泪下。

“臣深感太上皇之厚爱，焉敢不遵圣命！臣当竭忠尽智，保我大清，忠于皇上，报恩于太上皇！”刘墉磕罢三个响头，嘉庆皇帝也磕了三个头，说道：“儿皇谨遵太上皇之命！”

“如此甚合寡人之意，汝可给刘卿磕三个头，以谢刘卿护国之恩！”

嘉庆皇帝对刘墉磕了三个响头，刘墉连忙跪地给嘉庆皇帝磕了三个响头。

太上皇又对嘉庆皇帝说：“汝今后要善待太后，汝之诸皇兄皇弟亦当善待之，有功于国者赏，无功于国者养，若有叛国犯科者与庶民同罪！”

“儿皇谨记太上皇之言！”

太上皇又说道：“诸事毕矣，寡人可放心归去了！”

“太上皇休得乱想，调养几日，定会康健！”

“阳世不长……寡人自知，爱卿就再陪寡人一夜！”

刘墉道：“臣遵旨！”

太上皇乾隆便昏然入睡，刘墉与嘉庆皇帝及太后在床前守候。

“七王爷、八王爷、九王爷驾到！”

“太上皇病体如何？”

“回三位王爷，太上皇病体不容乐观！”

“父皇遗诏已经留下。”嘉庆皇帝将遗诏拿出来，说道，“请三位王爷过目！”三位王爷将遗诏看后又递与嘉庆皇帝，说道：“就照汝父之意刻石存照吧！”

“看来，太上皇西游则是不日之间的事！”

三位王爷均道：“太后也不必过悲，事已至此，可将诸位皇子传来陪驾！”

太后说道：“三位王爷所言极是！”

不多时，诸皇子均来陪驾。

刘墉奉皇上之旨将太上皇遗诏宣读一遍。诸皇子听罢太上皇遗诏，均跪在太上皇龙床之前磕头叩拜。

太医神本草给太上皇切脉，叹息道：“太上皇脉搏弱到极点，好歹可挨到天亮。”

一夜之间，太上皇只是迷睡，不再言语。第二日，天刚放亮，只见太上皇气息渐弱。太阳东升之时，太上皇阳寿已尽，三魂归天！太后、皇上及诸皇子呼天抢地，悲声尽哀。

刘墉见太上皇魂归，心中悲戚，但想到太上皇临终所托，便站将起来，走到太后跟前，劝道：“太后节哀！太后节哀！老是悲痛也不是个事，现在该开始操办国殡的大事了！”

刘墉又将嘉庆皇帝搀起，说道：“皇上节哀！皇上节哀！要保重龙体才是！太上皇归天，无可奈何，非人力所可为！”

“此事如何办，朕心也无甚主意，全赖‘元老护国公’操劳了！”

“皇上放心！老臣尽力去办！”

刘墉把三位王爷招到一起，说道：“太后、皇上、三位王爷，现在太上皇已经归天，我们协商一下，看看如何请太上皇荣归寝陵！”

八王爷快言快语，说道：“刘大人，既然太上皇已将国、家之事托付给你，你就大胆安排此事吧！”

七王爷、九王爷也都说：“刘大人德高望重，此事也就非你莫属！你就大胆干吧，我们三位都听你的！”

“好吧！既如此，本官就当仁不让了！”

“爱卿就安排着办吧！”

“太后、皇上、三位王爷，眼下，有四件事要办：第一件，太后要给皇上和其他诸皇子解散辫子，并在辫梢剪去二寸，这是大清祖上传下的规矩。第二件，出讣告，让朝野人等知晓太上皇升归，皇亲国戚前来吊丧。第三件，安排好时间，人员分工。第四件，按规矩要给太上皇加封谥号。现在我等商议一下，给太上皇封个什么谥号？”

“刘大人，我说给太上皇封个什么号，你就动动脑子就行了，我们三个论文才哪个也不是你的对手。我们这三个王爷就是想三天，也想不出来！”

“三位王爷，话不能这么说，臣只是操持此事，封号当由你们来封！”

“爱卿，你还是想想，你说出来，我们大家都同意，就算是我们赐封的！”

“爱卿，你就别再推辞了，你就不要让哀家再为难了！”

“臣谨遵太后懿旨。我大清眼下已历四朝，其谥号分别是‘世祖’、‘圣祖’、‘世宗’。依臣愚见，太上皇文韬武略不亚于秦皇汉武，诗文字画堪比韩柳苏欧，才高八斗，学富五车，谥号就为‘高宗’，不知太后、皇上及三位王爷，尊意如何？”

“好，好！怎么样，我说我们三个王爷比不上一个刘墉，怎么样？我同意！我们三个都同意！”八王爷快言快语，七王爷、九王爷见八王爷如此说了也都不再言语。

嘉庆皇帝说：“此号甚好！甚合朕意！”

太后亦道：“就封太上皇为‘高宗’吧！”

“既然太后、皇上、三位王爷都赞同，那太上皇的谥号就这样定了，便可诏告天下！下面再议一下时间安排。依照祖训，今、明两天为宫殓，其间宫中人等及二品以上官员皆服重孝，皇亲国戚及二品官员入宫吊唁。后天移入乾清宫成大殓，第六日出国殡，不知太后、皇上、三位王爷尊意如何？”

“这是祖上留下的规矩，还有什么说的？就这么办！”

“爱卿所言极是！”

“下面再议一下人员分工。臣以为出国殡要有三件事情：一是有一人总揽出殡事宜；二是要有人总揽财物支出；三是要有一人指派所需人员……”

当下议论已定，分派已毕，天已到卯时。一连两日，皇亲国戚、文武大臣到后宫吊孝者人来人往，络绎不绝，刘墉也是忙里忙外，走进走出。

第三日一大早，刘墉安排军士将太上皇移入乾清宫中大殓。

乾清宫门前白纱扎成的四个大白宫灯高挂，守门将士身着白孝，整个乾清宫显得异常庄严肃穆。

乾清宫内，太上皇的紫檀棺木安放在厅堂正中央，宫女二十人分列棺木两边，守卫武士四十人分两边守卫。棺前设有祭桌，祭桌上设有灵位一架，灵位上书“大清高宗讳弘历太上皇之灵位”。灵位前，一对大宫烛点燃，紫香炉中信香高烧。十五个皇子身着孝衣跪在棺木之前守灵。二品以上文武官员也跪在十五个皇子后面守孝。三品以下的官员在景运门外守孝致哀。六十名僧人做法事念经超度亡灵。太监依次把水、毛巾、茶、酒菜等递给嘉庆皇帝。嘉庆皇帝依次将上述物品在灵前祭过，一日三次如此，如此过了几天，到第六天是出国殡的日子。

在刘墉的指挥下，送殡的队伍出发了。

最前面是一杆引魂幡；引魂幡之后是各种幡幛，这幡幛的队伍约由三百人组成；再向后是由社火组成的队伍，其中童男童女一百人，车马各一百人，其他飞禽走兽花木亭阁又二百人；再后是守护武士二百人，中间是太上皇的灵车，棺木

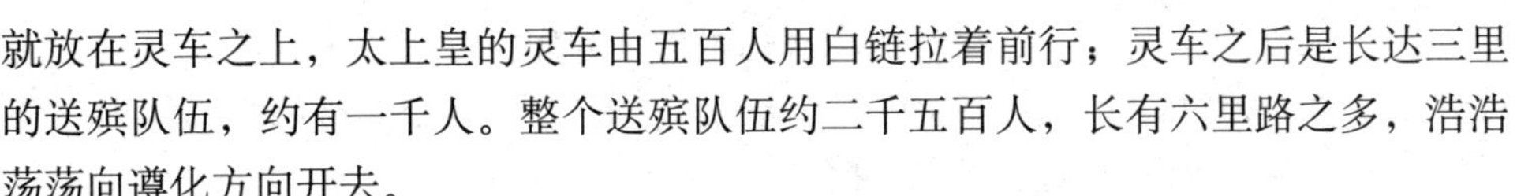

就放在灵车之上，太上皇的灵车由五百人用白链拉着前行；灵车之后是长达三里的送殡队伍，约有一千人。整个送殡队伍约二千五百人，长有六里路之多，浩浩荡荡向遵化方向开去。

只说那天和珅在金殿上听得嘉庆皇帝一声怒喝："将两凶犯投入刑部天牢，和珅革职查办！"只见殿前武士如饿虎捕食一般将和喜、和龙拿住，一边又向自己扑来，心中自然害怕。就在他悚然而立的时候，忽见太上皇在宝座上人事不醒，金殿内一片慌乱，便急忙走出殿来。

和珅回到府中，夫人见他如此狼狈模样，便急忙询问：

"老爷，今日这是为何？"

"吓死我了！吓死我了！和喜、和龙两个奴才偷杀儿童案发，被刘墉弄到金殿之上，主子大怒，要将我革职查办。武士正要拿我，太上皇突然人事不省，金殿内一片惊慌，我便趁机走出金殿！"

"你呀你呀！就是杀你也不亏，谁叫你让他们俩去弄小儿肝脏？他太上皇弄不着拉倒，关你个屁事！你尽干些伤天害理的事，你早晚也是不得好死！"

"哎呀，夫人哪，事到如今你还这样咒我！我这还不都是为了你！"

"为了我！你这是害了我！将来连你都不得好死，我还能有好日子过？"

和珅被夫人骂得个狗血喷头，在家里蒙头睡了一天。过了几天，也不见有人来抓他，便派人去打探消息。

听说太上皇病又重了，连皇上都急得围着太上皇团团转，和珅推知太上皇是前景不妙，皇上近日也不会派人来抓他，心中暗想，挨一天是一天，等等再说。

一大早，忽听得太上皇驾崩，文武百官、皇亲国戚都去后宫吊孝。和珅心想：自己老是在家里趴着也不是个理儿，再说，皇上没派人来摘他的顶戴花翎，他还是中堂大人、朝廷命官，是朝廷命官当然要去吊孝。再退一步说，太上皇这一辈子对自己也不薄，为了谢恩，就是冒点风险也值得。于是，和珅便随着人群前往后宫吊孝。见无人管他，皇上也没有捉拿他的意思，于是心中才平静下来。

太上皇移入乾清宫之后，和珅自然是穿孝守灵。出国殡那日，和珅也随同送殡队伍一直将太上皇送入陵墓，入土为安。

嘉庆皇帝出罢国殡之后，便与刘墉商议，又处理了几件小事。第一件，将太上皇的灵位请入太庙；第二件，到后宫向太后请安，派人好生照料母后；第三件，亲自去祭扫陵墓；第四件，派人将金殿整治一新，准备亲理朝政。

三六九日早朝，群臣早就聚集在朝房，因这是太上皇驾崩之后第一次上朝，也是嘉庆皇帝第一次亲理朝政。

群臣进得殿来，见金殿整治一新，太上皇的宝座已经撤去。

“众家爱卿，太上皇不幸仙归，朕心中十分悲痛。太上皇为大清之社稷江山积劳成疾，功勋盖世。朕从今而后，将承太上皇之志，与众家爱卿合力治理大清天下。太上皇生前曾留下遗诏。刘墉！”

“臣在！”

“代朕宣读遗诏！”

“臣遵旨！”

刘墉从嘉庆皇帝手中接过遗诏，便朗声宣读：

朕在位凡六十年，勤于国政，深知创业之难，守业更艰。故为国者，为政当明，为官当廉，为人当仁，为友当义。手操国柄，处事当公，用人当贤，言路当开，下情当明。此乃朕为国之训也，后世子孙当熟记之。永琰之为国也，当自立、自谋、自强，广听忠贞之言，不为巧语所迷，忠言逆耳，良药苦口；广听忠贞之言，亲近贤良，疏远奸佞，不可不顾也。刘卿耿直刚正，难得之良臣，吾崩之后，汝当善事之，家国之事，当悉以咨之，必益于汝。和珅与刘墉，满汉二中堂也，今以观之，汉中堂治国，满中堂误国；汉中堂泰山也，满中堂冰山耳！刘爱卿，汝随朕一生，治国安邦，功昭日月，朕以家国之事托汝，朕视汝若汉主之视诸葛也！勿负朕意，勿负愧‘元老护国公’也。立此遗诏，刻石存照，后世子孙当慎遵之。

刘墉将遗诏读毕，群臣山呼舞拜。

“众爱卿，太上皇遗诏诸位都听了，卿等须好自为之，勿负太上皇之意！”

“臣等遵旨，勿负太上皇之意！”

“刑部尚书裘正义何在？”

“臣在！”

“速将杀人取肝的两个凶犯细细审问，然后回禀于朕！”

“臣遵旨！”

“退朝！”

刑部尚书裘正义来到刑部立即升堂问案。和喜、和龙这两个恶奴自知罪责难逃也就供认不讳，顺从地画押，倒也未受皮肉之苦。裘大人迅速结案。

刑部尚书裘正义审案后，连夜写成表章，派人送交嘉庆皇帝。

三六九日，早朝，嘉庆皇帝端坐于宝座之上。群臣山呼舞拜已毕，刑部尚书裘正义便出班奏本。

“参见皇上，臣裘正义有本奏！”

“呈将上来！”

“启奏皇上，臣奉旨审杀人取肝一案，凶犯和喜、和龙将杀人取肝，专偷娇儿之罪行供认不讳，均自画押，所供罪行与刘大人表中所述无二，还请皇上圣裁！”

“既是如此，就由刑部设置法场正法，杀之以谢天下。再者，每人给银百两，留作抚养其妻室高堂，让其死得心服口服！”

“皇上圣明，臣遵旨！”

“启奏皇上，臣有本奏！”

“呈上来！”

“启奏皇上，太上皇遗诏中曰：‘满中堂误国’。太上皇圣明，明辨忠奸贤愚。天理昭昭，臣以为皇上当遵太上皇之遗诏，承太上皇之志，严整朝纲，肃整吏治。臣以为，和珅有五大罪状：其一，贪污受贿，非法聚敛银两。查和珅奉旨修建御道，贪污受贿，索取大批银两；在其五十大寿时，索得寿礼，又收受大批银两。太上皇在世之时，均知其详。其二，唆使永璘殿下谋害皇上，陷永璘殿下于不义，危害皇室，其罪不赦。其三，两次设计谋害皇上，当年曾以游猎为名骗皇上入松林中而险遭谋杀；太上皇南巡之时，又指示恶奴后宫放火，若非天降大雨，皇上将丧生于烈火也。其四，多次加害太上皇。当初太上皇南巡，凿船沉水，河桥设爆，山谷布兵，均在于要谋害太上皇，其以下犯上，阴谋弑君，皆死罪也。其五，杀人取肝，专害儿童，凶残至极，伤天害理，罪孽沉重，不杀不足以平民愤，不杀不足以正国法。和珅一罪当死，罪不容赦，而又何况其五罪乎？”

“爱卿所言甚是，朕准奏，即令刑部查办！”

“启奏主子，奴才无罪！太上皇尸骨未寒，就杀其重臣，天理不公！”

“和珅，本官所奏五条罪状，太上皇在时即查得清清楚楚，岂能容你抵赖！”

“和珅，朕来问你，既然罪恶已经查明，铁案如山，你为何说是无罪？”

“主子，刘墉所言五条，太上皇在时均给奴才赦免。既然是太上皇已为奴才赦免，那奴才还何罪之有？”

“虽说太上皇为你赦免，并不是说你已无罪！”

“主子，如果就如主子所说，太上皇赦免过了，奴才仍是有罪，今天就要置奴才于死地，实是不合天理！主子，身为九五之尊，贵为天子，当是金口玉言，岂可出尔反尔，自食其言？”

“和珅，你说朕何曾出尔反尔，自食其言？”

“主子，刘墉所说五条，太上皇均为奴才赦免，主子也是知道的。前时赦免无罪，今又以之而治奴才之罪，不是出尔反尔，自食其言吗？”

“赦你无罪，是太上皇赦你无罪；说你有罪，是朕说你有罪，哪里是出尔反尔，自食其言？”

“主子，你是说太上皇的赦免不算数了是不是？如说太上皇的赦免不算数，而今就要来算旧账，杀奴才，奴才便无话可说，可该杀的不止奴才一个，还有一

人也该杀头治罪！”

“朕问你，还有哪个该杀？”

“那就是他！”

“谁？”

“刘墉！”

“他怎么该杀？”

“主子，刘墉当年铡西宫娘娘，铡了驸马，又铡了国舅，都触犯了太上皇，都是死罪，都是太上皇赦免了他。主子，如果说太上皇赦免的都不算数，要算老账，奴才和刘墉都该杀！”

“可朕并没有要治刘墉的罪呀！”

“主子，那就怪了！为什么同样都是太上皇赦免的死罪，主子却只一心一意要杀我和珅，而对刘墉就不闻不问？这能公平吗？太上皇遗诏中不是说‘手操国柄，处事当公’吗？主子杀和珅而不杀刘墉就是不公。处事不公难道不是违背了太上皇的遗诏吗？”

“和珅，休要与皇上蛮缠！我刘墉铡西宫，铡驸马，铡国舅，他们都是凶残犯罪之人，我刘墉虽触犯太上皇而获罪，与你和珅因作恶多端而获罪是不一样的！”

“主子、刘大人，我们获罪原因不同，但我二人都是有罪而被太上皇赦免的，这一点倒是相同的吧！”

“朕……”

“主子，奴才也不是贪生怕死，我求的是一个公道。杀奴才就得杀刘墉，不杀刘墉就不能杀奴才。主子，奴才死了微不足道；刘墉要杀了，主子你舍得吗？主子，你看着办吧！”

“和珅！你这说的什么话？你不贪生怕死，难道我刘墉就是贪生怕死吗？皇上，下诏吧！让臣与和珅一同去死，来一个玉石俱焚吧！”

“朕现在是投鼠而忌器了！好吧，朕现在姑且不治你之罪，让你再多活几日吧！”

“多谢主子不杀之恩！”

“朕并没说不杀你，只是暂且不杀你！”

“奴才就谢主子暂且不杀之恩！”

嘉庆皇帝被和珅搅得龙心不悦，便道：“退朝！”

下了金殿，来到朝房，和珅安然自得。他心中清楚，皇上与太上皇相比，到底还是嫩了一点。在金殿上，连皇上都被他搅得没有词了，从今而后，谁想再扳倒他和珅，就没有大门儿。于是来到刘墉面前有意要将刘墉再气上一气。

“刘大人，你这一本参得好哇！本想要来杀我和珅的头，不但没能杀我和珅，反而差点把自己的老命给搭了进去！没想到吧！今后，不要再跟我和珅斗，你是

斗不过我的！”

“和大人，我刘墉不是斗不过你，而是孬不过你！”

“是呀！孬也好，不孬也好，成者为王败者为寇嘛！咱两个谁胜了，谁就算有本领！”

“你不要高兴得太早，咱俩谁的人头在脖子上站的时间长还不一定哪！”

“一定，一定，我一定会死在你的后面！”

“不然，不然，一定是我刘墉死在你的后面，而且还要比你死得舒坦、痛快！”

“那为啥呀？”

“只为你和珅这一辈子不得好死！”

“刘墉，你敢与我打赌吗？”

“打什么赌？打就打，你说这个赌怎么打？”

“怎么打？我和珅要是死在你后面，到时候吊孝时我给你磕三个响头，怎么样，刘大人？”

“好，我刘墉要是死在你的后面，到时候我给你磕四个响头，可到时候我可不去给你吊孝！”

“为什么？”

“因为你死得没有个全尸，我去对哪儿吊孝？”

“你不要尽是咒我，我们击掌为誓，你敢吗？”

“我刘墉这一辈子还没有一次碰到什么不敢的！”

说罢，二人啪啪啪就来了一个三击掌，然后二人各自回府。

和珅自从在金殿上把嘉庆皇帝憋个没词儿之后心中得意洋洋。刘墉参的这一本，非但没有把他参倒，倒把他过去的一切罪过都给掀过去了。因为太上皇赦免了，再者，太上皇驾崩，谁再提这个旧账，他就拉刘墉做个垫背。刘墉不倒，他和珅就不会死。刘墉怎么会倒呢？刘墉不会倒，他是皇上的老师，又是太上皇的托孤大臣。因此，他便不把嘉庆皇帝暂时不杀他的话放在心上；他与刘墉打的赌呢，更不当一回事儿，于是就整日东游西逛，寻欢作乐。

这一日，和珅带着几个仆从来到一家酒楼前，抬头一望，见楼上书有“醉仙居酒楼”五字，便道：“我们何不到醉仙居酒楼上去坐坐，看看醉仙居是个什么样的去处？”说罢，便进楼而来。

“老爷请！楼上有雅座！”

和珅与仆从来到楼上，便在中堂的一个座儿上坐了下来。

小二道：“老爷可要看看菜单儿？”

“老爷不要单儿，有好酒好菜尽管上来便是！”

“老爷稍候，酒菜一时便到！”

“去，找一个唱曲儿的来侍候老爷！”

不一时，唱曲儿的便被带到。

“见过老爷，小女给老爷请安！”

和珅抬头一看，只见那女子约莫十八九岁，怀抱琵琶，长得很有几分姿色，宛如王昭君再世，不觉心中欢喜。

“你叫什么名字？”

“小奴家名叫翠云。”

“多大啦？”

“十九！”

“很好！”

“老爷可要点个曲儿？”

“不要，你这样的美人儿，唱什么曲儿老爷都爱听！”

翠云拧弦定音，清了清嗓子，便唱了起来：

大江东去，
浪淘尽，千古风流人物。
故垒西边，人道是三国周郎赤壁。
乱石穿空，惊涛拍岸，卷起千堆雪。
江山如画，一时多少豪杰。
遥想公瑾当年，小乔初嫁了。
雄姿英发，羽扇纶巾，
谈笑间，樯橹灰飞烟灭。
故国神游，多情应笑我，早生华发。
人生如梦，一樽还酹江月。

那姑娘唱到动情处，不由得歌声凄婉，眼含热泪。此时，和珅也喝得胸有醉意，想到自已为官多年的风风雨雨，也不觉因而动情，连连作叹：“唱得好！说得好！人生如梦，多情应笑我……东坡居士说得好呀！”

说罢，又连饮四杯，不觉已是脚步蹒跚，飘然欲仙。和珅背靠窗台，往下一望，指着院子里的一片空地，对小二道：“你看那片空地多空荡，与四周的亭阁不相称！”

“老爷，那空旷处是一片花园！”

“花园？那好，老爷我就是爱花儿！”

“老爷也喜欢花？”

“老爷喜欢，我府的院子里四季都有花，怎么你这花园里没有花呀？”

“老爷，现在春天还没到呀，怎么会有花？”

“不到春天就没有花？老爷能让它有花，不信，你到我府上看去，一年四季都有花！”

言语之间又被仆从灌上了四杯酒。这四杯酒下肚更是走路不稳，转舌不灵，言语不清。

“老……老爷……我……就能让……花、花开，不、不、不信……笔、笔……笔墨侍候。”

小二拿来笔墨，和珅就在酒楼的墙上题起诗来。和珅边吟边写：

清风少力春不来，遍地无芳究可哀。
他年我若为清帝，敕令百花为我开。
——致斋题

题好之后，和珅将毛笔扔在地上，趴在桌子上便酣然而睡。仆从们把和珅扶回府中。

和珅等人走后，醉仙居酒楼来了一位秀才，请几位朋友来此楼喝酒叙旧。小二把这位秀才请到了楼上。

这位秀才姓李名志义，满腹经纶，在当地也是小有名气。

李秀才上得楼来，一眼便看到了墙上的题诗，便念了起来：“清风少力春不来，遍地无芳究可哀。他年我若为清帝，敕令百花为我开。”

此时小二正好来上酒上菜。李秀才拉住小二，说出一番话来，顿时把小二吓得目瞪口呆。

“小二，快叫你家店主过来，不然将有灭门之祸！”

“什么？灭门之祸？”

“快去把店主叫来！”

小二急忙下楼。店主闻听将有灭门之祸，不敢怠慢，急急走上楼来。

“李秀才，有什么祸事？”

“店主，这墙上的诗是谁写的？”

“我不知道呀！”

“这是一首反诗！”

“反诗？什么反诗？我不懂！”

“反诗，就是反对朝廷的诗，写诗的人要砍头，连亲戚邻居都要跟着倒霉！”

“哎呀，多谢李秀才指点！我可怎么办呀？”

“先别动，快去报官！”

店主闻言，下楼飞步而去。

“小二，你可知写诗的是什么人？”

“小的知道，写诗的人是一位老爷，姓和，就是和老爷！”

“你说的就是和中堂和大人？”

“小的只听他们叫那位老爷叫和老爷！”

不一时，店主将保长叫来。保长看了墙上的诗便向李秀才问话：

“李秀才，你说这诗是反诗？”

“正是，保长请看：‘他年我若为清帝，敕令百花为我开。’此人有谋反不轨之志。前两句‘清风少力春不来，遍地无芳究可哀’，分明是对当朝不满。故而说是反诗。”

“这诗是谁写的？”

“墙上写是‘致斋题’，小二说那人是一位老爷，姓和，我想当是中堂大人，和珅和中堂！”

保长见事关重大，命店主严加看管，不准更改，便用笔抄了一份，直报州县。州县不敢有慢，直报刑部。刑部尚书裘正义闻言不敢有误，当即亲往醉仙居酒楼查看现场。

裘正义一看笔迹及落款便知是和珅所为。因事关重大，裘正义派人严加看守，当夜来到刘府与刘墉相议。

“裘大人深夜来访，不知有何见教？”

“刘大人，和珅在醉仙居酒楼题写反诗一首，事关重大，本官特来向刘大人请教！”

“什么？和珅题反诗？什么反诗？”

“刘大人，那诗我已抄了一份在此，那首诗是：‘清风少力春不来，遍地无芳究可哀。他年我若为清帝，敕令百花为我开。’”

“果然是一首反诗，裘大人是如何处理的？”

“本官已派人严加看守，以待查处！”

“如此甚好，我将连夜写表，明日上朝好上奏皇上。裘大人可返回酒楼，若有破坏现场者立即捉拿！”

“如此甚好！下官告辞！”

刑部尚书裘正义走后，刘墉当即写表上奏皇上：

和珅为官，屡违圣命，多有误国，罪恶深重，太上皇驾崩之后，本当严惩其罪，终未能果。今闻和珅又于醉仙居酒楼，题写反诗一首，此和珅屡负皇恩，自

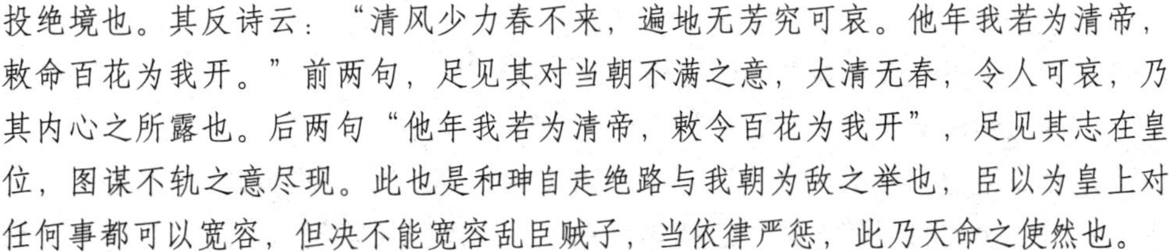

投绝境也。其反诗云："清风少力春不来，遍地无芳究可哀。他年我若为清帝，敕命百花为我开。"前两句，足见其对当朝不满之意，大清无春，令人可哀，乃其内心之所露也。后两句"他年我若为清帝，敕令百花为我开"，足见其志在皇位，图谋不轨之意尽现。此也是和珅自走绝路与我朝为敌之举也，臣以为皇上对任何事都可以宽容，但决不能宽容乱臣贼子，当依律严惩，此乃天命之使然也。

和珅回到府中昏昏沉沉地睡了一夜，到第二天早晨方才醒酒。他自已也觉得在酒楼上题了一首诗，是什么呢？却怎么也想不起来了。他把几个仆从叫来，向他们询问。

"老爷我昨日喝醉了？"

"老爷醉倒没醉，就是多了一点儿！"

"咱们昨日是在哪个酒楼？"

"老爷，咱们昨天是在醉仙居酒楼呀，老爷还在那里写了诗哩！"

"老爷在那里写了诗吗？"

"是的！"

"我也记得写诗了，写的什么，可怎么也记不起来了！"

"老爷写的诗，小的能记起来！"

"那你就背给我听听！"

"嗻！老爷是这样写的：'清风少力春不来，遍地无芳究可哀。他年我若为清帝，敕命百花为我开。致斋题。'"和珅一听，立时打了一个寒战："哎呀！坏事了！坏事了！你快拿一千两银子，交给店主，叫他莫要声张，快把那诗除掉，不要留半点痕迹！快去！"

那仆从也姓和，叫和福，那和福急急忙忙来到醉仙居酒楼找到了店主。

"哟！客官一大早来到小店，又来用饭？"

"还用什么饭哟！店主，我家老爷不是在你酒楼上写了一首诗吗，这是一千两银子，求你不要声扬，让我去楼上把那诗除去！"

"这个……哎，哎，……你别上去！"

那和福哪里肯听，从地上摸了一把铲子就上了楼。

"客官，别去了！已经晚了！"

那和福来到楼上，不管三七二十一照着墙上就铲，早被看守士兵拿住押送到刑部。刑部尚书裘正义立即升堂审问，和福供认不讳，亦自画押。

刑部尚书裘正义审好和福，正好赶上早朝。

嘉庆皇帝坐在宝座之上，群臣山呼舞拜已毕，刘墉便出班奏本。

"启奏皇上，臣有本奏！"

"呈上来！"

"皇上，近日在京城醉仙居酒楼发现一首反诗。"

"什么？反诗？怎么写的？"

"反诗臣已写在表章之中，臣就不再详读。臣以为，反诗前两句表达了写反诗者对当今朝政的不满之情，后两句抒写了写反诗之人篡位不轨之志，对此写反诗之人必须绳之以法，治其叛逆之罪！"

"反诗如何发现的？"

"是秀才李志义发现的。"

"写反诗者何人？"

"反诗后只写'致斋题'三字，何人所写，臣正在查寻！"

"朕命你继续查寻！"

"臣遵旨！"

此时裘正义也出班奏本。

"启奏皇上，臣有本奏！"

"呈上来！"

"皇上，臣接到下面禀报后当即到达醉仙居酒楼亲观现场，并派兵士看守现场。第二日一大早，有人上楼破坏现场时被兵士捉拿，臣当即审问。此人叫和福，是和大人家仆从，是奉和大人之命去销毁反诗的。和福供出反诗是和大人所写，一切罪行和福供认不讳，现有和福口供在此，请皇上亲过龙目！"

"那和福现在何处？"

"和福现押在天牢之中！"

"将和福提来，朕要亲自审问！"

"臣遵旨！"

裘正义下殿回到刑部将和福从天牢中提出，不一时，押到金殿。和福进殿磕头谢罪。

"朕来问你，醉仙居酒楼的反诗是谁所写？你为何要去破坏现场？从实招来！"

"昨日，小的陪同老爷闲走，来到醉仙居酒楼便上楼去吃酒，酒酣之间我家老爷便在墙上题诗一首。今日早晨起来，老爷问起昨日所写之诗，小的便将那诗背了一遍。我家老爷便说，坏事了，坏事了！快拿一千两银子交给店主，让他不要声张，快把那诗除掉！小的到酒楼后便被兵士擒捉！小的所说都是实情，请皇上恕罪！"

裘正义与刘墉领了圣旨，点起一千兵马浩浩荡荡直奔和府而来。

来到和府门前，裘正义与刘墉下得马来，将一千兵马分派七百人把和府团团围住，三百人直进和府。

和夫人待和珅上朝之后，便在府中闲暇无事正与丫鬟们取乐自娱，只见一仆人急急来报：

“不好了，夫人！”

“什么不好了？慢慢地说！”

“报、报、报……夫人，不好了，外面来了许多官兵，把……把整个和府给围上了！几百名官兵已经冲进大门里了！”

“那一定是老爷又闯下大祸了……”

那和夫人已知大事不好，虽是害怕，也是没有办法，便长叹一声：“唉，听天由命吧！”

就在这时，只听得有人高喊：“圣旨到！”

听说是圣旨到，和夫人便带领从人前来接旨，裘正义取出圣旨：

奉天承运，皇帝诏曰：查和珅为官不正，弄权误国，贪污受贿，非法敛财，设计谋害君主皇亲，纵奴行凶，杀人取肝，题写反诗，窝藏异心，罪恶多端，害国害民。为振朝纲，肃整吏治，须当严惩，不杀不足以正国法，不杀不足以平民愤。故将和珅法办治罪，抄查家产，没收入官，其余人等，刑部审理，以实定罪，不加株连，钦此！

“吾皇万岁，万岁，万万岁！”

“和夫人，臣等奉旨行事，多有冒犯了！”

“两位大人悉听尊便！”

“将士听令，和夫人不必上锁，和府其他人等一律上锁，押入刑部，以待审理。和府中金银珠宝，一律清点入册，不得藏匿，违者处斩，其他不动之产，就地查封！”

“遵命！”

于是，诸军开门开锁，清仓清库。大小金库打开，成箱的元宝、金条如数入册查封，各种珠宝、玉器、古玩，亦一一清点，入册查封，而后如数运走入官。和珅苦心经营了一辈子的和府，如今财产已空，只剩下一些楼房亭阁的外壳，可谓是争名夺利一时红，到后来，终是万事皆休，一切都是空。

裘正义和刘墉奉旨抄查和府完毕，便写表上奏嘉庆皇帝。嘉庆皇帝阅罢表章，便召裘正义和刘墉后宫见驾。

裘正义和刘墉闻召便急忙来到后宫见驾。

“和珅家产都查抄完毕了？”

“均已查抄完毕！”

“对和珅及其家人如何处置？”

“遵皇上圣命，和珅拟处极刑，其家室仆从有罪者依律问罪，无罪者贬为庶民！”

“如此甚合朕意，就由两位爱卿施刑！”

“臣遵旨！”

裘正义和刘墉奉旨发出处死和珅的布告，并在西门外设置法场。

北京城内市民百姓听说和珅家产被抄，人被处死，无不拍手称快，家家鸣放鞭炮、敲锣打鼓，以示庆贺。更有甚者，二十八名被杀命取肝的儿童的家人联名上书，要对和珅处以车裂之刑，方能解心头之恨：

和珅为官，误国害民，罪恶多端，罄竹难书。今圣英明，处死和珅，上遵天命，下随民意，和珅当死，天理使然。然和珅罪恶累累，死有余辜，一刀斩首，便宜那厮，不足平民众心头之恨，故而联名上书，要求车裂和珅，以其血肉祭屈死儿童之灵，三叩首，亟请皇上恩准！果若如此，万民叩首而谢皇上之隆恩也。

北京西门外有一片荒山乱岗，处死和珅的法场就设在这里。裘正义派三千名军士，三步一岗，五步一哨，里里外外把个法场围得严严实实，看热闹的百姓均在四周山坡之上，不得入内。

法场内有一小块平地，用土石堆了一个平台，和珅背插亡命牌，五花大绑，跪在那里。这边不远处搭一布棚，裘正义和刘墉坐在此棚内监斩。

刽子手身着红衣，手持大刀站在和珅旁边，一筒芦席散卷着放在一边，一切都准备停当，只等号令。

裘正义命令火炮司点火放炮，火炮司闻令立即点火，只听得嗵的一声炮响，震得地动山摇。

刽子手对和珅说道：“和大人，明年的今日就是你的祭日。这一杯绝命酒，你就把它喝了吧，喝了好准备上路！”

“好汉若能使我一刀绝命，死得痛快利落，犯官就感激不尽了！”

“那是当然！”

和珅便将绝命酒喝下。

刘墉来到和珅跟前：“和大人，你我同朝为官，今日是如此下场，可惋可叹！”

“刘大人，我和珅也是罪有应得，命该如此。”

“和大人，你还记得你我打赌三击掌吗？”

“犯官自然记得，可惜我不能给你磕三个响头了！”

“本官特来给你磕四个响头，也算是我们同朝为官一场！”刘墉跪在地上给和珅磕了四个响头。

就在此时，只听得嗵！第二声大炮响过。

"刘大人，犯官先你而去了！"

"和大人，我刘墉从此也失去了一面镜子！"

"多谢刘大人夸奖！"

裘正义正待要打第三炮，就听得监斩棚外高叫："圣旨到！裘正义、刘墉接旨！"

"臣裘正义、刘墉接旨！"

"奉天承运，皇帝诏曰：朕读二十八家联名上书，其词凄婉，其情殷切，欲求和珅之肉血以祭二十八童之亡灵也。夫和珅之为罪也，伤天理，逆人情，致使人神共怒，天地同恨。故朕当上遵天命，下顺民心，而准其所请，裘、刘二卿当遵旨将和珅五牛崩尸，以谢天下。钦此！"

"吾皇万岁，万岁，万万岁！"

裘正义与刘墉商议，说当遵旨而行。

和珅跪在那里，听那大炮已经响了两声，正在那里等死，忽听得圣旨到，又见久久不见打第三炮，心中正在猜想，只见裘正义与刘墉又来到自己跟前。正要询问，只见裘正义又把圣旨拿了出来。

"和大人，刚才皇上又下了一道圣旨。和大人临终还受裂身之苦，休得见怪了！"

"两位大人奉旨行事，犯官岂敢有怪！夫人早说我不得好死，此亦乃吾命使之为然！"

裘正义命人向农夫牵了五头牛，由五农夫各套好绳索，然后拴住和珅的手足头颈。五牛向五方向站定，五牛中间放好十盘大鞭炮，一切准备停当，裘正义便传令打第三炮。火炮司闻命，不敢怠慢，只听得嗵的一声炮响，那五头牛直被震得惊恐害怕，惶恐不安。刽子手又将鞭炮点燃，直炸得五头牛四处乱跑。可怜和珅为官一世，最后竟是身首五裂的下场，这也是和珅一辈子作恶多端所得到的报应。

和珅死后，又过了五年，刘墉辅佐嘉庆皇帝治理国家，到晚年又为大清社稷建立不朽功业。

近来几日，刘墉便觉身体不适，呼吸不畅，四肢无力，高烧不止，找了几位郎中来看，也说不出子丑寅卯来，没过两月，竟然卧床不起。刘墉见自己久治不愈，心中便有疑惑，暗自想道：莫非自己天年将尽了不成？不然这点小病怎么老是久治不愈了呢？于是他让夫人在半夜子时扶他来到天井之内，拿了一把太师椅坐下，然后细细观天。他费了好大的劲才找到了自己的命星，一看，不禁暗暗吃惊：自己的命星是那样暗弱，而且是时有时无。刘墉在院中坐了一会，便对夫人说道："送我回房！"刘墉回到房内便安然而睡。

第二日天明，刘墉强打精神，稍稍进食，刚刚躺下就听外面有人高喊："皇

上驾到！”闻听皇上驾到，刘墉便要起身见驾，怎奈四肢无力，手脚不灵，还未及将身坐起来，嘉庆皇帝已经进得门来。刘夫人急忙见驾。

“叩见吾皇万岁，万岁，万万岁！不知皇上驾到，有失远迎，万望恕罪！”

“刘夫人免礼！”

“臣刘墉叩……叩见……吾皇，万岁……”

“刘爱卿免礼！切莫要动，躺在床上好好歇息！”

“谢……皇上！”

“朕听闻爱卿有恙，但不知如此沉重！”

“有劳皇上垂念……臣感恩不尽！”

“爱卿有何不适？”

“回皇上……臣四肢无力……呼吸不畅，热烧不下……”

“爱卿这是积劳成疾，实是让朕感到心痛！”

“皇上……不必如……此，此是……臣命数……将尽，不能再……侍奉皇上！”

“爱卿不必过忧，此等小疾，自会医好，朕即传旨让太医来为爱卿诊治！”

“谢……皇上……不必让……太医……劳神了，臣只望……皇上以……国事为……重！永保……大清……江……山……”

嘉庆皇帝见刘墉过于劳累，便道：“爱卿好生调养，过几日朕再来看你，朕且告辞！”

“恭送……皇上……”

嘉庆皇帝见刘墉病重如此，想到自己不免又要失去一位恩师、重臣，不免心中悲戚，出得门来，不禁泪下，急忙回宫。

未到中午，太医神本草便奉旨来到刘府。

“闻刘大人贵体不适，特奉旨前来探视！”

“多谢太医！”

太医仔细切脉之后，便道：“刘大人少安毋躁！我给你开几服药，稍加调养……”

刘墉道：“我看……就不必……了吧！”

“还是精加调养的好！”说罢，太医神本草就开了一个方子，又喝了一杯茶便告辞了。

太医神本草一切脉便知刘墉命数将近，开个方子也只是一个应付，安慰一下刘墉的心，这一切又岂能瞒得过刘墉。

刘夫人拿着药方儿便要派人去找药，刘墉则制止了她。

“夫人，这药不必抓了！”

“太医开的方子，怎不去抓？”

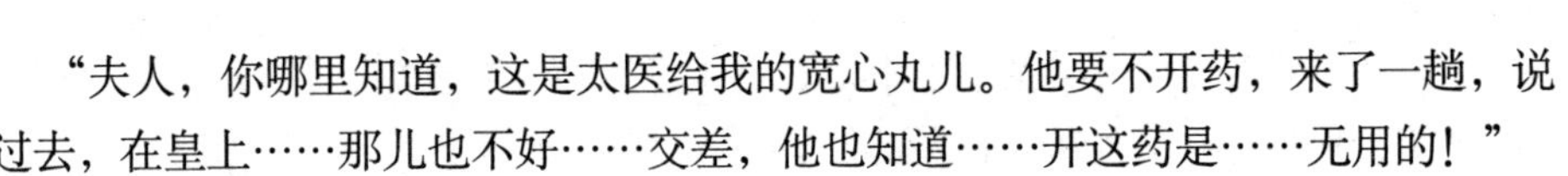

“夫人，你哪里知道，这是太医给我的宽心丸儿。他要不开药，来了一趟，说不过去，在皇上……那儿也不好……交差，他也知道……开这药是……无用的！”

“老爷，你……”

“夫人，我跟你说，我刘墉为官……一生，清淡如……水，一生无牵无挂，只是……只是我病难好……命数将尽……苦了……夫人……”

“老爷，休要乱语，你会好的，我要老爷陪着我。”

“夫人，休要落泪，人之生死……天之……常道……也……”

“老爷，不能死！我要你陪着我。”

“老爷……会永远……陪、陪、陪着……夫人”。

刘墉此时似要入睡，刘夫人也不再说话。

此时，张成、刘安、王英、王安、赵虎、丁三前来看视刘墉。

刘夫人道：“老爷刚刚入睡，诸位先坐着吃茶！”

张成、刘安见刘墉如此病状，则问道：“刘大人病情如何？”

刘夫人说：“看样子，老爷是难能留住！”

听夫人如此说，张成、刘安不禁落泪。

王英、王安、丁三、赵虎想到刘墉的恩典，也都啼泣不止。

大约是夜间酉时，刘墉醒了过来，张成、刘安、王英、王安、赵虎、丁三急忙上前说话。

“老爷睡觉醒了？”

“原来是张成、刘安你们哪！”

“是！老爷！”

“张成、刘安哪，你二人跟随老爷多年，跟着老爷受苦了！”

“老爷，可别这样说，老爷待俺们恩重如山，没有老爷多年教诲，我等岂能有今天！”

“王英、王安！”

“小人在！”

“你二人也随老爷多年！”

“老爷，休再说了，老爷胜似爹娘！”

“赵虎……丁三……”

“小人在！”

“你二人……能有今日……亦不容……易！”

“老爷，你就是小的们的再生父母！”

“老爷阳世不多，日后你们要忠君爱民，走正道……好自为之……”

“小的们永记老爷教诲！”

“张成、刘安……扶老爷坐下，我再给皇上写一个表章！”

刘墉坐于桌前，颤颤抖抖，信笔写来。表曰：

臣一生为官，连事两朝，五十年如一日，操劳国事，勤于王政，竭忠尽智，不敢有怠，仰无愧于君，俯无愧于民，扪心而问，自觉无愧。

臣性耿直刚烈，不畏权贵，铡西宫、铡驸马、铡国舅，尝多次冒犯君威，几死者数也。臣一生所杀贪官无数，从不念自身之私利，此为何也？盖为江山社稷，此乃社稷为重君为轻之谓也！

臣一生为官，两袖清风，从不贪财，上无高堂，下无子嗣，刚正不阿，铁面无私，严于执法，故世对臣有“白脸包公”之誉也！

臣不幸身染杂疾，久治不愈，自知阳世无多，臣死无所足惜，然不得而再事吾君也！臣有一言，日后吾皇当长思太上皇之遗诏，励精图治，政治清明，君圣臣忠，言路广开，赏罚有度，安民爱民，富国强兵，我大清则必将为寰宇之雄也。

臣死之后，有所牵挂者，唯夫人也。我夫人生性贤惠，与臣情感笃厚。然臣膝下无子嗣，仅有义子刘非，早已献身于山东运河之治水时也。义女王翠娥亦在山东之农家也，唯夫人他日之所亲也，请吾皇善待之，臣九泉之下可瞑目也。

臣不日将为地下之鬼，愿吾皇不必为臣悲而伤龙体也！五体投地而再拜！

刘墉将表章写好，交与张成、刘安，说道：“替……老爷……我……交呈……皇上……”

张成、刘安跪地而泣，说：“小的一定将表章交呈皇上。”

刘墉仰卧床上，说：“吾事毕矣！”于是闭目而眠，不再言语。

张成、刘安等人陪在刘墉的床前，张成发现刘墉的呼吸越来越弱，连呼了几声“老爷”也不见回答。

“刘安，老爷快要辞世了！我们快给老爷穿寿衣吧！”

“好，现在就给老爷穿！夫人，快给老爷穿寿衣吧！”

“老爷平日生活节俭，哪有什么寿衣？”

“难道就让老爷这样走了？再说我们心中也不安呀！”

“还是遵照老爷的平日教导，穿上几件，外加老爷的官服就是了！”刘夫人边说边拣了几件干净衣服，外加一身官服。张成、刘安六人七手八脚将衣服穿好，又将刘墉安放停当。

刘墉此时已经处于昏迷状态，他的灵魂此时已离开了他的肉体。刘墉的灵魂没有立即升天，而是在他的人生道路上游览。

这里是什么地方？几间青堂瓦舍，还有一湾清澈见底的流水。噢！想起来

了，那是自己山东的老家，他的祖祖辈辈都埋在了这一片热土之下。看到了，这堂屋中的一个方桌，这是先父刘统勋教子读书的地方，也就是在这里，他懂得了忠和奸、善与恶、仁与暴。

这到哪儿啦？这是……对了，这是中和殿，这是当初自己参加殿试的地方。对，就是在这里，他中了状元，从此开始了他的官场生涯……

来到了这儿，他不禁颤抖了一下，这是当初他要被斩首的地方。皇上为什么要砍他的头呢？噢，想起来了，想起来了，那是因为自己铡了西宫娘娘触怒了乾隆皇帝，是乾隆要斩他。自己怎么又活下来了呢？记起来了！记起来了！老太后，对！就是老太后把他保了下来。不错，老太后干娘把自己给保了下来，并且还赐给了自己三口铜铡！

哎呀！这是怎么回事？怎么又要斩我？什么？铡国舅？又铡了驸马？不错！是我铡的，可他们都是坏人呀！抢男霸女……你说，他们什么坏事没干过！哎呀，我怎么老是铡皇亲呀！铡还是要铡的，他们作恶太多，不杀不足以平民愤！

这里，又是什么地方？我知道了，这里是江宁府，在江宁我曾审理了勾奸夫害本夫一案。对了！不错！那张禄是被他老婆用雌雄针害死的。

呀！这里是什么？这里是长沙知府。在这里审了一个什么案子？对！不错！是一个招兵买马，妄图造反的案子！

这里是哪里？大运河！山东临清州段大运河！为了修大运河临清州泄洪闸站，为了保住泄洪闸，我的义子刘非不就是在这里献命的吗？这里就是刘非的坟墓。我的儿啊！

这是什么地方？这是湖北襄阳，是白莲教王聪儿的家乡，当初为了招抚白莲教，我与永琰皇子来到这里……那王聪儿夫妇都是英雄……

这里……这里不是圆明园吗？这里是玉泉山……这条小河，我陪着太上皇钓鱼。

这是我们用火牛阵打跑阴谋加害太上皇的敌兵的那段山谷。

新皇帝登基了……这是太上皇的寝陵出国殡的时候，我是亲自来的。

新皇帝登基了……叩见吾皇万岁，万岁，万万岁……

“张成！张成！你看老爷的嘴在动！”

“刘安，你难道没经见过？老爷已经升天了！”

是的，此时刘墉的灵魂浏览完了自己的人生之途，然后开始飞升，升到了那远方的另一世界。刘墉那最后的一叹，使天上的一颗星从此坠落下去，继而消失……